História
Constitucional Brasileira

História Constitucional Brasileira

DA PRIMEIRA REPÚBLICA À CONSTITUIÇÃO DE 1988

2023

Coordenadores
Cristiano Paixão
Claudia Paiva Carvalho

ALMEDINA

HISTÓRIA CONSTITUCIONAL BRASILEIRA
DA PRIMEIRA REPÚBLICA À CONSTITUIÇÃO DE 1988

Coordenadores: Cristiano Paixão e Cláudia Paiva Carvalho
Diretor Almedina Brasil: Rodrigo Mentz
Editora Jurídica: Manuella Santos de Castro
Editor de Desenvolvimento: Aurélio Cesar Nogueira
Assistentes Editoriais: Larissa Nogueira e Rafael Fulanetti
Estagiária de Produção: Laura Roberti

Diagramação: Almedina

Design de Capa: Roberta Bassanetto
ISBN: 9786556277912
Março, 2023

Dados Internacionais de Catalogação na Publicação (CIP)
(Câmara Brasileira do Livro, SP, Brasil)

História constitucional brasileira : da primeira república à constituição de 1988
coordenadores Cristiano Paixão, Claudia Paiva Carvalho.
São Paulo : Almedina, 2023.

Bibliografia.
ISBN 978-65-5627-791-2

1. Brasil – Direito constitucional 2. Constituição – 1988 – Brasil
3. História constitucional – Brasil 4. Poder constituinte – Brasil
5. República – Brasil – História I. Paixão, Cristiano. II. Carvalho, Claudia Paiva.

23-142176 CDU-342(81)

Índices para catálogo sistemático:

1. Brasil : Direito constitucional 342(81)

Inajara Pires de Souza – Bibliotecária – CRB PR-001652/O

Este livro segue as regras do novo Acordo Ortográfico da Língua Portuguesa (1990).

Editora: Almedina Brasil
Rua José Maria Lisboa, 860, Conj. 131 e 132, Jardim Paulista | 01423-001 São Paulo | Brasil
www.almedina.com.br

SOBRE OS COORDENADORES

Cristiano Paixão
Professor da Faculdade de Direito da Universidade de Brasília (UnB). Foi professor visitante nas universidades de Macerata e Sevilla. Mestre em Direito pela Universidade Federal de Santa Catarina (UFSC) e Doutor em Direito pela Universidade Federal de Minas Gerais (UFMG). Realizou estágios pós-doutorais na École des Hautes Études en Sciences Sociales e na Scuola Normale Superiore di Pisa. Foi Conselheiro da Comissão de Anistia do Ministério da Justiça e Coordenador de Relações Institucionais da Comissão Anísio Teixeira de Memória e Verdade da UnB. Subprocurador-Geral do Trabalho.

Claudia Paiva Carvalho
Professora de Direito no curso de Gestão Pública para o Desenvolvimento Econômico e Social da Universidade Federal do Rio de Janeiro (UFRJ). Doutora e Mestre em Direito pela Universidade de Brasília. Foi pesquisadora da Comissão Nacional da Verdade (2014) e da Rede Latino-Americana de Justiça de Transição (2015-2016) e integrante da Comissão Anísio Teixeira de Memória e Verdade da Universidade de Brasília (2014-2015).

SOBRE OS AUTORES

Airton Cerqueira-Leite Seelaender
Professor de História do Direito e de Direito Público na UnB, é pesquisador do CNPq, além de membro do IIHD (Buenos Aires) e do IHGB. Doutor em Direito pela Universidade de Frankfurt, é autor de *Polizei, Ökonomie und Gesetzgebungslehre, A longa sombra da casa* e *Francisco Campos (1891-1968) – Uma releitura,* tendo ainda organizado o "Livro do Centenário do Código Civil" (RIHGB, v.473). Ex-Procurador do Estado de S. Paulo, foi pesquisador visitante no Instituto Max Planck e na Universidade de Münster.

Ana Lucia Pretto Pereira
Professora orientadora no Programa de Pós-graduação Stricto Sensu em Direito da Universidade Católica de Brasília. Professora no Programa de Pós-graduação Lato Sensu em Direito da Faculdade Presbiteriana Mackenzie. Mestre e Doutora em Direito Constitucional pela Universidade Federal do Paraná (UFPR), com doutorado-sanduíche em Teoria do Direito na Universidade de Harvard. Realizou estágio pós-doutoral em Processo Constitucional pelo Programa Nacional de Pós-doutorado da CAPES, no Centro Universitário Autônomo do Brasil – UniBrasil (2014).

Cristina Reis Kokkinos Castanheira
Bacharel e Mestre em Direito pela Universidade de Brasília (UnB).

Douglas Antônio Rocha Pinheiro

Professor da Faculdade de Direito da Universidade de Brasília (UnB). Mestre e Doutor em Direito pela Universidade de Brasília (UnB), com período de pesquisa na Università degli Studi di Firenze, Florença-Itália e na Universidad de La Rioja, Logroño-Espanha.

Eneida Vinhaes Bello Dultra

Doutora e Mestre em Direito pela Universidade de Brasília (UnB). Advogada popular. Assessora Técnica na Câmara dos Deputados. Integra o Conselho Fiscal do Centro Feminista de Estudos e Assessoria – CFEMEA.

Evandro Piza Duarte

Professor de Direito Processual Penal e Criminologia na Faculdade de Direito da Universidade de Brasília (UnB). Professor na Cátedra Brasil sobre Relações Raciais (Capes) na Universidade Nacional da Colômbia (2014). Mestre em Direito pela Universidade Federal de Santa Catarina (UFSC) e Doutor em Direito pela Universidade de Brasília (UnB). Realizou estágio pós doutoral na University of Pennsylvania.

Francisco Rogério Madeira Pinto

Professor voluntário da Faculdade de Direito da Universidade de Brasília (UnB). Analista judiciário do TJDFT. Doutor em Direito pela Universidade de Brasília (UnB). Mestre em Ciência Política pela Universidade de Brasília (UnB).

Guilherme Scotti

Professor de Teoria e Filosofia do Direito na Faculdade de Direito da universidade de Brasília (UnB). Doutor e Mestre em Direito pela Universidade de Brasília (UnB).

Laila Maia Galvão

Pesquisadora visitante na American University in Cairo Professora de Direito do Instituto Federal do Paraná (IFPR). Mestre em Teoria, Filosofia e História do Direito pela Universidade Federal de Santa Catarina (UFSC) e Doutora em Direito pela Universidade de Brasília (UnB).

Mamede Said Maia Filho
Professor da Faculdade de Direito da UnB, foi coordenador do seu Núcleo de Prática Jurídica, vice-diretor (2013-2016) e diretor (2016-2020) da Faculdade. Mestre e Doutor em Direito pela Universidade de Brasília (UnB). Realizou estágio pós doutoral em Desigualdades Globais e Justiça Social no Colégio Latino-Americano de Estudos Mundiais, programa da Faculdade Latino-Americana de Ciências Sociais (FLACSO/ /Brasil).

Maria Pia Guerra
Professora da Faculdade de Direito da Universidade de Brasília (UnB). Mestre e Doutora em Direito pela Universidade de Brasília (UnB). Foi Consultora Técnica do Programa das Nações Unidas para o Desenvolvimento (PNUD) junto à Comissão de Anistia (2012, 2015) e pesquisadora da Rede Latino-Americana de Justiça de Transição (2014-2016).

Mariana Barbosa Cirne
Doutora e Mestre em Direito, Estado e Constituição pela Universidade de Brasília (UnB). Professora do Programa de Pós-Graduação Stricto Sensu em Direito Constitucional do Instituto Brasileiro de Ensino, Desenvolvimento e Pesquisa (IDP). Professora de Direito Constitucional, Ambiental e Difusos e Coletivos, além de Métodos de Pesquisa, do Centro Universitário de Brasília (UNICEUB). Procuradora federal da Advocacia--Geral da União (AGU). Coordenadora do Grupo de Pesquisa Constituição, Argumentação e Separação de Poderes do IDP.

Massimo Meccarelli
Professor de História do Direito medieval e moderno na Universidade de Macerata e pesquisador afiliado ao Instituto Max-Planck de História do Direito Europeu, em Frankfurt. Foi professor visitante nas faculdades de Direito da Universidad Autónoma de Madrid, na Johann Wolfgang Goethe-Universität em Frankfurt e na Universität Wien.

Mateus do Prado Utzig
Mestre e doutor em Direito pela Universidade de Brasília (UnB).

Rafael Lamera Giesta Cabral

Professor no curso de Direito e no Programa de Pós-Graduação Stricto Sensu em Direito (Mestrado Acadêmico) da Universidade Federal Rural do Semi-Árido (UFERSA). Doutor em Direito pela Universidade de Brasília (UnB). Foi professor visitante na Université de Montréal (2021-2022). É Editor-Chefe da Revista Jurídica da UFERSA. Sócio do Instituto Brasileiro de História do Direito.

Raphael Peixoto de Paula Marques

Professor do Programa de Pós-Graduação em Direito (mestrado) da Universidade Federal Rural do Semi-Árido (UFERSA). Professor da graduação e da pós-graduação lato sensu (Direito) do Instituto Brasiliense de Direito Público (IDP/DF). Doutor e Mestre em Direito pela Universidade de Brasília (UnB), com período de pesquisa no *Centro di Studi per la storia del pensiero giuridico* moderno (Universidade de Florença/Itália). Foi pesquisador visitante na Università degli Studi di Firenze (2019-2020). Procurador Federal (AGU).

Ricardo Lourenço Filho

Mestre e Doutor em Direito pela Universidade de Brasília (UnB). Professor do Instituto Brasileiro de Ensino, Desenvolvimento e Pesquisa (IDP). Juiz do Trabalho (TRT-10ª Região).

Thaís Dumêt Faria

Mestre e Doutora em Direito pela Universidade de Brasília (UnB). Foi conselheira do Conselho Penitenciário da Bahia por 8 anos. Primeira coordenadora do Centro de aplicação de penas e medidas alternativas da Bahia.

Thiago Freitas Hansen

Professor de Teoria do Direito da Universidade Federal do Paraná (UFPR). Foi Professor do Programa de Pós-Graduação em Direito da Universidade Católica de Brasília (UCB). Doutor e Mestre em Direito pela Universidade Federal do Paraná (UFPR). Sócio do Instituto Brasileiro de História do Direito. Editor Executivo da Revista "História do Direito". Criador e apresentador do podcast jurídico Salvo Melhor Juízo.

SUMÁRIO

II.
HISTÓRIA CONSTITUCIONAL NA PRIMEIRA REPÚBLICA

III.
HISTÓRIA CONSTITUCIONAL BRASILEIRA DA REVOLUÇÃO DE 1930 AO GOLPE DE 1964

V.
HISTÓRIA CONSTITUCIONAL NO PERÍODO DA TRANSIÇÃO E REDEMOCRATIZAÇÃO

INTRODUÇÃO

O livro que aqui apresentamos é uma obra coletiva construída, ao longo do tempo, num contexto de grande transformação da política e do direito no Brasil. Como toda reflexão histórica, o livro tem um caráter projetante que encontra uma dimensão dúplice. É evidente, por um lado, a relação dos textos com o passado da complexa experiência constitucional brasileira. Por outro lado, fica também claro, pela leitura das contribuições que formam a obra, que uma preocupação com o futuro do constitucionalismo brasileiro se manifesta na produção dos/as autores/as.

O livro tem ainda um importante significado histórico, ao conectar sua produção com a trajetória da Universidade de Brasília, instituição gestada e criada num momento democratizante de abertura e modernização. A UnB, como se sabe, foi um dos alvos preferenciais do regime militar, que procurou desfigurá-la em sua vocação e sua essência. Sempre, contudo, houve resistência. Com o retorno da democracia, a Universidade soube se reconstruir. E foi esse movimento de renovação política do Brasil que possibilitou um protagonismo histórico da UnB. Com o desencadeamento do processo constituinte de 1987/1988, foi criado na Universidade o Centro de Estudos de Acompanhamento da Constituinte, que funcionou como um laboratório de discussões e análises das atividades da Assembleia Nacional Constituinte, o que consolidou a ligação entre a Universidade (e sua Faculdade de Direito) e o campo do direito constitucional. O presente livro se insere nessa trajetória histórica. Uma parte expressiva dos e das participantes da obra (e também os organizadores) compõe o grupo de pesquisa Percursos, Narrativas e Fragmentos: História do Direito e do Constitucionalismo, em atividade no Programa de Pós-Graduação em Direito da UnB desde 2011 e registrado no Diretório dos Grupos de Pesquisa do CNPq. As demais colaborações decorrem dos diálogos mantidos pelo Percursos com outras instituições e grupos similares.

Outro aspecto merece particular atenção: a iniciativa conjunta da publicação da obra. O Programa de Pós-Graduação em Direito da Universidade Católica de Brasília, que vem estimulando a pesquisa jurídica de qualidade no Distrito Federal, participa desta coletânea como fruto de parcerias e do desenvolvimento de atividades conjuntas com o grupo Percursos, Narrativas e Fragmentos.

Os autores e autoras são professores/as e pesquisadores/as que desempenham suas atividades em várias instituições de ensino e pesquisa. Os textos apresentam temas e abordagens diversas, que refletem a pluralidade interna ao campo da história constitucional.

Uma vez que a história constitucional não se limita ao estudo normativo das constituições, abre-se um espaço amplo de possibilidades de investigação histórica, que podem se aproximar da história das ideias, da história social, da história política ou cultural. O livro contempla essas possibilidades ao trazer análises sobre processos constituintes na história brasileira, sobre a estrutura e a atuação do Poder Judiciário, sobre movimentos sociais e lutas por direitos, sobre doutrinas e conceitos jurídicos, sobre regulação e organização do Estado. Assim, o/a leitor/a terá acesso a pesquisas variadas, não só em relação ao período estudado, mas também em relação ao assunto e ao enfoque.

Essa diversidade das pesquisas não exclui a existência de importantes pontos de contato e de identidade entre elas. Podemos destacar, em primeiro lugar, o rigor metodológico que perpassa os textos reunidos. A preocupação em consultar fontes primárias e em interpretá-las de modo responsável, com o objetivo de evitar leituras ingênuas, acríticas ou descontextualizadas dos documentos e discursos, está presente em todas as contribuições. Essa postura também denota a atitude de tratar o direito não como um objeto isolado, mas a partir das suas interações com a sociedade, a política, a economia. Em segundo lugar, os textos compartilham da perspectiva que atribui à história constitucional o desempenho de uma função crítica. A análise histórica pode servir como ferramenta para problematizar pressupostos estabelecidos e fórmulas que circulam no mundo jurídico como se tivessem surgido em um vácuo político e social.

Dessa forma, as pesquisas também ajudam a pensar e a refletir sobre a produção e as práticas constitucionais do nosso tempo.

O livro está organizado em cinco partes. A primeira parte contém textos relacionados à metodologia da história constitucional. No primeiro capítulo, Cristiano Paixão propõe uma reflexão em torno das possibilidades investigativas e dos percursos metodológicos da história constitucional, com foco na experiência brasileira, e aborda temas e chaves de leitura para as pesquisas na área, bem como chama atenção para os cuidados no tratamento das fontes e para caminhos menos evidentes, mas não menos ricos, de estudo do passado constitucional. Airton Cerqueira-Leite Seelaender discute os desafios e as possibilidades de uma história do tempo presente, questionando o pressuposto de distanciamento do/a historiador/a em relação ao seu objeto como garantia de "neutralidade científica". Por sua vez, o texto de Douglas Antônio Rocha Pinheiro parte da análise de duas decisões do Supremo Tribunal Federal para discutir os riscos de a fundamentação judicial se basear em um presentismo constitucional (ou no regime de historicidade presentista), abrindo espaço para um decisionismo arbitrário. Por fim, a contribuição de Massimo Meccarelli, que participa do projeto como colaborador estrangeiro do grupo de pesquisa a partir de parceria estabelecida com a Universidade de Macerata (Itália), aborda a relação entre espaço da legalidade e autonomia do direito a partir das experiências moderna e medieval.

As quatro partes seguintes do livro tratam da história constitucional do Brasil republicano. A periodização adotada levou em conta três marcos políticos relevantes da história republicana: a Revolução de 1930, o golpe de Estado de 1964 e a redemocratização em 1985. O critério de divisão tem um caráter mais funcional do que científico. Ou seja, não se pretendeu apontar a existência de quatro grandes momentos constitucionais da história republicana a partir desses eventos. O objetivo prático da divisão foi, antes, acomodar os temas das pesquisas a partir de pressupostos teóricos compartilhados.

A partir dessa divisão, a segunda parte do livro traz duas pesquisas sobre o período da Primeira República, que se estende da proclamação da República em 1889 até 1930. Guilherme Scotti e Evandro Piza Duarte trabalham o incidente conhecido como "A Queima dos Arquivos da Escravidão por Ruy Barbosa" – que diz respeito à medida que resultou na queima das matrículas de escravos em 1890 – para refletir sobre a forma como os negros são tratados pela historiografia oficial e sobre como operam as estratégias de "apagamento da memória", tendo em vista os debates em torno da decisão do STF sobre a imprescritibilidade do crime de racismo e da criação da Comissão da Verdade da Escravidão Negra pela Ordem dos Advogados do Brasil (OAB). O segundo texto é de Laila Maia Galvão e analisa as transformações do conceito de república no final do século XIX e início do século XX, com foco na influência do modelo estadunidense, mostrando que a recepção da doutrina jurídica americana pelos juristas brasileiros serviu mais para restringir do que para expandir o conceito de república ou aproximá-lo da ideia de democracia.

A terceira parte reúne textos relacionados ao período da chamada Era Vargas (1930-1945) e do regime democrático de 1945-1964. O texto de Mamede Said Maia Filho analisa a atividade legislativa do governo provisório pós-1930 que institucionalizou a Administração Pública e conferiu autonomia ao direito administrativo, nos termos do projeto de intervencionismo estatal, criando um arcabouço com instrumentos e institutos que ainda moldam o atual sistema político-administrativo. No capítulo seguinte, Rafael Lamera Giesta Cabral aborda a regulação trabalhista elaborada pelo governo Vargas (1930-1934) e sua conexão com o federalismo e com a representação classista, tendo em vista as mudanças sociais operadas pela Revolução de 1930 e a constitucionalização dos direitos sociais na Constituição de 1934. Thiago Freitas Hansen analisa os impactos do pensamento do influente jurista e político Alberto Torres a partir da atuação de intelectuais e políticos identificados como seus herdeiros, os chamados "torreanos", que participaram de importantes debates e projetos de desenvolvimento nacional na Constituinte de 1933-1934 e fora dela. Com foco na Constituinte de 1933-1934, Eneida Vinhaes Bello Dultra investiga, sob a perspectiva dos direitos das mulheres, as articulações das sufragistas que culminaram na conquista do voto feminino em 1932 e os debates da Assembleia Nacional sobre o tema. No âmbito do breve período de vigência da Constituição de 1934, Raphael Peixoto discute a criação do Tribunal de Segurança Nacional (1936-1937), considerando os reflexos do anticomunismo e com foco nos debates legislativos e nas características do novo órgão, cuja atuação pode ajudar a compreender o tratamento então conferido à criminalidade política, bem como a elucidar as relações complexas e ambíguas entre judiciário e regimes autoritários. Por sua vez, entrando no período do Estado Novo,

Thaís Dumêt Faria investiga as razões para o fortalecimento da pena de morte pela Constituição de 1937, apesar da tendência que já se verificava de redução da sua incidência e cabimento, considerando, como hipóteses do trabalho, uma possível influência do mundo europeu (em especial dos Códigos alemão e italiano) e a força simbólica da pena capital, mesmo sem ter sido efetivamente aplicada. No último texto da seção, ao examinar os debates da Constituinte de 1946 sobre a função e a competência da Justiça do Trabalho, que passou a integrar o Poder Judiciário, Ricardo Lourenço Filho demonstra como o poder normativo conferido à nova justiça especializada tinha o escopo de tornar desnecessário o recurso à greve, reconhecido como direito no texto constitucional, e indica uma continuidade em relação à atual postura da Justiça do Trabalho no sentido de rejeitar o conflito entre capital e trabalho.

Na quarta parte do livro estão reunidas pesquisas dedicadas à história do direito no período da ditadura (1964-1985). Maria Pia Guerra analisa a responsabilização dos integrantes da organização brizolista "Grupos dos Onze" na Câmara de Vereadores de Araruama/SP após o golpe de 1964, com o objetivo de entender como a ditadura reagiu ao apoio social às demandas reformistas, identificando, ao final, as estratégias do regime para combinar legitimidade social e controle das instituições democráticas. No segundo texto, Cristina Reis Kokkinos Castanheira analisa criticamente a introdução do controle abstrato de constitucionalidade pela Emenda Constitucional nº 16, de 1965, a partir dos debates legislativos e da decisão do STF que reconheceu a competência privativa do Procurador Geral República para apresentar representações de inconstitucionalidade, diante dos objetivos de centralização política do regime ditatorial. Em outro estudo sobre o STF na ditadura, Claudia Paiva Carvalho examina três decisões, em sede de controle difuso, que declararam a inconstitucionalidade de dispositivos de decretos-leis editados pelo governo em matéria de segurança nacional. Se os casos demonstram a existência de uma margem de autonomia do tribunal, por um lado, a análise refuta a hipótese de que as decisões tenham servido precipuamente à garantia de direitos ou à limitação do arbítrio, por outro lado. Por sua vez, Rogério Madeira investiga o debate jurídico que buscava, na década de 1970, pensar em arranjos institucionais que fossem compatíveis com instrumentos repressivos e substituíssem as medidas de exceção, mas aponta o caráter limitado e o apego ao passado presente nas propostas dos juristas e políticos.

Por fim, a quinta e última seção do livro apresenta pesquisas sobre o período da transição política e, particularmente, sobre o processo constituinte de 1987-1988. Em seu texto, Ana Lucia Pretto Pereira analisa o processo constituinte a partir da ideia de *constitutio liberatis* desenvolvida por Hannah Arendt em seu livro *On Revolution*, e conclui que a noção de fundação da liberdade está presente, não pela via da reorganização institucional (organização do poder), mas sim pela via da afirmação jurídica da igualdade (inclusão e reconhecimento). Mariana Barbosa Cirne examina os debates constituintes sobre veto presidencial e suas consequências na relação entre os Poderes Executivo e Legislativo e indica mudanças no tratamento do veto em relação à ordem jurídico-autoritária anterior, que revelam um diagnóstico de crise entre os poderes, bem como a preocupação com a supremacia do Executivo e com o reequilíbrio na separação de poderes. O texto de Mateus do Prado Utzig analisa os debates constituintes a respeito da proibição constitucional da tortura e das tentativas de controlar seus efeitos jurídicos, levando em conta, por um lado, a influência dos discursos de repúdio à violência estatal praticada pela ditadura e, por outro lado, a equiparação entre tortura e terrorismo no texto constitucional como expressão da "ideologia da reconciliação".

A obra que ora se submete à leitura, crítica e interlocução procura oferecer reflexões acerca da história constitucional brasileira – que se apresenta como plural, diversificada, desafiante. Ela renuncia a explicações abrangentes, guarda distância das conexões monocausais e recusa qualquer tipo de determinismo. Ela se constitui na sua própria complexidade. Retomando um conto de Borges, podemos dizer que um livro se manifesta e se desdobra "em infinitas séries de tempos, numa rede crescente e vertiginosa de tempos divergentes, convergentes e paralelos". Essa "trama de tempos" é a essência do livro. E, como recorda Borges, o tempo "se bifurca perpetuamente em direção a inumeráveis futuros"[1]. Vários deles estão representados neste livro.

CRISTIANO PAIXÃO
CLAUDIA PAIVA CARVALHO

[1] Jorge Luis Borges, "El jardín de senderos que se bifurcan", in *Borges Esencial*, Real Academia Española/Asociación de Academias de la Lengua Española/Alfaguara, Barcelona, 2017, p. 73.

I.

METODOLOGIA DA HISTÓRIA CONSTITUCIONAL

1. PERCURSOS DA HISTÓRIA CONSTITUCIONAL: PARÂMETROS, POSSIBILIDADES E FONTES

CRISTIANO PAIXÃO

Introdução

O objetivo do presente artigo é apontar alguns caminhos e possibilidades para investigações voltadas à história constitucional. Trata-se de uma apresentação inicial de ideias, o que significa dizer que as reflexões que se seguem serão repensadas e relidas a partir do desenvolvimento de pesquisas concretas e de observações críticas. Pretendemos indicar percursos aptos a serem trilhados por pesquisadores da área em geral e também apontaremos alguns elementos que podem ser aprofundados em investigações específicas sobre história constitucional brasileira.

Análise de processos constituintes

As constituições possuem várias funções e são usadas de modos diversos por atores políticos e sociais. Podemos dizer, contudo, que elas representam um importante instrumento de separação – e posterior conexão – entre direito e política. Por um lado, condensam num único documento as opções políticas fundamentais de dada comunidade. Por outro lado, assumem o papel de norma suprema do ordenamento jurídico. Exatamente por conta dessas características, as constituições não são produzidas de forma rotineira ou mesmo periódica. Elas possuem uma certa singularidade, que se manifesta também nos processos políticos e sociais que marcam a sua elaboração. Alguns autores, como Bruce Ackerman, falam em "momentos constitucionais". Ainda que a expressão "momento" possa ser inexata, já que processos políticos possuem várias temporalidades, fases e também "momentos", o que deve ser destacado é o elemento singular do processo em si.

Com isso queremos enfatizar que o processo de elaboração de um texto constitucional envolve uma ampliação das opções disponíveis, se compararmos com a atividade legislativa ordinária. Uma assembleia constituinte – corpo político que pode ter origens e composições muito diferentes entre si – não está limitada por procedimentos estabelecidos na ordem constitucional que se pretende suplantar e, principalmente, a própria situação política que ensejou a convocação e o funcionamento da assembleia permite que os atores políticos encarregados da escrita do novo texto constitucional tenham maior liberdade na estruturação das relações entre direito e política. Em alguns casos, essa situação política singular pode mesmo ser um instrumento de pressão para que haja inovação constitucional. Processos políticos que envolvem mudança de regime são particularmente significativos – como o processo constituinte havido na África do Sul após o *apartheid* ou a elaboração, no Brasil, de uma nova constituição após o fim do regime militar.

Um outro elemento que deve ser levado em consideração diz respeito à dimensão temporal. Por definição, o direito é um sistema que articula incessantemente o passado, o presente e o futuro. Como fenômeno textual, o direito moderno está inserido num contexto de interpretação. As reflexões doutrinárias acerca dos conteúdos normativos e o arcabouço de precedentes (em casos similares ou não) compõem um poderoso pano de fundo ao qual o intérprete procura fazer referência. Mas, como se sabe, interpretar normas não é uma operação essencialmente voltada ao passado. Normas jurídicas são utilizadas em processos que envolvem conflitos, dilemas, demandas. E esses processos ensejam, sempre, decisões que são tomadas no presente, para situações que se presentificam. Há também um elemento voltado ao futuro nesse contexto de interpretação: órgãos decisores (juízes, autoridades administrativas, entes privados) têm consciência da historicidade das decisões, ou seja, do fato de que uma determinada modificação na orientação da instituição que decide pode denotar uma dada direção para o futuro. A seleção de casos que serão decididos por uma suprema corte ou um tribunal constitucional num determinado ano é parte de uma certa "agenda" da própria instituição. Com isso queremos dizer que o direito é intrinsecamente marcado pelo tempo.

Essa dimensão temporal é ainda mais presente no desenvolvimento dos trabalhos de um corpo político que reivindica o poder constituinte originário. Processos constituintes estão, muitas vezes, relacionados a demandas por transformação. Muitos tipos de transformação: para além do clássico exemplo da ocorrência de uma revolução, como aquelas verificadas nos Estados Unidos da América e na França, pode-se falar em movimentos de restauração de um regime[1], ou ainda da transição negociada entre atores de um regime político que se encerra e os futuros integrantes de um novo panorama político numa dada comunidade[2]. Há ainda os atos autoritários cometidos por regimes de força, que em não poucas oportunidades procuram revestir sua dominação com a aparência de legalidade (que pode incluir o elemento da constitucionalidade). Em todas essas circunstâncias, muito diferentes entre si e manifestadas, em regra de modo combinado, em vários episódios da história, há um elemento em comum: uma descontinuidade em relação ao passado imediato. Seja para instaurar uma nova ordem a partir de uma clara ruptura com o regime pretérito, seja para proceder a uma restauração (que nada mais é senão a recuperação de um passado distante em relação a um passado próximo), seja para negociar os termos de um acordo (que envolverá uma disputa sobre o passado, ou seja, sobre o que permanecerá, no presente futuro, daquele passado), seja mesmo para impor um regime autoritário, em todos os casos haverá juízo, decisão, explicitação de uma nova ordem.

Obviamente, o interesse da história constitucional não pode se concentrar apenas nos processos constituintes. Apesar de sua centralidade – que deve ser levada em conta mesmo após a "normalização" da atividade constituinte, quando se inicia a vigência do novo texto –, o processo de elaboração de uma constituição não é mais do que uma importante parcela do material disponível para investigação. Há que levar em consideração o "outro lado da moeda", a saber, as pressões desconstituintes que podem surgir durante o período em que um texto constitucional estiver em vigor. A combinação de agendas políticas nos planos doméstico e internacional pode significar, em alguns momentos, uma desaceleração

1 Um exemplo ilustrativo é a *Charte Constitutionnelle* francesa, outorgada por Luís XVIII em 4 de junho de 1814. Ver Dippel, 2005, p. 162.

2 O caso paradigmático é o da Espanha no contexto posterior ao fim do franquismo. Cf., a esse respeito, Rosenfeld, 1998 e 2005.

na implantação de uma nova constituição; isso pode ocorrer por meio de reformas exigidas por parceiros no âmbito internacional, por situações de "intervenção branca" de organismos supranacionais ou mesmo a partir da transformação do panorama econômico global[3].

Uma outra observação parece necessária: processos constituintes envolvem, sempre, algum tipo de ruptura com o passado. Isso significa afirmar que o poder constituinte pode surgir de modo gradual, não planejado, ou mesmo durante o trabalho de um corpo político ou legislativo que não tinha originalmente mandato para elaborar um texto constitucional. Os dois exemplos clássicos decorrem das duas primeiras manifestações do poder constituinte originário. Nos Estados Unidos pós-independência e na França revolucionária, dois entes que já possuíam previsão em instrumentos anteriores são convocados e começam a funcionar. Ao longo do processo, transformações políticas ocorrem e esses mesmos corpos políticos se declaram assembleias constituintes. A Convenção da Filadélfia foi convocada, como se sabe, para emendar os Artigos da Confederação, documento constitucional que estava em vigor nos Estados Unidos desde 1777. Na França, os Estados Gerais foram chamados pelo monarca num contexto de crise política e econômica, sem nenhuma pretensão inicial de elaboração de uma constituição. Tratava-se de um órgão típico do Antigo Regime, com estratificação inerente à sua própria configuração. Como é de conhecimento geral, o Terceiro Estado, declarando-se autônomo, decidiu converter-se em assembleia constituinte[4].

É fundamental, contudo, frisar: não existe constituição criada *ex nihilo*. Mesmo uma hipotética "constituição originária" não poderia abrir mão de sua própria inserção no tempo. Os autores das primeiras constituições modernas – nos Estados Unidos, em 1787 e na França, em 1791 – tiveram que lidar com duas constelações de experiências passadas. A primeira delas era composta por vários documentos jurídicos e políticos que já existiam ao tempo da elaboração dos textos. No caso dos Estados Unidos, a Declaração de Independência, os Artigos da Confederação e as diversas constituições estaduais. No caso francês, a Declaração dos Direitos do Homem e do Cidadão e as normas jurídicas em vigor antes e imediatamente depois da deflagração do processo revolucionário. A segunda condensação de

[3] Ver Pisarello, 2016, esp. p. 79-105.

[4] Ver Elster, 1998 e Paixão e Bigliazzi, 2011.

matéria passada envolve a relação com o regime preexistente em relação as citadas constituições. Os Estados Unidos eram uma nação que havia conquistado sua independência em relação ao colonizador britânico. A França revolucionária tinha em seu passado uma densa história política marcada pelo Antigo Regime, com suas desigualdades, suas distinções estamentais e seus resquícios feudais.

Essa óbvia constatação – de que toda constituição é um artefato histórico – também serve como alerta na tarefa de construção da história constitucional: não é indicado investir numa separação radical entre os momentos de elaboração da constituição (quando entra em cena o poder constituinte originário) e as situações de vigência ordinária dos textos constitucionais (circunstância em que se faz presente apenas o constituinte derivado). Ainda que a distinção mereça ser mantida, é fundamental não cair num excessivo hiato entre as duas atividades. Numa obra já tornada clássica, Bruce Ackerman procurou estabelecer duas modalidades de relação entre política e direito, criando, assim, uma engenhosa explicação para a história constitucional norte-americana. Segundo Ackerman, existem momentos de mobilização mais ampla da população em geral, nos quais se decidem questões centrais para a comunidade, e que não podem ser explicados (ou exauridos) a partir do funcionamento regular das instituições, como o parlamento ou os tribunais. Em contraste, há a operação habitual das instituições, tal como previstas no constitucionalismo moderno: leis aprovadas pelos órgãos competentes, demandas apreciadas pelas cortes, sendo que, nessa situação, a população está em grau de mobilização muito menor. Lidando com essa polaridade entre "política em momentos excepcionais" e "política em momentos normais", Ackerman logra demonstrar que, na história política dos Estados Unidos, houve situações do primeiro tipo, como a época da elaboração da Constituição de 1787, o tempo da reconstrução após a Guerra Civil e, no século XX, a implantação do *New Deal*, ou seja, momentos de maior mobilização e participação dos cidadãos na escolha dos rumos políticos da comunidade.

Tal distinção foi incorporada à teoria da constituição e suscitou imenso debate crítico, ainda em pleno curso[5]. Seu uso, contudo, não deve

[5] Cf. Klarman, 1991-1992; Dumm ,1992; Scott 1992-1993; Waldron, 1993; Hoke, 1996-1997; Tushnet, 2005.

ser dar de modo naturalizado, como se o contraste estivesse presente em todas as épocas e lugares e fosse sempre operativo para a história constitucional.

Isso porque a distinção pode comportar certa matização. É possível – e ocorre em algumas oportunidades históricas – que determinadas mudanças constitucionais ocorram sem que estejam presentes o poder constituinte originário ou mesmo a mobilização ampla da cidadania. Políticas de governo, por exemplo, podem induzir transformações constitucionais. Além disso, o século XX presenciou várias manifestações de um certo constitucionalismo autoritário – regimes de força que procuraram estabelecer as bases constitucionais do próprio arbítrio. Nesses casos, trata-se da mobilização de um aparato de poder contra a cidadania ativa. Não há "política extraordinária" nesse caso, a não ser pelo seu pior aspecto: a explicitação da exceção como modalidade de construção constitucional. Por outro lado, podem ocorrer situações de intensa mobilização da população, com incremento na participação popular e na ocupação de espaços na esfera pública, que não sejam seguidas por inovação constitucional. Isso ocorre quando a constituição opera como uma espécie de barreira, dificultando a reforma ou revisão dos seus próprios termos, por meio de procedimentos mais elaborados e complexos de alteração do texto (como a exigência de supermaiorias para a aprovação de emendas). Nessas circunstâncias, haverá mobilização, demanda e participação, mas não será materializada a resposta institucional.

É o momento, então, de abordar elementos da história constitucional brasileira, levando a sério as observações até aqui propostas.

Percursos da história constitucional no Brasil. Temas

Como já tivemos oportunidade de registrar em outro texto (escrito em coautoria com Paulo Blair[6]), a história constitucional brasileira é um verdadeiro laboratório de experiências políticas e institucionais, diante da diversidade e intensidade das disputas políticas, dos conflitos sociais e das respostas institucionais.

Em pouco menos de dois séculos, o Brasil produziu sete constituições. Um dado significativo na história constitucional brasileira é a relação entre mudança política e construção constitucional. Há uma relação

[6] Ver Paixão e Blair, 2018.

direta entre as transformações do regime político e o surgimento de uma constituição. Assim que o Brasil se tornou uma nação independente, foi outorgada a Constituição de 1824, que fez a opção por um estado unitário e pela forma monárquica. Com a queda da monarquia e a subsequente transformação do regime em república, foi promulgada a Constituição de 1891, com forte influência da Constituição dos Estados Unidos da América de 1787 (com seu federalismo, seu bicameralismo, sua Suprema Corte com juízes vitalícios indicados pelo Presidente da República e aprovados pelo Senado). Em novembro de 1930, eclodiu uma Revolução, que trouxe sensíveis modificações na relação entre poder central e lideranças locais e significou o início de um projeto de modernização, situado no marco do liberalismo (combinado com alguma intervenção do Estado na economia) e da democracia. A Constituição de 1934, redigida por uma Assembleia Constituinte, foi o documento político e jurídico que procurou conferir durabilidade e estabilidade a essa nova organização estatal. A duração, contudo, do texto de 1934 foi excepcionalmente breve. A conturbada década de 1930 ainda veria o surgimento de uma nova constituição. A experiência democrática chegou ao fim com o autogolpe desencadeado por Getúlio Vargas com o apoio de setores das Forças Armadas. No mesmo dia em que foi decretado o fechamento do Congresso Nacional foi também outorgada uma Constituição. Assim, em 10 de novembro de 1937 o Brasil passou a ser regido por uma Constituição imposta por Vargas e, como seria de se esperar, essa mesma Constituição estipulou o protagonismo do Poder Executivo na direção do processo de modernização do País.

Com o fim da ditadura de Vargas em 1945, foi eleita uma Assembleia Constituinte. Com representação de amplo leque de orientações políticas, a Constituição de 1946 resgatou, em grande parte, a estrutura e o desenho institucional de 1934. A partir da década de 1950, o Brasil ingressou num estágio de modernização econômica e maior industrialização, que se deu em meio a conflitos políticos e sociais particularmente intensos. O impulso modernizador e os conflitos se aceleraram a partir de 1961, com grande mobilização popular nos primeiros anos da década de 1960. Em 1964, contudo, um golpe civil-militar foi deflagrado, o Presidente da República foi destituído e o poder foi usurpado pelos militares (com apoio de setores da classe política e do empresariado). Parcela razoável de atores políticos parece ter avaliado que seria apenas mais uma intervenção militar pontual (nos moldes das ocorridas em 1945, 1954 e 1955), com o rápido retorno do poder aos civis. Porém, como sabemos, não foi o que ocorreu. Os militares governaram o Brasil por 21 anos ininterruptos. Em 1967, uma nova constituição, redigida pelo governo militar, foi imposta a um Congresso Nacional mutilado por expurgos e perseguições. Com o aprofundamento da ditadura, uma emenda constitucional ampla (que equivale a uma nova constituição) foi outorgada por uma junta de ministros militares em 1969. O poder foi finalmente devolvido aos civis por meio de um intrincado processo de transição política e redemocratização. Uma Assembleia Constituinte foi eleita em 1986. Os trabalhos constituintes perduraram de 1º de fevereiro de 1987 a 5 de outubro de 1988, quando foi promulgada a Constituição vigente até os dias atuais[7].

A história constitucional brasileira é, portanto, densa e multifacetada. Houve muitos processos constituintes, muita alternância entre regimes, muitas situações de mobilização popular e também de repressão por governos autoritários. Nossa proposta, nesta parte do texto, é a de ilustrar alguns aspectos desse percurso histórico a partir de determinados temas-guia, ou seja, da presença, em vários momentos da trajetória histórica do constitucionalismo brasileiro, de determinados elementos comuns.

Transições e seu significado histórico

A ideia de transição ocupa importante papel na história constitucional brasileira, especialmente em situações de modificação na relação entre direito e política, com a substituição de um texto antigo por uma nova constituição. Na verdade, como procuraremos demonstrar no presente artigo, o próprio conceito de transição precisará ser revisto.

Na linguagem ordinária e no senso comum, transição significa passagem, caminho de ligação entre um estágio e outro. Na ciência política surgiu o campo da "transitologia", dedicado a investigar os processos de passagem da ditadura à democracia, com ênfase na história da América Latina na segunda metade do século XX, quando regimes autoritários começaram a ser substituídos por governos democráticos[8]. Não é necessário frisar que

[7] As primeiras seis constituições brasileiras podem ser consultadas em Brasil 1986. A Constituição de 1988 recebeu seis emendas de revisão e 128 emendas constitucionais, sendo que a última foi promulgada em 22 de dezembro de 2022.

[8] Cf. O'Donnell e Schmitter, 1986; Linz e Stepan, 2008.

essas transições ocorreram com tempos diferentes em cada um dos países da região, e também produziram efeitos muito discrepantes. O fenômeno, contudo, não é restrito ao continente americano: na década de 1990 houve processos de transição política no Leste Europeu e na África do Sul, apenas para citar exemplos que se tornaram emblemáticos e que são bastante estudados até hoje.

Após alguns decênios, fica evidente que as transições apresentam um quadro muito mais complexo do que se imaginava. Não é suficiente observar, classificar e analisar as diversas modalidades por meio das quais alguns países fizeram a passagem do autoritarismo à democracia. O que se percebe, na verdade, é que essas transições não podem ser compreendidas apenas como operadoras temporais, no sentido cronológico do termo. No curso de uma transição, decisões são tomadas, opções em relação ao passado são explicitadas e novas configurações sociais e políticas se formam. Essas deliberações, essas escolhas podem se projetar para o período posterior ao da "passagem" de um regime a outro. Elas podem conformar o novo regime, delimitar escolhas que estarão disponíveis para os atores políticos, em síntese, elas podem vincular o futuro.

Não há, portanto, *um* tempo da transição. É possível afirmar que há *vários* tempos produzidos na transição. Exatamente em face dessa complexidade, Massimo Meccarelli propõe como instrumento de observação dos períodos transicionais a categoria dos "tempos atributivos", ou seja, a projeção, para a época pós-transicional, dos efeitos de decisões tomadas por atores políticos e sociais (e também institucionais) nos processos de transição[9]. E esses efeitos podem ser constatados não apenas por meio da *presença* de reflexos, no futuro, de deliberações adotadas no presente das transições. Eles podem ser constatados também por uma *ausência*, a saber, as vozes, demandas, manifestações de grupos sociais que, mesmo mobilizados no processo de transformação política, não tiveram repercussão nas deliberações que conduziram a um novo regime[10].

No que diz respeito à história constitucional brasileira, caracterizada, como já observado, por uma intensa transformação política, com alternância entre regimes, o estudo das transições é uma necessidade que se

[9] Ver Meccarelli, 2020.

[10] Cf. Paixão, 2020.

coloca para a maior parte das pesquisas que se desenvolvem neste campo. Uma das razões para tal interesse é a relação entre as transições e um instituto que se mostra presente na história política brasileira: a anistia. Em acurada investigação, Ann M. Schneider revela haver encontrado 38 normas que concederam anistia na história brasileira, no período compreendido entre 1891 e 1979[11]. Efetivamente, em grande parte das constituições aprovadas no Brasil houve concessão de anistia a adversários políticos (1934, 1946 e 1988) ou a possibilidade foi ao menos discutida durante trabalhos de elaboração do documento, como na Assembleia Legislativa e Constituinte de 1823[12].

E é interessante notar como, à medida em que foram se sucedendo as constituições, a dinâmica das anistias foi se tornando mais complexa. Como demonstrado na minuciosa pesquisa empreendida por Raphael Peixoto de Paula Marques, os efeitos de uma tentativa de revolução comunista, ocorrida em 1935, fazem-se sentir até os dias de hoje. Isso porque um decreto legislativo, de 1961, estabeleceu uma anistia aos militares que se engajaram no movimento, prevendo inclusive o retorno às forças armadas. Logo após a deflagração do golpe de 1964, os militares, então no poder, resistiam a cumprir o decreto de anistia, até que ele foi substituído por um decreto-lei, mais restritivo, em 1969 (o que gerou várias demandas que acabaram sob a apreciação do Supremo Tribunal Federal). Porém, com a entrada em vigor da Constituição da República de 1988, os atingidos pelo decreto-lei de 1969 foram também anistiados. Isso significa afirmar que a anistia política prevista na Constituição de 1988 alcança uma revolta ocorrida em 1935[13]. E isso tem consequências institucionais: a Comissão de Anistia instalada para conferir efetividade ao comando constitucional permanece em atividade nos dias de hoje, restando ainda cerca de 9.000 requerimentos a serem analisados[14].

[11] A relação compilada por Schneider envolve apenas anistias políticas. Se for levada em consideração a totalidade de anistias concedidas, especialmente aquelas relacionadas à revisão de atos de demissão de servidores públicos ou de trabalhadores grevistas, o número será sensivelmente mais elevado. Ver Schneider, 2008.

[12] Cf. Paixão, 2015(a).

[13] Ver Marques, 2017.

[14] Após o início do governo Jair Bolsonaro, a Comissão de Anistia teve seu perfil inteiramente modificado, com a indicação de militares e simpatizantes do regime de 1964, o que ocasionou uma diminuição expressiva das reparações concedidas. Ver "Orientação na Comissão

E, no que diz respeito à situação contemporânea, a transição política ocorrida especialmente na década de 1980 persiste como um problema jurídico e político. Em 5 de outubro de 2018, a Constituição completou 30 anos de vigência numa verdadeira encruzilhada entre passado, presente e futuro. A principal questão relacionada ao período pré-1988 envolve a herança do regime militar. Em suas cláusulas transitórias (art. 8º), a Constituição afirma que no período ditatorial foram cometidos "atos de exceção", ou seja, deixa claro que os elementos básicos do Estado de Direito não eram respeitados. Os tribunais brasileiros, contudo, reiteradamente decidem pela validade de uma lei de anistia aprovada – por iniciativa do regime – em 1979, o que impede a abertura de processos criminais para apurar responsabilidades de agentes da ditadura que cometeram graves violações ao *jus cogens* do direito internacional dos direitos humanos. Esse imobilismo gerou duas condenações do Brasil na Corte Interamericana de Direitos Humanos: nos casos da guerrilha do Araguaia e do assassinato do jornalista Vladimir Herzog, a Corte avaliou que o Brasil não concedeu uma resposta adequada a uma contínua violação de direitos humanos. Nem a promulgação da Constituição de 1988 foi capaz de revolver o passado autoritário[15].

Como é sabido, o governo federal brasileiro foi ocupado, entre janeiro de 2019 e dezembro de 2022, por um grupo político que manifestou apoio explícito a atos de tortura praticados durante o regime militar. Grande parte dos autores ligados à história e à filosofia política tem procurado analisar a conjunção de fatores que conduziu a esse estado de coisas. Uma das interpretações mais correntes destaca o caráter incompleto e limitado

de Anistia é negar pedidos em massa, diz conselheiro do órgão", *Folha de São Paulo*, 12t de setembro de 2019. Disponível em: < https://www1.folha.uol.com.br/poder/2019/09/orientacao-na-comissao-de-anistia-e-negar-pedidos-em-massa-diz-conselheiro-do-orgao.shtml> (Acesso em 25 Outubro 2019).

[15] Corte Interamericana de Direitos Humanos, Caso Gomes Lund e Outros (Guerrilha do Araguaia) vs. Brasil: exceções preliminares, mérito, reparações e custas. Sentença de 24 de novembro de 2010. Série C, n. 219. Disponível em: http://www.corteidh.or.cr/docs/casos/articulos/seriec_219_por.pdf; Corte Interamericana de Direitos Humanos, Caso Herzog e Outros vs. Brasil: exceções preliminares, mérito, reparações e custas. Sentença de 15 de março de 2018. Série C, n. 353. Disponível em: http://www.corteidh.or.cr/docs/casos/articulos/seriec_353_por.pdf. Ver também Paixão, 2018(a) e Pinto, 2013.

da transição brasileira, marcada pelo signo da conciliação e sem punições por atos praticados por agentes do regime[16].

Regra e exceção

Um aspecto merece destaque ao longo do amplo percurso da história constitucional brasileira. Entre assembleias constituintes e documentos outorgados, entre transições e anistias, há um dado que parece estar presente em grande parte da experiência brasileira: a ativação de mecanismos de exceção.

Devemos lembrar que esse é um tema clássico na história e na teoria constitucionais. São variáveis a forma de uso, a duração, as consequências da decretação de uma situação de exceção, mas o debate tem um ponto comum importante: quais são os limites que devem se colocar aos governantes que fazem uso de tais recursos? Que tipo de desdobramento pode ser produzido em relação ao Estado de Direito? Como é sabido, essa foi uma das principais polêmicas que caracterizaram a República de Weimar. O art. 48 da Constituição promulgada em 1919, que permitia ao Presidente do Reich suspender direitos e garantias individuais, foi usado em várias circunstâncias, com maior frequência no período imediatamente anterior à tomada do poder pelos nazistas[17]. Em contextos mais recentes, a discussão sobre a exceção voltou à tona a partir da reação norte-americana aos atentados de 11 de setembro de 2001. Qual é o grau de amplitude da prerrogativa do presidente dos Estados Unidos, como comandante-em--chefe das forças armadas, para limitar a aplicação de direitos pertencentes aos combatentes inimigos na campanha contra o Iraque e o Afeganistão? Em que medida é possível recorrer às cortes para obter uma decisão que represente uma barreira à atuação do poder presidencial? Com a fundação do campo de prisioneiros de Guantánamo, essa última questão assumiu um papel central no direito constitucional norte-americano. Em sucessivas decisões, a Corte Suprema, após a divisão entre os tribunais federais acerca da dimensão da prerrogativa presidencial, acabou por impedir várias ações que pareciam extrapolar as funções presidenciais, como a suspensão do Habeas Corpus[18].

[16] Ver Abranches et. al., 2019; Mattos, Bessone e Mamigonian, 2016.

[17] Ver, a respeito do contexto de Weimar, as seguintes referências: Stolleis, 2019; Graf, 2010; Caldwell, 1997; Lanchester, 1985.

[18] Cf.. Holmes, 2007; e Dworkin, 2006.

A Constituição de 1891, a primeira a ser promulgada após a Proclamação da República (que ocorrera em 1889), teve uma longa vigência, pois foi substituída apenas pela Constituição de 1934. Porém, especialmente no período da Primeira República (que se encerra em 1930), era rotineira a decretação do estado de sítio pelo poder executivo. Entre dez governantes que exerceram a presidência da República entre 1891 e 1930, oito decretaram o estado de sítio. Considerado o período inteiro da primeira república (1889-1930), foram 2.365 dias em estado de sítio[19]. Verifica-se, então, que a exceção era uma prática rotineira na época. Sua principal função era a de facilitar a repressão de várias forças sociais que se mobilizaram para reivindicar direitos[20].

O fim da Primeira República não significou o fim do recurso a medidas de emergência. No curto período de vigência da Constituição de 1934 (que foi elaborada de modo democrático, a partir de uma assembleia constituinte especialmente eleita para esse fim), o então Presidente Getúlio Vargas, após ter neutralizado movimento revolucionário ocorrido em 1935 (já mencionado no tópico acima), decide criar um tribunal de segurança nacional, clara corte de exceção, com redução das possibilidades e garantias do direito de defesa dos acusados. Foi também decretado o estado de sítio. E aqui, de modo interessante, um artificio foi usado também por Vargas para prorrogar a vigência das medidas de emergência: como a Constituição de 1934 havia sido restritiva em relação às consequências da decretação do estado de sítio (em face do uso abusivo do instituto na Primeira República), Vargas procurou uma outra forma para poder suspender as garantias constitucionais da população. Seu governo impulsionou uma reforma constitucional aprovada em curtíssimo prazo (11 dias), com sérias irregularidades procedimentais, com o objetivo de permitir a suspensão das garantias, por meio da decretação do estado de guerra[21].

A questão relacionada ao estado de sítio voltaria a ocupar papel central na história brasileira no pós-guerra, especialmente em duas situações de crise constitucional. Na conturbada década de 1950, marcada pela aceleração no processo de modernização econômica, mas caracterizada por uma sucessão de crises políticas, surge um impasse decorrente da

[19] Ver Gomes e Matos, 2017.

[20] Cf. Guerra, 2016.

[21] Ver Marques, 2013.

tentativa, por setores das forças armadas, de impedir, em 1955, a posse de Juscelino Kubitschek, presidente eleito naquele ano. Num período de poucos meses, o Congresso Nacional decide afastar dois presidentes interinos que era próximos ao setor militar. Após o segundo impedimento, o Presidente em exercício declara o estado de sítio, o que serve como justificativa para que o Supremo Tribunal não aprecie a motivação de um dos impedimentos decididos unilateralmente pelo Congresso[22]. As tensões políticas retornaram no governo de João Goulart, período de intensificação da atuação dos movimentos sociais (estudantes, operários, setores da classe artística), mas também de polarização política, que refletia o contexto da Guerra Fria. Em outubro de 1963, após declarações do seu opositor político Carlos Lacerda defendendo abertamente um golpe de estado, João Goulart manifesta intenção de decretar estado de sítio. Porém, já não havia condições políticas para tanto. Goulart recuaria, mas o episódio foi central no processo de desgaste de sua liderança no Executivo. Cinco meses depois, ele seria derrubado por um golpe[23].

O regime militar fez uso frequente de mecanismos de exceção, a começar pelos chamados "atos institucionais", normas repressivas baixadas de modo unilateral que não eram submetidos ao Legislativo e não podiam ser apreciados pelo Judiciário. Entre 1964 e 1969, foram editados 17 atos institucionais, sendo que o primeiro deles, baixado nove dias após o golpe de estado, determinou várias punições a civis e militares e cassou vários mandatos parlamentares. O segundo ato, de 1965, dissolveu os partidos políticos existentes à época, criando o bipartidarismo, e extinguiu o processo de eleição direta para Presidente da República. O de nº 5, de 1968, decretou o fechamento do Congresso Nacional e inaugurou um período violento de perseguições, tortura, mortes e desaparecimentos forçados[24].

Quando o regime estava próximo ao fim, outro mecanismo foi ativado. Para evitar a aprovação de um projeto de emenda constitucional que estabeleceria eleições diretas para Presidente da República, o último dos generais presidentes decretou "medidas de emergência" no Distrito Federal, reinstalando a censura nos meios de comunicação, impedindo a

[22] Cf. Carvalho, 2019.

[23] Ver Ferreira e Castro Gomes, 2014, esp. pp. 243-332.

[24] Cf. Paixão, 2011, 2014.

entrada de pessoas no perímetro urbano e dissolvendo reuniões políticas. A iniciativa acabou sendo decisiva para que o Congresso rejeitasse, em primeira votação, o projeto de emenda constitucional[25].

Mobilização de atores sociais e o uso da greve

Um elemento relevante – e presente de modo recorrente na história constitucional brasileira – é o surgimento, em diversos contextos, de movimentos de mobilização de setores da população com uma espécie de impulso constituinte, ou seja, movimentos reivindicatórios que apontam para a inclusão social e a participação cidadã (por grupos de pressão ou entes coletivos formados de modo autônomo). As modalidades de organização e as pautas de reivindicação são bastante diversificadas; a tarefa do historiador do direito é a de identificá-las, analisá-las e aferir sua importância no amplo quadro da história constitucional brasileira.

Uma crucial chave de leitura em relação à mobilização é a observação da greve como prática social. Ao longo de todo o período republicano, sindicatos e associações de trabalhadores produziram mobilizações que assumiram a forma da greve, o que inevitavelmente atraiu a repressão de forças policiais e militares. É fundamental ressaltar, num primeiro momento, a vitalidade da greve como forma de reivindicação, mesmo quando não havia previsão legal regulamentando a paralisação dos serviços. No início da Primeira República, o Código Penal de 1890, em sua versão original, inseria a greve como crime contra a organização do trabalho. Porém, ainda no período da *vacatio legis* do código, um decreto modificou a redação original do artigo e manteve como conduta criminosa a prática de violência durante uma greve[26]. O direito, contudo, não era regulado em nenhuma norma legal. Isso não impediu, contudo, que inúmeras greves fossem deflagradas, inclusive uma greve geral, em julho de 1917, que teve expressiva adesão em cidades como São Paulo, Campinas, Curitiba e Porto Alegre[27].

A partir da década de 1940 e até meados dos anos 1960, um interessante paradoxo vem à tona. Os tribunais brasileiros, incluindo o Supremo

[25] Cf. Ferreira, 2018.

[26] Cf. Brasil, Decreto n. 847, 11 de outubro de 1890, Coleção de Leis do Brasil – 1890, p. 2664 e Brasil, Decreto n. 1.162, 12h de dezembro de 1890, Coleção de Leis do Brasil – 1890, p. 4052.

[27] Ver Paixão, 2015(b); e Lopreato, 2000.

Tribunal Federal, órgão de cúpula do Poder Judiciário, interpretam de modo restritivo o dispositivo da Constituição de 1946 que reconhece o direito de greve, sob a alegação de que ele não teria sido regulamentado por lei. Trabalhadores e sindicatos, por sua vez, seguem se mobilizando e deflagrando novas greves. No período compreendido entre 1961 e 1964, exatamente aquele período de intensificação da esfera pública e de atores sociais no contexto urbano, já mencionado acima, houve um substancial aumento do número de greves, com uma grande ocorrência de greves políticas[28].

A interrupção da normalidade do processo político, com o golpe de 1964, acarretou, evidentemente, a redução dos episódios de paralisação do trabalho. O regime, na verdade, consciente do poder reivindicatório das greves, editou, logo após assumir o poder, uma lei. O procedimento previsto pela lei para deflagração da greve era complexo e lento; o controle estatal era contínuo; e havia inúmeras restrições para atividades consideradas essenciais. Além disso, ele estipulava vários crimes contra a organização do trabalho, e entre eles estavam "promover, participar ou insuflar greve ou lock-out com desrespeito a esta lei". A pena prevista era reclusão de seis meses a um ano e multa pecuniária. Para a reincidência a pena deveria incidir em dobro. Não por acaso, o diploma legal ficou conhecido, entre os trabalhadores, como "lei antigreve", pois, em termos práticos, ele inviabilizava todo tipo de paralisação legal. Para tornar ainda mais restrita uma disciplina que já era bastante rígida, a Constituição de 1967 simplesmente proibiu a greve em atividades essenciais e nos serviços públicos. Por sua vez, o Decreto-Lei 314/1967 estabeleceu que "Promover greve ou lock-out, acarretando a paralisação de serviços públicos ou atividades essenciais, com o fim de coagir qualquer dos Podêres da República" era crime contra a segurança nacional, punível com reclusão de dois a seis anos. Em 1968 surgem greves em cidades industriais (Osasco e Contagem), que são fortemente reprimidas pelo governo militar[29]. O movimento sindical, já bastante afetado por prisões e perseguições,

[28] Cf. Moraes, 2011, esp. pp. 35-37.

[29] Ver Brasil, Lei n. 4.330, 1º de junho de 1964, Diário Oficial da União, Brasília, DF, 3 de junho de 1964, Seção 1, p. 4.713 e Brasil, Decreto-lei n. 314, 13 de março de 1967, Diário Oficial da União, Brasília, DF, 13 de março de 1967, Seção 1, p. 2.993.

entra num período de quase inatividade. Esse quadro seria modificado, contudo, no final da década de 1970.

A partir de maio de 1978, trabalhadores de várias empresas do setor da indústria automobilística desencadearam uma onda de greves. As indústrias se localizavam em cidades próximas a São Paulo, numa região chamada de ABCD – Santo André, São Bernardo, São Caetano e Diadema. O movimento foi intenso e marcante. Os números impressionam: num período de nove semanas, compreendido entre 12 de maio e 13 de julho de 1978, foram computadas 213 fábricas em greve em nove cidades (além do ABCD, houve paralisações em São Paulo, Osasco, Jandira, Taboão da Serra, Cotia e Campinas). No total, 245.935 trabalhadores entraram em greve. Se forem levados em consideração os dados do ano de 1978 em todo o Brasil, os resultados são os seguintes: quatorze categorias profissionais deflagraram greve naquele ano, em sete unidades da Federação. O número de trabalhadores em greve naquele ano foi 539.037.

As campanhas salariais dos anos de 1979 e 1980 foram igualmente marcadas por conflitos coletivos, greves, assembleias, repressão, intervenção e protagonismo dos trabalhadores. Surgiram algumas diferenças em relação ao elemento espontâneo de 1978: as greves eram preparadas com estratégia mais cuidada. Ao mesmo tempo, a repressão também se sofisticou: era comum a intervenção nas diretorias dos sindicatos e o enquadramento dos dirigentes nas normas de segurança nacional. Se compararmos os dados de 1979 e 1980 com aqueles, já mencionados, de 1978, observaremos uma ampliação do universo de mobilização dos trabalhadores. Em 1979, foram 26 categorias profissionais em greve em 15 unidades da Federação[30]. O número total de trabalhadores grevistas foi de 3.207.994. Em 1980 houve um decréscimo no número de trabalhadores em greve – 664.700 –, o que pode ser explicado por alguns fatores: agravamento da crise na economia, aumento do desemprego, maior mobilização das estruturas da repressão[31].

[30] São Paulo, Minas Gerais, Rio de Janeiro, Bahia, Paraná, Rio Grande do Sul, Pernambuco, Paraíba, Espírito Santo, Santa Catarina, Goiás, Mato Grosso, Ceará, Rio Grande do Norte e Distrito Federal.

[31] Todos os dados aqui recuperados relacionados às greves de 1978-1980 têm como fonte a cuidadosa pesquisa realizada por Alves 1984, esp. pp. 250-251, 254 e 264.

O período compreendido entre 1978 e 1980 é marcado pela convergência de várias pautas reivindicatórias dos movimentos sociais, e as greves ocupam um papel importante nesse contexto, que é, contudo, mais amplo.

Um ponto essencial das greves do ABCD foi a articulação horizontal dos trabalhadores, ou seja, uma mobilização às margens das diretorias dos sindicatos e, em alguns casos, de forma contrária à orientação da entidade sindical. Essa circunstância fez com que fosse necessária uma luta interna na representação da categoria profissional; para além do conflito com a classe empresarial, era fundamental também modificar as estruturas internas dos sindicatos profissionais. Isso trouxe uma pauta democrática para os trabalhadores, que tiveram que convencer seus colegas (em assembleias e eleições sindicais) de que os dirigentes tradicionalmente ligados ao governo não os representavam. Em síntese, foi necessário lutar por democracia interna.

Além disso, houve articulação entre os trabalhadores – e, gradativamente, os sindicatos mais combativos – e outros movimentos sociais que intensificaram a luta contra o arbítrio. Como dito por Maria Helena Moreira Alves, "1979 foi um ano decisivo para a oposição como um todo". No momento mais intenso das greves de 1979, "estabeleceu-se uma rede funcional de alianças entre as organizações de base, os movimentos sociais ligados à Igreja (inclusive as CEBs) e os sindicatos"[32]. Deve ser mencionada, ainda, a atuação do Comitê Brasileiro pela Anistia, movimento surgido a partir da demanda de familiares de opositores ao regime militar, exilados por perseguição política, e cujo retorno era considerado decisivo para a redemocratização. Acrescente-se, por fim, a solidariedade de intelectuais, profissionais liberais e integrantes da oposição política, e com isso será possível compreender a amplitude das mobilizações sociais e políticas que acompanharam e dialogaram com os trabalhadores em greve. Com

[32] Alves, 1984, p. 258. A título de esclarecimento, cabe aduzir que as CEBs mencionadas no texto da autora são as Comunidades Eclesiais de Base, unidades comunitárias de pessoas que, habitando na mesma região, possuem pautas em comum relacionadas à luta por direitos e liberdades. São comunidades que se identificam com a fé católica, especialmente com setores da Igreja mais ligados e comprometidos com as classes populares. Cf., para este fim, a obra de Frei Betto: *O que é Comunidade Eclesial de Base*. Arquivo eletrônico disponível em http://www.dhnet.org.br/direitos/militantes/freibetto/livro_betto_o_que_e_cebs.pdf, acesso em 25 de novembro de 2019.

toda essa dimensão de luta por cidadania, fica evidenciado um fenômeno de "transbordamento" da pauta dos trabalhadores e entes sindicais: o que estava em jogo era também a luta por democracia e liberdade[33].

Não é de se surpreender que, no texto constitucional de 1988, a greve recebesse um lugar especial no capítulo dos direitos ligados ao mundo do trabalho. De fato, o constituinte de 1987-1988 optou por uma solução interessante. O art. 9º da Constituição reconhece o direito de greve, "competindo aos trabalhadores decidir sobre a oportunidade de exercê-lo e sobre os interesses que devem por meio dele defender"[34]. Vê-se, então, que o texto destina aos protagonistas do mundo do trabalho a decisão sobre toda a extensão do movimento que pretendem desencadear. Isso significa afirmar que a pauta, a forma, o prazo, o momento e os termos das reivindicações pertencem aos trabalhadores, que podem, de maneira organizada, ser compreendidos como "sujeitos coletivos de direito"[35]. Como seria de se esperar, essa transformação semântica no direito de greve trazida pela Constituição de 1988 não teve receptividade automática pelas instituições encarregadas de dirimir conflitos coletivos. Havia sido construída uma memória repressiva em relação à greve; as decisões dos tribunais são muito oscilantes em relação à extensão do direito, numa disputa que permanece aberta[36].

História constitucional: fontes, procedimentos, possibilidades

A história constitucional é um campo aberto à pesquisa interdisciplinar. A constituição, como invenção moderna, é objeto da história política, econômica, das ideias, das mentalidades e das práticas sociais em geral[37]. Essa mesma pluralidade pode ser encontrada (ou mesmo buscada) nas fontes que se apresentam ao pesquisador em história constitucional.

[33] Cf. Sader, 2010.

[34] Brasil, Constituição da República Federativa do Brasil, 5 de outubro de 1988, Diário Oficial da União, Brasília, DF, 5 de outubro de 1988, Seção 1, p. 1.

[35] Ver Sousa Junior, 2002.

[36] Cf. Paixão e Lourenço Filho, 2009 e 2010; Lourenço Filho, 2015.

[37] E está claramente inserida numa história global, como atesta a contribuição de Linda Colley em obra coletiva especialmente destinada ao campo da chamada *global history* (Colley 2019). Ver também, ainda que em campo diverso do constitucionalismo, mas abrindo uma vertente promissora para a história do direito em geral, os textos de Duve (2013) e Massimo Meccarelli e Maria Julia Solla Sastre (2016) sobre a dimensão global na história do direito.

Procuraremos, na parte remanescente do presente artigo, apontar para algumas dessas possibilidades de investigação. Trata-se de uma primeira abordagem em relação a esses temas, não um esforço pronto e articulado; em futuros textos, eles poderão ser desdobrados e aprofundados.

Pensar por meio de casos

A riqueza dos anais judiciários vem sendo proclamada por historiadores desde a década de 1980, com resultados expressivos. Basta para tanto lembrar a obra de historiadores como Carlo Ginzburg, Simona Cerutti, Jacques Revel e Arlette Farge, entre vários outros[38]. A importância deste tipo de fonte é ainda mais pronunciada no campo da história do direito – em que documentos judiciários são material cotidiano da atividade de pesquisa. Vale a pena invocar a definição de Jean-Claude Passeron e Jacques Revel:

> O caso encontra uma definição subjetiva inicial, completamente negativa, na interrupção que ele impõe ao movimento costumeiro da experiência perceptiva, que pode ser o caminho já conhecido de um discurso descritivo, argumentativo ou prescritivo. Os casuístas cristãos e os moralistas – e principalmente os romancistas – se esforçaram para multiplicar, de modo virtuoso, ou quase vertiginoso, a invenção de configurações inesperadas explicitamente destinadas a criar problemas. A singularidade que "faz um caso" se vale de uma associação contraditória – ou mesmo desconcertante – de princípios ou dados de fato para desestabilizar a evidência perceptiva de um objeto ou a consistência de uma convicção. A singularidade instaura a perplexidade do julgamento ao cortar o fio da dedução ou da generalização e provoca assim a reflexão sobre a bifurcação lógica, sobre a ruptura de procedimentos ou sobre a mudança necessária do quadro de referências para que se encontre o caminho de uma conclusão[39]

O uso de processos oferece a possiblidade de ajuste da observação a partir de discursos concretos, que nunca se limitam inteiramente ao processo, e conservam interessante relação com o contexto – político,

[38] Cf. as contribuições fundamentais de Carlo Ginzburg (1998, 2006), Jean-Claude Passeron e Jacques Revel (2005), Simona Cerutti (2003) e Arlette Farge (2009).

[39] Passeron e Revel, 2005, p. 16.

jurídico, institucional. Nesse sentido, nenhum caso é um "caso típico", pois ele sempre tem a potencialidade de transbordar os interesses e elementos concretos do processo. É também útil compreender a dimensão temporal do caso: que influência ele teve no futuro? Como se insere em relação ao seu próprio passado? Qual é o lugar do caso na história institucional do órgão decisor?

E merece ser lembrada a original definição de Passeron e Revel sobre o que significa pensar historicamente por meio de casos: "uma descrição, uma explicação, uma interpretação, uma avaliação, uma opção de proceder por meio da exploração e aprofundamento das propriedades de uma singularidade acessível à observação. Não para limitar sua análise ou postular um caso único, mas para extrair uma argumentação de alcance mais geral, cujas conclusões possam ser reutilizadas para fundar outras inteligibilidades ou justificar outras decisões"[40]. Nessa rica passagem estão contidas as razões pelas quais o recurso a casos representa um campo promissor de pesquisas para a história constitucional.

Uma ponderação, contudo, é necessária.

Um caso concreto não deve ser utilizado como "confirmação" de uma hipótese preestabelecida – nem pelo seu resultado, nem pela sua existência no plano institucional. É fundamental diferenciar o fato histórico (que muitas vezes se apresenta na forma de um ou mais conflitos) e a tradução institucional desse fato, que dá origem a um processo judicial. Nesse sentido, um olhar excessivamente comprometido, enviesado em relação às fontes poderá significar um desperdício da experiência dos processos de construção dessas mesmas fontes. Essa é uma advertência, aliás, de ordem geral, aplicável a qualquer tipo de pesquisa em história.

História constitucional: processos incompletos e agendas anunciadas

O campo da história do direito traduz uma procura, na maior parte das vezes, por situações que envolvam uma experiência duradoura. O tempo do direito, por definição, diz Koselleck, é o tempo da reiteração, da manutenção de discursos[41]. Enfim, um tempo lento. É natural que pesquisas em história do direito – e também em história constitucional – ressaltem aspectos desse tempo jurídico, ou seja, a vigência de constituições e

[40] Passeron e Revel, 2005, p. 9.

[41] Ver Koselleck, 1997.

códigos, a circulação de ideias ou ainda a atividade institucional de juízes e tribunais.

Porém, a história constitucional pode percorrer um outro caminho, igualmente frutífero. Ela pode adotar como ponto de partida exatamente a ausência de duração, ou seja, decisões referentes à escrita das constituições que *não* se caracterizaram pela permanência. Processos constituintes, como observamos, são complexos e plurais. Eles envolvem elementos da política ordinária, como conflitos entre grupos diversos, preocupações com coalizões e formação de maiorias e muitos outros, mas também são marcados por uma excepcionalidade, uma aguda singularidade: escrever uma constituição é realizar uma obra que se pretende durável, que reconheça a capacidade de uma dada geração de reescrever as opções políticas de uma comunidade.

Um movimento interessante de investigação, então, seria o de rastrear alguns processos constituintes que geraram resultados que acabaram por não prosperar. Em outras palavras: pesquisar aspectos ligados ao que *não* persistiu, *não* se incorporou em uma determinada ordem constitucional. Pensemos em alguns exemplos.

Algumas situações constituintes, especialmente aquelas ocorridas em processos políticos com fortes pressões por mudanças, podem gerar textos e dispositivos que, ainda que fossem compatíveis com o contexto da escrita, acabaram por não permanecer, quer por força de movimentos de restauração, quer pela dificuldade de aceitação, por alguns atores sociais, de certas mudanças.

No período de sua independência em relação à Inglaterra, as colônias da América do Norte redigiram várias constituições, experiência essa, aliás, que foi crucial para a elaboração da Constituição de 1787[42]. Uma dessas constituições, do Estado de New Jersey, aprovou o voto feminino. Ainda que não tenha sido a estipulação de um direito universal (havia um critério censitário na atribuição do poder de voto), é notável que uma constituição estadual, na segunda metade do século XVIII, conferisse a algumas mulheres o direito de votar, pois sabemos que essa conquista veio a se realizar, na maioria dos países, no século XX. O dispositivo acabou por não gerar efeitos e foi depois retirado da Constituição, mas a história de

[42] Ver Paixão e Bigliazzi, 2011, esp. pp. 131-139 e Lutz, 1994, esp. pp. 276-284.

sua inserção já é, em si, um elemento de interesse para pesquisas no campo da história constitucional[43].

Em 1848, a Europa foi convulsionada pela irrupção de várias revoluções. Os resultados imediatos, no entanto, não foram expressivos para as correntes revolucionárias, que acabaram sendo suplantadas por medidas de restauração e pela configuração geopolítica advinda com a unificação de países como a Alemanha e a Itália, bem como a guerra franco-prussiana. Mesmo assim, algumas constituições foram aprovadas, tiveram vigência breve, mas podem também ser analisadas a partir das questões políticas discutidas e dos resultados dos processos de votação. Inserem-se nesse contexto a chamada Constituição da *Paulskirche*, promulgada em Frankfurt-am-Main em 1848, a Constituição francesa de 1848 e a Constituição da República Romana de 1849. Nenhuma das constituições encontrou condições viáveis para vigorar de modo duradouro, por conta do rearranjo dos grupos políticos conservadores em ambas as localidades[44]. Mas seria interessante investigar se (e em que medida) houve influências dessas constituições em textos constitucionais vindouros.

No caso da história constitucional brasileira, há situações similares, que podem gerar interesses de pesquisa. A primeira constituição do Brasil, como se sabe, foi outorgada por Pedro I em 1824. Um ano antes, porém, havia sido eleita e constituída uma Assembleia Constituinte e Legislativa, que realizou várias reuniões e discutiu a fundo os termos em que seria aprovada a constituição. Ocorre, todavia, que divergências políticas entre o monarca e setores da elite local levaram D. Pedro I a dissolver a Assembleia. Obviamente, as atas, discussões e repercussão dos debates havidos na Assembleia formam um importante acervo para pesquisas em história constitucional, mesmo que o trabalho daquele corpo político tenha sido abruptamente interrompido[45].

Um dado da história política contemporânea no Brasil é a desigualdade entre homens e mulheres na composição do Congresso Nacional. Após a conquista do voto feminino, que aconteceu em 1932, houve uma Assembleia Constituinte, que realizou seus trabalhos entre 1933 e 1934.

[43] Ver Colley, 2019, p. 168.

[44] Cf., para o contexto do constitucionalismo europeu de 1848-1849, Dippel, 2005, pp. 165-167.

[45] Ver a análise do processo em Honorato, 2015.

Um dado digno de nota é que uma mulher, Carlota Queiroz, foi eleita constituinte, pelo Estado de São Paulo. Chama a atenção, contudo, o fato de que na Assembleia Constituinte realizada em 1946, na democratização que se seguiu ao fim do Estado Novo, nenhuma mulher tenha sido eleita. Diante disso, vale a pena indagar: em que circunstâncias Carlota Queiroz foi eleita em 1933? E por que ela, e apenas ela? E como foi sua atuação?[46] No que diz respeito a 1946: as regras eleitorais impediram a participação feminina? Que mudanças (políticas e sociais) em relação ao gênero ocorreram entre as duas assembleias?

E quando se trata da história da Constituição ora em vigor? Para a abordagem aqui proposta, o que pode ser extraído do processo constituinte? É natural que as observações históricas e análises políticas e jurídicas sobre a Constituição tenham como base o texto promulgado. Afinal de contas, o ato solene de promulgação, ocorrido em 5 de outubro de 1988, concedeu força normativa ao texto definitivo, após meses de negociações, votações e mudanças em vários anteprojetos que surgiram ao longo do processo constituinte. No entanto, para compreensão daquele momento político que caracterizou o período imediatamente anterior ao início da Constituinte, valeria a pena investigar outro caminho: o que ficou de fora do texto de 1988? Quais foram as oportunidades perdidas do processo constituinte?

Uma análise dos relatórios das subcomissões temáticas que desempenharam suas atividades na primeira parte dos trabalhos constituintes demonstrará que as alternativas disponíveis eram variadas e originais. E que muitos experimentos foram feitos durante esses relatórios parciais. Tomemos dois exemplos ilustrativos de temas que ganharam centralidade no período posterior a 1988, e que tangem questões prementes na sociedade brasileira contemporânea.

O primeiro deles é o desenho institucional do Poder Judiciário. O relatório da Subcomissão do Poder Judiciário e do Ministério Público, órgão incluído na Comissão da Organização dos Poderes e Sistema de Governo, propunha uma estrutura para o Supremo Tribunal Federal muito diferente daquela que permaneceu no texto final. O tribunal seria composto por 19 integrantes, sendo 11 vitalícios e 8 detentores de mandato. Haveria uma seção constitucional e uma seção federal, uma destinada a

[46] Essas perguntas são respondidas na obra de Eneida Dultra (2019).

questões de interpretação da constituição (inclusive com a criação de um recurso constitucional) e a outra voltada à interpretação da lei federal. Os magistrados detentores de mandato exerceriam a judicatura nos casos constitucionais, com o apoio de apenas quatro dos juízes vitalícios[47]. É um modelo instigante, na medida em que combina a tradição brasileira de magistrados vitalícios com a influência dos tribunais constitucionais europeus, que em regra preveem magistrados com mandato. Deve-se ressaltar, por fim, que vários constituintes eram favoráveis à criação de um tribunal constitucional, o que acabou sendo afastado no relatório final, que procurou a solução intermediária acima descrita, ou seja, a manutenção do STF, mas com a inovação da previsão de duas seções diferentes, a constitucional e a especial[48].

O segundo exemplo diz respeito ao trabalho da Subcomissão dos Negros, Populações Indígenas, Pessoas Deficientes e Minorias, que estava inserida na Comissão da Ordem Social. O relatório da Subcomissão é extenso e inovador. Além da afirmação de que o Brasil é uma sociedade pluriétnica, que vem enunciada já no primeiro artigo do relatório, há ainda a previsão de criação de "medidas compensatórias" destinadas a cidadãos ou grupos de cidadãos, "para garantir sua participação igualitária no acesso ao mercado de trabalho, à educação, à saúde e aos demais direitos sociais"[49].

Essas duas matérias – atribuições do Supremo Tribunal Federal e previsão de ações afirmativas para negros, indígenas e pessoas com deficiência – ocupam um papel central nas disputas sobre o sentido e o alcance dos direitos previstos na Constituição. As soluções aventadas nos exemplos aqui invocados não foram originariamente acolhidas no texto constitucional. As inovações ficaram pelo caminho do processo

[47] Brasil, Anteprojeto da Subcomissão do Poder Judiciário e do Ministério Público, Relator Constituinte Plínio de Arruda Sampaio. Diário da Assembleia Nacional Constituinte, Suplemento ao nº 132, 22 de agosto de 1987, pp. 3-105.

[48] Houve forte oposição dos integrantes do Supremo Tribunal Federal em relação ao projeto da Subcomissão. A atuação dos ministros do STF na Constituinte, sempre resistindo a inovações no desenho institucional da Corte, é abordada com profundidade no artigo de Koerner e Freitas, 2013.

[49] Brasil, Anteprojeto da Subcomissão dos Negros, Populações Indígenas, Pessoas Deficientes e Minorias, Relator Constituinte Alceni Guerra. Diário da Assembleia Nacional Constituinte, Suplemento ao nº 103, 24 de julho de 1987, p. 150-165.

constituinte. Entre as alternativas discutidas naquele momento estavam soluções criativas e originais para problemas concretos – que persistem (ou se agravaram) mesmo após 30 anos da vigência da Constituição da República de 1988[50].

Observações finais

O presente texto não se encerra com uma conclusão. Na verdade, ele propõe uma abertura para pesquisas futuras. A história constitucional é um campo cada vez mais central na história do direito e na história política, a partir dos vários movimentos de constitucionalização verificados em mais dois séculos desde a invenção da forma constitucional[51]. O pequeno panorama de fontes que tentamos mostrar na segunda parte do artigo deve ser lido como exemplificação. Há um imenso potencial de investigações a partir de outros tipos de material histórico, algo que já vem sendo feito em alguns programas de pós-graduação e centros de pesquisa no Brasil. Entende-se que a produção e a reflexão estabelecidas ao longo dos últimos anos no Programa de Pós-Graduação em Direito da Universidade de Brasília, particularmente no âmbito do grupo de pesquisa "Percursos, fragmentos e narrativas: história do direito e do constitucionalismo", aponta para a fertilidade dessa escolha temática, sempre com atenção às potencialidades interdisciplinares da área e à necessidade de estabelecimento de diálogos com outros campos, como a história, a antropologia, a teoria da constituição, a ciência política, a sociologia, a literatura e todos os outros tipos de produção textual que permitam encontrar novos caminhos para a história constitucional.

Referências

ABRANCHES, Sergio et. al. *Democracia em risco?* 22 ensaios sobre o Brasil hoje. São Paulo: Companhia das Letras, 2019.

ALVES, Maria Helena Moreira. *Estado e oposição no Brasil (1964-1984)*. Petrópolis: Vozes, 1984.

BETTO, Frei.: *O que é Comunidade Eclesial de Base*. Arquivo eletrônico disponível em http://www.dhnet.org.br/direitos/militantes/freibetto/livro_betto_o_que_e_cebs.pdf, acesso em 25 de novembro de 2019.

[50] Ver Paixão, 2018a, 2018b e Paixão e Chueiri, 2018.

[51] Cf. Paixão e Bigliazzi, 2011, esp. pp. 149-172; Paixão, 2002, esp. pp. 239-296; Carvalho Netto, 2001 e 2003.

BRASIL. *Constituições do Brasil: de 1824, 1891, 1934, 1937, 1946 e 1967 e suas alterações.* Brasília: Senado Federal (Subsecretaria de Edições Técnicas), 1986.

CALDWELL, Peter C. *Popular sovereignty and the crisis of the German constitutional law: the theory and practice of Weimar constitutionalism.* Durham: Duke University Press, 1997.

CARVALHO, Claudia Paiva. *Presidencialismo e democracia no Brasil (1946-1956)*: sistema de governo, legalidade e crise política. Tese de Doutorado. Universidade de Brasília, Programa de Pós-Graduação em Direito, março de 2019.

CARVALHO NETTO, Menelick de. A hermenêutica constitucional e os desafios postos aos direitos fundamentais. In: SAMPAIO, José Adércio Leite (org.). *Jurisdição constitucional e os direitos fundamentais.* Belo Horizonte: Del Rey, 2003, pp. 141-163.

CARVALHO NETTO, Menelick de. Controle de constitucionalidade e democracia. In: MAUÉS, Antonio G. Moreira (org.). *Constituição e democracia.* São Paulo: Max Limonad, 2001, pp. 215-232.

CERUTTI, Simona. *Giustizia sommaria – Pratiche e ideali di giustizia in una società di Ancien Régime (Torino XVIII secolo).* Milano: Feltrinelli, 2003.

COLLEY, Linda. Writing Constitutions and Writing World History. In: BELICH, James et. al. (ed.). *The Prospect of Global History.* Oxford: Oxford University Press, 2019, p. 160-177.

DIPPEL, Horst. Modern constitutionalism, An introduction to a history in need of writing. *The Legal History Review*, n. 73, January 2005, 1-2, pp. 153-170.

DULTRA, Eneida Vinhaes Bello. *Direitos das mulheres na Constituinte de 1933-1934: disputas, ambiguidades e omissões.* Tese de Doutorado. Universidade de Brasília, Programa de Pós-Graduação em Direito, abril de 2019.

DUMM, Thomas L. Review: We the People: Vol. I. Foundations. *Political Theory*, n. 20, May 1992, 2, pp. 314-345.

DUVE, Thomas. European Legal History – Global Perspectives. Working Paper for the Colloquium "European Normativity – Global Historical Perspectives" (Max Planck Institute for European Legal History, September 2nd-4th, 2013). *Max Planck Institute for European Legal History Research Paper Series* No. 2013-06, p. 2-24.

DWORKIN, Ronald. *Is democracy possible here? Principles for a new political debate.* Princeton and Oxford: Princeton University Press, 2006.

ELSTER, Jon. Constitutional Bootstrapping in Philadelphia and Paris. In: ROSENFELD, M. (ed.) *Constitutionalism, identity, difference, and legitimacy – theoretical perspectives.* Durham and London: Duke University Press, 1998.

FARGE, Arlette. *O sabor do arquivo.* Trad. Fatima Murad. São Paulo: Edusp, 2009.

FERREIRA, Jorge. O presidente acidental: José Sarney e a transição democrática. In: FERREIRA, Jorge. DELGADO, Lucilia de Almeida Neves (org.). *O Brasil*

Republicano: o tempo da Nova República – da transição democrática à crise política de 2016 – Volume 5. Rio de Janeiro: Civilização Brasileira, 2018.

FERREIRA, Jorge. GOMES, Angela de Castro. *1964 – o golpe que derrubou um presidente, pôs fim ao regime democrático e instituiu a ditadura no Brasil.* Rio de Janeiro: Civilização Brasileira, 2014.

GINZBURG, Carlo. *Il Giudice e lo Storico – considerazioni in margine al processo Sofri.* Milano: Feltrinelli, 2006.

GINZBURG, Carlo. *O queijo e os vermes – o cotidiano e as ideias de um moleiro perseguido pela Inquisição.* 10ª reimpr. Trad. Maria Betânia Amoroso. São Paulo: Companhia das Letras, 1998.

GOMES, Ana Suelen Tossige. MATOS, Andityas Soares de Moura Costa. *O estado de exceção no Brasil republicano.* Direito & Práxis, n. 8, 2017, 3, pp. 1760-1787.

GUERRA, Maria Pia. *Anarquistas, trabalhadores, estrangeiros: o constitucionalismo brasileiro na Primeira República.* Curitiba: Prismas, 2016.

GRAF, Rüdiger. Either-Or: The Narrative of 'Crisis' in Weimar Germany and in Historiography. *Central European History*, vol. 43, nº 4, December 2010.

HOKE, Candice. Arendt, Tushnet, and Lopez: The Philosophical Challenge behind Ackerman's Theory of Constitutional Moments. *Case Western Reserve Law Review*, n. 47, 1996-1997, pp. 903-919.

HOLMES, Stephen. *The Matador's Cape: America's Reckless Response to Terror.* Cambridge: Cambridge University Press, 2007.

HONORATO, Fernando Henrique Lopes. *Constitucionalismo em formação no Brasil: uma análise dos discursos parlamentares na Assembleia Geral Constituinte e Legislativa de 1823.* Dissertação de Mestrado. Universidade de Brasília, Programa de Pós-Graduação em Direito, fevereiro de 2015.

KLARMAN, Michel. Constitutional Fact/Constitutional Fiction: A Critique of Bruce Ackerman's Theory of Constitutional Moments. *Stanford Law Review*, n. 44, 1991-1992, pp. 759-797.

KOERNER, Andrei. e FREITAS, Lígia Barros de. O Supremo na Constituinte e a Constituinte no Supremo. *Lua Nova*, 88:141-184, 2013.

KOSELLECK, Reinhart. Histoire, droit et justice. In: *L'expérience de l'histoire.* Trad. Alexandre Escudier et al. Paris: Hautes Études/Gallimard/Seuil, 1997, pp. 161-180

LANCHESTER, Fulco. *Alle origini di Weimar: il dibattito costituzionalistico tedesco tra il 1900 e il 1918.* Milano: Giuffrè, 1985.

LINZ, Juan J. STEPAN, Alfred. *Problems of democratic transition and consolidation – Southern Europe, South America, and Post Communist Europe.* Baltimore and London: The Johns Hopkins University Press, 2008.

LOPREATO, Christina Roquette. *O espírito da revolta: a greve geral anarquista de 1917.* São Paulo: Annablume, 2000.

LOURENÇO FILHO, Ricardo. *Entre continuidade e ruptura: uma narrativa sobre as disputas de sentido da Contituição de 1988 a partir do direito de greve.* Tese de Doutorado. Universidade de Brasília, Programa de Pós-Graduação em Direito, fevereiro de 2015.

LUTZ, Donald. State constitution-making, through 1781. In: GREENE, Jack P. POLE, J.R. (eds.). *The Blackwell Encyclopedia of the American Revolution.* Cambridge, MA: Blackwell, 1994.

MARQUES, Raphael Peixoto P. *Entre impunidade e repressão: a anistia de 1961 na história constitucional brasileira.* Tese de Doutorado. Universidade de Brasília, Programa de Pós-Graduação em Direito, setembro de 2017.

MARQUES, Raphael Peixoto P. Estado de exceção e mudança (in)constitucional no Brasil (1935-1937). *Historia constitucional*, n. 14, 2013, pp. 353-386.

MATTOS, Hebe. BESSONE, Tânia. MAMIGONIAN, Beatriz (org.). *Historiadores pela democracia – o golpe de 2016: a força do passado.* São Paulo: Alameda, 2016.

MECCARELLI, Massimo. Time and Legal Change. Some Methodological Remarks on Italy's Transition to Democracy. In: PAIXÃO, Cristiano. MECCARELLI, Massimo (eds.). *Comparing Transitions to Democracy. Law and Justice in South America and Europe.* Cham: Springer, 2021.

MECCARELLI, Massimo. SASTRE, Maria Julia Solla (eds.). *Spatial and Temporal Dimensions for Legal History – Research Experiences and Itineraries.* Frankfurt am Main: Max Planck Institute for European Legal History, 2016.

MORAES, Dênis de. *A esquerda e o golpe de 64.* São Paulo: Expressão Popular, 2011.

O'DONNELL, Guillermo. SCHMITTER, Philippe C. *Transitions from Authoritarian Rule – Tentative Conclusions about Uncertain Democracies.* Baltimore and London: The John Hopkins University Press, 1986.

PAIXÃO, Cristiano. "Where the silences are mute": political transition, state violence, and the racial question in contemporary Brazil. In: PAIXÃO, Cristiano. MECCARELLI, Massimo (eds.). *Comparing Transitions to Democracy. Law and Justice in South America and Europe.* Cham: Springer, 2021.

PAIXÃO, Cristiano. A construção do futuro: os 30 anos da Constituição de 1988. *Revista Humanidades*, n. 62, dezembro 2018(a), pp. 103-109.

PAIXÃO, Cristiano. 30 anos: crise e futuro da Constituição de 1988. *Portal Jota.* 3 de maio de 2018(b), disponível em https://www.jota.info/opiniao-e-analise/artigos/30-anos-crise-e-futuro-da-constituicao-de-1988-03052018

PAIXÃO, Cristiano. Past and future of authoritarian regimes: constitution, transition to democracy and amnesty in Brazil and Chile. *Giornale di Storia Costituzionale*, n. 30, 2/2015(a), pp. 89-105.

PAIXÃO, Cristiano. História do direito no Brasil republicano: a greve como chave de leitura. In: SIQUEIRA, Gustavo. FONSECA, Ricardo Marcelo (org.). *História do direito privado: olhares diacrônicos.* Belo Horizonte, Arraes, 2015(b), pp. 188-199.

PAIXÃO, Cristiano. Autonomia, democracia e poder constituinte: disputas conceituais na experiência constitucional brasileira (1964-2014). *Quaderni Fiorentini per la Storia del Pensiero Giuridico Moderno*, v. 43, 2014, pp. 415-460.

PAIXÃO, Cristiano. Direito, política, autoritarismo e democracia no Brasil: da Revolução de 30 à promulgação da Constituição da República de 1988. *Araucaria. Revista Iberoamericana de Filosofía, Política y Humanidades*. Ano 13, nº 26, 2º semestre de 2011, p. 146-169.

PAIXÃO, Cristiano. BIGLIAZZI, Renato. *História constitucional inglesa e norte-americana: do surgimento à estabilização da forma constitucional*. 1ª reimpressão. Brasília: Ed. UnB/Finatec, 2011.

PAIXÃO, Cristiano. BLAIR, Paulo. Between Past and Future: The 30 Years of the Brazilian Constitution. *I-CONnect – Blog of the International Journal of Constitutional Law*. October 10, 2018, available at http://www.iconnectblog.com/2018/10/between-past-and-future-the-30-years-of-the-brazilian-constitution/

PAIXÃO, Cristiano. CHUEIRI, Vera Karam de. 30 anos da Constituição: os desafios do nosso tempo. *Portal Jota*. 5 de outubro de 2018, disponível em https://www.jota.info/opiniao-e-analise/artigos/30-anos-da-constituicao-os-desafios-do-nosso-tempo-05102018

PAIXÃO, Cristiano. LOURENÇO FILHO, Ricardo. A greve e sua conformação pelo TST: desvelando mentalidades. In: COUTINHO, Grijalbo Fernandes. MELO FILHO, Hugo Cavalcanti. SOUTO MAIOR, Jorge Luiz. FAVA, Marcos Neves (org.). *O mundo do trabalho – leituras críticas da jurisprudência do TST: em defesa do direito do trabalho*. São Paulo: LTr, 2009, pp. 65-76.

PAIXÃO, Cristiano. LOURENÇO FILHO, Ricardo. Greve como prática social: possibilidades de reconstrução do conceito a partir da Constituição de 1988. In: SENA, Adriana Goulart de. DELGADO, Gabriela Neves. NUNES, Raquel Portugal (org.). *Dignidade humana e inclusão social – caminhos para a efetividade do direito do trabalho no Brasil*. São Paulo: LTr, 2010, pp. 408-424.

PASSERON, Jean-Claude. REVEL, Jacques (dir.). *Penser par cas*. Paris: Éditions de l'École des Hautes Études en Sciences Sociales, 2005.

PINTO, Gabriel Rezende de Souza. *Para a democracia: soberania, transição e rastro na ação de descumprimento de preceito fundamental n. 153*. Dissertação de Mestrado. Universidade de Brasília, Programa de Pós-Graduação em Direito, julho de 2013.

PISARELLO, Gerardo. *Procesos constituyentes – Caminos para la ruptura democrática*. 1ª reimpr. Madrid: Trotta, 2016.

ROSENFELD, Michel. The Problem of 'Identity' in Constitution-Making and Constitutional Reform (December 14, 2005). *Cardozo Legal Studies Research Paper* No. 143. Available at SSRN: https://ssrn.com/abstract=870437

ROSENFELD, Michel. Constitution-Making, Identity Building, and Peaceful Transition to Democracy: Theoretical Reflections Inspired by the Spanish Example, *19 Cardozo L. Rev.* 1891 (1998).

SADER, Eder. *Quando novos personagens entraram em cena – experiências e lutas dos trabalhadores da Grande São Paulo (1970-1980)*. São Paulo: Paz e Terra, 2010.

SCHNEIDER, Ann M. *Amnesties in Brazil, 1895-1985*. PhD Dissertation. University of Chicago, Department of History, December 2008.

SCOTT, Christy. Constitutional moments and crockpot revolutions. *Connecticut Law Review*, n. 25, 1992-1993, pp. 967-989.

SOUSA JUNIOR, José Geraldo. Movimentos sociais – emergência de novos sujeitos: o sujeito coletivo de direito. In: *Sociologia Jurídica: condições sociais e possibilidades teóricas*. Porto Alegre: Sergio Antonio Fabris, 2002, pp. 53-66.

STOLLEIS, Michael. El proyecto social de la constitución de Weimar. *Historia constitucional*, n. 20, 2019, pp. 233-251.

TUSHNET, Mark. Misleading metaphors in comparative constitutionalism: Moments and enthusiasm. *International Journal of Constitutional Law*, n. 3, May 2005, 2-3, pp. 262-268.

WALDRON, Jeremy. Review: We the People: Vol. I. Foundations. *The Journal of Philosophy*, n. 90, March 1993, 3, pp. 149-153.

2. PROBLEMAS E FALSOS PROBLEMAS. OBSERVAÇÕES SOBRE A HISTÓRIA DO DIREITO RECENTE[1]

Airton Cerqueira Leite Seelaender

A coruja de Minerva – dizia Hegel – só voa ao entardecer.[2] Uma das advertências mais comuns, feitas aos jovens historiadores do direito, é que se distanciem dos incêndios presentes, para que as fumaças do entusiasmo não os ceguem e a proximidade do calor não lhes reduza a sensibilidade das mãos que folheiam as fontes.

Nesse ponto, o peso do século XIX ainda se faz muito presente. O grandioso projeto de construção de uma história plenamente científica[3] exigia, então, um claro contraste com a "historiografia ultramilitante" do Iluminismo, acusada de julgar épocas e nações distintas a partir dos padrões uniformes do que então era o presente. De Herder ao *Historismus* da Era Bismarck, proclamou-se sem cessar o valor intrínseco de cada época e de cada nação na sua singularidade. O historiador não deveria desprezar o passado, medindo-o pelos padrões de seu próprio tempo, mas sim pressupor, na fórmula de Ranke, que "toda época" estaria "igualmente próxima de Deus".[4]

[1] Apresentado como conferência para o IBHD, o presente texto foi objeto de publicação na Revista da Faculdade de Direito da UFRGS.

[2] Hegel, 1972, p. 14.

[3] Reconhecer a grandeza de tal projeto e rastrear a construção do discurso da objetividade nas fontes do século XIX não implica, como é óbvio, aderir ao pensamento do século XIX. Pelo contrário, é a própria historicização deste último que permite compreender melhor as suas limitações, no que tange à análise de nosso tema principal.

[4] *Apud* Berding, 1971, p. 10.

O adversário principal desse projeto de cientificização não estava, talvez, nos séculos anteriores, mas sim na "historiografia ultramilitante" do próprio século XIX, com seus autores liberais e reacionários disputando o passado como campo de guerra. Historiografia ultrapartidarizada e servil à política imediata – que, no pensar de Ranke,[5] punha a perder a História e emburrecia, por fim, a própria política.

A Ciência da História do século XIX construiu-se nessa tensão – à qual não escaparam, por sinal, nem os próprios expoentes do que viria a ser o *mainstream* da área, como Savigny e Ranke. Na verdade, não faltam indícios de que ambos estavam perfeitamente conscientes do impacto político de seu programa de cientificização da história.[6] Sem embargo, a tentativa de distanciamento da historiografia em relação à militância direta e às polêmicas políticas do momento produziu no século XIX um salto de qualidade na produção acadêmica – com todo preço, sem dúvida elevadíssimo, do predomínio da ideologia da neutralidade científica.

Como ciência e matéria universitária, a História do Direito se construiu, no século XIX, sob essa mesma tensão. Claras influências da política a impulsionavam – vicejavam, por exemplo, os estudos sobre a Idade Média, quando nacionalistas buscavam as origens da nação e reacionários ou liberais buscavam, antes do Absolutismo, o pedigree histórico para suas pretensões partidárias. Mas também se fazia presente como discurso oficial, e cada vez mais, o apelo rankeano à isenção científica – o que também recomendava ao pesquisador escrever sobre a longínqua Antiguidade ou a distante Idade Média, escapando assim das fogueiras de entusiasmo dos conflitos recentes.

Foi dentro desse quadro que a nossa área fixou suas divisões principais, definidas a partir de objetos que um estudioso do direito medieval claramente vislumbraria. As cátedras e os especialistas foram repartidos, na modelar universidade alemã do XIX, entre os estudos de direito romano, os de direito germânico e os de direito canônico.[7] Parecendo distanciar a área do presente conturbado, arcaicizava-se sua divisão interna. Científico era estudar interpolações no *Corpus juris*, coletâneas de costumes góticos,

[5] Cf. Ranke, 1986a, p. 509.

[6] Cf., e.g., Ranke, 1986a, p. 513 ss., com ataques às vertentes radicais da Reação (p. 514 e 517) e também contra o desprezo revolucionário do passado (p. 516-517).

[7] Cf. Stolleis, 1993, p. 9.

decretais. Quem, nas décadas seguintes a 1848, investigasse o direito ao trabalho no discurso político francês decerto não seria visto, pelo meio científico, como um verdadeiro *Rechtshistoriker.*

1. O relato feito aqui não esgota, porém, a questão. Mesmo porque, no próprio século XIX, vozes importantes já se levantaram para desmascarar a "fuga ao passado" como garantia de maior objetividade científica. Pensemos em Droysen,[8] que colocará a questão da inevitabilidade da história refletir, em seus temas, a visão de mundo e os anseios do historiador. Pensemos em Marx. Pensemos na extraordinária empreitada de Max Weber, de rediscutir as condições do fazer ciência no âmbito de uma História em que o próprio início da investigação já é *wertbedingt*, condicionado por valores (e preferências) do estudioso.[9]

Que a escolha de um tema temporalmente longínquo não garante uma visão não-contaminada pela luta de classes, mostram-no os próprios escritos de Marx e Engels sobre Müntzer, sobre a origem da família

[8] Droysen reconhecia a necessidade de um autocontrole do pesquisador para que as afirmações deste pudessem reclamar validade intersubjetiva e se submeter ao juízo crítico alheio. Salientava, porém, que os fatos "seriam mudos" sem aquele que os selecionava e contava: a história dependia, na verdade, das percepções do historiador sobre o que importaria "agora e aqui" (v. Droysen, 1990, p. 90 ss. e 114). O início do trabalho do historiador não estaria, pois, no cuidadoso exame rankeano das fontes, mas sim na elaboração de uma questão capaz de dirigir, a partir do presente, o olhar do historiador para os testemunhos do passado. As próprias formas de exposição na historiografia seriam determinadas, em última análise, "não de acordo com os passados investigados, mas sim a partir dos motivos da pesquisa ou do pesquisar" (*apud* Rüsen, 1993, p. 273; cf. também Rüsen, 1993, p. 241, 255, 257, 269 e 274). Como advertiria, aliás, Marc Bloch, no século XX, "os textos ou os documentos arqueológicos (...) não falam senão quando sabemos interrogá-los" (Bloch, 2001, p. 79).

[9] Weber ressaltava a imprescindibilidade dos valores para a definição do "tema da pesquisa" e para delimitação de seu objeto na "infinidade de conexões causais" (Weber, 1988a, p. 184). Na mesma direção vão tanto outras passagens de *Die Objektivität sozialwissenschaftlicher und sozialpolitischer Erkenntnis* (1904) quanto reflexões feitas pouco depois em *Zur Auseinandersetzung mit Eduard Meyer* (cf., por exemplo, Weber, 1988a, p. 182, e 1988b, p. 259). Para uma sucinta análise do tema em Weber, cf., entre muitos outros, Aron, 1987, p. 467 e sobretudo 471ss; Mommsen, 1972, p. 70-1; os textos constantes de Wagner; Zipprian, 1994, e Kocka, 1988, p. 184ss – este último contestando a usual leitura de Weber, segundo a qual o pensador alemão excluiria os valores do lidar com o objeto já definido a partir deles (Kocka, 1988, p. 190). Para um claro reconhecimento da incontornável atualidade dos interesses que levam o historiador do direito à escolha de seus temas e fontes, cf. Stolleis, 2008, p. 27 e 41.

ou sobre o feudalismo.[10] Realmente, há toda uma "ideologia do fugir à ideologia" na estratégia do distanciamento temporal. Quem escreve sobre velhas leis agrárias romanas provavelmente torcerá pelos Gracos lá e pelo MST aqui. No exame das tão distantes reformas pombalinas, os atuais adeptos da centralização política e do reformismo estatal decerto não escreverão como os devotos do "livre mercado", do federalismo ou da Companhia de Jesus. O amor aos visigodos pode ocultar, ainda, taras ideológicas sutis e muito distintas.

A própria Revolução Francesa ainda está de certo modo em aberto,[11] pois prossegue a tendência, atualmente, para certa identificação com os lados em luta. Tal fenômeno não é estranho nem mesmo a uma área como a nossa, por vezes vista de fora como um gélido monastério de monges operosos e distantes do mundo. Quantas teses sérias sobre a codificação não recrutam, para ampliar seu já considerável poder de convencimento, uma vanguarda de altissonantes termos ligados ao imaginário daquele evento e seu entorno? Empregadas, no fundo, como metáforas, palavras como "absolutismo" e "jacobino" ainda servem para mobilizar entranhadas antipatias, prestando-se, por vezes, a um habilíssimo uso estratégico.[12]

[10] Cf., por exemplo, os textos de Marx e Engels (Fernandes, 1983), e Engels, 1986, p. 203ss. Mesmo percebendo uma "diferença" entre as duas situações, Engels admitia que "O paralelo entre a revolução alemã de 1525 e a de 1848-1849 estava demasiado perto para então se largar mão dele completamente" (Engels, 1983, p. 175).

[11] Não há mais claro indício disso do que a própria necessidade, sentida há poucas décadas por François Furet, de sustentar expressamente que a Revolução Francesa já estaria terminada e que já seria hora dos historiadores escreverem de modo mais frio sobre o tema. Curiosamente, tal posicionamento vinha de autor que já havia, ele próprio, tomado partido ao analisar o período – e que seguiria exprimindo simpatias e antipatias mesmo após ter professoralmente pregado a todos o banir do entusiasmo. Sobre a crítica de Furet ao partidarismo dos historiadores diante da Revolução, cf. Furet, 1988, p. 15, 22, 24, 25-6, 28-9, 34, 78, 85, e 105-6. Para uma análise do posicionamento do próprio Furet, cf. Dosse, 1999, p. 142-5 e 47, bem como o tratamento – digno de leitura atenta – de temas como liberdade, democracia direta, soberania popular e marxismo em Furet, 1988, p. 28-9, 40, 50, 60, 62, 67 e 107. Sobre Furet, cf. também Florenzano, 1995, p. 95 ss.

[12] Isso é visível sobretudo naqueles poucos autores de nossa área que conseguem reunir vocação científica e um alto grau de talento literário. Onde as razões podem encontrar resistência de outras razões, o estilo habilmente desequilibra a contenda. Bom exemplo disso encontramos em Paolo Grossi, que não só – em hábil lance – desloca o significado corrente dos termos supracitados, como também recorre de modo particularmente intenso a metáforas e analogias poéticas. Sugerindo a pretensa superioridade do direito "descoberto" pelos juristas

Como vemos, o argumento principal contra uma história do contemporâneo – ou do direito na contemporaneidade – cai por terra facilmente. A distância temporal não torna o historiador do direito um eunuco da objetividade; ela não gera uma "neutralidade científica" nem nos fornece um porto seguro. Os Gracos de cada um de nós nos espreitam permanentemente.

2. O historiador do direito, como qualquer outro historiador, vive caminhando entre a miragem da objetividade e a tentação do subjetivismo. A proximidade temporal pode transformar isso em um exercício circense de equilibrismo[13] – deveríamos, por conta disso, ampliar aqui nossa angústia usual?

Se pensarmos em Tucídides escrevendo sobre a Guerra do Peloponeso,[14] constataremos que a própria história como gênero se iniciou, por assim dizer, como "história contemporânea". Não é de se estranhar, assim, que esta última, ramo daquela, compartilhe os seus métodos e precauções.

Para poder legitimar-se, toda historiografia (volte-se ao recente ou ao distante) precisa lançar mão de mutáveis "regras da arte" e da reflexão crítica sobre seus pressupostos e metas – o lidar com o contemporâneo talvez só exigiria, complementarmente, uma autocontenção reforçada,

em relação aos códigos e ao direito legislado em geral (inclusive quando este último resulta do que denomina "simulacros democráticos"), o autor vincula aquele a sedutoras palavras do seu rico vocabulário vitalista ("vida", "vivente", "vive", "riqueza vital", "desenvolvimentos vitais", "fermento", "rico de floresceres e fermentos", "florescer", "raízes", "forças", "linfa", "circula nas veias", "fluidíssimo magma", "incandescente fluidade" etc.) – e este último a ideias que empurram o leitor ao desconforto ou à repulsa – como "prisão", "asfixia", "amordaçar", "couraça", "ressecada", "esclerosamento", "aridez", "mortifica-se", "estrangulado", "dimensão patológica" etc. (cf., e.g., Grossi, 2004, p. 6, 23, 28, 31, 32, 33, 37, 38, 39, 45, 47, 50, 63, 64-5, 66, 68, 69, 70-1,75, 76, 77, 78, 79, 82, 83, 85, 86, 90, 91, 92, 93, 94, 97, 99, 109, 111, 115, 116, 120, 126, 127, 130, 132, 135 e 137). Para uma análise crítica da obra de Grossi, Stolleis, 2011, p. 227ss e – situando o autor mais à direita do que ele realmente estaria – Oestmann, 2012, p. 71-2. Ressaltando a necessidade de evitar metáforas e hipérboles na história do direito, para que a linguagem desta não se furte à possibilidade de refutação frontal no debate científico, Stolleis, 2008, p. 39.

[13] Cf. Schulze, 1993, p. 54.

[14] Como lembra Rückert, 1993, p. 24, Tucídides foi contemporâneo da própria guerra que descrevia.

para evitar previsões ou o tratamento, como algo já "encerrado", de estruturas, tendências e fenômenos.[15]

É bem verdade que a história contemporânea se distingue por um paradoxo: sofre não de falta, mas sim de excesso de fontes.[16] Estão disponíveis, provavelmente, mais imagens de sessões maçantes nos TRTs do que capitulares de Carlos, o Calvo.[17] Isso, porém, não altera as etapas e tarefas essenciais de toda análise crítica de fontes – como a localização, organização, verificação de autenticidade, leitura crítica e interpretação.[18]

Ainda que mutáveis, as regras da guilda têm uma pretensão de validade em relação a todos os seus membros – mesmo para aqueles que sofrem, pesquisando o contemporâneo, com leis restritivas do acesso a documentos ou, pelo contrário, com a vastidão quase incontrolável das informações disponíveis.

Mas escrever a história do direito contemporâneo também tem suas vantagens. Fontes em material pouco durável podem ainda ser achadas, testemunhas vivas entrevistadas[19] – inclusive se ouvindo segmentos sociais sub-representados nas fontes herdadas de outras eras.[20] E nada iguala o

15 Boa análise do tema em Schulze, 1993, p. 54-55.

16 Sobre o tema, cf., entre outros, Rückert, 1993, p. 25 e Vormbaum, 1993, p. 80.

17 Nessa diferença na quantidade de fontes disponíveis evidencia-se um dos vários problemas metodológicos que a história do direito vivenciaria, se nela se implantasse o domínio absoluto da história serial e da análise estatística. Acaso poderiam estas últimas solucionar todos os problemas em trabalhos científicos destinados a interpretar fontes escassas (como o de Milene Chavez sobre as ditas capitulares), a examinar conjuntos pequenos de jurisconsultos concretos (como o de Gustavo Cabral sobre os decisionistas lusitanos) ou a decifrar sutis variações de significado no uso de termos jurídicos por microgrupos contestadores da ordem social (como Costa, 2013)?

18 Sobre o tema, cf., entre outros, Rückert, 1993, p. 25. É importante notar, no entanto, que mesmo falsificações – pensemos nas "Cortes de Lamego", nas denúncias do "Plano Cohen" ou na "Doação de Constantino" – podem representar, para o historiador do direito, fontes de enorme relevância. Como adverte Evaldo Cabral de Mello, "um documento inconfiável é tão útil quanto seu oposto para o esclarecimento de um evento" (Mello, 2003, p. 17).

19 Cf. Stolleis, 1993, p. 8, e Schulze, 1993, p. 56.

20 Para um exemplo disso, veja-se a obra "Lideranças do Contestado" (2004) de Paulo Pinheiro Machado, que rastreou a memória de tal movimento nas famílias dos envolvidos e nas camadas populares, em um estado em que até hoje há órgãos públicos produzindo documentação pouco confiável. Outro modo de tentar rastrear vestígios das antigas concepções de pessoas pertencentes a camadas populares ou iletradas estaria na "leitura a contrapelo" das próprias fontes oficiais ou letradas, atentando-se cuidadosamente para a tendência destas

delicioso perigo de ver toda uma cuidadosa tese destruída pelo simples resmungo de um velhinho, que do público proclama: "Não foi nada disso. Eu estava lá e foi tudo diferente"...[21]

3. A história do direito é, como já mostrava Wieacker,[22] ramo da história e seus métodos são os métodos desta. Os riscos de uma história contemporânea do direito são, pois, os de toda história contemporânea – agravados apenas pelo fato de que as tendências, no direito, raramente são apreensíveis a partir da análise concentrada de um só ramo do direito em um curto período recente. Como adverte Jan Schröder,[23] uma pesquisa alemã em 1975, focada nos últimos dez anos, concluiria pela existência de uma "liberalização" do direito penal – mas logo ocorreria uma série de "novas criminalizações", envolvendo desde a informática até a proteção do meio ambiente.

Recortes temporais próximos também podem dificultar a separação da História do Direito e da Sociologia Jurídica.[24] Isso pode causar uma adesão

últimas de favorecer o status quo, filtrar informações, orientar questionamentos, preencher hiatos, apagar contradições, classificar casos, reinterpretar depoimentos e registrar estes últimos de acordo com os padrões da cultura oficial (cf., nesse sentido, Ginzburg, 1994, p. 203 ss. e Ginzburg, 2001a, p. 24 ss., 30, 31 e 37-9. Para uma descrição do que Ginzburg denomina "paradigma indiciário" – e para uma tentativa de rastrear os indícios do que seria a própria história deste último – cf. Ginzburg, 2001b.

21 Mesmo um historiador do direito do rigor e seriedade de Joachim Rückert pode ser exposto – como pude verificar em meu tempo de doutorando em Frankfurt – a tão divertido constrangimento.

22 Cf. Wieacker, 1980, p. 484. Sobre o tema, cf. também Stolleis, 1993, p. 12; Stolleis, 2008, p. 7; Rückert, 1993, p. 25; e Werle, 1993, p. 64, bem como a polêmica deflagrada por Zimmermann com *Frankfurt locuta, Europa finita.*

23 Schröder, 1993, p. 40.

24 Defender tal separação não implica, de modo algum, postular ingenuamente que a História do Direito deva desprezar as contribuições da Sociologia. Mesmo trabalhos centrados à primeira vista só na história dos conceitos – como Seelaender (2003) – podem revelar-se no fundo tributários de numerosas reflexões sociológicas anteriores sobre conflitos de classe, formação de elites, estruturação de redes ou processos de transformação da administração estatal. Na verdade, a questão que importa, aqui, é apenas saber em que medida e grau a "sociologização da história" poderia ser feita de modo proveitoso – e sem que a história renunciasse a sua autonomia e a suas especificidades. Essa sociologização permitiria priorizar, lembra Habermas, a "análise das instituições", da "ação dos atores coletivos" e dos "processos sociais anônimos", inclusive permitindo à "história das ideias" expandir-se e transformar-se

demasiado rápida às últimas modas desse ramo, antes de seu período de decantação se completar – e o que há de mais melancólico do que ver tanta energia gasta em renomear segundo a última moda tudo aquilo que já foi tantas décadas analisado e teorizado?[25] O que deveria ser um enriquecimento mútuo de duas áreas pode virar uma passageira uniformização – ou mesmo, o que é ainda mais grave, o uso da história do direito para exaltar a Sociologia Jurídica como a marca por definição de todo progresso mental, no campo do ensino jurídico.[26] Isso poderia inclusive desandar em uma narrativa artificial e empobrecedora, que tendesse em última análise a reduzir a história deste último a uma luta entre a modernidade (correspondente à Sociologia Jurídica) e o apego reacionário ao passado, supostamente encarnado no ensino do "Direito Romano".[27]

"em crítica das ideologias" (Habermas, 1983, p. 175). Em polêmica com Luhmann, o mesmo autor adverte, todavia, que o historiador não precisaria romper "o sistema narrativo de referência" tornando-se um mero "cientista auxiliar" de um "funcionalismo" com "conhecidos (...) limites metodológicos (...) nas ciências sociais" – melhor papel exerceria, pelo contrário, comprovando "a estreiteza provinciana do campo de aplicação de muitas teorias que se apresentam com pretensões de universalidade" (Habermas, p. 163-5 e 188-9).

[25] Tal fenômeno não deve ser confundido com a própria alternância, na longa duração, entre a História e Sociologia como "ciência da moda no momento". A despeito do caráter contingente e passageiro disso, não é raro que se diagnostiquem aqui e ali "crises da História" – o que pelo menos ocasiona o surgimento de textos criativos e refinados, no desesperado esforço da guilda de defender o próprio ramo (cf., como exemplo disso, Koselleck, 1990, p. 347-365). Décadas atrás da recente moda luhmanniana na História do Direito, a área também passou – superando muitas velhas ingenuidades e ganhando algumas novas – por aquilo que Lynn Hunt definiu como "os tempos dos 'ismos' e das 'izações'" (Hunt, 1994, p. 99).

[26] Seria ingênuo, aliás, crer que a História do Direito pudesse adquirir sólidas bases permanentes, atrelando-se de modo servil à Sociologia Jurídica, que no fundo também não passa de um conjunto mutável de reflexões e modelos analíticos historicamente contingentes. Já advertia Dilthey que "a história do mundo (...) revela cada sistema teórico como relativo, passageiro, transitório, apesar de sua vã pretensão à validez objetiva. A história é um imenso campo de ruínas de tradições religiosas, de afirmações metafísicas, de sistemas teóricos, de obras científicas, e cada um desses sistemas exclui o outro, nenhum consegue se provar definitivamente" (*apud* Löwy, 2002, p. 74).

[27] Caminhando um pouco nessa direção – e nem sempre contextualizando e analisando criticamente as próprias fontes que seriam supostamente favoráveis a sua tese, Bastos, 2000. Comprando apressadamente o discurso anti-romanista das fontes em tela, o autor não parece ter percebido nem o considerável peso das auto-referências na reflexão sobre o ensino jurídico luso-brasileiro nem a enorme força inercial da tradição anti-romanista no discurso dos juristas, desde os decisivos impulsos da propaganda pombalina.

4. O fato da história contemporânea do direito abordar o direito recente também pode, é claro, gerar tensões com a dogmática. Tais tensões são mais administráveis se não misturarmos os talheres na mesa.

A história do direito é, como ressaltava Wieacker,[28] ramo da história e seus métodos são os métodos desta. A dogmática não pode, portanto, fazer da história do direito sua escrava,[29] obrigando-a a declarar institutos eternos[30] ou a coroar o direito vigente como suposto "apogeu" de um progresso inevitável.[31] A história do direito não pode, tampouco, lançar encíclicas infalíveis, fixando para os institutos e dispositivos legais uma única linha de interpretação ortodoxa.

É bem verdade que a história do direito contemporâneo pode dar subsídios à chamada "interpretação histórica" ou convidar o aplicador do direito a perceber o caráter contingente e mutável deste último, auxiliando-o um pouco na adaptação a novos tempos e circunstâncias.[32]

[28] Wieacker, 1980, p. 484. Sobre o tema, cf. também os demais autores referidos acima, na nota de rodapé 22.

[29] Sobre a "emancipação" da história do direito em face da dogmática, Wieacker, 1980, p. 484. No mesmo sentido Stolleis, 1993, p. 12, e Schlosser, 1993, p. 75-109.

[30] Cf. Hespanha, 1998, p. 18-9, e 2012, p. 17ss. Para uma crítica semelhante, vinda de autores com inclinações ideológicas muito distintas daquelas de Hespanha, cf. Rückert, 1993, p. 28, e – em certa medida – Stolleis, 2008, p. 22-3. Para uma análise da historicidade dos conceitos política e socialmente mais relevantes, cf. a síntese de Koselleck, 1967. Também Skinner alerta para o risco de identificar no passado *timeless truths* e *timeless concepts* onde no fundo estariam ocorrendo mutáveis usos de conceitos e arranjos intelectuais contingentes. O autor britânico ataca o hábito de rastrear na história do pensamento político – mapeando-se supostos desvios, aproximações e antecipações – o imaginário caminho de revelação de "puras doutrinas" (Skinner, 2009, p. 57, 63ss, 78, 79 e 82ss).

[31] Para uma crítica da história do direito como legitimação via-progresso, cf., por todos, Hespanha, 2012, p. 19-20. Para uma crítica específica do mesmo vício na história constitucional brasileira, cf. Seelaender, 2007, p. 172-3, e 2010, p. 97ss. É importante notar que, por via indireta, a postura aqui criticada também ajuda a exaltar o próprio meio jurídico atual, pois de certo modo valoriza os cultores desse pretenso "direito do apogeu", reforçando o seu orgulho corporativo e lastreando as suas pretensões de poder no âmbito da sociedade.

[32] Reiner Schulze ataca o "dogma" de que a história do direito recente deveria manter-se – em uma "'contemplativa' abstinência" – omissa diante dos desafios do direito atual (Schulze, 1993, p. 62). Embora a questão se coloque com mais frequência no campo do direito privado, deve-se registrar que também não faltam, na doutrina constitucional levada em conta em nossas faculdades e tribunais, teorias que condicionem a interpretação da norma, sua derrogação e até mesmo a sua própria configuração à análise prévia de seu "suporte histórico"

O historiador do direito contemporâneo não está, tampouco, impedido de aportar contribuições *como historiador* às discussões sobre a política legislativa – por exemplo, identificando estruturas anacrônicas residuais[33] ou destruindo fatalismos, pelo simples demonstrar da existência, no passado, de já esquecidas alternativas "perdedoras" ou "abandonadas".[34]

Nada disso, porém, elide o fato de que dogmática e história do direito desempenham funções diferentes[35] – ainda quando tais talheres são usados pela mesma pessoa para cortar o mesmo bife. Preservar a história do direito como "instância autônoma com função crítica" própria,[36] dotada de perspectivas e categorias distintas da dogmática,[37] é, aqui, o essencial.

Essa distinção funcional me parece melhor do que as vãs tentativas de barrar à história do direito o estudo do direito vigente – como se a história do direito contemporâneo não pudesse, estranhamente, tratar do direito contemporâneo. Como adverte Rückert,[38] se o direito vigente fosse monopólio da dogmática, a história do direito contemporâneo restaria sem

ou de transformações históricas. Dentro desse quadro, a História Constitucional tenderia a receber, na prática, novas funções.

33 Cf. Vormbaum, 1993, p. 76.

34 Poderíamos aqui relembrar não só as advertências de E.P. Thompson, mas também as de Q. Skinner em *Liberty before Liberalism*. Embora a versão brasileira desta obra apresente algumas características irritantes (por vezes empregando desnecessariamente em inglês o termo *Digest* e traduzindo *Commonwealth* como "comunidade" e *Rump Parliament* por "Parlamento Não-Representativo"), ainda é o texto mais acessível a nos chamar a atenção para o fenômeno do apagar das alternativas derrotadas na história do pensamento político (cf. Skinner, 1999, p. 10, 80-1, 93-5 etc). Sobre os objetivos de Skinner no lidar com o tema, cf. Palonen, 2003, p. 120-1, 127, 132 etc.

35 Também por isso é despropositada a sugestão – metodologicamente já bastante ingênua – de Diemut Majer, de fazer a História Contemporânea do Direito "mais pragmática e ligada ao tempo" (sic) do que supostamente seria a história do direito de outros períodos (v. Majer, 1993, p. 16).

36 Werle, 1993, p. 65. Sobre o papel "relativizador" e "desmistificador" que o historiador deve desempenhar no campo jurídico, cf. também – além dos escritos de Hespanha e Ricardo Fonseca – Grossi, 2004, p. 12. Como bem nota José Reinaldo de Lima Lopes, ao desempenhar "o papel da desmistificação do eterno", a história do direito revela um potencial papel emancipatório, pois permite evidenciar "que vivemos no tempo da ação" (Lopes, 2000, p. 27).

37 Cf. Werle, 1993, p. 65.

38 Cf Rückert, 1993, p. 27.

objeto – quanto mais em países com códigos e constituições com poucas décadas ou séculos de idade.[39]

5. Consideradas as premissas aqui expostas, como poderíamos lidar, na história do direito, com situações recentes que moldam diretamente a política atual?

"Todos os dias", já nos advertia Ranke,[40] "surgem escritores que só buscam e encontram na história aquilo que se encaixa dentro de suas próprias doutrinas políticas". Cria-se um claro "leito de Procusto" ideológico, que poucos assumiram com a honestidade de Mably – segundo o qual "o rei da Suécia pode mudar seu país, mas ele não mudará mais meu livro".[41]

Citar Mably aqui vem a calhar, sobretudo porque cresce, mesmo nos dias de hoje, certa propensão moral-filosofizante no lidar com fontes históricas de regimes que facilmente nos geram repulsa, como o regime pós-64.

Aqui, não só o militante panfletário negará à fonte o direito de mudar seu belo livro – também o farão aqueles que, "conscientes por um obscuro pressentimento da precariedade de suas opiniões" em um mundo sem referências jusnaturalistas consensuais, "vão refugiar-se" em um universo de nuvens supostamente ordenado e tentam buscar, na história do direito, algo que lhes pacifique os espíritos angustiados, fazendo uma descabida ponte entre o ser e o dever-ser.[42]

É sempre difícil refletir com frieza, por exemplo, sobre regimes recentes em que generais, tecnocratas e juristas mandavam e desmandavam, enquanto outros agentes estatais davam choques elétricos em dissidentes idosos e introduziam insetos rasteiros no corpo de uma estudante[43]. À primeira vista, a própria tentativa de compreender tais regimes já mereceria, talvez, repulsa: não seria o compreender o primeiro passo para o justificar? Não seria só o caso de denunciar, pura e simplesmente, o horror

[39] Rückert cita o exemplo do próprio BGB, que veio a entrar em vigor apenas em 1900 (cf. Rückert, 1993, p. 27).

[40] Ranke, 1986a, p. 509.

[41] *Apud* Acton, 1985, p. 167.

[42] Aqui se parafraseiam advertências feitas por Ranke para a história em geral (v. Ranke, 1986a, p. 511).

[43] Cf. Arquidiocese de São Paulo, 1985, p. 39.

de tudo isso, para separar vilões e mocinhos e assim imunizar as gerações futuras contra a "perversão do direito"[44] e do Estado? Tentar reconstruir para compreender, a partir de suas perspectivas próprias,[45] o discurso jurídico pró-ditadura não seria algo danoso?

Creio que não. O historicizar pode até trazer consigo um certo dever de distanciamento analítico – e com ele, aparentemente, o risco de enfraquecer as energias da militância indignada. Contudo, a desdramatização gera novas possibilidades de compreensão,[46] ampliando o campo visual da própria crítica ao regime ditatorial. O sangue já não embaça tanto a vista, quando se verifica, friamente, que ele pode ter fluído de uma caneta tinteiro ou ter sido ocultado pelo teatro da continuidade judicial.

Se o regime pós-64 gerou um "Estado Duplo" (Fraenkel) e não a anomia sistêmica de um "Behemoth" (Neumann), devemos tentar entender como este "Estado Duplo" e seus juristas operaram – e não fingir, por nobres motivos, que o direito era então só uma tapeação total. Tapeações totais, aliás, não duram duas décadas nem em hospícios. Até mesmo para exercer um papel legitimador, o direito da era ditatorial (assim como os tribunais, a doutrina e os juristas em geral) precisava ter, ao menos em certas áreas, certa autonomia relativa – sem a qual sua própria funcionalidade política restaria comprometida.[47]

Dentro desse quadro faz sentido, sim, ir além da denúncia, simples e óbvia, de que certos juristas exerceram papel importante na repressão "legal", seja atuando nela, seja ajudando a construir e legitimar seu arcabouço jurídico próprio.[48] Longe de convidar à apatia, uma "história do direito na ditadura" que rejeite o protesto bombástico pode, com frieza

[44] Sobre tal questão, cf. Stolleis, 1993, p. 11.

[45] Sobre o tema, cf. as úteis observações de Werle, 1993, p. 65.

[46] Não distante dessa conclusão Schröder, 1993, p. 46.

[47] Sobre a necessidade do direito, para ser aparelho ideológico minimamente funcional, ter certa autonomia relativa e mesmo certa capacidade de conter o poder, cf. as lúcidas observações de Thompson, 1993, p. 354ss – nem sempre compreendidas com exatidão entre nós, em razão de opções feitas na edição brasileira da obra (onde se traduziram automaticamente como "lei" e "domínio da lei" palavras e expressões inglesas de sentido por vezes diverso ou bem mais amplo).

[48] Sobre o tema, cf. Seelaender, 2008, p. 415ss – sobretudo p. 429-430. Para um exemplo de aplicação prática da linha aqui defendida, no que tange ao tratamento dos "juristas da ditadura", cf. Seelaender, 2013.

e precisão, nos abrir novos campos para a indignação. Pode, por exemplo, nos abrir os olhos para o cômodo colaboracionismo dos mantenedores das vitrines das zonas de "Estado de Direito" dentro deste "Estado Duplo" – como o próprio STF do período, hoje absurdamente heroicizado como centro de resistência cívico-democrática.[49]

Como vemos por esse singelo exemplo, a contribuição da história do direito ao atual debate político-constitucional exige, paradoxalmente, que esta busque se distanciar ao máximo da politicidade total, do espírito de palanque.

O historiador do direito decerto não é neutro quando escolhe pesquisar o STM na ditadura, as razões da adoção do Estatuto da Terra, o papel de Reale no Código Civil ou a expansão das estatais sob Getúlio ou Geisel. Por mais que se esforce em sentido contrário, sempre algo de sua visão de mundo se refletirá na interpretação das fontes e na redação de seus trabalhos. Dificilmente deixará de alegrar-se, se suas conclusões parecerem úteis – por alguma feliz coincidência – para a defesa de suas convicções na prática política e nos embates judiciais.

A preocupação com efeitos práticos dessa ordem em nada legitima, porém, o trabalho do historiador do direito, que deixa de ser historiador se molda todo o seu pensar por considerações de utilidade relativas ao tempo presente.[50] O passado do historiador não é só "passado-prático", repertório de ferramentas para resolver problemas políticos e jurídicos de hoje.[51] Não se vê mais como admirável uma história do direito que se

[49] Sem dúvida útil para justificar condutas passadas e para legitimar a atual expansão dos poderes do tribunal, o "mito do STF resistente" não foi construído apenas pelos diretamente interessados. Para sua estruturação também colaboraram intelectuais preocupados em prestigiar o Supremo como potencial espaço de *Rechtsstaatlichkeit* em tempos difíceis, da repressão florianista à época do AI-5. As obras de Leda Boechat Rodrigues e Emília Viotti da Costa representam um comovente esforço de produzir a história da instituição como contra-poder independente e espaço de resistência cívico-democrática.

[50] Cf. Fuller, 2003, p. 29-30. Na linha de Oakeshott, Fuller lembra que o historiador, mesmo que nunca esteja totalmente imune ao desejo (consciente ou não) de usar o passado no presente, deve ao menos "reduzir (...) o quociente de passado prático no passado histórico" (Fuller, 2003, p. 26).

[51] Nesse sentido parecem ir Oakeshott e seus melhores intérpretes (cf. Fuller, 2003, p. 26, 29-30 e 39; assim como Oakeshott, 2003, p. 44-5, 52ss, 66, 74ss etc.). Já é hora, aliás, de se verificarem mais a fundo os custos e efeitos colaterais da preocupação de alguns destacados historiadores do direito em influenciar a discussão no foro, contribuir para a unidade

ponha como *magistra vitae*, pressupondo implicitamente a inexistência da alteridade do passado.[52]

6. O ponto de vista aqui defendido nada tem a ver com uma ingênua crença na objetividade da história do direito. Tudo que aqui se defende é a adoção de uma postura de autodesconfiança e autocontrole, no intuito de minorar problemas e reduzir distorções.

Na verdade, assim como a "imparcialidade" do bom juiz nada mais é do que uma fuga obsessiva ao tendenciosismo consciente, feita com o auxílio de "regras de bom proceder", assim também a seriedade do historiador do direito demanda essa mesma fuga, com o apoio das mutáveis "regras da arte"[53] e de uma percepção crítica dos riscos e limites do seu próprio instrumental metodológico.

Tal postura não garantirá que nossos trabalhos sobrevivam aos séculos como retilíneos "tijolinhos do prédio da área" ou como pedras tortas sobrepostas de um "muro seco" inglês. Mas tenho a esperança de que, adotando-a, ao menos reduziremos substancialmente, no futuro, o número das gargalhadas maldosas.

O risco destas virem será maior, não há dúvida, para os que ousarem fazer história do recente na história do direito. Mas talvez esteja aí, justamente, o que deva nos impulsionar para o trabalho. Pois, como dizia o velho Mommsen, "onde está o perigo, aí está a honra".[54]

europeia ou latino-americana, desmoralizar o direito positivo oriundo de parlamentos democraticamente eleitos ou simplesmente justificar a conservação de suas cátedras na estrutura universitária (analisando esta última meta e seus reflexos na produção da área, Stolleis, 2008, p. 12, 22, etc.).

[52] Lembra Koselleck que tal visão pressupõe a ideia – oriunda da Antiguidade e aceita por séculos – de uma história que sempre permaneceria ou retornaria igual, podendo por isso mesmo ensinar a agir no presente. A Revolução Francesa, ao evidenciar a mutabilidade da história, teria solapado essa concepção tradicional, colocando em pauta novas formas de conceber a relação entre o passado e o futuro (Koselleck, 1992, p. 38ss).

[53] Talvez influenciado por Thomas Kuhn, afirma Stolleis que "as diferenças entre a historiografia e a literatura ficcional não se encontram no plano da reconstrução do passado pela linguagem nem (...) no papel da criatividade e fantasia, mas sim na estrita vinculação" daquilo que o historiador expressa a determinadas "regras". Estas, por sua vez, se configurariam, "ao longo da história da ciência", como objeto de convenção, servindo para orientar a história e mesmo para constituí-la como campo científico e gênero literário específico (v. Stolleis, 2008, p. 39).

[54] Mommsen, 1990, p. 194.

Referências

ACTON, John E. E. Dalberg. Ranke. In: *Essays in the Study and Writing of History*. Indianapolis, Liberty Classics, 1985, p. 165-172.

ARON, Raymond. *As etapas do pensamento sociológico*. 2ª.ed. Brasília, São Paulo: UnB, Martins Fontes, 1987.

BERDING, Helmut. Leopold von Ranke. In: WEHLER, H-U. (org.). *Deutsche Historiker*. Göttingen, Vandenhoeck & Ruprecht, v.1, p. 7-24, 1971.

BLOCH, Marc. *Apologia da história*. Rio de Janeiro: Zahar, 2001.

ARQUIDIOCESE DE SÃO PAULO. *Brasil: Nunca Mais*. 2ª.ed. Petrópolis: Vozes, 1985.

CABRAL, Gustavo César M. *Os decisionistas portugueses entre o direito comum e o direito pátrio*. São Paulo: Tese (Doutorado em Direito), USP, 2013.

COSTA, Adailton Pires. *A história dos direitos trabalhistas vista a partir de baixo*. Florianópolis: Dissertação (Mestrado em Direito), UFSC, 2013.

DOSSE, François. *A história à prova do tempo*. São Paulo: Unesp, 1999.

DROYSEN, Johann Gustav. Grundriss der Historik. In: HARDTWIG, W. *Über das Studium der Geschichte*. München: DTV, 1990, p. 83-117.

ENGELS, Friedrich. Nota prévia a "A guerra dos camponeses alemães". In: MARX, Karl; ENGELS, Friedrich. *Obras escolhidas*. Moscou: Editorial Progresso, 1983, p. 174-181.

________. El origen de la familia, la propriedad privada y el Estado. In: MARX, Karl; ENGELS, Friedrich. *Obras escogidas*. 7ª.ed., Moscou: Editorial Progreso, 1986, p. 203-352.

FERNANDES, Florestan (Org.). *K. Marx, F. Engels:* história. Coleção grandes cientistas sociais, 36. São Paulo, SP: Ática, 1983.

FLORENZANO, Modesto. François Furet: historiador da Revolução Francesa. *Revista de História*, n. 132, p. 95-109, 1995.

FONSECA, Ricardo Marcelo. *Introdução teórica à história do direito*. Curitiba: Juruá, 2009.

FULLER, Timothy. Introdução. In: OAKESHOTT, Michael. *Sobre a história e outros ensaios*. Rio de Janeiro: Topbooks, 2003, p. 27-40.

FURET, François. A Revolução Francesa terminou. In: FURET, François. *Pensar a Revolução Francesa*. Lisboa, Edições 70, 1988, p. 13-112.

GINZBURG, Carlo. Der Inquisitor als Anthropologe. In: CONRAD, Christoph; KESSEL, Martina (org.). *Geschichte schreiben in der Postmoderne*. Stuttgart, Reclam, 1994, p. 203-218.

________. Feitiçaria e piedade popular. In: *Mitos, emblemas, sinais*. São Paulo: Companhia das Letras, 2001a, p. 15-39.

________. Sinais: raízes de um paradigma indiciário. In: *Mitos, emblemas, sinais*. São Paulo: Companhia das Letras, 2001b, p. 143-179.

GROSSI, Paolo. *Mitologias jurídicas da modernidade*. Florianópolis: Boiteux, 2004.

HABERMAS, Jürgen. História e evolução. In: *Para a reconstrução do materialismo histórico*. São Paulo: Brasiliense, 1983, p. 163-215.

HEGEL, Georg Wilhelm Friedrich. *Grundlinien der Philosophie des Rechts*. Frankfurt/M./ Berlin/Wien: Ullstein, 1972.

HESPANHA, António Manuel. *Panorama histórico da cultura jurídica européia*. 2ª.ed., Lisboa: Europa-América, 1998.

_______. *Cultura jurídica européia*. Coimbra, Almedina, 2012.

HOMEM, Antonio P. Barbas. *História do pensamento político*. Coimbra: Coimbra Editora, 2007.

HUNT, Lynn. Geschichte jenseits von Gesellschaftstheorie. In: CONRAD, Christoph.; KESSEL, Martina (org.). *Geschichte schreiben in der Postmoderne*. Stuttgart: Reclam, 1994, p. 98-122.

KOCKA, Jürgen. Zwischen Elfenbeinturm und Praxisbezug. In: GNEUSS, Christian; KOCKA, Jürgen (org.). *Max Weber. Ein Symposion*. München: DTV, 1988, p. 184-194.

KOSELLECK, Reinhart. Richtlinien für das Lexikon politisch-sozialer Begriffe der Neuzeit. *Archiv für Begriffsgeschichte*, 11, 1967, p. 81-99.

_______. Wozu noch Historie?. In: HARDTWIG, Wolfgang (org.). *Über das Studium der Geschichte*. München, DTV, 1990, p. 347-365.

_______. Historia Magistra Vitae. In: KOSELLECK, Reinhart. *Vergangene Zukunft*. Frankfurt/M.: Suhrkamp, 1992, p. 38-66.

LÖWY, Michael. *Ideologias e ciência social*. 15ª ed. São Paulo: Cortez, 2002.

MAJER, Diemut. Überlegungen zum Begriff, Juristische Zeitgeschichte. In: STOLLEIS, Michael (org.). *Juristische Zeitgeschichte – Ein neues Fach?* Baden-Baden: Nomos, 1993, p. 15-21.

MELLO, Evaldo Cabral de. A mudança da mudança. In: OAKESHOTT, Michael. *Sobre a história e outros ensaios*. Rio de Janeiro: Topbooks, 2003, p. 11-26.

MOMMSEN, Theodor. Rede bei Antritt des Rektorates. In: HARDTWIG, W. (org.). *Über das Studium der Geschichte*. München: DTV, 1990, p. 184-194.

MOMMSEN, Wolfgang J. Max Weber. In: WEHLER, H-U. (org.). *Deutsche Historiker*. Göttingen: Vandenhoeck & Ruprecht, v.3, 1972, p. 65-90.

OAKESHOTT, Michael. The activity of being a historian. In: *Rationalism in politics and other essays*. Indianapolis, Liberty Fund, 1991, p. 151-183.

_______. *Sobre a história e outros ensaios*. Rio de Janeiro, Topbooks, 2003.

OESTMANN, Peter. Paolo Grossi: Das Recht in der europäischen Geschichte. *Vierteljahrschrift für Sozial – und Wirtschaftsgeschichte*, 99, 2012, p. 71-73.

PALONEN, Kari. *Quentin Skinner. History, Politics, Rhetoric*. Polity Press, Cambridge, 2003.

RANKE, Leopold von. Sobre las afinidades y las diferencias existentes entre la historia y la politica. In: *Pueblos y Estados en la historia moderna*. 2ª ed., México: Fondo de Cultura Económica, 1986a, p. 509-517.

_______. Historia y filosofia. In: *Pueblos y Estados en la historia moderna.* 2ª ed., México: Fondo de Cultura Económica, 1986b, p. 518-520.

RÜCKERT, Joachim. Juristische Zeitgeschichte. In: STOLLEIS, Michael (org.). *Juristische Zeitgeschichte – Ein neues Fach?* Baden-Baden: Nomos, 1993, p. 23-33.

RÜSEN, Jörn. *Konfigurationen des Historismus.* Frankfurt/M.: Suhrkamp, 1993.

SCHLOSSER, Hans. Die deutschrechtliche Exegese. In: SCHLOSSER, Hans *et al. Die rechtsgeschichtliche Exegese.* München, C.H.Beck, 1993, p. 75-109.

SCHRÖDER, Rainer. Juristische Zeitgeschichte. In: STOLLEIS, Michael (org.). *Juristische Zeitgeschichte – Ein neues Fach?* Baden-Baden, Nomos, 1993, p. 43-51.

SCHULZE, Reiner. Juristische Zeitgeschichte. In: STOLLEIS, Michael (org.). *Juristische Zeitgeschichte – Ein neues Fach?* Baden-Baden, Nomos, 1993, p. 53-62.

SEELAENDER, Airton L.C.L. *Polizei, Ökonomie und Gesetzgebungslehre.* Frankfurt/M.: V.Klostermann, 2003.

_______. História constitucional brasileira. In: TAVARES, André R.; DIMOULIS, Dimitri; ROTHENBURG, Walter C. *Dicionário brasileiro de direito constitucional.* São Paulo: IBEC/Saraiva, 2007, p. 172-3.

_______. Juristas e ditaduras. In: SEELAENDER, Airton L.C.L.; FONSECA, Ricardo Marcelo (org.). *História do direito em perspectiva.* Curitiba: Juruá, 2008, p. 415-432.

_______. Verfassung und Verfassungsrecht in Brasilien. *Rechtsgechichte* (2010):16, Frankfurt/M., V. Klostermann, p. 97-103, 2010.

_______. Francisco Campos (1891-1968): uma releitura. In: FONSECA, Ricardo Marcelo (org.). *As formas do direito.* Curitiba, Juruá, 2013, p. 491-525.

SKINNER, Quentin. *Liberdade antes do liberalismo.* São Paulo: UNESP, 1999.

_______. Meaning and understanding in the history of ideas. In: SKINNER, Quentin. *Visions of Politics* (v.1). Cambridge: Cambridge University Press, 2009, p. 57-89.

STOLLEIS, Michael. Einleitung. In: STOLLEIS, Michael (org.). *Juristische Zeitgeschichte – Ein neues Fach?* Baden-Baden: Nomos, 1993, p. 7-14.

_______. *Rechtsgeschichte schreiben. Rekonstruktion, Erzählung, Fiktion?* Basel: Schwabe Verlag, 2008.

_______. P. Grossi: Das Recht in der europäischen Geschichte. *Göttingsche Gelehrte Anzeigen* 263 Jahrgang, 2011, p. 227-233.

THOMPSON, Edward P. *Senhores e caçadores.* Rio de Janeiro: Paz e Terra, 1987.

VORMBAUM, Thomas. Zur Juristichen Zeitgeschichte. In: STOLLEIS, Michael (org.). *Juristische Zeitgeschichte – Ein neues Fach?* Baden-Baden, Nomos, 1993, p. 69-81.

WEBER, Max. Die Objektivität sozialwissenschaftlicher und sozialpolitischer Erkenntnis. In: *Gesammelte Aufsätze zur Wissenschaftslehre.* 7.ed. Tübingen: J.C.B. Mohr, 1988a.

________. Kritische Studien auf dem Gebiet der kulturwissenschaftlichen Logik. I-Zur Auseinandersetzung mit Eduard Meyer. In: *Gesammelte Aufsätze zur Wissenschaftslehre.* 7.ed. Tübingen: J.C.B. Mohr, 1988b.

WERLE, Gerhard. Zur Konzeption von Forschung und Lehre im Fach, Juristische Zeitgeschichte. In: STOLLEIS, Michael (org.). *Juristische Zeitgeschichte – Ein neues Fach?* Baden-Baden: Nomos, 1993, p. 63-68.

WIEACKER, Franz. *História do direito privado moderno.* Lisboa: C. Gulbenkian, 1980.

3. O RISCO DE UM CONSTITUCIONALISMO PRESENTISTA: O CONSEQUENCIALISMO À LUZ DOS REGIMES DE HISTORICIDADE

DOUGLAS ANTÔNIO ROCHA PINHEIRO

1. Antes das sereias, Tirésias

Aconselhado por Circe, personagem que na tradição grega era identificada ora como deusa ora como feiticeira, Ulisses precaveu-se ao passar pela ilha das Sereias, seres com corpo de pássaro e cabeça de mulher cujo canto atraía a todos os que o ouvissem: vedou os ouvidos de sua tripulação com cera e, a si mesmo, deixou-se acorrentar ao mastro do navio, pedindo que fosse assim mantido durante toda a travessia. Com isso, apesar de fraquejar ao ouvir o canto e pedir que fosse liberto das correntes, seus companheiros de viagem só lhe atenderam quando a embarcação já estava a salvo do alcance do encantamento.

O episódio, um dos mais conhecidos da Odisseia, mencionado em seu Canto XII, mereceu diversas releituras, umas literárias, como a inversão feita por Kafka[1], para quem o silêncio das sereias era arma mais terrível que seu canto, outras teóricas, como a contraposição identificada por Adorno e Horkheimer[2] entre razão e mito e a tentativa moderna – fracassada e alienante – de controle da natureza externa e interna por uma racionalidade técnica. No Direito, a narrativa homérica não passou incólume: iluminou a possibilidade de uma geração atar às seguintes por meio de um texto constitucional que se tornaria fundamento e limite da democracia – afinal,

[1] 2008, p. 104-106.

[2] 1985.

ao aceitar uma Constituição decorrente de compromissos prévios, o povo livra-se dos fardos do passado ao mesmo tempo em que restringe sua amplitude de ação no presente[3].

O destaque obtido por tal episódio parece, todavia, ter eclipsado a importância do evento imediatamente anterior por que passara Ulisses: a Nekyia ou o ingresso no mundo inferior de Hades, narrado no Canto XI da Odisseia. Na ocasião, o herói estava decidido a recomeçar sua viagem a Ítaca após ter sido hóspede de Circe por um ano. Ela, porém, recomendou-lhe que previamente consultasse Tirésias, o cego clarividente da região dos mortos. Instruído pela deusa-feiticeira sobre o modo como deveria invocar as almas por meio de sacrifícios, Ulisses acabou tendo uma experiência pessoal com os tempos passado e futuro no seu próprio presente. A conversa com Tirésias foi capaz de não só apontar o caminho a ser seguido, como também de esclarecer os percalços já transcorridos – como, por exemplo, que a perseguição movida por Poseidon era motivada por ter Ulisses cegado Polifemo, o filho ciclope do deus dos mares. Na consciência de sua historicidade, Ulisses estava pronto para seguir viagem.

A recomendação de Circe parece bem se aplicar à reflexão e à prática do Direito. Antes de avançar, ambas precisam compreender como experienciam, no tempo e espaço histórico atuais, a relação entre passado, presente e futuro. No mesmo sentido, Cristiano Paixão[4], partindo de uma análise historiográfica proposta por François Hartog, fez uma provocação sobre que possibilidades um regime de historicidade presentista[5] poderia legar ao campo da história constitucional. Em meu capítulo, pretendo fazer um recorte em tal provocação para responder, na verdade, sobre um de seus riscos: o consequencialismo judicial como manifestação deste presente perpétuo no campo jurídico.

Para tanto, seguirei o seguinte percurso: (i) partindo de dois julgados do Supremo Tribunal Federal, apontarei como a argumentação judicial consequencialista trata o futuro de modo distinto se comparada à argumentação positivista clássica; (ii) retomando a noção de presentismo para Hartog, demonstrarei como o direito parece sofrer influxos deste atual regime de historicidade; (iii) voltando ao campo jurídico, rastrearei

[3] Cf. Elster, 1984; Holmes, 1997.

[4] 2013, p. 77-87.

[5] Sobre o regime de historicidade presentista, cf. item 3 infra.

as condições que permitiram a ascensão de um presente onipresente que mina a abertura para o futuro; (iv) por fim, retomarei os dois casos decididos pela Corte Constitucional para verificar se o uso do argumento consequencialista foi minimamente justificável.

Espero, assim, tematizar o tempo e o modo como ele tem repercutido na tessitura do Direito. Afinal, qualquer juiz Hércules precisa antes compreender a jornada de Ulisses.

2. Sobre livros e moradia

Em setembro de 2002, Sigfried Ellwanger impetrou *habeas corpus* no Supremo Tribunal Federal (STF) pedindo fosse reconhecida a prescrição da pretensão punitiva do crime pelo qual fora condenado. Denunciado, em novembro de 1991, pelo Ministério Público do Rio Grande do Sul por escrever, editar e distribuir sistemática e reiteradamente livros com teor antissemita, Ellwanger havia sido absolvido pelo juízo de primeiro grau, em junho de 1995, sob fundamento de que os textos por ele publicados constituíam apenas relatos sobre fatos históricos contados de outro ângulo[6]. Porém, em outubro de 1996, por entender que as obras difundidas não tinham natureza historiográfica, mas sim, discriminatória, o Tribunal de Justiça daquele Estado em grau de recurso condenou Ellwanger a dois anos de reclusão com suspensão condicional da pena por praticar, induzir e incitar o racismo[7].

Ao impetrar *habeas corpus* no STF, depois de não obter êxito com a mesma ação no Superior Tribunal de Justiça, Ellwanger alegou que sua condenação por discriminação e preconceito contra os judeus não configurava propriamente racismo já que, no pós-Segunda Guerra Mundial, a equiparação dos judeus a uma raça havia encontrado forte repúdio na antropologia e na própria comunidade judaica[8]. Na Corte Constitucional, depois de os debates entre os Ministros tratarem do alcance semântico do enunciado "racismo" e dos limites constitucionais da liberdade de expressão, acabou sendo mantida a condenação do editor e escritor gaúcho por maioria de votos[9].

[6] Brasil, 1991, p. 861.

[7] Brasil, 1991, p. 1055-1097.

[8] Brasil, 2002, p. 2-17.

[9] Brasil, 2002, p. 687-689.

Não aprofundarei neste capítulo os estratos argumentativos superpostos que permearam tal caso, tais como a visão conspiracionista da história, os ecos tardios do Integralismo e a judicialização do passado, pois já os analisei em outro texto[10]. Restrinjo-me a um diálogo travado entre dois dos Ministros do STF: Carlos Ayres Britto e Cezar Peluso. Na ocasião, após o Ministro Marco Aurélio Mello prolatar seu voto favorável à concessão do *habeas corpus*, vários dentre os demais julgadores decidiram reafirmar seus votos. Ayres Britto, que defendera a atipicidade da conduta de Ellwanger[11], ao reforçar a tese de que o teor dos livros escritos e publicados pelo condenado não materializava qualquer preconceito, encontrou forte reação entre os demais julgadores.

Nas intervenções que se seguiram, embora o Ministro Nelson Jobim questionasse a possibilidade de se debater o teor das obras em sede de *habeas corpus*, o Ministro Celso de Mello reiterou o teor antissemita das mesmas e argumentou que o "uso criminoso do livro" não encontrava respaldo na liberdade de expressão[12]. Deu-se, então, uma divergência sobre se o conteúdo de uma das obras que ensejara a denúncia seria ou não discriminatório. Ao final, sem que nenhumas das duas partes cedesse em seu ponto de vista, Ayres Britto afirmou: se, na "mais alta Casa da Justiça brasileira, o livro suscita leitura diferenciada, quanto mais no âmago da população! Que esse livro circule!"[13]. Nesse momento, deu-se a intervenção de Cezar Peluso:

> O Sr. Ministro Cezar Peluso – V. Exa. me permite só um aparte? Toda a população pensa de acordo com V. Exa.?
>
> O Sr. Ministro Carlos Britto – A população tem o direito de fazer o seu julgamento.
>
> O Sr. Ministro Cezar Peluso – Todas as pessoas do país pensam da mesma forma de V. Exa.?
>
> O Sr. Ministro Carlos Britto – O livro está na vigésima nona edição.
>
> O Sr. Ministro Cezar Peluso – Há algum risco de alguém interpretar de outro modo e, com isso, sentir-se autorizado a alimentar o ódio, e não só

[10] Pinheiro, 2013.

[11] Brasil, 2002, p. 456-526.

[12] Brasil, 2002, p. 660.

[13] Brasil, 2002, p. 669.

alimentá-lo, mas passar de uma posição de ódio a uma postura de risco à integridade das pessoas?

O Sr. Ministro Carlos Britto – Entendo que não.

O Sr. Ministro Cezar Peluso – Ah! Ninguém neste país? Seria isso concebível?

O Sr. Ministro Carlos Britto – É possível que alguém leia o livro e se convença.

O Sr. Ministro Cezar Peluso – Ora, basta que seja possível; é exatamente isso que se quer evitar[14].

Ambos os julgadores divergiriam em outro caso levado à Corte Constitucional em 2006. Tratava-se de um recurso extraordinário interposto por um fiador de contrato de locação que, sendo executado pelo inadimplemento do locatário, alegava ser inconstitucional a constrição de seu imóvel residencial dado como garantia. Como fundamento, o recorrente argumentava que a inclusão do direito à moradia, por meio da Emenda Constitucional nº 26 de 14 de fevereiro de 2000, dentre o rol dos direitos sociais mencionados no art. 6º da Constituição Federal fazia com que a Lei do Inquilinato (Lei n. 8.245, de 18 de outubro de 1991) não fosse recebida na parte em que autorizava a penhora de bem de família do fiador em contrato de locação – pela inclusão do inciso VII no art. 3º da Lei n. 8.009 de 1990.

O Ministro Cezar Peluso, relator do recurso, defendeu a tese de que o direito à moradia serviria à proteção tanto dos proprietários de imóveis, quanto daqueles que, sem deter tal propriedade, devessem morar na condição de locatários. Desse modo, reconhecer a impenhorabilidade do imóvel do fiador romperia o equilíbrio de mercado, quer por desestimular "a oferta de imóveis para fins de locação habitacional", quer por gerar "exigência sistemática de garantias mais custosas para as locações residenciais". Assim, ao negar provimento ao recurso extraordinário, afirmou que era preferível tutelar, mediante estímulo do acesso à habitação arrendada, "o direito à moradia de uma classe ampla de pessoas (interessadas na locação)" a proteger um grupo "de menor espectro (a dos fiadores proprietários de um só imóvel, enquanto bem de família, os quais não são obrigados a prestar fiança)"[15].

14 Brasil, 2002, p. 669-670.

15 Brasil, 2006, p. 883-887

Novamente perfilando-se entre os votos vencidos, o Ministro Ayres Britto, ao entender ser a moradia uma necessidade vital do trabalhador, alcançada pela proteção especial dada pela Constituição à família, defendeu que o fiador teria seu imóvel residencial resguardado diante da execução do contrato de locação. Aliás, após voto do Ministro Celso de Mello, em que se apontavam precedentes da Corte neste sentido, Ayres Britto reforçou que o art. 6º da Constituição Federal surgira em "um contexto de nítida densificação do princípio da dignidade da pessoa humana" e que a adequada normatividade dos direitos fundamentais precisava superar "um *déficit* de concretividade ou aplicabilidade". Por fim, reagindo ao argumento econômico de Cezar Peluso, afirmou que era preciso dar ao "mercado uma oportunidade de exercitar outras fórmulas substitutivas", já que o mesmo, por ser criativo, "encontraria meios e modos de resolver os futuros contratos de locação"[16].

Vê-se que os dois julgados materializaram técnicas distintas de decisão judicial – e, por conseguinte, modos diferentes de tratativa do futuro. O Ministro Ayres Britto, no caso Ellwanger, parece ter utilizado o clássico método positivista lógico-dedutivo que parte da premissa maior e, diante do elemento fático trazido aos autos, verifica a norma concreta aplicável ao caso. Nesta perspectiva, o pressuposto de inexistência de antinomias somado à exigência de decidibilidade faz com que a técnica positivista ponha grande peso na interpretação semântica, que busca na redação do texto normativo a inclusão ou exclusão de uma determinada conduta em um preceito legal. Não sem motivo, o ministro dedicou-se em seu voto a delimitar o alcance linguístico dos verbos "praticar", "induzir" e "incitar" mencionados no art. 20 da Lei n. 7.716, com a redação dada pela Lei n. 8.081 de 1990, artigo que serviu de fundamento para a condenação do editor e escritor gaúcho[17].

No caso do direito à moradia, Ayres Britto parece ter se utilizado da hermenêutica derivada do que se convencionou chamar neoconstitucionalismo: preeminência dos princípios[18], ênfase na concretização constitucional e proibição de interpretação isolada – também chamada

[16] Brasil, 2006, p. 901-904; 916-917; 925.

[17] Brasil, 2002, p. 505-509.

[18] Importante destacar que, embora Ayres Britto tenha mencionado os princípios constitucionais do direito à moradia, da proteção da família e da dignidade da pessoa humana para

de princípio interpretativo de unidade da Constituição que, para Virgílio Afonso da Silva, nada mais é que a conhecida interpretação sistemática de Savigny, tão cara ao positivismo clássico, com nova roupagem publicística[19]. Porém, há um fundo comum nos métodos utilizados por Britto (ou, ao menos, no modo como ele os utilizou): em ambos, o olhar do julgador se volta para o passado a partir do presente, quer para apreciar o conjunto probatório, quer para verificar precedentes, quer para identificar no ordenamento jurídico já existente a leitura mais condizente com a prestação jurisdicional.

O Direito, nesta perspectiva, apesar de vincular o futuro enquanto estabilizador de expectativas normativas, consegue mantê-lo aberto a possibilidades. Julga-se pelo que parece mais coerente, fazendo a própria decisão participar da contingência dos efeitos que ela pode gerar. O *dever-ser* continua como um horizonte-parâmetro de "futuro honrado" e o Direito mantém um otimismo conceitual, com suas declarações permanentemente construtivas[20] e uma argumentação sobre a "esperança"[21].

Por outro lado, o Ministro Cezar Peluso adotou uma postura mais pragmática em ambos os casos. Um juiz pragmatista costuma dar primazia às possíveis consequências do seu julgamento, incorporando os potenciais efeitos da decisão como um dos critérios do modo como decidir. Na busca da decisão que gere os efeitos mais desejáveis às necessidades humanas e sociais, tal juiz não se restringe apenas às fontes formais do Direito, mas também utiliza recursos não-jurídicos (econômicos, por exemplo) para compor uma argumentação empiricamente fundamentada. Nesta perspectiva, a técnica lógico-dedutiva dá lugar ao método comparativo--consequencialista e a coerência do sistema deixa de ser um referencial vinculativo[22].

O julgador pragmatista tem os olhos voltados para o futuro e faz da decisão um instrumento para moldá-lo. Ele só olha para o passado e para a história de modo estratégico[23]; assim, ao tomar uma decisão tendo em

desconstituir a validade de uma regra infraconstitucional, ele não fez uso da proporcionalidade, nem de seus elementos parciais da adequação e necessidade.

[19] Silva, 2007, p. 125-127.

[20] Dworkin, 1999, p. 274.

[21] Duarte e Scotti, 2013, p. 38.

[22] Eisenberg e Pogrebinschi, 2002, p. 109-113.

[23] Eisenberg e Pogrebinschi, 2002, p. 114.

vista as necessidades sociais presentes e futuras, busca certa consistência com o passado não como um fim em si, mas como um meio de atingir os melhores resultados, de formar a melhor decisão[24]. Desse modo, o *dever-ser* estático cede espaço a um *vir-a-ser* dinâmico, reflexivo e experimental, atualizável permanentemente por meio da realidade fática que passa a ter contornos normativos[25].

Chegamos, assim ao cerne deste texto. O próprio título já havia definido a proposta de análise do consequencialismo à luz dos regimes de historicidade. Porém, pode parecer um equívoco que isso configure algum tipo de constitucionalismo presentista. Afinal, uma decisão presente orientada pelas necessidades futuras não deveria ser de algum modo futurista? Com o auxílio da historiografia, desataremos este nó.

3. O futuro no presente

Para Koselleck, o tempo histórico surgiria da tensão entre espaço de experiência e horizonte de expectativa, dois conceitos que embora relacionados não seriam simétricos ou coincidentes – afinal, passado e futuro jamais coincidiriam. Na experiência proveniente do passado, estariam presentes as elaborações racionais e as formas inconscientes de comportamento, os acontecimentos especificamente narrados e os incorporados em silêncio pela vivência social, sem que fosse possível estabelecer um sequenciamento cronológico para os mesmos. A experiência se comporia, a cada momento, daquilo que fosse possível recordar da própria vida ou da vida dos outros. Tal perspectiva acabaria rompendo com a dicotomia óbvia da visão do passado baseada numa lógica ou cíclica ou linear. Em seu lugar, surgiria como mais adequada a figura do espaço. Não um que ficasse restrito à superfície, mas sim um espaço composto de estratos de tempos anteriores e simultaneamente presentes[26].

A expectativa, por seu lado, corresponderia a um espaço de experiência que, não sendo ainda contemplado, se afirmaria como possibilidade. A relação com a metáfora do horizonte traduziria uma projeção dos efeitos gerados pelas experiências presentes e a percepção de que, vendo de longe,

[24] Posner, 1996, p. 5.

[25] Pogrebinschi, 2008, p. 183-184.

[26] Koselleck, 2011, p. 309-311. Em sentido próximo, abordando uma visão estratificada do tempo histórico ou uma "visão tectônica da história", cf. Marramao, 2008, p. 179.

o futuro possível teria alguma limitação e uma dose de previsibilidade. Tal previsão, porém, não teria garantia alguma de materialização: quer porque as experiências poderiam ter incorporado recordações equivocadas que, vistas à luz dos novos acontecimentos, seriam repensadas e abririam outras possibilidades de futuro; quer porque o futuro não poderia ser simplesmente considerado como um duplo do passado, capaz de ser construído numa relação simples de causa e efeito[27].

Espaço de experiência e horizonte de expectativa seriam, respectivamente, diagnóstico e prognóstico. Os dados anteriores do passado, cientificamente organizados ou não, liberariam e orientariam a previsão do esperado, previsão a que se misturariam temor ou esperança. Um prognóstico abriria, pois, condições alternativas e contingentes de realização, ou seja, um número de possibilidades maior que a realidade futura seria capaz de cumprir. Assim, as expectativas não decorreriam apenas da experiência, visto que a feitura de um prognóstico já seria capaz de modificar a situação em que ele surgisse[28].

Na modernidade, tal tensão característica do tempo histórico teria sido potencializada. A noção de progresso havia gerado um distanciamento cada vez maior entre as expectativas e o conjunto das experiências acumuladas. E embora tal ideia de progresso incluísse as inovações técnicas, não se restringia a elas; afinal, toda a história deveria ser percebida como um processo de aperfeiçoamento contínuo e crescente, o que liberaria um futuro projetado destinado a ser não só diferente, mas também melhor. O desenvolvimento técnico e a aceleração dele decorrente passariam a desautorizar os prognósticos limitados pelo espaço de experiência. O inverossímil, à luz do presente, poderia então ser futuramente possível graças ao progresso[29].

Segundo Hartog, porém, desde a última década do século XX esse tempo histórico desvelado por Koselleck parece suspenso: ou porque a distância entre a experiência e a expectativa aumentou a tal ponto que a tensão culminou na ruptura, ou porque a assimetria entre as duas categorias as desarticulou uma em relação a outra, ou, ainda, porque o descrédito do positivismo e do comunismo como utopias defensoras de um

[27] Koselleck, 2011, p. 312-313.
[28] Koselleck, 2011, p. 313.
[29] Koselleck, 2011, p. 316-322.

futuro melhor, acompanhado de um futuro-catástrofe ambientalmente anunciado, acabaram gerando grandes incertezas sobre que expectativas podem ser vislumbradas no horizonte – se é que alguma pode ser vislumbrada. Com isso, tudo parece se passar como se existisse apenas o presente, "um presente perpétuo, inacessível e quase imóvel que busca, apesar de tudo, produzir para si mesmo o seu próprio tempo histórico"[30].

A compreensão deste momento específico parece demandar um novo instrumento histórico – e a isso se propõe a noção de regime de historicidade proposta por Hartog: "uma ferramenta heurística" destinada "a melhor apreender, não o tempo, todos os tempos ou a totalidade do tempo, mas principalmente momentos de crise do tempo"[31]. O regime de historicidade – para além da temporalidade objetiva indicada pelo relógio – serviria, assim, para indicar o modo como passado, presente e futuro são articulados num dado tempo e espaço históricos, o que tornaria alguns tipos de história possíveis e outros não.

Por isso, não se deve supor que o presentismo se componha apenas de presente. Ele mesmo, porém, é que procura produzir o passado e o futuro de que precisa[32]. Assim, por um lado, o presente deseja ver-se como já histórico, como que antecipando o olhar que será lançado sobre ele quando tiver completamente transcorrido, fazendo-se passado antes mesmo de ter acontecido plenamente como presente[33] – não é raro, por exemplo, que alguns casos submetidos ao Supremo Tribunal Federal sejam previamente considerados como históricos antes mesmo de apreciados por todos os Ministros da Corte[34].

Por outro lado, o presente tem uma ânsia de previsões, senão de predições. Cercado de especialistas, ele abusa das projeções como que querendo antecipar o futuro[35]. Uma antecipação que até poderia se

[30] Hartog, 2013, p. 39.

[31] Hartog, 2013, p. 37.

[32] Hartog, 2013, p. 238.

[33] Hartog, 2013, p. 149-150.

[34] As competições televisionadas de natação servem de bom exemplo midiático, em que uma linha imaginária projetada por computador sobre as imagens simultaneamente captadas indica a melhor marca até então realizada e acompanha o desempenho dos atletas, permitindo que narradores e comentaristas antecipem a ocorrência de um momento histórico e advirtam previamente os espectadores – cf. Nicolazzi, 2010, p. 230.

[35] Hartog, 2013, p. 150-151.

mostrar adequada caso se pautasse pela revolução probabilística, aporte teórico que defende o uso prévio à ação de diversas simulações virtuais, por meio das quais se mediriam os efeitos positivos e negativos das várias possibilidades existentes no presente multidirecional[36]. Porém, ao invés de contingente, o futuro produzido pelo presentismo normalmente se apresenta como ameaçador e catastrófico, fechado ou unidirecional, construído num discurso do medo que pauta e legitima decisões atuais[37] – uma visão tão incômoda que levou o historiador Carlos Barros a defender uma nova historiografia em que o porvir, sem se confundir com o progresso da modernidade, tivesse prioridade, uma história cuja principal tarefa fosse a de demonstrar que nada é seguro, que tudo mudo, que sempre há futuros plurais[38].

Obviamente, e Hartog admite isso, tal presentismo não é vivido pelas pessoas e pelos povos de modo uniforme, podendo – a depender do lugar ocupado na sociedade ou na divisão internacional do trabalho – tanto ser percebido como um tempo de aceleração e de mobilidade, quanto um tempo da precariedade e do transitório[39], o que nos recorda a própria visão que Milton Santos tinha dos efeitos paradoxais da globalização como criadora de espaços de fluidez positivamente valorados contrapostos a espaços de lentidão negativamente vinculados ao atraso[40]. Mesmo o presentismo, conforme alertou Jérôme Baschet ao estudar o novo zapatismo mexicano, poderia ser marcado por alguns presentes mais carregados de passado que outros[41]. Porém, ainda assim, o presente parece ser o referencial.

Assim, embora o Direito possua sua própria temporalidade, mesmo ele parece ter aderido ao regime de historicidade presentista por meio do consequencialismo, método de decisão judicial que, na antevisão dos efeitos das várias soluções possíveis ao caso concreto, opta por qual futuro deseja construir já no presente. Tal adesão, porém, não pode ser explicada apenas por elementos exteriores ao campo jurídico. O próprio campo, como veremos, criou as condições para a ascensão de um certo presentismo judicial.

[36] Hartog, 2013, p. 258.

[37] Hartog, 2013, p. 250-253.

[38] Barros, 1998, p. 108.

[39] Hartog, 2013, p. 14-15.

[40] Santos, 2001.

[41] Baschet, 2003, p. 219

4. Três causas de uma consequência

Na segunda metade da década de 1990, o Brasil passou por uma reforma estrutural na Administração Pública cujo objetivo, dentre outros, era o de redefinir o tamanho e o papel regulador do Estado[42]. A retirada do Estado de uma série de atividades econômicas até então por ele desempenhadas, abrindo caminho à livre iniciativa e à livre concorrência, fez com que restasse ao Poder Público o acompanhamento, o controle e a fiscalização dessas mesmas atividades, agora confiadas aos particulares. Com isso, quer internamente, por meio da administração gerencial consagrada pela Emenda Constitucional n. 19 de 1998, quer externamente, pelo parâmetro técnico exigido de setores regulamentados pelo Estado, a atuação governamental passou a se orientar pelos fins, não somente pelos meios.

Governar, desse modo, deixou de significar apenas "a administração do presente, isto é, a gestão de fatos conjunturais", passando a incluir "também e sobretudo o planejamento do futuro, pelo estabelecimento de políticas a médio e longo prazos"[43]. O *government by law*, fruto do liberalismo clássico, caracterizado pela vinculação do ato administrativo à legalidade e pelo olhar retrospectivo do administrador, principalmente ao verificar, numa ação presente, a existência dos requisitos jurídicos previamente exigidos, deu lugar ao *government by policies*, marcado por uma combinação de tarefas como o levantamento de dados sobre a realidade nacional e mundial, a técnica previsional, a capacidade de formular objetivos possíveis e a conjugação de forças ou mobilização de recursos para a sua consecução[44], o que passou a exigir do administrador um olhar também prospectivo.

Com a emergência de uma administração baseada em políticas públicas, os juristas foram confrontados com as limitações do conhecimento jurídico tradicional, restrito a "interpretar leis e redigi-las, sustentar um argumento para debate judicial ou desconstruir a coesão de argumentos sobre a interpretação das leis"[45]. Afinal, se uma política pública é fundamentalmente finalística, ou seja, voltada à consecução de fins concretos, sua legitimidade passa a se vincular, portanto, "não apenas aos procedimentos seguidos para a sua feitura, mas também à plausibilidade de que

[42] Pereira, 1997, p. 7.

[43] Comparato, 1989, p. 74.

[44] Comparato, 1989, p. 74.

[45] Pargendler e Salama, 2013, p. 114.

os efeitos pretendidos possam ser de fato alcançados"[46]. Desse modo, uma determinada decisão judicial não poderia simplesmente desconsiderar suas próprias consequências, sob o risco de se tornar tautológica. A partir de então, ao invés de se guiar por um futuro contingentemente variável, o juiz deveria se pautar, no presente, pela variável futuro.

Outro aspecto que reforçou o presentismo no Direito foi o ativismo do Poder Judiciário. À medida em que tal poder se tornou um ator institucional de destaque na democracia brasileira, o que se mostrou evidente no pós-1988, seu papel teórico-originário de legislador negativo foi gradualmente flexibilizado. Com o protagonismo decorrente do papel de "árbitro dos grandes conflitos institucionais e políticos", o Judiciário acabou desempenhando um papel cada vez mais influente e decisivo no delineamento das políticas públicas brasileiras – "ora negativamente, contrabalançando o excesso; ora positivamente, contrabalançando a inação; e, nos dois casos, contribuindo decisivamente para a criação de incentivos (ou desincentivos) para toda sorte de atividades"[47]. Com isso, em muitos casos, a prática jurisdicional acabou materializando um certo *judgment by policies*, o que deu um outro impulso ao consequencialismo jurídico.

Por fim, o reconhecimento da normatividade dos princípios e o uso da proporcionalidade[48] para solucionar os casos de colisão entre os mesmos também serviu à promoção do presentismo no Direito. Segundo Alexy, os princípios seriam comandos de otimização com validade *prima facie*, passíveis, pois, de se tornarem menos amplos quando colidentes entre si no caso concreto. Assim, nas situações em que um princípio somente fosse realizável às custas de outro, a solução sobre qual dentre ambos deveria prevalecer passaria pela proporcionalidade e suas três etapas de verificação: a adequação, a necessidade e a proporcionalidade em sentido estrito. Adequado seria o meio através do qual um determinado fim fosse fomentado. Necessário seria o meio que, comparativamente a outros possíveis, melhor implementasse um fim ao mesmo tempo em que menor restringisse aquele que lhe fosse colidente. Proporcional em sentido estrito

[46] Pargendler e Salama, 2013, p. 114.

[47] Pargendler e Salama, 2013, p. 116.

[48] Pela impossibilidade de se resumir em poucas linhas, o debate sobre a natureza da proporcionalidade – se princípio, regra ou postulado – não será abordado neste texto.

seria o meio que, sopesado com a intensidade de restrição do fim prejudicado, se mostrasse mais justificável pela importância do fim promovido[49].

Conforme observado por Pargendler e Salama, o teste da proporcionalidade em todas as suas etapas de verificação dependeria, no mais das vezes, de "dados empíricos ou pelo menos de juízos probabilísticos sobre os esperados efeitos concretos de diferentes normas", fazendo, assim, com que a prestação jurisdicional se ancorasse de modo argumentativo não apenas na "interpretação de normas abstratas", mas também "em juízos de causalidade sobre os efeitos das normas no mundo dos fatos"[50]. Aliás, a difusão nem sempre criteriosa da proporcionalidade no Judiciário pátrio, decorrente de seu uso ampliado e não restrito apenas aos chamados "casos difíceis", parece estar relacionada ao que Luis Schuartz apontou como um dos tipos ideais[51] de consequencialismo à brasileira: o militante.

Tal tipo de consequencialismo tenta articular uma argumentação que se mantenha reverente à Constituição ao mesmo tempo em que a adapte à causa militante do julgador. Para tanto, a adesão à normatividade dos princípios e à hierarquia dos mesmos em relação às regras e de certos princípios entre si acaba se mostrando bastante oportuna – porém, igualmente problemática, especialmente quando, "[n]os processos de aplicação do direito, a invocação de relações não triviais de determinação entre alternativas de decisão e resultados tem o efeito de colocar o exercício da crítica pela razão instrumental em suspenso"[52]. Desse modo, as fundamentações baseadas "diretamente em princípios constitucionais e em atribuições opacas de pesos a valores e interesses supostamente em conflito"[53] convertem-se em argumentos de autoridade, fazendo do

[49] Alexy, 2005, p. 155-167.

[50] Pargendler e Salama, 2013, p. 118-119.

[51] Sobre tipo ideal, cf. Weber, 2003, p. 106: "Obtém-se um tipo ideal mediante a acentuação unilateral de um ou vários pontos de vista, e mediante o encadeamento de grande quantidade de fenômenos isoladamente dados, difusos e discretos, que se podem dar em maior ou menor número ou mesmo faltar por completo, e que se ordenam segundo os pontos de vista unilateralmente acentuados, a fim de se formar um quadro homogêneo de pensamento. Torna-se impossível encontrar empiricamente na realidade esse quadro, na sua pureza conceitual, pois trata-se de uma utopia. A atividade historiográfica defronta-se com a tarefa de determinar, em cada caso particular, a proximidade ou afastamento entre a realidade e o quadro ideal (...)".

[52] Schuartz, 2008, p. 153.

[53] Schuartz, 2008, p. 155.

recurso às consequências uma "cartada coringa", na medida em que "o sujeito que faz uso do argumento não tem como prová-lo aos demais" embora "estes tampouco [possam] provar sua negação"[54].

Especialmente nesta última situação, o futuro construído pelo julgador de modo unidirecional e não-contingente acaba servindo aos interesses do presente – uma clara manifestação de presentismo. Curiosamente, todavia, nem sempre o futuro que se projeta é o que serve de fundamento à decisão; por vezes, a previsão que se antecipa é a marcada pelo discurso do medo que informa abertamente as opções a serem evitadas e apenas de modo indireto e por exclusão a escolha mais adequada ao julgamento – o que nos leva de volta aos dois casos que ilustram este capítulo.

5. O futuro como tragédia

Durante a tramitação do processo que levou à condenação de Siegfried Ellwanger, por diversas vezes tentou-se demonstrar que a circulação dos livros por ele editados gerara comportamentos de ódio contra os judeus no seio da sociedade. A Federação Israelita do Rio Grande do Sul, por exemplo, atuando como assistente da acusação em tal caso, afirmou que uma série de pichações de teor neonazista feitas, em setembro de 1992, nos túmulos do Centro e da União Israelitas de Porto Alegre tinham por causa Ellwanger e a atmosfera discriminatória supostamente causada pelos livros de sua editora[55]. Porém, de modo efetivo, nunca se conseguiu provar nos autos que tais obras seriam o motivo propulsor dessa e de outras atitudes semelhantes atribuídas a grupos neonazistas pelo Brasil.

Assim, quando os Ministros do Supremo Tribunal Federal analisavam de forma retrospectiva a circulação dos textos publicados por Ellwanger não conseguiam, de modo concreto, exemplificar o potencial incitatório à discriminação de tais obras. Por isso, diante do voto favorável de Ayres Britto à sua circulação, Cezar Peluso teve que projetar um futuro-catástrofe no qual os leitores de tais livros seriam motivados a alimentar um ódio racial e, em seguida, passar a uma posição de risco à integridade das pessoas discriminadas – mesmo que esta projeção se restringisse a um único leitor influenciado. Embora meu capítulo faça um recorte bem específico e não analise todos os argumentos que levaram à condenação

[54] Schuartz, 2008, p. 155.

[55] Brasil, 1991, p. 406-419.

de Ellwanger, é curioso como tal argumento consequencialista de caráter social é particularmente frágil: afinal, se de 1991 a 2003, intervalo entre o oferecimento da denúncia e o julgamento final do *habeas corpus* pelo STF, não havia se comprovado qualquer conduta concreta discriminatória incitada pelos livros, o que autorizaria um prognóstico diferente?

O problema da argumentação de Cezar Peluso fica mais evidente quando se considera que, em alguma perspectiva pragmática, a própria decisão proferida precisa ser pensada em termos prospectivos, especialmente quanto ao modo como ela pode condicionar decisões futuras em casos similares[56]. Desse modo, se o potencial de incitação de uma obra impressa deve se pautar pela projeção de que alguém no futuro, ainda que um único leitor, seja por ela levado à prática discriminatória, violenta ou não, textos de caráter religioso como a Bíblia e o Alcorão deveriam ter sua comercialização proibida em todo território nacional.

A justificativa decisória do outro julgado não foi menos questionável. Assumidamente utilitarista, por preferir tutelar o bem-estar de uma classe ampla de pessoas, os locatários, a proteger um grupo de menor espectro, o dos fiadores proprietários de um único imóvel, a argumentação de Cezar Peluso se funda em grande parte no modo como o futuro por ele projetado é tragicamente construído: uma sociedade de pessoas vivendo nas ruas, sem ter condições mínimas de suportar as cláusulas onerosas de um contrato de locação sem fiador. O argumento consequencialista de caráter econômico utilizado parece, aliás, respeitar à lógica de eficiência Paretiana, segundo a qual uma realocação de benefícios ou renda só seria ótima se, simultaneamente, melhorasse a situação de, ao menos, um indivíduo sem piorar a situação de nenhum outro.

Ocorre, porém, que Peluso justifica sua tese com intuições, não com dados empíricos sobre o grau de influência da regra da penhorabilidade do bem de família do fiador nas operações do mercado de locações[57]. Além disso, é preciso lembrar que, "pelo critério Paretiano, praticamente nenhuma mudança (por exemplo, uma mudança legislativa" ou de

[56] Cf. Pogrebinschi, 2005, p. 456: "De acordo com MacCormick, uma 'boa razão' para decidir hoje um caso particular será sempre uma boa razão para decidir no futuro casos que se apresentem genericamente como sendo do mesmo tipo".

[57] Pargendler e Salama, 2013, p. 125.

interpretação judicial) "seria possível na ausência de unanimidade"[58], diante da impossibilidade de lhe subsistirem prejudicados, motivo pelo qual tal parâmetro precisaria ser complementado pela compensação de Kaldor-Hicks, segundo a qual as mudanças podem acontecer mesmo gerando prejudicados, desde que os beneficiados possam compensá-los – ainda que diretamente não o façam[59].

Considerando o método comparativo-consequencialista que pauta a atuação do juiz pragmático, seria minimamente exigível de Peluso um exercício prognóstico, ainda que teórico, sobre os efeitos possíveis das demais alternativas de decisão. O fato de escrever esse texto em Brasília, no Distrito Federal, acaba me revelando algumas nuances. Muitos são os que vieram residir na Capital Federal em decorrência de aprovação em concurso público. De repente, longe de suas cidades de origem, precisam locar um imóvel sem possuir quaisquer contatos que possam lhe servir de fiadores. Pela recorrência da situação, o mercado de imóveis de Brasília desenvolveu uma série de alternativas: desde os contratos de seguro fiança, opção que não prevê qualquer estorno do valor pago, até a aquisição de títulos bancários ou abertura de contas poupança, em valores variáveis de acordo com a duração do contrato de locação, que permanecem vinculados à plena satisfação do mesmo e são restituídos ao locatário ao final do contrato.

Poderia tal projeção ser mais eficiente e equânime? Por um lado, o fiador proprietário de um único imóvel residencial se veria livre de um contrato leonino que só lhe traria o risco de um prejuízo sem prever, em contrapartida, qualquer benefício compensatório. De outra parte, os locatários poderiam sofrer alguma perda: ou pela elevação do preço de equilíbrio entre oferta e demanda de imóveis para locação ou, mesmo, pela obrigação de manterem uma poupança privada para garantia do contrato. Porém, a elevação da poupança nacional disso decorrente não poderia gerar benefícios macroeconômicos que, em última análise, acabariam compensando, ainda que indiretamente, as perdas sofridas pelos locatários no curto prazo? É óbvio que tal opção trabalha no mesmo nível intuitivo de Cezar Peluso – porém, mostra que o argumento consequencialista do julgador não seria o único viável.

58 Salama, 2008, p. 23.

59 Salama, 2008, p. 24.

Voltamos assim, mais uma vez, ao título deste capítulo. O risco do presentismo na prática constitucional até poderia ser relativizado caso a decisão judicial, a par de não desconsiderar as evidências sobre uma certa narrativa do passado, utilizasse complementarmente o método probabilístico para medir os efeitos positivos e negativos das várias possibilidades existentes no presente multidirecional. Porém, a construção de um futuro-catástrofe como único possível, elaborado intuitivamente para atender às necessidades do presente e, principalmente, às demandas argumentativas da decisão judicial, parece trazer à tona o risco de um decisionismo arbitrário, ainda mais perigoso porque oculto sob o discurso técnico do consequencialismo. Para o juiz que se vale de tal estratégia, a punição que Dante aplicou a Tirésias bem poderia servir de alerta: por insistir em ver o futuro, o adivinho acabou no círculo oitavo do Inferno, forçado a caminhar o resto da vida com a cabeça voltada para trás[60]. Quem sabe não é chegada a hora de os julgadores valorizarem o potencial decisório das fontes e dos métodos históricos?

Referências

ADORNO, Theodor W.; HORKHEIMER, Max. Excurso I: Ulisses ou mito e esclarecimento. In: ADORNO, Theodor W.; HORKHEIMER, Max. *Dialética do esclarecimento*. Rio de Janeiro: Jorge Zahar, 1985.

ALEXY, Robert. Sobre a estrutura dos princípios jurídicos. *Revista Internacional de Direito Tributário*. Belo Horizonte, v. 3, jan.-jun./2005.

ALIGHIERI, Dante. *A Divina Comédia* – edição bilíngue italiano/português. São Paulo: Landmark, 2011.

BARROS, Carlos. La historia que viene. *Revista de História*. São Paulo, n. 139, 1998.

BASCHET, Jérôme. La historia frente al presente perpetuo: algunas observaciones sobre la relación pasado/futuro. *Relaciones: estudios de historia y sociedad*. Zamora, v. 24, n. 93, invierno/2003.

BRASIL. Estado do Rio Grande do Sul. Oitava Vara Criminal de Porto Alegre. *Autos do processo crime comum n. 01391013255/5947*. Autor: Ministério Público Estadual. Réu: Siegfried Ellwanger. Porto Alegre, 1991.

_______. Supremo Tribunal Federal. *Autos do habeas corpus n. 82.424*. Paciente: Siegfried Ellwanger. Impetrantes: Werner Cantalício João Becker e outros. Coator: Superior Tribunal de Justiça. Brasília, 2002.

[60] Dante, 2011, 187-189.

______. Supremo Tribunal Federal. *Autos do recurso extraordinário n. 407.688-8 São Paulo*. Recorrente: Michel Jacques Peron. Recorrido: Antonio Pecci. Brasília, 2006.

COMPARATO, Fábio Konder. Planejar o desenvolvimento: a perspectiva institucional. In: ODÁLIA, Nilo (Org.). *Brasil – O desenvolvimento ameaçado*: perspectivas e soluções. São Paulo: Editora Unesp, 1989.

DUARTE, Evandro Piza; SCOTTI, Guilherme. História e memória nacional no discurso jurídico: o julgamento da ADPF 186. *Universitas JUS*. Brasília, v. 24, n. 3, 2013.

DWORKIN, Ronald. *O império do direito*. São Paulo: Martins Fontes, 1999.

EISENBERG, José; POGREBINSCHI, Thamy. Pragmatismo, direito e política. *Novos Estudos CEBRAP*. São Paulo, n. 62, mar/2002.

ELSTER, Jon. *Ulysses and the sirens*: studies in rationality and irrationality - revised edition. New York: Cambridge University Press, 1984.

HARTOG, François. *Regimes de historicidade*: presentismo e experiências do tempo. Belo Horizonte: Autêntica, 2013.

HOLMES, Stephen. Precommitment and the paradox of democracy. In: ELSTER, Jon; SLAGSTAD, Rune (Ed.). *Constitutionalism and democracy*. New York: Cambridge University Press, 1997.

KAFKA, Franz. O silêncio das sereias. In: KAFKA, Franz. *Narrativas do espólio (1914--1924)*. São Paulo: Companhia das Letras, 2008.

KOSELLECK, Reinhart. *Futuro passado*: contribuição semântica dos tempos históricos. 2ª reimpr. Rio de Janeiro: Contraponto/Editora PUC-Rio, 2011.

MARRAMAO, Giacomo. *La passione del presente*: breve lessico della modernità-mondo. Torino: Bollati Boringhieri, 2008.

NICOLAZZI, Fernando. A história entre tempos: François Hartog e a conjuntura historiográfica contemporânea. *História: Questões & Debates*. Curitiba, n. 53, jul.-dez./2010.

PARGENDLER, Mariana; SALAMA, Bruno Meyerhof. Direito e consequência no Brasil: em busca de um discurso sobre o método. *Revista de Direito Administrativo*. São Paulo, v. 262, jan.-abr./2013.

PAIXÃO, Cristiano. Tempo presente e regimes de historicidade: perspectivas de investigação para a História do Direito. In: FONSECA, Ricardo Marcelo (Org.). *As formas do direito*: ordem, razão e decisão (experiências jurídicas antes e depois da Modernidade). Curitiba: Juruá, 2013.

PEREIRA, Luiz Carlos Bresser. *A reforma do Estado nos anos 90: lógica e mecanismos de controle*. Brasília: Ministério da Administração Federal e Reforma do Estado, 1997 (Cadernos MARE da Reforma do Estado, v. 1).

PINHEIRO, Douglas Antônio Rocha. *Às margens do caso Ellwanger*: visão conspiracionista da História, ecos tardios do Integralismo e judicialização do passado.

Tese (Doutorado em Direito, Estado e Constituição). Faculdade de Direito da Universidade de Brasília. Brasília, 2013.

POGREBINSCHI, Thamy. O problema da justificação no Direito: algumas notas sobre argumentação e interpretação. In: MAIA, Antônio Cavalcanti et al. (Org.). *Perspectivas atuais da Filosofia do Direito*. Rio de Janeiro: Lumen Juris, 2005.

_______. A normatividade dos fatos, as consequências políticas das decisões judiciais e o pragmatismo do Supremo Tribunal Federal (Comentários à ADI 2240-7/BA). *Revista de Direito Administrativo*. São Paulo, v. 247, jan.-abr./2008.

POSNER, Richard. Pragmatic adjudication. *Cardozo Law Review*. New York, v. 18, n. 1, sept/1996.

SALAMA, Bruno Meyerhof. O que é pesquisa em Direito e Economia? *Cadernos Direito GV*. São Paulo, v. 5, n. 2, mar/2008.

SANTOS, Milton. *Por uma outra globalização*: do pensamento único à consciência universal. Rio de Janeiro: Record, 2001.

SCHUARTZ, Luis Fernando. Consequencialismo jurídico, racionalidade decisória e malandragem. *Revista de Direito Administrativo*. São Paulo, v. 248, mai.-ago./2008.

SILVA, Virgílio Afonso. Interpretação constitucional e sincretismo metodológico. In: SILVA, Virgílio Afonso (Org.). *Interpretação constitucional*. São Paulo: Malheiros, 2007.

WEBER, Max. A "objetividade" do conhecimento nas Ciências Sociais. In: COHN, Gabriel (Org.). *Max Weber*: sociologia. 7ª ed. São Paulo: Ática, 2003.

4. PENSAR A LEI NO TEMPO DA AUTONOMIA DO DIREITO: EXPERIÊNCIAS MEDIEVAIS E MODERNAS[1]

Massimo Meccarelli

1. O âmbito da legalidade na Idade medieval e moderna: delimitação do objeto

Embora o historiador deva saber identificar o vocabulário adequado para descrever cada uma das diferentes fases históricas, existem termos capazes de atravessar as experiências jurídicas, aos quais é difícil renunciar. "*Legalidade*" me parece um desses termos. A sua plausibilidade como instrumento de investigação na perspectiva histórico-jurídica deriva do fato de que o impreciso perfil técnico que qualifica o seu conteúdo permite preenchê-la de significados diferentes em relação aos diversos períodos históricos; além disso, jogando com a polissemia do termo, é possível evidenciar peculiaridades e descontinuidades no modo de concebê-la. Uma abordagem analítica similar, contudo, ao se expor ao risco de anacronismos, põe como ônus uma série de escolhas relativas à delimitação e à definição do objeto. É sobretudo isso que pretendo tomar como base.

Proponho considerar "legalidade" por seus aspectos jurídicos, como termo que indica uma condição de conformidade à lei. O *âmbito da legalidade*, entendido como *espaço da lei*, refere-se a um tipo específico de

[1] Tradução do original publicado nos anais do Congresso da Sociedade Italiana de História do Direito realizado em Gênova nos dias 27 e 28 de novembro de 2014, *Le legalità e le crisi della legalità*, organizado por Claudia Storti, Torino, Giappichelli, 2016, pp. 127-157. Traduzido por Douglas Antônio Rocha Pinheiro, Maria Celina Monteiro Gordilho e Raphael Peixoto de Paula Marques.

normatividade, aquela que extrai o seu conteúdo, o seu caráter vinculante, a sua legitimidade do exercício de um poder político.

Além disso, optei por observar esse espaço do ponto de vista das *vertentes de pensamento* ao invés de fazê-lo na perspectiva dos *sistemas normativos.*

A razão se explica com a terceira opção delimitativa que se coloca em evidência também no título: estudar a relação da legalidade com a *autonomia do direito.* Uso o termo "autonomia" em chave metalinguística, de modo a referenciar um âmbito da produção jurídica no qual as regras se formam como resultado de práticas de auto-organização, sem que tenham destaque os poderes políticos que a sociedade exprime.

A ideia de uma construção semelhante do objeto deriva da oportunidade de procurar um novo ângulo de observação do problema e, segundo minha opinião, com maior capacidade de se inserir, com contribuições originais, no debate atual sobre o tema da produção do direito.

A abordagem mais recorrente na historiografia consistiu em analisar a questão a partir do par conceitual *ius proprium – ius commune.*[2] Trata-se indubitavelmente de um esquema de grande impacto reconstrutivo, mas que já foi confirmado nas suas potencialidades analíticas. Sobre isto teria bem pouco a acrescentar a tudo de relevante que já foi escrito. Interessa-me, entretanto, mencioná-lo para examinar o tipo de abordagem que, na minha opinião, lhe corresponde: ela consiste em pôr o problema da produção do direito como um problema de relações entre fontes do direito. Trata-se de identificar os *lugares* da produção do direito, de explicar o seu sistema de relações e, em última análise, de descrever uma configuração capaz de *representar a estática* daquela ordem jurídica.

Penso que hoje seja possível e oportuno considerar o problema de um ponto de vista diferente, inclusive à luz dos novos conhecimentos adquiridos sobre os ordenamentos jurídicos medievais e modernos. Trata-se, segundo minha opinião, de colocar de lado o problema das *fontes* e evidenciar o dos *âmbitos* da produção do direito, olhando para o *momento dinâmico,* para o fazer-se da ordem jurídica. Esta é uma abordagem que se concentra sobre os *processos* da produção e, mesmo sem renunciar a um interesse pelos contornos sistemáticos, põe de lado o problema do Sistema.

[2] O *imprinting* originário vem das páginas fundamentais de F. Calasso (1954, pp. 409-502). Para uma ponderação historiográfica ver o recente texto de P. Costa (2014, pp. 754-757).

É aqui que emerge a importância da *autonomia do direito* para um estudo do espaço da lei. Como foi demonstrado[3], é realmente este o principal âmbito da produção do direito que nos chama a atenção quando pensamos na multiforme realidade jurídica medieval. Não podemos, por outro lado, ignorar o fato de que, no tempo do *ius commune*, o direito tinha uma natureza antes de tudo jurisprudencial, por isso os processos decisórios que davam fundamento à produção do direito privilegiavam o momento hermenêutico do reconhecimento, ao invés de um momento potestativo de expressão de uma vontade.

Por tais razões, parece-me que para falar do espaço da lei – isto é, de um direito produzido por meio do exercício de um poder político – na época do *ius commune*, torna-se imprescindível explicar o modo como ele é posto em relação à autonomia do direito, isto é, com aquele âmbito de produção do direito na prática, antes mesmo do exercício do poder político.

1.1. A dimensão constitucional das cidades na baixa Idade Média: a interação entre autonomia política e jurídica

A centralidade da autonomia do direito para o nosso problema não coloca em segundo plano o outro polo fundamental do nosso discurso, que observa a lei como um tipo específico de normatividade conexo ao exercício de um poder político. Ao contrário, sobretudo com referência à fase medieval, nos induz a observar o espaço da lei considerando o âmbito da *autonomia política*.

Neste ponto, com tal expressão, pretendo me referir a uma configuração constitucional na qual a produção do direito é a consequência da reivindicação e da afirmação de um espaço político. Não pretendo, contudo, empregá-la para definir a condição relacional entre espaços políticos; estou mais interessado em adotar um eficaz neologismo proposto recentemente por Pietro Costa: a singularidade [*suità*][4] do espaço político.[5] Parece-me

[3] Por todos, cf. Grossi, 1995, pp. 50 ss.

[4] Nota dos tradutores (doravante, N.T.): Embora na língua italiana, a princípio, o termo *suità* se referisse a um direito subjetivo de caráter sucessório, durante o século XIX ele foi ressignificado, principalmente na filosofia, com o sentido de individualidade, de singularidade, de irrepetível unicidade. Sobre a história do conceito, cf. DURO, Aldo. Suità: storia di un termine apparentemente ignoto. *Lexicon Philosophicum*, v. 1, 1985, p. 41-63.

[5] Costa, 2014, p. 764-782, particularmente p. 781-782. A reconstrução cuidadosa de Costa mostra-nos que no longo itinerário em que foi empregado, o termo "autonomia" compõe um

que o termo "autonomia política" possa nos ajudar a compreender "de dentro a identidade político-jurídica" destes ordenamentos[6], sobretudo se considerada como polo dialético em relação à autonomia do direito.

"Autonomia política" indica, na minha perspectiva, um tipo específico de espaço da lei, um tipo que, mais do que outros, nos permite superar a sua representação estática. De fato, autonomia política não liga, somente de modo abstrato, a lei ao exercício do poder; ela relaciona a lei a um exercício de poder programaticamente empregado para mudar e/ou fundar os ordenamentos.

Procuremos, agora, nos concentrar na análise da interação entre as duas esferas de autonomia: tanto a jurídica quanto a política.

Digamos, em primeiro lugar, que no mundo medieval a autonomia do direito se compõe de três elementos. Há o elemento *sócio-político*, no qual é possível observar o direito como um produto imediato das dinâmicas sociais. Há, em seguida, um elemento que poderíamos definir *epistemológico*; ele nos mostra uma atividade de mediação entre realidade e direito que se desenvolve por meio da *interpretatio* do jurista. Trata-se de uma atividade autossuficiente e criativa, mas que conserva sempre uma característica hermenêutica, voltando-se ao reconhecimento de uma dimensão jurídica objetiva. Existe, por fim, o elemento *sistemático* de autonomia do direito, que consiste em indicar a presença de um campo de relações não formalmente predeterminado entre âmbitos coexistentes de produção do direito.

A autonomia política, ao contrário, surge da vida política nas cidades, tanto vital quanto conflituosa, que tende a se manifestar por meio de emanações de leis fundamentais, os Estatutos[7]. É um espaço da lei,

triângulo semiótico com "ordenamento particular" e "ordenamento universal", oscilando entre os polos "da *autonomia independência* e *autonomia self-government*". São oscilações que se refletiram na historiografia e em uma certa medida derivam da originária vinculação do termo "autonomia" com "aquele *Erwartungshorizont* que tinha predeterminado e endereçado o emprego dele no curso da *nation-building* e do *state-building*" (p. 766).

[6] Costa, 2014, p. 767 ss.

[7] Da vasta bibliografia sobre a matéria, ver em particular Sbriccoli, 1969, pp. 17-47; Sbriccoli, 2009, pp. 47-72; Chittolini e Willoweit, 1991; Caroni, 1995; Piergiovanni, 1995, pp. 317-327; Dondarini, Varanini e Venticelli, 2003; Storchi, 2007; Dilcher e Quaglioni, 2007-2008; Simon, 2015, pp. 31-40; Meccarelli, 2015a, pp. 41-52; Ortalli, 2015, pp. 113-128; Storti, 2015, pp. 565-573; Sarti, 2015, pp. 575-584.

portanto, no qual o nexo entre produção do direito e exercício do poder político propõe-se no seu valor de *plano de ação*. Ele não nasce contrastando o fenômeno da autonomia do direito, sequer pretende combinar-se com tal fenômeno; conserva a matriz consuetudinária e questiona a jurisprudência dos doutores, remetendo, nas suas normas, a figuras jurídicas e categorias que encontram a sua sede determinante no *ius commune*.

A ciência jurídica, por sua parte, não reconhecia às normas postas pela autoridade política uma especial validade ordenante. Há muitos estudos dedicados ao conceito de *lex* na doutrina de *ius commune* e – apesar da diversidade de interpretações – me parece que se sobressai um aspecto típico de tal concepção da lei: o fato de que *lex* seja vista como um instrumento que se presta a *dizer* o direito ao invés de criá-lo.

Não é tanto o ato de vontade a evidenciar, mas sim a sua atinência à *aequitas*[8], o fato de ser um instrumento com o qual se interpreta a *aequitas*[9], pelo qual, segundo Tomás de Aquino – é uma passagem conhecida, mas sempre muito explicativa –, a lei [*lex*] é verdadeiramente promulgada "por aquele a quem cabe o governo da comunidade" [*ab eo qui curam communitatis habet*], mas permanece uma "ordenação racional ao bem comum" [*quaedam rationis ordinatio ad bonum commune*][10]. Tal referência à *ratio*, na cultura jurídica medieval de cunho aristotélica-tomista, remete a um paradigma epistêmico de tipo argumentativo, para o qual a *interpretatio* é um exercício prático-avaliativo, que consiste em compreender (*intelligere*) a natureza das coisas[11], por meio de um confronto de opiniões sobre a realidade; é capaz de revelar somente verdades relativas (*verisimiles*) e não de compreender princípios de justiça invariáveis. Em suma, como foi observado, o fato de que *lex* seja um instrumento de realização da *aequitas* "é um elemento básico de seu conceito"[12].

Em uma concepção similar dos processos de produção do direito, qualquer fator de mediação entre direito e realidade acaba por assumir um aspecto necessariamente hermenêutico: a produção do direito é vista

[8] Cf. entre outros Vallejo, 1992, pp. 267 ss; Grossi, 1995, 175-182; Storti Storchi, 1998, pp. 34-44; Cortese, 1989, pp. 1041-1043; Quaglioni, 2004, pp. 33-42.

[9] Rosciate, 1548, voce Lex.

[10] D'Aquino, 1985, q. 90, art. 4. Cf. Grossi, 1995, pp. 138-144.

[11] Grossi, 1995, pp. 13-17.

[12] Vallejo, 1992, p. 267.

e consiste, de qualquer modo, em uma atividade de reconhecimento de uma dimensão jurídica objetivamente dada.

Os juristas refletiam com tal atitude pré-compreensiva sobre o problema da lei: para eles, não se tratava tanto de resolver um problema de concorrência e de hierarquia entre fontes do direito, mas sim de estabelecer um senso de uma co-extensão das áreas de produção do direito, para compreender o *ordo iuris*.

É de acordo com essas premissas que se desenvolve a teoria da *potestas statuendi*, isto é, do instrumento por meio do qual a autonomia política ganha visibilidade no campo jurídico.

A emanação de um Estatuto citadino, mais que um momento efetivamente originante, é um *momento de confirmação* da condição política alcançada por uma comunidade. Isso possui um inegável *valor simbólico*, ao qual se reconectam consequências jurídicas importantes: ter *iurisdictio*, com ela um determinado perfil institucional e um certo padrão de relações com outros sujeitos políticos (outras cidades, senhores locais, até chegar ao imperador ou o Papa; mas isso, obviamente, também diz respeito a eventuais sujeitos políticos internos à cidade)[13].

A referência à *iuristictio* como formato jurídico do poder político citadino, igualmente me parece ser revelador do *condicionamento hermenêutico* no pensar a lei, ao qual estou fazendo referência. Com *iurisdictio*[14] o paradigma do poder público é o ato de julgar, mais uma atividade de reconhecimento da ordem jurídica do que sua criação.

Enredado no conceito de *iurisdictio* o poder político está destinado a relacionar-se com o fenômeno jurídico, sem jamais poder se colocar em situação de primazia. Por outro lado, aquele direito que se desenvolve em regime de autonomia em relação ao poder político serve de *base de legitimação* para a autonomia política. Pensa-se na relevância dos costumes escritos nos estatutos[15]. A lei extrai legitimidade da apropriação dos costumes. Em certo sentido, o estatuto é lei fundamental, porque sabe manter junto o direito que *pertence à história da cidade*, o direito produzido pela sua constituição material.

[13] Chittolini, 1995, pp. 176-190; Sbriccoli, 1969, pp. 17-48.

[14] Costa, 1969; Grossi, 1995, pp. 130-135.

[15] Storti Storchi, 1998; Chittolini, 1995, pp. 187 ss.

O Estatuto sustenta e promove a condição de autonomia política, na medida em que consegue *compreender* a complexidade da organização citadina. Por meio de uma tal lei fundamental, capaz de moldar a rede de relacionamentos à base da coesão social na cidade, cada corpo da sociedade pode reconhecer-se na cidade.

A *potestas statuendi*, além disso, não é um poder exclusivo das instituições citadinas; dentro de uma cidade, múltiplos são os sujeitos coletivos que, sendo portadores de um espaço de autonomia política, podem se dar seus próprios estatutos.

São estes os breves e resumidos acenos para um tema já conhecido; o necessário para mostrar como, para avaliar as implicações "constitucionais" de um estatuto, deve-se mover sobre o terreno da jurisprudência, em que são definitivas as regras fundamentais da *iurisdictio*, da *potestas statuendi* e das instituições que podem exercitá-la.

Isso já é, no meu entendimento, um primeiro exemplo de como a doutrina, ao realizar uma síntese sobre a autonomia do direito, opera plenamente na definição da dimensão constitucional própria de uma autonomia política. Vejamos outras.

1.2. O estatuto e o *ius commune*

Reflitamos, então, sobre a relação que se instaura entre Estatuto e *ius commune*, compreendido este último como o âmbito de produção daquele direito jurisprudencial, que constitui a dimensão universal da ordem jurídica.

O Estatuto é, de fato, um aparato de normas não autossuficientes, que funciona graças a uma combinação com outros âmbitos jurídicos[16]. Um Estatuto remete inevitavelmente ao *ius commune*. Isto quer dizer que *ius proprium* e *ius commune* implicam-se reciprocamente; mas de que modo?

Quanto ao problema das suas organizações hierárquicas me parece estranho o modo como, naquele tempo, era observada tal interação. Não

[16] Por demais claras sobre o assunto são as páginas de P. Caroni (1995. pp. 129-160), em que explica que o estatuto, a fim de que suas normas adquiram completude, "remete, interpela outras fontes", precisa de "um conjunto de referentes" [entourage referente]. Sem os mesmos as normas do estatuto tornam-se "indecifráveis". Além disso, cf. Piergiovanni, 1995, pp. 319-320; Sbriccoli, 1969, pp. 149 ss.

se pode esquecer que, como foi explicado[17], falamos de fontes de natureza muito diversa: enquanto o direito particular exprime-se em normas específicas e pontuais, o direito universal é ciência.

Deve-se ter em mente esse aspecto, porque nos indica que a própria efetividade do estatuto depende da sua *simbiose* com o direito comum. Se observamos esta interação de planos mais de perto, podemos verificá-lo. Muitas das normas estatutárias tornam-se operativas no momento em que seu conteúdo se enriquece com a *funcionalidade de dispositivos* definitivos e regulados por meio do direito comum.

Pense-se, a título de exemplo, na interação entre norma estatutária e *ius commune* propriamente no terreno da *regulação da potestas statuendi.*

Dizíamos que o estatuto afirma a condição de autonomia política; questionemos agora quais são os mecanismos jurídicos predispostos para conservá-la. Isso ocorre de dois modos: por meio de mecanismos que tornam *flexíveis* as regras estatutárias e através da *reforma* dos estatutos. Em ambas as hipóteses, a atualização do Estatuto é alcançada ao atribuir-se a algumas instituições da Cidade um poder discricionário *ad hoc*: um poder de *arbitrium*. No primeiro caso, a doutrina fala de *arbitrium super iam statuta*; no segundo, de *arbitrium reformandi statuta*, *arbitrium statuendi* e *arbitrium condendi statuta*[18].

Arbitrium, como é conhecido, indica um *poder de discernimento*, baseado em parâmetros de orientação externos que o vinculam. Ele possui as propriedades da *voluntas iustificata*. *Arbitrium* é percebido como atividade teleologicamente orientada por meio de parâmetros de referência como a *aequitas*, a *iustitia*, a *ratio*.

Trata-se de um poder subjetivo chamado a desenvolver uma função de concretização do ordenamento jurídico; todavia é profundamente vinculado à perspectiva hermenêutica e jurisdicional do reconhecimento da qual falava acima.

Recordo este aspecto porque me interessa pôr em destaque o que é um dispositivo retirado do *ius commune* – cujas regras de funcionamento são

[17] Costa, 1995, pp. 29-42. Ver, também Santarelli, 2010, pp. 524-527.

[18] Sobre isso, também para uma indicação das fontes, permita-se remeter ao que foi escrito em Meccarelli, 1998, pp. 347-359 e também, em relação ao que se acena *infra* sobre o tema de *arbitrium*, ver: Meccarelli, 1998, pp. 3-360; mais recentemente ver: Meccarelli, 2015a, em particular pp. 45-51 e Vallerani, 2010, pp. 117-148.

assim fixadas pela doutrina – a ser empregado por tal atividade de apoio da autonomia política.

Uma tal relação simbiótica entre autonomia política e autonomia do direito tem importância, na minha opinião, não somente na matéria da *potestas statuendi*, mas também em outros terrenos estratégicos para a manutenção dos equilíbrios externos e internos à comunidade política. Mesmo sobre tais objetos os estatutos reclamam, nas suas normas, os dispositivos de *ius commune*: para dar dois exemplos penso no *arbitrium officialis* na atividade de administração ou em figuras como a *repraesalia* no campo do *facere iustitiam*.

Em relação ao primeiro é adequado evidenciar a relevância do dispositivo *arbitrium* para pôr em funcionamento a atividade de controle da paz social (il c.d. *arbitrium super bono et pacifico statu civitatis*), para atividade de administração em setores estratégicos ou sensíveis das atividades produtivas (*arbitrium super abundatia*), regular a matéria da arrecadação dos tributos (*arbitrium ut pecunia veniat in communi*) ou para configurar determinados encargos administrativos (*arbitrium eligendi*), etc.

Relativamente ao segundo exemplo acima mencionado observa-se, antes de tudo, que o exercício controlado das práticas de retaliação assumiu um papel estratégico para a manutenção da autonomia política de uma cidade[19]. A *repraesalia* – em um âmbito sociopolítico no qual a *publica utilitas* ainda é percebida segundo um paradigma comunitário – não é somente uma reação autorizada a uma injustiça sofrida, mas é ao mesmo tempo um verdadeiro e próprio instrumento de regulação do destaque público dos conflitos. A matéria é, de fato, objeto de regulação nos Estatutos[20] e também aqui se pode ressaltar a conexão implícita com a jurisprudência dos *doctores*[21].

[19] Cf. Sbriccoli, 2009, pp. 1223-1245; Vallerani, 2005; Chiffoleau, Gauvard e Zorzi, 2007.

[20] Como exemplo entre outros: *Statutum potestatis comunis Pistorii* (1296), lib. IIII De extraordinariis, cap, LXXVIIII De personis habentibus represalliam contra comune Pistorii, cap. CXLII De represalliis concedendis, in *Statuti pistoiesi del secolo XIII* a cura di R. Nelli e G. Pinto, Pistoia, 2002; *Statuta et leges civitatis Spalati, Statutum vetus* (1312), lib. VI De extraordinariis statutorum, cap. VI-XII De represaliis (in *Statuta civitatis Spalati*, edited by A. Cvitanić, Split, 1998); *Statuto di Piacenza del 1323*, lib. IV rub. De represaliis XXXVII-XXXVIIII (edizione a cura di E. Fugazza, Pavia, 2012).

[21] Por todos, cf. Bartolo da Sassoferrato, 1562.

O fôlego do ensaio somente me dá margem para algumas indicações exemplificativas. Isso, contudo, já permite, na minha perspectiva, constatar que para o funcionamento do Estatuto são decisivas as figuras jurisprudenciais enfocadas pela doutrina. O nexo com a jurisprudência inscreve as normas estatutárias em um *quadro sistêmico* de outras regras e princípios do ordenamento, que ela extrai do fértil terreno da autonomia do direito. Aqui, a *lei fundamental* (produzida pela autonomia política) depende de um *direito jurisprudencial sobre fundamentos* (produzido pela autonomia do direito).

Pode-se, também, acrescentar que, ao contrário, o *ius commune* possui razão de ser somente na medida em que os Estatutos se apresentem como um instrumento que dê concretude prática aos dispositivos teóricos elaborados na doutrina. Os *doctores* não teriam assim imaginado as suas figuras se não tivessem encontrado no estatuto uma destinação de uso. Portanto, a existência do fenômeno estatutário e do consequente tecido institucional é, por sua vez, uma condição de pensabilidade daquelas figuras jurisprudenciais.

Poderíamos dizer, em síntese, que a autonomia política se vale da autonomia do direito e vice-versa. Graças a uma sinergia entre dois polos das dinâmicas sociais, só aparentemente opostos, é que se desenvolve o espaço da lei na Idade Média.

2. Perspectivas de sentido na Idade Moderna: a emancipação da autonomia do direito de tipo medieval

Voltamos agora o olhar à segunda fase do nosso percurso: a Idade Moderna. O meu procedimento esquemático não dará conta das nuances, embora relevantes, da evolução do problema. Contudo, aqui me parece útil orientar o nosso discurso precisamente sobre o ponto de vista da descontinuidade.

Com a Idade Moderna estamos já em uma fase de descoberta do poder ordenante da lei; gostaria, contudo, de tentar reconstruir este momento não tanto nos seus *valores fundacionais* em relação ao futuro princípio da legalidade, mas antes nos seus *contornos emancipatórios* com respeito à fenomenologia medieval. É uma perspectiva que me parece mais apropriada, consideradas as premissas – observar os âmbitos de produção do direito, notar a lei no seu momento dinâmico – das quais partiu esta minha análise.

Na base, existem dois processos históricos bem conhecidos: a ascensão da lei enriquecida por um inédito *valor voluntarístico*; uma redefinição dos equilíbrios sócio-políticos em torno de duas ordens de grandeza: o *indivíduo* e o *Estado*. Os dois processos conexos fizeram com que o direito se transformasse em um produto mediado pelo momento político e a decisão sobre o direito um ato de governo antes que um ato de justiça.

Ao invés, menos estudado é um terceiro processo emancipatório: aquele da metamorfose – ou, se preferirmos, do *desnaturamento* – do conceito de autonomia do direito. Se é verdade que a modernidade deu início e em parte produziu uma transformação profunda de um ponto de vista ordinamental, a ideia de uma autonomia do jurídico não desapareceu, mas foi proposta sob perspectivas de sentido diversas. A minha hipótese é que, observando-as ao longo desta linha, podemos compreender outras características do espaço da lei para além daqueles que nos mostram a Idade Moderna como momento preparatório da *legalidade* do século XIX.

Com esse propósito pretendemos desenvolver uma análise articulada das diversas experiências modernas de autonomia do direito e investigar, de qualquer modo, aquele complexo momento histórico para compreender as diversas percepções que foram propostas. Aqui, gostaria de limitar-me a um esboço esquemático sobre como estruturar uma tal investigação.

Gostaria de considerar três contextos de pensamento jurídico dos séculos XVI-XVIII, com vocações programáticas diversas: o das doutrinas fundadas sobre um projeto *radical*; o das doutrinas baseadas em um projeto *inclusivo*; o das doutrinas fundadas sobre um projeto *realístico*.

O primeiro é caracterizado pela pesquisa de premissas e fundamentos completamente novos, relacionados àqueles empregados pelo pensamento jurídico medieval; em particular, pretendo considerar os jusnaturalismos.

O segundo contexto é orientado ao desenvolvimento de um programa modernizante não menos ambicioso, mas por meio do emprego de categorias e fundamentos postos à disposição da tradição; um emprego inovador de modo a englobar na ordem jurídica dada os novos fenômenos sócio-políticos. Para esse segundo itinerário penso em particular na segunda escolástica.

O terceiro não pretende fornecer uma proposta alternativa de tipo geral sobre as características da ordem jurídica, mas produz igualmente uma ação inovadora dando reconhecimento e suporte às tendências em vigor no direito praticado. Aqui, farei referência em particular à criminalística do século XVI.

3. O espaço da lei entre voluntarismo e *systema* nas doutrinas de projeto radical

3.1. Novas construções para o conceito de lei

O principal lugar de emancipação da autonomia do direito na Era Moderna é, sem dúvida, identificado nos jusnaturalismos. E isto se deve propriamente à sua inclinação programática *radical*, a partir do questionamento sobre os fundamentos da ordem jurídica.

A sequência *estado de natureza – contrato social – direitos individuais* conduz a lei do soberano a se distinguir na realidade multinormativa, como âmbito da produção do direito dotado de um *quid pluris*, seja sob o plano da legitimação, seja sob a performatividade: aqui a lei se justifica a partir de um ponto de vista lógico e sistemático como fonte de produção do direito, de modo autossuficiente e imediato, isto é, sem pressupor a interação com os demais âmbitos de produção do direito. Tal lei também se destaca como o instrumento mais eficaz na construção da tutela jurídica na forma inédita e inovadora da tutela dos direitos.

Esta intuição sobre o potencial de uma reconsideração da legalidade em chave voluntarista é levada a consequências extremas em algumas abordagens, as majoritariamente marcadas pela radicalidade da proposta (como no caso de Hobbes) e/ou pelo amadurecimento de uma passagem de descontinuidade, quase uma mudança de fase (como no caso de Rousseau).

Vamos começar a partir deste último, o qual nos oferece um ponto de síntese, diria mesmo uma conclusão da cronologia que nos propomos percorrer.

O discurso de Rousseau sobre a lei começa partir de uma justaposição entre *loi de la nature* e *loi de l'Etat*. Trata-se de dois objetos diversos e distintos, explica-nos Rousseau[22], para quem definir o primeiro não serve para explicar o segundo. Uma vez esclarecido que somente é possível pensar o conceito de lei a partir do *État civil*, conclui que a lei é definida a partir da *volonté générale* como seu conteúdo e a partir do caráter *toujours général* de seu objeto[23].

O problema aqui não é tanto estabelecer a relação entre a lei e a dimensão da justiça universal e, dessa forma, individualizar as formas e

[22] Rousseau, 1762, livre II, chapitre VI, pp. 75-76 : «Quand on aura dit ce que c'est qu'une loi de la nature on n'en saura pas mieux ce que c'est qu'une loi de l'Etat».

[23] Rousseau, 1762, livre II, chapitre VI, pp. 76-77.

os modos de reconhecimento desta premissa. Aqui o problema é, principalmente, esclarecer os mecanismos que possibilitam, por meio da lei, a expressão e o exercício da vontade geral. Trata-se de dar ao corpo político, instituído pelo contrato social, "o movimento e a vontade pela legislação" [*le mouvement et la volonté par la législation*][24], sendo as leis "as condições para a associação civil" [*les conditions de l'association civile*][25].

Além de justificar a vinculação da lei com a vontade geral, torna-se importante para Rousseau estabelecer *como* o corpo político pode fazer as leis, as quais enunciam a vontade geral. A questão da lei se transforma, coloca-se nos termos de um problema de definição das características do legislador e dos sistemas de legislação: um problema de *lois politiques*[26], ou seja, de arquitetura constitucional.

Do quanto temos observado, embora rapidamente, podemos concluir que a questão da lei no pensamento de Rousseau cessa de se apresentar como um problema, antes de tudo, hermenêutico. A partir de agora, a lei surge desvinculada da autonomia do direito.

Agora vamos nos perguntar como isso foi possível. Se dermos um passo atrás, recuando ao século precedente, podemos encontrar uma resposta no Leviatã de Thomas Hobbes.

De fato, é importante recordar que o discurso sobre a lei proposto pelo filósofo inglês se baseia em uma retomada da relação entre *ius* e *lex*.

Ius – Hobbes recorre, aqui, a um deslize semântico que lhe permite operar uma ressignificação do conceito – vem na verdade corresponder a *right,* entendido como condição de liberdade ("liberdade de fazer ou de se abster" [*liberty to do, or to forbeare*]); *lex,* entendida como *law,* torna-se uma *obligation* (que "determina e obriga" [*determineth and bindeth*] uma condição de liberdade)[27].

Lex não é mais, então, um instrumento que, juntamente com outros, permite uma *aequitas,* da qual o *ius* é expressão. *Lex* como *law* serve à

[24] Rousseau, 1762, livre II, chapitre VI, pp. 75-76.

[25] Rousseau, 1762, livre II, chapitre VI, pp. 79.

[26] Arranjos como aqueles relativos à «action du corps entier agissant sur lui-même, c'est-à--dire le rapport du tout au tout, ou du Souverain à l'Etat» (Rousseau, 1762, livre II, chapitre XII p. 117). Não por acaso, o tratamento seguinte no livro III guarda distinções entre *puissance législative* e *exécutive,* a noção de *gouvernement* e outras questões relacionadas às estruturas constitucionais.

[27] Hobbes, 1651, part I, chapter 14, p. 86.

definição das formas possíveis do *ius* entendido como *right* e, portanto, condição de liberdade (em um contexto no qual a liberdade foi transferida ao Soberano através do contrato social para fins de segurança). A lei não realiza algo que já existe, embora em potência (a *aequitas*, a *iustitia*), mas determina e constitui um conteúdo normativo *ex novo*. De fato, "a definição de injustiça não é outra que a não Performance do Pacto" [*the definition of injustice is non other than the not Performance of Covenant*]; tal condição só se pode configurar em presença de um "Poder coercitivo" [*coercive Power*] nascido do contrato social. Em primeiro lugar, "nada é Injusto" [*nothing is Unjust*][28]. Neste sentido, Hobbes reinterpreta a máxima "Justiça é a constante Vontade de dar a cada homem o que lhe pertence" [*Justice is the constant Will of giving to every man his own*]: ela não remete a um conteúdo preexistente e indisponível, que deve ser compreendido; ao contrário, seu conteúdo pode se configurar apenas depois da instauração do *Commonwealth* e da constituição de um "Poder civil, suficiente para compelir o homem" [*Civil power, sufficient to compell men*] a respeito do contrato[29].

Nessa nova concepção de lei, deve ser enfatizado, então, seu caráter normativo. Diz-se uma *obligation*, porém, mais precisamente, explica Hobbes, é uma obrigação que deriva de um *command* vindo da autoridade ("a Pessoa que comanda, que é Persona Civitatis, a Pessoa do Commonwealth" [*the Person commanding, which is Persona Civitatis, the Person of the Commonwealth*], por intermédio de seu "Representante, (quer dizer o Soberano) [*Representative, (that is the Soveraign)*]"), que possui exclusividade para fazer as leis e, com elas, distinguir entre o justo e o injusto[30]. É por isso que no coração da lei pulsa a vontade do Soberano ("a Vontade do Representante" [*the Will of the Representative*])[31].

[28] Hobbes, 1651, part I, chapter 15, pp. 97-98.

[29] Hobbes, 1651, part I, chapter 15, pp. 98. De resto, é a existência deste *civil power* que possibilita imaginar, ao contrário da *moltitudo*, o *populus* capaz de exprimir uma vontade e que *in omni civitate regnat*. Cfr. Luongo, 2008, pp. 619-620; Agamben, 2015, pp. 50-61.

[30] Hobbes, 1651, part II, chapter 26, p. 189.

[31] "All Lawes, written and unwritten, have their Authority, and force, from the Will of the Common-wealth; that is to say, from the Will of the Representative; which in a Monarchy is the Monarch, and in other Common-wealths the Soveraign Assembly". Hobbes, 1651, part II, chapter 26, p. 192. [Todas as Leis, escritas e não escritas, têm sua Autoridade, e força,

É digna de nota a construção que permite a Hobbes fundar a lei em sentido voluntarista. Parece-nos adequado relembrá-la, pois tal raciocínio termina com uma reflexão – relativa a "algumas opiniões tolas de Advogados a respeito da criação das Leis" [*some foolish opinions of Lawyers concerning the making of Lawes*] – sobre a qual vale a pena firmar nossa atenção, pois nos reporta ao problema da autonomia do direito.

Hobbes, ao explicar que a autoridade da lei depende da vontade do legislador, acrescenta, de fato, que são surpreendentes as opiniões expostas nos tratados dos juristas "fazendo com que o Poder Legislativo dependa de homens privados ou Juízes submissos" [*making the Legislative Power dipend on private men, or subordinate Judges*][32].

Quando reconhece que a lei nunca pode ser contrária à razão, Hobbes, portanto, tem ideias muito claras sobre o que deve se entender a esse respeito: essa razão não corresponde a uma determinada "Razão privada qualquer" [*any private Reason*] e nem a uma "perfeição artificial da Razão, obtida através de longo estudo, observação e experiência" [*artificial perfection of Reason, gotten by long study, observation and experience*]. A razão da lei, em suma, "is not that *Juris prudentia*", mas, como Ele explicitamente diz, a *intenção do legislador* ("a Razão de nosso Homem Artificial, a Commonwealth, e seu Comando, que produzem a lei" [*the Reason of this our Artificiall Man the Common-wealth, and his Command, that maketh law*]). Dessa forma, Hobbes conclui que, em cada Corte de justiça, é o soberano quem julga, enquanto o juiz subordinado "deve levar em conta a razão que mobilizou seu Soberano a fazer tal Lei" [*ought to have regard to the reason which movied his Soveraign to make such Law*][33]. Hobbes dissocia, assim, a *ratio legis* da *juris prudentia*, relacionando aquela com a intenção do legislador.

advinda da Força do Commonwealth; isto é, da força do Representante; que, na Monarquia, é o Monarca, e em outras Commonwealths, a Assembleia Soberana. N.T.]

[32] Hobbes, 1651, part II, chapter 26, p. 192. De resto, já no início do capítulo 26, p. 189, quando define o conceito, Hobbes zela em precisar que sua ideia de *civil law* difere daquela dos juristas que a pretendem como "the antient Law of Rome"; esta, de fato, diz respeito a "the knowledge of particular Lawes belongeth to them, that profess the study of the Lawes of their severall Countries". E isto não corresponde à "Civill law in generall", isto é, ao conceito de lei que vincula os homens membros de uma *commonwealth*. Resumindo: o *ius commune* é expressão de uma experiência particular, não explica o fundamento e as características do conceito de lei.

[33] Hobbes, 1651, part II, chapter 26, p. 193. Veja-se também Luongo, 2008, pp. 628-630.

Quis deter-me nesta passagem pois me parece demonstrar como o problema do desvio da lei no sentido voluntarista e como o problema do desvirtuamento da autonomia do direito são questões associadas em tal linha de pensamento; e aqui não apenas sob o plano lógico, mas também sob o das estratégias discursivas utilizadas.

3.2. A autonomia do direito da ordo ao systema

Em construções como a que foi proposta por Hobbes, o único espaço disponível para a autonomia do direito está no limite da interpretação da vontade do legislador. A autonomia do direito não é eliminada; pelo contrário, é inserida em uma nova perspectiva de sentido.

A este propósito, deve-se recordar que os séculos da idade moderna também oferecem lugar ao desenvolvimento de itinerários teóricos empenhados igualmente no terreno da revisão do método pelo qual se desenvolve a jurisprudência, com o escopo de obter uma separação da "unidade universalista, mas objetivante e pluralista do *ius commune*"[34], substituindo o paradigma da *ordo* por aquele do *systema*.

Sob esta perspectiva, a atividade construtiva do jurista, do ponto de vista epistemológico, não mais responde a uma *ratio* que reconhece a ordem a partir da realidade fenomênica. A razão está no homem, não nas coisas e, se algo da ordem é obtido, *sicut mathematici*[35], é por abstração. Este novo modo de teorizar[36] decorre da premissa axiomática e se desenvolve como uma atividade lógico-dedutiva, orientada para a demonstração de verdade. Não se utiliza mais da narrativa da história dos fatos sociais para construir e justificar a ordem, mas de premissas não-históricas e predeterminadas (por exemplo, para ficar nos jusnaturalistas: os indivíduos como protagonistas do problema da tutela dos direitos, as características do estado de natureza, os direitos naturais etc).

[34] Cappellini, 2010, p. 243-246.

[35] Faço, aqui, referência à conhecida nota de U. Grozio (1625), Prolegomena, post medium e ante finem: «Primum mihi cura haec fuit, ut eorum quae ad ius naturae pertinent pobationes referrem ad notiones quasdam tam certas ut eas nemo negare possit, nisi sibi vim inferat [...] "Vere enim profiteor, sicut mathematici figuras a corporibus semotas considerant, ita me in iure tractando ab omni singulari facto abduxisse animum».

[36] Sobre esse tema, ver as eficazes páginas de Hespanha, 2012, pp. 307-358, em particular p. 307-314; Tarello, 1976, pp. 133-190; Villey, 2013, pp. 493 ss.

Desse modo, a jurisprudência muda de funções pois tende à hipóstase de regras e esquemas ordenadores, racionalmente individualizados e, em seguida, à subsunção, neles, da realidade. Enquanto a nova autonomia do direito se restringe ao formato do *cogito* cartesiano, a lei ocupa o espaço deixado livre.

Parece-me que esta pode ser considerada uma tendência de longa duração. No século XIX, de fato – com a afirmação da ideia inspirada em Savigny de um direito romano atual e seu aperfeiçoamento na edificação conceitual da pandectística – podemos observar a mais completa reconfiguração[37]. Aqui, como explicou Paolo Cappellini, [a lei] é concebida como uma "imanência radical da autonomia jurídica em relação a cada 'exterioridade' possível"[38].

É a perspectiva de sentido de uma autonomia do direito compreendida como saber puro; um saber autorreferente. Um aperfeiçoamento em alguns aspectos, mas também um confinamento: nesse ponto a autonomia do direito perde o liame com o motor dos fatos sociais, que lhe oferecia um *âmbito nomopoietico*, e se torna concebível apenas como *momento nomofilático*. A parábola vai junto com a consagração do primado da lei e da fundamentação em torno de um paradigma hierárquico das fontes do direito. Neste quadro o próprio direito jurisprudencial – pense-se no sucesso oitocentista da *cassation* – foi reduzido ao momento de implementação (quando não, de mera aplicação) do direito positivo. Aqui também, quando demonstra a possibilidade de ganhar espaços de autonomia a partir das opções do legislador, a jurisprudência, na verdade, desenvolve e exaure a sua função em um âmbito nomofilático. Mesmo com os oportunos desvios da *voluntas legislatoris*, ela continua a sustentar as opções ideológicas de fundo do alicerce das escolhas normativas do poder político[39].

3.3. Por uma história das perspectivas de sentido provenientes das novas concepções da legalidade

Concluindo este reconhecimento a respeito das orientações doutrinais radicais, acrescenta-se, por outro lado, que a narrativa que se conduz da

[37] Entre outros, ver Cappellini, 1984.; Rückert, 1988, em particular pp. 56 ss; Vano, 2000; Haferkamp, 2004; Henkel Th., 2004; Rückert, 2011; Hespanha, 2012, pp. 410-451; Hespanha, 2013, pp. 223 ss.

[38] Cappellini, 2010, p. 247.

[39] Para um maior aprofundamento, permitam-me a remissão a Meccarelli, 2011, pp. 721-745.

idade moderna ao século XIX e alude ao quadro geral de uma mutação epistemológica (da *ordo* ao *Systema*) e sistemática (a descoberta do voluntarismo e da consequente capacidade ordenadora da lei) reconhece, por sua vez, vertentes muito diversas no curso desses séculos. Seria, por isso, interessante estudar com maior profundidade as abordagens que, na era moderna, se diferenciam por um projeto radical.

Pensemos em autores como Montesquieu. Para ele, assim como vimos em Rousseau, raciocinar sobre a lei equivale a raciocinar sobre as estruturas constitucionais que a produzem, e é sua a reflexão acerca do caráter meramente mecânico da interpretação da lei pelo juiz[40], em uma forma de governo no qual a potência legislativa [*puissance législative*] exprime a vontade geral do Estado [*volonté générale de l'État*][41]. Tudo isso evidencia plenamente o potencial radical da sua construção (atestando a notoriedade póstuma que seu pensamento alcançou). Ainda assim, não me parece, nesse ponto, que a referência ao caráter voluntarista da lei desenvolva[42] a mesma função "constitutiva" que é possível obter do pensamento de Hobbes ou de Rousseau.

Um segundo exemplo (levando em consideração o salto cronológico que o divide do primeiro e das várias diretrizes de fundo) está representado no pensamento de Grócio, no qual a abordagem do problema global da lei também me parece sensivelmente diverso dos exemplos que mencionamos acima. A atitude radical da abordagem de Grócio em

[40] Montesquieu, 1748, livre XI, chapitre VI. Aqui nos referimos, obviamente, ao conhecido capítulo no qual o autor francês explica que os juízes da nação são apenas "la bouche qui prononce les paroles de la loi, d'êtres inanimés qui n'en peuvent modérer ni la force ni la rigueur" (p. 134). Evidente que, como o sabemos, as soluções previstas por Monstesquieu a esse respeito diferem com base na forma de governo: « dans le gouvernement républicain, il est de la nature de la constitution que les juges suivent la lettre de la loi»; ao invés, «dans les États monarchiques, il y a une loi: et là où elle est précise, le juge la suit; là où elle ne l'est pas, il en cherche l'esprit»; talvez seja apenas no Estado autoritário, onde «il n'y a point des lois», que o juiz seja livre. (livre VI, chapitre III, p 66).

[41] Montesquieu, 1748, livre XI, chapitre n. VI, p. 130.

[42] Sua concepção, de qualquer maneira, continua sendo uma concepção que, por pressuposto, considera as leis no seu *esprit*, como «les rapports nécessaires qui dérivent de la nature des choses» (as relações necessárias que derivam da natureza das coisas (N.T.). Montesquieu, 1748, livre I, chapitre I, p. 3, ou seja, como resultado de um ethos social, influenciado por fatores empírico-naturalistas. Tarello, 1976, p. 262-265; Birocchi, 2002, p. 399-400; Cavanna, 2005, vol. 2, p. 119-122.

matéria de *lex* é ressaltada por algumas escolhas de fundo[43]. Antes de tudo, a definição de *ius*, para o qual indica três significados: direito como atributo para a ação [*ius pro atributo actionis*]; direito de acordo com a qualidade (capacidade, aptidão) [*ius pro qualitate (facultas, aptitudo)*]; direito de acordo com a lei [*ius pro lex*] (que se divide em *ius naturale* e *ius voluntarium*). As duas primeiras vertentes abrem-se ao campo dos direitos individuais; por sua vez, na terceira, o *ius*, considerado enquanto regra, coincide de fato com *lex*. Além disso, a lei é posta em conflito com um liame objetivo, o qual, no entanto, não é mais representado nem pela *iustitia*, muito menos pela *ratio* (entendida como "regra de um voto para fazer o que é certo moralmente" [*regula actuum moralium obligans ad id quod rectum est*][44]). A concepção do *ius naturale* é aquela de um direito imutável (n. X)[45]. Todas essas são características que colocam integralmente a doutrina de Grócio entre as orientações que havíamos indicado como radicais. Ainda assim, o argumento voluntarista, embora também seja contemplado[46] em Grócio, mostra-se, no entanto, menos relevante na construção de um conceito, embora inovador, de *lex* e de *ius*[47].

Podemos fazer observações semelhantes se, ao invés de considerar autores isolados, tomemos em consideração os campos de construção jurídica sobre o qual operam as doutrinas inovadoras de que falamos.

Pensemos, para ficar no terreno sobre o qual se desenvolve o conceito grociano moderno de lei, no complexo fenômeno de diferenciação das regras e princípios para um direito internacional, o qual se efetiva a partir da idade moderna[48]. Ele se estrutura, sem dúvida, a partir do

[43] Grozio, 1625, liber I, caput I

[44] Grozio, 1625, n. X. Cfr. Birocchi, 2002, p. 171.

[45] Grozio, 1625, n. X. Cfr. Birocchi, 2002, p. 171.

[46] Grozio, 1625, caput I, n. XIV *Ius* «civile est quod a potestate civili proficiscitur. Potestas civilis est quae civitatis praeest. Est autem Civitas coetus perfectus liberorum hominum, iuris fruendi et communis utilitatis causa sociatus».

[47] Neste sentido, v. também Luongo, 2008, p. 593 ss.

[48] A historiografia dedica uma certa atenção a essas origens do direito internacional. Veja-se, entre outros, Schiera, 2000, pp. 33-45; Birocchi, 2001, pp. 81-116; Beaulac, 2003, pp. 237-292; Laghmani, 2003; Christov, 2006, pp. 561-584; Scuccimarra, 2006; na revista *Quaderni fiorentini per la storia del pensiero giuridico moderno*, 38, ver os ensaios de Cassi, 2009, pp. 1141-1168); Mancuso, 2009, pp. 1277-1310; Pietropaoli, 2009, pp. 1169-1213); ver também, mais recente, Gozzi, 2011; Lesaffer, 2011, pp. 71 – 94; Fiocchi Malaspina, 2014, paper 13; Genta, 2014, pp. 291-302.

desenvolvimento de um pensamento inovador, no sentido radical que temos considerado. Ao mesmo tempo, porém, precisou realizar-se também mediante ressignificações de categorias existentes e, em particular, podemos pensar no *ius gentium* ou no já mencionado *consuetudo*, aquelas mesmas que propagavam as dinâmicas de autonomia do direito.

Em suma, com tais exemplos queremos relembrar que aqueles que praticam tais doutrinas praticam abordagens diferentes. Isto se deve às diferentes fases temporais nas quais tais doutrinas são professadas e, em particular, às *diversas funções* que o discurso projetual desenvolve no dado contexto.

A meu ver, parece que a radicalidade da linha programática da qual estamos falando qualifica-se (logo, deve ser compreendida) também em relação às suas específicas condições possíveis de realização. Parece-me, além disso, que – sem excluir a importância da análise sobre o *mainstream*, que vem se desenvolvendo ao longo dos séculos, até dar forma ao conceito oitocentista da lei – a análise histórico-jurídica possa ser aplicada, com margens de originalidade, a este tema. E isto poderia ser feito a partir de uma mudança de perspectiva, que coloque mais atenção aos ainda incontestáveis significados *operativos* destas doutrinas, mais do que considerá-las predominantes pela sua fluência *estratégica* em relação ao futuro.

Tratar-se-ia, desta forma, de desenvolver uma análise mais atenta das *perspectivas de sentido oriundas* destas novas teorias e verificar a possibilidade de sua aplicação imediata neste momento histórico. Sob esse ponto de vista, seria talvez possível ver mais de perto – e vê-la como *processo*, mais do que como *projeção* – a construção do espaço da lei.

4. O espaço da lei entre teologia e justiça na doutrina de projeto inclusivo

4.1. A lei como instrumento de uma recuperação da ordem justa

Chegamos agora à segunda parte da análise, aquela que havíamos indicado previamente como o espaço do *projeto inclusivo* da Segunda escolástica[49]. A este respeito, deve ser notado que, neste ponto, a modernização dos dispositivos e das categorias jurídicas serve a uma reaquisição; trata-se, isto é, de promover o valor ordenante da *Respublica Christiana*, em situações

[49] Recupero aqui algumas reflexões desenvolvidas em trabalhos anteriores; em particular: Meccarelli, 2013a, pp. 89-109; Meccarelli, 2009, pp. 52-72.

nas quais não mais existe (a Europa) ou ainda não existe (as Américas). Aqui a demanda por novos fundamentos não é elidida; no entanto, é pensável apenas em relação ao necessário vínculo de continuidade com a tradição[50].

Para tanto, o elemento característico desse projeto – não nos interessam aqui as "influências" ou "antecipações" a respeito da teoria desenvolvida em outros contextos e períodos (por exemplo, aqueles cujo projeto havíamos indicado como radical) – é representado principalmente pelo modo de reutilização de categorias e estruturas medievais.

Nas concepções escolásticas tardias, ainda há espaço para imaginar um direito desvinculado da mediação política e que se mostra capaz de corresponder, imediatamente, à dimensão constitucional material do ordenamento.

Com isto não quero negar que, uma vez mais, são repensadas as relações entre direito e política, reconhecendo um potencial nomopoiético no voluntarismo jurídico. Porém, se observarmos de perto os conceitos-chave utilizados para estruturar sistematicamente tais relações, fica evidente que não existe a inflexão encontrada em outras formas do pensamento jurídico moderno.

Aqui, a noção de *lex* mantém ainda forte a ancoragem a uma dimensão objetiva. Apesar das diferenças de abordagem, é significativa a importância dada à *rationabilitas*, pela qual não é legítimo *legiferare sine ratione*[51] (mas em sentido tomista, isto é, remetendo a uma racionalidade que se inclui na realidade das coisas, antes de ser exercida pelo homem). Confirmar o vínculo com a razão, além disso, serve aqui para confirmar que a lei é expressão mais do intelecto do que da vontade[52]. Por outro lado, ainda mais explicitamente, é significativa a atenção dada à relação *ius-iustitia*, segundo a qual "lex iniusta non est lex"[53]. Pense-se agora na ancoragem da autoridade legislativa do *priceps* ou *rex* sobre "o bem do Estado assemelha-se

[50] Nesse sentido, também: Costa, 1999, p. 115.

[51] Por exemplo, Vitoria, 1557, to. I, n. 22; Molina, 1614, Tractatus V, disputatio 68, n. 2; Suarez, 1613, lib., caput XX, n. 11, e liber VI, caput IX, n. 5; Mariana, 1599, liber I, caput II, pp. 23-24.

[52] Vitoria, 1533-34, quaestio 90, articulus I, pp. 88-93. Esse aspecto também é evidenciado na análise de Langella, 2010, p. 35.

[53] Suarez, 1613, liber III, caput XIX, n. 11. «Ius est objectum iustitiae» relembrava Soto, 1582, liber III, quaestio I, articulus I, fol. 67b-68a. Ver Scattola, 2001, pp. 30-34; Langella, 2014, pp. 265-267.

ao bem do povo" [*communis utilitas reipublicae*][54]; pense-se nos costumes dos antepassados [*mos patrium*][55] ou nos costumes atuais [*consuetudo*][56] supervenientes, que prevalecem sobre a *lex*.

É significativo, então, comparar como, a fim de concretizar tal fundação objetiva da *lex*, fica confirmado o papel da jurisprudência nos processos de criação/aplicação do direito. Pense-se em Molina, que compara o juiz ao *medicus instructus*: ele se conforma aos preceitos mas valoriza, toda vez, a sua adequação às circunstâncias e, onde aparecem prejudiciais, deles se afasta[57].

Eventuais aberturas ao voluntarismo, como sustentáculo da atividade legiferante, continuam a se inserir em um conjunto de ponderações, os quais servem para consolidar a vontade política no contexto de uma ordem que é, para isso, indisponível.

Consideremos a doutrina de Francisco Suarez – certamente atenta ao registro voluntarístico[58] – referente ao tema da interpretação autêntica, ou seja, aquela forma de interpretação formulada pela autoridade que exerce o poder de criar a lei [*condere legem*]. A ideia de interpretação autêntica recuperada em Suarez ainda está desprovida daquelas características capazes de desvirtuar a autonomia do direito; ela não impõe o critério da autoridade política em substituição àquele (que vale na *interpretatio* do *ius commune*) da autoridade científica, como aconteceria na colocação do problema em Hobbes. De fato, para Suarez a característica funcional da interpretação autêntica consiste em uma capacidade de "interpretari sensum, in quo lex recipienda est, et observanda"[59]. Mais que um escla-

[54] Vitoria, 1557, nn. 16-23; Vitoria, 1533-34, q. 90, art. II, pp. 92-95; Casas, 1571, IX, 1, p. 84. Cfr. Lavenia, 2004, p. 280; Perez, 2008, pp. 409-416; Duve, 2008, pp. 103-105; Langella, 2014, pp. 259-262.

[55] Mariana, 1599, cap. IX, p. 101. Cfr. Valiente, 1995, pp. 31 ss; Braun, 2007, pp. 43 ss.

[56] Vitoria, 1533-34, q. 97, articulus III, pp. 160-163; Menchaca, 1599, liber I, caput III, nn. 1-2.

[57] Molina, 1614, Tractatus V, disputatio 68, n. 2e: «Sicut medicus instructus peritia artis accedere debet ad curandum infirmum, attamen simul uti debet prudentia [...] ita iudex, legum peritia instructus accedere debet ad iudicandum, caeterum utendo simul prudentia, ut pro qualitate circunstantiarum concurrentium moderamen interdum adhibeat dispositionibus universalibus legum, interdumque illa omnino omittat ....».

[58] Cfr. Villey, 2013, p. 355 ss; Bastit, 1990, pp. 307-359; Courtine, 1999, pp. 106-114 e 143-148; Migliorino, 2008, p. 94.

[59] Suarez, 1613, liber VI, caput I, n. 2. De resto, explica Suarez, «lex non procedit a persona, nisi habente potestatem, et lex semper pendet ab eadem potestate, in quacumque

recimento autoritário da lei, é uma opção do Príncipe para atualizá-la "para o bem comum" [*ad bonum commune*][60]. Não é, portanto, instrumento de certeza, mas de adequação (e, ao mesmo tempo, de ajuste). É um conceito que, em última análise reflete a marca conceitual da interpretação [*interpretatio*]. De resto, permanece na doutrina de Suarez a interpretação retirada do uso [*interpretatio ex usu sumpta*], a relevância da *consuetudo* como a melhor intérprete da lei [*optima legum interpres*] e o reconhecimento da centralidade da interpretação doutrinária[61].

O dado não surpreende se considerarmos, ao lado de tal aspecto *sistemático* (e, neste ponto, recupero a estrutura tripartite da autonomia do direito medieval para encontrar variações), também o aspecto *sócio-político* do problema.

Aqui persiste o horizonte pluralístico que faz referência à categoria da *iurisdictio* parar descrever a paisagem dos poderes políticos. O raciocínio dos nossos teólogos sobre os processos de manifestação do direito não parece recondutível a um princípio ordenante de tipo monístico. O horizonte político de referência é universalístico[62] e pensado segundo um paradigma jurisdicional[63].

Considere-se como aparece em Vitoria o problema da titularidade dos direitos para as populações nativas americanas. De fato, sua referência a direitos individuais de alcance universal, por meio de uma reelaboração do conceito de *dominium*[64], desenvolve-se em um circuito argumentantivo voltado a promover um ordenamento jurídico como expressão de uma objetividade teologicamente fundada e historicamente imprescindível:

persona sit; ergo qui in eadem potestate succedit sempre potest praedecessorum leges interpretari».

[60] Por Suarez, 1613, liber III, caput XX, nn. 2-3, a interpretação autêntica consiste em uma «nuda declaratio sensus prioris legis», sendo antes uma intervenção que induz «mutatio etiam aliqua, vel addendo, vel minuendo». Cf. o que já foi observado em Meccarelli, 1998, pp. 48-49.

[61] Suarez, 1613, liber VI, caput I, nn. 4-6. A interpretação doutrinária «magnam inducit probabilitatem» [n. 6] e permite evitar injustiça e iniquidade «seu aliam absurditatem in ipsa lege» [Ivi, caput V, n. 3]. Em relação à interpretação da lei em Suarez, cf. também Schnepf, 2001, pp. 91-99 e 105 ss e, no mesmo volume, Valdés, 2001, pp. 118-119; Frate, 2000, pp. 26-27 e 53-55; Bach, 2013, pp. 267-309 e, no mesmo volume, Schnepf, 2013, pp. 311-331.

[62] Sobre a projeção do pensamento escolástico tardio no contexto americano, cf. Duve, 2015, pp. 118-151.

[63] A este respeito, permito-me remeter ao que já observei em: Meccarelli, 2009.

[64] Cf. Costa, 2014; Costa, *Civitas*, cit., pp. 111-114; Grossi, 1973, pp. 117-222.

neste ponto, a *autonomia do direito*, não abstraído da realidade, é concebida mais uma vez em uma perspectiva complexa e *em sintonia* com as dinâmicas sociais ou políticas.

Embora seja verdade que sobre diversos pontos-chave os teóricos escolásticos tardios adotam paradigmas que, como no caso dos jusnaturalistas, questionam o fundamento historicista do direito, seria, porém, equivocado defender que, com isso, se implementou uma redução do campo de ação (e uma simplicação de sentido) da autonomia do direito. Isso se percebe ao se considerar o problema da vertente da mudança *epistemológica* (o terceiro aspecto que caracterizava a autonomia do direito medieval). A escolástica tardia, de fato, renova a relação entre direito, teologia e política, mas em uma direção na qual a *scientia iuris* continua a assumir uma função constitutiva para a construção do novo ordenamento jurídico.

4.2. A autonomia do direito no quadro da nova relação entre ciência jurídica e teológica

A verdadeira novidade é composta pela relação da ciência jurídica com a teologia. Neste momento, são os teólogos que escrevem os tratados jurídicos. O fenômeno se coloca no quadro de uma nova centralidade da teologia[65], reconhecida e no lugar da ciência jurídica, como ciência necessária para resolver os problemas econômicos, políticos, jurídicos, sociais que perpassam a realidade da época.

Parece-me eficaz sobre o tema o conhecido trecho da *Relectio de indiis*, em que Vitoria afirma a centralidade da ciência no caso de dúvida [*in rebus dubiis*] e o caráter vinculante da opinião dos sábios [*sapientes*][66]. É uma posição teórica que tem um sentido duplo: primeiro, serve para reafirmar que sobre tais temas a política não pode reivindicar sua primazia nem sequer sua autonomia; além disso, serve também para estabelecer quais

[65] Cf. Clavero, 1991, pp. 59 ss; Plans, 2000; Prodi, 2000, p. 340; Garcia, 2001, p. 373; I. Birocchi, 2002, p. 277; Galli, 2005, p. VI; Bach, Brieskorn e Stiening, 2013.

[66] Vitoria, 1538, Pars I, Sectio prima, nn. 5-7, pp. 9-10: «In rebus dubiis quilibet tenetur consulere illos ad quos spectat haec docere; alias non est tutus in conscientia, sive illa dubia sint [de re] in se licita sive illicita». Logo «si post consultationem rei dubiae diffinitivum sit a sapientibus illud esse illicitum, quilibet tenetur sequi sententiam illorum et contrarium facens non excusatur, etiamsi alias illud esset licitum». Vice-versa «si post consultationem rei dubiae diffinitum sit a sapientibus illud esse licitum, qui sequitur sententiam illorum est tutus, etiamsi alias esset illicitum».

sapientes são chamados a se pronunciar sobre tais temas. Não podem os mesmos ser primariamente os jurisconsultos; para tanto, exige-se um conhecimento específico, explica Vitoria, porque sobre tais temais incidem as leis divinas [*leges divinas*]. Os sábios [*sapientes*] no centro da cena devem, pois, ser os teólogos[67]. Trata-se de uma postura metodológica expressa, embora com tons e acentos diversos, também da parte de outros autores; a título de exemplo, Bartolomè de Las Casas[68], Domingo de Soto[69], Francisco Suarez[70].

O pensamento jurídico perde nesta quadra o caráter de auto-suficiência[71], mas não em favor do voluntarismo. Nesta nova estrutura epistemológica, que atribui um papel de primazia à teologia, a dimensão jurídica do *ius commune* fundada sobre a *scientia iuris* ainda constitui um ponto de referência essencial para a elaboração do diagnóstico "pré-jurídico" desenvolvido por nossos teólogos[72], bem como para o desenvolvimento de suas teorias no campo jurídico.

Significativo a este respeito é o esclarecimento de Luis de Molina que, como teólogo, reafirma a necessidade de argumentar sob termos jurídicos [*sub specie iuris*] quando se trata de enfrentar questões que se conformem aos princípios da justiça como no caso da guerra justa [*bellum iustum*][73].

67 Vitoria, 1538, Pars I, Sectio prima, n. 8, p. 11: «haec determinatio non spectat ad iurisconsultos, vel saltem non ad solos illos, quia cum illli barbari, ut satim dicam, non essent subiecti iuri humano, res illorum non sunt examinandae per leges humanas, sed divinas, quarum *iuristae non sunt satis periti, ut per se possint huiusmodi quaestiones diffinire*. Et cum agatur de foro conscientiae, hoc spectat ad sacerdotes, id est, ad Ecclesiam, diffinire. Unde (Deut 17, [18]), praecipitur regi, ut accipiat exemplar legis de manu sacerdotis. Nec satis scio an unquam ad disputationem et determinationem huius quaestionis vocati fuerint theologi qui digne audiri de tanta re possent». Para um esclarecimento sobre as características do saber teológico no pensamento de Vitoria e, em particular, sobre sua relação com a ciência jurídica, cf. Langella, 2013, em particular pp. 71-93.

68 Cf. Nuzzo, 2004, pp. 31-32.

69 Soto, 1582, Proemium, n. 5. Ver a respeito: Duve, 2007, pp. 189 ss.

70 Bach, 2013, pp. 278-286.

71 Quaglioni, 2004, pp. 93 ss.

72 Grossi, 1973, pp. 117-118; Cappellini, 1981, pp. 336-337; Seellmann, 1999, 2, pp. 283 ss.

73 Molina, 1614, tractatus II, disputatio 98: «Licet bellum iniustum cum charitate quadam ex parte pugnet [...] multo tamen magis cum iustitia pugnat et tam iustum quam iniustum bellum ex principiis iustitiae longe maiori ex parte, quam ex principiis charitatis, expendendum examinandumque est».

Embora isso possa indicar uma postura mais prudente de Molina em relação ao primado da teologia se comparada à tese de Vitoria[74], me parece interessante tal posição sobretudo porque parece afirmar a irrenunciabilidade do argumento jurídico para lidar com problemas em matéria de justiça [*in materia de iustitia*], mesmo quando os sábios [*sapientes*] que o façam não sejam juristas.

Podemos dizer, para concluir, que esta nova teologia, que opta por operar com os instrumentos do *ius commune*, confirma a primazia do direito, mas, contemporaneamente, adquire o controle das premissas na elaboração dos esquemas jurídicos[75]. Em minha opinião, nisso reside o ponto de síntese inovador deste segundo itinerário do pensamento sobre a lei e sobre a autonomia do direito.

5. O espaço da lei nas doutrinas com vocação realística

O terceiro contexto doutrinário ao qual pretendo me referir analisa as áreas do pensamento jurídico moderno que não se preocupam em elaborar teorias sobre fundamentos, mas operam sobre o plano do direito praticado. Tais áreas, no entanto, embora permaneçam na trilha do *ius commune*, interrompem e valorizam algumas tendências em aplicação no campo sociopolítico (por isso a denominação *realística* de tais abordagens) com reflexos significativos sobre nosso problema. Podemos encontrar exemplos interessantes no plano do direito penal. Nesta frente, de fato, a Idade Moderna constitui uma nova fase, que traz uma redefinição das características e das funções da justiça criminal.

A transformação do penal interessa ao nosso tema por dois de seus traços: a crescente atividade legislativa de tipo ordenante que a acompanha e a afirmação de um espaço doutrinário específico para o problema penal, o das *Practicae criminales*. Neste quadro é que ganha visibilidade teórica em alguns tratados doutrinários, um dos quais o de Tiberio Deciani[76] sobre o qual nos deteremos, o princípio *lex delictum facit*[77]. Espera-se um vínculo inédito entre a lei e o direito penal, que se reflete nas suas funções e nas suas características, inovando-as.

[74] Cfr. Cassi, 2004, p. 389.

[75] Isto é, apropria-se daquele momento de «diagnóstico cognitivo da realidade social» de que fala Grossi, 1973, p. 209.

[76] Sobre a figura deste importante jurista do século 16, ver Cavina, 2004, e Pifferi, 2006.

[77] Sbriccoli, 2009, pp. 225-260.

Tradicionalmente, era o fazer justiça [*facere iustitiam*] que constituía o âmbito de atuação do penal, sob influência da concepção jurisdicional do poder de origem medieval a que se mencionou anteriormente, e que pleiteava o governante [*princeps*] como juiz [*iudex*]. Ao lermos, porém, o tratado de Deciani, encontramos uma novidade: o momento legislativo é diretamente relacionado à titularidade do poder de punir, com a consequência de que isso lhe define o alcance, antes mesmo do momento de *facere iustitiam*[78].

Os estudos de Sbriccoli mostraram que esta configuração distinta torna possível uma nova função da justiça criminal: a tutela dos poderes hegemônicos dentro dos nascentes Estados modernos. A lei penal prevê o crime para combater aqueles que não respeitam a autoridade política. A infração política é promovida a tipo penal: o crime de lesa-majestade [*crimen laesae maiestatis*][79].

É uma transformação importante na concepção das características e competências da justiça criminal. A princípio ela foi concebida principalmente para substituir a vingança, como instrumento de solução dos conflitos e, portanto, orientada a contrapor as violações da paz social. Assim, além da salvaguarda de um bem comum [*bonum commune*] e percebida como equilíbrio entre os grupos sociais (*super bono et pacifico statu civitatis*), a justiça criminal também assume a defesa do governante [*princeps*], no qual se concentra o sentido de perspectiva da *Respublica*, dos seus inimigos (*ne crimina remaneant impunita*)[80].

Embora interessante, não me aprofundo neste acontecimento que dá forma ao direito penal moderno; é útil recordá-lo para ilustrar o nosso problema. De fato, é a esta complicação do quadro que a enunciação do princípio *lex delictum facit* responde.

[78] «lex igitur peccatum et delictum indicat, dicitur quasi noster paedagogus ad cognoscenda crimina» Deciani, 1591, lib. II, cap. V, n. 3. E também: «Delictum est factum hominis, vel dictum aut scriptum, dolo vel culpa a lege vigente sub poena prohibitum [...] ut etiam denotaretur nullum esse posse delictum, quod lege aliqua non sit prohibitum» (lib. II, cap. III, n. 2).

[79] Sobre o tema, remetemos aos escritos de Sbriccoli, 1974, e aos textos publicados em Sbriccoli, 2009, na seção *L'affermazione e i caratteri del penale egemonico*, pp. 131-278.

[80] A esse respeito, é conhecido o esquema heurístico concebido por Sbriccoli (2009), que coloca o direito penal da Idade Moderna entre *justiça negociada* e *justiça hegemônica*; a primeira destinada a garantir a composição da lide e a satisfação da vítima e, a segunda, objetivando punir a desobediência à lei do príncipe.

Este novo espaço da lei, em particular, aponta, ao menos, três mudanças em relação àquele da autonomia do direito. Uma é relativa aos *modos de produção* do direito. Neste ponto, reconhece-se ao Príncipe o papel de determinar o espaço do direito penal, na condição de legislador. Outra é relativa aos *conteúdos* do direito: a lei aqui é pensada como instrumento para determiná-lo, com um grau de liberdade que antes o legislador não tinha. Uma terceira novidade diz respeito à *doutrina*: fiel à sua tarefa de reunir e classificar os dados da realidade, ela acaba por contribuir com a edificação da nascente dimensão do direito penal hegemônico, dando--lhe forte visibilidade, atrelando-o em estreita conexão com a dimensão constitucional material[81].

A tradicional vocação realística da doutrina, então, levou a identificar, com o *lex delictum facit*, um princípio que inevitavelmente gerava uma mudança de eixo, desde que a *construção doutrinária começou a se fundir com a ação legislativa*. Também neste caso a autonomia do direito nos moldes medievais foi superada.

Mas não desapareceu. O novo espaço da lei não era portador de uma alternativa sistemática. Do contrário, permanecia coerente com a persistência do quadro jurisprudencial.

Se quisermos nos restringir a Deciani, é possível, de fato, observar como, apesar da nova configuração conceitual, se confirma a estrutura de uma lei que efetiva a *aequitas* e a *iustitia*[82] (como a doutrina penalística mais autorizada de *ius commune* nesse mesmo período continua a repetir[83]);

[81] Uma confirmação desta tendência, como tem sido destacado, se encontra em algumas grandes leis gerais (tal como a *Consitutio Criminalis Carolina* e as *Ordonnance criminelle*) nas quais podemos rastrear uma verdadeira transfusão dos princípios doutrinários desenvolvidos nas *Practicae criminales*. Cf. Sbriccoli, 2009, pp. 13-21, pp. 145-151, pp. 190-200; Cipolla, 2011.

[82] «Leges enim ad id inventae, ut aequum ab iniquo, licitum ab illicito separent» escreve ainda Deciani, 1591, to. I, lib. II, cap. V, n. 2. Também em relação ao problema se «lex prior esse delicto, et sic causa delicti, vel et contra, delictum prius lege et causa legis», ele mantém a ideia de que a lei é constitutiva do delito apenas se ela corresponder a uma fonte de direito natural (Deciani, 1591, nn.4-8). Reafirma, também, o vínculo do legislador a *ratio naturalis et aequitas* Deciani, 1591, lib. II, cap. IX. É uma lógica que se reflete na interpretação do princípio *quod princip plaucit, legis haber vigorem*, em relação ao qual se reitera explicitamente o vínculo a *iustitia* e *aequitas* «quia ab ipsa iustitia potestas dependet» (Lib. II, cap. XXX n. 5).

[83] Um exemplo é Menochio, 1571, liber II, c. 82, nn. 11-12, quando ao avaliar que «minus quoque credendum est, illos prudentes legulatores vouisse aliquid statuere, quod sine ratione et publico commodo esset» recorda que «lex nihil aliud sit quam recte a numine Deorum

a lei indica o crime, mas, ao mesmo tempo, o legislador é visto como um pedagogo[84].

Sabemos que tal ideia, posta na perspectiva radical do pensamento iluminista, é associada a uma opção definitiva pelo voluntarismo, como instrumento que realiza a missão iluminante de uma *élite*[85]. Aqui, porém, ela é combinada com a ideia de *aequitas*. O legislador de Deciani ainda implementa um ordenamento justo pré-existente e indisponível à sua lei.

Para avaliar a perspectiva original do sentido de legalidade expressa em tal horizonte realístico, deve-se ter em mente o vínculo pré-compreensivo que a ideia do *facere iustitiam* constitui em relação às características dos fatores ordenatórios dos sistemas penais. Como tive ocasião de escrever[86], na experiência jurídica europeia, que se desvela a partir do final da Idade Média, podem ser identificadas duas grandes abordagens, cujo ponto de diferenciação é representado pela descoberta da lei como dispositivo ordenatório. No tempo do *ius commune* a aplicação da justiça decorre de uma organização sócio-política pluralística, perpassada, portanto, por campos de tensão; aqui o direito é o instrumento da *determinação da justiça*. Do contrário, no tempo da legalidade penal, os campos de tensão da justiça são subtraídos da dimensão jurisprudencial na medida em que são assimilados pelo momento da decisão política, que produz a lei "justa"; o direito, portanto, é reduzido a um mero instrumento de *administração da justiça*.

Parece-me que esta doutrina aborda a *lex* de modo inovador por se concentrar nos aspectos emergentes na aplicação da justiça (o *interest rei publicae*), mas, ao mesmo tempo, conceber os fatores ordenatórios do direito penal ainda como instrumento para implementar uma dinâmica de *determinação* da justiça.

Lex delictum facit é pensado em função de uma estrutura sociopolítica em que as exigências comunitárias convivem lado a lado com novas

tracta ratio». Analogamente se pode mencionar Carpzov (1670), que reafirma o princípio que a *identitas rationis idem ius facit* (pars I: quaestio 37, n. 33; quaestio 42, n. 47; quaestio 49, n. 50) e recorda que *ius municipale, ius statutarium, ius saxonicum* devem ser interpretados *ex iure communi* ou que *secundum iura communia intelligi debere* (pars I, quaestio 20 n. 37; pars 2, quaestio 59, n. 26; quaestio 65, n. 36).

84 Deciani, 1591, liber II, caput V, n. 3. Ver *supra* nota 78.

85 Cf. Cavanna, 2005, pp. 71-78 e 102-111.

86 Meccarelli, 2013b, pp. 49-67.

exigências estatais. A isso corresponde um quadro sistemático baseado na ação dos campos de tensão estruturantes, relativos à finalidade da justiça (negociada/hegemônica), à estrutura do procedimento (*accusatio/inquisitio*) e à natureza das regras (*ordinarium/extraordinarium*)[87]. Tratam-se de campos de tensão cuja dinâmica não é controlada por um princípio monístico como poderia ser o primado da lei. Ao contrário, ao se dar em um espaço pluralístico da autonomia do direito é que tal complexidade encontra e sempre renova a sua síntese, determinando de vez em quando a justiça.

Em resumo: a descoberta do *quid pluris* da legalidade e de sua implementação, do nosso ponto de vista, foi desenvolvida para confirmar – no novo contexto do qual emerge o Estado moderno – o ordenamento baseado na autonomia do direito. Não corresponde a uma tendência de tornar possível uma configuração sistemática distinta. Neste ponto, eu acredito que devam ser compreendidas a especificidade e a originalidade do conceito de legalidade proposta por tal doutrina.

6. A Idade Moderna como tempo de distintas construções do espaço da lei: perspectivas metodológicas

Procuremos agora obter algum raciocínio conclusivo de caráter historiográfico e metodológico.

O itinerário que percorri, mesmo que rapidamente, nos mostra três construções distintas do espaço da lei, que correspondem a processos diferentes de desconstrução e desnaturalização da autonomia do direito. Retomemos os três exemplos analisados. O primeiro lhe mina os fundamentos enriquecendo a lei de um *quid pluris*; o segundo lhe subtrai o controle da relação entre realidade e direito, pondo-o sob a tutela de um outro saber, como a teologia; o terceiro, embora não pretenda pôr em discussão o regime de autonomia do direito, desenvolve, enfatiza e potencializa dinâmicas que podem tornar-se concorrentes em relação a ela.

Não se trata, além disso, de opções diversas mas convergentes em direção de um resultado unitário. A afirmação do espaço da lei deve ser considerado um fenômeno complexo, que dá vida a diversas vertentes de pensamento e experiências, responde a problemas e finalidades múltiplas,

[87] Sobre este assunto, mais detalhadamente, Meccarelli, 2013b, pp. 51-57.

se enquadra em projetos com objetivos distintos, conduz a diferentes soluções e realizações.

Isso não significa negar que se trata de um fenômeno histórico reconhecível como característico de uma certa plenitude dos tempos ou que alguns de seus elementos que contribuiriam para o sucesso da fórmula na Idade Contemporânea já eram identificados na Idade Moderna. É claro, por exemplo, que a intuição, recuperada em algumas teorias, de refundar o ordenamento jurídico em chave monística – sustentando-o sobre um único princípio fundamental a partir do qual resolve e organiza o caráter multiforme e disperso dos fenômenos jurídicos – faz com que a lei se configure como um potente fator de redução sistemática.

Porém, é igualmente verdadeiro que, à luz do que temos visto, isso não pode ser indicado como um dado originário e, sobretudo, não parece representar uma hipoteca necessária da experiência moderna da legalidade.

Então, se levarmos em consideração que os três exemplos não esgotam a variedade de abordagens do problema da legalidade e da autonomia do direito, devemos concluir que tal articulação do problema corresponde a um âmbito de desenvolvimento da legalidade que reivindica, historicamente falando, um reconhecimento específico.

É certamente plausível a busca, nas experiências de legalidade da Idade Moderna, dos sinais embrionários de uma transformação própria de uma época sucessiva. Todavia, é possível, e talvez até mesmo oportuno – superando uma certa pré-compreensão do tempo histórico[88] – interrogar de modo distinto tais séculos, procurando uma mudança de abordagem que chame nossa atenção mais para o *valor situacional* de tais doutrinas que para seu *valor antecipatório*. Nossa atenção poderia, com proveito, deter-se principalmente sobra a função dos discursos sobre a lei em relação à fase [histórica].

Pergunto-me se hoje não é oportuno fazer uma histórico dos *limites originários* das ideias, ao invés de uma história de seu *surgimento*. Pretendo com isso sugerir a possibilidade de uma abordagem analítica atenta aos *vínculos de subsistência teórica dos conceitos*, isto é, aos tipos de pré-compreensão que estão na base da conceitualização das ideias, na sua construção. Parece-me que uma abordagem assim possa acrescentar algo

[88] Costa, 2014, pp. 766-782, observa com relação ao tema do Estado e da autonomia política.

ao avanço do conhecimento que, com nossos estudos histórico-jurídicos, podemos conseguir.

Tal posicionamento analítico teria a vantagem de permitir análises mais complexas dessa experiência da legalidade, mas não somente isso; afinal, existem outros temas relevantes (por exemplo, as formas de tutela jurídica e da justiça, os espaços jurídicos[89]) que serviriam ao desenvolvimento dessa história do direito.

Ele, também, apoiaria um posicionamento mais geral do saber histórico-jurídico em relação a outras produções de conhecimento no campo da ciência jurídica e das ciências humanas e sociais. Por isso, seria útil, ainda, uma perspectiva interdisciplinar.

Frequentemente se chama a atenção para a necessidade de um diálogo entre a história do direito e as outras ciências jurídicas. Sobre isso já tem sido feitas diversas experiências significativas graças à visão crítica com que a história jurídica tem se revestido há algumas décadas. Desmitologizar as categorias jurídicas permite compreender melhor os problemas do direito pós-moderno. Todavia, se olharmos mais de perto, perceberemos que tal visão crítica não é uma sensibilidade exclusiva e diferenciadora da história do direito, haja vista que, atualmente, ela tem ganhado terreno em muitas áreas da ciência jurídica. Tenho a impressão, pois, que o diálogo interdisciplinar atual requer algo mais: um co-envolvimento também na elaboração e construção dos objetivos. Como estamos metodologicamente equipados para participar deste diálogo? Podemos fazê-lo sem trair a tarefa de historicizar a experiência? Parece-me que sim. Uma perspectiva como a sugerida aqui – em que se explicam as figuras jurídicas na sua relação com os tipos de pré-compreensão – pode permitir uma interação mesmo no plano da construção, sem que se renuncie à nossa especificidade, qual seja, a de produzir um conhecimento crítico.

Não pretendo, neste trabalho, fornecer uma resposta exaustiva a tais questões; se o quisesse, acabaria fugindo do tema a que me propus abordar. Parece-me, todavia, relevante evidenciar na conclusão (e repetindo o raciocínio do qual tomei a moção) como o estudo de temas como o da "legalidade", temas identificados mais com uma terminologia metalinguística, capazes de perpassar os períodos históricos e aos quais é difícil

[89] Para maiores indicações a esse respeito, permito-me remeter a Meccarelli, 2014, pp. 67-79; Meccarelli, 2015b, pp. 241-252.

renunciar, interroga o historiador do direito em relação a seu estatuto disciplinar e metodológico. São questões de sentido que a história e a atualidade nos fazem e às quais, penso, seja oportuno historicamente responder.

Referências

AGAMBEN, G. *Stasis. La guerra civile come paradigma politico*, Torino, Bollati Boringhieri, 2015.

BACH, O. Juridische Hermeneutik. Francisco Suarez zur Auslegung und Veränderung der menschlichen Gesetze, in Bach, O.; Brieskorn, N.; Stiening, G. (Hrsg.), *"Auctoritas omnium legum". Francisco Suarez De legibus zwischen Theologie, Philosophie und Jurisprudenz*, Stuttgart-Bad Cannstatt, fromann-holzboog, 2013.

BACH, O.; BRIESKORN, N.; STIENING, G. (Hrsg.), *"Auctoritas omnium legum". Francisco Suarez De legibus zwischen Theologie, Philosophie und Jurisprudenz*, Stuttgart-Bad Cannstatt, fromann-holzboog, 2013.

BASTIT, M. *La naissance de la loi moderne. La pensée de la loi de Saint Thomas à Suarez*, Paris, PUF, 1990.

BEAULAC, S. *Emer de Vattel and the Externalization of Sovereignty*, in *Journal of the History of International Law*, 5, 2003.

BIROCCHI, I. *Alla ricerca dell'ordine*, Torino, Giappichelli, 2002.

BIROCCHI, I. *Juan Ginés Sepulveda internazionalista moderno? Una discussione sulle origini della scienza moderna del diritto internazionale*, in AA.VV., *A Ennio Cortese*, Roma, il Cigno, 2001.

BRAUN, H.E. *Juan de Mariana and Early Modern Spanish Political Thought*, Aldershot-Burlington, Ashgate, 2007.

CALASSO, F. *Medioevo del diritto*, Milano, Giuffrè, 1954, pp. 409-502.

CAPPELLINI, P. *Storie dei concetti giuridici*, Torino, Giappichelli, 2010.

CAPPELLINI, P. *Sulla formazione del moderno concetto di 'dottrina generale del diritto'*, in *Quaderni fiorentini per la storia del pensiero giuridico moderno*, 10, 1981.

CAPPELLINI, P. *Systema iuris*, Milano, Giuffrè, 1984, 2 voll.

CARONI, P. Statutum et silentium. Viaggio nell'entourage silenzioso del diritto statutario, in *Dal dedalo statutario*, numero monografico di *Archivio storico ticinese*, 118, 1995.

CARPZOV, Benedict. *Practica nova imperialis saxonica rerum criminalium*, Wittemberg, 1670.

CASAS, Bartolomè de las. *De regia potestate* (1571), In: *Obras completas*, to. 12, Madrid, 1990.

CASSI, A.A. *Ius commune tra vecchio e nuovo mondo Mari, terre, oro nel diritto della conquista (1492-1680)*, Milano, Giuffrè, 2004.

CASSI, A.A. *Lo ius in bello nella dottrina giusinternazionalistica moderna. Annotazioni di metodo e itinerari d'indagine* In: *Quaderni fiorentini per la storia del pensiero giuridico moderno*, 38, 2009.

CAVANNA, A. *Storia del diritto moderno in Europa*, Milano, Giuffré, 2005.

CAVINA, M. (Ed.), *Tiberio Deciani (1509-1582): alle origini del pensiero giuridico moderno*, Udine, Forum, 2004.

CHIFFOLEAU, J.; GAUVARD, C.; ZORZI, A. (Eds.), *Pratiques sociales et politiques judiciaires dans les villes de l'Occident à la fin du moyen âge*, Rome, Ecole française de Rome, 2007.

CHITTOLINI, G. *A proposito di statuti copiaticci, ius proprium e autonomia. Qualche nota sulle statuizioni delle comunità non urbane nel tardo medioevo lombardo*, in *Dal dedalo statutario*, numero monografico di *Archivio storico ticinese*, 118, 1995.

CHITTOLINI, G.; Willoweit, D. (a cura di), *Statuti città territori in Italia e Germania tra Medioevo ed Età moderna*, Bologna, il Mulino, 1991.

CHRISTOV, T. *Liberal Internationalism Revisited: Grotius, Vattel and the International Order of States, in The European Legacy*, 10, 6, 2006.

CIPOLLA, P. *La giustizia della spada. Origini e ideologia dell'Ordonnance Criminelle*, 1670, Roma, Aracne, 2011.

CLAVERO, B. *Antidora. Antropologia catolica de la economia moderna*, Milano, Giuffrè, 1991.

CORTESE, E. Lex, aequitas, utrumque ius nella prima civilistica, (1989), In *Scritti*, Spoleto, Centro italiano di studi sull'alto medioevo, 1999.

COSTA, P. *Civitas. Storia della cittadinanza in Europa. 1. Dalla civiltà comunale al Settecento*, Roma-Bari, Laterza, 1999.

COSTA, P. *"Così lontano, così vicino": Il comune medievale e la sua autonomia*, in *Quaderni fiorentini per la storia del pensiero giuridico moderno*, 43, 2014.

COSTA, P. *Dai diritti naturali ai diritti umani: episodi di retorica universalistica*, in MECCARELLI, M.; PALCHETTI, P.; SOTIS, C. (a cura di), *Il lato oscuro dei Diritti umani: dimensioni della soggettività moderna nello spazio globale tra imposizioni e negazioni*, Madrid, Universidad Carlos III de Madrid, 2014.

COSTA, P. *Iurisdictio. Semantica del potere nella giuspubblicistica medievale*, (1969) Milano, Giuffrè, 2002.

COSTA, P. 'Ius commune', 'ius proprium', 'interpretatio doctorum': ipotesi per una discussione, In: FERREIRÓS, A. Iglesia (ed.), *El dret comu i Catalunya*, Barcelona, Fundació Noguera, 1995.

COURTINE, J.F. *Nature et empire de la loi. Etudes suaréziennes*, Paris, Vrin, 1999.

Dal dedalo statutario, numero monografico di *Archivio storico ticinese*, 118, 1995.

D'AQUINO, Tommaso. *Summa Theologiae, Prima Secundae*, (Madrid 1985).

DECIANI, Tiberio. *Tractatus criminalis*, Francofurti ad Moenum, 1591.

DILCHER, G.; QUAGLIONI, D. (a cura di), *Gli inizi del diritto pubblico*, Bologna, il Mulino, Berlin, Duncker & Humblot, 2007-2008, 2 voll.

DONDARINI, R.; VARANINI, G.M.; VENTICELLI, M. (a cura di), *Statuti, regimi signorili e statuti nel tardo medioevo*, Bologna, Patron, 2003.

DUVE, Th. *¿"La mayor burla del mundo"? Francisco de Vitoria y el dominium del Papa sobre los bienes de los pobres*, in CRUZ CRUZ, J. (ed.), *Ley y dominio en Francisco de Vitoria*, Pamplona, Ediciones Universidad de Navarra, 2008.

DUVE, Th. *La teoría de la restitución en Domingo de Soto: Su significación para la historia del derecho privado moderno*, in CRUZ CRUZ, J. (ed.), *La ley natural como fundmento moral y jurídico en Domingo de Soto*, Pamplona, Ediciones Universidad de Navarra, 2007.

DUVE, Th. *Salamanca in Amerika*, in *Zeitschrift der Savigny-Stiftung für Rechtsgeschichte*, GA, 132, 2015.

FIOCCHI MALASPINA, E. *Per i trecento anni dalla nascita di Emer de Vattel (1714-2014)*, in *Historia et ius*, 6, 2014.

FRATE, P. Alvazzi del. L'interpretazione autentica nel XVIII secolo, Torino, Giappichelli, 2000.

GALLI, C. *Introduzione* in VITORIA, F. de. *De iure belli*, a cura di C. Galli, Roma-Bari, Laterza, 2005.

GARCIA, J. Barrientos. *Los tratados "De legibus" y "De iustitia et iure" el la escuela de Salamanca de los siglos XVI y XVII*, in *Salamanca, revista de estudios*, 47, 2001.

GENTA, E. *Elements of European Public Law (jus inter principes) in the XVIII century*, in *Rivista di Storia del diritto italiano*, LXXXVI, 2014, pp. 291-302.

GOZZI, G. *Diritti e civiltà. Storia e filosofia del diritto internazionale*, Bologna, il Mulino, 2011.

GROSSI, P. *La proprietà nel sistema privatistico della seconda scolastica*, in GROSSI, P. (a cura di), *La seconda scolastica nella formazione del diritto privato moderno*, Milano, Giuffrè, 1973.

GROSSI, P. *L'ordine giuridico medievale*, Roma-Bari, Laterza, 1995.

GROZIO, U. *De iure belli ac pacis, libri tres, in quibus jus naturae et gentium, item juris publici praecipua explicantur*, Parisiis, 1625.

HAFERKAMP, H.-P., *Georg Friedrich Puchta und die „Begriffsjurisprudenz"*, Frankfurt am Main, Klostermann, 2004.

HENKEL Th., *Begriffsjurisprudenz und Billigkeit. Zum Rechtsformalismus der Pandektistik nach G.F. Puchta*, Köln, Wien, Böhlau, 2004.

HESPANHA, A.M. *A Cultura Jurídica Europeia. Síntese de um Milénio*, Coimbra, Almedina, 2012.

HESPANHA, A.M. *Pluralismo Jurídico e Direito Democrático*, São Paulo, Annablume, 2013.

HOBBES, Th. *Leviathan, or the Matter, Forme and Power of a Commonwealth, Ecclesasticall and Civill*, London, 1651, (text Edited by A.R. Waller, Cambridge, University Press, 1904).

LANGELLA, S. *El príncipe y la ley en Francisco de Vitoria*, in *Ciencia tomista*, 141, 2, 2014.

LANGELLA, S. *Estudio introductorio. Francisco de Vitoria y su comentario al De legibus*, Salmanaca, 2010.

LANGELLA, S. *La ciencia teológica de Francisco de Vitoria y la Summa theologiae de Santo Tomás de Aquino en el siglo XVI a la luz de textos inéditos*, Salamanca, San Esteban, 2013.

LAGHMANI, S. *Histoire du droit des gens. Du jus gentium impérial au jus publicum europaeum*, Paris, Pedone, 2003.

LAVENIA, V. *L'infamia e il perdono. Tributi, pene e confessione nella teologia morale della prima età moderna*, Bologna, il Mulino, 2004.

LESAFFER, R. *Peace treaties and the formation of international law*, in FASSBENDER, B.; PETERS, A. (Eds.), *The Oxford handbook of the history of international law*, Oxford University Press, Oxford, 2011.

LUONGO, D. Consensus Gentium. Criteri di legittimazione dell'ordine giuridico moderno, Napoli, Arte tipografica editrica, 2008.

MANCUSO, F. *Le Droit des gens come apice dello jus publicum europaeum? Nemico, guerra, legittimità nel pensiero di Emer de Vattel.* In: *Quaderni fiorentini per la storia del pensiero giuridico moderno*, 38, 2009.

MARIANA, Juan de. *De rege et regis institutione*, Toleti, 1599.

MECCARELLI, M. *Arbitrium. Un aspetto sistematico degli ordinamenti giuridici in età di ius commune*, Milano, Giuffrè, 1998.

MECCARELLI, M. *Dimensions of Justice and Ordering Factors in Criminal Law from the Middle Ages till Juridical Modernity*, in MARTYN, G.; MUSSON, A.; PHILAJAMÄKI, H. (Eds.), *From the Judge's Arbitrium to the Legality Principle. Legislation as a Source of Law in Criminal Trials*, Berlin, Duncker & Humblot, 2013. [2013b]

MECCARELLI, M. *Diritto giurisprudenziale e autonomia del diritto nelle strategie discorsive della scienza giuridica tra Otto e Novecento*, in *Quaderni fiorentini per la storia del pensiero giuridico moderno*, 40, 2011.

MECCARELLI, M. *La nuova dimensione geopolitica e gli strumenti giuridici della tradizione: approcci al tema del ius belli e del ius communicationis nella seconda scolastica*, in LACCHÈ, L. (a cura di), *«Ius gentium, ius communicationis, ius belli». Alberico Gentili e gli orizzonti della modernità*, Milano, Giuffrè, 2009.

MECCARELLI, M. *La protezione giuridica come tutela dei diritti: riduzioni moderne del problema della dimensione giuridica della giustizia*, in *Giornale di storia costituzionale*, 2, I, 2014.

MECCARELLI, M. *Perspectivas de sentido para a autonomia do direito na modernidade jurídica*, in FONSECA, R.M. (org.), *As formas do direito: ordem, razão e decisão. Experiências jurídicas antes e depois da modernidade*, Curitiba, Juruá, 2013.

MECCARELLI, M. *The Assumed Space: Pre-reflective Spatiality and Doctrinal Configurations in Juridical Experience*, in *Rechtsgeschichte*, 23, 2015. [2015b]

MECCARELLI, M. The Autonomy of Law and the Statutes of the Cities in the Legal Order of the Late Middle Ages. In: RADIĆ, Ž.; TROGRLIĆ, M.; MECCARELLI; M.; STEINDORFF; L. (Eds.), *Splitski Statut iz 1312. godine: povijest i pravo*, Split, Književni Kurg, 2015. [2015a]

MENCHACA, Fernando Vazquez de. *Controversiae usu frequentium*, Francofurti ad Moenum, 1599.

MENOCHIO, Jacopo. *De arbitrariis iudicum. Quaestionibus et causis*, Florentiae, 1571.

MIGLIORINO, F. *Il corpo come testo. Storie del diritto*, Milano, Bollati Boringhieri, 2008.

MOLINA, Luis de. *Tractatus de iustitia et iure*, Coloniae Agrippinae – Moguntiae, 1614.

MONTESQUIEU, Ch. L. de. *L'esprit de lois* (1748), Paris, 1864.

NUZZO, L. *Il linguaggio giuridico della Conquista. Strategie di controllo delle indie spagnole*, Napoli, Jovene, 2004.

ORTALLI, G. Split: Statutes and their long-term force. Between legal Weight and Political Value. In: RADIĆ, Ž.; TROGRLIĆ, M.; MECCARELLI; M.; STEINDORFF; L. (Eds.), *Splitski Statut iz 1312. godine: povijest i pravo*, Split, Književni Kurg, 2015.

PEREZ, R. Garcia. *Ante leyes que reyes. Cultura juridica y constitucion politica en a edad moderna*, Milano, Giuffrè, 2008.

PIERGIOVANNI, V. Lo statuto: lo specchio normativo delle identitá cittadine (1995), In: Id. *Norme, scienza e pratica giuridica tra Genova e l'Occidente Medievale e Moderno*, Genova, Società ligure di storia patria, 2012.

PIETROPAOLI, S. *Jus ad bellum e jus in bello. La vicenda teorica di una «grande dicotomia» del diritto internazionale*. In: *Quaderni fiorentini per la storia del pensiero giuridico moderno*, 38, 2009.

PIFFERI, M. *Generalia delictorum. Il tractatus criminalis di Tiberio Deciani e la "parte generale" di diritto penale*, Milano, Giuffrè, 2006.

PLANS, J. Belda. *La Escuela de Salamanca y la renovacion de la teologia en el siglio XVI*, Madrid, Biblioteca de autores cristianos, 2000.

PRODI, P. *Una storia della giustizia. Dal pluralismo dei fori al moderno dualismo tra coscienza e diritto*, Bologna, il Mulino, 2000.

QUAGLIONI, D. *La giustizia nel medioevo e nella prima età moderna*, Bologna, il Mulino, 2004.

RADIĆ, Ž.; TROGRLIĆ, M.; MECCARELLI; M.; STEINDORFF; L. (Eds.), *Splitski Statut iz 1312. godine: povijest i pravo*, Split, Književni Kurg, 2015.

ROSCIATE, Alberico da, *Dictionarium iuris, tam civilis, quam canonici*, Lugduni, 1548, voce Lex.

ROUSSEAU, J.J. *Du Contrat social, ou Principes du droit politique*, Amsterdam, 1762.

RÜCKERT, J. *Autonomie des Rechts in rechtshistorischer Perspektive*, Hannover, Juristischen Studiengesellschaft Hannover, 1988.

RÜCKERT, J. *Savigny-Studien*, Frankfurt am Main, Klostermann, 2011.

SANTARELLI, U. Ius commune e iura propria. Strumenti teorici per l'analisi di un sistema, ora In Id., *Ubi societas ibi ius. Scritti di storia del diritto*, Torino, Giappichelli, 2010.

SARTI, N. Politica e tradizione normativa cittadina: il paradigma statutario bolognese nel basso medioevo. In: RADIĆ, Ž.; TROGRLIĆ, M.; MECCARELLI; M.; STEINDORFF; L. (Eds.), *Splitski Statut iz 1312. godine: povijest i pravo*, Split, Književni Kurg, 2015.

SASSOFERRATO, Bartolo da. *Tractatus de repraesaliis*, in *Bartoli interpretum iuris civilis coryphaei, in Institutiones et Autenthenticas, commentaria, eiusdem Tractatus*, Basileae, 1562.

SBRICCOLI, M. *Crimen Laesae maiestatis. Il problema del reato politico alle soglie della scienza penalistica moderna*, Milano, Giuffrè, 1974.

SBRICCOLI, M. *Lex delictum facit. Tiberio Deciani e la criminalistica italiana nella fase cinquecentesca del penale egemonico* (2004).

SBRICCOLI, M. *L'Interpretazione dello Statuto. Contributo allo studio della funzione dei giuristi nell'età medievale*, Milano, 1969.

SBRICCOLI M., *Storia del diritto penale e della giustizia*, Milano, Giuffrè, 2009.

SCATTOLA, M. *Naturrecht als Rechtstheorie: Die Systematisierung der 'res scholastica' in der Naturrechtslehre des Domingo de Soto*, in GRUNERT, F.; SEELMANN, K. (Hg.), *Die Ordnung der Praxis. Neue Studien zur spanischen Spätscholastik*, Tübingen, Niemeyer, 2001.

SCHIERA, P. *La Pace di Westfalia fra due "tempi storici": alle origini del costituzionalismo moderno*, in *Scienza & Politica*, 12, 22, 2000.

SCHNEPF, R. *Francisco Suarez über die Veränderbarkeit von Gesetzen durch Interpretation*, in GRUNERT, F.; SEELMANN, K. (Hg.), *Die Ordnung der Praxis. Neue Studien zur spanischen Spätscholastik*, Tübingen, Niemeyer, 2001.

SCHNEPF, R. Suarez über das Gewohnheitsrecht, in BACH, O.; BRIESKORN, N.; STIENING, G. (Hrsg.), *"Auctoritas omnium legum". Francisco Suarez De legibus zwischen Theologie, Philosophie und Jurisprudenz*, Stuttgart-Bad Cannstatt, fromann--holzboog, 2013.

SCUCCIMARRA, L. *I confini del mondo. Storia del cosmopolitismo dall'Antichità al Settecento*, Bologna, Il Mulino, 2006.

SEELLMANN, K. *Teologia e giurisprudenza alle soglie della modernità. La nascita del moderno diritto naturale nella tarda scolastica iberica*, in *Materiali per una storia della cultura giuridica moderna*, XXIX, 1999.

SIMON, Th. Die Bedeutung der "Statuten" in der europäischen Gesetzgebungsgeschichte. In: RADIĆ, Ž.; TROGRLIĆ, M.; MECCARELLI; M.; STEINDORFF; L. (Eds.), *Splitski Statut iz 1312. godine: povijest i pravo*, Split, Književni Kurg, 2015.

SOTO, Domingo de. *Tractatus de iustitia et iure*, Lugduni, 1582.

STORTI STORCHI, C. *Intorno ai Costituti pisani della legge e dell'uso*, Napoli, Liguori, 1998.

STORTI STORCHI, C. *Scritti sugli statuti lombardi*, Milano, Giuffrè, 2007.

STORTI, C. The Lombard Statutes of the 14th Century. In RADIĆ, Ž.; TROGRLIĆ, M.; MECCARELLI; M.; STEINDORFF; L. (Eds.), *Splitski Statut iz 1312. godine: povijest i pravo*, Split, Književni Kurg, 2015.

SUAREZ, Francisco. *Tractatus de legibus ac Deo legislatore*, Lugduni, 1613.

TARELLO, G. *Storia della cultura giuridica moderna*, Bologna, il Mulino, 1976.

VALDÉS, E.G. *Die Wörter des Gesetzes und ihre Auslegung. Einige Thesen von Francisco Suarez*, in GRUNERT, F.; SEELMANN, K. (Hg.), *Die Ordnung der Praxis. Neue Studien zur spanischen Spätscholastik*, Tübingen, Niemeyer, 2001.

VALIENTE, F. Tomas y. *Génesis de la Constitución de 1812. I. De muchas leyes fundamentales a una sola Constitución*, in «Anuario de Historia del derecho Español», 65, 1995.

VALLEJO, J. *Ruda equidad, ley consumada. Concepcion de la potestad normativa (1250--1350)*, Madrid, Centro de estudios consitucionales, 1992.

VALLERANI, M. *La giustizia pubblica medievale*, Bologna, il Mulino, 2005.

VALLERANI, M. L'arbitrium negli statuti cittadini del Trecento. Note comparative, in Id. (a cura di), *Tecniche di potere nel tardo medioevo. Regimi comunali e signorie in Italia*, Roma, Viella editore, 2010.

VANO, C. *"Il nostro autentico Gaio". Strategie della scuola storica alle origini della romanistica moderna*, Napoli, Editoriale scientifica, 2000.

VILLEY, M. *La formation de la pensée juridique moderne*, Paris, PUF, 2013.

VITORIA, Francisco de. *De lege. Commentarium in primam secundae QQ. 90-108*, Salmanca, 1533-34. (Trascripción y notas del texto latino de José Barrientos Garica y Simona Langella, Salmanaca, 2010)

VITORIA, Francisco de. *Relectio de indis* (1538), edicion critica Madrid 1967.

VITORIA, Franciso De. *Relectio de potestate civili*, in Id., *Relectiones theologicae XII in duos tomos divisae*, Lugduni, 1557.

II.

HISTÓRIA CONSTITUCIONAL NA PRIMEIRA REPÚBLICA

5. A QUEIMA DOS ARQUIVOS DA ESCRAVIDÃO E A MEMÓRIA DOS JURISTAS: OS USOS DA HISTÓRIA BRASILEIRA NA (DES)CONSTRUÇÃO DOS DIREITOS DOS NEGROS

Evandro Piza Duarte[1]
Guilherme Scotti

Introdução

Este artigo explora o incidente conhecido como "A Queima dos Arquivos da Escravidão por Ruy Barbosa". Todavia, não pretende estabelecer uma verdade sobre qual seria o autor da decisão que levou a queima das matrículas dos escravos. Ao invés disso, a partir do debate surgido na decisão do Habeas Corpus nº 82.424/RS do Supremo Tribunal Federal sobre a imprescritibilidade do crime de racismo, intenta compreender como este "fato" se insere na retórica dos juristas sobre as demandas por reconhecimento dos negros (afrodescendentes).

A importância desse debate decorre do fato de que as demandas por reconhecimento propõem, grosso modo, construções sobre fatos no presente (recurso à apresentação empírica e à interpretação sociológica) e no passado (recurso à historiografia e às interpretações sobre a constituição das relações raciais). O "episódio" sinaliza um primeiro problema estrutural das demandas dos negros: o modo como a historiografia oficial

[1] Agradeço à Coordenação de Aperfeiçoamento de Pessoal de Nível Superior (Capes) que, mediante a concessão de bolsa de pesquisa pós-doutoral (2018-2019), permitiu a revisão desse texto, como parte da pesquisa em andamento na Universidade da Pensilvânia, no Population Studies Center, sob orientação do Professor PhD Tukufu Zuberi.

sobre a construção da nacionalidade inseriu sua presença e suas lutas por reconhecimento. E, em segundo lugar, as razões pelas quais a ideia de "apagamento da memória" constitui-se como um elemento decisivo dos padrões de desrespeito para com esse grupo.

Por fim, sugere-se que a retórica da "impossibilidade da memória" deve ser superada por uma interpretação constitucional que reconhece o pluralismo da Constituição como uma proposta de releitura dos direitos fundamentais, admitindo um passado de uma sociedade moldada a partir da escravidão, do colonialismo e do racismo, e um presente de exclusões deles decorrentes. Portanto, ao invés de um confinamento hermenêutico da Ordem Constitucional da Cultura e do esquecimento dos dispositivos que tratam da presença dos negros em nossa história, impõe-se ao intérprete a releitura dos direitos fundamentais a partir desse ponto estrutural da nossa trajetória constitucional.

1. Como lembramos: uma certa tradição negreira na história brasileira

Há algumas décadas, um livro compunha a estante de livros de muitas casas: *Crestomatia Cívica: uma só Pátria, uma só Bandeira – o Brasil Novo e seus problemas*, através de excertos de escritores da atualidade, apresentado a consideração e carinho da juventude das escolas", editado em Porto Alegre, pela Livraria do Globo, em 1938. Num texto intitulado *Os Escravos no Brasil*, lia-se o seguinte:

> Não é nosso intento fazer a apologia da escravidão, cujos horrores principalmente macularam o homem branco e sobre ele recaíram. Mas a escravidão no Brasil foi para os negros a reabilitação deles próprios e trouxe para a descendência deles uma pátria, a paz e a liberdade e outros bens que pais e filhos jamais lograriam gozar ou sequer entrever no seio bárbaro da África.[2]

Esse pequeno trecho resume a primeira parte do problema abordado neste texto: o modo como a historiografia dominante integrou simbolicamente a presença dos "negros" à sociedade brasileira, durante e após a escravidão. Quanto a isso, deveria ser suficiente a advertência de Clóvis Moura, para quem:

[2] Taborda, 1938, p. 97.

> Os estudos sobre o negro brasileiro, nos seus diversos aspectos, têm sido mediados por preconceitos acadêmicos, de um lado, comprometidos com uma pretensa imparcialidade científica, e, de outro, por uma ideologia racista racionalizada, que representa os resíduos da superestrutura escravista, e, ao mesmo tempo, sua continuação...[3]

De fato, daquele trecho se infere elementos de uma ideologia em voga em períodos nacionalistas, na Ditadura Vargas e na Ditadura Militar de 1964,[4] e que subjazem (ou convivem amigavelmente) com o "mito da democracia racial":[5] a) a escravidão era um mal africano, logo foi a América que trouxe a liberdade aos negros; b) eles foram emancipados de suas sociedades bárbaras e de sua própria natureza bárbara com a escravidão no Brasil; c) a incorporação à sociedade brasileira (apesar de forçada) foi o auge de uma expectativa de "destino" da raça negra; d) ela lhes garantiu sua incorporação à pátria ou a nação; e) de fato, quem efetivamente sofreu com a escravidão foram os brasileiros (brancos em geral), obrigados a conviverem com a marca do atraso em suas relações econômicas e não conseguiram desenvolver todo o seu potencial; e f) enfim, a escravidão foi um mal para o Brasil e para os próprios senhores de escravos, mas não foi um mal tão grande para os "bárbaros negros".

A fonte mais remota dessa tradição negreira de representação dos negros na história "nacional" encontra-se no que Henrique Dussel denunciou como o "Mito da Modernidade". Se, por um lado, a Modernidade em seu conteúdo positivo seria a "emancipação racional" da humanidade, por outro, em seu conteúdo secundário e negativo mítico, ela foi a justificação de uma práxis irracional de violência que atribui uma "culpa" ao outro que não se submete ao domínio europeu.[6]

[3] Moura, 1988, p. 17.

[4] Chauí, 1986; 2004.

[5] Ortiz, 1994.

[6] Dussel, 1993, p. 185-186. Dessa forma: "a) A civilização moderna se autocompreende como mais desenvolvida, superior (o que significará sustentar, sem a consciência, uma posição ideologicamente eurocêntrica); b) A superioridade obriga, como exigência moral, a desenvolver os mais primitivos, rudes, bárbaros; c) O caminho do referido processo educativo de desenvolvimento será o seguido pela Europa (é, de fato, um desenvolvimento unilinear e à europeia, o que determina, novamente sem consciência alguma, a 'falácia desenvolvimentista'); d) Como o bárbaro se opõe ao processo civilizador, a práxis moderna

A ideia de "negro" e a práxis social dominante que busca circunscrevê-la está marcada por essa violência constitutiva. Assim, por exemplo, para os Letrados que justificaram a escravidão antes do século XIX: (a) Os negros não foram propriamente "vítimas", pois tinham benefícios secundários com sua escravidão (os filhos eleitos de Maria, segundo Padre Antônio Vieira, sofredores na terra, mas purificados para o céu); e (b) os negros seriam as vítimas de si mesmos, de suas incapacidades e, portanto, a ideia de guerra justa não necessitava se apoiar numa reação concreta defensiva, bastando a condição de ser negro para justificá-la.[7] Desse modo, a existência de uma "culpa originária" e a necessidade de "emancipação de seu Ser pela violência" compuseram o cerne das representações negreiras sobre os "negros". Não por acaso, Frantz Fanon,[8] em *Condenados da Terra,* ao descrever as dimensões subjetivas da violência empreendida pelos europeus no colonialismo na África escolheu apropriadamente o termo *Les Dammés de La Terre,* termo que significa condenação, maldição e expiação (purgação) da culpa, e, ao mesmo tempo, identifica aqueles que foram objeto de uma decisão judicial e estão cumprindo uma pena, unindo um conceito supostamente laico e outro religioso, e, nessa união, demonstrando como, para os negros, se construiu uma sobreposição entre responsabilidade do sujeito (responsável por ser negro) e responsabilidade por uma "ação" praticada (responsabilidade por ter praticado um ato). Desse modo, eram bárbaros, não porque empreendessem "guerra justa", mas por estarem excluídos do *logos.*[9]

deve exercer, em último caso, a violência, se for necessário, para destruir os obstáculos de tal modernização (a guerra justa colonial); e) Esta dominação produz vítimas (de muitas variadas maneiras), violência que é interpretada como um ato inevitável e com o sentido quase ritual de sacrifício; o herói civilizador investe suas próprias vítimas do caráter de serem holocaustos de um sacrifício salvador (do colonizado, escravo africano, da mulher, da destruição ecológica da terra, etc.); f) Para o moderno, o bárbaro tem uma "culpa" (o fato de se opor ao processo civilizador), que permite que a "modernidade" se apresente não só como inocente mas também como "emancipadora" dessa "culpa" de suas próprias vítimas. g) Por último, e pelo caráter "civilizatório" da "modernidade", são interpretados como inevitáveis os sofrimentos ou sacrifícios (os custos) da "modernização" dos outros povos "atrasados" (imaturos), das outras raças escravizáveis, do outro sexo por ser fraco, etc." (Dussel, 1993, p. 185-186).

[7] Vainfas, 1986; Barros, 2009; e Bosi, 1992.

[8] Fanon, 1979.

[9] Zea, 2005.

Entretanto, para além desse contexto mais geral, a história da nação brasileira, e do lugar do negro nessa história, estão associados à formação do que Marilena Chauí chamou de "Mito Fundador", ou seja, uma narrativa de feitos lendários da comunidade, referida às suas origens, e que representa uma solução imaginária de conflitos, não resolvidos no plano real. Tal mito, compartilhado por amplos setores da sociedade brasileira, estaria composto de três elementos (a visão do paraíso, a história teológica providencial e a teoria da soberania fundada na vontade divina) que "aparecem, nos séculos XVI e XVII, sob a forma das três operações divinas que, no mito fundador, respondem pelo Brasil: a obra de Deus, isto é, a Natureza, a palavra de Deus, isto é, a história, e a vontade de Deus, isto é, o Estado".[10]

O primeiro componente, a visão do paraíso, não excluía a justificação da escravidão que era mediada por uma referência à teoria da obediência em que a liberdade conduzia ao respeito da ordem. Esse mito fundador propõe a concepção de que os naturais, os dispostos na natureza, não possuem direitos. Eles integram uma história que se realiza pela vontade dos governantes que encarna uma força transcendente, enquanto os governados, ao contrário, estão despidos de vontade. Não há espaço para a ação política, pois nesse mito ela é entendida apenas como a distribuição de favores, das dádivas dos governantes. Tampouco, a partir dele se pode pensar numa cidadania universalizada, pois: há aqueles que estão na condição de "naturais", sem direitos; há os homens despidos de seus direitos por Deus, mas que podem receber as dádivas dos governantes; estes que, por seu turno, as receberam de Deus e encarnam a história, mas devem respeitar a propriedade absoluta e partilhar de seu domínio com os escolhidos, mediante a troca de favores.[11]

Desse modo, as demandas por liberdade e por igualdade dos negros e indígenas não encontram lugar nessa história contada pelo Mito Fundador, pois eles não participam do mundo na qualidade de sujeitos. Ao invés disso, suas demandas são percebidas como desvios na natureza ou como traços de sua condição natural de viventes. Este lugar (a "natureza") é outra constante nas formas de tratar o "comportamento" dos negros e indígenas, tendo sido extensamente difundido em diferentes narrativas

[10] Chauí, 2000, p. 58.

[11] Chauí, 2000, p. 60.

(antropológicas: relativistas, evolucionistas, biologicistas; culturalistas sociológicas: marxistas e funcionalistas; e historiográficas).

Entretanto, foi somente no século XIX que o Mito Fundador do Brasil foi desenvolvido como tradição historiográfica. Neste caso, o modelo que explica a formação da ideia de nação brasileira nasceu de uma combinação contraditória de duas interpretações distintas que aparentemente se excluem: uma influenciada pelo "cientificismo naturalista evolucionista e positivista" e outra pela "escola histórica alemã", na tradição historiográfica do Instituto Histórico e Geográfico Brasileiro.[12] Constituíram-se em duas tradições de pensamento, capazes de construir um lugar para os naturalizados como desiguais, negando-lhes a condição de sujeitos. De igual modo, são as supostas fontes "autorizadas" às quais se recorre para construir um retrato das relações raciais no país.

A ideia política de uma história oficial para o Brasil e para os diferentes grupos "raciais" tem sua origem em 1838, quando o referido instituto foi criado com o fim de oferecer ao "país independente um passado glorioso e um futuro promissor, com o que legitimaria o poder do Imperador". Em um de seus concursos, o naturalista alemão Von Martius apresentou a monografia vencedora sobre *Como se deve escrever a história do Brasil*[13] e definiu qual seria o paradigma de construção de nossa história: "Cabia ao historiador brasileiro redigir uma história que incorporasse as três raças, dando predominância ao português, conquistador e senhor que assegurou o território e imprimiu suas marcas morais ao Brasil".[14] A proposta oficial de uma história do Brasil como integração subordinada nasce, portanto, no Império, num regime escravagista que foi o último a abolir a escravidão. Todavia, foi com o surgimento da obra de Gilberto Freyre *Casa Grande e Senzala*,[15] na década de 1930, por fixar a falsa ideia da existência de dois modelos explicativos ideais quanto à questão racial (um baseado no

[12] Chauí, 2000, 49.

[13] Von Martius, 1845.

[14] Chauí, 2000, p. 49-50. Na obra de Afonso Celso é apresentado outro dos elementos desse paradigma, os heróis de fato são heróis de uma guerra travada pelos jesuítas e suas missões, os bandeirantes e suas entradas e bandeiras etc., correspondendo ao princípio da nacionalidade, segundo Marilena Chauí, "que define a nação não somente por seu território presente, mas por sua capacidade de expansão, conquista e unificação de territórios novos." (CHAUÍ, 2000, p. 54).

[15] Freyre, 1989.

conflito, o norte-americano, e outro na integração, o brasileiro), que ela adquiriu ares definitivos de cientificidade.[16] Como demonstrou Kabengele Munanga:

> O mito de democracia racial, baseado na dupla mestiçagem biológica e cultural entre as três raças originárias, tem uma penetração muito profunda na sociedade brasileira: exalta a ideia de convivência harmoniosa entre os indivíduos de todas as camadas sociais e grupos étnicos, permitindo às elites dominantes dissimular as desigualdades e impedindo os membros das comunidades não-brancas de terem consciência dos sutis mecanismos de exclusão da qual são vítimas na sociedade. Ou seja, encobre os conflitos raciais, possibilitando a todos se reconhecerem como brasileiros e afastando das comunidades subalternas a tomada de consciência de suas características culturais que teriam contribuído para a construção e expressão de uma identidade própria. Essas características são "expropriadas", "dominadas" e "convertidas" em símbolos nacionais pelas elites dirigentes.[17]

Instaura-se uma ideia de "pluralismo" que pressupõe e aceita a aniquilação das diferenças e, ao mesmo tempo, encerra a diferença no plano social (natural e privado), afastando-a do plano político e jurídico. Novamente, negros e indígenas são remetidos ao plano da "natureza", alheio ao espaço da política. Essa ideologia representa, não uma ruptura, mas uma dupla continuação: com a historiografia criada para justificar o poder do Imperador e a manutenção de uma sociedade escravista e com as ideologias racistas formuladas pelo cientificismo, especial as teses sobre o branqueamento da população brasileira.[18]

Por sua vez, a convivência, ao longo da história republicana, entre a ideologia da "democracia racial", com sua máscara de uma ideologia aparentemente integradora, e o autoritarismo político, uma ideologia que privilegia a desmobilização política e nega o pluralismo político, indica o caráter antidemocrático, antiliberal, desmobilizador e de modernização conservadora do mito da integração racial. Como sintetizou Octávio Ianni, enquanto a ideologia da democracia racial serviu para "explicar a

[16] Ianni, 1988,126-139; Araújo, 1994.

[17] Munanga, 2004, p. 89.

[18] Chiavenato, 1986, p. 167-189; Moura, 1994, p. 79-86; e Skidmore, 1978.

sociedade", o autoritarismo político serviu para "explicar o Estado".[19] Isso porque, como demonstrou Clóvis Moura, a defesa das oligarquias que iriam constituir e organizar o Estado "modernizado" (Oliveira Vianna) continuariam a obra dos "senhores patriarcais" que haviam constituído a sociedade (Gilberto Freyre):

> As oligarquias de Oliveira Vianna têm muita semelhança com os senhores de engenho idealizados por Gilberto Freyre, pois são as formas diversificadas de um mesmo fenômeno. Ambos criaram e mantiveram os suportes justificatórios de uma sociedade de privilegiados, no Império e na República. Entre os dois pensamentos há uma constante, a inferiorização social e racial do negro, segmentos mestiços e índios e a exaltação cultural e racial dos dominadores brancos.[20]

De modo mais direto, há uma continuidade entre a "constatação" freyriana do suposto "masoquismo do negro"[21] e a "necessidade científica" de Oliveira Vianna[22] de que tenhamos um Estado forte para plasmar com sua força a sociedade.[23] Em ambos, os conflitos entre grupos sociais são transformados em processos anônimos de forças sociais, culturais, raciais etc., e ao fim, terminam por naturalizar a violência empreendida por determinados grupos como redentora, pois capaz de produzir "criativamente" as marcas de uma Nação. Nada resta da perspectiva dos vencidos e suas lutas cotidianas, sociais, culturais etc. De fato, a expressão "democracia racial", cegamente utilizada, esconde um absurdo intrínseco: num país com constantes lapsos de democracia, seja em longos períodos de autoritarismo político ou em práticas autoritárias cotidianas ainda presentes, a única democracia comemorada publicamente é a racial, mesmo que essa democracia nada diga a propósito dos direitos dos negros.

Enfim, o suposto discurso autorizado para explicar o Brasil e suas relações raciais é o encontro da exclusão promovida pelo escravismo (a historiografia do Império) e para promover a não cidadania dos negros

[19] Ianni, 1994, p. 85.
[20] Moura, 1988, p. 24.
[21] Freyre, 1989.
[22] Vianna, 1956; 1987.
[23] Carvalho, 1991.

no período de abolição e na construção da República (o cientificismo racista).[24] O processo de individualização de uma memória da presença negra na formação do Império oculta a presença ativa do negro, em nome de sua incapacidade natural-histórica e da falsa representação da escravidão benigna criada para justificar a perpetuação da escravidão no Brasil e para manter as hierarquias sócio raciais, atribuindo à "raça negra" os males da escravidão. Essa problemática do negro como integrante da sociedade brasileira será revisitada constantemente quer pela tradição cientificista quer pelos herdeiros da tradição romântica, e ora se defenderá a miscigenação como modo de extermínio gradual da presença negra (Oliveira Vianna), ora como forma de integração subordinada (Gilberto Freyre).

Em síntese, o lugar do negro na história brasileira insere-se numa "estrutura de verdade"[25] que propõe uma forma de narrar[26] e de impedir outras narrativas. Para essa tradição negreira, não haverá espaço para pensar o negro como sujeito de sua história, porque ele está situado na natureza, no plano dos fenômenos, mas não das subjetividades. As lutas pela liberdade dos negros não poderão tampouco ser retratadas em sua dimensão política cotidiana e institucional para a constituição de direitos.

A demarcação desse espaço de negação do negro na sociedade brasileira somente é possível com uma ação contínua sobre as memórias coletivas, cotidianas e populares. Mas como impedir a memória? Como demonstrou Paolo Rossi, a evocação e o apagamento não podem ser tratados como fenômenos da natureza. A memória social não se constrói apenas a partir de comportamentos psicofisiológicos.[27] A negação do negro dependeu da institucionalização, da memória (da tradição negreira) nos aparelhos ideológicos de Estado,[28] nos museus, nas universidades, nos institutos de pesquisa, no sistema educacional e nos livros da estante de nossas casas. Ela implica uma ação contínua e cotidiana para produzir o apagamento da memória. Paradoxalmente, essa negação também criou seus mitos sobre a possibilidade de uma memória dos negros no Brasil ou do porque os negros não podem ter mais uma memória. Talvez, o principal seja a "Queima dos

[24] Duarte, 2002.

[25] Rossi, 2010, p. 21.

[26] Aguiar, 2007.

[27] Rossi, 2010, p. 31-38.

[28] Althusser, 1985.

Arquivos da Escravidão" que explicaria a impossibilidade de uma memória porque um "governante" teria determinado a queima dos arquivos da história da escravidão.

2. Como apagamos e evocamos o passado: as contradições da memória e do esquecimento dos juristas

Enfim, chega-se ao segundo ponto deste texto: de que modo a tradição negreira se articula com os argumentos jurídicos e como produz como efeito principal a desconstrução dos direitos para os negros. Nesse ponto, convém revisitar esse "Mito do Apagamento da Memória" a partir dos juristas.

Embora o STF tenha na ADPF 186 relacionado o tema das ações afirmativas para negros à história brasileira,[29] foi no Habeas Corpus nº 82.424/RS[30] que essa questão surgiu. Depois de 50 anos de leis antirracistas propostas pelos movimentos sociais negros,[31] o primeiro caso a suscitar uma manifestação da Corte sobre a abrangência do dispositivo da Constituição de 1988 que determinava a imprescritibilidade do crime de racismo tinha por vítima os judeus. Neste julgamento, denegou-se o habeas corpus contra acórdão do STJ que havia confirmado a condenação de um escritor e editor de publicações antissemitas. Na ocasião, os ministros debateram a abrangência do direito à liberdade de expressão para saber se ela compreendia o direito de editar livros antissemitas e o significado do termo "crime de racismo", e, se os judeus constituiriam uma raça, estando, portanto, protegidos pela norma que determinava, desde 1988, a exceção constitucional ao direito de prescrição.[32] Neste contexto, a ideia de imprescritibilidade foi central, pois remetia inexoravelmente à temporalidade. História, Memória e Esquecimento passam a ser tematizados.[33]

[29] Cf. Duarte e Scotti, 2013.

[30] STF, 2004; e Potiguar, 2009.

[31] Nascimento, 2010.

[32] Para uma crítica aos fundamentos axiológicos da decisão, Carvalho Netto e Scotti, 2011.

[33] Na síntese do Ministro Maurício Corrêa as questões debatidas eram: "não sendo os judeus uma raça, mas sim um povo, revela-se impossível o cometimento de crime de racismo contra eles, não passando o caso de simples discriminação étnica ou religiosa. Essa a tese do habeas corpus levado a julgamento que inspirou várias dúvidas e o confronto de diversas correntes de pensamento. Qual o conceito de raça humana? Existe subdivisão da raça humana? O que é racismo do ponto de vista jurídico-constitucional? Os judeus são uma raça? O povo judeu pode

A decisão trouxe à tona também algumas das concepções que compõem o senso comum dos membros do Poder Judiciário sobre a presença dos negros na sociedade brasileira.

O Ministro Marco Aurélio, aqui apenas utilizado como exemplo, acompanhou o raciocínio do Ministro Relator e do Ministro Ayres Britto, concedendo o habeas corpus, contra a posição da maioria, a partir de uma interpretação que se pretendia fundamentada na história brasileira. O seu foco central foi a preservação da liberdade de expressão em função, sobretudo, de sua dimensão pública, essencial ao regime democrático. Passível, portanto, de limitações tão somente em hipótese excepcionalíssima, não justificável no caso concreto, pois a conduta no aspecto formal não seria uma incitação ao antissemitismo e, ademais ela não encontraria no (a) substrato histórico da sociedade brasileira, segundo sua opinião, com sua "tolerância" para como judeu, solo fértil para provocar o risco de desencadeamento de comportamentos discriminatórios. No mesmo sentido, num dos trechos de citações sobre o valor da liberdade de expressão, refere-se ao polêmico caso da "Queima dos arquivos da escravidão por Ruy Barbosa", esboçando a tese de que (b) a ignorância sobre o passado é um dos elementos determinantes da cultura brasileira e de que ela não foi natural, mas induzida pelo cerceamento da liberdade de expressão:

> Diante dos horrores da escravidão negra no Brasil, Rui Barbosa, à época Vice-Chefe do Governo Provisório e Ministro da Fazenda, determinou, por meio do Decreto de 14 de dezembro de 1890, que se destruíssem todos os documentos referentes à escravidão/Intentava com esse gesto apagar, da história brasileira, o instituto — como se isso tivesse o condão de fazer desaparecer da memória nacional a carga de sofrimento suportada pelo povo africano e pelos afrodescendentes — e evitar possíveis pedidos de indenização por parte dos senhores de engenho.
>
> O ilustre baiano não se apercebeu que determinação em tal sentido, além de imprópria a alcançar o fim desejado — apagar a mancha da escravidão feita a sangue no Brasil —, subtrairia às gerações futuras a possibilidade de estudar

ser vítima de racismo? Quais os limites da liberdade de expressão do pensamento?" Ou ainda: "o preceito constitucional de imprescritibilidade do crime de racismo destina-se apenas à discriminação em relação aos negros?". Ao final, a Corte denegou o Habeas e reconheceu a imprescritibilidade da ação praticada contra os judeus (STF, 2004, p. 10).

a fundo a memória do País, o que as impediria, por conseguinte, de formar um consciente coletivo baseado na consideração das mais diversas fontes e de emergir do legado transmitido — a ignorância.[34]

Nesse sentido, a trajetória do negro em nosso país estaria (c) a justificar historicamente a aplicação da norma da imprescritibilidade:

> Nesses termos, seria mais facilmente defensável a ideia de restringir a liberdade de expressão se a questão deste habeas resvalasse para os problemas cruciais enfrentados no Brasil, como, por exemplo, o tema da integração do negro, do índio ou do nordestino na sociedade. (...) O Brasil possui toda uma carga histórica de escravização dos negros e dos índios, bem como infelizes episódios nos quais se cultivara, especialmente por grupos discriminatórios da região sul, um ódio aos nordestinos, o que chegou até mesmo a dar ensejo a uma ridícula e absurda proposta separatista.[35]

Logo, segundo o Ministro seria necessário que a solução passasse:

> (...) por um exame da realidade social concreta, sob pena de incidirmos no equívoco de efetuar o julgamento a partir de pressupostos culturais europeus, a partir de acontecimentos de há muito suplantados e que não nos pertencem, e, com isso, construirmos uma limitação direta à liberdade de expressão do nosso povo baseada em circunstâncias históricas alheias à nossa realidade.[36]

Por fim, o Ministro (e) apresenta exemplos de livros racistas que são editados no país sem nenhuma repulsa. Entre eles o de Nina Rodrigues, *Os africanos no Brasil*, "no qual defende que a razão do subdesenvolvimento brasileiro foi a mistura do português com a raça negra" e do qual o Ministro extrai diversas passagens sobre a inferioridade da raça negra, e o de José Bonifácio de Andrada e Silva, *Projetos para o Brasil*, no qual há diversas alusões racistas aos indígenas que são acusados de serem "povos vagabundos, envolvidos em guerras contínuas e em roubos, não tendo freios religiosos ou civis". Alude o Ministro, ainda, a Gilberto Freyre, que

[34] STF, 2004, p. 170.
[35] STF, 2004, p. 181.
[36] STF, 2004, p. 181.

teria sido "duramente censurado" porque pregava que "a miscigenação havia tornado o povo brasileiro sem segundo exemplo no mundo, e, em vez de isso revelar fraqueza, demonstrava a força do nosso povo".[37]

Inicialmente, muito embora não interesse o debate mais estrito sobre a interpretação constitucional da aplicação da norma ao caso, convém demarcar o dissenso em relação à posição defendida quanto aos judeus pela minoria da Corte.[38] O argumento de que a discriminação contra judeus estaria ausente na história brasileira esbarra numa longa historiografia que demonstra os processos de racialização dos judeus.[39] Apesar da reconstrução feita pela Corte do conceito de raça para a inclusão dos judeus, efetivamente os judeus passaram por um processo social de racialização que extrapola a ideia de discriminação religiosa, apresentando, efetivamente, práticas de redução ao biológico.[40] Por fim, como apontou a posição majoritária, num marco de internacionalização da universalização dos Direitos Humanos,[41] e complete-se, de mundialização dos meios de comunicação, não se pode tolerar áreas de livre discriminação.

Não obstante, a posição do Ministro apontava para um tema central para o constitucionalismo brasileiro: a possibilidade de dar dimensão jurídica ao fato de que somos um país construído a partir do colonialismo e da escravidão. Como enfrentar as demandas sociais que apelam para a releitura do passado na compreensão do presente e que pretendem negar a naturalização da violação de direitos dos negros e indígenas?

E o que é esse passado que se faz presente? Na síntese de Luis Felipe de Alencastro:

> Na realidade, nenhum país americano praticou a escravidão em tão larga escala como o Brasil. Do total de cerca de 11 milhões de africanos deportados e chegados vivos nas Américas, 44% (perto de 5 milhões) vieram para o território brasileiro num período de três séculos (1550-1856). O outro grande país escravista do continente, os Estados Unidos, praticou o tráfico negreiro por pouco mais de um século (entre 1675 e 1808) e recebeu uma proporção

[37] STF, 2004, p. 184.
[38] Duarte, 2011.
[39] Boxer, 1977.
[40] Rigg, 2003; Arendt, 1989; e Agamben, 2002.
[41] Lafer, 2005.

muito menor –, perto de 560.000 africanos –, ou seja, 5,5% do total do tráfico transatlântico. No final das contas, o Brasil se apresenta como o agregado político americano que captou o maior número de africanos e que manteve durante mais tempo a escravidão.[42]

Esse ponto de partida se encontra no citado episódio da "Queima de Arquivos" cuja narrativa inclui inúmeras contradições em seu apelo à memória. Trata-se de um episódio polêmico em muitas dimensões.

Em primeiro lugar, porque a narrativa afirma uma finalidade que teria sido cumprida: garantir, com a queima das matrículas dos escravos, a não indenização dos senhores de escravos. Efetivamente, o que ocorreu foi justamente o contrário, pois os senhores de escravos no Brasil, com sua adesão a uma política de adiamento do fim da escravidão: (a) implementaram uma política de reorganização da definição de propriedade, com a Lei de Terras (1850)[43] que impedia que novas forças sociais fossem capazes de enfrentar, no mercado,[44] sua incompetência produtiva, o que lhes garantiu o mascaramento de propriedades subutilizadas como supostamente modernas e produtivas. Logo, houve a indenização aos senhores pela ingerência do Estado na perpetuação hereditária da propriedade que já tinha origem estatal, pois resultava das doações feitas pelo Estado colonial e nacional. Esta prática de "doar" terras públicas, indígenas e quilombolas, se manteve até a Constituição de 1988, apesar das proibições existentes na lei referida, e no período pós 1988, passou a integrar a estratégia de politização administrativa de regularização das terras dessas comunidades. Há, portanto, práticas indenizatórias extensas e contemporâneas de indenizações às famílias de senhores de escravos que se institucionalizaram como privilégios políticos no gerenciamento e expropriação da propriedade privada; (b) de igual modo, os senhores de escravos implementaram uma política fiscal e tributária de subsídios para a garantia da lucratividade de suas propriedades. Isso já estava evidenciado no financiamento da imigração a partir de impostos, ou seja, o Estado foi utilizado para manter um excedente de mão-de-obra capaz de rebaixar o valor da mão-de-obra geral o que, combinada com a desvalorização racista da mão-de-obra negra feita pela proliferação institucional do preconceito

[42] Alencastro, 2010.

[43] Bertúlio, 1989; e Vieira Jr., 2005.

[44] Faoro, 1994.

racial,[45] permitia compensar a incapacidade gerencial da propriedade privada por parte dos senhores. Essa política fiscal inaugura uma longa tradição de subsídios, favores, isenções, créditos, parcelamentos etc., e de uma retórica "senhorial" de abandono por parte do governo central que, na prática, permitiu a inversão de uma parte da riqueza pública para um setor da economia privada; (c) além disso, conseguiram, com essa política de adiamento do fim da escravidão, impor uma política de escravização ilegal de homens livres que representavam, ao final, a maior parte dos escravos conhecidos. De fato, o adiamento do fim da escravidão baseou-se na importação ilegal de homens e mulheres livres. Logo, os senhores de escravos foram indenizados pela exploração de mão-de-obra livre escravizada ilegalmente. Ou seja, receberam o lucro de "uma propriedade" que, efetivamente, não lhes pertencia. Essas práticas de expropriação da mão-de-obra (mais intensas que a exploração capitalista e mais perversa ideologicamente do que a escravidão) passaram a compor o marco jurídico de não atribuição de direitos trabalhistas para os trabalhadores rurais e domésticos, ou até mesmo, de tratamento diferenciado, que sobreviveu inclusive na Constituição de 1988.

Enfim, estas três práticas compõem uma longa tradição jurídica e de política pública que avança pela República, compensando, de modo absurdo e contrário ao desenvolvimento das forças produtivas nacionais, as famílias dos senhores de escravos. Assim, o mecanismo de expropriação e constituição da propriedade privada (Pacto Agrário), a política fiscal e tributária favorável aos senhores de escravos (Pacto Fiscal/Tributário), a exclusão de amplos setores dos direitos trabalhistas e, muitas vezes, a mera tolerância de novas formas de escravidão (Pacto Trabalhista) compuseram um consolidado arranjo político institucional que sobrevive até os dias atuais, mas que somente adquire sentido quando compreendido a partir da ideia de indenização desses senhores e seus herdeiros. Efetivamente, o monopólio político do mercado pelo Estado reproduz-se num nível local com o estabelecimento, por exemplo, de regras administrativas de comercialização de produtos favoráveis a uma parte dos produtores rurais, ou a nível nacional, com a política migratória subvencionada, a garantia da perpetuação da racialização da propriedade privada no país. Os resultados mais evidentes destas estratégias foram: (a) há uma identificação simbólica

[45] Seyferth, 1996.

dos brancos como legítimos proprietários e produtores do desenvolvimento, mesmo quando exploram latifúndios com técnicas de produção rudimentares, com danos ambientais, sem direitos trabalhistas, sendo beneficiados por políticas específicas de crédito e vantagens tributárias; (b) há uma identificação das terras dos pequenos proprietários (sobretudo quando percebidos de modo racializado como "não-brancos"), das comunidades tradicionais, dos indígenas e dos quilombolas com o atraso e a impossibilidade prática de que esses grupos possam figurar como sujeitos proprietários.

Em segundo lugar, a ideia de queima de arquivos, ao afirmar a finalidade de "impedir a indenização", oculta uma dimensão decisiva do modo como o direito reproduz práticas racistas no Brasil. O debate sobre as indenizações necessita ser inserido na política de escravização e supremacia racial do século XIX. Neste contexto, a expressão "para inglês ver" origina-se do modo como o Estado e o Poder Judiciário reagiram à proibição ao tráfico negreiro. A proibição foi instituída por diversos dispositivos (Tratado anglo-português de 1818, tratado anglo-brasileiro de 1826, Lei de 7 de novembro de 1831), todavia, não cessou a entrada de africanos ilegalmente escravizados e os senhores de escravos não foram condenados pelo crime de redução à condição de escravo, conforme previa o art. 179 do Código Criminal de 1830. Ao final, a Lei de 04 de setembro de 1850, a Lei Eusébio de Queirós, determinou outra vez o fim do tráfico negreiro:

> Porém, na década de 1850, o governo imperial anistiou, na prática, os senhores culpados do crime de sequestro, mas deixou livre curso ao crime correlato, a escravização de pessoas livres. De golpe, os 760.000 africanos desembarcados até 1856 –, e a totalidade de seus descendentes –, continuaram sendo mantidos ilegalmente na escravidão até 1888. Para que não estourassem rebeliões de escravos e de gente ilegalmente escravizada, para que a ilegalidade da posse de cada senhor, de cada sequestrador, não se transformasse em insegurança coletiva dos proprietários, de seus sócios e credores –, abalando todo o país –, era preciso que vigorasse um conluio geral, um pacto implícito em favor da violação da lei. Um pacto fundado nos "interesses coletivos da sociedade", como sentenciou, em 1854, o ministro da Justiça, Nabuco de Araújo, pai de Joaquim Nabuco.[46]

[46] Alencastro, 2010.

Logo, a lei pública, estabelecida no Parlamento, e as declarações internacionais feitas pelo Estado Brasileiro não aparecem instituindo o Direito na realidade, cuja dinâmica de eficácia normativa sempre foi mais complexa.[47] A promulgação de leis e de acordos internacionais não pode ser identificada nem com o começo ou o fim da escravidão. Vale dizer, a instituição da propriedade privada sobre outros humanos decorre de uma dimensão jurídica prática que incluía a apropriação racial, por parte dos brancos, dos aparatos ideológicos de Estado e dos mecanismos de administração da justiça. De modo direto, a ideia de que a queima iria evitar uma demanda por indenização parece supor que a escravidão no Brasil deixou de existir como fenômeno social de relevância no dia da promulgação da Lei Áurea. Ao invés disso, a permanência de formas de trabalho escravo no presente e a existência desse pacto de ilegalidade sugerem que a escravidão adentrou o período republicano e se manteve viva em muitas partes do país. As tratativas parlamentares sobre o trabalho doméstico e a leniência institucional quanto às práticas tradicionais dos patrões, especialmente no caso do uso de mão-de-obra juvenil, bem como a permanência do poder dos coronéis, demonstram como os senhores não precisavam ser indenizados porque ocorreu uma transformação do status de escravo, mas não necessariamente sua extinção. Há bons argumentos para se suspeitar que a Lei Áurea foi, de certo modo, mais uma "lei pra inglês ver".

Assim, a ideia de queima dos arquivos da escravidão oculta que a matrícula dos escravos serviu como um modo de legitimar a propriedade privada ilegal dos escravos[48] e, sobretudo, para frear as demandas por emancipação e os ataques abolicionistas. A escravidão no Brasil foi um fato jurídico que se legitimava com a presunção racista de que ser negro é ser escravo. Desde o início da escravidão colonial o Estado e a sociedade pouco ou nenhum valor deram à ideia do "justo título" como prova do status de escravo. O justo título de propriedade nunca foi a matrícula, mas a posse branca de

[47] Erlich, 1986.

[48] Neste contexto, como afirma Mamigonian, "a matrícula dos escravos determinada pela lei do Ventre Livre (28/09/1871) teve a intenção de legalizar a propriedade sobre os africanos trazidos por contrabando, que pela lei de 7/11/1831 deveriam ser considerados livres. Apesar da propriedade sobre os africanos importados desde 1831 ser aceita em transações comerciais e ser garantida pelo governo, o receio demonstrado pelos senhores de escravos em petições e as justificativas apresentadas no debate do projeto da lei de 1871 indicam que ela era considerada instável" (Mamigonian, 2011, p. 20-37).

um corpo negro. Daí a razão pela qual as análises sobre a existência de um arcabouço jurídico formal de segregação tendem a repetir suas premissas de afastamento da realidade.

A separação analítica feita pela literatura brasileira entre as demandas pelo reconhecimento da liberdade por parte de escravos ilegais *versus* demandas por reconhecimento da condição de sujeito de direitos dos anônimos brasileiros após a proclamação da República é uma separação ideológica. Esta separação, que produz uma descontinuidade das lutas sociais, está vinculada a um modelo de história que pretende fazer coincidir as transformações formais do Estado com uma superação efetiva das práticas sociais. Porém, ela está distante da compreensão empírica das realidades brasileiras. A cisão na história produzida, supostamente, pela mudança do marco legal (Monarquia/República) pretende nos convencer de que há uma ruptura na relação entre as elites e os grupos sociais subalternos e/ou entre estes grupos subalternos. Tal cisão é um dos mecanismos ideológicos pelos quais se pretende construir, simbolicamente, a ideia de um povo como uma totalidade amorfa ou como símbolo de uma pluralidade integrada de raças. Entretanto, as lutas dos negros em torno do reconhecimento de sua humanidade (Dignidade Humana) e em oposição aos mecanismos institucionais de racialização não desaparecem com o fim da abolição formal, mas passam a ser fortemente "apagadas" pela tradição negreira.

Em terceiro lugar, a ideia de queima de arquivos, ao afirmar a finalidade de "impedir a indenização", apaga a disputa política existente em torno das matrículas e das indenizações. O argumento da ilegalidade da escravidão e a dívida para com os escravos esteve na consciência política de parte do movimento abolicionista. O moderado Joaquim Nabuco foi consciente de que a "escravidão era um Crime contra a Humanidade", muito antes que o termo fosse utilizado para descrever os horrores da Segunda Guerra.[49] A propósito, José do Patrocínio afirmava:

> O problema da escravidão está neste pé. A lei de 1831 suprimiu o tráfico e não só declarou criminosos os introdutores, como obrigados à restituição do africano os compradores. Há quarenta e nove anos e dois dias, pois, nenhum africano podia mais ser escravizado no Brasil.

[49] Nabuco, 1988.

> A especulação da carne humana, porém, havia entrado nos hábitos nacionais, e durante vinte e três anos continuou o crime do tráfico. (...)
>
> E, pois, quase matematicamente certo que há reduzido a escravidão um número de 700.000 homens, metade, portanto, da escravatura atual.
>
> Ora, é de lei que o salário do homem escravizado seja pago por quem o escravizou, ou quem herdou os capitais deste.
>
> Logo, os atuais proprietários de escravos devem à sociedade em geral, ou melhor, à raça negra, quarenta e nove anos de salário. Fazendo o cálculo a 200 rs. por dia, e não computando já o espaço que vai de 1831 a 1854, tempo que, por deferência com os srs. fazendeiros deixamos de incluir no cálculo, temos:
>
> Por um dia de trabalho
> de 700.000 homens escravizados.................. 140:000$000
> Por um ano... 51.100:000$000
> Em 26 anos .... 1.328.600:000$000
>
> Apesar do número avultado que dá o cálculo, é preciso notar a insignificância do salário que foi marcado. Nunca no Brasil um trabalhador de enxada ganhou, no período apontado, semelhante ridicularia.
>
> (...)
>
> A conclusão a tirar é, pois, que sendo o número atual dos escravos mais ou menos 1.435.000, dos quais 700.000 emancipados por força da lei de 1831 e subsequentes leis de 1850 e 1854, segue-se que há em salários da raça negra 1.328.600.000$ para indenizar a emancipação dos 735.000 restantes.[50]

Enfim, o cálculo de José do Patrocínio demonstra que há uma história vencida no processo abolicionista, capaz de redefinir a querela sobre a queima dos arquivos. A indenização não era uma reivindicação apenas dos supostos proprietários (de uma propriedade que, de fato, era ilegítima e ilegal), mas também daqueles que eram tidos como propriedade, excluídos da condição de humanidade e da cidadania. Mais ainda, os "patriarcas" da abolição e da fundação da República, dada a publicidade da tese defendida por José do Patrocínio, tinham a possibilidade de compreender essa demanda. Não o fizeram. O destino dos negros na abolição e a continuidade da clivagem social por raça/cor não foi um efeito das forças impessoais do mercado, mas de um conjunto de decisões políticas e, como

[50] Patrocínio, 1880.

se pode constatar, tais decisões encontraram um largo campo de ação distante da jurisdicionalização das demandas. A afirmação de que apenas se intentava apagar os rastros deixados para indenização dos senhores oculta a disputa política e a estratégia de favorecimento dos senhores. Apaga-se especialmente o conflito social que a exploração ilegal do trabalho provocara e, obviamente, a responsabilidade dos Republicanos que fizerem previamente a opção por não indenizarem os escravos ilegais pelo seu trabalho.

Em quarto lugar, a ideia de queima dos arquivos da escravidão tende a indicar a impossibilidade prática de se fazer uma história da escravidão devido à eliminação das fontes. Não obstante, como se tem destacado e como comprovou a produção historiográfica sobre a escravidão posterior a década de 1980,[51] havia e há inúmeras fontes documentais da escravidão.[52] Logo, aquela ideia teve como efeito servir de barreira para o desenvolvimento da pesquisa no país. Pior ainda, os arquivos que contém documentação têm sido destruídos silenciosamente pelo descaso público[53] e pela ausência de uma interpretação adequada do conteúdo da tutela constitucional.

Por sua vez, é preciso pensar um pouco mais na palavra "arquivo". Essa palavra remete a uma forma de organizar elementos, ou melhor, de constituir "algo" como elementos a partir de uma organização. O arquivo, portanto, não apenas recolhe e reconhece um dado elemento existente "na" história. O arquivo materializa e confere operacionalidade a uma verdade.[54] Ou seja, o arquivo constitui-se a partir da uma dada concepção histórica sobre a História. Mesmo as coleções privadas expressam gostos pessoais, indicam valores no mercado de objetos, legitimam posições sociais e ordenam-se a partir de mapas de reconhecimento social. O episódio da queima das matrículas remete a um tipo de valorização do meio de prova: o documento com fé pública (peça móvel, escrita, reconhecida por um funcionário etc.). Logo, não haveria nenhuma verdade mais verdadeira do que aquela que a burocracia legitima (muito embora

51 Wolkmer, 1994-1995.

52 Chalhoub, 1990.

53 Slenes, 1985, p. 166-197.

54 "Historiadores não sobrevivem sem arquivos", e, do mesmo modo, "invertendo o postulado inicial: arquivos não sobrevivem sem historiadores" (Aguiar, 1999, p. 109-116).

saiba-se que as declarações de propriedade eram falsas). Paradoxalmente, apesar desse apelo ao documento, a história oficial desde o Império esteve calcada no uso dos "relatos" (dos letrados, membros da burocracia, padres, viajantes) que, por sua condição, passavam a ser reconhecidos como fontes dos fatos. De modo paralelo, a retórica documental do passado, ao que parece, foi mais uma retórica dos alforriados e reescravizados do que dos senhores de escravos. De fato, um negro, em nosso sistema legal, foi presumidamente um escravo, devendo provar sua liberdade. O documento prova a exceção ontológica, ou seja, a liberdade de um "negro" (que eram presumidamente reconhecidos como naturalmente escravos). Isso poderia remeter a um primeiro conjunto de problemas: para que negros, no período pós-escravista, julgaram necessário valorizar um episódio como a queima documental que provava a sua condição de escravos? Haveria uma continuidade de demandas trabalhistas contra seus senhores? Quereriam provar algo? Não haveria uma demanda pelo registro das origens, ou melhor, dos dados de seu nascimento? Não haveria a suposição de que a matrícula era o caminho para a regularização do registro civil de nascimento de inúmeros negros (in)documentados e sem sobrenome? Não estariam agora submetidos à condição de não existentes? Não seria a falta de documentos, com a ação repressiva das polícias urbanas utilizada, como ainda hoje, para colocar essa população na condição de não cidadãos? O apagamento dos arquivos não teria sido mais uma estratégia de desconstrução da cidadania dos negros?

Neste contexto, pode-se sugerir um segundo conjunto de questões sobre a retórica das fontes documentais para refazer a história da escravidão, o papel conferido aos relatos dos ex-escravos. Um pouco de prática jurídica indicaria que, mesmo no caso dos inquéritos e processos judiciais, quando aparecem algumas falas atribuídas a esses sujeitos é nítida a presença de um filtro racial que marca as fontes documentais em geral. Os relatos dos próprios negros ex-escravos são uma raridade. Isso se insere na própria lógica do racismo, que não se estrutura apenas pelo ódio ou desprezo, mas sobretudo pela indiferença pelo ponto de vista das vítimas. A ideia da queima de arquivos oculta que a maior barreira contra a garantia da memória sobre a escravidão foi o desprezo em relação a palavra dos negros que estavam vivos naquele momento. De fato, não se encontra, efetivamente, nas fontes documentais construídas por um poder institucional racializado, uma percepção da escravidão em seu conjunto, pois o negro foi excluído como sujeito do conhecimento e, quando muito, foi transformado em objeto de estudo pela Antropologia nascente.[55]

De fato, a indiferença e a estratégia de silenciar compuseram esse quadro, como argumenta José Jorge de Carvalho:

> Temos que definir o racismo não pela adesão a um credo de superioridade racial, mas pelo efeito continuado dos discursos que celebram a mestiçagem e silenciaram a afirmação da condição de negro no Brasil. Nesse sentido, quando Gilberto Freyre defendeu a morenidade e repudiou a presença no Brasil de ideologias de negritude, ele, branco, utilizou-se de sua grande influência para impedir que os negros afirmassem sua identidade de negros. E por que o fez? Porque o discurso da negritude deslocaria a discussão de uma celebração abstrata da interpretação das culturas para uma denúncia veemente das condições de vida precárias e sempre desiguais, enfrentadas pela população negra no país da suposta democracia racial.[56]

Enfim, a retórica da ideia de queima de arquivos também se insere numa certa gestão do conhecimento sobre o passado em que as "vozes negras" são sempre consideradas inadequadas para a descrição das "vidas negras", cabendo aos filhos da elite a elaboração de uma narrativa oficial da escravidão. Essa voz autorizada repete-se e constituiu-se no monopólio acadêmico em áreas como a Antropologia, a História e a Sociologia ao tratar da gestão das linhas de pesquisa. Essa mesma voz constitui os documentos cotidianos e os relatos dos viajantes. A queima dos arquivos da escravidão (se com isso se pretende indicar a impossibilidade de uma história da escravidão que leve em conta as demandas sociais dos negros) tornou-se um processo que se organizou e se institucionalizou como presente ao longo do século XX.

Essa última sugestão remete à quinta ideia sobre a queima dos arquivos da escravidão. De fato, ela poderia ser lida a partir da noção de "trauma histórico", ou seja, como uma construção social sobre o passado que, constrói uma versão distinta de fatos efetivamente ocorridos, mas que tenta elaborar simbolicamente uma experiência real e traumática para determinado grupo social. Nesse caso, não interessa se Ruy Barbosa

[55] Duarte, 2002.

[56] Carvalho, 2003, p. 175.

efetivamente ordenou a queima ou se ela estava ordenada antes de sua chegada, muito menos se a queima foi "verdadeira ou não", ou seja, não interessam se todas as "fontes" foram objetivamente perdidas. Ao invés disso, interessa o que a ideia de "queima dos arquivos" significa como retórica no argumento das vítimas desse processo de negação: a impossibilidade de contato institucional com o passado. E, neste caso, torna-se necessário destacar que essa impossibilidade não foi construída apenas pela falta de liberdade de expressão, mas, sobretudo, pela produção massiva de discursos ou pelo monopólio[57] desses discursos sobre o passado. Esse monopólio, assim como a exclusão e a repressão dos negros na esfera pública, parecem estar na origem da necessidade de se buscar um mito de perda ou de impossibilidade da memória que, apesar de ser um mito, carrega um elemento de contato com a realidade, constituindo-se numa forma de expressar a condição de vítima de um apagamento na História.

A crítica de nossa tradição negreira e a consideração da queima de arquivos da escravidão como expressão subjetiva de um processo institucional de apagamento são os dois pontos de partida para uma leitura constitucional do tema da memória em relação aos negros.

3. Um lembrete: os arquivos apagados da memória do presente

A Constituição de 1988 é uma Constituição memoriosa. Está preocupada em lembrar e permite uma revisão do passado. Depois de cem anos da abolição formal, a Constituição de 1988 é a primeira a reconhecer em nossa história a presença da escravidão e do colonialismo, usando palavras como racismo, afro-brasileiros, indígenas e quilombos. De fato, em alguns dispositivos é possível perceber que a escravidão surge como um problema que atravessa a história e vem provocar efeitos no presente. O artigo 215 afirma que o "Estado garantirá a todos o pleno exercício dos direitos culturais e acesso às fontes da cultura nacional", reconhecendo a existência de "manifestações das culturas populares, indígenas e afro-brasileiras", de "grupos participantes do processo civilizatório nacional", de "diferentes segmentos étnicos nacionais". Já o artigo 216 dispõe que "constituem patrimônio cultural brasileiro os bens de natureza material e imaterial, tomados individualmente ou em conjunto, portadores de referência à identidade, à ação, à memória dos diferentes grupos formadores da

[57] Foucault, 1996.

sociedade brasileira", determinando em seu parágrafo quinto que "ficam tombados todos os documentos e os sítios detentores de reminiscências históricas dos antigos quilombos".

Na ordem constitucional da cultura e no título dedicado aos indígenas, bem como em artigos esparsos que lhes fazem referência, a pluralidade das formas de vida e de culturas alcançou maior densidade constitucional, revelando a tensão entre o pluralismo como expressão identitária de grupos sociais e o pluralismo social como valor reconhecido pela sociedade brasileira em sua "unidade". No artigo 215, o Estado, para garantir a todos o pleno exercício dos direitos culturais e acesso às fontes da cultura nacional, necessita proteger manifestações culturais de grupos específicos, enunciados a partir do reconhecimento histórico de sua exclusão (populares, indígenas e afro-brasileiras). Ao mesmo tempo, o dispositivo permite identificar outros grupos a partir de um modelo de interação definido como processo (processo civilizatório nacional). O Estado estabelece marcos simbólicos para diferentes segmentos étnicos nacionais, valoriza a identidade étnico regional, mas também propugna pela defesa e valorização de um patrimônio cultural "brasileiro". Observe-se que o patrimônio brasileiro não é definido com a busca de uma identidade homogênea da brasilidade, ao contrário, na definição do art. 216, a "brasilidade" encontra-se na diversidade e, especificamente, depende da consideração de que determinados grupos necessitam ser "nominados", ou seja, empoderados simbólica e materialmente nas políticas estatais.

A superação da perspectiva homogeneizante e de "integração" apagadora das diferenças marca a característica multicultural (ou intercultural), própria do novo paradigma do Estado Democrático de Direito, também verificada na Convenção 169, da Organização Mundial do Trabalho (OIT) em 1989, sobre Povos indígenas e tribais.[58]

A ordem constitucional da cultura foi assim capaz de integrar conceitualmente a complexidade e a especificidade das diferenças como elemento fundamental do princípio da igualdade. Enfim, o pluralismo como princípio na Constituição não se situa fora de uma referência ao contexto plural onde ela foi elaborada, indica uma concepção pluralista que, ao ser seletiva, reconstrói uma memória constitucional da igualdade e da

[58] Scotti, 2013.

liberdade negadas,[59] estabelecendo um âmbito mínimo de normatividade capaz de acoplar o texto às demandas políticas que não eram satisfeitas no âmbito dos mecanismos conhecidos das descrições de funcionamento da política, tais como os partidos políticos ou os sindicatos, e abrindo espaço para uma política de reconhecimento.

Infelizmente, o pensamento jurídico nacional dominante já se apressou, no presente, em "queimar os arquivos da escravidão", deixando de conferir eficácia interpretativa às inovações trazidas pela Constituição. Insistem, os juristas de sempre, de ontem e de hoje, em ler o direito de propriedade, a liberdade religiosa, o acesso à justiça, a política cultural e educacional etc., de forma alheia aos quinhentos anos de história de aprendizado constitucional. Para além da retórica do "Nacional", é necessário retomar as dimensões universais e transformadoras das lutas locais pela construção de direitos.

Referências

AGUIAR, Marcos Magalhães de. Historiadores e arquivos: testemunho de uma experiência. *Revista Múltipla*, Brasília, Ano IV, vol. 5, nº 7, p 109-116, dez. 1999.

AGUIAR, Thaís. A história como recurso da mimese política brasileira. *Sociedade e Cultura*, UFG, vol.10, nº 2, p. 227-239, 2007. Disponível em: http://revistas.ufg.br/index.php/fchf/article/viewArticle/3143.

ALENCASTRO, Luiz Felipe de. Parecer sobre a Arguição de Descumprimento de Preceito Fundamental, ADPF/186, apresentada ao Supremo Tribunal Federal. In: *Audiência Pública sobre Cotas para Afro-descendentes nas Universidades ADPF 186 e Recurso Extraordinário 597.285/RS*. Disponível em: http://www.stf.jus.br/portal/cms/verTexto.asp?servico=processoAudienciaPublicaAcaoAfirmativa.

ALTHUSSER, Louis. *Aparelhos Ideológicos de Estado.* Nota Sobre os Aparelhos Ideológicos de Estado. Rio de Janeiro: Graal, 1985.

ANDRADE, Vera Regina Pereira de. *A Ilusão de Segurança Jurídica:* do controle da violência à violência do controle penal. Porto Alegre: Livraria do Advogado, 1997.

ARAÚJO, Ricardo Benzaquen de. *Guerra e Paz:* Casa-Grande & Senzala e a obra de Gilberto Freyre nos anos 30. Rio de Janeiro: Ed. 34, 1994.

ARENDT, Hannah. *Origens do Totalitarismo.* São Paulo: Cia das Letras, 1989.

AUGRAS, Monique. A ordem na desordem: a regulamentação do desfile das escolas de samba e a exigência de "motivos nacionais". *Revista Brasileira de Ciências Sociais*, v. 8, n. 21, p. 90-103, fev. 1993.

[59] Hall, 2006; e Buck-Morss, 2000.

BARATTA, Alessandro. *Criminologia Crítica e Crítica do Direito Penal.* Introdução à Sociologia do Direito Penal. Rio de Janeiro: Revan, 1997.

BARROS, José D'Assunção. *A Construção Social da Cor* – diferença e desigualdade na formação da sociedade brasileira. Petrópolis: Vozes, 2009.

BARROSO, Luís Roberto. *O Direito Constitucional e a Efetividade de suas Normas.* Limites e Possibilidades da Constituição Brasileira. São Paulo: Renovar, 2003.

BERTÚLIO, Dora Lúcia de Lima. *Direito e relacões raciais:* uma introducão crítica ao racismo. Dissertacão (Mestrado em Direito), UFSC, Florianópolis, 1989.

BOSI, Alfredo. *Dialética da colonização.* São Paulo: Companhia das Letras, 1992.

BOXER, Charles Ralph. *Relações raciais no Império Colonial Português 1415-1825.* Porto: Afrontamento, 1977.

BUCK-MORSS. Hegel and Haiti. *Critical Inquiry*, vol. 26, nº 4, University of Chicago Press, p. 821-865, verão de 2000.

CARNEIRO, Edson de Souza. Os Cultos de origem africana no Brasil. In: CARNEIRO, Edson de Souza. *Candomblés da Bahia.* 3ª ed., Rio de Janeiro: Conquista, 1961.

CARNEIRO, Sueli, CURY, Cristiane Abdon. O candomblé. In: *Terceiro Congresso de Cultura Negra das Américas*, São Paulo, p. 176-191, 1982.

CARVALHO, José Jorge de. Ações afirmativas para negros e índios no ensino superior: as propostas dos NEABs. In: SANTOS, Renato Emerson dos; LOBATO, Fátima (orgs.). *Ações Afirmativas:* políticas públicas contra as desigualdades raciais. Rio de Janeiro: DP&A, 2003.

_______. Ações afirmativas para negros na pós-graduação, nas bolsas de pesquisa e nos concursos para professores universitários como resposta ao racismo acadêmico endêmico. In: SILVA, Petronilha B. G.; SILVÉRIO, Valter Roberto (orgs.). *Educação e Ações Afirmativas.* Entre a injustiça simbólica e a injustiça econômica. Brasília: INEP, 2003.

_______. Exclusão racial na universidade brasileira. In: QUEIROZ, Delcele Mascarenhas (Coord.). *O Negro na Universidade.* Salvador: Novos Toques, 2002.

_______. *Inclusão Étnica e Racial no Brasil:* a questão das cotas no ensino superior. São Paulo: Attar Editorial, 2006.

CARVALHO, José Murilo de. A Utopia de Oliveira Vianna. *Revista Estudos Históricos*, vol. 4, n. 7, CPDOC, FVG, p. 81-89, 1991. Disponível em: http://virtualbib.fgv.br/ojs/index.php/reh/article/viewArticle/2310.

CARVALHO NETTO, Menelick de. A hermenêutica constitucional e os desafios postos aos direitos fundamentais. In: SAMPAIO, José Adércio Leite (org.). *Jurisdição constitucional e os direitos fundamentais.* Belo Horizonte: Del Rey, 2003.

_______; SCOTTI, Guilherme. *Os direitos fundamentais e a (in)certeza do direito:* a produtividade das tensões principiológicas e a superação do sistema de regras. Belo Horizonte: Fórum, 2011.

CAVALLEIRO, Eliane dos Santos. Discursos e práticas racistas na educação infantil: a produção da submissão social e do fracasso escolar. In: MARTINS, Juarez; LIMA, Maria José Rocha. *Educação, Etnias e Combate ao Racismo*. Contribuição ao Combate. Brasília: PT, 2001.

CHALHOUB, Sidney. *Visões da Liberdade*. Uma História das Últimas Décadas da Escravidão na Corte. São Paulo: Companhia das Letras, 1990.

CHAUÍ, Marilena de Sousa. *Brasil:* Mito Fundador e Sociedade Autoritária. São Paulo: Fundação Perseu Abramo, 2000.

_______. *Conformismo e Resistência:* aspectos da cultura popular no Brasil. São Paulo: Brasiliense, 1986.

CHIAVENATO, Júlio J. *O negro no Brasil:* da senzala à Guerra do Paraguai. São Paulo: Brasiliense, 1986.

DUARTE, Evandro C. Piza. *Criminologia & Racismo*. Introdução à Criminologia Brasileira. Curitiba: Juruá, 2002.

_______. *Do medo da diferença à liberdade com igualdade:* as ações afirmativas para negros no ensino superior e os procedimentos de identificação de seus beneficiários. Tese (Doutorado em Direito), Unb, Brasília, 2011.

_______; SCOTTI, Guilherme. História e memória nacional no discurso jurídico: o julgamento da ADPF 186. *Universitas Jus (UniCEUB Law Journal)* 24 (3), 2013.

DUSSEL, Enrique D. *1492, O Encobrimento do Outro:* a origem do mito da modernidade. Petrópolis: Vozes, 1993.

DWORKIN, Ronald. *O Império do Direito*. São Paulo: Martins Fontes, 1999.

ERLICH, Eugen. *Fundamentos da Sociologia do Direito*. Brasília: Editora da Universidade, 1986.

FANON, Frantz. *Os Condenados da Terra*. Trad. de José Laurênio de Melo. Rio de Janeiro: Civilização Brasileira, 1979.

FAORO, Raymundo. *Existe um Pensamento Político Brasileiro?* São Paulo: Ática, 1994.

FOUCAULT, Michel. *A Ordem do Discurso*. São Paulo: Loyola, 1996.

FREYRE, Gilberto. *Casa-Grande & Senzala*. Formação da família brasileira sob o regime patriarcal. São Paulo: Global, 2004.

_______. *Nordeste*. Aspectos da influência da cana sobre a vida e a paisagem do Nordeste do Brasil. Rio de Janeiro: Record, 1989.

FRIGERIO, Alejandro. Capoeira: da arte negra a esporte branco. *Revista Brasileira de Ciências Sociais*, v. 4, n. 10, p. 85-98, jun. 1989.

GONÇALVES e SILVA, Petrolina Beatriz. Diversidade Étnico-Cultural e Currículos Escolares – Dilemas e Possibilidades. In: *Educação e diferenciação cultural;* índios e negros. Campinas: Papirus, p. 25-84, 1997.

GRINBERG, Keila, BORGES, Magno Fonseca, SALLES, Ricardo. Rebeliões Escravas Antes da Extinção do Tráfico. Capítulo VII. In: GRINBERG, Keila. & SALLES,

Ricardo. *O Brasil Imperial*, Vol I (1808-1831). Rio de Janeiro: Civilização Brasileira, 2009.

HALL, Stuart. *Da Diáspora, Identidades e Mediações Culturais*. Belo Horizonte: UFMG, 2006.

IANNI, Octávio. *A idéia de Brasil moderno*. São Paulo: Brasiliense, 1994.

_______. *Escravidão e racismo*. São Paulo: HUCITEC, 1988.

LAFER, Celso. *A Internacionalização dos Direitos Humanos*. Constituição, Racismo e Relações Internacionais. Barueri: Manole, 2005.

MAMIGONIAN, Beatriz Gallotti. O Estado nacional e a instabilidade da propriedade escrava: a Lei de 1831 e a matrícula dos escravos de 1872. *Almanack*, Guarulhos, n. 02, p. 20-37, 2º semestre de 2011.

MATTOS, Wilson Roberoto de. *Práticas culturais/religiosas negras em São Paulo*. Dissertação (Mestrado História), PUC/SP, 1994.

MOURA, Clóvis. *Dialética radical do negro no Brasil*. São Paulo: Anita, 1994.

_______. *Sociologia do negro brasileiro*. São Paulo: Ática, 1988.

MUNANGA, Kabengele. *Rediscutindo a Mestiçagem no Brasil*. Belo Horizonte: Autentica, 2004.

NABUCO, Joaquim. *A Escravidão*. Recife: Fundação Joaquim Nabuco, 1988.

NASCIMENTO, Abdias; NASCIMENTO, Elisa Larkin. *Mercedes Baptista* – a criação da identidade negra na dança. Disponível em: http://www.palmares.gov.br/_temp/sites/000/6/download/brasil/artigo-danca-01.pdf. Acesso em: dez/2010.

ORTIZ, Renato. *Cultura brasileira & identidade nacional*. São Paulo: Brasiliense, 1994.

PATROCÍNIO, José. Discurso na Gazeta de Notícias de 06 setembro de 1880. In: PATROCÍNIO, José. *A Campanha Abolicionista*. [s.l]: Ministério da Cultura, Fundação Biblioteca Nacional, [s.d.].

POTIGUAR, Alex Lobato. *Igualdade e Liberdade*. A luta por reconhecimento da igualdade como direito à diferença no discurso do ódio. Dissertação (Mestrado em Direito), Unb, Brasília, 2009.

RIBEIRO, Darcy. Sobre o Óbvio. *Simpósio sobre Ensino Público na 29ª Reunião da SBPC*. São Paulo: Mimeo, jul. 1977.

_______. Uma Introdução à Casa Grande & Senzala. In: *Gentidades*. Porto Alegre: L&PM, 2001.

RIGG, Bryan Mark. *Os soldados judeus de Hitler*: a história que não foi contada das leis raciais nazistas e de homens de ascendência judia nas forças armadas alemãs. Trad. Marcos Santarrita. Rio de Janeiro: Imago, 2003.

RODRIGUES, Ana Maria. *Samba negro, espoliação branca*. São Paulo: HUCITEC, 1984.

ROSSI, Paolo. *O Passado, a Memória e o Esquecimento*. São Paulo: Editora Unesp, 2010.

SCOTTI, Guilherme. Direitos Humanos e multiculturalismo: o debate sobre o infanticídio indígena no Brasil. *Revista Jurídica da Presidência*, 15 (106), 2013.

SEYFERTH, Giralda. Construindo a Nação: hierarquias raciais e o papel do racismo na política de imigração e colonização. In: MAIO, Marcos Chor; SANTOS, Marcos Ventura (orgs.). *Raça, Ciência e Sociedade*. Rio de Janeiro: Fiocruz/CCBB, 1996.

SILVA, Jorge da. *Direitos civis e relações raciais no Brasil*. Rio de Janeiro: Luam, 1994.

SILVA, José Afonso da. *Ordenação Constitucional da Cultura*. São Paulo: Malheiros, 2001.

SILVA, Paulo Vinicius Baptista da. *Racismo em livros didáticos*. Belo Horizonte: Autêntica, 2008.

SKIDMORE, Thomas. *Preto no branco*. Rio de Janeiro: Paz e Terra, 1976.

SLENES, Robert. Escravos, cartórios e desburocratização: o que Rui Barbosa não queimou será destruído agora? *Revista Brasileira de História*, vol. 5, n. 10, p. 166-197, mar./ago. 1985.

SOARES, Carlos Eugênio Líbano. *A Capoeira Escrava e outras tradições rebeldes no Rio de Janeiro (1808-1850)*. Campinas: Unicamp, 2002.

SUPREMO TRIBUNAL FEDERAL. *Crime de Racismo e Anti-semitismo:* um Julgamento Histórico no STF: habeas corpus n.º 82.424/RS. Brasília: Supremo Tribunal Federal, 2004.

TABORDA, Ragadasio. *Crestomatia cívica:* uma só pátria, uma, só bandeira – o Brasil novo e seus problemas através de excertos de escritores da atualidade, apresentado à consideração e carinho da juventude das escolas. Porto Alegre: Livraria do Globo, 1938.

THOMPSON, Augusto. *Quem são os criminosos?* Rio de Janeiro: Achiamé, 1983.

VAINFAS, Ronaldo. *Ideologia e escravidão:* os letrados e a sociedade escravista no Brasil Colonial. Petrópolis: Vozes, 1986.

VIANNA, Francisco José de Oliveira. *Evolução do Povo Brasileiro*. Rio de Janeiro: José Olympio, 1956.

________. *Instituições Políticas Brasileiras*. Volumes I e II. Belo Horizonte: Atalaia, 1987.

VIEIRA JR, Ronaldo Jorge Araújo. *Responsabilização objetiva do Estado*. Curitiba: Juruá: 2005.

VON MARTIUS, Carlos Frederico. Como se deve escrever a Historia do Brasil. *Jornal do Instituto Histórico e Geográfico Brasileiro*, Rio de Janeiro, n. 24, jan. 1845.

WOLKMER, Antônio Carlos. Paradigmas, historiografia crítica e direito moderno. *Revista da Faculdade de Direito*, Curitiba, ano 28, n. 28, p. 55-67, 1994-1995.

ZEA, Leopoldo. *Discurso desde a Marginalização e a Barbárie; seguido de, A filosofia latino-americana como filosofia pura e simplesmente*. Rio de Janeiro: Garamond, 2005.

6. A IMPORTAÇÃO DE UM CONCEITO DE *REPÚBLICA*: USOS DA DOUTRINA ESTADUNIDENSE NA INTERPRETAÇÃO DO CONCEITO DE *FORMA REPUBLICANA* NA CONSTITUIÇÃO DE 1891

Laila Maia Galvão

Introdução

Uma análise detida de períodos de transição política nos permite visualizar uma série de reformulações de conceitos-chave utilizados em discursos, manifestos, decisões jurídicas, etc., a partir da atribuição de novos significados. Trata-se de um movimento circular: ao mesmo tempo em que a realidade demonstra a insuficiência dos antigos significados para a atuação política, os novos, ao serem utilizados, passam a ser essenciais ao movimento de transformação da arena político-jurídica.

No decorrer desse processo, a partir de um extenso emaranhado de possibilidades de reconstituição, alguns significados são pinçados e levados à frente, obtendo maior hegemonia em uma determinada comunidade política. Entender a forma pela qual se deu esse movimento de seleção de um significado, em detrimento de outros, ajuda-nos a compreender melhor em que direção caminhou essa sociedade e porquê[1].

[1] O historiador inglês Quentin Skinner, no livro *Liberdade Antes do Liberalismo*, busca realizar uma história do pensamento político a partir do resgate de concepções distintas de liberdade que estavam em disputa em determinada época. Se, por um lado, era consenso a ideia de que uma das funções primordiais do Estado deveria ser respeitar e preservar a liberdade dos cidadãos, por outro lado, as noções do que representaria essa liberdade eram bastante divergentes. Uma vertente argumentava que o Estado cumpriria seu papel assegurando que

Voltaremos nossa análise a um período na história brasileira de significativa transição política: a mudança do sistema monárquico para o sistema republicano e federalista, ao final do século XIX. Nesse período, alguns conceitos políticos e jurídicos foram introduzidos na arena política com novos significados e diferentes intensidades, sofrendo constantes alterações de sentido.

Um conceito-chave para a discussão política da época é o próprio conceito de *república*, o qual assume posteriormente um papel relevante também no campo jurídico por ser mencionado em trechos controversos da Constituição de 1891. No que tange às variações do conceito de *república*[2], durante o período que antecede a queda da monarquia e que se estende até a terceira década do século XX, é possível destacar ao menos três pontos: (i) uma maior ou uma menor aproximação entre as ideias de *república* e de *democracia*; (ii) diferentes usos da doutrina estrangeira, em especial da estadunidense, para corroborar determinado conceito de *república*, e; (iii) a coexistência de concepções de *república* mais preocupadas com a forma ou mais atreladas a uma ideia substancialista.

Ainda que distintos, esses três aspectos das transformações do conceito de *república* podiam, por vezes, conectar-se. Assim, restringir a ideia de *república* a um caráter mais formal tendia a distanciá-la da ideia de *democracia*, tornando necessária, então, a busca de citações de doutrinadores estadunidenses, como argumentos de autoridade, para legitimar tal versão. Por outro lado, um conceito de república que buscasse ampliar ao máximo seu conteúdo podia inserir em seu interior alguns elementos mais democráticos, reduzindo a pressão para procurar pontos de apoio legitimadores na doutrina estrangeira.

Apenas para ilustrar tais ondas de mudança, é possível mostrar que, no momento que antecede à Proclamação da República, inflava-se o conceito

seus cidadãos não sofressem "nenhuma interferência injusta ou desnecessária na busca dos objetivos que escolheu". Já a outra afirmava que isso não seria suficiente, pois o Estado deveria também assegurar que seus cidadãos não caíssem "numa condição de dependência evitável da boa vontade de outros". Como conclusão, Skinner aponta que, no mundo ocidental, uma vertente foi a vencedora, e que, em grande medida, a segunda foi sendo deixada de lado. Essa constatação indica que em determinado momento histórico foi realizada a escolha de uma opção em detrimento de outra (Skinner, 1999, p. 95).

2 Para uma reflexão histórica sobre os contornos do conceito de república que extrapolam os sentidos analisados neste artigo, ver Pinto (2021).

de *república* ao máximo, na busca por atrair apoio de diversos segmentos da população brasileira. Desse modo, *república* e *democracia* tornavam-se praticamente sinônimos. A ideia de república passava a estar vinculada às ideias de soberania nacional e de sufrágio universal. As questões sociais e proletárias, inclusive, passavam a compor as preocupações centrais de um regime republicano. Vale conferir, como exemplo desse fenômeno, os trechos abaixo:

> O regime do governo republicano é a fórmula prática da democracia. Unitário ou federal, esse regime pressupõe o governo do povo pelo povo. A soberania nacional como a única fonte dos poderes legítimos; o sufrágio universal, como instrumento pelo qual a vontade do povo se pode manifestar, tais são os dois fundamentos do regime institucional republicano, cuja síntese é universalmente expressada por este glorioso lema: liberdade, igualdade, fraternidade.
>
> A liberdade pressupondo a garantia permanente, segura e estável de todos os direitos, sejam estes individuais ou sociais, pertençam eles à esfera civil ou política.
>
> A igualdade, pressupondo a ausência de qualquer privilégio, que arbitrariamente determine entre homens a superioridade de uns sobre outros, bem como quaisquer distinções odiosas ou não, derivando aquelas e estas não do fato natural e inevitável das condições individuais e pelas virtudes, mas do fato brutal da imposição determinada pelo predomínio de instituições, leis ou costumes que assinalem a desigualdade, fundada esta ou no princípio da hereditariedade com referência a uma casta ou família, ou no princípio da preponderância social ou política estabelecida em favor de uma classe.
>
> A fraternidade, finalmente, pressupondo o recíproco amor entre os homens, e particularmente entre os filhos da mesma pátria ou cidadãos do mesmo Estado (...).[3]
>
> O regime republicano tem também, como acima o disse, a sua ideia social. Esta ideia é da emancipação dos proletariados, tanto a daquele que anda acorrentado pelas algemas da ignorância como a daquele que, vítima das desigualdades sociais e políticas, vive arrastando a calceta da miséria, pelo trabalho mal remunerado[4].

[3] Bocaiúva, 1986, p. 620.

[4] Bocaiúva, 1986, p. 626.

Tais ideias estavam presentes no manifesto lançado por Quintino Bocaiúva logo após sua eleição pelo Congresso Federal Republicano reunido em São Paulo, em maio de 1889. É possível que a crise do sistema monárquico naquele momento favorecesse o incremento do linguajar mais combativo de Quintino Bocaiúva[5].

Havia também uma explícita referência ao país republicano que servia de modelo, que eram os Estados Unidos da América. A importância desse paradigma para a construção do conceito de *república* brasileira também pode ser verificada em Bocaiúva:

> Em face desses grandes impérios e deste lado da América, qual é, no mundo inteiro, a nação mais forte e poderosa, a mais unida e a mais sólida, a mais rica e a mais satisfeita, a mais tranquila no seu trabalho e a mais segura dos seus futuros destinos? É a República dos Estados Unidos da América. Só este contraste (...) é já uma conquista, uma superioridade que fascina os espíritos e robustece a convicção geral quanto à excelência das instituições republicanas. Trabalhar, portanto, para assegurar à nossa Pátria os mesmos bens, a mesma fortuna, a mesma glória adquirida pela nação – nossa irmã continental – tal é, e tal deve ser, o intuito e a tarefa do Partido Republicano brasileiro.[6]

Por detrás de concepções mais formalistas ou mais substancialistas e de concepções mais ou menos próximas da ideia de democracia, havia sempre um modelo que era utilizado como referência, que era o estadunidense.

[5] Tanto é assim que as ideias lançadas e publicadas anteriormente, no ano de 1870, no chamado Manifesto Republicano, cuja redação é atribuída quase que integralmente ao próprio Quintino Bocaiúva, eram de tom mais moderado. Após a Proclamação da República, os textos de Bocaiúva não seriam tão enfáticos. Talvez não se possa falar em conceitos divergentes de República nos textos de Bocaiúva, mas ao menos é possível perceber uma sensível modificação do conteúdo: se antes o conceito era preenchido por ideais de liberdade, igualdade e fraternidade, conforme descrito acima, após a Proclamação, a preocupação maior passa a ser com a manutenção do regime e com sua moderação. Bocaiúva afirmava, por exemplo, que a Proclamação da República não representava uma ruptura em relação ao período imperial, mas sim uma continuidade, e que se deveria respeitar a dinastia deposta. Cf. Bocaiúva, 1986, p. 407-8.

[6] Bocaiúva, 1986, p. 630.

O presente trabalho buscará analisar as transformações do conceito de *república* no Brasil, no final do século XIX e no início do século XX, examinando como os juristas brasileiros buscaram referências na doutrina, legislação e jurisprudência estrangeiras para construir um conceito de *república* que se acoplasse aos interesses governistas. A investigação irá averiguar o impacto do modelo estadunidense, em uma época em que os EUA eram vistos como uma das mais bem-sucedidas experiências de forma republicana de governo.

Cabe destacar, no entanto, que o próprio conceito de *república* estava em processo de profunda transformação naquele país e que a "recepção" desses conceitos por juristas brasileiros não foi realizada de forma direta e automática. Há mediações, releituras e seleções que merecem ser analisadas. A partir dessa análise, será possível perceber quais foram os usos dessas fontes e de que forma elas influenciaram nossas práticas jurídicas e políticas no decorrer da Primeira República.

Cumpre, pois, antes de analisar o conceito de *república* nas obras de doutrinadores brasileiros, realizar um breve resgate do desenvolvimento da própria doutrina estadunidense a respeito do tema.

1. A doutrina nos Estados Unidos da América

Para os estadunidenses, a discussão jurídica sobre a forma republicana de governo normalmente estava atrelada à interpretação do artigo IV, seção 4 da Constituição, que trazia a chamada cláusula de garantia:

> The United States shall guarantee to every State in this Union a Republican Form of Government, and shall protect each of them against Invasion; and on Application of the Legislature, or of the Executive against domestic Violence[7].

Tendo em vista que diversos casos que chegavam ao Judiciário tinham como principal referência constitucional essa cláusula de garantia, os tribunais eram chamados para definir o termo *república*. A partir desse dispositivo constitucional, discussões foram travadas na Suprema Corte

[7] Tradução livre do Artigo 4º, da Seção IV da Constituição estadunidense: "Os Estados Unidos garantirão a cada Estado desta União uma forma republicana de governo e protegerão todos eles contra invasões; e na ação do Legislativo, ou do Executivo (quando o Legislativo não puder ser convocado), contra a violência doméstica".

sobre o conceito de *república*, deparando-se a doutrina com o desafio de especificar o sentido desse artigo constitucional.

No Brasil, na Constituição de 1891, teríamos um artigo inspirado nesse dispositivo estadunidense.[8] Com frequência, os juristas brasileiros recorreriam à literatura jurídica dos EUA para compreender essa possibilidade de intervenção federal a partir da violação, nos Estados-membros, da forma republicana de governo. Decorre disso, também, a necessidade de conhecer melhor a discussão no âmbito da doutrina americana e sua recepção em nosso país.

Examinando as grandes obras que comentaram a Constituição americana nos séculos XVIII e XIX, podemos traçar o percurso da doutrina estadunidense no definir da "forma republicana de governo". Utilizaremos aqui como referência os artigos federalistas, bem como os comentários de juristas relevantes no século XIX como Joseph Story e Thomas Cooley (e a repercussão de seus trabalhos em outros autores).

O primeiro trabalho de grande relevo sobre a manutenção da forma republicana pela União foram os artigos federalistas de Madison, Jay e Hamilton. Sua interpretação seria usada com frequência tanto na doutrina estadunidense quanto na brasileira, de modo geral. No artigo de número 43, Madison definiu um sentido para "forma republicana":

> Numa Confederação fundada em princípios republicanos e composta de membros republicanos, o governo superintendente deve possuir clara autoridade para defender o sistema contra inovações aristocráticas ou monárquicas. Quanto mais íntima puder ser a natureza de tal união, maior interesse terão os membros nas instituições políticas dos demais; e maior será o direito de insistir em que as fontes de governo sob as quais o pacto foi firmado sejam mantidas na substância.[9]

Uma vez que a cláusula fala em garantia, Madison explicitou que a Constituição Federal garantiria as formas republicanas já instauradas nos Estados, o que pressuporia a prévia existência de um governo com as características republicanas. Os estados até poderiam adotar outras

[8] Sobre a forma mediada dessa inspiração estadunidense via constitucionalismo argentino, ver Lynch, 2012.

[9] Madison, 1993, p. 308.

formas republicanas e, após isso, reivindicar a garantia constitucional. O que se proibiria, na verdade, seria a substituição de uma Constituição republicana por uma não republicana, aqui associadas diretamente às formas aristocráticas ou monárquicas.

Apesar de Madison ter feito referência à substância do regime, ele não aprofundou a discussão a respeito do significado da forma republicana no artigo 43. No artigo 10, por outro lado, Madison realizou o esforço de diferenciar a república da democracia pura, de modo a defender os benefícios da forma republicana para os Estados Unidos[10].

A defesa de uma forma republicana justificava-se por um motivo: evitar que facções[11] dominassem a política, fazendo com que medidas fossem adotadas "não segundo as normas da justiça e os direitos do partido minoritário, mas pela força superior de uma maioria interessada e despótica"[12]. A disputa entre facções faria com que o bem público fosse deixado de lado, trazendo instabilidade para a política.

A república seria, então, o "remédio" para esse problema e ela apresentaria, ainda, duas vantagens em relação à democracia pura: delegaria o governo a um pequeno número de cidadãos eleitos pelos demais e poderia abranger um maior número de cidadãos e uma maior extensão territorial[13]. A assembleia escolhida pelos cidadãos funcionaria como um filtro para "depurar e ampliar as opiniões do povo"[14] e serviria para discernir o verdadeiro interesse do país[15].

[10] Sobre as interpretações posteriores sobre o artigo 10, de *Os Federalistas*, ver Ackerman, 1991, p. 219-27.

[11] O artigo 10 define "facções" do seguinte modo: "Por facção entendo certo número de cidadãos, quer correspondam a uma maioria ou a uma minoria, unidos e movidos por algum impulso comum, de paixão ou de interesse, adverso aos direitos dos demais cidadãos ou aos interesses permanentes e coletivos da comunidade". Madison, 1993, p. 133-34.

[12] Madison, 1993, p. 133.

[13] Madison, 1993, p. 137.

[14] Madison, 1993, p. 137.

[15] Ainda sobre essa separação entre república e democracia, ressaltou Bercovici: "Os Federalistas avançaram na ideia de governo limitado, entendendo os governos estaduais muito vulneráveis à pressão e aos humores populares. James Madison preservou o governo republicano em sua forma, mas o separou da democracia, esvaziando seu conteúdo. O medo da política democrática e sua instabilidade foram capitalizados pelos Federalistas para a instituição de um governo representativo em um grande território. O essencial e suficiente era que o governo derivasse da maioria, mas não fosse controlado por ela. Os Federalistas

No campo jurídico, e não político, uma dificuldade se apresentava aos advogados e juízes da recém-criada federação americana. As principais leituras na formação desses advogados continuavam a ser os compêndios de *common law* da monarquia inglesa. No final do século XVIII e início do século XIX, muitos juristas americanos seguiam utilizando o influente livro de Sir William Blackstone, *Commentaries on the Laws of England*, originalmente publicado em 1769. A fama do livro é atribuída ao fato de ter sido uma obra que sistematizou o conjunto de normas e precedentes da *common law*, a fim de facilitar a compreensão do sistema legal inglês por um leigo. O livro, de certo modo, influenciou a formulação do sistema jurídico estadunidense[16].

Não obstante, após a Revolução Americana e a elaboração da Constituição Federal, os textos de Blackstone apresentavam um grande problema: a defesa da monarquia, regime que fora veementemente rechaçado pelos revolucionários americanos. Era preciso, portanto, "republicanizar" Blackstone[17]. Afinal, Blackstone apresentava um conceito mais moderno de soberania, mas fincado na ideia soberania do Parlamento. Apesar dele mencionar que havia uma lei natural limitando o Parlamento[18], seus comentários tornavam mais explícita divisão entre lei escrita e não escrita, e a dificuldade de compor o *common law* e esse conceito moderno de soberania[19].

Essa tarefa coube a um advogado chamado St. George Tucker, nomeado, posteriormente, juiz da corte da Virgínia. Ele produziu comentários ao livro de Blackstone, a fim de adaptá-los à realidade estadunidense. Os artigos de Tucker eram apêndices aos textos de Blackstone e foram publicados pela primeira vez em 1803. Na primeira metade do séc. XIX, funcionou como importante *handbook* para estudantes de direito, juízes, advogados e homens de Estado[20]. Tucker tentou adaptar Blackstone,

se utilizaram, deste modo, retoricamente dos argumentos democráticos e populares para justificarem seu sistema aristocrático". Cf. Bercovici, 2013, p. 112-13.

16 Para alguns historiadores do direito, a vantagem do livro de Blackstone era sua capacidade de extrair princípios gerais do *common law* inglês em uma abordagem um tanto mais "científica" do direito (Wood, 1998, p. 10).

17 Wilson, 1999, p. ix.

18 Wood, 1998, p. 160.

19 Wood, 1998, p. 264-65.

20 Wilson, 1999, p. vii.

mas, ao criticar sua teoria da soberania, acabou por deixar ainda mais evidente a compreensão de lei como um comando da soberania[21]. Afinal, a Constituição escrita dos americanos era legítima porque expressava a vontade do povo. Redefinia-se a noção de obrigação legal por meio da chave da soberania popular[22]. Essa articulação entre participação popular e formulação legislativa foi fundamental para a construção da república estadunidense[23].

É preciso destacar que St. George Tucker estava vinculado às ideias da "democracia jeffersoniana"[24], que acreditava que o povo podia se autogovernar, desconfiando de instituições com propósito mais centralizador. Durante a primeira metade do século XIX, a era da democracia jeffersoniana e a subsequente era da democracia jacksoniana foram períodos de ampliação do direito ao voto no país. Não obstante, essa ampliação se restringia aos homens brancos, em um período em que ainda havia escravidão. Como disse Novak, Tucker era obcecado pela questão da cidadania, mas pelos motivos errados, já que sua teoria justificava a construção de uma noção restritiva de cidadania, especialmente em relação aos negros[25].

[21] Vale ressaltar que o Juiz da Suprema Corte James Wilson, ao final do século XVIII, criticou a versão de Blackstone de positivismo legal que atribuía a legitimidade e a obediência a uma lei à vontade de um órgão superior (Parlamento). Para o Juiz, essa não era uma postura republicana. Cf. Novak, 1996, p. 37-43. No entanto, Blackstone assumia a ideia moderna de soberania de um poder supremo, mas acreditava que essa legitimidade advinha da aprovação daqueles de "baixo", do consentimento do povo. Tratava-se de uma releitura do *common law* e da legitimidade de seus precedentes (Horwitz, 1979, p. 18-9).

[22] Horwitz, 1979, p. 17.

[23] Não cabe aqui aprofundar a discussão sobre o resgate feito pela academia, na segunda metade do século XX, das raízes do republicanismo cívico no decorrer da Revolução americana e nos anos subsequentes. Para compreender as referências intelectuais que subsidiaram a formação da república americana, sugere-se a leitura de Wood, 1998; Bailyn, 2017 e Pocock, 1975.

[24] A partir de uma visão de que o governo dos Federalistas havia se distanciado do povo, os Republicanos passaram a estimular a criação de organizações de oposição política, similares às criadas pelos *Whigs* na época pré-Revolução. O objetivo era fazer com que esses comitês usassem o poder da "opinião pública" para influenciar as eleições, evitando a concentração do poder nas mãos dos Federalistas. Com a eleição de Thomas Jefferson para Presidente, teve início a chamada revolução de 1800. Os Republicanos buscavam divulgar aquilo que eles acreditavam ser o principal objetivo da Revolução de 1776: reduzir os "perigosos poderes de um governo". (cf. Bailyn *et alii*, 1977, p. 357-358, 360 e 363-364).

[25] Novak, 2022.

Os ideais do período jeffersoniano e, posteriormente, do jacksoniano, teriam grande impacto no mundo jurídico. Sem entrar em detalhes, basta dizer que a fama do juiz da Suprema Corte John Marshall, em especial no caso *Marbury vs. Madison*, deve-se em parte a seu papel no embate político contra os republicanos jeffersonianos[26]. Marshall, que buscava criar instrumentos de controle da ação dos governos, foi um defensor, durante sua presidência na Corte, dos direitos individuais e da supremacia nacional.

O famoso comentador da Constituição estadunidense, Joseph Story, foi profundamente influenciado por Marshall. Story, assim como Marshall, também foi juiz da Suprema Corte, ingressando nela no ano em 1811, com apenas 32 anos[27]. Seus comentários à Constituição, escritos em homenagem a Marshall, exerceram mais influência que seus votos, tornando-se um verdadeiro tratado do direito constitucional estadunidense. No que se refere à cláusula de garantia, Story praticamente reproduziu o entendimento dos artigos Federalistas:

> If a despotic or monarchial government were established in one State, it would bring on the ruin of the whole republic. Montesquieu has acutely remarked, that confederated governments should be formed only between States whose form of government is not only similar, but also republican.[28]

Vale retomar uma decisão da Suprema Corte Americana que envolvia a cláusula de garantia, para melhor expor as posições de Joseph Story e Thomas Cooley, que foi o revisor dos comentários de Story à Constituição dos EUA. O caso conhecido como *Luther vs. Borden* representa um dos mais importantes pronunciamentos da Suprema Corte com base na cláusula de garantia.

[26] A instituição mais detestada pelos Republicanos era, sem dúvida, o Judiciário. Além de o Judiciário ser menos permeável às reivindicações populares, os Federalistas, durante a década de 1790, fortaleceram o papel das Cortes Federais de modo a fortalecer o próprio poder do governo central nos estados. Uma controvérsia envolvendo o *Judiciary Act* de 1789, no caso *Marbury vs. Madison*, fez com que a Corte estabelecesse que qualquer lei contrária à Constituição fosse considerada nula pelo Judiciário. Tal caso pode ser compreendido como uma disputa de poder entre o próprio Executivo e Judiciário à época, a partir do delineamento das competências de cada Poder. Conferir Bailyn *et alii*, 1977, p. 371-7, e Ackerman, 2007.

[27] Rodrigues, 1958, p. 25.

[28] Story, 1873, p. 570.

A primeira metade do século XIX nos Estados Unidos foi marcada pela pressão por uma maior participação popular na política. Em Rhode Island, no entanto, o sistema eleitoral ainda era bastante restrito, o que culminou em um levante popular conhecido como *Dorr Rebellion* na década de 1840. Os rebeldes alegavam que o governo não era "republicano", pois restringia o voto somente aos grandes proprietários de terras. Parte da classe média se revoltou contra o fato de que apenas 40% dos homens brancos votavam e de que a carta constitucional do Estado era do período colonial. Para eles, o Estado violava a chamada *guarantee clause*, que previa a forma republicana de governo nos estados. Discutia-se a possibilidade de legitimar judicialmente uma dissolução popular de um governo estadual antirrepublicano, o que aterroriza especialmente os estados escravistas do Sul[29]. O resultado dessa rebelião foi a presença de uma dualidade de poderes, do governo antes estabelecido e dos rebeldes[30]. À Suprema Corte coube, então, decidir quem detinha o poder legítimo de Rhode Island.

Proclamando a doutrina do *political question*, segundo a qual o Judiciário deve se eximir de apreciar questões eminentemente políticas, a maioria da Corte decidiu que nesse tipo de situação deveriam intervir apenas os poderes Executivo ou Legislativo. Nos bastidores desse precedente, há evidências de que Story atuou de forma contundente para frear a Rebelião de Dorr.

A ampliação do sufrágio e a segregação dos negros sempre foram aspectos que estiveram por detrás das discussões a respeito da "forma republicana". A Suprema Corte dos EUA, no decorrer do século XIX, optou por não se pronunciar diretamente a respeito desse tema[31] e o silêncio da Corte sobre o assunto, por sua vez, autorizava a interpretação de que a restrição do sufrágio não violava a Constituição republicana. O precedente de Luther v. Borden fez parte do contexto nefasto da decisão

[29] Ver Savitzky, 2011.

[30] Bailyn *et alli*, 1977, p. 467.

[31] A superação completa desse precedente viria com o julgamento do caso Baker vs. Carr pela Suprema Corte em 1962, quando decidiu-se que as tentativas de alteração dos distritos eleitorais eram passíveis de análise judicial. Vale destacar, nesse intervalo entre Luther vs. Borden e Baker vs. Carr, o julgamento do caso Gilles vs. Harris (1903) pela Suprema Corte sustentando o não alistamento de negros e pobres. Sobre a polêmica decisão do famoso Juiz Oliver Holmes nesse caso, ver Pildes, 2000.

de Dred Scott, uma vez que concedeu mais poder às elites rurais e garantiu a não interferência do Judiciário nas questões eleitorais[32].

Já na segunda metade do século XIX, prevaleceria, sob a influência do jurista Thomas Cooley, a interpretação constitucional como limitação do governo[33]. Com várias reedições, seu livro *A Treatise on the constitutional Limitations which rest upon the legislative power of the States of the American Union* (1880) logo passou a ser amplamente utilizado pela Suprema Corte nos casos de controle de constitucionalidade dos atos do Legislativo. Em outro livro com comentários à Constituição, *The general principles of Constitutional Law in the United States of America*, Cooley fazia referência ao art. IV, seção 4, e explicitava sua concepção de república, a qual seria adotada por boa parte da doutrina e da jurisprudência da época:

> What is republican: by republican government is understood a government by representatives chosen by the people; and it contrasts on one side with a democracy, in which the people or community as an organized whole wield sovereign powers of government, and on the other with the rule of one man, as king, emperor, czar, sultan, or with that of one class of men, as an aristocracy[34].

Cooley mencionava os artigos do *The Federalist*, n. 43, dizendo que o que se proibia era a instauração de constituições antirrepublicanas nos estados[35]. Destacava também que a concessão de títulos de nobreza feria automaticamente a forma republicana. Para ele, o Congresso deveria intervir: (i) quando uma potência estrangeira ocupasse o território de um Estado[36]; (ii) no caso de ação revolucionária do próprio povo, para manutenção do governo eleito (casos *Texas vs. White* e *Luther vs. Borden*)[37]; e (iii) na hipótese de mudanças constitucionais que retirassem o caráter republicano do governo[38]. Casos de dualidade de Executivo ou de Legislativo deveriam ser resolvidos por tribunais locais. Em casos extremos, Cooley

32 Weinsberg (2017)

33 Rodrigues, 1958, p. 64-5.

34 Cooley, 1891, p. 202-3.

35 Cooley, 1891, p. 202.

36 Cooley, 1891, p. 203.

37 Cooley, 1891, p. 203-4.

38 Cooley, 1891, p. 204-6.

filiava-se à doutrina que dizia caber aos poderes políticos intervir, restaurando o governo anterior. Na atualização que Cooley publicou do famoso livro de Joseph Story, ele pronunciou-se sobre a questão de duplicação de poderes, se posicionando a favor do poder constituído:

> What government can be more despotic than one elected by an injunction, and continued in power by a military force under the order of a judge who, having no jurisdiction, is restrained by no law but his own arbitrary will?[39]

No final do século XIX e no início do século XX, muitos doutrinadores estadunidenses – em sua maioria lidos e citados por juristas brasileiros – analisaram a cláusula de garantia e realizaram um esforço para delinear o sentido da expressão "forma republicana de governo". Parecia haver certo consenso doutrinário ao redor da posição de Cooley sobre o assunto[40]. É a ele que Westel Willoughby, por exemplo, atribui expressamente a melhor definição da forma republicana de governo[41]. A definição de forma republicana desenhada por Willoughby focava principalmente o aspecto formal: "is the right of the people to choose their officers from governmental administration, and pass their own laws in virtue of the legislative power reposed in representative bodies (...)"[42]. Willoughby buscou, porém, não fechar essa definição formalista de modo muito rígido, evitando restringir a liberdade dos estados para se organizarem como quiserem[43]. E sustentou que a limitação do sufrágio seria compatível com a forma republicana de governo (caso *Minor vs. Happersett*)[44].

[39] Cooley escreveu notas de rodapé para atualizar nova publicação do famoso livro de Joseph Story publicado originalmente em 1833 (Story, 1873, p. 569).
[40] Nesse sentido Thimothy Walker, que assim se expressava: "They are merely prevented from introducing a despotic, monarchic, aristocratic, or in one word, anti-republican, form of government. When they shall attempt to do this, the general welfare will be threatened, and they ought to be prevented. But until they do so, there can be no interference with their form of government" (Walker, 1895, p. 191).
[41] Willoughby, 1933, p. 139.
[42] Willoughby, 1933, p. 140.
[43] Willoughby, 1933, p. 138: "speaking generally, it may be said that, providing its government be republican in form, each State of the Union may establish such government organs as it sees fit, and apportion among them its executive, legislative and judicial powers according to its own judgment as to what is expedient and proper".
[44] Willoughby, 1933, p. 225.

Embora caminhe no mesmo sentido, também merece análise a posição de James Albert Woodburn. Em sua publicação sobre a república americana, citou Aristóteles e as três formas de governo – monarquia, aristocracia e democracia – e suas deturpações – tirania, oligarquia, demagogia. Ao afirmar que a interpretação da cláusula de garantia era controversa, reforçava a visão formalista de república, dando enfoque à questão do governo representativo:

> The constitution says: 'the United States shall guarantee to every State in this Union a republican form of government'. But our Constitution does not define a republican form of government, and there have been great disputes on that subject. But the general understanding is clear, that a republican form of government is one in which the people's representatives make the laws and their agents administer them, and in which the people also, directly or indirectly, choose the executive agents. It does not follow that the whole body of people, or even the whole body of adult male competent persons, should be admitted to political privileges. The law in the State will determine that.[45]

Retomando os escritos de Madison, Woodburn afirmou que as formas constitucionais existiam para frear os impulsos do povo, impedindo que excessos inviabilizassem, por fim, "*the rule of the people*". Dentro desse quadro, a soberania popular só poderia ser viabilizada e concretizada a partir de mecanismos de controle, que seriam destinados, na concepção de Woodburn, ao povo e não ao governo em si[46]. Nesse sentido, Woodburn não definia os Estados Unidos como uma República Democrática, em que o poder do povo se dá de forma mais direta. Para ele, os Estados Unidos podiam ser classificados somente como Democracia Constitucional, um Estado em que o povo prescreveu a si mesmo uma Constituição para regular a forma pela qual esse mesmo povo iria governar. O voto, portanto,

[45] Woodburn, 1916, p. 54-55.

[46] Woodburn, 1916, p. 56: "Briefly, then, we may say, that a republic is a state in which the governmental power is exercised by the people through their elected representatives. This power, while it is derived from the people, must be exercised under a system of legal and constitutional restraints. The republic implies that the political and social impulses of the people are to be restrained by constitutional forms through which, only, the rule of the people may be made effective. Republican government may virtually exist under monarchial forms, as in England. There the government is essentially republican while nominally monarchial".

não seria um direito, mas sim um privilégio concedido àqueles que o Estado considerava aptos a votar[47], o que talvez se destinasse a justificar a exclusão de eleitores negros no Sul, por exemplo.

Como visto, juristas estadunidenses de diferentes correntes apresentavam uma visão formalista de república e ainda justificavam a possibilidade de uma república restringir o sufrágio. Na doutrina estadunidense, de modo geral, apenas uma definição doutrinária que se diferenciava um pouco das demais, justamente por focar o conceito de *república* na ideia de soberania do povo e não na questão do governo representativo[48]. Ao definir *república*, Campbell Black afirmou: "*It is a government of the people, by the people, and for the people*"[49]. Também defendia a ampliação do sufrágio como requisito de uma forma republicana de governo[50]. Curioso notar que, apesar de conhecido, esse trecho de Campbell Black, que enfoca o aspecto da soberania popular presente no conceito de república, foi citado apenas por Rui Barbosa. Como veremos em seguida, esse tipo de definição não era interessante para o tipo de argumentação que a maioria dos juristas brasileiros à época buscava conformar.

2. A doutrina brasileira

Nos trabalhos dos juristas da Primeira República, como vimos, havia muitas menções à doutrina e à jurisprudência americanas. As citações concentravam-se em autores como Story e Cooley, vinculados a uma tradição jurídica que atentava primordialmente para as liberdades individuais e para o controle do Poder Legislativo pelo Judiciário.

O livro de Thomas Cooley chegou a ser traduzido para o português na época. Em nota à edição de 1909, o tradutor Alcides Cruz dizia esperar, inclusive, que sua empreitada fosse "imitada", com a tradução de outros

[47] Woodburn, 1916, p. 346.

[48] Campbell Black frisa, aliás, que a diferença entre a democracia pura e a república reside no fato de que a primeira não envolve qualquer tipo de representação, ao contrário da segunda.

[49] Black, 1897, p. 28.

[50] Black, 1897, p. 28: "A republic, as distinguished from despotism, a monarchy, an aristocracy, or an oligarchy, is a government wherein the political power is confided to and exercised by the people. It is a government of the people, by the people, and for the people. It implies a practically unrestricted suffrage, and the frequent interposition of the people, by means of the suffrage, in the conduct of public affairs".

livros americanos para nossa língua. Reafirmava, ainda, a importância de Cooley para os juristas brasileiros:

> Todavia, escolhendo a notável obra do conhecido jurisconsulto norte-americano, vantajosamente acatado como autoridade incontestada, para pô-la ao alcance dos juristas e dos estudantes brasileiros, que preferirem uma versão ao original inglês, darei por bem pago o meu copioso labor, se alguém mais apto resolver imitar-me (...) traduzindo Woodburn, ou Pomeroy ou Woodrow Wilson, ou Fairlie ou qualquer outro mestre de direito público americano, esses que evangelizam em tão sábias universidades dos Estados Unidos, luminiscentemente.[51]

Na edição brasileira, o capítulo que mais interessa à nossa análise – o IX, que trata da cláusula de garantia e que se intitula "*the guaranty of republican government to the states*" – foi traduzido como "a Constituição garante aos Estados uma forma republicana de governo", parecendo atrelar as ideias de Cooley diretamente à interpretação do artigo 6º da nossa Constituição.

Também por causa da interpretação do n. 2 do artigo 6º da Constituição de 1891, que previa a intervenção federal para garantir a "forma republicana federativa" nos estados, nossos juristas depararam-se com a dificuldade de definir juridicamente o termo *república*. Podemos vislumbrar, aqui, algumas tendências argumentativas básicas, que, de forma didática, poderiam ser agrupadas em três vertentes[52]: i) um primeiro grupo, composto principalmente por governistas ligados à elite agrária paulistana, que atrela a ideia de república à de governo representativo e que não associa república à ampliação do sufrágio; ii) um segundo grupo que, mesmo ultrapassando uma definição meramente formal e tentando dar algum conteúdo à definição de república, adotava uma posição moderada, sem

[51] Cruz, 1982, p. 5.

[52] A divisão, ao invés de realizar um levantamento de todas as obras do período, busca citar apenas aqueles autores mais originais, que faziam menção direta aos autores estadunidenses. Cabe destacar que várias obras de juristas da Primeira República apenas replicavam o que estava escrito em obras de maior circulação, como os comentários à Constituição de Rui Barbosa ou João Barbalho. Um exemplo dessa replicação é o livro de Castro Nunes (1922) que se contenta em fazer um apanhado geral sobre o que comentam os autores brasileiros sobre o art. 6º. A falta de originalidade, no entanto, não está associada à falta de representatividade, tendo em vista que autores como Castro Nunes eram de grande relevância à época.

atrelar diretamente as ideias de *república* e de *democracia*; iii) um terceiro grupo que elaborou uma definição menos formalista de república e que se preocupava com a legitimidade do governo, sendo essa postura uma forma de oposição à situação governista.

i) Ocupando importantes cargos durante a Primeira República, tais como os de Ministro da Justiça e Ministro do Supremo Tribunal Federal (STF), os juristas do primeiro grupo eram os responsáveis por organizar um discurso jurídico comum, homogêneo, que fosse capaz de legitimar as ações do governo.

Isso se verifica, por exemplo, no momento em que Floriano Peixoto, apoiado pelo grupo dos cafeicultores paulistas, assume a Presidência. Uma das primeiras ações de Floriano foi depor todos os governadores estaduais que haviam sido indicados por Deodoro da Fonseca e que teriam atuado, supostamente, como cúmplices no ato de dissolução do Congresso. Floriano exigiu, então, uma ação legislativa do Congresso para conferir legitimidade a esses atos de deposição.

O parecer de 4 de janeiro de 1892, formulado por uma comissão parlamentar a pedido do então Presidente, menciona amplamente a doutrina estadunidense[53] e cita as seguintes obras: J. Bryce[54], *The American Commonwealth*; Mr. Burd, *The Theory of our National Existence*; Blaine, *Twenty years of Congress*; Curtis, *Constitutional History*; Walker, *American Law*; e Hugh McCulloch, *Men and measures of half a century*.

Para justificar a existência de uma república constitucional não subordinada à ideia de democracia representativa, juristas brasileiros da época citaram repetidas vezes as obras de Story, de Colley e de outros autores dessa tradição, fazendo também constantes referências aos artigos federalistas. A experiência dos EUA servia de referência para a contenção da soberania popular e não para a sua promoção[55].

[53] Câmara dos Deputados, 1913, p. 120-21.

[54] James Bryce era, na verdade, um jurista britânico que mais tarde viria a se tornar o representante diplomático daquele país nos Estados Unidos. A obra *The American Commonwealth*, que analisa as instituições dos EUA, foi publicada em 1888, logo transformando-se em um clássico da literatura jurídica.

[55] Para destacar o caráter não-democrático da Primeira República, destaca Christian Lynch: "Como se percebe, o âmbito da república defendida pelo republicanismo hegemônico no início da década de 1890 era bastante restrito: um espaço público restrito aos proprietários

Só depois tornou-se mais clara a posição jurídica sedimentada pelo grupo de apoio ao governo, aprofundando-se a questão do conceito de república. A meta era esvaziar ao máximo o seu conteúdo, tornando mais dúctil o instituto da intervenção federal para ampliar sem riscos, na outra ponta, a margem de liberdade para os estados. Já estabilizado o regime, buscava-se a menor interferência possível do governo central nos estados e, para tanto, o uso do mecanismo da intervenção federal dever-se-ia limitar às situações de clara contestação ao Governo Federal no âmbito da política estadual.

Nos *Comentários à Constituição brasileira de 1891*[56], de Carlos Maximiliano, já é possível perceber esse intento. Utilizando como base a doutrina estadunidense e o foco dado por esta ao governo representativo, assim definia o autor a "república":

> Os publicistas socorrem-se da opinião de Madison, transcrita no comentário do art. 1º, para definir a forma republicana de governo. Consiste esta, no parecer de Woodburn (The American Republic and Its Government), confirmado por MacClain (Constitutional Law in The United States) e Thomas Colley (The general principles of constitutional law), em que os representantes do povo façam as leis e os agentes destes administrem, escolhido o Executivo, também direta ou indiretamente pela multidão.
>
> Em resumo, é república um Estado no qual o poder governamental é exercido pelo povo, por meio de representantes eleitos (Woodburn. The American...). Por outras palavras, definir-se-á a forma republicana de governo como aquela em que o povo elege os seus legisladores e o chefe supremo da administração (Watson. The Constitution. 1910, p. 1288).
>
> Não é da essência do regime que todos os brasileiros sejam elegíveis e eleitores: pode-se regular ou limitar a aquisição desse direito político

de terras, aos profissionais liberais e aos altos funcionários do Estado. Promulgada a nova Constituição, o cenário não sofreu variação. Era como explicava um senador governista, portanto conservador, em aparte a um adversário político, que reclamava um regime mais plural: 'A República não é a que o nobre senador quer que seja – uma democracia pura. Nós temos uma democracia autoritária, copiada da americana. O nobre senador é radical e eu sou conservador' (Anais do Senado Federal, sessão de 16 de agosto de 1904)" (Lynch, 2011, p. 318).

56 Maximiliano, 2005.

(Woodburn e Cooley), desde que não restrinja a ponto de perder a representação inteiramente o seu caráter popular, por se estabelecer, portanto, uma verdadeira aristocracia (Cooley, p. 215)[57].

Em sentido semelhante, Herculano de Freitas destacou a relevância dos órgãos eletivos e temporários:

> Forma republicana não é uma expressão vã; significa que o exercício da soberania deve residir no povo e que a organização política deve manter órgãos que, em nome da Nação, a exercitem – órgãos eletivos, órgãos temporários, órgãos responsáveis[58].

A leitura formalista do artigo 6º, n. 2, resta evidente em Aurelino Leal, jurista que atuou como interventor no Rio de Janeiro em 1923. Autor de *Theoria e Prática da Constituição Federal Brasileira*, obra em que faz apontamentos para uma revisão constitucional, Leal utilizou-se de uma referência a W. Willoughby para sustentar que o caráter republicano de um governo nada teria que ver com suas atividades:

> Nos Estados Unidos, em 1905, a Suprema Corte, por maioria de votos, decidiu um caso em que incidentalmente opinou que "a um Estado, assumindo o contraste da manufatura e distribuição de certos lucros, especialmente adquirindo e encarregando-se da direção de utilidades públicas, podia, por isso, perder sua forma republicana de governo". As sugestões assim feitas, diz um autor, nenhum valor pode ser dado. Se um governo é ou não é de forma republicana, depende não da esfera de suas atividades, mas do modo por que seus funcionários são escolhidos e do grau de sua responsabilidade legal diante do povo[59].

Um julgado da Suprema Corte negando a intervenção federal com base na atuação estadual em atividades econômicas passava, assim, a ser justificativa para Aurelino Leal esvaziar ao máximo o sentido de *forma republicana de governo*, atribuindo-lhe mero caráter formal. Afirmou, ainda,

[57] Maximiliano, 2005, p. 167.
[58] Freitas, 1923, p. 207.
[59] Leal, 1925, p. 64.

que a Constituição brasileira copiara mal o modelo americano, pois a expressão "forma republicana federativa" vinculava a forma de governo estadual àquela delineada no pacto da União[60].

ii) O posicionamento do segundo grupo de autores encontra-se em um ponto intermediário. São juristas que não questionam o sistema político e jurídico de forma acentuada, mas que, sem embargo, não deixam de atribuir um significado mais abrangente à república. Nesse grupo encontramos autores como João Barbalho, que na Constituinte, como representante de Pernambuco, fora bastante ativo e combativo, mas que depois se tornou, aos poucos, mais moderado, em especial ao assumir a cadeira de Ministro do STF.

Barbalho citou Madison, nos artigos federalistas[61]: "(...) governo republicano é aquele em que todos os poderes procedem direta ou indiretamente do povo, cujos administradores não gozam senão de poder temporário, a arbítrio do povo ou enquanto bem procederem"[62]. Citou também Walker, ao afirmar que a Constituição de 1891 garantia liberdade aos estados federados, por ser a expressão "forma republicana", no seu ver,

[60] Afirma Aurelino Leal: "O modelo americano fora aqui mal copiado. Ali os Estados Unidos garantem – uma forma republicana de governo – quer dizer uma forma qualquer, dentro das variantes que a forma republicana permite. Aqui não, falou-se da manutenção, da forma republicana federativa, que outra não é senão a delineada no pacto da União. Seria, porém, o menos. O que nossos constituintes olvidaram foi que a expressão – manter a forma republicana federativa – nos Estados Unidos, para se amoldar às necessidades práticas, sofreu o elastério de uma longa construção. João Barbalho, na sessão do Senado de 12 de setembro de 1895, aludiu a esse ponto. A expressão – forma republicana – 'ofereceu margem à disputa, foi objeto de dúvidas entre os próprios escritores americanos'. Resultado: fomos vítimas das mesmas ou maiores dificuldades, enredemo-nos nos mesmos embargos, e houve, aterrada que se viu uma grande parte com o art. 6, uma verdadeira febre de regulamentação (...) o que tem estabelecido, entre nós, o conceito – da forma republicana federativa – é a prática, é a construção, e isto, desgraçadamente, e não raro, à custa de surpresas, de violências, de sofismas, percorrendo a politicagem uma escala de atrocidades que vai da chacina nas ruas aos bombardeios fratricidas" (Leal, 1925, p. 58-9).

[61] Cabe observar os usos que são feitos a partir da doutrina esboçada por James Madison nos artigos federalistas. A justificativa por ele atribuída, nos artigos federalistas, à forma de governo republicana estava atrelada à tentativa de esboçar um modelo institucional que evitasse a disputa de facções, vista como contrária ao bem comum. Essa justificativa, entretanto, não é ressaltada e, na maioria dos casos, sequer citada pelos autores brasileiros.

[62] Madison *apud* Barbalho, 2002, p. 23.

"lata e compreensiva"[63]. Parece, portanto, que João Barbalho aproximava-se dos governistas. Não obstante, em seus comentários ao artigo 6º, fez uma ressalva que o diferencia do primeiro grupo, ao destacar o conteúdo substancial que permearia a ideia de república:

> Mas estará preenchido o fim a que se destina a organização federal arquitetada pela Constituição, somente com a existência, nos Estados, de uma forma republicana – qualquer que seja, de fato e em essência, a realidade prática do governo? Com o nome de república e com instituições aparentemente republicanas podem (e não será novo na história) existir governos despóticos. E pois para que em cada Estado haja o governo democrático e livre que a Constituição teve em vista, e não uma simulação dele, em ludibrio do povo, deve ficar entendido que a expressão – forma republicana – não designa simplesmente o aparelho formal da República, não compreende unicamente a existência do mecanismo que constitui o sistema republicano, mas o envolve, implícita e virtualmente, também o seu funcionamento regular, a sua prática efetiva e a realidade das garantias que este sistema estabelece. Isto evidentemente resulta da natureza e fins do direito de intervenção[64].

iii) Já o terceiro grupo, composto principalmente por oposicionistas ao governo[65], buscava atribuir um conteúdo mais denso ao conceito de república, justamente para escancarar os problemas do projeto levado a cabo pelas oligarquias rurais. Desse grupo, destacam-se dois autores que, por vezes, são classificados em lados opostos: Rui Barbosa e Alberto Torres[66].

[63] Barbalho, 2002, p. 23.

[64] Barbalho, 2002, p. 23.

[65] É preciso mencionar que, embora os juristas desse último grupo tenham se manifestado de forma crítica em relação à organização jurídico-política da Primeira República, eles próprios integraram o governo, ocupando os mais variados cargos, e vinculavam-se, em maior ou menor grau, às oligarquias regionais de seus estados de origem. Rui Barbosa, inserido nesse grupo de juristas, tinha profunda ligação com grupos oligárquicos baianos que foram aos poucos perdendo espaço político e sua atuação crítica e contestadora nem sempre pode ser dissociada de sua atuação como advogado, na defesa de interesses pragmáticos.

[66] Tal interpretação que coloca esses dois autores em lados opostos, o Rui próximo à norma e Alberto Torres próximo à realidade social, pode ser observada em Oliveira Vianna (1999, p. 29).

O primeiro era um leitor atento dos autores americanos. Para delinear o que seria a tal "forma republicana de Governo" no art. 6º, n. 2, Rui Barbosa usou Cooley, Campbell Black, Sutherland[67], Woodburn, Francis Moran[68] e McLain[69]. Vinculando a ideia de república à de democracia, concluía, por exemplo, que bastava que o povo não elegesse o governador para que cessasse de existir, no estado, a forma republicana.

De sua vasta produção literária, convém analisar aqui o livro[70] que trata da intervenção na Bahia – obra dirigida[71] ao então Presidente da República, o jurista Epitácio Pessoa. Fazendo parte do grupo que limitava ao máximo o conceito de república, Pessoa sustentava – com citações de Walker e Story – que a ideia de república estava essencialmente vinculada à tripartição de poderes:

> (...) uma simples observação tornava evidente que a Bahia não estava "absolutamente sem governo, em autoridade, sem ordem e sem leis", e é que os três poderes constitucionais, legalmente organizados, continuavam a funcionar. (...) O que caracteriza a forma republicana federativa, diz-se, é o fato de procederem do voto popular os poderes Legislativo e Executivo. Mas se na Bahia, que ninguém contesta ser um Estado republicano, regido por uma Constituição republicana e pertencente a uma nação republicana, eu digo que os poderes legislativo e executivo estão legalmente organizados, ipso facto tenho dito que estes poderes estão constituídos de conformidade com a lei republicana e, portanto, emanaram da eleição popular[72].

[67] Sutherland, em *Notes on the Constitution of the United States,* entendia a forma republicana da seguinte maneira: o povo tem direito de escolher a administração e adotar suas próprias leis.

[68] Para Francis Moran, em *The Citizen and the Republic,* o elemento essencial de uma república moderna seria que seus poderes derivariam, imediatamente ou mediatamente, do povo em geral e não de uma diminuta porção dele ou de uma classe favorecida.

[69] Para McLain, em *Constitutional Law in The United States,* a forma republicana seria o exercício de poderes divididos entre diferentes ramos do governo mediante funcionários e corpos representativos.

[70] Barbosa, 1975-1976.

[71] Note-se que a publicação de livro em resposta a Epitácio Pessoa pode ser compreendida, na verdade, como uma estratégia retórica com o intuito de alertar a opinião pública para as supostas fragilidades argumentativas do Presidente.

[72] Pessoa, 1920.

Rui Barbosa rebateu as ideias de Epitácio afirmando que a simples presença dos três poderes, já verificável no Brasil antes de 1889, não garante, por si só, a existência de uma forma republicana de governo. Para Rui, a presença de três poderes é requisito de qualquer Estado constitucional. A república exigiria aqui, portanto, algo mais para se caracterizar: uma forma de governo mais democrática.

Rui Barbosa destacou a importância da origem democrática de dois poderes – do destinado a fazer as leis e do encarregado de executá-las[73]. Afirmou, associando república e democracia, que:

> Os nossos homens de 1889 não eram alheios a esta noção, que, pelos modos, se vai perdendo hoje, entre os mais sabentes, essa noção inconcussa, comezinha e trivialíssima de que o que, sobretudo, constitui e singulariza a forma republicana, é a eleição do chefe de estado pelo povo[74].

Já no papel de advogado, Rui Barbosa esforçou-se para demonstrar juridicamente as arbitrariedades perpetradas pelo Governo Federal na Bahia:

> O que, portanto, faz de cada um dos Estados atuais uma república federada às outras na União e, destarte, constitui, em cada um deles, a característica exclusiva da forma republicana, é o privilégio, dado ao eleitorado estadual, que representa as populações ativas, de escolher o governador. (...) Basta que o povo não eleja o governador, para que cesse de existir, no estado, a forma republicana[75].

O autor que vai mais além na crítica à interpretação formalista é o jurista fluminense Alberto Torres. Em sua obra *A Organização Nacional,* Torres assumiu posição de certa originalidade indo na direção oposta à de Rui Barbosa e dos demais juristas da época, chamando atenção para a inaptidão da doutrina e do direito estrangeiros para solucionar os problemas nacionais. A sobreposição de diferentes tradições jurídicas oriundas da Europa e dos EUA complicariam ainda mais o cenário,

[73] Barbosa, 1975-1976, p. 48.

[74] Barbosa, 1975-1976, p. 49.

[75] Barbosa, 1975-1976, p. 51.

distanciando o discurso jurídico da realidade brasileira[76]. Para Torres, ao invés de aplicar automaticamente doutrina estrangeira, o Brasil precisava encontrar modelos jurídicos próprios, capazes de resolver os problemas aqui encontrados, observando as singularidades nacionais.

Quanto ao teor do artigo 6º, referente à intervenção federal, Alberto Torres advertiu que a palavra "forma" poderia induzir o intérprete em erro, dando-lhe a falsa impressão de que a república só estaria vinculada a uma questão meramente formal:

> Quanto aos casos de verdadeira intervenção, em que o Governo Federal deve agir sobre os "negócios peculiares" aos Estados, não há dúvida que a interpretação dada, até há pouco, ao art. 6º era extremamente restritiva.
>
> Basta atentar em duas das especificações deste artigo para sentir que o Governo Federal não foi colocado, pela Constituição, em face dos Estados, como diante de potências apenas sujeitas a ligeiras restrições da soberania: a que autoriza a intervenção, para manter a forma republicana federativa, e que autoriza, para assegurar a execução das leis federais. Quanto à primeira, uma interpretação literal parece ter querido reduzir a autoridade federal ao simples exercício de uma certa vigilância sobre a subordinação do Estado à forma de organização política adotada pela União, ao seu aparelho de governo. A palavra "forma", descuidadosamente adotada pelo Constituinte, é a causa dessa falsa interpretação; mas essa palavra foi sempre empregada pelos constitucionalistas como exprimindo, além do mecanismo governamental, o fundo da organização e das instituições; a própria Constituição elimina qualquer dúvida quando, no art. 78, dispõe que "a especificação dos direitos e garantias expressos na Constituição não exclui outras garantias e direitos não enumerados, mas resultantes da forma de governo que ela estabelece e dos princípios que consigna". A "forma de governo" implica, por consequência, o gozo efetivo dos direitos e garantias constitucionais[77].

[76] Afirmou Alberto Torres: "Na prática, as instituições têm sido, entretanto, desvirtuadas. Os homens políticos da República são estadualistas, por amor local e por força do interesse representativo; os intérpretes da Constituição, fiéis ao método de exegese que aprendemos no Direito Romano, e habituados a uma deplorável submissão ao argumento de autoridade, transplantaram para a nossa jurisprudência constitucional os conceitos e comentários da doutrina e da jurisprudência americana assim como haviam desenvolvido as regras do Direito Privado com ilustrações e comentários da doutrina e da jurisprudência portuguesa e francesa" (Torres, 1982, p. 74).

[77] Torres, 1982, p. 76-77.

Ao contrário dos juristas que buscavam restringir ao máximo o significado de *república*, Alberto Torres buscou estendê-lo e ampliá-lo, a fim de vincular o conceito de república à ideia de um governo que garantisse ao povo o pleno exercício de sua soberania[78].

Essa postura questionadora quanto aos caminhos tomados pela república recém-instaurada contribuiu para que Alberto Torres e Rui Barbosa seguissem como autores de referência após o fim da Primeira República e com o advento da Revolução de 1930.

Conclusões

Na história brasileira, percebe-se que o discurso político-jurídico tende, em alguns momentos, a aproximar os conceitos de *república* e *democracia* e, em outros, a afastá-los. No caso da Primeira República, verifica-se que esses conceitos se afastaram e que essa construção no âmbito da doutrina constitucional foi amplamente respaldada por doutrina americana sobre a mesma temática.

As citações constantes dos debates jurídicos estadunidenses são realizadas sempre de forma mediada, a partir de um uso seletivo dessas referências. É possível dizer que a utilização dessa doutrina estrangeira respaldou, em grande medida, a limitação do conceito de *república* para torná-lo mais conservador.

Em termos de estratégia de ação do governo, a ampliação do significado de república traria um impasse ainda maior na utilização do instituto constitucional da intervenção federal. O pacto firmado por Campos Salles por meio da "política dos governadores"[79] pressupunha uma reduzida

[78] Alberto Torres conceituou *república* da seguinte forma: "A Constituição, além disso, não se limita a prescrever obediência à 'forma federativa', mas à 'forma republicana federativa', exprimindo, com a segunda dessas palavras, o sistema de governo popular por excelência, criado pelo gênio humano justamente para garantir ao povo o pleno exercício de sua soberania, na representação política, e aos indivíduos o gozo integral de seus direitos e garantias. Expressão perfeita do 'governo jurídico', a República pressupõe a existência, em todo o território do país, de autoridades legais, agindo dentro da lei – um estado de ordem não só material, mas política e civil: a segurança absoluta da vida, da liberdade, da propriedade, de todos os direitos, em suma. Só esse conjunto de elementos constitui a 'forma republicana' de governo; quando esta não for a situação em algum Estado, haverá despotismo ou anarquia, anomalias que a Constituição não poderia tolerar, no território nacional" (Torres, 1982, p. 77).

[79] Salles, 1998.

intervenção da União na política dos estados, em troca do apoio das forças situacionistas estaduais. Portanto, a interpretação extensiva do artigo 6º da Constituição de 1891 poderia ser um obstáculo para a implementação desse pacto político.

Quanto à ideologia do grupo político governista, a ideia era instaurar uma república de cunho mais moderado e restrito, sem a efetiva participação das camadas populares. Prevaleceu, portanto, uma interpretação que associava a república somente à forma, entendida como presença de governo representativo formal, e não a um conteúdo mais ampliado, que oferecesse as bases para o fortalecimento da soberania popular no país.

Qualquer aprofundamento quanto ao conteúdo deslegitimaria um governo que não era capaz sequer de realizar eleições confiáveis e transparentes[80]. Tal contradição culminaria na insustentabilidade de um regime que se proclamara revolucionário justamente por se apresentar como republicano e que demonstrara, ao longo dos anos, a incapacidade de realizar esse projeto republicano e de produzir uma democracia efetiva.

Referências

ACKERMAN, Bruce. *The failure of the founding fathers*: Jefferson, Marshall, and the Rise of Presidential Democracy. Harvard University Press, 2007.

__________. *We the people* – foundations. Vol. I. Harvard University Press, 1991.

BAILYN, Bernard. *The ideological origins of the American Revolution*. Cambridge, Massachusetts: Harvard University Press, 2017.

BAILYN, Bernard; DALLEK, Robert; DAVIS, David; DONALD, David; THOMAS, John; WIEBE, Robert; WOOD, Gordon. *The Great Republic* – a history of the American people. Lexington, Massachusetts: D. C. Heath and Company, 1977.

BARBALHO, João. *Constituição Federal Brasileira (1891)*. Brasília: Editora Senado Federal, 2002.

BARBOSA, Rui. *O art. 6º da Constituição e a intervenção de 1920 na Bahia* [prefácio de Afonso Arinos de Melo Franco]. v. 47, t. 3. Coleção Obras Completas de Rui Barbosa. Rio de Janeiro: Ministério da Educação e Cultura e Fundação Casa de Rui Barbosa, 1976.

BERCOVICI, Gilberto. A Constituição invertida: a Suprema Corte Americana no combate à ampliação da democracia. In: *Lua Nova*. N. 89. São Paulo, 2013.

80 Nesse sentido, verificar a análise de Victor Nunes Leal (1976) sobre as eleições na Primeira República.

BLACK, Henry Campbell. *Handbook of American Constitutional Law*. 2ª ed. St. Paul: West Publishing Co., 1897.

BOCAIÚVA, Quintino. *Ideias Políticas de Quintino Bocaiúva*. Organizador: Eduardo Silva. Volume I. Brasília – Rio de Janeiro: Senado Federal e Fundação Casa Rui Barbosa, 1986.

CÂMARA DOS DEPUTADOS. *Intervenção nos Estados* (Documentos parlamentares publicados por ordem da mesa da Câmara dos Deputados), vol. I. Paris: Typographia Aillaud, Alves & Cia., 1913.

COOLEY, Thomas. A Treatise on the constitutional Limitations which rest upon the legislative power of the States of the American Union. 7ª ed. Boston: Little, Brown and Company, 1903.

___________. *Princípios gerais de Direito Constitucional dos Estados Unidos da América do Norte*. Tradução de Alcides Cruz e prefácio de Eloy José da Rocha. 2ª ed. reprodução fac--similar parcial da ed. de 1909. São Paulo: Revista dos Tribunais, 1982.

___________. The general principles of Constitutional Law in the United States of America. Boston: Little, Brown, and Company, 1891.

FREITAS, Herculano de. A intervenção federal nos Estados. Exegese constitucional. *Revista Forense*, Belo Horizonte, Imprensa Oficial do Estado de Minas Gerais, jun-dez. 1923.

HORWITZ, Morton J. *The transformation of American Law 1780-1860*. Cambridge, Massachusets: Harvard University Press, 1977.

LEAL, Aurelino. *Theoria e Prática da Constituição Federal brasileira*. Parte Primeira (arts 1 a 40). Rio de Janeiro: F. Briguiet e Cia. Editores, 1925.

LEAL, Victor Nunes. *Coronelismo, enxada e voto:* o município e o regime representativo. 3ª ed. São Paulo: Alfa-Omega, 1976.

LYNCH, Christian. O caminho para Washington passa por Buenos Aires: a recepção do conceito argentino do estado de sítio e seu papel na construção da República brasileira (1890-1898). *Revista Brasileira de Ciências Sociais*, v. 27, n. 78, 2012.

___________. O Momento Oligárquico: a construção institucional da República brasileira (1870-1891). *Historia Constitucional* (Oviedo), v. 12, 2011.

MADISON, James; HAMILTON, Alexander, JAY, John. *Os artigos federalistas*, 1787--1788. Apresentação Isaac Karmnick. Tradução de Maria Luiza Borges. Rio de Janeiro: Nova Fronteira, 1993.

MAXIMILIANO, Carlos. *Comentários à Constituição brasileira de 1891*. Brasília: Senado Federal, 2005.

NOVAK, William J. New democracy – the creation of the modern American State. Harvard University Press, 2022.

___________. *The people's welfare* – law and regulation in nineteenth-century America. The University of North Carolina Press, 1996.

NUNES, Castro. *As Constituições estaduais do Brasil*. Rio de Janeiro: Ed. Leite Ribeiro, 1922.

PASCHAL, Jorge W. *La Constitucion de los Estados Unidos explicada y anotada*. Buenos Aires: Félix Lajouane Editor, 1988.

PESSOA, Epitácio. Intervenção Federal nos estados. *Revista Forense*, Belo Horizonte, Imprensa oficial do Estado de Minas Gerais, vol. XXXIII, jan./ jun. 1920.

PILDES, Richard H., Democracy, Anti-Democracy, and the Canon. *Constitutional Commentary*. Vol. 17, 2000.

PINTO, Gabriel Rezende de Souza. O que constitui uma República? Revista Sequência, v. 42, n. 87, 2021.

POCOCK, J. G. A. *The Machiavellian moment*: Florentine political thought and the atlantic republican tradition. Princeton: Princeton University Press, 1975.

RODRIGUES, Lêda Boechat. *A corte suprema e o direito constitucional americano*. São Paulo: Rev. Forense, 1958.

SALLES, Campos. *Da propaganda à presidência*. Brasília: Senado Federal, 1998.

SAVITZKY, Ari J. The law of democracy and the two Luther v. Bordens: a counterhistory. In: *New York University Law Review*. Vol 86, n. 2028, 2011, p. 2028-2069.

SKINNER, Quentin. *Liberdade antes do Liberalismo*. São Paulo: Ed. UNESP, 1999.

STORY, Joseph. *Commentaries on the Constitution of the United States*. Vol. I. Boston: Little, Brown and Company, 1873.

TORRES, Alberto. *A organização nacional*. 4ª Ed. Brasília: Editora Universidade de Brasília, 1982.

TUCKER, St. George. *View of the Constitution of the United States:* with selected writings. Foreword: Clyde N. Wilson. Indianapolis, In: Liberty Fund, Inc., 1999.

VIANNA, Oliveira. *Instituições Políticas Brasileiras*. Brasília: Editora Senado Federal, 1999.

WALKER, Thimothy. *Introduction to American law*. 10ª ed. Boston: Little, Brown and Company, 1895.

WEINBERG, Louise. Luther v. Borden: A Taney Court Mystery Solved. *Pace L. Rev.* 37, 700, 2017.

WILLOUGHBY, Westel W. *Priciples of the Constitutional Law of the United States*. Second Edition. New York: Baker, Voorhis & Co., 1933.

____________. *The constitutional law of the United States*. 2. ed. Volume I. New York: Baker, Voorhis and Company, 1929.

WILSON, Clyde N. *View of the Constitution of the United States: with selected writings*. Foreword: Clyde N. Wilson. Indianapolis, In: Liberty Fund, Inc., 1999.

WOOD, Gordon S. *The creation of the American Republic (1776-1787)*. The University of North Carolina Press, 1998.

WOODBURN, James Albert. *The American Republic and its government*. 2ª ed. New York: The Knickerbocker Press, 1916.

III.

HISTÓRIA CONSTITUCIONAL BRASILEIRA DA REVOLUÇÃO DE 1930 AO GOLPE DE 1964

7. ERA VARGAS: ESTADO E DIREITO ADMINISTRATIVO NO GOVERNO PROVISÓRIO[1]

MAMEDE SAID MAIA FILHO

Introdução

A Revolução de 1930 deixou um notável legado para a ordem jurídica brasileira, em particular no que se refere ao surgimento de um direito administrativo autônomo, na esteira da adoção de elementos de racionalização e profissionalização da Administração Pública. As mudanças que o movimento revolucionário promoveu no aparato estatal respondem pelo surgimento do Brasil moderno, tendo sido a partir da década de 30 que o direito administrativo brasileiro experimentou sua maior evolução, fruto do processo de fortalecimento da estrutura estatal e da necessidade de normatização das novas funções de governo.

As inovações mais significativas se deram durante o período do Governo Provisório (1930-1934), com a Constituição de 1934 consagrando as mudanças que o novo regime logo se apressou em promover. Fiel ao ideário do movimento, o texto constitucional previa expressamente a extensão da atividade do Estado no âmbito socioeconômico[2], tendo sido a primeira Constituição brasileira a dispor de um título inteiramente

[1] Uma versão deste texto foi publicada na Revista História do Direito: RHD, Curitiba, v. 3, n. 5, jul.-dez. de 2022.

[2] Afora a referência ao bem-estar social e econômico em seu Preâmbulo, a Constituição de 1934 dispunha, no art. 121, que "a lei promoverá o amparo da produção e estabelecerá as condições do trabalho, na cidade e nos campos, tendo em vista a proteção social do trabalhador e os interesses econômicos do País". No art. 138, *a*, estabelecia ser incumbência da União, dos estados e dos municípios "assegurar amparo aos desvalidos, criando serviços especializados e animando os serviços sociais, cuja orientação procurarão coordenar".

dedicado à ordem econômica e social (Título IV). Como assinala Bonavides[3], foi a Carta que fez surgir o Estado Social brasileiro, na busca de superação das premissas que o Estado Liberal abstencionista gerou na ordem social e econômica.

O advento do paradigma do *Welfare State* levara o Estado a ampliar consideravelmente seu raio de ação. Em diversos países, desde o século XIX, houve uma ampliação da atuação estatal "para proteger a economia interna, regular seu funcionamento, administrar a luta de classes e exercer controle social"[4]. Nesse contexto, o incremento da burocracia do Estado moderno e a ampliação de sua atuação administrativa, gerando mudanças na vida social, levaram ao surgimento de uma grande massa de novas normas, impulsionando "uma refuncionalização do Direito Administrativo vigente, alterando-o para servir a um Estado interventor cada vez mais presente e visível"[5].

No Brasil, o direito administrativo que vigorava no período do Império e da Primeira República, como observa Guandalini Junior[6], ressentia-se da inexistência – ou da existência ainda muito incipiente – de uma estrutura administrativa burocrática que possibilitasse a manifestação da vontade do Estado como ente regulador da vida social. Nesse diapasão, o direito administrativo "atuou essencialmente como elemento de fundação e estruturação do Estado brasileiro, desempenhando uma função acessória ao direito constitucional"[7]. Diferente do papel específico que desempenhava na Europa, de organizar juridicamente o exercício do recém-criado poder administrativo.

A proclamação da República, em 1889, proporcionara a organização de uma incipiente estrutura administrativa que se regia, em grande medida, por normas de direito privado. O que prevalecia era uma lógica estatal mínima, na qual a presença do Poder Público só se fazia sentir de forma pontual e assessória[8]. Foi com a Revolução de 1930 que se criou, no Brasil,

[3] 1991, p. 325.

[4] Seelaender, 2021, p. 168.

[5] Seelaender, 2021, p. 168.

[6] 2016, p. 250.

[7] Guandalini Junior, 2016, p. 252.

[8] Mesmo no que diz respeito ao café, o principal produto na pauta de exportações, a intervenção do Poder Público somente se dava por meio dos governos dos estados produtores (São Paulo, Minas Gerais e Rio de Janeiro), os quais se articulavam entre si para o estabelecimento

uma Administração Pública institucionalizada e um direito administrativo autônomo, que foi aos poucos se desprendendo da influência dos princípios do *common law* que caracterizaram o Direito na Primeira República[9] até se firmar tomando como modelo básico o direito administrativo francês. Essa influência se fez mais evidente no que se refere à teoria dos atos administrativos, ao atributo da autoexecutoriedade, à responsabilidade civil do Estado, ao conceito de serviço público e às prerrogativas da Administração, mediante as quais lhe foi atribuído um regime jurídico próprio, derrogatório e exorbitante das normas de direito comum[10].

Representando o ápice desse processo, a Constituição de 1934, sob a influência da Constituição de Weimar de 1919 e da Constituição espanhola de 1931[11], consagrou o constitucionalismo social, incorporando em seu texto os direitos que a Era Vargas institucionalizou mediante uma profusão de atos administrativos de caráter normativo, particularmente decretos.

O presente artigo busca demonstrar como a construção do Estado Social brasileiro[12], no bojo das transformações levadas a cabo pela Revolução de 1930, responde pelos principais avanços experimentados pelo direito administrativo na realidade nacional. Face às exigências de regulamentação da sociedade e da economia, a edição de normas de caráter administrativo se fazia necessária para que o projeto intervencionista e centralizador fosse desenvolvido. Tais normas é que deram

de preços mínimos e controle da produção. Apenas ocasionalmente o governo central intervinha, concedendo favores especiais a setores econômicos localizados através de tarifas alfandegárias ou de empréstimos, via Banco do Brasil. V., a respeito, Baer, Kerstenetzky e Villela, "As modificações do papel do Estado na economia brasileira", *Pesquisa e Planejamento Econômico*, vol. 3, n. 4, dez/1973, p. 886-887.

[9] A influência que o direito administrativo brasileiro sofreu do direito norte-americano se deu particularmente no que se refere ao sistema de jurisdição única, à jurisprudência como fonte do direito e à submissão da Administração Pública ao controle jurisdicional.

[10] Di Pietro, 2007, p. 7.

[11] Embora a influência mais significativa tenha sido a Constituição de Weimar, a Constituição espanhola de 1931 também serviu de fonte de inspiração. O livro *As novas tendências do direito constitucional*, do jurista russo radicado na França Boris Mirkine-Guetzévitch, traduzido por Cândido Motta Filho com apresentação de Vicente Ráo, e que teve bastante acolhida no mundo jurídico à época, trazia uma cópia integral do texto constitucional espanhol.

[12] Gilberto Bercovici (2009) utiliza como sinônimas de Estado Social as expressões Estado intervencionista e Estado desenvolvimentista.

sustentação ao papel que o Estado, como ente catalisador das mudanças, passou a promover na ordem política, econômica e social.

Nessa linha de raciocínio, este texto analisa inicialmente a conjuntura que fez eclodir a Revolução de 1930 e o protagonismo que o Executivo passou a exercer na criação do aparato normativo da estatalidade nacional. Examina, depois, o arranjo institucional concebido pela Constituinte de 1934 para discorrer, ao final, sobre os variados instrumentos legais produzidos pelo Governo Provisório, de forma a constatar sua decisiva contribuição à obra de edificação do novo modelo de Administração Pública que se firmou naquele período histórico. Para isso, utiliza-se de diferentes referenciais teóricos de juristas e historiadores da matéria, além de se deter no escrutínio dos diplomas legais que deram um impulso modernizador ao direito administrativo.

Considerando essas premissas, o artigo propõe as seguintes hipóteses: a) A Revolução de 1930 representou o ponto de inflexão a partir do qual se procurou superar o fracasso do liberalismo da Primeira República, submetido ao individualismo e aos regionalismos das oligarquias corruptas; b) Na consideração de que a questão nacional-desenvolvimentista era a tarefa prioritária, os revolucionários de 30 entendiam caber ao Estado ser o artífice da emancipação econômica e social de que o país necessitava; c) O papel dirigente do Estado levou à criação de um grande número de órgãos e pessoas jurídicas públicas e à consequente implantação de uma Administração Pública burocratizada e abrangente, regida por uma pluralidade de normas que a Constituição de 1934 recepcionou; d) A ampliação das competências e atribuições do Executivo fez desse Poder o protagonista no processo de criação do aparato normativo do Estado Nacional.

O ideário da Revolução de 1930

O Movimento de 30 foi uma reação ao fracasso do liberalismo da Primeira República, incapaz de realizar o projeto de um Estado racional-legal que, conforme as lições emanadas da experiência norte-americana, propunha uma arquitetura institucional na qual o indivíduo-cidadão participaria do poder e o limitaria por meio do voto. A força do poder privado e a fraqueza da esfera pública; as carências do povo na área da educação e da saúde; a economia rural ineficiente e pouco produtiva; o atraso, enfim, do qual o país era refém, era visto como obstáculo à realização da proposta de um Brasil liberal desenhado pela Constituição de 1891 e pactuado pela anacrônica fórmula da política dos governadores.

Três revoltas tenentistas[13] prenunciaram o fim da Primeira República e a deflagração da Revolução de 30: a Revolta dos 18 do Forte de Copacabana, em 1922, a Revolta Paulista de 1924 e a Comuna de Manaus, também de 1924. Em todas elas, as reivindicações gravitavam em torno da implantação do voto secreto, de reformas no ensino público, do fim da corrupção e da destituição das oligarquias cafeicultoras de São Paulo e Minas Gerais que dominavam a política nacional. O fracasso desses movimentos não impediu que os militares revoltosos se reunissem, depois, na Coluna Prestes, que durante dois anos (de 1925 a 1927) percorreu treze estados brasileiros ao longo de 25 mil quilômetros, buscando levantar a população contra a ordem política vigente, em uma verdadeira guerra de movimento.

Nesse contexto de insatisfação e instabilidade que açodava os quarteis e a cena político-institucional formou-se a Aliança Liberal, coligação oposicionista que lançou Getúlio Vargas a presidente nas eleições de 1930. As propostas da Aliança reproduziam, em grande medida, as reivindicações dos movimentos tenentistas, incluindo, ainda, a anistia dos tenentes insurgentes, a garantia da independência do Poder Judiciário, com a designação de magistrados para a presidência das mesas eleitorais, e a adoção de medidas econômicas de caráter protecionista que ampliassem o leque dos produtos de exportação para além da monocultura do café.

Particularmente a partir do pós-guerra e da Grande Depressão de 1929[14] ocorreu em diversos países – e entre os intelectuais que refletiam sobre o Brasil de então, como Azevedo Amaral, Oliveira Vianna e Francisco Campos –, um afastamento, mais ou menos radical, do paradigma clássico de Estado liberal. A crise de 1929 afetara profundamente a estrutura econômica brasileira, com a baixa dos preços do café e a retração do mercado consumidor, que justificou a necessidade de o governo atuar como agente regulador, no esforço pela industrialização e pela diversificação do

[13] O movimento político-militar do tenentismo era composto, em sua maioria, por membros do Exército (tenentes e oficiais de baixa patente), embora houvesse também os "tenentes civis", como José Américo de Almeida, Virgílio de Melo Franco e Osvaldo Aranha, entre outros.

[14] Sobre o impacto da Grande Depressão na América Latina, v., entre outros, Hobsbawm, 1995, p. 108-109.

setor produtivo[15]. Entretanto, para além do aspecto econômico-financeiro, o Estado liberal era considerado, no plano político-institucional, mera ficção, como o eram os procedimentos a ele associados: eleições, partidos, Parlamento.

Em manifesto de maio de 1930, Luiz Carlos Prestes, o mais emblemático líder do movimento tenentista, diagnosticava que "uma simples mudança de homens, um voto secreto, promessas de liberdade eleitoral, de honestidade administrativa, de respeito à Constituição e moeda estável e outras panaceias, nada resolvem"[16]. No seu entender, era "irrisório" falar em liberdade eleitoral quando não havia independência econômica, e assim "o governo dos coronéis, chefes políticos, donos da terra, só podia ser o que aí temos: opressão política e exploração impositiva"[17].

No outro lado do espectro político, Oliveira Vianna, expressando o ambiente conturbado da década de 1920, também manifestara seu desencanto com o funcionamento da "República Nova". Em *O ocaso do Império*, de 1925, dizia que o regime instaurado em 1889 "não deu nenhuma satisfação às nossas aspirações democráticas e liberais: nenhuma delas conseguiu ter realidade dentro da organização política vigente"[18]. No centenário da Independência, em 1922, quando se deu o traslado, de Portugal para o Brasil, dos restos mortais de Dom Pedro II, houve protestos republicanos, mas, como diz José Murilo de Carvalho, também republicanos desencantados passaram a avaliar o que havia de positivo no antigo regime. Os festejos da Independência se deram com pompa, "mas não sem manifestações voltadas para a necessidade de republicanizar um regime já tido, mesmo por republicanos, como corrompido"[19].

O país não vislumbrava alternativa alguma que congregasse um número significativo de opiniões; as tendências políticas eram imprecisas

[15] Albuquerque, 1981, p. 461.

[16] Para Anita Leocádia Prestes (*Luiz Carlos Prestes: patriota, revolucionário, comunista*, 2006, p. 29), o Manifesto de Maio de 1930 representou o rompimento de Prestes com o tenentismo. No Manifesto, Prestes, além de denunciar o "adesismo" dos tenentes "aos grupos oligárquicos liderados por Vargas e descontentes com a escolha de Júlio Prestes para o seguinte quadriênio presidencial", prenuncia sua adesão ao marxismo e posterior filiação ao Partido Comunista, que se consumou em 1934.

[17] Prestes, 1930.

[18] Vianna, 2006, p. 87.

[19] Carvalho, 2006, p. IX.

e indeterminadas, e ninguém podia dizer ao certo que forma de governo deveria prevalecer. Para Vianna, havia certa tendência de retorno ao regime parlamentar, como havia certa tendência de retorno ao Poder Moderador. Havia certa tendência para estabelecer restrições à autonomia estadual, como para uma maior extensão dos poderes federais. Havia mesmo pequenos movimentos de gravitação para o socialismo alemão, como até mesmo para o bolchevismo russo. Nesse cenário de desapontamento, o ideal republicano "era um ideal vago, insulado num recanto da consciência nacional, com um raio de ação muito reduzido"[20]. Tanto quanto os tenentes revoltosos viriam depois proclamar, Vianna entendia que formas de governo, instituições constitucionais, República, Democracia, "tudo isto representava abstrações" que transcendiam de muito o alcance da "mentalidade rudimentar" das massas populares[21].

A descrença no sistema decorria de um federalismo falso, corrompido pelos chefes políticos estaduais que encenavam um simulacro de disputas eleitorais. De um presidencialismo disforme e de um liberalismo que não encontrara lugar no aparelho político-estatal e não gerara melhorias na ordem social. De um Estado que tinha um caráter acentuadamente patrimonialista, no qual a esfera pública se confundia com a esfera privada. Como acentua Ângela de Castro Gomes[22], visando vencer o artificialismo político republicano que postulava normas consideradas inaplicáveis à realidade brasileira e, em o fazendo, combater o arbítrio expresso no caudilhismo e em seus derivados – o clientelismo e o personalismo da organização política de então –, a Revolução de 30 apresentou a centralização[23] do Estado como o caminho capaz de levar o país para a nacionalização e a modernização. Para além do desmantelo da cúpula governante, se fazia

[20] Vianna, 2006, p. 88.

[21] Vianna, 2006, p. 89.

[22] 2005, p. 110.

[23] A centralização é abordada, aqui, em sua perspectiva política, de um Estado robustecido e capaz de manter sob controle os serviços e as políticas públicas. Esse conceito de centralização política não se contrapõe à proposta de descentralização administrativa levada a efeito na Era Vargas, com o repasse de vários serviços e atividades para entidades administrativas dotadas de personalidade jurídica própria, as quais passam a desenvolver tais serviços de forma autônoma e descentralizada. Pode-se falar, assim, que a Era Vargas foi marcada por um forte movimento de centralização política que convivia com uma dinâmica de acentuada descentralização administrativa.

necessário tocar nas bases socioeconômicas do poder, alterando os elos locais de domínio, enfraquecendo o comando dos fazendeiros e industriais para "libertar" as camadas média e popular que não encontravam mecanismos próprios para se expressar e influenciar a conjuntura política[24].

Já no discurso que fez em 2 de janeiro de 1930 na Esplanada do Castelo, Rio de Janeiro, na condição de candidato à Presidência pela Aliança Liberal, Getúlio Vargas defendeu enfaticamente o voto secreto, a educação pública e a necessidade de leis trabalhistas. Advogou o alistamento compulsório de todos os alfabetizados e a entrega do processo eleitoral a uma magistratura federal togada, como condição para se impedir a fraude e se alcançar uma "genuína representação popular"[25]. Entendia Vargas ser dever do Estado "acudir ao proletário com medidas que lhe assegurem relativo conforto e estabilidade e o amparem nas doenças como na velhice". Para isso, o governo central e o dos estados deveriam coordenar esforços visando a adoção de um "Código do Trabalho" no qual tanto o proletariado urbano como o rural disporiam de "dispositivos tutelares" compreendendo medidas no campo da educação, higiene, alimentação, habitação; a proteção às mulheres, às crianças, à invalidez e à velhice, assim como o acesso do trabalhador ao desporto e à cultura artística[26]. No discurso, o candidato defendeu ainda a instituição, por lei, do salário mínimo e da obrigatoriedade de férias anuais[27].

Raymundo Faoro[28] assinala que o discurso histórico que precedeu a Revolução se deteve, de forma particular, em dois aspectos: o desenvolvimento econômico e a questão social. Ressaltando a importância

[24] Faoro, 2000, p. 314.

[25] Vargas, 2011, p. 283.

[26] Vargas, 2011, p. 285-286.

[27] O salário mínimo (regionalizado) foi instituído pela Lei nº 185, de 14 de janeiro de 1936, cujo art. 1º assim dispunha: "Todo trabalhador tem direito, em pagamento do serviço prestando, num salário mínimo capaz de satisfazer, em determinada região do Paiz e em determinada época, das suas necessidades normais de alimentação, habitação, vestuário, higiene e transporte". No que tange às férias anuais, embora tal direito estivesse previsto desde 1925 (Lei nº 4.982, de 24 de dezembro de 1925), ele não era exercido em sua plenitude. Pelo Decreto nº 19.808, de 28 de março de 1931, Vargas suspendeu a Lei nº 4.982/1925 e seu respectivo regulamento e estabeleceu nova modalidade para a concessão de férias a operários e empregados dos estabelecimentos comerciais, industriais e bancários.

[28] 2000, p. 315.

de se estimular a produção agrícola nacional e de superar as incertezas da indústria nascente com um Estado economicamente forte, Vargas propunha a superação da dependência de importações e a necessidade de incrementar a produção local como caminho para emancipar o país. Isso seria feito com recursos próprios, com a remodelação do Banco do Brasil, com a defesa da produção do café, do açúcar e de outros produtos da pauta de exportações, visando o equilíbrio da balança comercial e a estabilização do valor da moeda.

O programa da Aliança Liberal defendia que os problemas sociais deveriam ser enfrentados por mecanismos estatais, mas, como lembra Faoro[29], não com o intuito de tocar nos alicerces sobre os quais repousava a estrutura social, e sim para pacificá-los, domando-os entre extremismos, com a reforma do aparelhamento, não só constitucional, mas político-social. As mudanças deveriam ocorrer sem estimular a "índole vulcânica" das camadas médias e populares, daí "a necessidade de um Estado orientador, alheado das competições, paternalista na essência, controlado por um líder e sedimentado numa burocracia superior, estamental e sem obediência a imposições de classe"[30].

Entretanto, ainda que a Revolução de 30 não tenha levado à completa superação do sistema oligárquico vigente, não há como desconhecer que a argúcia e a capacidade de manobra de Vargas o levaram, uma vez no poder, a dirigir um processo de transformações ao mesmo tempo econômico, social e político, no qual buscou conciliar o interesse da nascente burguesia industrial com os das oligarquias rurais, dos militares e dos trabalhadores[31]. Com um regime de economia dirigida, sobretudo através do controle do comércio exterior, e um expressivo desenvolvimento industrial que buscava a diversificação das atividades econômicas e o rompimento da dependência do país, o Governo Provisório se ancorava nos ambientes operários fortalecidos por uma política sindical paternalista e corporativista, no que conseguiu conceder aumentos reais de salário e

[29] 2000, p. 320.

[30] Faoro, 2000, p. 320.

[31] Em seu livro *A verdade sobre a Revolução de Outubro – 1930* (1983, p. 195), Barbosa Lima Sobrinho faz uma curiosa radiografia do perfil político de Getúlio Vargas: "Um caudilho cerebral, que reúne, no mesmo pulso, a liberdade dos processos e a sutileza da ação; um técnico da política, paciente, tenaz, oportuno, considerando a humanidade, amigos e inimigos, com a impassibilidade e a minúcia de um colecionador indiferente".

um modesto, porém consistente, incremento da política de distribuição de renda[32].

Num amontoado impreciso de tendências e facções, a espinha dorsal do modelo surgido com a Revolução de 30 foi, como visto, o elemento militar, ancorado na vanguarda dos tenentes[33]. Para João Mangabeira[34], um dos integrantes da Comissão encarregada de elaborar o anteprojeto da Constituição, o Movimento de 30 comportava uma grande variação de tendências, "em cujo leito desaguavam correntes partidas de pontos opostos", abrigando os interesses mais antagônicos, desde o "vermelho das reivindicações marxistas ao negro da reação clerical".

A nota modernizadora do movimento, como diz Faoro[35], assume feição nacionalista: um direito público brasileiro, uma Administração Pública adequada às particularidades nacionais, uma política voltada à modernização das instituições. A nacionalização da economia completa o quadro, sob o pressuposto da superação do predomínio dos estados em prol de uma política de caráter nacional. O discurso dominante entre os tenentes encontrara eco em Minas Gerais, com Francisco Campos e Gustavo Capanema; no Rio de Janeiro, com Góis Monteiro, Osvaldo Aranha e Juarez Távora, como também na Paraíba, com José Américo de Almeida, em um misto de contradições e convergências políticas.

Com o Governo Provisório se alinhavam os jovens tenentes reformistas, mas também os militares nacionalistas, assim como dissidentes das oligarquias tradicionais, na busca da superação de uma cultura política marcada pelo nepotismo, pelo sistemático e indevido uso do erário público e pelos abusos de autoridade. O programa dos tenentes, relevante na cena pública de então, estava permeado de valores de salvação nacional e de uma visão que destinava ao Exército o papel de guardião das instituições republicanas[36].

O ciclo nacional-desenvolvimentista desencadeado pela Revolução de 30 teve em Vargas o líder populista que, como define Bresser-Pereira[37],

32 Donghi, 1976, p. 227-228.

33 Faoro, 2000, p. 320.

34 1941, p. 13.

35 2000, p. 321.

36 Fausto, 2006, p. 240.

37 2009, p. 115.

"estabeleceu um contato direto e pessoal com o povo", até como forma de superar a ausência de partidos políticos ideológicos que intermediassem o exercício do poder. Além de não haver partidos ideologicamente definidos, não havia a conceituação clara de direitos civis e o respeito à lei; "não havia, portanto, o Estado de direito, que é condição da democracia"[38].

Embora nacionalismo e populismo, no quadro de uma sociedade dependente, sejam palavras usadas de forma negativa pelo pensamento hegemônico, Bresser-Pereira[39] considera que foi o nacionalismo de Vargas, na transformação do Brasil em Estado-nação autônomo, que o tornou um estadista, e foi seu populismo que abriu espaço para a democracia no Brasil ao promover sua revolução capitalista[40]. Para o autor, tratou-se de um populismo político que não se confundia com o populismo econômico (perdulário, que gasta mais do que arrecada) nem com o populismo demagógico – porque sempre tratou as finanças públicas com rigor, porque buscou incorporar as massas ao processo político e porque não era apenas retórico, mas preocupado em transformar as palavras em ações, enfrentando o protesto dos empresários e das velhas oligarquias[41].

Um Estado intervencionista, um Executivo forte e centralizador

Ainda que não se considere que o intervencionismo estatal tenha se iniciado com o Governo Vargas, mas que se deu também durante a vigência da Constituição de 1891[42], não há como ignorar que foi a partir

[38] Bresser-Pereira, 2009, p. 119.

[39] 2009, p. 98.

[40] Para Bresser-Pereira (2009, p. 112), Vargas sabia que o pacto nacional-desenvolvimentista que propunha não podia se limitar aos militares, aos empresários industriais e à elite burocrática oriunda da classe média. Embora pudesse ser caracterizado como uma figura autoritária, Vargas não era elitista: "Foi a primeira vez na história política do Brasil que um grande líder político foi buscar as bases de sua legitimidade no povo, especificamente nos trabalhadores urbanos (...)".

[41] Bresser-Pereira, 2009, p. 118-119.

[42] Nelson Werneck Sodré (1962, p. 254-255) considera que a lei de tarifas editada em 12 de agosto de 1844 – conhecida como Tarifa Alves Branco em referência ao então ministro da Fazenda – demarcou terreno no que diz respeito à intervenção do Estado. A lei taxou pesadamente (com tarifas que chegavam a 60%) diversos produtos da pauta de importações que já podiam ser produzidos no Brasil, tendo inclusive motivado represálias do exterior. Para Sodré, a lei encerrou a fase marcada por um completo liberalismo da economia do Império, inaugurando uma nova política.

de 1930 que a intervenção do Estado na economia se fez determinante. A Constituição de 1934 consagrou que a ordem econômica devia ser organizada "conforme os princípios da Justiça e as necessidades da vida nacional, de modo que possibilite a todos existência digna" (art. 115)[43]. De igual forma, foi a Carta que reorganizou o pacto federal, estabelecendo a predominância dos poderes da União sobre os dos estados e municípios.

O Decreto nº 19.398, de 11 de novembro de 1930, que instituiu o Governo Provisório, tinha um alcance superior ao de um mero ato administrativo. Como lembra Afonso Arinos de Melo Franco[44], "o diploma é impropriamente chamado decreto, quando de fato era uma lei, e lei constitucional". Constituía, portanto, "uma verdadeira Constituição provisória". A Carta de 1934 reconheceu sua importância, pois no art. 18 de suas Disposições Transitórias aprovou e tornou insuscetíveis de qualquer apreciação judicial os atos do Governo Provisório, os dos interventores e os dos delegados do Governo adotados na vigência do decreto[45].

A preponderância do Executivo na ordem política, marca do novo regime, consta já do art. 1º, *caput*, do decreto, que dispunha que o Governo "exercerá discricionariamente, em toda sua plenitude, as funções e atribuições, não só do Poder Executivo, como também do Poder Legislativo" até o estabelecimento de uma nova organização constitucional por uma Assembleia Constituinte. O art. 4º mantinha em vigor as constituições federal e estaduais, assim como as leis e decretos existentes; todos, porém, inclusive as próprias constituições, sujeitas às modificações e restrições estabelecidas pelo decreto inaugural e por atos ulteriores do Governo Provisório. O *habeas corpus* sofreu restrições no que se referia aos

[43] O teor intervencionista da Constituição de 1934 se expressava, também, na autorização para que a União, por motivo de interesse público e autorizada em lei especial, pudesse "monopolizar determinada indústria ou atividade econômica" (art. 116), de modo a se promover "o fomento da economia popular, o desenvolvimento do crédito e a nacionalização progressiva dos bancos de depósito" e "das empresas de seguros em todas as suas modalidades" (art. 117).

[44] 1981, p. 110.

[45] "Art. 18 – Ficam aprovados os atos do Governo Provisório, dos interventores federais nos Estados e mais delegados do mesmo Governo, e excluída qualquer apreciação judiciária dos mesmos atos e dos seus efeitos."

crimes funcionais e aos da competência de tribunais especiais, tendo sido prevista a anulação ou restrição dos direitos resultantes de nomeações, aposentadorias, pensões ou subvenções, assim como os atos relativos a empregos, cargos ou ofícios públicos, aí incluídos os da magistratura, do Ministério Público e quaisquer outros, tanto na esfera federal como estadual e municipal. Tudo como forma de permitir, ao governo revolucionário, o completo domínio da estrutura administrativa e da máquina estatal.

A fim de manter sob controle o processo político nas unidades federadas, o Decreto nº 19.398/1930 previu a nomeação de um interventor federal para cada estado, ao qual competia exercer, em toda plenitude, não só o Poder Executivo como também o Poder Legislativo de âmbito local. Esses interventores, em que pese serem, em grande parte, oriundos dos grupos políticos dominantes, eram escolhidos pelo governo federal, o que permitia ao presidente da República ter sob sua dependência as máquinas administrativas estaduais, ao mesmo tempo em que mantinha a tradição corolenística.

Para que o sistema de interventorias alcançasse os objetivos pretendidos, e visando um maior monitoramento do sistema político tradicional, o Governo editou, em 29 de agosto de 1931, o Decreto nº 20.348, instituindo conselhos consultivos nos estados, no Distrito Federal e nos municípios, a critério do interventor federal. A esses conselhos competia opinar sobre os recursos de atos do interventor e do prefeito respectivo, não só do ponto de vista legal e jurídico, como também sobre a sua conveniência. Cabia-lhes, ainda, emitir parecer sobre as consultas que lhe fossem propostas por aquelas autoridades ou pelo Governo Provisório. Ao estabelecer várias normas sobre as despesas orçamentárias e sobre os impostos estaduais e municipais, o decreto demonstrava a estratégia centralizadora da União, que retirava dos estados e municípios a autonomia que só formalmente lhes era assegurada.

A criação de uma vasta quantidade de normas voltadas para a disciplina e racionalização da Administração Pública refletia o processo de transformações em curso no Estado brasileiro, com o incremento das políticas públicas de dimensão nacional e a consequente transferência das atividades mais relevantes para o âmbito do Executivo federal. A delegação de serviços públicos passou a ser admitida com a edição de decreto que regulava a exploração, por terceiros, de serviços de radiocomunicação, mediante concessão do governo federal[46], e de decreto que condicionava a concessão de serviços públicos e de minas e terras no âmbito estadual a prévia audiência dos conselhos consultivos citados[47].

Até 1930, existiam apenas seis Ministérios na Administração federal, conforme a Lei nº 23, de 30 de outubro de 1891: Fazenda; Justiça e Negócios Interiores; Indústria, Viação e Obras Públicas; Relações Exteriores; Guerra e Marinha. Visando alcançar maior eficiência, Vargas tratou de criar novas pastas e adotou várias medidas de cunho administrativo. Nesse contexto, o Decreto nº 19.402, de 14 de novembro de 1930, representou importante passo no processo de institucionalização da política educacional e de saúde: por seu intermédio, foi criado o Ministério dos Negócios da Educação e Saúde Pública, que tinha a seu cargo "o estudo e despacho de todos os assuntos relativos ao ensino, saúde pública e assistência hospitalar"[48]. Ficaram sob a responsabilidade do novo Ministério os estabelecimentos, instituições e repartições públicas relacionadas com a educação e a saúde, como a Escola Nacional de Belas Artes, o Instituto Nacional de Música, a Escola Normal de Artes, o Instituto Osvaldo Cruz, o Museu Nacional e a Assistência Hospitalar, entre outros.

O decreto que aprovou o regulamento do novo Ministério[49] expressava com clareza o viés dirigente da Administração federal, na medida em que colocava sob sua tutela todos os assuntos relacionados com o desenvolvimento intelectual e moral e com a defesa médico-sanitária da coletividade social brasileira[50]. Como assinala Maria Célia Marcondes

[46] O Decreto nº 20.047/1931 fazia referências genéricas a concessões, permissões e licenças, sem precisar as distinções entre umas e outras, o que era compreensível para a época, quando a doutrina administrativista ainda não tinha a clareza devida sobre a natureza jurídica desses institutos.

[47] Decreto nº 20.348, de 29 de agosto de 1931.

[48] Art. 1º do Decreto nº 19.402/1930.

[49] Decreto nº 19.560, de 5 de janeiro de 1931.

[50] A ação do Governo Provisório foi particularmente marcante na área educacional e se desdobrou com a edição de vários decretos, entre os quais é de se destacar o que criou o Conselho Nacional de Educação (Decreto nº 19.850, de 11 de abril de 1931), o que organizou o ensino superior e dispôs sobre a estrutura técnica e administrativa das universidades (Decreto nº 19.851, também de 11 de abril de 1931), o que organizou o ensino secundário (Decreto nº 19.890, de 18 de abril de 1931) e o que estabeleceu a organização da Universidade do Rio de Janeiro (Decreto nº 19.852, igualmente de 11 de abril de 1931).

de Moraes[51], na missão de formar o "novo cidadão" reivindicado pela Revolução de 30, a educação – sob a influência, particularmente, de Francisco Campos, o primeiro titular do novo Ministério[52] – ocupou um lugar de destaque no projeto de construção de um determinado tipo de Estado Nacional: um Estado centralizador, tutelador e intervencionista. Para o sucesso desse empreendimento contribuiu, também, a criação do Ministério do Trabalho, Indústria e Comércio, em 28 de novembro de 1930. O "Ministério da Revolução", como foi chamado por Lindolfo Collor, o primeiro a dirigir a nova pasta, foi decisivo para concretizar o projeto do regime de administrar os conflitos entre capital e trabalho, assim como para consolidar a condição do Estado como agente normativo e regulador da atividade econômica.

Outra iniciativa que denota o traço político centralizador do novo regime foi a criação do Departamento de Propaganda e Difusão Cultural (DPDC)[53], vinculado ao Ministério da Justiça e Negócios Interiores, que veio a se transformar, em 1938, no influente Departamento de Imprensa e Propaganda (DIP) do Estado Novo. Ao novo órgão, responsável pela propaganda e controle das informações, competia estudar a utilização do cinema e do rádio como meio de difusão e publicidade governamental, estimular a produção e a exibição de filmes educativos por meio de prêmios e favores fiscais, além de classificar e censurar as obras cinematográficas[54]. Enaltecendo as datas cívicas e o entusiasmo nacionalista que marcou a Era Vargas, o DPDC era responsável pela convocação das cadeias nacionais de rádio por meio das quais o presidente fazia seus frequentes pronunciamentos e pelo vasto material de propaganda do regime, que incluía a publicação de folhetos e cartilhas com mensagens ufanistas[55].

[51] 1992, p. 317.

[52] Campos esteve à frente do Ministério de 1930 a 1932. Em 1933 foi nomeado consultor-geral da República, e em 1935 trabalhou com o então prefeito do Distrito Federal, Pedro Ernesto, como Secretário de Educação. Nomeado ministro da Justiça dias antes do golpe de 1937, foi, então, encarregado por Getúlio Vargas de elaborar a Constituição do Estado Novo.

[53] O DPDC foi criado pelo Decreto nº 24.651, de 10 de julho de 1934.

[54] Art. 2º do Decreto nº 24.651/1934.

[55] Esses aspectos se tornaram mais evidentes particularmente durante o Estado Novo, mas já em 1935 o Departamento de Propaganda instituíra a "Hora do Brasil", programa radiofônico de transmissão obrigatória por meio do qual eram divulgados os discursos do presidente e as realizações do governo.

A Assembleia Constituinte e a nova Carta

A Assembleia Constituinte de 1933/34[56] refletiu as contradições políticas existentes à época. As postulações visando a efetivação das reformas que consagrassem o sistema liberal conviviam com o discurso que enfatizava a premência das transformações sociais por meio de um Estado forte. Nesse contexto, a Constituição de 1934, além de proclamar os direitos e garantias individuais, buscou assegurar o projeto de renovação política que liberaria o voto dos currais estaduais e aprisionaria as oligarquias, de modo a fortalecer o poder central, com um Executivo orientador e reformista[57]. A nova Carta, que adotou as linhas principais do anteprojeto elaborado pela Comissão do Itamaraty, previa a nacionalização dos bancos, das minas e do aproveitamento das águas[58], ao tempo em que instituía a Justiça Eleitoral e a Militar como órgãos do Poder Judiciário, além da institucionalização do Ministério Público como órgão de cooperação nas atividades governamentais.

A convocação da Constituinte sofrera resistência acirrada dos revolucionários de 1930, que se posicionavam contra a reconstitucionalização do País por considerar que as reformas necessárias à superação do federalismo oligárquico da Primeira República eram mais importantes que o retorno

[56] A Assembleia Nacional Constituinte foi instalada em 15 de dezembro de 1933, funcionando até 16 de julho de 1934, quando se deu a promulgação do novo texto constitucional.

[57] Um exemplo dessa concentração de poderes na esfera federal é o art. 167 da nova Constituição, que passou a considerar as polícias militares estaduais forças "reservas do Exército". No mesmo sentido, o art. 5º, XIX, *l*, dispunha ser competência privativa da União legislar sobre "organização, instrução, justiça e garantias das forças policiais dos Estados e condições gerais da sua utilização em caso de mobilização ou de guerra". Nos dias atuais, essa disciplina distorcida ainda se mantém, com as polícias militares permanecendo na condição de "forças auxiliares e reserva do Exército" (CF/88, art. 144, § 6º), cabendo privativamente à União legislar sobre "normas gerais de organização, efetivos, material bélico, garantias, convocação e mobilização das polícias militares e corpos de bombeiros militares" (art. 22, XXI).

[58] O art. 117, *caput*, da Constituição de 1934 dispunha que "a lei promoverá o fomento da economia popular, o desenvolvimento do crédito e a nacionalização progressiva dos bancos de depósito. Igualmente providenciará sobre a nacionalização das empresas de seguros em todas as suas modalidades, devendo constituir-se em sociedades brasileiras as estrangeiras que atualmente operam no País". Por sua vez, o § 4º do art. 119 estabelecia que "a lei regulará a nacionalização progressiva das minas, jazidas minerais e quedas d'água ou outras fontes de energia hidráulica, julgadas básicas ou essenciais à defesa econômica ou militar do País".

à ordem constitucional. O Clube 3 de Outubro, que reunia os principais líderes do movimento tenentista, autodenominados "patriotas enérgicos", argumentava que uma possível volta à ordem legal serviria apenas para trazer de volta a "politicalha" varrida do poder pela "República Nova"[59].

Em seu programa, o Clube sustentava a necessidade de um governo central forte, que se sobreporia às classes sociais e combateria as ingerências externas. Defendia a intervenção estatal na economia; a convivência da representação política de base territorial com a representação corporativa, eleita por associações profissionais reconhecidas pelo governo; a eliminação do latifúndio mediante tributação ou simples confisco; a nacionalização de várias atividades econômicas, como transportes, exploração dos recursos hídricos e minerais, além da administração dos portos; a instituição da previdência social e de leis trabalhistas[60]. Vargas[61] pendia claramente a favor das "forças militares que apoiam o governo", em contraposição aos políticos tradicionais e aos veículos que praticavam um "jornalismo dissolvente", os quais, no seu entender, agiam apenas com o propósito de sabotar o governo, que, embora provisório, representava os ideais de uma revolução que se pretendia permanente. Para Vargas, a tarefa de reerguer a economia, restaurar as finanças, equilibrar os orçamentos e sanear o ambiente moral e material do país precedia a fase seguinte da Revolução, consistente em organizar constitucionalmente o Brasil[62].

O movimento armado que eclodiu em São Paulo entre os meses de julho e outubro de 1932 (a chamada Revolução Constitucionalista), reivindicando a promulgação de uma nova Constituição, representou um elemento de pressão a mais para que a Constituinte fosse convocada[63]. Entretanto, como o Código Eleitoral já havia sido editado em fevereiro de

[59] Lira Neto, 2013, p. 14-15.

[60] O Clube 3 de Outubro, assim denominado em homenagem à data do início da Revolução de 1930, criticava arduamente o federalismo oligárquico vigente na Primeira República, defendia um governo central forte, sustentava a necessidade de prolongamento do Governo Provisório e o adiamento da reconstitucionalização do país. Os principais membros de sua primeira diretoria foram Góis Monteiro, Pedro Ernesto, Herculino Cascardo, Osvaldo Aranha, Juarez Távora, Themístocles Brandão Cavalcanti e Hugo Napoleão.

[61] 1995, p. 92.

[62] Lira Neto, 2013, p. 49-50.

[63] Melo Franco, 1960, p. 176.

1932[64], e o Decreto nº 21.402, de 14 de maio de 1932, já fixara o dia 3 de maio de 1933 para a realização das eleições à Assembleia Constituinte[65], os acontecimentos de São Paulo acabaram tendo pouco efeito prático sobre o processo de convocação da Constituinte. De toda forma, contribuíram para que o Governo se apressasse em editar o Decreto nº 22.040, de 1º de novembro de 1932, regulamentando os trabalhos da comissão encarregada de elaborar o anteprojeto da futura Constituição. O que permaneceu, entre as forças de oposição a Vargas, foi a desconfiança de que o Governo Provisório poderia se autoconceder uma dilação indeterminada dos poderes discricionários de que desfrutava.

Na busca por dar concretude aos ideais da Revolução, foi se firmando uma Administração Pública cada vez mais onipresente, com o governo federal sendo municiado com os instrumentos necessários ao exercício do papel de vanguarda que lhe era reservado pelos novos detentores do poder. O princípio da separação de poderes herdado do constitucionalismo liberal sofreu significativas transformações, com o Poder Executivo assumindo uma função forte e dirigente, tornando-se, nas palavras de Pessoa[66], "o centro da vida estatal". Passando a dispor de competências e atribuições extremamente abrangentes, o que se vivenciou, nesse contexto histórico, foi o acentuado deslocamento do poder normativo em direção ao Executivo[67].

A diretriz que guiava a ação governamental, como também a Constituinte, era a formulação de uma política nacionalista própria, indissociável da busca por um desenvolvimento emancipatório. Na esteira da discussão travada ao longo da década de 1930 sobre a nacionalização dos recursos do subsolo – em particular o petróleo, cuja existência já era considerada desde os tempos do Império –, a Constituição de 1934 previu

[64] O Código Eleitoral foi instituído pelo Decreto nº 21.076, de 24 de fevereiro de 1932. Criou a Justiça Eleitoral, com funções contenciosas e administrativas, tendo como órgãos um Tribunal Superior, tribunais regionais em cada estado, no Distrito Federal e no Território do Acre, e juízes eleitorais nas comarcas, distritos ou termos judiciários.

[65] Além de fixar a data das eleições à Assembleia Constituinte, o Decreto nº 21.402/1932 criou a comissão responsável por elaborar o anteprojeto da futura Constituição, presidida por Afrânio de Mello Franco. A comissão reunia-se no Palácio do Itamaraty, no Rio de Janeiro, razão pela qual passou a ser conhecida como "Comissão do Itamaraty".

[66] 2012, p. 255.

[67] Mesurini, 2016, p. 61.

que a União poderia, "por motivo de interesse público", monopolizar determinada indústria ou atividade econômica[68]. Previu, ainda, a criação, na esfera de cada Ministério, de Conselhos Técnicos que funcionariam como órgãos consultivos da Câmara dos Deputados e do Senado Federal, proposta que, embora não tenha logrado êxito no plano prático, demonstrava a tentativa de se organizar uma Administração Pública burocratizada e abrangente.

Sob influência do sistema do contencioso administrativo francês, no qual os conflitos que envolvem a Administração são resolvidos fora do âmbito do Poder Judiciário, a Carta de 1934 tratou de instituir um tribunal de direito administrativo na esfera federal. Cabia ao tribunal julgar os recursos de atos e decisões do Poder Executivo, bem como as sentenças dos juízes federais nos litígios em que a União fosse parte, desde que dissessem respeito ao funcionamento de serviços públicos ou fossem regidos, no todo ou em parte, pelo direito administrativo[69]. Cabia igualmente ao tribunal, conforme dispunha a Constituição, julgar os litígios entre a União e os seus credores, derivados de contratos públicos.

O processo de transformações deflagrado pela Revolução de 30 levou o Estado a atuar de forma mais acentuada não apenas na área econômica, mas também no campo da saúde, educação, assistência e previdência social, e assim a máquina estatal experimentou um crescimento considerável, com a criação de um grande número de órgãos e pessoas jurídicas

[68] "Art. 116 – Por motivo de interesse público e autorizada em lei especial, a União poderá monopolizar determinada indústria ou atividade econômica, asseguradas as indenizações devidas (...)".

[69] "Art. 79 – É criado um Tribunal, cuja denominação e organização a lei estabelecerá, composto de Juízes, nomeados pelo Presidente da República, na forma e com os requisitos determinados no art. 74.

Parágrafo único – Competirá a esse Tribunal, nos termos que a lei estabelecer julgar privativa e definitivamente, salvo recurso voluntário para a Corte Suprema nas espécies que envolverem matéria constitucional:

1º) os recursos de atos e decisões definitivas do Poder Executivo, e das sentenças dos Juízes federais nos litígios em que a União for parte, contanto que uns e outros digam respeito ao funcionamento de serviços públicos, ou se rejam, no todo ou em parte, pelo Direito Administrativo;

2º) os litígios entre a União e os seus credores, derivados de contratos públicos."

públicas, em particular conselhos e autarquias[70], em um vigoroso processo de descentralização administrativa[71]. A esse incremento correspondeu, igualmente, um aumento no quadro de pessoal, com a criação de cargos e funções que redundaram em uma poderosa burocracia estatal, identificada com os valores da técnica, da eficiência e do planejamento, na qual as esferas de competência passaram a estar mais bem delineadas. Com essas medidas, Vargas deu início ao processo de implementação do modelo de Administração Pública burocrática, de índole racional-legal[72], que veio a se consolidar com a Reforma Burocrática promovida em 1936, através da criação do Conselho Federal do Serviço Público Civil, transformado no Departamento Administrativo do Serviço Público (DASP) em 1938.

Na montagem de uma nova arquitetura administrativa, a Constituição de 1934 inovou ao dedicar um de seus títulos aos funcionários públicos[73] e ao prever que tanto serviços públicos federais como estaduais e municipais poderiam ser objeto de concessão[74], embora o instituto da delegação de serviços públicos já estivesse regulamentado, por meio de decretos, desde 1931[75]. Reafirmando a onda nacionalista reinante, a Carta de 1934

[70] A esse respeito, veja-se Alberto Venâncio Filho, *A intervenção do Estado no domínio econômico*, Fundação Getúlio Vargas, 1986. V., também, Baer, Kerstenetzsky e Villela, "As modificações do papel do Estado na economia brasileira", *Pesquisa e Planejamento Econômico*, op. cit.

[71] A descentralização administrativa é entendida como a situação em que o Estado delega a outras pessoas jurídicas o exercício de serviços e atividades que são de sua responsabilidade. Assim, ela conduz à noção de Administração Indireta, formada por pessoas jurídicas que o Decreto-Lei nº 200/1967 denomina como "entidades" (art. 4º, II).

[72] Como assinala Bresser-Pereira (2011, p. 48), a Administração Pública burocrática é "baseada na centralização das decisões, na hierarquia, no princípio da unidade de comando, na estrutura piramidal do poder, nas rotinas rígidas, no controle passo a passo dos procedimentos administrativos – processos de contratação de pessoal, de compras, de atendimento às demandas dos cidadãos".

[73] A Carta de 1934 dedicou todo o Título VII (artigos 168 a 173) aos funcionários públicos, dando à matéria uma estatura constitucional que antes não detinha.

[74] Segundo o art. 5º, VIII, da Constituição, seriam da competência privativa da União "explorar ou dar em concessão os serviços de telégrafos, radiocomunicação e navegação aérea, inclusive as instalações de pouso, bem como as vias-férreas que liguem diretamente portos marítimos a fronteiras nacionais, ou transponham os limites de um Estado".

[75] Tanto o Decreto nº 20.047/1931 quanto o Decreto nº 20.348/1931, que tratavam dos serviços de radiocomunicação e da instituição de conselhos consultivos nas unidades federativas, respectivamente, já faziam referência à concessão de serviços públicos.

determinou que as autorizações ou concessões seriam conferidas exclusivamente a brasileiros ou a empresas organizadas no Brasil, e obrigou as concessionárias a constituir suas administrações com maioria de diretores brasileiros, residentes no Brasil, ou que os poderes de gerência fossem delegados exclusivamente a brasileiros. O texto constitucional previu, ainda, a edição de lei determinando o percentual de empregados brasileiros que deveriam ser mantidos obrigatoriamente nos serviços públicos explorados por concessão e nos estabelecimentos de determinados ramos de comércio e indústria[76]. No mesmo sentido, prescreveu que lei federal deveria regular a fiscalização e a revisão das tarifas dos serviços concedidos.

No que tange à intervenção do Estado no domínio econômico, a nova Constituição também inovou, em relação à Constituição de 1891, ao prever o instituto da requisição, por meio do qual as autoridades competentes poderiam usar da propriedade particular em caso de perigo iminente. Manteve a desapropriação por necessidade ou utilidade pública, mediante prévia indenização, e pela primeira vez condicionou o exercício do direito de propriedade à sua função social: "É garantido o direito de propriedade, que não poderá ser exercido contra o interesse social ou coletivo, na forma que a lei determinar"[77].

Ao institucionalizar o ideário do movimento revolucionário, a Constituição de 1934 promoveu a reconstrução democrática que poria fim à "ditadura" – como o próprio Vargas se referia ao governo que, desde 1930, chefiava[78]. Independentemente do caráter que se queira lhe atribuir – uma revolução nacional, uma revolução liberal-burguesa, uma revolução das classes médias ou um golpe militar –, a Revolução de 30 representou um ponto de inflexão na política e no Direito brasileiro[79].

[76] "Art. 135 – A lei determinará a percentagem de empregados brasileiros que devam ser mantidos obrigatoriamente nos serviços públicos dados em concessão, e nos estabelecimentos de determinados ramos de comércio e indústria."

[77] Art. 113, item 17, da Constituição de 1934.

[78] Em julho de 1934, mês da promulgação da nova Carta, Vargas lançou manifesto à nação no qual avaliava o Governo Provisório. Em várias passagens do manifesto, o presidente refere-se ao governo como "ditadura", expressão usualmente utilizada também por seus ministros e parlamentares aliados em textos e pronunciamentos.

[79] D'Araujo, 2011, p. 28.

A nova disciplina legal da Administração Pública

A acentuada intervenção do Estado no domínio econômico, marca registrada da Revolução de 1930, gerou uma substancial necessidade de novos regramentos legais. Mesurini[80] aponta os impactos que a proximidade da política com a economia acarretou no direito constitucional e administrativo, "que passaram a ser revistos para além das suas raízes teóricas liberais". O avolumar de dispositivos de direito administrativo, como ressalta Seelaender[81], representa, ao lado da ampliação da burocracia, da ascensão dos técnicos nas instituições públicas, do fortalecimento do Executivo e da centralização política, típicos índicos de crescimento da intervenção estatal.

Uma das primeiras providências adotadas pelo Governo Provisório em seu propósito de racionalizar a Administração foi a que vedou a acumulação de cargos remunerados. Pelo Decreto nº 19.576, de 8 de janeiro de 1931, ficou proibida a acumulação de remunerações recebidas dos cofres públicos, por títulos diversos, ainda que de unidades federativas distintas. Ficou igualmente proibida a acumulação de qualquer vantagem percebida dos cofres públicos com função ou emprego remunerado em estabelecimento, empresa, companhia, instituto ou serviço de qualquer natureza, desde que dependentes do governo ou por ele subvencionados. Pelo decreto, a aceitação de emprego, comissão, cargo ou função pública remunerada por parte de funcionário civil ou militar importaria na perda de todas as vantagens decorrentes de aposentadoria, reforma, jubilação, disponibilidade e pensão[82].

Outras medidas de austeridade adotadas por Vargas visavam superar vícios arraigados na máquina federal. Assim, editou decreto estabelecendo como se daria a execução orçamentária entre os diversos ministérios no exercício de 1931[83]. No mesmo decreto, vedou a aplicação de créditos destinados a material em despesas de pessoal e vice-versa, e proibiu que se cometesse a pessoas estranhas aos quadros dos serviços federais o

80 2016, p. 61.

81 2021, p. 169.

82 Pelo art. 6º do decreto, era admitida a acumulação remunerada de funções do magistério em estabelecimentos de ensino secundário e superior, quando se tratasse de institutos diferentes, aprovada a compatibilidade dos horários de trabalho e limitada a acumulação a dois cargos no máximo.

83 Decreto nº 19.626, de 26 de janeiro de 1931.

desempenho de quaisquer encargos que estivessem compreendidos entre as atribuições dos funcionários públicos.

Tais providências punham em prática o que Getúlio Vargas tinha anunciado em seu discurso de posse, em 3 de novembro de 1930[84], quando afirmou que começaria "por desmontar a máquina do filhotismo parasitário, com toda a sua descendência espúria". Para o exercício das funções públicas, dizia, "não deve mais prevalecer o critério puramente político", devendo esse papel ser confiado "aos homens capazes e de reconhecida idoneidade moral", pois a vocação burocrática e a caça ao emprego público, em um país com imensas possibilidades, aberto a todas as iniciativas do trabalho, era injustificável. No discurso, Vargas apontava a prática do empreguismo e o caciquismo eleitoral como os principais males a ser combatidos, e, já como presidente, em pronunciamento feito em 23 de fevereiro de 1931, voltou a condenar "o monopólio das funções públicas" e "a posse exclusiva das posições" exercidos pelos partidos e facções políticas[85].

Nesse diapasão, o Decreto nº 19.626/1931 regulamentou o exercício de cargos em comissão e as gratificações de função, e determinou que todas as despesas de material deveriam ser pagas com registro prévio do Tribunal de Contas. Dizendo-se empenhado em promover uma maior eficiência da Administração Pública, ajustar os quadros do funcionalismo, atualizar a legislação fiscal e reorganizar o Tesouro Nacional, Vargas decidiu, à época, alterar os subsídios do presidente da República fixados por Washington Luís em 1929[86], reduzindo-os pela metade[87].

Vários decretos editados nos anos de 1930 a 1934 expressam a dimensão social e trabalhista do governo revolucionário e a montagem de um complexo aparato administrativo capaz de fazer valer o projeto de um Estado paternalista, ao qual caberia a garantia e a outorga mesma dos direitos dos trabalhadores. É o caso da Lei dos 2/3[88], garantindo a presença mínima de 2/3 de empregados nacionais em quaisquer estabelecimentos

[84] http://www.biblioteca.presidencia.gov.br/presidencia/ex-presidentes/getulio-vargas/discursos/discursos-de-posse/discurso-de-posse-1930/view.

[85] Vargas, 2021, p. 247.

[86] Decreto nº 5.741, de 25 de novembro de 1929.

[87] Lira Neto, 2013, p. 84.

[88] Decreto nº 19.482, de 12 de dezembro de 1930.

industriais e comerciais[89], e da Lei de Sindicalização[90], que definia os sindicatos como "órgãos consultivos" e "de colaboração com o Poder Público"[91]. Em 1932, Vargas cria a legislação instituindo os mecanismos de conciliação e julgamento, concedendo novos benefícios aos trabalhadores vinculados às caixas de aposentadoria e pensões, fixando o limite de oito horas para a jornada de trabalho, introduzindo nova regulamentação para o trabalho de mulheres e menores e instituindo a carteira profissional. Foram criados, ainda, os institutos de aposentadoria e pensões, como o dos marítimos (junho de 1933), o dos comerciários (maio de 1934) e o dos bancários (junho de 1934). Em 12 de julho de 1934, editou decreto visando adequar a organização sindical à Constituição que seria promulgada, concedendo maior grau de autonomia aos sindicatos[92].

Ainda que se considere que a tolerância de Vargas com as oligarquias rurais dissidentes tenha contribuído para que pouco fosse feito na regulamentação do trabalho no campo, a filosofia do Governo Provisório também buscou alcançar o trabalhador rural. O Decreto nº 19.770/1931, que regulamentou a sindicalização "das classes patronais e operárias", disciplinando o papel do novo Ministério do Trabalho, Indústria e Comércio no reconhecimento dos sindicatos, dispunha que estes poderiam pleitear a "fixação de salários mínimos para trabalhadores urbanos e rurais".

89 O art. 3º do Decreto nº 19.482/1930 assim dispunha: "Todos os indivíduos, empresas, associações, companhias e firmas comerciais, que explorem, ou não, concessões do Governo federal ou dos Governos estaduais e municipais, ou que, com esses Governos contratem quaisquer fornecimentos, serviços ou obras, ficam obrigadas a demonstrar perante o Ministério do Trabalho, Indústria e Comércio, dentro do prazo de noventa dias, contados da data da publicação do presente decreto, que ocupam, entre os seus empregados, de todas as categorias, dois terços, pelo menos, de brasileiros natos".

90 Decreto n.º 19.770, de 19 de março de 1931.

91 O art. 5º do Decreto nº 19.770/1931 definia as entidades sindicais como "órgãos consultivos e técnicos no estudo e solução, pelo Governo Federal, dos problemas que, econômica e socialmente, se relacionarem com os seus interesses de classe". O art. 6º, a seu turno, assim estabelecia: "Ainda como órgãos de colaboração com o Poder Público, deverão cooperar os sindicatos, as federações e confederações, por conselhos mistos e permanentes de conciliação e de julgamento, na aplicação das leis que regulam os meios de dirimir conflitos suscitados entre patrões, operários ou empregados".

92 O art. 2º, *a*, do Decreto nº 24.694/1934, passou a considerar os sindicatos órgãos "de defesa da respectiva profissão e dos direitos e interesses profissionais dos seus associados", embora permanecesse sua condição de órgãos "de colaboração com o Estado".

Como observa Welch[93], no início de 1931 o novo ministro do Trabalho, Lindolfo Collor, articulou a organização social do campo, e, em reunião com fazendeiros, indicou a sindicalização como o caminho para que tanto os empregadores como seus empregados, os camponeses, definissem como poderiam ajudar a traçar a política agrícola do país.

A perspectiva ideológica dos tenentes reunidos no Clube 3 de Outubro norteou muitas medidas adotadas pelo Governo Provisório. Em seu "Programa Revolucionário de Reconstrução Política e Social do Brasil", o Clube dedicou vários pontos à questão rural, defendendo a proteção, a formação e a manutenção da pequena propriedade rural, mediante a transferência direta de lotes de terras cultiváveis para o trabalhador agrícola[94]. Deveria o Estado controlar a repartição e a utilização do solo, de maneira a impedir os abusos, proporcionando às famílias, especialmente as formadas no seio do proletariado rural, terras que lhes facilitassem a habitação e a subsistência, outorgando-lhes ao mesmo tempo os meios de exploração das riquezas do solo.

Além de estabelecer que, no conceito de propriedade, o interesse individual não poderia se sobrepor à função social, o Programa defendia a criação de um imposto territorial calcado sobre o valor venal das terras, o qual deveria levar em conta o grau de aproveitamento social delas e, em certos casos, ter caráter progressivo[95]. As diversas medidas de organização social destinadas ao trabalhador urbano deveriam ser estendidas "a todos os proletários ou trabalhadores do campo", pontuava o Programa do Clube. Assim, não houve, como destaca Gilberto Bercovici[96], o abandono do trabalhador rural por parte do Governo Provisório que boa parte da historiografia brasileira afirma, mas sim uma série de avanços na busca por superar o Brasil essencialmente agrícola, com uma estrutura fundiária caótica e concentradora, em um processo de ruptura da política econômica agrário-exportadora até então predominante.

[93] 2016, p. 85.

[94] In: *Annaes da Assembleia Nacional Constituinte – Volume III*. Rio de Janeiro: Imprensa Nacional, 1935.

[95] O Programa Revolucionário estabelecia que a necessidade de "criar um imposto especial sobre o arrendamento de terras, firmado no princípio que só quem trabalha a terra é digno de lhe usufruir os proventos", além da criação de um "Tribunal de Terras", que teria como função estudar e resolver os litígios relativos ao domínio, posse e exploração do solo.

[96] 2020, p. 185.

No trabalho de reorganizar a Administração Pública, Vargas criou, em 1931, o Departamento dos Correios e Telégrafos[97], fruto da fusão da Diretoria Geral dos Correios com a Repartição Geral dos Telégrafos. Em janeiro de 1932 assinou decreto regulamentando os serviços aeronáuticos civis e o uso do espaço aéreo nacional[98], e na área militar criou o Corpo de Fuzileiros Navais[99] e aprovou o Plano Geral do Ensino Militar[100]. Essas medidas se somaram aos atos que dispunham sobre a organização do Departamento Nacional do Comércio[101] e aos que promoveram as reformas administrativas da educação e da saúde, como citado. Foram criados vários organismos dedicados ao controle e à direção de atividades econômicas, de que são exemplos o Instituto do Cacau (1931)[102] e o Instituto do Açúcar e do Álcool (1933)[103], embora fosse bastante incipiente, à época, o debate acerca da natureza jurídica de tais entidades e do exato papel que lhes cabia na estrutura da Administração Pública. Nesse contexto de reestruturação administrativa, há quem considere que a Revolução de 1930 fez multiplicaram-se as autarquias "de modo desordenado e quase caótico"[104].

Quando a Assembleia Constituinte decidiu negar ao chefe do Executivo a possibilidade de legislar por meio de decretos, o governo se apressou em editar inúmeros atos que garantissem a adoção de novas providências

[97] Decreto nº 20.859, de 26 de dezembro de 1931.

[98] Decreto nº 20.914, de 6 de janeiro de 1932.

[99] Decreto nº 21.106, de 29 de fevereiro de 1932.

[100] Decreto nº 22.350, de 12 de janeiro de 1933.

[101] O Departamento Nacional de Comércio foi criado pelo Decreto nº 19.667, de 4 de fevereiro de 1931, como órgão componente da estrutura do Ministério do Trabalho, Indústria e Comércio. O Decreto nº 19.671, também de 4 de fevereiro de 1931, dispôs sobre a organização do Departamento, que tinha por fim "coordenar as atividades oficiais e iniciativas particulares destinadas a promover, regular e defender os interesses comerciais do Brasil, tanto no país como no exterior" (art. 1º). Em 1932, as atribuições relativas ao comércio exterior foram transferidas do Departamento para o Ministério das Relações Exteriores.

[102] Pelo Decreto nº 20.233, de 22 de julho de 1931, Vargas reconheceu como de utilidade pública o Instituto do Cacau da Bahia, criado por decreto do interventor estadual em 8 de junho de 1931. O decreto presidencial dava, assim, uma dimensão nacional ao Instituto, autorizando-o inclusive a emitir letras hipotecárias, o que se justificava pelo fato de o estado da Bahia ser o maior produtor e exportador de cacau.

[103] O Instituto do Açúcar e do Álcool foi criado pelo Decreto nº 22.789, de 1º de junho de 1933.

[104] Vaz Da Silva, 1974, p. 35.

antes da promulgação da futura Constituição. Esses atos enfatizam o papel proeminente do Estado na execução do projeto desenvolvimentista nacional, com a implantação de uma Administração baseada no modelo burocrático weberiano amparado em uma pluralidade de normas e regulamentos e em uma rígida hierarquia e separação de funções. Surgem, então, diversos diplomas legislativos: o Código de Minas[105]; o Código de Águas[106], que conferiu ao governo o poder de fixar tarifas de eletricidade e concentrou na União o poder concedente, retirando a competência dos estados e municípios nessa matéria; o decreto dispondo sobre os sindicatos profissionais[107]; a regulamentação da liberdade de imprensa[108] e as alterações do Código de Justiça Militar[109].

A centralização progressiva das decisões de política econômica levou à criação e instalação, em 1934, do Conselho Federal do Comércio Exterior, considerado o primeiro órgão de planejamento governamental do país, voltado à formulação de medidas de estímulo ao comércio exterior e à concessão de incentivos para a instalação de novas indústrias, como as de celulose e papel. Outras entidades foram então criadas, voltadas para lidar com setores específicos, sendo a mais emblemática delas o Departamento Nacional do Café, em 1933, que teria sua direção nomeada pelo Governo Provisório, e não escolhida pelos estados produtores, como estabelecia o regime anterior. Pela primeira vez o governo decidiu interferir diretamente na fixação dos preços do café e no controle da produção e passou a realizar, também, o controle do câmbio visando racionalizar as divisas e proteger o setor industrial[110].

Com o fim de estabelecer um processo de articulação, cooperação e coordenação dos serviços estatísticos de interesse geral, foi criado o Instituto Nacional de Estatística[111], que em 1938 se transformou no Instituto Brasileiro de Geografia e Estatística (IBGE). O novo Instituto, como entidade de natureza federativa, era responsável por promover e executar, de modo permanente e sistemático, o levantamento de todas

[105] Decreto nº 24.642, de 10 de julho de 1934.

[106] Decreto nº 24.643, também de 10 de julho de 1934.

[107] Decreto nº 24.694, de 12 de julho de 1934.

[108] Decreto nº 24.776, de 14 de julho de 1934.

[109] Decreto nº 24.803, também de 14 de julho de 1934.

[110] Baer et. al., 1973, p. 887.

[111] Decreto nº 24.609, de 6 de julho de 1934.

as estatísticas nacionais. Para que a realização dos censos demográficos e econômicos, assim como a execução dos serviços especializados de cartografia e estatística atuarial, ocorressem de maneira uniforme e articulada em todo o território nacional, o decreto previa a assinatura de convênios entre os entes federativos e também com as entidades privadas que se dedicavam a trabalhos estatísticos. A iniciativa representou importante passo para que se conhecesse melhor a realidade do país com vistas ao planejamento e à execução das políticas públicas.

O Governo Provisório atuou fortemente no sentido de construir uma identidade e uma memória nacional. Com a intenção de preservar os "lugares em que se realizaram os grandes feitos da sua história", editou decreto por meio do qual elevava a cidade de Ouro Preto à categoria de Monumento Nacional[112]. Além de homenagear a cidade que fora palco do primeiro movimento de libertação colonial, Vargas reforçou a imagem do seu principal líder, Tiradentes[113], e em 14 de julho de 1934 promulgou decreto aprovando o novo regulamento do Museu Histórico Nacional[114], criado em 1922. Vinculado ao Ministério da Educação e Saúde Pública, ao museu cabia a inspeção dos monumentos nacionais e do comércio de objetos artísticos e históricos, assim como recolhê-los e classificá-los para serem expostos ao público, com vistas ao "conhecimento da história pátria" e ao "culto das nossas tradições"[115].

A edição desse elevado número de atos normativos em um curto espaço de tempo demonstra a intensa atividade legislativa do Governo Provisório em prol da implantação de reformas na máquina pública, de maneira a que o Estado, e o Executivo em particular, se fizesse senhor das atividades estratégicas de interesse do país, tanto na seara econômica como social, cultural e administrativa. Vargas[116] não se absteve de considerar que os decretos que editava constituíam "atos ditatoriais". Entretanto, a coloração social e a pertinência política desses atos, a necessidade premente de sua adoção, justificavam a seu ver as providências tomadas, e assim uma "onda

112 Decreto nº 22.928, de 12 de julho de 1933.

113 Em 1936, Vargas determinou que os restos mortais dos inconfidentes degredados para a África fossem repatriados e depositados em Ouro Preto.

114 Decreto nº 24.735, de 14 de julho de 1934.

115 Art. 1º do Regulamento anexo ao Decreto nº 24.735/1934.

116 2001, p. 305.

de atividade legiferante de reformas e de autorizações" consumiu, de modo particular, os dias que precederam a promulgação da nova Constituição[117].

Conclusões

A Revolução de 30 visou, desde o primeiro momento, efetivar um modelo que superasse a baixa capilaridade da Administração Pública na Primeira República, marcada por gestões financeiras perdulárias, dívidas crescentes e má escrituração. Fez surgir um projeto intervencionista no qual se delineava com precisão os órgãos e o papel que o governo federal deveria cumprir na modernização da economia e da ordem social, assim como o espaço de atuação dos entes federativos no novo contexto estatal. Estabeleceu, ainda, uma disciplina legal para o trabalho e promoveu a nacionalização das riquezas do país, com a edição de um incontável número de leis e de atos administrativos.

O Governo Provisório atuou fortemente no sentido de implementar o ideário programático da Aliança Liberal que a Constituição de 1934 veio reafirmar, em que pesem as críticas e ressalvas que o chefe do governo dirigiu ao novo texto constitucional por ocasião de sua promulgação[118]. Pode-se dizer, na verdade, que as medidas tomadas foram além do programa propugnado pela Aliança. Os anos que vão de 1930 a 1934 representaram um período de fecunda produção legislativa, no qual o arcabouço básico do Estado brasileiro foi delineado, com a nota dominante do nacionalismo e do intervencionismo estatal. Ao lado de um movimento de centralização política, vivenciou-se uma acentuada descentralização administrativa que implicou na criação de variados órgãos e entidades responsáveis por desempenhar as funções de natureza técnica que o poder central passou a regulamentar e a executar.

Nesse contexto, embora a Constituição de 1934 tenha demarcado os vínculos federativos, com a evidente primazia do papel da União[119], e

[117] Vargas, 2001, p. 305.

[118] Em seu *Diário*, p. 304 e 307, Vargas lamenta "as dificuldades que terá de enfrentar o governo para dirigir o país com o código assim elaborado". No dia da promulgação da nova Constituição (16 de julho), comenta que ela lhe parece que "será mais um entrave do que uma fórmula de ação".

[119] O anteprojeto apresentado pela Comissão do Itamaraty chegou ao ponto de propor, em seu art. 6º, que os estados ficariam vedados de ter símbolos ou hinos próprios, o que não foi aceito pelos constituintes e não constou da redação final da Constituição de 1934. Dizia o dispositivo

incorporado ao seu texto preceitos de direito administrativo, de direito social e de direito civil, além de ter estabelecido normas reguladoras da educação, cultura etc., a legislação que a precedeu responde pelos maiores avanços que se obteve naquela fase histórica.

O desenho institucional do moderno Estado brasileiro continuou a ser feito nos anos seguintes ao Governo Provisório, com a criação de novos entes e órgãos administrativos – como o Instituto Nacional do Livro e o Serviço do Patrimônio Histórico e Artístico Nacional, ambos em 1937 – e, principalmente, do Conselho Federal do Serviço Público Civil[120], em 1936, que promoveu uma ampla reforma administrativa. Os delineamentos básicos foram todos traçados, porém, nos anos iniciais que sucederam a Revolução de 1930 e culminaram, em 1934, na promulgação da nova Constituição.

O curto tempo de vigência do texto constitucional não foi capaz de apagar as conquistas e os elementos inovadores que a Revolução de 30, em curto espaço de tempo, implantou na dinâmica do governo e do Estado. Mesmo após o golpe de 1937 e a revogação da Constituição de 1934 os inúmeros diplomas legislativos editados por meio de atos unilaterais do chefe do Executivo permaneceram válidos, influenciando decisivamente a organização e o funcionamento da Administração no contexto de um Estado burocrático, autoritário e centralizador que, na condição de polo aglutinador da nação, ditava os rumos da sociedade e da economia. Desprezando os preceitos da democracia liberal, o governo enfatizava reformas voltadas ao estabelecimento dos direitos e garantias das classes trabalhadoras, na consideração de que a questão nacional-desenvolvimentista e a emancipação do país eram as tarefas prioritárias.

Embora seja possível dizer que a Constituição de 1934 – cujo conteúdo foi, em grande medida, resgatado pela Constituição de 1946 – tenha consagrado o ideário dos revolucionários de 1930, os preceitos básicos

do anteprojeto: "A bandeira, o hino, o escudo e as armas nacionais são de uso obrigatório nos Estados, sendo-lhes vedado ter símbolos ou hinos próprios".

120 O Conselho Federal do Serviço Público Civil foi criado em 1936, tendo como principais competências organizar os serviços públicos e os concursos para provimento dos cargos administrativos e técnicos no âmbito do Executivo federal, e opinar nos processos de destituição de funcionários.

de direito administrativo que desenharam o modelo de Estado que hoje temos encontra raízes no arcabouço jurídico infraconstitucional que se constituiu durante o breve, mas fecundo, período do Governo Provisório.

Referências

Livros, Periódicos e Sites

ALBUQUERQUE, Manoel Maurício de. *Pequena história da formação social brasileira.* Rio de Janeiro: Graal, 1981.

BAER, Werner; KERSTENETZSKY, Isaac; VILLELA, Annibal V. As modificações do papel do Estado na economia brasileira. In: *Pesquisa e Planejamento Econômico,* v. 3, n. 4, Rio de Janeiro, dez/1973, p. 883-912.

BERCOVICI, Gilberto. A questão agrária na Era Vargas (1930-1964). *Revista História do Direito.* Curitiba, v. 1, n.1, p. 183-226, jul-dez/2020.

BERCOVICI, Gilberto. Estado intervencionista e Constituição Social no Brasil: o silêncio ensurdecedor de um diálogo entre ausentes (2009). Disponível em: https://edisciplinas.usp.br/pluginfile.php/5642052/mod_resource/content/1/Aula%203%20-%20Bercovici%20-%20Ausentes.pdf. Acesso em: 30 nov. 2022.

BRESSER-PEREIRA, Luiz Carlos. Getúlio Vargas: o estadista, a nação e a democracia. In: Pedro Paulo Zahluth Bastos, Pedro Cezar Dutra Fonseca (Orgs.). *A Era Vargas: desenvolvimentismo, economia e sociedade.* São Paulo: Editora Unesp, 2012, v. 1, p. 93-120.

BRESSER-PEREIRA, Luiz Carlos. *Reforma do Estado para a cidadania: a reforma gerencial brasileira na perspectiva internacional.* 2. ed. São Paulo: Editora 34, 2011.

CARVALHO, José Murilo de. Introdução. In: VIANNA, Oliveira. *O ocaso do Império.* 3. ed. Rio de Janeiro: ABL, 2006.

CLUBE 3 DE OUTUBRO – Esboço do programa revolucionário de reconstrução política e social do Brasil – 1932 – fevereiro. In: *Annaes da Assembleia Nacional Constituinte – Volume III.* Rio de Janeiro: Imprensa Nacional, 1935.

D'ARAÚJO, Maria Celina (Org.). *Getúlio Vargas.* Brasília: Câmara dos Deputados, Edições Câmara, 2011 (Série Perfis Parlamentares; n. 62).

DI PIETRO, Maria Sylvia Zanella. O direito administrativo brasileiro sob influência dos sistemas de base romanística e da *common law.* In: *Revista Eletrônica de Direito Administrativo Econômico.* Salvador, vol. 8, nov/dez 2006, jan/2007. Disponível em: http://www.direitodoestado.com.br/codrevista.asp?cod=156. Acesso em: 18 jun. 2022.

DONGHI, Tulio Halperin. *História da América Latina.* Tradução de Carlos Nelson Coutinho. Rio de Janeiro: Paz e Terra, 1975.

FAORO, Raymundo. *Os donos do poder: formação do patronato político brasileiro.* Vol. 2. 10. ed. São Paulo: Globo; Publifolha, 2000.

FAUSTO, Boris. A Revolução de 1930. In: MOTA, Carlos Guilherme (Org.). *Brasil em perspectiva.* 19. ed. Rio de Janeiro: Bertrand Brasil, 1990, p. 227-255.

FRANCO, Afonso Arinos de Melo. *Curso de direito constitucional brasileiro, Vol. II, Formação Constitucional do Brasil.* Rio de Janeiro: Forense, 1960.

FRANCO, Afonso Arinos de Melo. *Direito constitucional: Teoria da Constituição; as Constituições do Brasil.* Rio de Janeiro, Forense, 1981.

FUNDAÇÃO Getúlio Vargas, Centro de Pesquisa e Documentação de História Contemporânea do Brasil (CPDOC). Anos de Incerteza (1930-1937) – No país dos tenentes – Clube 3 de Outubro. In: *A Era Vargas: dos anos 20 a 1945.*

GOMES, Ângela de Castro. Autoritarismo e corporativismo no Brasil: o legado de Vargas. *Revista USP*, n. 65, março/maio 2005.

GUANDALINI JUNIOR, Walter. *História do direito administrativo brasileiro: formação (1821-1895).* Curitiba: Juruá, 2016.

HOBSBAWM, Eric. *Era dos extremos: o breve século XX: 1914-1991.* Tradução de Marcos Santarrita. 2. ed. São Paulo: Companhia das Letras, 1995.

LIMA SOBRINHO, Barbosa. *A verdade sobre a Revolução de Outubro – 1930.* 3. ed. São Paulo: Editora Alfa-Omega, 1983.

MANGABEIRA, João. *Em torno da Constituição.* São Paulo: Companhia Editora Nacional, 1941.

MARTINS, José de Souza. *O poder do atraso: ensaios de sociologia da história lenta.* São Paulo: Hucitec, 1994.

MESURINI, Mauricio Costa. História do direito administrativo no Brasil (1937--1964): o debate em torno das delegações legislativas. In: *Revista da Faculdade de Direito da UFRGS.* Porto Alegre, n. 35, p. 59-84, dez. 2016.

MESURINI, Mauricio Costa. *O Estado interventor no Brasil e seus reflexos no direito administrativo e constitucional (1930-1964): Themistocles Cavalcanti e sua contribuição doutrinária.* Belo Horizonte: Editora Dialética, 2021.

MIRKINE-GUETZÉVITCH, Boris. *As novas tendências do direito constitucional.* São Paulo: Companhia Editora Nacional, 1933.

MORAES, Maria Célia Marcondes de. Educação e política nos anos 30: a presença de Francisco Campos. In: *Revista Brasileira de Estudos Pedagógicos.* Brasília, vol. 73, n. 174, maio/ago 1992, p. 291-321.

NETO, Lira. *Getúlio: do Governo Provisório à ditadura do Estado Novo (1930-1945).* São Paulo: Companhia das Letras, 2013.

PESSOA, Robertônio Santos. Constitucionalismo, Estado e Direito Administrativo no Brasil. In: *Direito em ação*, vol. 8, n. 1, jan/2012, p. 253-298.

PRESTES, Anita Leocádia. *Luiz Carlos Prestes: patriota, revolucionário, comunista.* São Paulo: Expressão Popular, 2006.

PRESTES, Luiz Carlos. *Manifesto de Maio.* In: https://www.marxists.org/portugues/prestes/1930/05/manifesto.htm. Acesso em: 30 mai. 2022.

SEELAENDER, Airton Cerqueira-Leite (2021). O direito administrativo e a expansão do Estado na Primeira República: notas preliminares a uma história da doutrina administrativista no Brasil. In: *Revista do Instituto Histórico e Geográfico Brasileiro.* Rio de Janeiro: a. 182, (485):165-202, jan./abr. 2021.

SODRÉ, Nelson Werneck. *Formação histórica do Brasil.* São Paulo: Editora Brasiliense, 1962.

SILVA, Floriano Corrêa Vaz da. A intervenção do Estado no domínio econômico através dos órgãos de Administração Indireta. In: *Revista de Informação Legislativa,* out/dez 1974, p. 31-46.

VARGAS, Getúlio. *Diário.* Vols. 1 e 2. Apresentação de Celina Vargas do Amaral Peixoto; edição de Leda Soares. São Paulo: Siciliano; Rio de Janeiro: Fundação Getúlio Vargas, 1995.

VARGAS, Getúlio. Discurso pronunciado na Esplanada do Castelo, expondo a plataforma da Aliança Liberal na campanha para as eleições presidenciais de 1º de março de 1930. In: *Getúlio Vargas, 1883-1954.* (Série Perfis Parlamentares, n. 62). Organização de Maria Celina D'Araujo. Brasília: Câmara dos Deputados, Edições Câmara, 2011.

VARGAS, Getúlio. Discurso pronunciado por ocasião de sua posse como chefe do Governo Provisório da República. 3 de novembro de 1930. Disponível em: http://www.biblioteca.presidencia.gov.br/presidencia/ex-presidentes/getulio-vargas/discursos/discursos-de-posse/discurso-de-posse-1930/view. Acesso em: 9 jun. 2022.

VARGAS, Getúlio. Pronunciamento em 23 de fevereiro de 1931, em Minas Gerais. In: SOUZA, Nilson Araújo de; CAMPOS, Rosanita. *Pensamento nacional-desenvolvimentista.* São Paulo: Anita Garibaldi; Fundação Maurício Grabois, 2021.

VENÂNCIO FILHO, Alberto. *A intervenção do Estado no domínio econômico.* Rio de Janeiro: Fundação Getúlio Vargas, 1986.

VIANNA, Oliveira. *O ocaso do Império.* [Introdução de José Murilo de Carvalho]. 3. ed. Rio de Janeiro: ABL, 2006.

WELCH, Clifford Andrew. Vargas e a reorganização da vida rural no Brasil (1930-1945). In: *Revista Brasileira de História,* São Paulo, vol. 36, n. 71, jan-abr 2016, p. 81-105.

Legislação citada

BRASIL. [Constituição (1934)]. Constituição da República dos Estados Unidos do Brasil (de 16 de julho de 1934). Brasília, DF: **Presidência da República**, 2022.

BRASIL. Lei nº 23, de 30 de outubro de 1891. Reorganiza os serviços da Administração federal. **Coleção de Leis do Brasil:** 1891, p. 42, vol. 1.

BRASIL. Decreto nº 4.982, de 24 de dezembro de 1925. Manda conceder, anualmente, 15 dias de férias aos empregados e operários de estabelecimentos comerciais, industriais e bancários, sem prejuízo de ordenado, vencimentos ou diárias e dá outras providencias. **Coleção de Leis do Brasil:** 1925, p. 126, vol. 1.

BRASIL. Decreto nº 5.741, de 25 de novembro de 1929. Fixa os subsídios do Presidente e do Vice-Presidente da República, no período presidencial de 1930 e 1934. **Diário Oficial da União:** Seção 1, 27/11/1929, p. 23809.

BRASIL. Decreto nº 19.398, de 11 de novembro de 1930. Institui o Governo Provisório da República dos Estados Unidos do Brasil, e dá outras providências. **Diário Oficial da União:** Seção 1, 12/11/1930, p. 20663.

BRASIL. Decreto nº 19.402, de 14 de novembro de 1930. Cria uma Secretária de Estado com a denominação de Ministério dos Negócios da Educação e Saúde Pública. **Diário Oficial da União:** Seção 1, 18/11/1930, p. 20883.

BRASIL. Decreto nº 19.482, de 12 de dezembro de 1930. Limita a entrada, no território nacional, de passageiros estrangeiros de terceira classe, dispõe sobre a localização e amparo de trabalhadores nacionais, e dá outras providências. **Diário Oficial da União:** Seção 1, 19/12/1930, p. 22585.

BRASIL. Decreto nº 19.560, de 5 de janeiro de 1931. Aprova o regulamento que organiza a Secretaria de Estado do Ministério da Educação e Saúde Pública. **Diário Oficial da União:** Seção 1, 10/1/1931, p. 549.

BRASIL. Decreto nº 19.576, de 8 de janeiro de 1931. Veda as acumulações remuneradas e dá outras providências. **Diário Oficial da União:** Seção 1, 18/1/1931, p. 955.

BRASIL. Decreto nº 19.626, de 26 de janeiro de 1931. Fixa a despesa geral da República dos Estados Unidos do Brasil para o exercício de 1931. **Diário Oficial da União:** Seção 1, 28/1/1931, p. 1391.

BRASIL. Decreto nº 19.770, de 19 de março de 1931. Regula a sindicalização das classes patronais e operárias e dá outras providências. **Diário Oficial da União:** Seção 1, 29/3/1931, p. 480.

BRASIL. Decreto nº 19.808, de 28 de março de 1931. Suspende a execução da lei n. 4.982, de 24 de dezembro de 1925, e do respectivo regulamento, e estabelece nova modalidade para a concessão de férias a operários e empregados. **Diário Oficial da União:** Seção 1, 7/4/1931, p. 5263.

BRASIL. Decreto nº 20.047, de 27 de maio de 1931. Regula a execução dos serviços de radiocomunicações no território nacional. **Diário Oficial da União**: Seção 1, 6/6/1931, p. 9385.

BRASIL. Decreto nº 20.233, de 22 de julho de 1931. Considera de utilidade pública o Instituto de Cacau da Baía, e dá outras providências. **Diário Oficial da União**: Seção 1, 24/7/1931, p. 12027.

BRASIL. Decreto nº 20.348, 29 de agosto de 1931. Institui conselhos consultivos nos Estados, no Distrito Federal e nos municípios e estabelece normas sobre a administração local. **Diário Oficial da União**: Seção 1, 23/10/1931, p. 16835.

BRASIL. Decreto nº 21.402, de 14 de maio de 1932. Fica o dia três de maio de 1933 para a realização das eleições à Assembleia Constituinte e cria uma comissão para elaborar e anteprojeto da Constituição. **Diário Oficial da União:** Seção 1, 17/5/1932, p. 9486.

BRASIL. Decreto nº 22.040, de 1º de novembro de 1932. Regula os trabalhos da comissão encarregada de elaborar o anteprojeto da futura Constituição Brasileira. **Diário Oficial da União**: Seção 1, 4/11/1932, p. 20232.

BRASIL. Decreto nº 22.928, de 12 de julho de 1932. Erige a cidade de Ouro Preto em monumento nacional. **Diário Oficial da União**: Seção 1, 17/7/1933, p. 14153.

BRASIL. Decreto nº 24.609, de 6 de julho de 1934. Cria Instituto Nacional de Estatística e fixa disposições orgânicas para a execução e desenvolvimento dos serviços estatísticos. **Diário Oficial da União:** Seção 1, 14/7/1934, p. 14257.

BRASIL. Decreto nº 24.642, de 10 de julho de 1934. Decreta o Código de Minas. **Diário Oficial da União:** Seção 1, 20/7/1934, p. 14750.

BRASIL. Decreto nº 24.651, de 10 de julho de 1934. Cria, no Ministério da Justiça e Negócios Interiores, o Departamento de Propaganda e Difusão Cultural. **Diário Oficial da União:** Seção 1, 14/7/1934, p. 14276.

BRASIL. Decreto nº 24.694, de 12 de julho de 1934. Dispõe sobre os sindicatos profissionais. **Coleção de Leis do Brasil:** 31/12/1934, p. 838, vol. 4 .

BRASIL. Decreto nº 24.735, de 14 de julho de 1934. Aprova, sem aumento de despesa, o novo regulamento do Museu Histórico Nacional. **Diário Oficial da União:** Seção 1, 1934, p. 0000.

BRASIL. Decreto nº 24.776, de 14 de julho de 1934. Regula a liberdade de imprensa e dá outras providências. **Coleção de Leis do Brasil:** 31/12/1934, p. 1.

BRASIL. Decreto nº 24.803, de 14 de julho de 1934. Modifica diversos artigos do Código de Justiça Militar. **Coleção de Leis do Brasil:** 1934, p. 1378, vol. 4.

BRASIL. Lei nº 135, de 14 de janeiro de 1936. Institui as comissões de salário mínimo. **Diário Oficial da União:** Seção 1, 21/1/1936, p. 1602.

8. DIREITOS SOCIAIS E A CONSTITUIÇÃO DE 1934: A REGULAÇÃO DOS DIREITOS TRABALHISTAS NO GOVERNO PROVISÓRIO DE GETÚLIO VARGAS[1]

Rafael Lamera Giesta Cabral

Introdução

Não é raro encontrar nos manuais de Direito Constitucional brasileiros referências à constituição de 1934 como a primeira que inovou seu tempo histórico ao introduzir o fenômeno do constitucionalismo social. A característica básica desse modelo se encontra na chamada constitucionalização de direitos sociais, configurada, por exemplo, na regulamentação de temas como assistência e previdência social, direitos do trabalho, educação e saúde. Por outro lado, poucas são as investigações no campo da história do direito que avaliam como o contexto político da época fomentou essa inclusão dos direitos sociais no texto constitucional e quais foram as condições de sua pactuação naquela constituição.

Ao se ignorar esse contexto, os manuais acabam por projetar na constituição de 1934 um nível performativo híbrido, que se alia à narrativa de que as conquistas sociais estabelecidas no período eram decorrentes de um projeto social outorgado pelo governo provisório de Getúlio Vargas, principal responsável pela condução dos interesses de uma sociedade civil amorfa. O foco no Estado-tutelar que se iniciou no pós-1930 acabou

[1] Originalmente, esse texto foi publicado em língua inglesa, com o título *The 1934 Brazilian Constitution and the regulation experience of labor in Brazil (1930-1934), na Forum Historiae Iuris – Erste europäische Internetzeitschrift für Rechtsgeschichte,* em 29 abril 2021. Diponível em: https://forhistiur.net2021-04-lamera-giesta-cabral

por fundamentar alguns mitos, que, curiosamente, sobrevivem desde então[2]. Mantê-los impõe assumir riscos desnecessários, pois além de desprivilegiar as lutas por direitos trabalhistas que marcaram a primeira fase republicana, não permitem compreender as causas e os efeitos que permitiram a regulação ser incluída na agenda política e constitucional entre 1930 a 1934.

Ainda nesse sentido, um contorno mais problemático pode surgir, principalmente, ao estabelecer, naquela constituição, um efeito que, por si só, não possui. Creditar à constituição de 1934 um poder normativo suficiente para dar curso às inovações que enunciava no campo dos direitos sociais pode soar falso e, com isso, produzir novas interpretações sobre aquele contexto torna-se fundamental: em um país em que as principais decisões são tomadas por um seleto grupo e estabelecidas pelas leis/decretos, qual seria a função de uma constituição, em plena década de 1930, para a compreensão geral de direitos? A questão é importante porque lança luz a um problema profundo que os trabalhos no campo da história constitucional têm contestado: uma história dessa envergadura não se limita apenas ao texto constitucional, tampouco ao campo político realizado no âmbito das discussões constituintes. A compreensão geral de direitos constitucionalizados é fruto de lutas e desenvolvimentos institucionais de longa duração. Com os direitos sociais, observados a partir da reforma constitucional de 1926 e, posteriormente, inseridos em todas as demais experiências constitucionais brasileiras, esse desenvolvimento constitucionalizante é bem representativo.

Nessa perspectiva, o destaque que embasa esta análise se volta à regulação do trabalho. A constituição de 1934 foi a primeira na história nacional a incorporar, em seu texto, direitos dos trabalhadores. Contudo, essa afirmação comporta algumas restrições. A regulação do trabalho não se estabeleceu, de uma maneira ampla, para todas as classes de trabalhadores: os rurais, por exemplo, objeto de uma "inclusão especial"[3],

[2] Um desses mitos era o "Mito da Outorga", que defendia que o governo Getúlio Vargas outorgava direitos aos trabalhadores e acaba por negar a própria reivindicação dos trabalhadores. Para maior aprofundamento, ver os juristas SIQUEIRA et. all., 2019.

[3] A referência a esta "inclusão especial" pode ser constatada em vários momentos da constituinte de 1933-34. A questão mais emblemática ocorre com o dispositivo constitucional de que os trabalhadores rurais teriam seus direitos regulamentados pela assembleia ordinária, o que, de fato, não aconteceu.

exemplificam os limites que compuseram o cenário de época diante das mudanças em curso. As principais inovações trabalhistas que constavam na constituição de 1934 não foram construídas no âmbito da assembleia constituinte, posto que muitas já haviam sido incorporadas por decretos do poder Executivo varguista, que fixaram jornada de trabalho, caixa de assistência e aposentadoria, regulamentação do trabalho de mulheres e menores, leis de carestia, carteira de trabalho e a implantação de um modelo restritivo de filiação sindical.

Dadas essas condições, não se pode ignorar que um momento histórico permite inúmeras interpretações. A que se propõe neste estudo caminha em um sentido amplo, porém bem localizado: se a constituição marca esse processo de garantias, como o contexto pré-constituição fomentou essas inovações? Esses questionamentos permitiram, de certo modo, uma reconfiguração na investigação. O movimento revolucionário de 1930 buscou, tanto pela via do discurso quanto pela introdução de mecanismos modernos para a burocratização do regime, ditar e orientar o Estado e a sociedade para a mudança social que se propunha. Nesse sentido, torna-se necessário investigar como o processo de legitimação da Revolução de 1930 produziu um conjunto de experiências que projetavam para o futuro um horizonte de expectativas que pudessem superar o passado.

Os primeiros anos da década de 1930 demarcam o tom da mudança social que se espelha tanto na política quanto na economia, delineando conflitos de interesses complexos, como produto da ressignificação de posição de vários atores políticos e sociais que se inseriram na arena de disputa. Entre eles, destacavam-se tenentes, oligarcas, trabalhadores urbanos, sindicalistas, empresários e industriais.

Em nome da normalidade constitucional, como reserva de poder que garantiu o pacto oligárquico durante a Primeira República, a luta pela constituição e a disputa pelo controle da constituinte (1933-34) configuram um espaço de experiência significativo para a história política e constitucional, mas que não retratou, necessariamente, o sentido que atualmente se delega a uma constituição.

Compreender esse contexto torna-se fundamental por dois motivos: primeiro, pelo efeito que as constituições assumiram no ocidente, principalmente após a segunda guerra mundial, período em que avocou uma centralidade nos ordenamentos políticos e jurídicos nacionais (efeito que, em um primeiro momento, estava ausente na década de 1930 no

Brasil e pode relativizar o significado que a constituição apresentou em 1934) e, segundo, pela oportunidade de, ao se revisitar a história política e constitucional, seja possível desvelar como as lutas por direitos se constituíram de maneira relativamente independente de sua inclusão nos textos constitucionais. Assim, essa proposta de investigação se delineia na necessidade de se verificar como a articulação institucional do governo provisório, mediante a redação de um anteprojeto constitucional, buscou capitanear controle sobre o processo político na configuração dos direitos do trabalho, desde a Revolução de 1930 até a instalação da Assembleia Nacional Constituinte em 1933.[4] Com isso, busca-se averiguar o contexto político em que se inseriram os direitos sociais, as organizações sindicais dos trabalhadores, bem como destacar como esse desenho institucional promoveu modificações no idealismo constitucional forjado no pós-1930.

Para que o objetivo seja alcançado, a pesquisa seguirá dois caminhos que marcam o período pós-Revolução de 1930 até a Constituição de 1934: i) um breve mapeamento das mudanças sociais que foram implantadas a partir da Revolução e ii) a articulação do governo para a elaboração de um anteprojeto constitucional com regulação do direito do trabalho em uma base diversa das experiências anteriores ao movimento de 1930: a incorporação de um projeto corporativo na regulação entre capital x trabalho.

1. As promessas da Revolução de 1930 em duplo percurso: da legitimação do movimento à institucionalização das mudanças sociais

Com a Revolução de outubro de 1930, o Governo Provisório foi instaurado pelo Decreto n. 19.398, de 11 de novembro de 1930, tendo uma Junta Militar revolucionária conferido a Getúlio Dornelles Vargas o exercício de sua chefia.

O ambiente político, econômico e social brasileiro, no início da década de 30, era de forte fragmentação, decorrente, em parte, das mudanças sociais em constante ressignificação. Em relação ao plano político, o governo era fruto de um golpe de Estado, momento em que o presidente Washington Luís foi deposto do poder antes da sucessão presidencial (posse do presidente eleito, o paulista Júlio Prestes); no campo econômico,

[4] Sobre as discussões realizadas à época sobre o anteprojeto e os debates na constituinte ver: Cavalcanti, 1933; Anais da Assembleia Nacional Constituinte, 1935; e Machado, 1935.

o país sentia os efeitos produzidos pela crise do liberalismo mundial e, na ordem interna, havia uma transição na política econômica de mercado agrário-exportador para o aparelhamento da industrialização; e, no campo social, novas questões se apresentavam em busca de soluções, dentre as quais os conflitos entre capital e trabalho, que demandavam regulamentação em suas relações trabalhistas e sindicais.

A centralização de poder promovida pelo Governo Provisório prolongava uma tensa discussão sobre novos modelos de organização para o país. Isso porque a prática do federalismo, durante a Primeira República, passava a ser objeto de uma reorientação-condução inédita; na prática, uma ressignificação que, ao mesmo tempo, experimentava uma via autoritária e conservadora.

Essa situação especial de centralização do poder colocava em jogo também outro expediente importante aos revolucionários, posto que, ao mesmo tempo em que a revolução instituía seus poderes discricionários, esclarece Angela de Castro Gomes, também "assumia um compromisso com a revisão da legislação vigorante com a reintegração da nação num regime legal, através do processo político de uma constituinte".[5]

O estabelecimento do Governo Provisório dependia da uma base que concedesse apoio institucional para a manutenção do próprio regime. O momento histórico, como já ressaltado, demonstrava um processo político em constante fragmentação, que se concretizava em uma incapacidade generalizada dos grupos dominantes ou até mesmo das elites em assumir o controle do Estado com um projeto político coerente e sólido para a nação. Assim, para a manutenção do governo, seria necessário o restabelecimento de uma legitimidade, inclusive para manter firme o propósito revolucionário, possivelmente em risco com o compromisso de abertura política a se consolidar na reconstitucionalização. Naquele momento, as bases que sustentavam o governo eram os militares do Exército[6], em especial, os ligados ao tenentismo (Clube 3 de Outubro)[7] e os dissidentes das oligarquias regionais que, durante o período da Primeira República, foram excluídos do poder central. De acordo com Weffort,

[5] Gomes, 1996, p. 14.

[6] Talvez, o exemplo maior desse setor tenha sido Góes Monteiro e sua linha de intervenção moderada.

[7] Sobre o tenentismo, ver: Santa Rosa, 1976, e Silva, 1972.

> Nenhum dos grupos participantes pode oferecer ao Estado as bases de sua legitimidade: as classes médias porque não têm autonomia frente aos interesses tradicionais em geral, os interesses do café porque diminuídos em sua força e representatividade política por efeito da revolução, da segunda derrota em 1932 e da depressão econômica que se prolonga por quase um decênio, os demais setores agrários porque menos desenvolvidos e menos vinculados com as atividades de exportação que ainda são básicas para o equilíbrio do conjunto da economia.[8]

Diante desse imbróglio, a concepção de "vazio de poder" começou a ser explorada politicamente pelos dissidentes e opositores a Vargas, acelerando, desse modo, a ideia de uma reconstitucionalização imediata no país.

A alternativa encontrada pelos revolucionários, segundo a tese de Francisco Weffort[9] e as análises de Boris Fausto[10], fora o estabelecimento de um Estado de compromisso, que, no período, conseguiria aglutinar os inúmeros confrontos, cooptações e negociatas necessários para impor as mudanças institucionais. Por outro lado, a concepção de um Estado de compromisso, em alguns aspectos, forjou-se precariamente, justamente por não ter permitido uma maior estabilidade política no desfecho pós-constituição de 1934.

Outra possibilidade relevante nesse mesmo sentido seria o estabelecimento de solução de compromissos específica (e não um Estado de compromisso como o consagrado pela tese de Weffort), por se coadunar melhor com o período sob efeito do hibridismo conturbado. Assim, as soluções de compromissos por meio da concertação eram necessárias porque

[8] Weffort, 1968, p. 72. Impende salientar que a ausência de um grupo forte que pudesse oferecer ao Estado as bases de legitimidade para uma condução hegemônica do poder será inexistente (ou pouco efetiva) durante todo o primeiro período do Governo Vargas. Na realidade, quando se observam os debates parlamentares na Assembleia Nacional Constituinte em 1933-34, essa ausência se torna evidente, principalmente, quando o resultado da Constituição tem um formato híbrido pela contemplação de demandas que, embora não fossem imediatamente contraditórias entre si, puderam fragilizar a aplicabilidade de seus efeitos programáticos e modernizantes a médio e longo prazo.

[9] Weffort, 1968.

[10] Fausto, 1970.

> A Revolução havia produzido uma brecha, mas devido ao seu caráter autocrático (a suspensão das normas legais promovida na aurora do governo revolucionário) encontrava ou resistência (como a revolta de São Paulo) ou a dificuldade de estabilização política mediada pelos instrumentos legais legítimos.[11]

O momento histórico se constituía como um sistema híbrido de concertação e combate. Embora o setor militar integrasse as forças revolucionárias na etapa que corresponde desde o início do Governo Provisório ao seu encerramento com a promulgação da constituição de 1934, não havia um espaço livre para imposição de formas e estruturas estatais por parte do governo.[12]

A realização só poderia ocorrer de forma satisfatória em uma plataforma de constante negociação. Todavia, com a realidade das forças heterogêneas que participavam do movimento, a instabilidade do período político era representada pela tentativa de se arranjar uma concertação entre as principais forças políticas em ação e seus interesses. Algumas vezes, os efeitos da concertação foram considerados insatisfatórios para grande parte dos integrantes do governo (por exemplo, com a convocação da Assembleia Nacional Constituinte em 1932), tendo muitas vezes Getúlio Vargas atuado diretamente para amenizar as crises internas, ora com os pedidos de "demissões voluntárias" de seus ministros, ora pelas pressões internas dos integrantes do governo, contrariados com o curso da negociação estabelecida.[13]

Outro ponto a ser levado em consideração ocorria quando se cotejava o compromisso do governo revolucionário com a democracia representativa, principalmente, ao se vislumbrar que, à margem do compromisso, estavam os trabalhadores e a grande massa popular. As soluções de compromissos, indiretamente, promoveram também uma abertura política e,

[11] Cepêda, 2010, p. 199.

[12] Isso não significa que o governo não tenha tentado, principalmente, pela elevada edição de decretos que regulavam setores da sociedade civil como reformas administrativas e expansão da atividade burocrática do Estado. Outros exemplos podem ser captados na forma como o governo atuou no processo de reconstitucionalização, seja mediante a elaboração do anteprojeto constitucional, seja com a inclusão de representantes do Executivo para exercer a liderança do governo no âmbito da Assembleia Constituinte.

[13] Ver ainda Vargas, 1995a; 1995b.

consequentemente, surgiam inúmeros problemas que despertavam os descompassos rumo à modernização que se iniciava no país. Vera Cepêda afirma que

> Somava-se ainda a este imbróglio, o agravamento das tensões inerentes ao processo de modernização econômica e política e o surgimento de um quadro de convulsão e conflito nunca antes presenciado na história nacional. Não eram apenas as oligarquias que se movimentavam, pela inclusão no pacto de poder ou reversão deste ao seu anterior controle; era uma variegação de atores e frações que emergiam no bojo da modernização em curso, disputando espaço e representação. Novos interesses ligados ao capital – setor mercado externo (agrário-exportador) *versus* setor mercado interno (industrial e diversificado); disputas entre os vários segmentos do capital comercial, industrial; latifúndio agro-exportador *versus* minifúndio voltado ao abastecimento do mercado interno em expansão. Do lado do trabalho, cenário igual se reproduzia já que os trabalhadores eram incorporados a processos muito desiguais de contratação e remuneração, além de estarem ligados a um ou outro dos setores produtivos acima apontados. Ainda são importantes no período os setores urbanos de classe média, o funcionalismo público, as profissões liberais, afora as desigualdades regionais.[14]

Com o agravamento das tensões acima descritas, os primeiros anos do governo provisório foram destinados à neutralização dessas forças sociais em ebulição e, para tanto, os expedientes utilizados se instrumentalizavam pela suspensão do Estado de Direito. Em alguns casos, pela coerção propriamente dita, principalmente, ao tolher o direito da livre manifestação do pensamento com censura aos jornais. Por outro lado, uma extensa regulamentação dos direitos trabalhistas também foi implementada como instrumento de intervenção na relação entre capital x trabalho e, nesse aspecto, o Estado atingiria grande parte de seus objetivos iniciais.

Ao mesmo tempo, a atuação do Estado passaria a ser responsável também pela construção de uma narrativa que se encaminhava para a *práxis* política de legitimidade à Revolução. Segundo Getúlio Vargas,

> a Revolução foi a marcha incoercível e complexa da nacionalidade, a torrente impetuosa da vontade popular quebrando todas as resistências, arrastando

[14] Cepêda, 2010, p. 199.

todos os obstáculos, à procura de um rumo novo, na encruzilhada dos erros do passado.[15]

A narrativa proposta não se vinculava apenas à promoção de medidas que reconstruiriam a nação, mas buscava também proporcionar um tempo histórico que articulasse a lembrança de um passado como um fardo a ser superado, por representar práticas políticas que marcavam o atraso político e econômico, e a projeção de um horizonte de expectativas novo, a ser implementado pela Revolução, legitimamente responsável pelas mudanças em curso.

É nesse aspecto que se pode destacar a atuação do Estado em relação aos conflitos entre capital e trabalho e o governo provisório. Estando este no foco da crise, a elaboração de um pacto de intervenção direcionado à não deflagração do conflito acabava por se tornar um importante tópico na agenda política do período, evitando, desse modo, as greves gerais que marcaram as décadas de 1910 e 1920. A regulação do trabalho urbano possui estrita relação com as experiências de lutas dos trabalhadores, que deram o tom performático para a ampliação na proteção dos trabalhadores, idealizadas com greves gerais, organização de feministas por melhores condições de vida e trabalho para as mulheres, pressões por criação das caixas de pensão e aposentadoria para alguns setores e organização em associações sindicais reconhecidas ou não. A regulação entre capital e trabalho realizada pelo governo seria compreendida como um dos principais marcos do processo de modernização instaurado pela nova ordem constitucional e institucional do país, uma promessa muito clara e específica dos revolucionários com a Justiça social. Assim, com a inclusão de direitos trabalhistas, o governo demonstrava um afastamento da inércia governamental anterior.

Entre os instrumentos jurídicos que refletiam o conflito entre os setores produtivos, pode-se destacar a atuação do Conselho Nacional do Trabalho[16] desde 1923, mas totalmente ressignificado, especialmente, após a criação, em 1931, do Ministério do Trabalho, Indústria e Comércio na

[15] Vargas, 2011, p. 312.

[16] O CNT foi criado em 1923, como decorrência dos compromissos assumidos pelo governo brasileiro no tratado de Versalhes, em 1919, que criou a Organização Internacional do Trabalho, a OIT. Desde 1923, o CNT teve sua competência alterada e, especialmente a partir

composição de conflitos entre empregados e empregadores. No arquivo do Tribunal Superior do Trabalho, foi possível resgatar parte dos processos administrativos trabalhistas de 1927 a 1945. Em análise a essas fontes, tornou-se viável elucidar as estratégias utilizadas pelos trabalhadores, como as cartas enviadas ao Ministro do Trabalho, em que se denunciavam abusos cometidos por empregadores, e os usos que faziam da política, do direito e da constituição para a ampliação no reconhecimento de direitos trabalhistas.

A regulação fora estabelecida com o objetivo de atenuar as divergências entre os setores urbanos, pacificando os ânimos entre empregadores e empregados em conflito acentuado desde a década de 1910, principalmente, após a evolução na estrutura econômica industrial que marcaria a década de 1930. A luta por direitos que regulassem as condições de trabalho – especialmente urbano – marcaram os últimos anos da Primeira República. A questão social passou a ser objeto de disputa política nas eleições presidenciais em 1930, em que o trabalhador, de ator marginal, passou a ser central nessa nova configuração. A regulação seria uma saída para que o segmento industrialista pudesse ter controle sobre o processo produtivo. Ao mesmo tempo, a regulação, ao criar parâmetros para serem acatados pelos empregadores, abria espaço para a intervenção mais direta dos sindicatos (controlados pelo Estado, desde a nova lei de sindicalização em 1931) em todo processo de negociação entre capital e trabalho.[17] E, com o desenvolvimento dos sindicatos,

> [...] também exemplifica o movimento dos direitos civis que vai da representação de indivíduos para a de comunidades. Essa representação coletiva dos interesses econômicos dos membros surge da inabilidade dos

de 1931, ao ser resignificado dentro do Ministério do Trabalho, foi o antecessor da Justiça do Trabalho, que somente seria institucionalizada a 01 de maio de 1941.

[17] Para uma análise da evolução das associações sindicais presentes no Estado de São Paulo (onde as principais manifestações grevistas aconteceram no início do Século XX), ver Simão, 1981. Nesse sentido, Simão (1981, p. 99) afirmava que "entre 1901 e 1914 houve 81 registros de greves referentes à capital paulista e 38 em várias cidades menores, sendo que um quadro relativo a conflitos de certa amplitude, incluindo estabelecimentos de um mesmo ou de vários setores econômicos [...]. Entre 1915 e 1929, na Capital, anotaram-se 42 conflitos em estabelecimentos isolados, 20 em setores econômicos e 2 interprofissionais, 1 generalizado e 1 geral".

trabalhadores de salvaguardar seus interesses individualmente. [...] Esses resultados práticos dos sindicatos têm um efeito de longo alcance na posição dos trabalhadores como cidadãos.[18]

Assim, os sindicatos poderiam exercer uma posição especial, por permitir aos trabalhadores a possibilidade de se organizarem, e dar voz a esses atores sociais e políticos em formação. Ainda assim, a regulação, de certa forma, também representava a estratégia de manutenção da estrutura conservadora agrária, posto que os trabalhadores rurais não experimentaram uma regulação propriamente dita, continuando à margem do projeto de regulação.[19]

A regulação também representou uma maneira sistemática de legitimação do Estado, visto que o expediente utilizado pôde ser contabilizado como meio fim em busca da resolução dos conflitos sociais potencializados entre o operariado e o empresariado, ao mesmo tempo em que legitimava o governo provisório como um regime que, diferentemente das práticas passadas, incluía a questão social como uma de suas pautas políticas.

A ação do governo gerou o acolhimento de "um programa de legislação social, em que o Estado 'protetor', absorvendo os intentos societários e incorporando a 'questão social', define a estratégia do 'compromisso' nas relações entre o capital e o trabalho".[20]

A pactuação da estratégia de solução de compromisso nas relações entre esses setores expressava a singularidade brasileira quando o tema era a questão social. Esta, que naquela época se constituía pelo aparecimento de novos atores, péssimas condições de vida e pela deterioração da sociabilidade urbana, moldava um ator social (na maioria, representado por trabalhadores urbanos) que, embora não pudesse ser idealizado como classe social[21], já forjava uma consciência de classe, pronta para se manifestar.

[18] Bendix, 1996, p. 120.

[19] A regulação do trabalho no campo foi objeto de uma inclusão especial no texto constitucional de 1934 e que não se efetivara nos anos seguintes.

[20] Wolkmer, 1989, p. 24. A tese sobre o compromisso pactuado na ANC de 1933-34 pode ser observada nos trabalhos de Angela Maria de Castro Gomes (1980; 1996), intitulados "Regionalismo e Centralização Política: partidos e constituinte nos anos 30" e "Confronto e compromisso no processo de Constitucionalização (1930-1935)".

[21] Classe social no sentido de setores que vão ganhando identidades e demandas de interesses, que se formam como grupo político de pressão.

No entanto, as manifestações operárias foram controladas/sufocadas durante todo o período pós-revolução. Com a criação do Ministério do Trabalho, em 1931, o modelo de sindicalização implantado no país impôs limitações à autonomia sindical e, nesse contingente, as ações dos sindicalistas eram controladas e supervisionadas pelo governo.

Os sindicatos só se constituíam com representatividade dos trabalhadores após aprovação e prévio cadastro no Ministério do Trabalho, que prescrevia inúmeros requisitos para a organização dos trabalhadores em agremiações sindicais. Assim, sem autonomia, os sindicatos ficavam na dependência das ações estatais, podendo, inclusive, perder o registro caso cometessem atos considerados ilegais (atos estes analisados na esfera administrativa e não na judicial).

No mesmo sentido, os trabalhadores também passaram por uma reestruturação nas carreiras, oportunidade em que a cidadania se estendia somente àquelas profissões classificadas pelo Ministério, mediante assinatura da Carteira de Trabalho e Previdência Social – CTPS, instrumento criado em 1932, no governo Vargas, e que vigora até os dias atuais.

As investidas do governo para a regulamentação do trabalho no Brasil, por outro lado, também eram decorrentes das pressões internacionais. Durante a transição do século XIX para o XX, a questão social – o trabalho já era matéria de debate nas sociedades mais industrializadas (Europa) – começava a se constituir como agenda permanente de debates nos governos. Entre os principais debates e atos específicos, cita-se a Carta Encíclica *Rerum Novarum,* do Papa Leão XIII, que contextualizava, historicamente, as péssimas condições de trabalho do operariado, momento em que a Igreja assumia uma conduta visando suavizar os rigores do capitalismo; ou ainda, a criação da Organização Internacional do Trabalho – OIT, estabelecida pela Conferência de Paz (1919), logo após a Primeira Guerra Mundial, que influenciou diretamente no país para a criação do Conselho Nacional do Trabalho, em 1923.

No Brasil, estudos como os de Angela Castro Gomes[22] e Werneck Vianna[23], entre outros, destacam que, em momentos pré-1930, o operariado transforma-se em um ator marginal, deixando de ser sujeito para ser objeto do problema. No pós-1930, os operários passaram a não ser

[22] Gomes, 1979.

[23] Vianna, 1978.

necessariamente marginalizados, mas objetos de uma espécie de regulamentação conservadora, com a conquista de direitos mínimos e sob forte presença do Estado.

Assim, o governo provisório empreendeu um programa de reformas tão radical quanto imprevisto. Foi nessa imprevisão que as resistências surgiram, principalmente com o tempo despendido sem que o governo promovesse o retorno ao Estado constitucional.[24]

A crise enfrentada pelo governo provisório podia ser

> [...] entendida como transição para o moderno e desencadeada pelas mudanças da economia, pelo surgimento de novos atores e dilemas sociais, é o cenário que espelha o rompimento do arco de alianças e a hierarquia das forças sociais basilares para a arquitetura política do período anterior. [...] A revolução de 30 e o governo provisório revelariam, por sua vez, o posicionamento das novas forças sociais em emergência e o padrão de ordenamento de um novo pacto de alianças. Podemos observar essa característica nas estratégias e na engenharia governamental adotadas por Getúlio, ancoradas no diálogo, cooptação e negociação entre os diversos setores da economia e da sociedade, bem como na transferência dos conflitos para a arena mediadora e metamórfica do Estado.[25]

O hiato resultante da distância entre a ordem política do início da década de 1930 e a ordem legal inflamou os conflitos sócio-políticos. Nesse aspecto, por ser o Estado, ao lado de outros interesses, o centro da crise, caberia àquele promover uma plataforma sólida de conciliação e de arranjos institucionais capazes de oportunizar a sustentação do regime provisório.

No período, as forças sociais e políticas em busca da reconstitucionalização imediata do Estado tornavam-se mais latentes. Dois fatores seriam essenciais para a compreensão desse processo: a) se, por um lado, a reconstitucionalização pudesse ser analisada como um risco iminente aos interesses da revolução, eis que poderia proporcionar às oligarquias retiradas do poder em 1930 seu retorno legítimo mediante o voto (nesse sentido, o argumento mais validado foi o da ala tenentista que apoiou e

[24] Silva, 1975.

[25] Cepêda, 2010, p. 196.

colaborou diretamente na sustentação do regime provisório e era contrária à reconstitucionalização imediata), por conta de uma ideia de revolução própria[26]; b) o retardamento da reconstitucionalização também poderia ser um grave problema por outros dois motivos específicos: primeiro, por diminuir a legitimidade do governo provisório que tinha por compromisso a normalidade constitucional do país e, segundo, por oportunizar tempo suficiente para a rearticulação mais ativa da oligarquia para o processo constituinte.

Por outro lado, o que se observa é que todos os discursos que se radicalizavam em torno da reconstitucionalização, seja na versão dos tenentes, seja com os efeitos produzidos pela Revolução Constitucionalista de 1932, constroem uma referência à constituição como um instrumento, e não necessariamente como um elemento indispensável para a estruturação do Estado. O uso discursivo e apelativo à constituição era necessário para fomentar mecanismos de controle sobre o processo político que se abriu com a Revolução. Controlar o processo político tornou-se essencial no período tanto para o governo quanto para a oposição, pois seria a garantia de poder estabelecer os limites e avanços que as mudanças sociais (inevitáveis) poderiam estabelecer.

A luta pelo controle temático das mudanças na ordem política, econômica e social que poderiam ser contempladas ou não pela constituição seria forjada em uma arena especializada: a assembleia nacional constituinte, cuja eleição dos constituintes ocorreu em maio de 1933. Diante desse movimento, o governo provisório criou uma subcomissão especial que tinha por função encapsular a agenda temática do período, a fim de promover um anteprojeto constitucional a ser apresentado pelo governo aos constituintes. O ministro de Estado da Fazenda, Oswaldo Aranha, deixava isso claro ao dispor que a grande função da comissão seria "dar as tendências do Governo em relação ao pacto, porquanto o Governo saído da Revolução de 1930 tem responsabilidades oriundas dessa Revolução e que dizem respeito ao programa devidamente prometido pelos homens que são os situacionistas de hoje".[27]

[26] Fausto, 1970; Gomes, 1996; Gomes, 1980.

[27] Azevedo, 2004, p. 10. Todas as referências discursivas dos membros da subcomissão do Itamarati passarão a ser referenciadas pelo trabalho de José Afonso de Mendonça Azevedo, que, em edição fac-similar, consolidou as atas em obra publicada pelo Senado da República.

Na regulação dos direitos do trabalho, é possível destacar que as principais inovações se encontram nos trabalhos da subcomissão do Itamarati[28], mas que refletiam uma vinculação aos decretos editados por Vargas desde o início da Revolução. Os debates constituintes e a própria Constituição de 1934 não se afastaram dos princípios estabelecidos no anteprojeto. Isso não significa que não foi objeto de controvérsias na constituinte. Muito embora a questão social fosse um tema nevrálgico no período, sua regulação era desejada por vários setores da comunidade política e social ali reunidos.

A seguir, abordar-se-á como o anteprojeto constitucional do governo incluiu a proposta de regular os direitos do trabalho na futura Constituição e em que parâmetros essa regulação foi estabelecida.

2. O anteprojeto constitucional do Governo Provisório, a influência teórica e a proposta de regulação do direito do trabalho

Após a reforma eleitoral em 1932, o Governo Provisório designou eleições gerais para a formação da Assembleia Nacional Constituinte (ANC) a realizar-se em 1933. Concomitante ao ato convocatório, Vargas determinou a criação de uma comissão responsável pela elaboração de um anteprojeto constitucional a ser apresentado aos constituintes eleitos.

Os trabalhos dessa comissão ficaram conhecidos como o Anteprojeto Constitucional da Subcomissão do Itamarati, pois foram produzidos em sucessivas reuniões na residência oficial (Palácio do Itamarati) do Ministro das Relações Exteriores do Brasil. O objetivo de Vargas, ao convocar uma comissão para elaborar o projeto, era de incluir e manter as principais ações do governo provisório dentro do novo arranjo constitucional. Assim, as inovações ficariam limitadas às realizações do governo, ampliando a liderança de Vargas no processo constituinte.

Esse anteprojeto constitucional, produzido por homens de notório saber jurídico, de fato, instituiu as principais características dos direitos sociais da futura Constituição de 1934, sobretudo na área de regulação do trabalho. Em 51 sessões, a subcomissão do Itamarati acabou por constitucionalizar as regulações trabalhistas em curso, focando no mundo do trabalho urbano em detrimento dos trabalhadores rurais.

Responsáveis pela ordem econômica e social nos estudos do anteprojeto, os redatores José Américo, João Mangabeira e Oliveira Vianna

[28] Cabral, 2011.

foram responsáveis pelas maiores inovações no campo da regulamentação constitucional de direitos sociais. Esses temas, até então inéditos na linguagem constitucional brasileira, são precursores do movimento do constitucionalismo social, como aponta Antônio Carlos Wolkmer[29], ao se incorporarem na Constituição de 1934.

A questão principal nessa regulação refere-se aos direitos trabalhistas. Nesse desenho institucional, desde a criação do Ministério do Trabalho, Indústria e Comércio em 1931, a regulamentação entre capital x trabalho não ocorreu sem a coloração da "centralização modernizante" tão característica do período. Mas, nessa regulamentação, em especial, foi possível identificar a matriz teórica que aponta a um possível projeto corporativo na atuação do governo. O principal expoente foi Oliveira Vianna.

A matriz do Estado corporativo se alojava em sua concepção orgânica de sociedade, em que se privilegiavam os corpos sociais. Por ser orgânico, esse modelo de Estado se afastava do liberalismo. A perspectiva orgânica

> [...] representava um conjunto de formulações surgidas nas primeiras décadas do século XX que recusava a representatividade partidário-eleitoral e a valorização dos interesses individuais do liberalismo como base da organização política nacional. Mais que simplesmente corporativo (próximo da conotação europeia) ou autoritarismo, o pensamento organicista postulava uma interpretação social particular (classes produtoras), grupos sociais, (bases municipais) e, por consequência, um outro princípio para a representação e a outra função para a ação do Estado.[30]

Não havia respaldo para se construir a melhor decisão política a partir da disputa de vários projetos que se ancoravam na percepção dos indivíduos sobre seu interesse. Pelo contrário, no Estado corporativo, os detentores do interesse seriam os grupos sociais e não os cidadãos individualmente.

A mesma observação realizada por Bolívar Lamounier[31] sobre a situação de ligação dos intelectuais críticos da Primeira República com o funcionalismo de Estado também valeriam para Oliveira Vianna. Esse autor

[29] Wolkmer, 1989.

[30] Cepêda, 2008, p. 2

[31] 1985. No texto *Formação de um pensamento político autoritário na Primeira República*, Lamounier faz uma interpretação dos principais ensaios histórico-sociológicos que se inserem na tradição de autores (muitos, ligados ao funcionalismo público) que apresentam

dedicou grande parte de sua vida ao funcionalismo público e sua produção intelectual e, por outro lado, desde as décadas de 1920 até 1950, integrou-se ao grande núcleo de pensadores da realidade social brasileira.[32] Autor de várias análises, como as categorias de idealismo orgânico e idealismo constitucional, Oliveira Vianna acabaria por recuperar e, ao mesmo tempo, projetar um debate relevante para o conhecimento das relações entre Estado, sociedade e nação. De fato, pensar idealismo orgânico e idealismo constitucional já pressupunha o reconhecimento da centralidade dada ao Estado durante toda a história constitucional brasileira, principalmente, em sua formação social. Essas concepções de idealismos fortificaram as interpretações de Vianna frente à realidade nacional.

Essa dicotomia apresentada pelos idealismos remeteria sua análise à compreensão prévia de que o idealismo orgânico se referiria à "própria evolução orgânica da sociedade e não [seriam] outra coisa senão visões antecipadas de uma evolução futura. [...] idealismo orgânico é o que só se forma de realidade, que só se apoia na experiência, que só se orienta pela observação do povo e do meio".[33] Por outro lado, o idealismo constitucional ou utópico seria tributário de uma falsa percepção orgânica da sociedade, consistindo, para Vianna,

> [...] todo e qualquer systema doutrinário, todo e qualquer conjuncto de aspirações políticas em intimo desacordo com as condições reaes e orgânicas da sociedade que pretende reger e dirigir. O que realmente caracterisa e denuncia a presença do idealismo utópico num systema constitucional é a disparidade que há entre a grandeza e a impressionante eurythmia da sua estructura e a insignificância do seu rendimento effectivo – e isto quando não se verifica a sua esterilidade completa.[34]

interpretações críticas ao modelo constitucional de 1891. Entre eles, Alberto Torres, Oliveira Vianna, Azevedo Amaral e Francisco Campos.

[32] Dentre suas principais obras, destacaram-se *Populações Meridionais do Brasil* (1920); *Pequenos Estudos de Psicologia Social* (1921); *O idealismo na Evolução Política do Império e da República* (1922); *Evolução do Povo brasileiro* (1923); *O idealismo da Constituição* (1927 – essa obra foi revisada e ampliada, surgindo nova edição em 1939); *Problemas de Política Objetiva* (1930); *Problemas de Direito Corporativo* (1938); *As novas diretrizes da política social* (1939) e *Instituições políticas brasileiras* (1949).

[33] Vianna, 1939, p. 11.

[34] Vianna, 1939, p. 10.

A partir dessa constatação, Oliveira Vianna verticalizava suas críticas à Carta Constitucional de 1891, com a formulação de um modelo político alternativo que pudesse promover a aproximação entre o país legal e o país real[35], ou seja, de um modelo cuja expressão seria a realidade nacional.[36]

As bases do Estado corporativo seriam os "[...] grupos sociais organizados, as corporações, de modo a tornar-se a expressão dos interesses econômicos dos mesmos e das forças culturais que as orientam".[37] Nesse caso, o sistema político, em especial, o legislativo, seria constituído pelas corporações profissionais. O Estado corporativo nega o indivíduo como portador de interesse, em função dos grupos sociais que têm identidade – daí, a preponderância do organicismo.

Com essa nova dimensão política, que, necessariamente, envolveria alterações no sistema político como um todo, foi perceptível constatar a consagração das teses nacionalistas presentes no período. O Estado, na concepção forte de nacionalismo, deveria ser o instrumento que se direcionava aos interesses do ideal nacional. Não havia espaço para que grupos de interesses segmentados, muitos deles em total desarticulação com o bem comum (categoria esta que já traz em si um certo desconforto, ante a dificuldade de se definir o sentido de *bem comum* e também por se identificar com a lógica liberal), pudessem exercer o controle do país, em detrimento dos demais.

Essas desarticulações, segundo esses autores conservadores[38], seriam correlações imediatas das práticas bairristas das elites oligárquicas que

[35] Para Vianna, o maior fator de desnacionalização do Brasil foi esse "estar fora da realidade que compromete a participação da elite na organização e na direção do país. Sua inépcia decorre antes de tudo da adoção do liberalismo", apontou Vieira (1981, p. 113).

[36] Outra diferenciação entre idealismo orgânico e idealismo constitucional pode ser encontrado em Botelho (2009, p. 247), segundo o qual a diferença seria que, para os "idealistas orgânicos", um Estado forte far-se-ia necessário em decorrência do caráter inorgânico da sociedade e de sua fragilidade associativa, enquanto, para os idealistas constitucionais, um Estado todo poderoso sufocaria a sociedade e a fragmentaria.

[37] Vieira, 1981, p. 21.

[38] A concepção do termo "conservador" poderia se subdividir em dois contextos: um ligado à tradição, no sentido de um apelo à dominação tradicional – Weber (2000), e outro, em oposição ao primeiro, no sentido da modernidade, do sistema racional legal, individual e competitivo. No entanto, a palavra "conservador" pode assumir tão-somente seu sentido político e não significar, necessariamente, um apelo à tradição, retornando ao *status quo ante*.

teriam desvirtuado os ideais da República, divorciando, radicalmente, a realidade das instituições políticas vigentes.

A proposição do Estado corporativo surgia pela oposição direta com o Estado liberal (modelo este em que a fonte do poder não era o Estado, mas sim os indivíduos). Segundo Vieira[39], a lógica dessa oposição se apresentaria da seguinte maneira: "o Estado liberal possui somente uma fonte de poder público, ele mesmo, enquanto o Estado corporativo se abre na pluralidade de fontes do poder público, representadas pelas corporações". Em que pese essa observação, não seria crível afirmar que, no Estado liberal, a fonte de poder público se encontra no próprio Estado, posto que, se o próprio Estado fosse fonte de seu poder, a configuração seria um Estado totalitário, por exemplo, e não liberal, como alegado por Vieira. A reação de Oliveira Vianna ao Estado Corporativo, de fato, foi uma resposta à liberal-democracia praticada no Brasil na Primeira República.

Vianna considerava ainda a desfragmentação da formação social do povo brasileiro, impossibilitado de sustentar sua autonomia própria para expressar sua vontade, sem elite e sem partido, cabendo ao Estado representar a vontade geral – coletiva, traduzindo os interesses, os desejos e as aspirações nacionais com a submissão de todos à autoridade do Estado.

Foi nesse contexto teórico que grande parte dos direitos sociais foram formulados, principalmente, na configuração da tensão entre capital x trabalho. Embora a regulação previsse essa experiência corporativa, na prática, as debilidades da ação não permitiam que a pacificação entre os dois setores produtivos acontecesse por outras vias que não a concepção de modernização pelo alto.

As principais propostas de regulamentação da ordem social foram destinadas ao estabelecimento de normas mínimas a serem observadas pelo corpo constituinte em relação à legislação trabalhista. As inovações permitiriam ao Estado federal, mediante lei, estabelecer as condições de trabalho na cidade e no campo, intervindo nas relações entre o capital e o trabalho, numa tentativa de equilibrar as relações trabalhistas sempre conflituosas.

Havia uma preocupação entre os membros da subcomissão do Itamarati em definir, previamente, quais seriam os preceitos em que a futura

[39] 1981, p. 35.

Assembleia deveria se orientar no exato momento de estabelecer a intervenção do Estado na relação entre capital e trabalho.

Essa preocupação era evidente no redator Castro Nunes, que apresentou emendas substitutivas aos principais artigos apresentados pela subcomissão, com vistas a delimitar as bases dessa regulação, contemplando um duplo objetivo interventivo: a proteção social do trabalhador e os interesses do país (ligados ao capital).

Nesse sentido, Castro Nunes pretendia

> [...] frisar ser seu objectivo, na legislação do trabalho, que o legislador considere de um lado, a protecção devida ao trabalhador, e de outro lado, os interesses econômicos do paiz. Não se trata de uma legislação bolschevista, destinada a favorecer somente ao proletariado, mas a de um paiz, com altos interesses econômicos a acautelar.[40]

Não deixando de considerar as propostas ideológicas que circulavam e se manifestavam no pensamento político e social dos membros da subcomissão, João Mangabeira também demonstrou sua preocupação direta com a ausência de objetivismo na definição de critérios norteadores que deveriam espelhar a questão social no Brasil.

A primeira manifestação de Mangabeira nesse sentido ratificou sua preocupação inicial em estabelecer uma regra que pudesse ter aplicação imediata no corpo social, com o respaldo da vigência da constituição. Essa preocupação estava interligada com a possibilidade de relegar à lei o estabelecimento das medidas de intervenção na relação entre trabalho e capital, a fim de evitar que o trabalhador ficasse desamparado caso a Assembleia não votasse a lei em tempo hábil.

Mangabeira anunciava que

> De modo que estas [medidas de proteção ao trabalho] só serão estabelecidas depois de votada a lei ordinária pela Assemblea, o que poderá succeder 20 annos depois ou mesmo não succeder, deixando o trabalhador desamaparado. No projecto, entretanto, há um série de artigos e garantias que entrarão em vigor immediatamente após decretada a Constituição. Substituir uma garantia constitucional, que entra, desde logo, em vigor, pela hypothese de uma legislação futura, que o Congresso pode ou não votar, é o mesmo que

[40] Azevedo, 2004, p. 743.

deixar o trabalhador sem essa garantia. A mudança se lhe afigura substancial porque se transforma, assim, uma garantia constitucional, que só poderá ser alterada por uma emenda constitucional, numa lei ordinária que depende da Assembléa Nacional, numa lei que pode demorar a vir ou não vir, numa lei dependente da maioria da Assembléa.[41]

Restava claro que Mangabeira preferiria a solução de dar caráter constitucional aos princípios sobre a regulação do trabalho, de modo que pudessem ter aplicação imediata com a promulgação da constituição. Porém, a subcomissão optou por apenas reconhecer que o *caput* do artigo a consagrar a matéria registraria que são princípios fundamentais da legislação do trabalho os já estabelecidos, além de outras medidas que fossem julgadas úteis.[42]

A emenda de Castro Nunes pretendia o estabelecimento de um salário mínimo, sem distinção de sexo e idade, a ser fixado de acordo com as condições de cada região e as necessidades normais da família do trabalhador, com fixação de jornada de trabalho em 8 horas[43], a ser estabelecida de acordo com a natureza do trabalho.

A fixação da jornada de trabalho representaria um impasse entre os membros da comissão sobre sua aplicabilidade a todos os trabalhadores

[41] Azevedo, 2004, p. 743.

[42] Essa preocupação de Mangabeira era muito importante e, desde aquele momento, o autor/ator já observava o que aconteceria no futuro: o trabalhador sairia desamparado. Esse desamparo ocorreria com o trabalhador rural que, objeto de lei especial, viu-se desprivilegiado em todo o processo de regulação do trabalho. No período pós-Constituição de 1934, o presidente Vargas continuou a regulamentação das relações de trabalho, em especial, às ligadas ao trabalho urbano. O resultado atingiria seu clímax em 1943, quando seu governo apresentaria ao país a Consolidação das Leis Trabalhistas – CLT, vigente até a presente data com inúmeras alterações. A regulação do trabalho no setor rural somente seria objeto de regulação específica em meados da década de 1960, tendo sido integralmente incorporada a uma Constituição somente em 1988.

[43] As propostas em relação ao estabelecimento de uma fixação para a jornada (dia) de trabalho representava pontos de discordâncias entre os membros da subcomissão. Nesse mesmo sentido, havia opiniões, como a de Castro Nunes de que seria inviável a Constituição estabelecer a regulamentação desse dispositivo, tendo João Mangabeira retrucado no sentido de entender ser compatível essa regulamentação porque era a garantia social do operário, acrescentando "ou se lhe dá, desde logo, essa garantia, ou, então, a Constituição fica no programma da de 91. A lei, tal como está no substantivo, é o jubileu dos patrões" (Azevedo, 2004, p. 747).

(urbanos e rurais). Castro Nunes não entendia ser cabível a limitação da jornada para os trabalhadores rurais, uma vez que poderiam ocorrer imprevistos que determinassem o trabalho em mais de oito horas. João Mangabeira, por outro lado, explicitara que o objetivo da regulação era evitar o passado recente, em que os escravos trabalhavam até 24 horas: "toda vez que se exige do homem mais de oito horas de trabalho, exige-se além do que physiologicamente o indivíduo pode dar e exgotta-o".[44]

Tentando relativizar o impasse, o presidente da subcomissão, ao solidarizar-se com Oswaldo Aranha e reconhecer que o trabalho não podia ser excessivo para o trabalhador, pretendia estabelecer uma medida de prudência, deixando uma elasticidade a esses princípios: "A nossa legislação social deve progredir, baseada nas conquistas internacionaes, mas de forma a que a organização do trabalho não se faça num sentido que a torne praticamente inferior à de outros paízes concorrentes".[45]

A elasticidade pretendida por Mello Franco era permitir ao Brasil o desenvolvimento técnico-industrial do país, levando-se em conta as necessidades da questão comercial, tal como fizeram outros países que, inclusive, haviam ratificado acordos internacionais como o de Versailles e os da Bureau Internacional do Trabalho. Contra-argumentando essa orientação, Oswaldo Aranha procurava alegar que os brasileiros não deveriam obedecer a essas mesmas implicações, "difficuldades creadas por uma situação commercial, fructo de erros capitalistas, profundamente nefastos ao próprio paiz e á humanidade".[46]

A solução encontrada foi a de limitar a jornada de trabalho em oito horas e, nas indústrias insalubres, em seis horas, podendo, em casos extraordinários, exceder até três horas diárias num período não superior a três dias consecutivos. Nesse sentido, foi possível observar, nesses debates, que a regulação das relações trabalhistas apresentava sempre uma limitação quando o objetivo era estender direitos trabalhistas aos trabalhadores rurais. Essa tendência representava o subdesenvolvimento dos direitos sociais em voga e o que se vislumbrou foi que a regulamentação trabalhista no campo seria apenas mais uma regulação a não se efetivar. Os interesses dos trabalhadores rurais não estavam plenamente representados no

[44] Azevedo, 2004, p. 746.
[45] Azevedo, 2004, p. 748.
[46] Azevedo, 2004, p. 749.

âmbito da subcomissão, tanto era que a preocupação inicial se resumia ao estabelecimento de normas públicas que contemplassem um equilíbrio entre direitos trabalhistas e desenvolvimento econômico.

Assim, muitas opiniões, como a explicitada por Solano da Cunha, ao discutir a proposta de se limitar a jornada de trabalho para o trabalhador rural, "considera[vam] o artigo letra morta na Constituição para o interior do paiz. Só quem não conhecer o interior pode acreditar seja elle cumprido".[47]

A tendência da subcomissão em apresentar um anteprojeto que viesse em atendimento da questão social – e, nesse caso, específica a uma organização das relações previdenciárias – verificou-se com a discussão do artigo que previa assegurar ao trabalhador, bem como à gestante operária, a necessária assistência em caso de enfermidade, podendo a lei instituir o seguro obrigatório contra a doença, a velhice, o desemprego e os riscos e acidentes no trabalho. A aprovação desse artigo foi unânime, sem debates.

Na organização social do trabalho, um dos principais expedientes utilizados pela subcomissão seria o de regulamentar o direito de cada indivíduo e de todas as profissões de se organizarem para a defesa das condições do trabalho e da vida econômica.

A permissão das constituições de organizações sindicais, tanto patronais, quanto de trabalhadores, continuaria a ser reconhecida nos termos da lei.[48] Impende salientar que essas transformações já eram objetos de intensa regulação administrativa, comandada por órgãos específicos do Ministério do Trabalho, Comércio e Indústria, criado pelo governo provisório de Vargas.

[47] Azevedo, 2004, p. 750.

[48] Góes Monteiro, um dos líderes tenentistas, era contrário à possibilidade de uma ampla sindicalização de todos os trabalhadores, sob a alegação de que, se são corporativos, até as classes militares poderiam se associar. Monteiro pugnava por uma restrição a esse direito, tal como a lei fez com os militares. Outro ponto a ser contestado por Monteiro seria a possibilidade de estrangeiros comporem os quadros sindicais; receava que, dentre pouco tempo, os estrangeiros se agrupassem em sindicatos e viesse propor condições, quando só os nacionais teriam esse direito. Embora Themístocles Cavalcanti tivesse lembrado que, naquele momento, seria impossível, posto que os sindicatos não poderiam se organizar sem ter dois terços de nacionais e sem ter a sua diretoria composta por nacionais, Monteiro julgava ser um erro a lei dar aos estrangeiros o direito de pertencer a sindicatos, porque neles se encontravam os agentes provadores e infiltradores de desordem (Azevedo, 2004, p. 740).

As restrições impostas pelos regulamentos administrativos em relação ao funcionamento e à operacionalidade das organizações sindicais limitavam as ações dos trabalhadores graças a regras pré-estabelecidas e sempre acompanhadas de perto por comissões do Ministério do Trabalho. O exemplo dessa constatação podia ser observado no estabelecimento de soluções nas disputas trabalhistas entre os empregados e empregadores que submetiam os casos concretos a um colegiado composto por representantes patronais e empregados (juízes classistas) – daí o reconhecimento inicial de que a Justiça do Trabalho[49] era uma justiça administrativa, por estar ligada aos órgãos diretos do Poder Executivo.

As análises das reclamações trabalhistas, no âmbito do Conselho Nacional do Trabalho, são bem representativas de como os trabalhadores reagiram à legislação social promovida pelo governo, bem como utilizaram esse instrumento administrativo/jurídico para o reconhecimento e a ampliação de atividades ligadas ao exercício da cidadania.

A ordem social deveria ser tutelada pelo Ministério Público da União e dos Estados, de modo que velassem pela estrita aplicação das normas protetoras do trabalhador urbano ou rural, bem como pela prestação de assistência gratuita, sem prejuízo das atribuições pertencentes aos órgãos especiais que a lei criasse para tal fim.

Em linhas gerais, a proposta de regulamentação da ordem econômica e, em especial, da ordem social, apresentada pela subcomissão do Itamarati, seria uma tentativa de contemplar, em maior ou menor medida, questões relativas à estrutura político-constitucional, marcada pela legalidade liberal conservadora, autoritária e reformista, mas também de "uma inovadora e não menos revolucionária declaração de direitos sociais, que amparava as massas operárias dos grandes centros urbanos e industriais e os trabalhadores do interior agrário"[50], segundo Wolkmer.[51]

[49] O uso da instituição Justiça do Trabalho deve ser compreendido no âmbito do Conselho Nacional do Trabalho, órgão que precedeu a justiça trabalhista criada na Constituição de 1934, mantida na Constituição de 1937 e só institucionalizada em 1941.

[50] Em que pese a afirmação de que há um amparo aos trabalhadores no interior agrário do Brasil, este trabalho realça a necessária relativização dessa assertiva, principalmente, por vislumbrar que os trabalhadores rurais são excluídos do processo de negociação por inúmeros interesses dos atores políticos e sociais no momento da construção do contrato social de 1934.

[51] Wolkmer, 1984, p. 51.

Naquele período, inúmeros modelos de constituição estavam em disputas e essas limitações, por ora, poderiam até ter promovido uma limitação nas ações dos membros efetivos da subcomissão. Isso não significa afirmar que a subcomissão se preocupara mais com a forma que com o conteúdo, pelo contrário. Mas, por outro lado, foi perceptível observar a preocupação objetiva dos membros em elaborar um anteprojeto de constituição de forma sintética, sem se permitir um engessamento temático, isto é, proporcionar espaços amplos para o exercício da governabilidade varguista no parlamento.

A chegada do anteprojeto constitucional aos deputados constituintes em 1933 não foi pacífica. Em que pese as resistências dos congressistas, o anteprojeto acabou sendo utilizado como ponto de partida para as discussões constituintes. O sucesso dessa adesão ao anteprojeto está relacionado diretamente aos ministros do governo provisório de Getúlio Vargas, que atuaram diretamente nas negociações entre os parlamentares.

A regulação do trabalho urbano acabou sendo acolhida com alterações pontuais, pois já refletiam a política governamental em curso. Os trabalhadores rurais, por outro lado, teriam seus direitos regulados por lei futura, a ser produzida pelo Congresso após a promulgação da Constituição de 1934. Essa lei foi elaborada apenas em 1963, depois de duas Constituições (1937 e 1946), com o Estatuto do Trabalhador Rural; os direitos dos trabalhadores urbanos e rurais somente foram equiparados com a Constituição de 1988[52].

Conclusões

Em linhas gerais, é possível destacar que, desde a Revolução de 1930 até a Constituição de 1934, o governo provisório estabeleceu inúmeras estratégias que se subdividiam em camadas amplas e específicas para a legitimação do regime instaurado. A regulamentação dos direitos do trabalho pode refletir uma dessas camadas.

Infiltrada na agenda política nacional, desde o fim da década de 1920, a questão social surge de maneira inovadora para a pactuação conflitiva entre trabalho (urbano) e capital (industrial) no início do governo Vargas. Essas questões são de extrema relevância para a análise do período. Aqui, no entanto, sempre é possível tencionar uma aposta: a obra do governo

[52] Pochmann, 2020.

provisório, ao promover a corporativização dos interesses, estatização das relações sociais, edificação de um aparelho burocrático-administrativo de intervenção, regulação e controle que organiza em bases novas o "interesse geral" e a "dominação social"[53] para fixá-la em uma linguagem constitucional, internalizou, na cultura política nacional, uma nova relação entre Estado e sociedade.

Ao conceder forma institucional a um amplo leque de mudanças na ordem política, econômica e social, conferiu substância que permitiu redefinir e atualizar a atuação do Estado em nome de uma nacionalidade, de nova aposta para o progresso, do desenvolvimento estrutural e de uma diversificação no *modus operandi* de se compreender a realidade. Essas questões agregam um valor exponencial na condução da política, da economia e da questão social que se organizaria em bases transparentes, porém incertas constitucionalmente, após 1937.

Ao invocar todas as forças da nação, interligadas ao princípio da solidariedade e da unidade nacional, as ações do governo promoveram uma concertação entre os interesses dos trabalhadores urbanos e os setores empregadores urbanos. A razão, em si, pode ser elencada pelas intensas movimentação e organização do proletariado urbano que, em ebulição, cada dia mais combativo às violações de seus direitos trabalhistas recém-inaugurados, poderia repetir as greves que abalaram as estruturas do país na década de 1910. Assim, por mais que as ações governamentais possam ser explicadas por alguns autores como o modelo de Revolução pelo alto, as próprias trajetórias dos setores trabalhistas urbanos demonstram que as garantias trabalhistas refletem um amadurecimento dos interesses carregados por lutas políticas por reconhecimento e ampliação de suas garantias.

Assim, não se pode ignorar a contribuição de Wanderley Guilherme dos Santos (1978), quando caracteriza o período, especificamente em relação à política social varguista, como desdobramento de uma "cidadania regulada". Em nome da relação harmônica que deveria se constituir entre capital e trabalho, a regulamentação dos direitos dos trabalhadores urbanos foi concertada no âmbito do Estado, que se apresentava como o principal agente regulamentador e árbitro dos conflitos. O Conselho Nacional do Trabalho, predecessor da Justiça do Trabalho, por meio de

[53] Temas em destaque em Sônia Draibe (1985).

suas juntas de conciliação e julgamento, forjada no modelo de juízes classistas, é o principal exemplo que marcou o período. Esse modelo durou por todo o governo Vargas, que se estenderia até 1945. Os juízes classistas se perpetuaram no tempo, perpassando até mesmo a Constituição de 1988, encerrando suas ações em 1999.

A política social varguista, como esclarece Carvalho[54], "surge como privilégio e não como direito. Se ela fosse concebida como direito, deveria beneficiar a todos e da mesma maneira". A referência aqui é à não extensão dos direitos aos trabalhadores rurais. A Revolução de 1930 não chegou às porteiras das grandes fazendas. Os trabalhadores rurais foram excluídos em uma época em que constituíam a maioria dos trabalhadores brasileiros.

Essas mudanças refletem, de uma maneira mais geral, dois movimentos significativos que se passam a destacar: o primeiro refere-se ao amadurecimento organizativo dos trabalhadores urbanos e às pressões políticas que se estabeleceram até o reconhecimento e a ampliação de direitos trabalhistas; e o segundo, ao uso político do governo provisório para controlar o processo político de reconhecimento e expansão dessas garantias por intermédio do anteprojeto constitucional da subcomissão do Itamarati, que, ao incorporar no texto direitos sociais já reconhecidos e estabelecidos nas leis em vigor, encapsula o tom da mudança, de maneira não necessariamente democrática, mas que impôs avanços e limites ao exercício da cidadania dos trabalhadores brasileiros naquele período histórico.

Referências

ANAIS. *Assemblea Nacional Constituinte (1933/1934)*. 22 volumes. Rio de Janeiro: Imprensa Oficial, 1935.

AZEVEDO, José Afonso de Mendonça. *Elaborando a Constituição Nacional.* Atas da Comissão Itamarati. Brasília: Senado Federal, Conselho Editorial, 2004.

BENDIX, Reinhard. *Construção Nacional e Cidadania.* Tradução Mary Amazonas Leite de Barros. São Paulo: Edusp, 1996.

BOTELHO, André. Entrevista para a Revista Sinais. *Revista Eletrônica Ciências Sociais.* Vitória, CCHN, UFES, Edição n. 5, v. 1, Set. 2009.

CABRAL, Rafael Lamera. *Constituição e sociedade:* uma análise sobre a (re)formulação da arquitetura do Estado-Nação na Assembleia Nacional Constituinte de 1933. Dissertação de Mestrado em Ciência Política. São Carlos: UFSCar, 2011.

[54] Carvalho (2010, p. 114).

CARVALHO, José Murilo de. *Cidadania no Brasil*: o longo caminho. 13ª ed. Rio de Janeiro: Civilização brasileira, 2010.

CAVALCANTI, Themístocles. *Á margem do anteprojeto*. Rio de Janeiro: Irmãos Pongetti, 1933.

CEPÊDA, Vera Alves. Contexto político e a crítica à democracia liberal: a proposta de representação classista na Constituinte de 1934. In: Mota, Carlos Guilherme; Salinas, Natasha Schmitt Caccia. *Os juristas na formação do Estado-nação brasileiro*. São Paulo: Saraiva, 2010.

________. Contexto político e a crítica a democracia liberal: a proposta de representação classista na Constituinte de 1934. In: *Workshop do Grupo Temático: linhagens do pensamento político e social brasileiro*. São Paulo: 2008.

DRAIBE, Sônia. *Rumos e metamorfoses:* um estudo sobre a constituição do Estado e as alternativas da industrialização no Brasil 1930-1960. Rio de Janeiro: Paz e Terra, 1985.

FAUSTO, Boris. *A revolução de 1930:* historiografia e história. São Paulo: Brasiliense, 1970.

GOMES, Angela Maria de Castro. A representação de classes na Constituição de 1934. *Revista de Ciências Políticas*. Rio de Janeiro. 21 (3), set. 1978.

________. *Burguesia e Trabalho*: política e legislação social no Brasil 1917-1937. Rio de Janeiro: Campus, 1979.

________. Confronto e compromisso no processo de Constitucionalização (1930-1935). In: Gomes, Angela Maria de Castro... [et. All]. *O Brasil Republicano*: sociedade e política (1930-1964). 6ª ed. Rio de Janeiro: Bertrand Brasil, 1996.

________. *Regionalismo e centralização política, partidos e constituinte nos anos 30*. Rio de Janeiro: Nova Fronteira, 1980.

________. População e Sociedade. In: Gomes, Angela Maria de Castro (Coord.). *História do Brasil Nação:* 1808-2010. Olhando para dentro – 1930-1964 (Vol. 4). São Paulo: Fundação Mapfre; Editora Objetiva, 2013.

LAMOUNIER, B. Formação de um pensamento político autoritário na Primeira República. Uma interpretação. In: Fausto, Boris. *História Geral da Civilização Brasileira* – Tomo III – O Brasil Republicano. São Paulo: Difel, 1985.

MACHADO, Antônio de Alcântara. *A ação da bancada paulista "Por São Paulo unido" na Assembleia Constituinte*. São Paulo: Imprensa Oficial do Estado, 1935.

POCHMAN, Márcio. Tendências estruturais do mundo do trabalho no Brasil. *Revista Ciência & Saúde Coletiva*, vol. 25, n. 11, Rio de Janeiro, 2020. Disponível em: https://doi.org/10.1590/1413-81232020251.29562019. Acesso em: 20 jan. 2022.

SANTA ROSA, Virgílio. *O sentido do Tenentismo*. 3º ed. São Paulo: Alfa-Ômega, 1976.

SANTOS, Wanderley Guilherme. *Ordem burguesa e liberalismo político*. São Paulo: Duas Cidades, 1978.

SILVA, Hélio. *1931 – Os tenentes no poder*. Rio de Janeiro: Civilização Brasileira, 1972.

________. *A lei e a revolta:* 1934-1936. São Paulo: Editora Três, 1975.

SIMÃO, Azis. *Sindicato e Estado:* suas relações na formação do proletariado de Sao Paulo. São Paulo: Ática, 1981.

SIQUEIRA, Gustavo Silveira; COLOVAN, Fernanda Cristina; PILETTI, Laís Mazzola. A lei celerada e os movimentos sociais: uma desconstrução do mito da outorga. *Constituição, Economia E Desenvolvimento: Revista Eletrônica Da Academia Brasileira De Direito Constitucional,* vol. *11, n.* 20, pp. 14-41, 2019. Disponível em: https://abdconstojs.com.br/index.php/revista/article/view/208. Acesso em: 20 jan. 2022.

VARGAS, Getúlio Dornelles. *Diário.* Vol. 1. São Paulo: Siciliano; Rio de Janeiro: Fundação Getúlio Vargas, 1995a.

________. *Diário.* Vol. 2. São Paulo: Siciliano; Rio de Janeiro: Fundação Getúlio Vargas, 1995b.

________. *Getúlio Vargas.* Organização de Maria Celina D'Araújo. Brasília: Câmara dos Deputados, Edições Câmara, 2011.

VIANNA, Francisco Oliveira. *O Idealismo da Constituição.* Rio de Janeiro: Companhia Editora Nacional, 1939.

VIANNA, Luís Werneck. *Liberalismo e sindicato no Brasil.* Rio de Janeiro: Paz e Terra, 1978.

VIEIRA, Evaldo. *Oliveira Vianna e o Estado Corporativo.* São Paulo: Cortez, 1981.

WEBER, Max. *A ética protestante e o espírito do capitalismo.* 14ª ed. São Paulo: Pioneira, 2000.

WEFFORT, Francisco. *O populismo na política brasileira.* Brasil: Tempos Modernos. Rio de Janeiro: Paz e Terra, 1968.

WOLKMER, Antônio Carlos. *Constitucionalismo e direitos sociais no Brasil.* São Paulo: Acadêmica, 1989.

9. ALBERTO TORRES E OS TORREANOS: TEORIA E PRÁTICA DE UM PENSAMENTO CONSTITUCIONAL BRASILEIRO (1917-1934)

Thiago Freitas Hansen

1. O principal pupilo: Oliveira Viana e a ascensão dos primeiros "Torreanos"

Um dos principais objetivos da história intelectual e da história do pensamento jurídico é demonstrar, de maneira clara e empírica, que um determinado pensamento desenvolvido em certo contexto histórico não se encastelou em livros, mas ao contrário, produziu e – eventualmente produz – efeitos concretos em grupos políticos, acadêmicos, projetos de lei, políticas públicas, redes de sociabilidade e de divulgação de ideias. Alberto Torres[1] é um dos exemplos de autor que se torna mais famoso e impactante após a sua morte, e muito disso se deu em virtude da vasta rede de sociabilidade que se constrói com o objetivo de levar adiante seu legado e suas propostas. Evidentemente, esse "levar adiante" nunca ocorre de maneira fiel ao pensador original, mas trata-se de uma ressignificação

[1] Alberto Torres (1865-1917) foi um jurista e político brasileiro. Partícipe do movimento republicano, assumiu diversos cargos imediatamente após a Proclamação da República. Torres foi Presidente do Estado do Rio de Janeiro de 1897 a 1900. Posteriormente foi Ministro do Supremo Tribunal Federal. Aposentou-se em 1907 quando então se dedicou integralmente a produção sociológica, política e jurídica. Entre suas principais obras destaca-se *A organização nacional* (1914), livro com densa análise sociológica e política que conta ainda com um anexo historicamente valioso: um projeto de revisão constitucional proposto por Torres. Parte considerável do movimento revisionista que cresce na década de 1920 tem em Torres (e em outros, como Rui Barbosa) um marco central de reflexões constitucionais.

e um uso, recontextualizando-o, às questões prementes do momento em que seus seguidores se encontravam.

Barbosa Lima Sobrinho, principal biógrafo de Alberto Torres[2], aponta que o impacto do autor logo após sua morte foi relativamente pequeno. Não atingiu os grandes debates políticos, mas gerou alguma discussão nos círculos intelectuais, inclusive no campo internacional.

No âmbito intelectual nacional seu primeiro impacto aconteceu com os participantes das famosas tertúlias que ocorriam em sua casa no bairro de Copacabana e, posteriormente, em Laranjeiras no Rio de Janeiro. Circundado por jovens promissores, dos que dali saíram, os mais famosos eram Alcides Gentil, Sabóia Lima e, especialmente, Francisco José de Oliveira Viana. As reuniões que aconteciam às segundas-feiras e contavam com debates (não tão presentes) e longos discursos de Torres (como regra geral) era uma espécie de sociabilidade típica da elite intelectual carioca do início do século XX, que se encontrava para jantares, debates e discursos públicos. Como demonstra Dominichi Miranda de Sá[3], a ausência de grandes espaços universitários não resultava na ausência de debates acadêmicos. Instituições tradicionais como o Instituto Histórico Geográfico Brasileiro funcionavam como espaços de discussão pública dos problemas nacionais ao lado da Academia Brasileira de Letras e, posteriormente, do Clube de Engenharia, da Academia Brasileira de Ciências e outras mais.

Desse pequeno círculo surgiram, posteriormente, importantes iniciativas de popularização das ideias de Torres e, inclusive, aparece um novo termo, inicialmente restrito a esse círculo, que ganharia cada dia mais espaço: "Torreano"[4], cunhado por Oliveira Viana para designar aqueles que buscariam dar continuidade ao projeto de explicação e modificação do Brasil iniciado pelo "Pensador". A relação entre Torres e Oliveira Viana é conhecida e amplamente discutida. Certamente a admiração que este tinha por aquele contribuiu para construir a fama de Torres como um autor precursor do autoritarismo brasileiro, como parte de uma leitura que parte do pupilo ao mestre, forçando ver neste as características hoje mais ressaltadas naquele.

[2] Sobrinho, 1968.

[3] Miranda de Sá, 2006, pp. 143 ss.

[4] Sobrinho, 1968, p. 467.

Durante os anos 1920, Oliveira Viana alça importante voo na discussão acadêmica nacional com a publicação do clássico *Populações Meridionais do Brasil*, obra sociológica em que se encontram indiretamente algumas ideias de Torres. Entretanto, será sobretudo no lançamento de *O Idealismo da Constituição* de 1929 e de *Problemas de Política Objetiva* de 1930 que se nota com bastante clareza a *presença*[5] de algumas inquietações escritas em *A organização Nacional* e em *O problema nacional brasileiro*.

Em *O Idealismo da Constituição*, curiosamente Oliveira Viana não cita Torres em nenhum momento, mas muitas de suas concepções estão ali, seja pra concordar ou rechaçar.

Ali, por exemplo, Oliveira Viana conduz uma longa discussão que brota, em grande medida, das denúncias que Torres – e outros críticos da Constituição de 1891 – fazia da abstração das instituições políticas do regime republicano, e os problemas advindos da importação irrefletida de conceitos exóticos. Discute, por exemplo, a necessidade de se diferenciar com rigidez a ideia de "autonomia" dos estados da ideia de "soberania", presente no projeto de revisão torreano. Defende, por exemplo, que a autonomia só pode ser exercida enquanto uma forma de organização descentralizada das práticas administrativas, não se confundido com uma autonomia política no seu sentido amplo. É nesse texto que se encontra uma frase de Oliveira Viana que ficou famosa: "Nenhum estado, como nenhum cidadão e nenhuma classe, tem direitos contra a coletividade nacional. Não há direitos contra a nação[6]".

Não se tratava, como fica claro, de mera reescrita das concepções Torreanas de organização do Estado e dos estados, posto que Oliveira Viana rechaça expressamente, por exemplo, a ideia de Torres de que a descentralização administrativa é um imperativo da extensão geográfica do Brasil[7]. Mas ainda assim é possível encontrar uma grande parte de concordâncias no plano geral de sua reflexão.

Se em *Idealismo da Constituição* a presença é indireta e nos argumentos mais centrais do texto, já no livro de 1930, *Problemas de Política Objetiva*,

[5] Para seguir a lição de Barbosa Lima Sobrinho, é mais interessante falar em *presença* que *influência*, sob pena de se recair numa ideia de recepção irrefletida das ideias de Torres por Oliveira Viana.

[6] Oliveira Viana, 1939, p. 286.

[7] Oliveira Viana, 1939, p. 285.

Oliveira Viana dedica dois capítulos inteiros para discutir as ideias de Torres e, posteriormente, ainda faria uma revisão de muitas dessas questões no seu livro mais tardio, de 1949, *Instituições Políticas Brasileiras*, que tinha como título provisório inicial – e posteriormente subtítulo – a interessante expressão *Metodologia do Direito Público do Brasil*.

No segundo capítulo dos *Problemas*, intitulado "Alberto Torres e o problema da Revisão", o autor faz uma reflexão genealógica da concepção política de Torres, enquadrando-o na tradição *regressista* de Bernardo Pereira de Vasconcelos e conecta-o, também, àquele que é considerado um dos mais importantes liberais do Império, Tavares Bastos. Ainda assim, Oliveira Viana busca puxar Torres para o campo dos críticos da democracia, apesar de reconhecer que em alguns pontos seu mestre não teria avançado como ele desejava, como por exemplo na questão da defesa do sufrágio universal.

Conectando o legado torreano com a marcha dos anos 1930 e a crise das descentralizações liberais, Oliveira Viana enxerga no autor de *Vers la Paix* uma preparação para a centralização e o autoritarismo quando escreve que ele teria previsto, por exemplo, que "tudo, na nossa atualidade, está impondo a criação de um centro poderoso qualquer de fixação, de estabilização, de coordenação da nossa vida política"[8]. A resposta brasileira para esse momento seria a edificação do Poder Coordenador, cuja composição seria comemorada como uma das grandes respostas institucionais daquele período.

Mais adiante, na seção dedicada ao desenvolvimento de uma teoria nacionalista para o Brasil, Oliveira Viana produz um capítulo intitulado "O sentido nacionalista na obra de Alberto Torres". Ali o autor descreve uma mudança profunda que estava ocorrendo no mundo – ascensão dos totalitarismos e nacionalismos, vista com bons olhos – e que teria em Torres "as feições de uma figura culminante", posto que negacionista da europeização excessiva, e valorativa das origens e do americanismo. Dessa vez, conectando-o ao que o autor denominou como uma tradição de Silvio Romero e Euclides da Cunha, Torres através de seu objetivismo teria sido capaz, como nenhum outro publicista, de chegar "a sínteses tão completas e altas sobre a nossa nacionalidade" e consolidar um "vasto

[8] Oliveira Viana, 1947, p. 75.

corpo de conclusões positivas, práticas, experimentais sobre a verdadeira orientação da nossa política e dos nossos governos"[9].

As obras de seu mestre seriam equivalentes as de Nitti na Itália, Leplay na França, Pompeyo Gener e Joaquin Costa na Espanha e Garcia Calderón no Peru. Seria, portanto, um fundador do sentido da nacionalidade brasileira, não mais fundamentada em premissas literárias, abstratas, metafísicas ou românticas, mas científicas, rígidas, empíricas e objetivas[10].

Por fim, quase vinte anos depois, ou seja, após a participação de Oliveira Viana no Estado Novo, na formação da Justiça do Trabalho, na criação do sistema sindical brasileiro, já em 1949, na última obra dele, há a manutenção da presença de Torres. Em *Instituições Políticas Brasileiras*, olhando para o que acontecera nos conturbados anos 1930-1940, Oliveira Viana retoma seu mestre para colocá-lo como um pensador *avant la lettre* frente às importantes mudanças que o Estado e o Governo passariam, ao dizer, por exemplo, "ele antecipou, com uma antecedência de vinte anos, a obra política e administrativa de Roosevelt na América do Norte – com o seu "brain trust" e o realismo político do seu *New Deal*"[11]. E mais, ao olhar para o ocorrido no Brasil, na alteração da estrutura do Estado e da legislação política brasileira, Oliveira Viana ressaltava aliviado que Torres não seria mais esquecido, ao menos não em suas ideias – apesar de seu nome poder sofrer as agruras do tempo – já que "grande parte já se achava incorporada ao patrimônio de crenças e convicções das nossas classes letradas e dirigentes"[12]. Não haveria mais retorno. Para Oliveira Viana, Torres tornara-se o *standard* do pensamento social e político brasileiro do século XX.

2. Um Torreano de farda: Juarez Távora e os tenentes na década de 1920

Como dito, o mundo acadêmico em especial conecta automaticamente Alberto Torres com Oliveira Viana, mas ao fazer isso corre o risco de esquecer o amplo impacto que o autor promoveu em outros pensadores,

[9] Oliveira Viana, 1947, p. 258.

[10] Oliveira Viana, 1947, p. 261.

[11] Oliveira Viana, 1999, p. 405.

[12] Oliveira Viana, 1999, p. 407.

militares e movimentos políticos brasileiros. É o caso, por exemplo, de Juarez Távora.

Távora, conhecido como o líder dos tenentes durante o movimento tenentista, também foi Ministro da Agricultura, Ministro dos Transportes e posteriormente, durante o governo de Castelo Branco, deputado federal e candidato à Presidência da República por duas vezes. É um dos mais conhecidos torreanos do cenário político nacional. Não tendo sido discípulo direto de Torres, a *presença* de suas ideias é visível desde o livro *À guisa de depoimento sobre a revolução brasileira de 1924*, passando pelos manifestos e cartas de princípios do Clube 3 de Outubro, e sobretudo na sua atuação como Ministro da Agricultura e constituinte em 1933-34.

No livro mencionado, cujo tema é um relato das revoltas tenentistas da década de 20, além do depoimento das marchas, revoltas e movimentações dos tenentes, há uma segunda parte denominada "Idéas e Convicções" em que Távora analisa longamente as crises do sistema político brasileiro e, especialmente, as maneiras pelas quais se poderiam superá-las.

Em um dos capítulos, faz uma pergunta típica dos anos 1920: "Como terá podido degenerar, em tal monstruosidade, o mecanismo, theoreticamente liberal e democrático, de nossa constituição?[13]". Entrando na fileira de Torres e de outros autores críticos das importações de modelos jurídicos de maneira irrefletida, Távora acusa que a fragilidade da doutrina liberal estadunidense não conseguiria se adaptar ao solo brasileiro tanto por motivos sociais, que ele denominara de "inadaptabilidade do complexo systema adoptado às tendências do povo"[14], quanto especialmente por questões referentes à "actuação negativa da nossa elite governamental"[15], consubstanciada em um "pseudo intellectualismo" mais ocupado em mistificar os problemas nacionais com grandes doutrinas gerais pouco ou nada passíveis de prática no Brasil.

Para resolver esse estado de coisas, temos mais um torreano que propõe uma série de reações que passam pela alteração das estruturas institucionais, mas em vez de defender uma revisão constitucional, Távora partiu para a ação e defendeu a mudança do sistema "de armas nas mãos, pelos verdadeiros revolucionários"[16]. No caso, os Tenentes.

[13] Távora, 1927, p. 148.
[14] Távora, 1927, p. 149.
[15] Távora, 1927, p. 150.
[16] Távora, 1927, p. 154.

Quais eram suas propostas então? E como elas se conectam com o legado torreano?

O receituário da crítica de Torres se repete no coração do líder dos tenentes. Basicamente suas propostas são as de uniformizar e racionalizar a organização administrativa da República, o que se consubstanciava, na prática, numa redução e correção dos excessos da descentralização federativa da primeira república, mas também numa limitação do poder executivo, com vistas a impedir os abusos – sobretudo no período vivido por ele de Arthur Bernardes – da aplicação do Estado de Sítio, regulamentando essa prática e impedindo o seu uso pelos presidentes de estados contra os municípios. Além disso, buscava enfocar uma moralização do Poder Legislativo, introduzindo a ideia de voto secreto como meio de combater a política de governadores e o peso da Presidência da República sobre o congresso. Vê-se, portanto, que Távora e Viana discordam nesse ponto, enquanto Viana gostaria de aumentar o poder da presidência como meio de impedir os regionalismos, Távora defendia que a proximidade da presidência com o congresso era o coração da política oligárquica, tendo, portanto, de criar mecanismos de separação entre os dois poderes de maneira rígida, inclusive defendendo a interdição de qualquer congressista que aceitasse investiduras advindas da presidência.

Por fim, Távora vê na mudança do Poder Judiciário uma importante tarefa da revolução tenentista. Aqui se vê uma influência clara de Torres em seu pensamento pré-revolução de 1930. Defende em seus textos a ampliação do *habeas corpus* à maneira de Torres, com vistas a torná-lo "extensivo a todos os casos de constrangimento ilegal[17]", além de conceder ao Judiciário uma espécie de controle judicial dos atos administrativos. Aqui estaria, de acordo com Távora, as ideias gerais da mentalidade "com que a revolução, victoriosa, encaminharia uma reforma constitucional[18]".

O modo de alcançar esses objetivos, que aparentam profundamente liberais em uma primeira análise, só seria possível, dizia Távora, através de uma ditadura militar que atuaria como um "instrumento transitório, indispensável à elaboração da reforma projectada"[19]. Esse tipo de crédito na necessidade de uma ditadura para garantir a condução das reformas

[17] Távora, 1927, p. 159.

[18] Távora, 1927, p. 160.

[19] Távora, 1927, p. 160.

necessárias para dar respostas aos problemas nacionais estaria muito presente alguns anos depois, em 1930, durante a Revolução que levou Getúlio Vargas ao poder e especialmente nos embates sobre a duração e regulamentação do Governo Provisório, período em que os tenentes serão essenciais na formação das políticas de governo.

Com a Revolução de 1930 e o esgotamento do sistema da Primeira República, o pensamento de Alberto Torres ganha um novo fôlego e alcança o ápice de sua *presença* no debate público nacional, ultrapassando as questões acadêmicas e atingido, via Távora e os tenentes, o espaço de proposições políticas concretas. São vários os filhos torreanos desse contexto: o Clube 3 de Outubro, o Partido Nacionalista Radical, a Sociedade de Amigos de Alberto Torres, a Sociedade dos Amigos das Árvores, além de atuações na formação do pensamento geopolítico brasileiro de Everardo Beckhauser e Mario Travassos, na ampliação do papel do Museu Nacional na direção de Roquette-Pinto, na criação de um sistema de estatísticas nacional que resultaria no IBGE, liderado por Mario Augusto Teixeira de Freitas, um explícito admirador de Torres. Além desse impacto político, as obras de Torres seriam todas reeditadas pela Coleção Brasiliana da Companhia Editora Nacional a partir de 1931, e também influenciaram Pontes de Miranda e Temístocles Cavalcanti. Cabe agora observar, brevemente, como se dá a *presença* de Torres em algumas dessas entidades políticas.

3. O legado "Torreano" entre grupos de pressão e sociedades intelectuais

Fundada em 1931, como principal organização de representação do pensamento Tenentista, o Clube 3 de Outubro, liderado por nomes centrais do tenentismo, tinha como objetivos opor-se às oligarquias estaduais que também deram sustentação ao movimento revolucionário iniciado na data nome do Clube. Recuperando as propostas de Távora e de outros tenentes como Pedro Ernesto, além também do jurista Temístocles Cavalcanti[20], o Clube via na manutenção da ditadura do governo provisório a única forma de levar a cabo as reformas necessárias que vinham sendo cunhadas lentamente pelo movimento da revisão constitucional encabeçada pelos seguidores de Torres.

[20] Sobre a participação de Temístocles, em especial nessa discussão, conferir a tese de Costa, 2016.

Em 1930, com o fim da Revolução e o início dos embates com os políticos tradicionais das oligarquias do nordeste e de Minas Gerais, foi realizada uma Proclamação da Constituição da Legião de Outubro, que iniciava seu manifesto com uma epígrafe de Alberto Torres: "Os brasileiros provaram já que sabem ser soldados da República; precisam agora provar que sabem também ser cidadãos"[21]. Ali se declara que somente com a Revolução ocorrera a reconquista da soberania pelo povo, e agora o trabalho seria árduo e complexo, já que seria preciso reconstruir as instituições e a ordem legal. Tal tarefa não deveria ser improvisada, mas demandaria "espírito refletido e esforço organizado", pois "a fase de destruição é certamente a mais rápida e fácil"[22]. Para superar essas dificuldades seria preciso apostar no legado torreano, que era visto como o mais sólido e capaz de solucionar as questões apresentadas por aquele momento de criação do "futuro integral da Nação"[23].

Em 1932 o Clube publicou seu Programa de Ação[24] após a Convenção Outubrista Nacional, que visava estabelecer os pontos principais a serem apresentados ao governo provisório. O Clube não se posicionava favorável a criação da Assembleia Nacional Constituinte, entendida como espaço em que não conseguiriam impor as reformas necessárias, mas quando se tornou impossível não participar desse processo que se instaurara pouco depois do fim da guerra civil contra São Paulo (mas não em virtude dela), promoveram essas mesmas ideias dentro daquela arena. Nesse documento não se encontram citações a Torres, mas sua *presença* é inegável. Entre tantos pontos defendidos, alguns são bastante típicos dessa tradição:

> 1a.) Intangibilidade da Soberania Nacional, devendo, com este objetivo, ser impulsionadas todas as manifestações vitaes da Pátria Brasileira.
>
> (...)
>
> b) instituição de um systema eleitoral que determine a apuração do voto do cidadão pela forma qualitativa proporcional no que interessa à representação economico-profissional

[21] Proclamação de constituição da Legião de Outubro (datilografada), produzida em fins de 1930. In: *A revolução de 30*: textos e documentos. Tomo II, Brasília, Editora Universidade de Brasília, 1982, p. 118.

[22] Idem, ibidem.

[23] Idem, ibidem.

[24] CPDOC/FGV Fundo Juarez Távora, JTDPF 1931.12.12.

> (...)
>
> 4a.) Fortalecimento da União Nacional, pela ampliação dos seus meios de actuação sobre a collectividade brasileira e pela restricção de determinados excessos de autonomia local.
>
> (...)
>
> 6a.) Creação de Conselhos Technicos autonomos, que tornem possível a continuidade e a perfectibilidade da acção governamental para a solução dos problemas nacionais e regionais, apezar da transitoriedade dos governos.
>
> (...)
>
> 11a.) Manutenção do respeito ao direito patrimonial da Propriedade, subordinando-o, porem, através de todas as suas modalidades, aos imperativos oriundos da sua finalidade social, reconhecido o princípio de que, nos conflictos entre o interesse individual e o collectivo, este deve prevalecer sobre aquelle.
>
> Em consequência, pugnar desde já pela nacionalização das minas e das quedas d'água.

Em outros manifestos, como o manifesto fluminense[25] da então chamada Legião de Outubro em 1931, ainda aparecem outras ideias de matriz torreana como a "regulamentação do serviço florestal", "a criação de um Conselho Econômico", a criação de "leis contra os 'trusts'", "saneamento intensivo das zonas paludosas [matas ciliares]", além da promoção de projetos referentes a reforma agrária, abertura de estradas – "abrir caminhos é sanear e povoar, ao mesmo tempo" – entre tantas outras questões educacionais, de legislação social e política.

Torres ainda apareceria na Exposição de princípios para um Partido Nacionalista Radical[26] de autoria desconhecida, como "o nosso Alberto Torres", o único autor brasileiro que teria conseguido compreender a relação da terra e dos trópicos com a criação de novas instituições políticas, visto, portanto, como principal referência para aquela obra

[25] Manifesto de lançamento da Legião de Outubro Fluminense (datilografado), datado de 6/4/1931. In: *A revolução de 30*: textos e documentos. Tomo II, Brasília, Editora Universidade de Brasília, 1982, pp. 132-133.

[26] Exposição de princípios para um Partido Nacionalista Radical (datilografada), de autoria e data desconhecida. In: *A revolução de 30*: textos e documentos. Tomo II, Brasília, Editora Universidade de Brasília, 1982, pp. 144

de reestruturação institucional. Para tanto, apregoavam a necessidade de "criar um direito público brasileiro", pensado exclusivamente para a política brasileira, realizado através do fortalecimento do Poder Central, mas especialmente pela promoção de uma "reforma político-geográfica"[27]. Com essa política geograficizante seria possível refundar as funções do Estado, incluindo ali conselhos técnicos, um estímulo a agricultura interna, a promoção de cooperativas agrícolas entre muitas outras coisas.

Mas, sem dúvida, a principal entidade de promoção das ideias de Alberto Torres foi a sociedade fundada em sua homenagem: a Sociedade dos Amigos de Alberto Torres.

Em novembro de 1932 já começava a aparecer na imprensa as primeiras movimentações objetivando criar a Sociedade dos Amigos de Alberto Torres, daqui em diante SAAT. Com o objetivo de estudar e divulgar as obras daquele que era denominado como às vezes sociólogo, às vezes filósofo, de grande renome nacional, a SAAT tinha também o desejo de atuar na sociedade civil e, em especial, oferecer subsídios para discussões no processo constituinte de 1933-1934. Para tanto, a Sociedade atuou fortemente na imprensa do período[28], divulgando notas, informações sobre reuniões, discutindo publicamente propostas e projetos, fazendo denúncias e promovendo a reedição das obras do autor.

A sua criação contou com a presença de grandes e famosos nomes da política, ciência e assuntos de Estado, como Alberto José Sampaio, Alcides Gentil (o fundador), Artur Torres Filho, Belisário Pena, Cândido Mota, Edgar Roquette Pinto, Edgar Teixeira Leite, Heloísa Alberto Torres (filha do patrono e importante antropóloga), Idelfonso Simões Lopes (ex-ministro da Agricultura), Oliveira Viana, Juarez Távora, Mário Augusto Teixeira de Freitas, Plínio Salgado entre tanto outros.

No fim de novembro de 1932, Alcides Gentil, um dos alunos diretos das tertúlias de Torres, faz a conferência de abertura da SAAT no Rio de Janeiro, em que exorta o patrono e recupera, 15 anos após a morte

[27] Idem, p. 149.

[28] Uma pesquisa na hemeroteca digital com um recorte de 1930-1939 revela a presença de 3149 ocorrências em 398 jornais diferentes do termo "Sociedade dos Amigos de Alberto Torres". Grande parte são informações de mero expediente, indicando horários, datas e locais das reuniões, mas a presença em alguns casos diária (como nos influentes Jornal do Commercio e no Correio da Manhã) demonstra uma força pública considerável.

dele, alguns pontos centrais de sua obra. O Jornal do Commercio de 1 de dezembro de 1932, trouxe na íntegra a longa palestra[29], realizada na sede da Sociedade Nacional da Agricultura, em que se vê os principais objetivos de se reviver Torres naquele contexto de conflito sobre os destinos do Estado durante o Governo Provisório. A palestra, como diz Alcides Gentil já no início, sendo impossível tocar sobre todos os assuntos da obra do autor que ele denomina como "fundador de nossa filosofia política", enfocará o tema da Constituição, precisamente um mês após a edição do decreto que organizava as regras da Assembleia Constituinte, como resposta aos anseios paulistas advindos da guerra civil e, especialmente, indicando a principal função que caberia a Sociedade: fornecer subsídios torreanos para os futuros membros da constituinte e também de olhos no trabalho da Subcomissão do Itamaraty, que contava com um torreano declarado, Oliveira Viana, e um admirador discreto, Themistocles Cavalcanti.

Com a importância de ser a sessão inaugural dos debates e palestras promovidos pela SAAT, a palestra de Alcides Gentil consistiu, além de resgatar as contribuições de Torres em *O Problema Mundial* e *Vers la Paix*, em rememorar a importância que uma Constituição deve ter em uma nação nova como a brasileira a partir de suas reflexões sobre a Revisão Constitucional. Mas nesse texto, Alcides Gentil substitui as expressões Revisão Constitucional, para posicionar Torres como alguém que teria pensado, ou estaria contribuindo a pensar, a criação de uma nova constituição. Gentil lembra que Torres foi um grande crítico das abstrações e importações teóricas, bem como um defensor da ideia de que uma Constituição só teria a virtude de receber tal nome se correspondesse as forças vitais da nação. Assim sendo, para a produção de uma nova constituição, como a que se avizinhava, o melhor caminho a se trilhar seria através do "estudo da constituição em vigor, à luz dos factos da nossa vida publica, para dessa arte mantermos aquillo que não prejudicasse a política dos nossos problemas"[30]. Uma vez feita uma revisão de todos os problemas produzidos sob a égide da Constituição anterior – trabalho que já estava quase pronto desde o projeto de Revisão – seria hora de iniciar a redação de um novo texto.

[29] Jornal do Commercio. *A Installação da Sociedade dos Amigos de Alberto Torres*. Ano 105, número 285, p. 5.

[30] Idem, ibidem.

A técnica legislativa da nova constituição defendida por Gentil procederia pela produção de um diploma extenso e detalhista, uma constituição analítica que lentamente posicionasse todas as metas e propostas institucionais do país. Justificava essa técnica pois

> Foi com esse criterio que o mestre condenou o estilo francez de legislar, e nos aconselhou que preferissemos ao texto synthetico a fórma explicativa, onde a ideia se expressa com todos os seus desenvolvimentos. Elle foi juiz do nosso mais alto tribunal e verificou que os habitos do nosso espirito recommendam antes a redundancia que a lacuna. Para a nossa educação política a lacuna da lei é uma fonte de abusos. Haja vista o histórico dos acontecimentos que em plena vigência da constituição republicana arrastaram o chefe do Poder Executivo Federal a suggerir a creação da figura constitucional do interventor.[31]

A desconfiança com o Judiciário, que Torres compartilhava – posto que o conhecia de perto – também estava presente no Clube 3 de Outubro que trazia em seus projetos a unificação do Poder Judiciário e a promoção da unidade processual no Brasil. Evitar as lacunas era evitar a inaplicabilidade da lei, visto como um dos grandes problemas do país. A inaplicabilidade se dava, na maioria das vezes, pelo controle oligárquico do sistema de justiça, mas também pelo descolamento do conteúdo com o tecido social, de tal sorte que a nova constituição deveria estar voltada para a doutrina da eficácia: "As leis não são feitas senão para serem executadas; logo dar ao povo uma lei, e esperar que elle se eduque, para cumpri-la, não é uma solução: é um dislate"[32], dizia Gentil.

4. Ação constituinte dos Torreanos

Alcides Gentil, em documento encontrado no fundo de Juarez Távora no CPDOC/FGV, datado provavelmente do início de 1932, esboça uma minuta de decreto do Governo Provisório, em que se produziria uma Comissão de Estudos Constitucionais com o objetivo de organizar os debates acerca do futuro das instituições brasileiras, produzir uma nova Carta Política e confrontá-la com o projeto de revisão de Torres.

[31] Idem, ibidem.

[32] Idem, ibidem.

O documento inicia com uma longa lista de "considerando..." em que se vê a centralidade que o pensamento torreano vinha ganhando nos debates constitucionais. Desde o resgate da crítica às importações, passando pela ideia de política como arte de resolver problemas concretos, atravessando a importância da dimensão geográfica para a concepção institucional de uma nação, até chegar ao cume ao afirmar

> Considerando que, nos anais da nossa cultura, programa de conjunto é só o de Alberto Torres, pois os outros se limitaram a indicar pontos de revisão parcial;
>
> Considerando que aquele programa, além de ser o único, oferece os dois elementos essenciais de um programa político: – encara os nossos problemas à luz dos fatos da política mundial e aproveita os progressos realizados pelos regimes anteriores;
>
> Considerando, porém, a necessidade de separar o programa de ideias do projeto de reforma constitucional, que é a ideia redigida em forma de lei;
>
> Considerando, outrosim, que no decurso destes quinze anos outros fatos de experiência terão sucitados novas observações;
>
> Considerando que se impõe, com a maior urgencia, a volta do país a legalidade constitucional;
>
> Considerando, por outro lado, que, em meio à grave agitação atual dos espíritos, o trabalho de uma Assembleia Constituinte, exige prévia sistematização das ideias em curso, para evitar-se a balburdia do debate;
>
> DECRETA: (...)[33]

Em seguida, o Decreto regula uma Comissão vinculada ao Ministério da Justiça com a incumbência de "organizar e coordenar" as *ideias* da reforma constitucional pós-revolução de 1930. Composta por seis membros iniciais sem filiação partidária, seu trabalho consistiria em ler e sistematizar as várias forças de opinião correntes naquele contexto, bem como promover *inquéritos* sobre os problemas nacionais daquele momento, com vistas a encontrar as interdependências entre eles e vinculá-los a outras questões de âmbito mundial. Na prática, a proposta de Gentil era a de fazer, via Governo Provisório, uma espécie de Comissão de Altos

[33] CPDOC/FGV, Fundo Juarez Távora, JT dpf 1932.01.00/1.

Estudos com atribuições próximas às do Conselho Nacional pensado por Torres na figura do Poder Coordenador.

Após esse trabalho prévio de organização das ideias concorrentes no Brasil, a comissão produziria um esboço de Constituição que seria enviado ao Ministro da Justiça (Art. 9) que seria acompanhado por um estudo detalhado de cada artigo do novo projeto em que se apresentaria "um confronto entre o artigo proposto e o que foi sugerido por Alberto Torres" (Art. 9, parágrafo 2)[34].

Essa minuta de decreto, enviada a Osvaldo Aranha, então Ministro da Justiça, foi aprovada por Oliveira Viana, Roquette-Pinto, Sabóia Lima, José Mendonça Pinto e Araújo Ribeiro. Gentil queixava-se do fato de, se o decreto viesse a ser aceito, não ter sido adotado antes da criação das Comissões Legislativas Revolucionárias, pois via como um efeito de desorganização a produção de uma revisão legislativa infraconstitucional antes da produção da Lei Maior. Apontava, ainda, que era preciso aproveitar o momento de ditadura para produzir esse projeto sob pena de submeter o debate dos grandes problemas do Brasil ao sufrágio, visto como "máquina dos cabos eleitorais", representantes da "plutocracia" e atuante "em favor dos velhacos".

A proposta de Alcides Gentil, como é sabido, não foi aceita pelo Governo Provisório, entretanto, não é possível dizer que não gerou frutos. Em meados de 1932 foi criada pelo decreto 21.402 a Comissão responsável pela elaboração do anteprojeto da próxima Constituição, e ali, como se disse, estava presente uma figura de peso do pensamento torreano: Oliveira Viana. A frente mais tenentista da Comissão, representada por Góes Monteiro, Temístocles Cavalcanti e Oliveira Viana, sobretudo, não foi forte o suficiente para emplacar todas as propostas torreanas, mas conseguiu deixar sua marca no projeto.

Bruno Arthur Hochheim[35], em um profundo estudo sobre a Comissão do Itamaraty, analisa a interação entre os membros escolhidos pelo Governo Provisório em temas que constituirão boa parte da reflexão jurídica das duas próximas décadas, como a reconfiguração do sistema tributário, a organização das competências estaduais e federais, a unificação da justiça e do sistema processual e, também, da organização do

[34] Idem, ibidem.

[35] Hochheim, 2017.

território e os respectivos direitos sobre bens como água, minas e florestas, além do impacto dessa organização do território com as medidas de combate às secas.

Dentro de algumas dessas discussões, a *presença* de Alberto Torres foi importante, especialmente nas questões referentes a reorganização dos poderes, no combate às secas e nas fundamentações dos novos regimes de águas, minas e florestas.

Na Ata da 19ª Seção da Subcomissão, ocorrida em 12 de janeiro de 1932[36], pode-se ver que a SAAT enviou informe assinado por seus membros fundadores com uma proposta de artigo para o anteprojeto que previa constitucionalizar o princípio atinente à "necessidade de conservar as reservas econômicas do paiz, bem como os princípios da humanidade", e para tanto buscava a criação de um serviço nacional permanente voltado ao "problema das Seccas no Nordeste". Para tanto, além do serviço fiscalizador e promotor de políticas públicas, propunha obrigar que os estados "comprehendidos na zona semi-arida do nordeste são obrigados a reservar no mínimo 10% dos seus orçamentos para, nos annos da secca, fazerem face às despesas ordinárias da administração e à assistência dos flagelados"[37]. Posteriormente, na redação aprovada da Constituição aparecerá no Art. 177, apesar de mudanças importantes, a concepção de uma defesa permanente e sistemática contra os efeitos da seca, mas no caso, ao contrário do proposto, à cargo da União.

Além dessa questão das secas, no debate mais geral sobre o Federalismo brasileiro, foi objeto de longa discussão sobre o Poder Executivo, acabando por unanimidade com a eleição direta para Presidente da República e a criação de um Conselho Supremo. Como Hochheim explica, desde o início da instalação da subcomissão havia como ponto pacífico dos debates a criação de uma espécie de conselho que se posicionaria acima dos estados, a única discussão se daria sobre suas competências e poderes[38]. No interior da comissão, o Conselho viria com o objetivo de substituir o Senado, extinto no anteprojeto. Composto por 35 membros ordinários, quinze a mais do que no projeto de Torres, seriam eles escolhidos em um sistema que mantinha um misto de votos corporativos e representantes escolhidos

[36] Azevedo, 2004, pp. 329 ss.

[37] Idem, p. 330.

[38] Hochheim, 2017, p. 167.

pelas assembleias legislativas locais. Uma das justificativas mais presentes para legitimar sua existência era a necessidade de coordenar as leis com os problemas brasileiros, bem como organizar a aplicação da intervenção federal. Ainda assim, com o trabalho de Afranio de Mello Franco, as competências mais centralizadoras defendidas pelos tenentes e torreanos foi enfraquecida frente a vertente liberal representada por este e pelos trabalhos de Levi Carneiro. Ao fim, durante a Assembleia Constituinte, a figura do Conselho perecerá, sobretudo pela atuação do Governo, que não queria ser controlado por um órgão coordenador, e com o apoio dos liberais, que viam nessa figura uma diminuição da autonomia estadual[39].

De fato, após a instalação da Assembleia Nacional Constituinte, torreanos vão tomar seus assentos, entre eles alguns fundadores da SAAT: Domingos Velasco, Edgar Teixeira Leite, Manuel Fernandes Távora, José Monteiro Soares Filho, e Manuel Paulo Filho como deputados eleitos, além da presença de Juarez Távora como Ministro da Agricultura, em virtude da previsão que concedia o direito a ministros participarem com envio de projetos e discussões. A presença desses torreanos foi organizada, contribuindo com a produção de muitas propostas posteriormente concretizadas.

Sabe-se ainda que em 1935 a Sociedade se aproximou do Integralismo, através do presidente à época Rafael Xavier, o que gerou cisões internas e desfiliações. No fim, a SAAT manteve-se apartidária, atuando principalmente na promoção de campanhas públicas referentes ao uso racional dos recursos naturais (mineração, energia, florestas), combates às secas no Nordeste, críticas à imigração, campanhas pela defesa dos monumentos históricos e naturais, campanhas pela constitucionalização do regime de Cabotagem, entre muitas outras atividades de âmbito educacional e científico.

Compulsando os Anais da Assembleia Nacional Constituinte de 1933/34 chega-se no surpreendente número de 123 citações[40] diretas

[39] Hochheim, 2017, pp. 171-172.

[40] Os Anais da Assembleia Nacional Constituinte de 1933-34 estão disponíveis online no site da Câmara dos Deputados e se dividem em 22 volumes. A presença de Alberto Torres nesses Anais está delimitada da forma Volume/Número de citações: Vol 1 – zero; Vol 2 – 12 vezes; Vol 3 – 8 vezes; Vol 4 – 3 vezes; Vol 5 – 7 vezes; Vol 6 – 4 vezes; Vol 7 – 11 vezes; Vol 8 – 6 vezes ;Vol 9 – 9 vezes; Vol 10 – 2 vezes; Vol 11 –11 vezes; Vol 12 – 16 vezes – Moção de Homenagem a Alberto Torres; Vol 13 – 4 vezes; Vol 14 – 7 vezes; Vol 15 – 3 vezes; Vol 16 – 5 vezes; VOL 17 – 2 vezes; Vol 18 – 1 vez; Vol 19 – zero; Vol 20 – 7 vezes; Vol 21 – 3 vezes; Vol 22 – 2 vezes.

de seu nome como maneira de justificar, legitimar e defender propostas constituintes. Se adicionássemos ainda as citações a suas obras ou conceitos, essa contagem cresceria muito. Esse número coloca-o como um dos autores nacionais mais citados na Assembleia, ficando atrás somente de Rui Barbosa.

Durante a Assembleia foi proposto e aprovado moção de homenagem a Alberto Torres, assinado por deputados constituintes dos mais diversos campos. Ao mesmo tempo alguns deputados eram capazes de julgar um adversário como "tenente" por simplesmente citar Torres.

Em 1945, em publicação oficial do grupo, a revista "Problemas Brasileiros"[41], que teve uma única edição à época, encontra-se a informação de haver em todo o território nacional 729 clubes agrícolas criados pela SAAT.

Não é possível saber com certeza quando a SAAT terminou. Supõe-se que em 1945, após uma lenta e agonizante cessação de atividades. A falta de informações precisas se deve ao incêndio ocorrido na sede dos Diários Associados, localizada na Avenida Rio Branco, 117, no centro do Rio de Janeiro, de propriedade de Assis Chateaubriand, onde ficava o arquivo da SAAT, em meados da década de 1930.

Ainda assim, como parte da cultura jurídica constitucional brasileira, os esforços para manter vivo o pensamento de Alberto Torres foram frutíferos e geram efeitos ainda hoje em uma série de temas e tradições que se institucionalizaram e ganharam espaço com a Constituição de 1934.

Referências

A) Fontes Primárias

AZEVEDO, José Afonso de Mendonça. *Elaborando a constituiçao nacional* [Atas da Subcomissão elaboradora do Anteprojeto 1932/1933]. Edição Fac-similar. Brasília: Senado Federal, Conselho Editorial, 2004

CPDOC/FGV, Fundo Juarez Távora, JT dpf 1932.01.00/1.

Exposição de princípios para um Partido Nacionalista Radical (datilografada), de autoria e data desconhecida. In: *A revolução de 30*: textos e documentos. Tomo II, Brasília, Editora Universidade de Brasília, 1982.

[41] *Problemas Brasileiros*. Publicação oficial da Sociedade dos Amigos de Alberto Torres. Ano 1, mês 7, No.1, Julho de 1945.

Jornal do Commercio. *A Installação da Sociedade dos Amigos de Alberto Torres*. Ano 105, número 285.

Manifesto de lançamento da Legião de Outubro Fluminense (datilografado), datado de 6/4/1931. In: *A revolução de 30*: textos e documentos. Tomo II, Brasília, Editora Universidade de Brasília, 1982.

Problemas Brasileiros. Publicação oficial da Sociedade dos Amigos de Alberto Torres. Ano 1, mês 7, No.1, Julho de 1945.

Proclamação de constituição da Legião de Outubro (datilografada), produzida em fins de 1930. In: *A revolução de 30*: textos e documentos. Tomo II, Brasília, Editora Universidade de Brasília, 1982.

OLIVEIRA VIANA, Francisco José de. *O idealismo da constituição*. Brasiliana. 1939.

OLIVEIRA VIANA, Francisco José de. *Problemas de Política Objetiva*. Brasiliana. 1947

OLIVEIRA VIANA, Francisco José de. *Instituições Políticas Brasileiras*. Senado Federal, 1999.

TÁVORA, JUAREZ. *À guisa de depoimento sobre a revolução brasileira de 1924*. Rio de Janeiro, 1927

B) Referências de Apoio

COSTA, Mauricio Mensurini da. *O estado interventor no Brasil e seus reflexos no direito público (1930-1964)*: Themistocles Cavalcanti e sua contribuição doutrinária. Tese de Doutorado, Programa de Pós-Graduação em Direito da Universidade Federal de Santa Catarina, Florianópolis, 2016

HOCHHEIM, Bruno Arthur. *Federalismo, centralização e intervenção estatal:* os debates na Comissão do Itamaraty (1932-1933). (Dissertação de Mestrado) Programa de Pós-graduação em Direito da Universidade de Brasília. Brasília, 2017.

MIRANDA DE SÁ, Dominichi. *A ciência como profissão*: médicos, bacharéis e cientistas no Brasil (1895-1935). Rio de Janeiro: Editora Fiocruz, 2006

SOBRINHO, Barbosa Lima. *Presença de Alberto Torres* (sua vida e pensamento). Rio de Janeiro: Civilização Brasileira, 1968.

10. AS DIFERENTES PERSPECTIVAS SOBRE DIREITOS DAS MULHERES NO CONTEXTO CONSTITUINTE DE 1933/34

Eneida Vinhaes Bello Dultra

Introdução

Os anos que antecederam a Constituição de 1934 foram marcados pela transformação do Brasil rumo às tendências do novo século. A industrialização, os debates nas relações de trabalho com movimentos grevistas, as ações do Estado pela higienização da sociedade e os intensos acontecimentos sobre os rumos do país e da participação política dos variados grupos organizados, considerando as reformas em curso no período, estiveram refletidas também na formação da Assembleia Constituinte eleita.

O trabalho e articulações – tanto no âmbito nacional como internacional – das sufragistas brasileiras, que marcaram os anos 1920, culminaram na conquista do voto feminino pelo Decreto 21.076, de 24 de fevereiro de 1932, da lavra do Presidente Getúlio Vargas, assegurando o sufrágio universal e secreto, concedendo o direito de voto a todos os brasileiros maiores de 21 anos, alfabetizados e sem distinção de sexo[1]. Isso viabilizou a eleição da primeira e única deputada titular para a Assembleia Nacional Constituinte de 1933/1934, a médica Carlota Pereira de Queiroz, pela Chapa Única de São Paulo[2].

[1] Câmara dos Deputados, 2011.

[2] Em 1933, a deputada Carlota convidou Bertha Maria Julia Lutz, suplente do Partido Autonomista do Distrito Federal (à época o Rio de Janeiro), para trabalho conjunto na Constituinte, em especial sobre a reforma do ensino, na participação política e nas relações de trabalho.

Vale registrar que nas memórias que Bertha Lutz registrou, constam seus comentários sobre uma audiência que as feministas tiveram com Getúlio Vargas no segundo semestre de 1931 e que antecipavam as expectativas em relação à mudança na legislação eleitoral:

> Comparecemos à audiência, que foi ainda no velho Palácio do Catete, apresentamos a sugestão de que desejávamos o voto para a mulher brasileira, com toda a plenitude e em todo o País. E o senhor Getúlio Vargas prometeu dar o voto e mais tarde cumpriu a promessa. Naquela ocasião, a senhora Maria Eugênia Celso lhe disse com muita gentileza: "Estamos à disposição de Vossa Excelência para servi-lo com toda a satisfação, não, Bertha"? E eu respondi: "Sim, Maria Eugênia, em tudo o que for de interesse do País". Parece que eu já adivinhava naquela ocasião que, com o senhor Getúlio Vargas, era a boa tática gaúcha de ser franca e dizer as coisas como são.[3]

A justificação da diferença entre homens e mulheres pela ordem biológica impunha limitações para que elas atuassem apenas nos espaços privados, domésticos e familiares, criando uma lógica de subordinação feminina e de dominação masculina, típicas do patriarcado, especialmente manifestada nos espaços públicos e da deliberação política. A esse discurso era contraposta uma luta internacional para marcar um novo tempo de relação entre as mulheres, delas com a política e com a organização do Estado. Votar foi uma aquisição de direito que mudava a possibilidade de intervenção e, no Brasil, só ocorreu após disputas judiciais concretas em diversos estados brasileiros até a legalização no Código Eleitoral de 1932. Porém, o caminho era muito mais longo rumo à igualdade de ser e de ter direitos.

Assim como lideranças reconhecidas, Bertha Lutz e Maria Eugênia Celso, por exemplo, outras personagens apontavam para uma perspectiva emancipatória das mulheres, sendo possível considerar que havia a formação de um pensamento feminista mais libertário do que aquele expresso oficialmente pelo direito ao voto. Este é o caso de Maria Lacerda de Moura, uma militante anarquista que, entre outras coisas, fundou a

3 "Anotações para o projeto de livro sobre a história do feminismo", 8/3/1971. Registros sonoros, Fundo FBPF. ARQUIVO NACIONAL, BR.AN.RIO.Q0.BLZ.APR.ELC.DSO.111971.

revista *Renascença*, visando abordar a formação intelectual e moral das mulheres, escreveu o livro "Religião do amor e da beleza", em defesa do amor livre que só ocorreria quando as mulheres não fossem mais compelidas aos braços dos homens por estarem submetidas a constrangimentos financeiros (seja pelo casamento, pela prostituição ou pela "escravidão do salário"). Maria Lacerda assim se definia:

> Sou "indesejável", estou com os individualistas livres, os que sonham mais alto, uma sociedade onde haja pão para todas as bocas, onde se aproveitem todas as energias humanas, onde se possa cantar um hino à alegria de viver na expansão de todas as forças interiores, num sentido mais alto – para uma limitação cada vez mais ampla da sociedade sobre o indivíduo.

Os contextos sociais e políticos, bem como as raízes histórico-constitucionais podem tornar visíveis a conjuntura em que se desenvolveu aquele processo constituinte, de como foram geradas sinalizações de mudanças e como se efetivaram as esperadas modificações no arcabouço de direitos. Os momentos antecedentes da Constituinte de 1933/34 serão aqui contextualizados para chegar ao objeto do artigo que visa o realce dos discursos de parlamentares a respeito das mulheres, dentro da perspectiva de agregação de novos direitos que no texto constitucional de 1934 se pretendeu assegurar.

1. Contexto político do Brasil anterior à Assembleia Constituinte de 1933-1934

Mesmo com a Proclamação da República, o Brasil não apresentava marcas e provas do sentido republicano que as construções conceituais lhe definiam. A cultura coronelista dominava o interior do país, enquanto industriários, banqueiros e grandes comerciantes mantinham sob seus domínios os ambientes urbanos. O poder econômico era exercido não apenas nos espaços de produção, mas também da política, inclusive assegurando apadrinhados na ocupação da máquina estatal.

Nas primeiras décadas do século XX, o ambiente de graves desigualdades e sem iniciativas de aquisição de direitos para a classe trabalhadora (que inclusive não dispunha de leis e instituições que lhe assegurassem proteção social) fez surgir experiências grevistas, a exemplo da greve de 1917, em São Paulo, reunindo nacionais e imigrantes, especialmente os anarquistas, resultando na formação de legítimas organizações sindicais. As operárias também se articulavam denunciando a exploração a que estavam submetidas e as péssimas e opressoras condições de trabalho, como historicia Angela de Castro Gomes[4].

As tensões se localizavam também em outros temas. A propósito do processo eleitoral para o período de 1923/1926, os militares organizaram suas disputas e reivindicações, como no caso da resistência no Forte de Copacabana, em que os "rebeldes" apresentavam na pauta o voto secreto e a necessidade de convocação de uma Assembleia Constituinte. Formada a Coluna Prestes, que percorreu quase todo o Brasil, eram inseridas naquela agenda as perspectivas nacionalistas e os ideais positivistas para um novo modelo político e econômico no país.

Em 1929, no ambiente das disputas eleitorais presidenciais, diversos estados, em oposição ao domínio dos paulistas e mineiros, uniram-se em torno do gaúcho Getúlio Vargas, formando a Aliança Liberal. Segue a reconhecida "Revolução de 30", em que o presidente Washington Luiz fora deposto, impedida a posse de Júlio Prestes, o candidato vitorioso, e o comando da revolução impõe Getúlio como o novo chefe do governo, para dar início à chamada Segunda República.

O Decreto nº 19.398 (de 03 de novembro de 1930) estabeleceu as metas e principais ações do Governo Provisório, indicando a promessa da eleição de uma Assembleia Constituinte[5]. Em janeiro de 1932, quando Getúlio Vargas anunciava a criação de uma Comissão para elaboração do Anteprojeto de nova Constituição, um grupo de mulheres entregou ao presidente um memorial com cinco mil assinaturas pedindo que Bertha Lutz fosse integrante da referida Comissão para elaboração do Anteprojeto de Constituição, como bem expõe Rachel Soihet (2013)[6]. Não lograram êxito, e assim, em 14 de maio de 1932, o Decreto 21.402 criou a Comissão que iria elaborar o anteprojeto, sem a presença de mulheres em sua composição. O decreto fixou, ainda, o dia 3 de maio de 1933 para a realização de eleições diretas e secretas com a finalidade de eleger os membros da futura Assembleia Nacional Constituinte.

[4] 1994.

[5] Brasil: planalto.gov.br/ccivil_03/decreto/1930-1949/d19398.htm

[6] Soihet, 2013, p. 55-122.

Curioso realçar que nos anos 1930 havia uma significativa investida da Igreja Católica visando consolidar sua aproximação com o Estado. Desde o fim da década anterior, um movimento de bispos pretendia transformar Nossa Senhora Aparecida em símbolo nacional, com o seu reconhecimento como padroeira do Brasil, tendo se dado, pelo Papa Pio XI, em 16 de julho de 1930. Em 12 de outubro de 1931, foi inaugurado o Cristo Redentor no Rio de Janeiro, não apenas uma referência religiosa, mas o símbolo de uma ostentação representativa da capital e do país. Em tempos de que ideias comunistas poderiam se espalhar pelo mundo, o estímulo à fé católica, promovida pela própria estrutura de Estado brasileiro, deixava a Igreja mais confortável em concordar com a nova face das instituições públicas instauradas na Segunda República.

Reunida a "nova ordem" política e social definida por Getúlio Vargas, a valorização da família tradicional era uma meta que unificava o Estado à Igreja. Nessa aproximação, não poderia faltar a expressão dos interesses específicos: D. Sebastião Leme, arcebispo do Rio de Janeiro, entregaria ao Presidente Getúlio propostas para a futura Constituição, entre elas, o ensino religioso nas escolas públicas.

Antes e após o processo revolucionário de 30, os debates políticos eram mais apurados, o que ocasionava disputas entre os vários segmentos sociais. Senhoras com alta formação educacional (alcançada fora do Brasil), como é o caso de Bertha Lutz, passam a protagonizar um processo de organização de instituições para a defesa do voto feminino.

As mulheres já haviam provocado novas interpretações da legislação e da Constituição de 1891 visando sua inserção nos processos eleitorais. Um exemplo antecedente havia ocorrido com Isabel de Mattos Dillon, que se valeu dos títulos científicos conquistados como dentista para, em 1880[7], requerer alistamento eleitoral e reconhecimento de seu direito de voto, pois a legislação vigente admitia o direito de votar aos portadores de títulos científicos[8]. Conquista judicializada e limitada àquele caso concreto.

[7] Vale citar que as mulheres brasileiras tiveram acesso às escolas elementares em 1827 e ao ensino superior em 1879. O primeiro Censo, realizado em 1872, indicava que a média nacional de alfabetização das mulheres era de 11,5% da população feminina.

[8] Art. 92, I da Constituição de 1824 excluía de votar os menores de vinte e cinco anos, exceto os casados e oficiais militares maiores de vinte e um anos, os bacharéis formados e clérigos.

Outros exemplos podem ser mencionados para demonstrar a disputa pela participação política que motivava mulheres na perspectiva de reivindicar igualdade de condições e de direitos. Em 1910, Leolinda de Figueiredo Daltro fundou o Partido Feminino Republicano (Pinto, 2003)[9] que no seu Regimento Interno pugnava pela emancipação da mulher. Em 1922, Diva Nazário providencia seu alistamento. Usando o art. 17[10] da lei eleitoral do Rio Grande do Norte, de 1926, Celina Guimarães Viana requeria, judicialmente, sua inclusão no rol dos eleitores, sendo vitoriosa com a sua tese. Em 1928, Maria Ernestina Carneiro Santiago Manso Pereira (Mietta Santiago) impetra mandado de segurança arguindo que o art. 70 da Constituição de 1891 não distinguia o sujeito votante e obtém decisão que lhe permite o voto.

Veio do Rio Grande do Norte a primeira lei que previa o voto feminino, já em 1927, após um intenso trabalho das lideranças sufragistas com apoio de políticos locais. Foi assim que em 1928 a cidade de Lages, no Rio Grande do Norte, elegeu Alzira Soriano de Souza como primeira prefeita do Brasil.

Vale registrar que as mulheres, em especial as lideranças que despontavam no início do século XX, convergiam no debate sobre a inclusão feminina como protagonista também da política, mas tinham abordagens bastante distintas entre si, tanto quanto ao papel das mulheres nos espaços públicos e privados quanto no próprio uso da luta pelo voto. O maior sinal dessas diferenças consta da criação da Federação Brasileira pelo Progresso Feminino – FBPF, organização fundada em 9/08/1922 por iniciativa da Bertha Lutz em sucessão à *Liga para Emancipação Intelectual da Mulher*, criada em 1919, fundada em conjunto com Maria Lacerda de Moura, que, como dito, era uma militante anarquista e analisava a condição feminina dentro da perspectiva da luta de classes, diferente da abordagem desenvolvida por Bertha[11].

As distintas abordagens proporcionaram a tomada de rumos diversos, especialmente porque Maria Lacerda de Moura escrevia sobre temas indesejados para a época, criticando a moral sexual burguesa, a opressão

[9] Pinto, 2003.

[10] Art. 17 "No Rio Grande do Norte, poderão votar e ser votados, sem distinção de sexos, todos os cidadãos que reunirem as condições exigidas por lei".

[11] Soihet, 2012.

sobre as mulheres, a educação sexual dos jovens; sobre virgindade, direito ao prazer sexual, a maternidade consciente, o divórcio e prostituição. Em sua trajetória pessoal, ela terminou fazendo opção pelo individualismo austero, como diz Miriam Leite[12].

Por sua vez, a FBPF usava nitidamente a bandeira do voto feminino como a tática mais amigável para a defesa da emancipação da mulher e para arregimentar apoios. Como bem relata Macedo[13], se Bertha Lutz e as outras ativistas usavam esse tema apenas como tática para lidar com a ampliação da socialização feminina para só depois inserir outras bandeiras ou se, por convencimento mesmo, usavam o sufrágio feminino como pauta sem interesse de questionar padrões de comportamento mais espinhosos, como o caso da sexualidade, da mãe solteira, do aborto etc., o fato é que o trabalho desenvolvido alcançou êxito quanto ao voto.

Do conjunto de ações, iniciativas e conquistas, nas eleições para a Assembleia Constituinte, em maio de 1933, já admitida a cidadania (em sentido estrito) para as mulheres[14], foi eleita uma mulher deputada, cuja atuação destacada será objeto da abordagem a seguir.

2. Os constituintes e a Constituinte na defesa de direitos para as mulheres

> "Cabe-me a honra, com a minha simples presença aqui, de deixar escrito um capítulo novo para a história do Brasil – o da colaboração feminina para a história do país".
>
> *Carlota Pereira de Queirós,*
> *1ª parlamentar eleita do Brasil e da América Latina*

Carlota Pereira Queiroz, pelo estado de São Paulo (Chapa Única), foi a primeira deputada eleita no país e a única mandatária atuante no processo constituinte de 1933-1934 em um grupo de 214 parlamentares.

[12] 1997.

[13] 2003.

[14] O Decreto 22.696, de 11 de maio de 1933 admitia a representação de associações profissionais na ANC e no art. 18 permitia que esta participação poderia ser sem distinção de sexo.

Envolvida no levante contrário ao Governo Provisório de 1932 que havia formado a Frente Única Paulista[15] com o apelo emblemático pela defesa de uma nova Constituição, a médica Carlota organizara o Serviço de Assistência aos Feridos no levante armado e também foi importante na mobilização de recursos para o movimento junto aos comerciantes. Em razão dessa atuação, passou a ser um nome para a eleição ocorrida no ano seguinte para a Chapa Única de São Paulo, com ideário liberal e também na defesa dos interesses católicos.

Eleita nessas circunstâncias, a deputada Carlota adota como plataforma de seu mandato os direitos das mulheres na reforma do ensino, na política e no trabalho. Convidou Bertha Lutz para trabalhar com ela durante a Constituinte. Marcada pela exceção, a deputada atuou nas comissões e apresentou sugestões e emendas – algumas delas serão expostas a seguir – e mostrou, em seu primeiro discurso no Plenário, no dia 13 de março de 1934[16], que a ambiguidade por estar associada à Chapa Única com ideais mais conservadores e à defesa de avanços esperados pelas mulheres que confiaram suas expectativas nessa representação feminina não a deixaria livre das interpretações generosas, cínicas ou hostis ao seu desempenho parlamentar. Assim disse:

> O que fazer das mulheres? Deixá-las á margem? Mas, as crises financeiras já exigiram a sua intervenção na esphera economica. E isso despertou-lhes o interesse pelos problemas politicos e sociaes. Não é possivel, portanto, exigir dellas que se resumam a simples machinas de trabalho.
>
> Um escriptor francez, André Maurois, afirmava recentemente que "Uma civilização exclusivamente masculina, como foi a dos gregos, tende a perecer·. Não ha civilização verdadeira, diz elle, sem a collaboração material e espiritual dos dois sexos". (...) O feminismo individualista poderá acarretar a luta *dos* sexos.[17]

[15] Em 25 de janeiro de 1932 o Partido Democrático rompe com Getúlio Vargas e se une ao Partido Republicano para formar a Frente Única Paulista como o slogan: "Tudo por São Paulo". Em maio morrem cinco nas tensões e tornam-se mártires, decorrendo a formação de uma organização secreta denominada MMDC, para apoiar o levante. No mesmo ano, 09 de julho, estoura o levante armado que totalizam mais de seiscentos mortos. As mulheres eram mobilizadas para cuidar dos feridos

[16] Annaes da Assembléa Nacional Constituinte. Coleção com 22 volumes publicados entre 1934 a 1937. Rio de Janeiro: Imprensa Nacional. 1934.

[17] Anais 1934: Volume XI, p. 274

Na sessão 121ª do dia 14 de abril de 1934[18], em discurso para fazer a defesa das três emendas da Chapa Única no Substitutivo Constitucional ao Anteprojeto 1-A, assim se manifestou Carlota sobre essa condição de única representante feminina na ANC:

> A mulher entrou através da minha humilde pessoa no exercício de novas e grandes responsabilidades. Como poderia eu, desprovida de talentos oratórios e sem prática parlamentar (...) tomar assento nesta Assembléia, onde cada um procurou se fazer melhor representar?
>
> (...)
>
> Já Renan, no século passado, nos comentários do seu livro "L'avenir de la science'" dizia que "desejava ver as mulheres participando do trabalho científico, certo de que elas o encarariam sob novos aspectos." E completava: "os socialistas se enganam sôbre o papel intelectual da mulher, querendo fazer dela um homem. A mulher, afirma ainda, nunca será senão um homem medíocre. É preciso que ela fique no seu papel, que seja eminentemente feminina".
>
> O apôio que o povo de S. Paulo deu a uma candidatura feminina para esta Assembléia, foi o resultado direto da grande explosão cívica que ali se verificou em 1.932. A mulher não veiu ter a esta Casa atraída pelo poder e muito menos influenciada por facções políticas.
>
> Ela veiu arrastada pelo idealismo de um povo, qué já sentiu a sua influência e os benefícios de sua colaboração.
>
> E que papel desempenhou a mulher na Revolução Paulista de 1932? Vibrando conjuntamente com o seu povo, o patriotismo sadío da mulher bandeirante revelou-se capaz de grandes realizações. Essa organização improvizada, de que 'resultou o admirável servico de retaguarda das tropas constitucionalistas, serviu para mostrar que, dentro das suas possibilidades e das suas atribuições, todos podem servir á Pátria. (...)[19]

Vale realçar que outras mulheres despontaram no cenário eleitoral, em que pese não terem sido vitoriosas no pleito. Assim, participaram da disputa e ficaram como suplentes: Edith Dinoha da Costa Braga, pelo estado do Ceará, no Partido Social Democrático; Edith Mendes da Gama

[18] Anais 1934. Vol. XIV.

[19] Anais 1934: Vol. XIV, p. 493-494.

Abreu, pelo estado da Bahia, integrante da Legenda "A Bahia ainda é a Bahia"; Bertha Maria Julia Lutz, no Distrito Federal (na época o Rio de Janeiro), do Partido Autonomista, e Lydia de Oliveira, do Rio de Janeiro (estado), pelo Partido Socialista.

No contexto histórico-constitucional de 1933/34 podem ser destacados momentos de sinalização de mudanças, na expectativa da afirmação dos princípios da liberdade e igualdade conjugados com o resguardo da autonomia política dos indivíduos e grupos para uma materialização de experiência democrática.

A evolução das sociedades vem confirmando o rompimento dos papeis sociais que aprisionaram sujeitos e comprometeram o exercício livre de suas autonomias. Assim vinha (vem) ocorrendo com as mulheres, que questionaram as limitações sociais e culturais impostas, transformando questões pessoais e particulares em lutas coletivas e públicas, na perspectiva de expansão de direitos e de equidade de tratamento, de oportunidades e de acesso aos espaços públicos e de poder, diante das múltiplas dimensões da vida.

Aquele novo texto constitucional trouxe uma carga significativa de garantia de direitos, uma pretensão inclusiva da cidadania: organização sindical, educação, jornada de 8 horas diárias, salário-mínimo satisfatório, entre outras garantias, e, para realçar o foco deste artigo, tratou do princípio da igualdade, instituindo que não haveria privilégios, nem distinções, por motivo de nascimento, sexo, raça, profissão própria ou dos pais, riqueza, classe social, crença religiosa ou ideias políticas. Nesse contexto, instituiu, ainda, o voto feminino.

Naquilo que se refere à igualdade de direitos entre homens e mulheres, as discussões durante o processo constituinte possuíam abordagens bastante distintas das expectativas registradas por lideranças feministas que despontavam desde o início do século XX. Ao debate sobre a inclusão feminina nos espaços públicos e sobre os direitos das mulheres, são historiadas concepções conservadoras ou no máximo dúbias pelos deputados constituintes em relação àquelas apontadas nos debates feministas, voltados para a emancipação das mulheres. O resultado disso confirma a positivação, no texto constitucional, de uma linguagem pouco inovadora para os padrões da época e o descompasso entre o que e como a sociedade trata certos temas e a forma e o tempo em que esses mesmos assuntos são retratados pelo Parlamento.

A seguir, serão trazidos fragmentos dos discursos proferidos por constituintes quando do debate sobre alguns pontos específicos atinentes ou impactantes dos direitos das mulheres. São escolhidas passagens registradas nas Atas das Sessões em que constavam na Ordem do Dia a discussão de emendas ou dispositivos do Substitutivo ao Anteprojeto encaminhado pela Comissão de Sistematização (conhecida como Comissão dos 26) para apreciação no Plenário, referindo-se especificamente ao voto feminino, às condições de trabalho e ao serviço militar obrigatório para mulheres.

O primeiro tema resultou no texto da Constituição de 1934 que, de fato, consolidou *status* constitucional ao direito ao voto (art. 108) antes previsto no Código Eleitoral. Porém, o alardeado avanço não apontava a equidade em termos absolutos, isso porque, conforme se depreende da redação do art. 109, o alistamento eleitoral era obrigatório para os homens e facultativo para as mulheres. Elas eram obrigadas apenas quando "exerçam função pública remunerada". O conquistado direito já não indicava parâmetro de equidade nos termos coincidentes com o discurso de igualdade pretendido pelas sufragistas nos movimentos internacionais[20].

O deputado Antonio Pennaforte[21], ao discursar sobre as pretensões de igualdade levantadas pelas mulheres sinalizava para os riscos ou mesmo erro no voto feminino, apelando para uma leitura da submissão religiosa e dissolução dos lares que esta medida poderia causar. Vale a transcrição:

> Não sou contrário ao voto feminino. Apenas entendo que há um perigo. Assim, quero fazer uma advertência, porque, embora atacado, gosto de dizer o que sinto.
>
> Nestas condições, penso; que é um grande erro conceder o direito de voto ás mulheres, porquê. futuramente, surgirá uma grande rivalidade nos lares.
>
> As mulheres, sugestionadas pelos padres, quando tiverem de votar, certamente obrigarão os maridos a sufragar o candidato do clero. Daí poderá

[20] Vale registrar que Bertha Luts havia participado do IX Congresso Internacional pelo Sufrágio Feminino, realizado em Roma, no ano de 1923. Em dezembro de 1922, a FBPF promoveu, no Rio de Janeiro, o 1º Congresso Internacional Feminino, com a presença de várias sufragistas de outros países, inclusive a Carrie Chapman Catt, presidenta da National American Woman's Suffrage Association – NAWSA.

[21] O deputado Antonio Penaforte de Souza era representante de classe, dos Empregados.

até resultar a dissolução de muitas familias, ocasionando, como consequência, o acréscimo da prostituição. A mulher é mais susceptível de ser sugestionada pelo padre do que o homem.[22]

Note-se que a predominância da lógica cristã católica se fazia tão forte nos constituintes que a referência aos modelos adotados era baseada nos padrões católicos para opinar sobre o comportamento de toda a sociedade. Também a digressão feita para apresentar os riscos que, na opinião do parlamentar, decorreriam do voto feminino era grande e inequivocamente insustentável: rivalidade nos lares, dissolução das famílias e, como efeito, o aumento da prostituição.

As regras de conduta na sociedade são definidas pela forma como os escritos e costumes religiosos antigos estabelecem e representam as mulheres: como figuras submissas, inclusive justificando o uso institucional de violência. Nesse contexto, ensinamentos religiosos dos padrões cristãos (mas também mulçumanos, hindus e outros) sempre colocaram as mulheres em posições inferiores, como as causadoras do pecado original e capazes de desvirtuar a humanidade para o mal.

Infelizmente, essa mesma matriz religiosa que conduziu a uma hierarquização das pessoas – senhores e escravos, homens e mulheres, adultos e crianças – também exerceu influência no espaço público e, em nome da superioridade de "escolhidos", os outros, os que são diferentes, menores, devem estar submetidos, dominados.

Em diversos pronunciamentos ao longo das sessões plenárias observadas nesta pesquisa estão postas as leituras dos ensinamentos doutrinários, especialmente com perfil de origem religiosa, para esclarecer o comportamento ou o trato a ser dedicado às mulheres, mesmo refletindo sobre os princípios ali determinados de defesa da igualdade e do reconhecimento das mudanças emancipatórias femininas, ou ainda adequando os escritos místicos ao tempo, para alcançar maior comodidade diante da inclusão das mulheres em novas atribuições[23].

[22] Anais 1934 : Vol. XII, p. 486.

[23] No discurso da deputada Carlota no dia 14/04/1934 (Anais 1934: vol. XIV, p. 495) ao tratar dos problemas sociais como foco de atenção das mulheres, ela assim se expressava: "Professora, medica, advogada ou engenheira, ela nunca perderá o tesouro de sensibilidade que a acompanha na vida e que faz do lar êsse santuário de sentimentos puros e nobres. Terá apenas oportunidade de ampliá-los, de estendê-los e de aumentar o seu raio de ação. Eis o

Outro ponto aqui abordado versa sobre trabalho feminino. Pode ser destacada do texto constitucional a manutenção dos estereótipos sobre as mulheres, a exemplo da reserva dos "serviços de amparo à maternidade e à infância, os referentes ao lar e ao trabalho feminino, assim como a fiscalização e a orientação respectivas, serão incumbidos de preferência a mulheres habilitadas", estabelecido no § 3º do art. 121 da Constituição. Ou seja, o novo texto constitucional reproduzia os papeis sociais atribuídos às mulheres em decorrência das construções socioculturais vigentes, sem significativos reparos.

As mulheres nos espaços públicos de trabalho sempre tiveram aceitação predominantemente no setor de serviços que exigia detalhes ou delicadeza e nas atividades relacionadas aos cuidados[24]. A sintonia do trabalho feminino com o perfil de cuidadoras e responsáveis pelas atribuições familiares e domésticas tornava mais amigável a inserção no chamado mundo produtivo, pela coincidência de tarefas que poderiam ser consideradas extensões daquelas "apropriadas" para as mulheres.

Para explorar os discursos produzidos nessa temática, vale citar o caso do deputado Martins e Silva[25], representante e defensor do proletariado, que expunha nos seus discursos a opinião sobre as condições desiguais de trabalho das mulheres, mas sem livrar-se das referências de que o universo feminino existe "em sua natureza de moral e delicado". Convém a transcrição de trecho do pronunciamento em defesa dos fracos contra os fortes, da saúde da coletividade de trabalhadores e da proposta de abolição dos trabalhos das mulheres no serviço das indústrias e do comércio, pois acumulavam péssimas condições de trabalho, com baixos salários que, em alguns estados, como os Norte e Nordeste, estavam longe de alcançar os valores diários da remuneração dos homens, mesmo com nove a dez horas de trabalho.

que peço como mulher, quando solicito a atenção desta Casa. E, se lograr êxito na minha emprêsa, devê-lo-ei apenas á largueza de visão e á superioridade dos homens, aceitando a colaboração feminina".

[24] Apenas para sinalizar esta afirmativa, vale usar como referência a pesquisa de Alexandre de Freitas Barbosa "O mercado de trabalho antes de 1930: emprego e desemprego na cidade de São Paulo" que, mesmo limitando-se no tempo e na localização, mostra que 25% dos postos de trabalho paulistanos eram ocupados pelas mulheres, especialmente alocadas nos setores têxtil, de couro e vestuários e nos serviços domésticos elas eram mais de 82% (Barbosa, 2008).

[25] O deputado Luiz Martins e Silva era da Representação Profissional dos Empregados.

Sem ser partidário da abolição total do trabalho das mulheres ao serviço das indústrias e do comércio, como teria pedido aquele ilustre constituinte, em seu projeto apresentado ao Instituto dos Advogados do Rio, sempre fui um ardoroso combatente em favor do salário mínimo, porquê reputo o aproveitamento atualmente do braço feminino no nosso país, como méro negócio comercial, para maiores lucros.

(...) Quem percorrer o norte e nordeste do país, num estudo de observação da situação da mulher operária, ficará sinceramente decepcionado.

As fábricas que estabeleceram tarefas, pagam a unidade por um tal preço, e tão bem calculado, que em 9 a 10 horas de serviço, a mulher não chega ao ganho, máximo, de 6$000 diários, de sorte que, descontando o tempo que perde no concerto das máquinas, entrega e escolha do material, etc., fica sempre reduzida numa média semanal, de 25$ a 30$000.

No comércio se observa a mesma coisa, chegando ao ridículo e se pagar no norte a uma Caixa, 60$ a 90$, por mês, sem alimentação.

Na maior fábrica do Estádo do Pará, denominada Perseverança, de Martins Jorge & Comp., indústria de sacos, cordas, tecelagem, etc., com uma magnífica situação financeira e comercial, pela segurança do seu ramo de negócio, o salário de uma operária não vale além de 2$400, sem alimentação.

(...) Ê êsse o quadro geral do proletariado feminino do Brasil: 20 anos de serviço e depois de esgotado, entregue ao desamparo.

(...) O capitalista prefere a mulher no trabalho atual, como já se deve ter notado, porquê a técnica aperfeiçoada já não se faz mais necessário grande esforço para movimentá-la; além de tudo, a operária se sujeita a diminutos salários, o que importa aumento considerável de lucro."

(...) Desta forma, as qualidades e virtudes próprias do caráter da mulher voltam-se contra ela, e tudo que existe em' sua natureza de moral e delicado se transforma em meio para fazê-la escrava e obrigá-la a sofrer."

Em Pernambuco e Baía encontrei nos *bars* garçonettes sem ordenados, ganhando apenas gorgetas, com trabalho diurno e noturno.

E já numa vez disse desta tribuna, para repetí-lo agora: gorgeta para mulher, é porta de entrada para prostituição, varia conforme a conquista.[26]

[26] Anais 1934: Volume XII, p. 466-468, em apreciação o Projeto 1A – Substitutivo Constitucional ao Anteprojeto de Constituição.

A propósito do alistamento militar merece ser destacado o discurso da deputada Carlota, proferido no dia 13 de março de 1934, em que, ao defender a igualdade de homens e mulheres, fazendo referência à Constituição alemã e também à da Finlândia, acudiu ao dever cívico como um nivelamento entre os sexos, capaz de criar nova mentalidade feminina que passava pela responsabilidade com os "deveres cívicos". No entanto, sinaliza que suas tarefas podiam começar pelo juramento à bandeira.

> Exemplos estrangeiros não nos faltam nesse sentido. A constituicão allemã, tão citada entre nós, reza no art. :1.09: todos os allemaes sao eguaes perante a lei" – "homens e mulheres têm, em principio, os mesmos direitos e os mesmos *deveres civicos*". E o que é o juramento á bandeira senão um dever civico, que viria assim nivelar as obrigações de ambos os sexos para com a Patria?
>
> (...) O que precisamos, é criar uma nova mentalidade *femi*nina. E, para isso, torna-se necessario, incutir-lhe a noção da responsabilidade civica, ensinar-lhe o cumprimento do dever.
>
> (...) Tudo isso vem confirmar a these que defendo desde o inicio destas palavras, de que ambos os sexos se completam e precisam ser nivelados nas suas obrigações.
>
> (...) Por isso, compete aos homens, que reconheceram para as mulheres direitos polítícos, melhor oriental-as na sua nova missão. E, chamando-as ao cumprimento do dever, incorporal-as nas fileiras civicas, sob a imagem sugestiva da bandeira nacional.
>
> Nada se me afigura mais proprio para essa formação civica simultanea dos dois sexos do que esse acto de juramento á bandeira, que, sublime na sua Simplicidade, teria ainda a vantagem de incutir igualmente, nos homens e nas mulheres, o espirito de solidariedade e o amor da terra que lhes deu o berço.[27]

Essa matéria gerou polêmica entre os parlamentares, alguns contrários à inclusão e outros favoráveis, desde que para o exercício de determinadas tarefas. Destaca-se a seguir a manifestação do deputado Antonio Pennafort (o mesmo acima citado por sua manifestação sobre os riscos do

[27] Anais 1934: Volume XI, p. 273. Ordem do Dia Votação do Projeto 1A – Substitutivo Constitucional ao Anteprojeto de Constituição.

voto feminino), que sinaliza a contribuição feminina para o serviço militar ao trabalho nos hospitais ou na confecção de uniformes para os soldados.

> Se a mulher pleiteia igualdade de direitos, deve estar sujeita, também, á igualdade de deveres. Os homens não podem exercer qualquer função política, se, previamente, não exibem a respectiva caderneta de reservista, da Marinha, do Exército ou do Regimento de Fuzileiros Navais. Onde, pois, a igualdade, quando se dispensa do serviço militar as mulheres. Acho que a mulher, para ter direito á cidadania, deve ser sorteada, não indo para a caserna, conforme idéias do General Góis Monteiro, Ministro da Guerra, que vi estampadas nos jornais, mas para as repartições militares, onde poderão prestar serviço valioso. Prestado êsse servico, então, sim, fariam jús á sua caderneta, que lhes permitiria o goso dos mesmos direitos concedidos ao homem.
>
> (...) A mulher, como disse, pode ser aproveitada nas repartições militares, nas Secretárias, ocupando cargos perfeitamente compatíveis com suas condições. E isso não é nenhum absurdo, porquanto vemos, hoje, que as repartições públicas estão sendo invadidas, avassaladoramente, pelo elemento feminino.
>
> Ainda outras ocupações poderiam ser dadas á mulher, no tocante ao serviço militar, como, por exemplo, as que se prendem aos serviços nos hospitais do Exército e da Marinha, ou aos da Intendência da Guerra, onde poderia se ocupar dá confecção de uniformes para os próprios soldados.
>
> Do aproveitamento desses elementos advíria uma economia formidável, não só nas Secretarias, Hospitais, etc., como na própria Intendência da Guerra, onde o govêrno dispende somas fabulosas com as costureiras na confecção de uniformes para as forças armadas.
>
> As mulheres que fossem sorteadas iriam prestar esses serviços, o que redundaria em enorme economia no orçamento da Nação, relativamente a essas despesas êsse é o meu ponto de vista.[28]

O deputado Góes Monteiro[29] também se manifestou sobre o serviço militar obrigatório da mulher, explicando a celeuma existente causada pelo art. 183 do Substitutivo Constitucional em apreciação no Plenário, em torno do qual alguns parlamentares se manifestaram apresentando

[28] Anais 1934: Vol. XII, p. 486.

[29] O deputado Dr. Manoel Cesar Góes Monteiro, era líder do Partido Nacional de Alagoas.

emendas que estabeleciam uma equiparação sem distinções, enquanto outros buscavam excluir qualquer obrigação nesse sentido. Muitas propostas defendiam a inserção das mulheres, mas com atribuições pertinentes ao perfil feminino, o que seria regulamentado por lei.

No contexto de ocupação de novos cargos e do direito ao voto, Góes Monteiro defendeu que também se atribuísse à mulher obrigações com a defesa nacional, porém, que essas fossem diversas das dos homens, "compatíveis com a sua natureza, a sua delicadeza, as suas aptidões, e que, de certo, serão reguladas em lei especial", ainda que o seu lugar seja no lar:

> Irrisório mesmo seria pensarmos em vêr nossas patrícias *rigorosamente de farda*, compelí-las a manejar o fuzil de guerra, cavar trincheiras, preparar minas, dar guardas, habitar casernas etc. Não, Srs. Constituintes, não é bem isso que se quer.
>
> O que se prevê, o que se deseja "'expurgar de dúvida", é que a mulher, exercendo mandato de voto e ocupando cargos públicos, enfim, adquirindo todos 'os direitos políticos, o faça cumprindo as suas obrigações para com a defesa nacional. Essas obrigações não são as que se presume acima, mas, sim aquelas compativeis com a sua natureza, a sua delicadeza, as suas aptidões, e que, de certo, serão reguladas em lei especial.
>
> (...)
>
> A função principal da mulher, onde quer que ela esteja, é no lar', criando e educando os continuadores da nacionalidade.
>
> (...) Mas, desde que ela se desvie desta função de sacrifício, por qualquer circunsiancia, para exercer outros encargos na sociedade, é lícito e honroso que outra função de maior sacrifício sobrepuje a todas as outras, que é o de cumprir o seu dever perante o altar da pátria.
>
> Estou certo de que a mulher brasileira saberá cumprir êsse dever no momento do perigo. Para isso, entretanto, é indiscutivel que ela seja orientada nêsse sentido, conseguindo o indispensável preparo organizado.
>
> Não sendo pois, contrário, a êsse desdobramento da personalidade feminina, apenas preconiso, por simples equidade e lógica rudimentar a compatibilidade da mulher nesses encargos de auxílio ás instituições militares. Se ela se emancipou dos laços da domesticidade, torna-se evidentemente justo que ela se prenda, como o homem, de certo modo, aos apelos da coletividade.

> 'Este dispositivo compreende o brasileiro de qualquer sexo. É evidente que os nossos costumes cavalheirescos para com o sexo amavel não poderão exigir das mulheres, agora, funções públicas incompatíveis com a delicadeza e encargos das suas funções particulares.
>
> Não deve haver, na ciência e na vida, confusão entre o homem e a mulher.
>
> (...) Ninguém poderá pensar como muito bem o disse o eminente Deputado Leví Carneiro em obrigar as mulheres ao serviço estritamente militar, fazendo-se deste modo justiça ao anteprojeto constitucional. Êste mandava que, cada brasileiro, servisse conforme as suas aptidões nas forças armadas ou nas organizações do interior.
>
> Ora, é preciso convir que uma lei regulará o serviço da mulher, sob êsse ponto de vista. Êsse serviço, a meu ver, deverá ser aplicado de maneira suave e verdadeiramente patriótico a todas aquelas que queiram, principalmente, exercer o direito político, e numa determinada idade.[30]

Os argumentos permaneciam os mesmos e expressavam a concepção patriarcal de família, de lar doméstico – onde a mulher era "rainha" – e dos "sagrados" deveres femininos, considerados incompatíveis com a participação em iguais condições na esfera pública.

Michel Foucault observou que desde o século XVII foram criados mecanismos de subordinação dos corpos e das vidas das mulheres pelos homens – a disciplina de mantê-las de forma adequada e docilizada em seus lugares originais[31]. Para Carole Pateman[32] o contexto do contrato social alicerçou o patriarcado moderno, em que a diferença entre os sexos foi tratada como diferença natural e o direito patriarcal dos homens sobre as mulheres foi considerado decorrente da ordem da natureza.

O contrato social possuía o atributo de ser universal, mas as atribuições de deveres instituídos às mulheres assimilavam um *status* que lhes obrigava à submissão econômica e à proteção do homem. Isso gerou uma perversa hierarquia social entre os indivíduos e assim, os estereótipos dos papeis sociais criaram obstáculos e tentaram calar as vozes das mulheres ao longo do tempo. Os diversos atos de resistência e ousadia feminina que visaram

[30] Anais 1934: Vol. XIV, p. 7-9.

[31] *Apud* Margareth Rago (1998).

[32] 1993.

assumir protagonismos sempre foram demonstrações de que a dominação pela força e pela racionalidade masculina – que tentou homogeneizar a organização da sociedade por seus próprios padrões – eram contestáveis e passíveis de alteração.

Para as mulheres que atuavam no campo político, o conceito de Constituição, no momento aqui retratado (1933/1934), passava a importar não apenas como regras gerais e abstratas, instituídas no Estado de Direito (introduzido com a Modernidade), mas para que seu conteúdo e o processo que levava às decisões políticas materializassem novos direitos. Porém, vê-se pelas transcrições acima postas que a disposição dos constituintes não parecia querer trazer inovações na incidência do texto da Constituição e no contexto em que estava inserido. Nas (entre)linhas dos discursos se pode mostrar o quanto de pressuposições e prévios sentidos eram trazidos para o debate congressista.

O componente que traz sentido e vivacidade à relação do Direito Constitucional com a História, representado na função social de revisitar os conteúdos históricos sobre afirmação de direitos, nesse caso, do contexto constitucional de 1934, não se presta a sacralizar o passado, mas para descobrir e redescobrir o clima, o jeito como momentos constituintes democratizantes do país lidaram com a politização de alguns temas. No caso aqui analisado, o aspecto da participação das mulheres nos espaços públicos.

O percurso sobre as fontes, com as provas e com os procedimentos investigativos[33] constrói o entendimento do evento jurídico sob análise e as narrativas presentes no mundo da vida, na realidade, na rua. Ao tratar da função social da História, Prost (1996: 257) ressalta como os seus objetos são considerados sempre em contextos, pois é preciso não apenas relatar os fatos, mas entender e explicá-los, com razões e provas. Nessa busca, Ginzburg[34] desenvolve a ideia de que a prova não necessariamente é direta, mas pode ser procurada nos detalhes: "Nesse tipo de conhecimento entram em jogo (diz-se normalmente) elementos imponderáveis: faro, golpe de vista, intuição.".

Com essa permissão científica, a pesquisa aqui apresentada se deteve nos pronunciamentos do momento constitucional de 1933-1934, sob a

[33] Ginzburg, 1989.

[34] 1989.

perspectiva de gênero[35], para gerar a compreensão do processo histórico no dimensionamento da participação das mulheres e das suas atuações para a consolidação ou aprofundamento de novos direitos explicitados no texto da Constituição de 1934.

É nessa perspectiva que as elaborações do movimento feminista na atualidade defendem a libertação do modelo das influências (pós)colonialistas e visam romper "a tradição" na composição e na lógica de atuação nos espaços públicos e nos espaços de poder. O patriarcado manteve a dominação masculina nas dimensões públicas e de poder, moldando uma paisagem que resiste em se transformar. Tal modelo, infelizmente, também é, em grande medida, reproduzido pelas mulheres que estão ocupando as estruturas políticas de representação.

Conclusões: O que muda a narrativa na disputa por igualdade de direitos?

A tensão do poder com a autodeterminação de cidadãs e cidadãos e a legitimidade na institucionalização da liberdade política, do processo inclusivo no arcabouço dos direitos, da manifestação da vontade e opinião da cidadania por acordos mútuos que visam a efetividade dos direitos sociais esteve prejudicado na Assembleia Constituinte de 1933-1934, na perspectiva de sua capacidade inovadora e democratizante para as mulheres, pois a predominância da reprodução dos discursos e sentidos sobre os papéis atribuídos a homens e mulheres se manteve majoritariamente inabalado.

O conteúdo constitucional ganha concretude e vitalidade com a incorporação dos sujeitos múltiplos em cada processo através dos mecanismos de participação política capazes de construir novas narrativas. A opção por um novo *modus* de regulação social exige maior capacidade de articulação para alargar as perspectivas de igualdade de vida entre as pessoas, independente do sexo. Esse processo exige que se efetivem espaços públicos

[35] É preciso apresentar a discussão sobre a categoria "gênero". São reconhecidas as múltiplas possibilidades de conceituar gênero como categoria proposta pelas feministas, bem tratada por Joan Scott (1990) ou Margareth Rago (1998). Adota-se neste trabalho o conceito de gênero na perspectiva relacional, como expressão que rejeita o determinismo biológico que é usado como mecanismo de justificação dos papéis sexuais adotados nas sociedades.

des-hierarquizantes que "se abram, de modo mais libertário, à entrada das multiplicidades e de novas subjetividades"[36].

A ausência das mulheres nos espaços públicos e políticos (de poder e decisão) comprometia a validade das deliberações nas instâncias institucionalizadas, de modo a não garantir que a experiência democrática pudesse ser constitutiva do processo de coletivização social como um todo. A presença de Carlota Pereira Queiroz como constituinte do período aqui analisado trouxe sentido e vivacidade a essa experiência do momento constitucional, porém não elevou a discussão, no âmbito da política, sobre os estereótipos sociais que naturalizaram a mulher como sendo ocupante primordial dos espaços privados.

As mulheres tinham abordagens bastante distintas sobre a acepção do próprio papel que deveriam exercer nos espaços públicos e privados, como foi explicitado no início do artigo, ao se citar as diferenças entre o pensamento de Bertha Lutz (expresso na Federação Brasileira pelo Progresso Feminino – FBPF, criada em 1922) e o de Maria Lacerda de Moura[37] (explicitado na *Liga pelo Progresso Feminino*, criada em 1919).

A mudança institucional representava bem mais do que ajuste de nomenclatura. Céli Pinto[38] refere-se ao rompimento das duas numa distinção do que vai nominar de duas tendências do movimento feminista brasileiro como "*feminismo bem-comportado*", que seria liderado por Bertha Lutz e voltava-se para os anseios das mulheres das classes média e alta: na luta pelos direitos cívicos, políticos, e o "*feminismo mal comportado*", no qual se enquadraria Maria Lacerda de Moura, que atentava para os direitos das trabalhadoras das classes baixas, com toda a tendência de disputas da classe operária.

No entanto, importa realçar que com maior ou menor efetividade na alteração da lógica de que não são características biológicas (nem religiosas) que definem o papel social dos indivíduos na sua determinação perante a vida e o mundo, essas mulheres introduziram uma mudança nos

36 Rago, 1998.

37 Entre seus escritos consta o livro "Religião do amor e da beleza", em defesa do amor livre que para ela só ocorreria quando as mulheres não fossem mais compelidas aos braços dos homens por estarem submetidas a constrangimentos financeiros (seja pelo casamento, pela prostituição ou pela "escravidão do salário").

38 2003.

mecanismos de conquista de direitos, particularmente no que se refere aos direitos políticos. Por conta da coragem e vanguardismo com que agiram, merecem reconhecimento e destaque. Sejam aquelas pertencentes às altas classes sociais da época, como Bertha, Carlota e tantas outras, ao saírem do conforto de seus lugares (tendo ou não a perspectiva de usarem o voto como disputa em si mesma de majoração das suas inclusões na vida pública), ou as operárias, que na dureza da ocupação que já tinham do espaço público, pela exploração de sua força de trabalho e sem apoio nem mesmo dos companheiros trabalhadores, todas elas, a seu modo, construíram novas narrativas. As primeiras, ampliando as dimensões de atuação; as últimas, reforçando a ruptura de comportamentos (inclusive sexuais) que suas próprias necessidades impunham.

Essas lutas foram fundamentais para marcar um novo tempo de relação entre as mulheres e a política e com a organização do Estado. Votar e ser votada significou aquisição de direitos que mudou a possibilidade dessa intervenção. As mulheres passaram de espectadoras a protagonistas de espaços de deliberação. Embora as conquistas democratizantes tenham sido frustradas logo em seguida, no Estado Novo, o percurso de politização da relação entre as esferas públicas e privadas e da reconstrução de novas referências para os papeis sociais, sem hierarquização pelo sexo, é um projeto que experimentou, à época, significativos avanços, embora permaneça, naquilo que é essencial, ainda hoje inacabado.

Referências

CAMARA DOS DEPUTADOS. Palavra de Mulher: oito décadas do direito de voto. Obras Comemorativas, Homenagens, 02. Brasília, 2011.

GINZBURG, Carlo. "Sinais: raízes de um paradigma indiciário". In: *Mitos, emblemas e sinais*: morfologia e história. São Paulo: Companhia das Letras, 1989, p. 143-179, 260-275.

GOMES, Ângela de Castro. A invenção do trabalhismo. Rio de Janeiro: Relume Dumará, 1994.

LEITE, Miriam Lifchitz Moreira. A documentação de Maria Lacerda Moura (1987--1945). São Paulo: *Revista Brasileira de Historia*, v. 17, nº 33, p. 238-250, 1997.

MACEDO, Elza Dely Veloso Macedo. *Uma Luta Justa...E Elegante*: os feminismos conflitantes de Bertha Lutz e Maria Lacerda de Moura na década de 1920. Niterói: Revista de Gênero, v. 3, nº 2, p. 91-104, 1. Sem. 2003.

PATEMAN, Carole. *O contrato sexual*. Trad. Marta Avancini. Rio de Janeiro: Paz e Terra, 1993.

PINTO, Celi Regina Jardim. *Uma história do feminismo no Brasil.* São Paulo: ed. da Fundação Perseu Abramo, 2003.

RAGO, Margareth. Descobrindo historicamente o gênero. Campinas: *Cadernos Pagu* (11) 1998, pp. 89-98.

SCOTT, Joan. Gênero: uma categoria útil de análise histórica. Porto Alegre: *Educação e Realidade*, v. 16, n. 2, p. 5-22, jul./dez. 1990.

SOIHET, Rachel. *A Conquista do Espaço Público.* In: Pinsky, Carla Bassanezi; Pedro, Joana Maria (org). *Nova História das Mulheres no Brasil.* São Paulo: Editora Contexto, 2012.

SOIHET, Rachel. *Feminismos e antifeminismos* – Mulheres e suas lutas pela conquista da cidadania plena. Rio de Janeiro: 7Letras, 2013.

11. CONSTITUIÇÃO, POLÍTICA E JUDICIÁRIO: A CRIAÇÃO DO TRIBUNAL DE SEGURANÇA NACIONAL (1936-1937)[1]

Raphael Peixoto de Paula Marques

> *Se o juiz pudesse, a pretexto de "julgar por livre convicção", absolver ou condenar o acusado, a despeito das provas existentes nos autos em contrário à decisão que viesse proferir, toda defesa seria inútil; o processo, naqueles casos em que o juiz estivesse previamente convicto da culpabilidade do acusado, fora uma superfetação, e ter-se-ia, afinal, instituído a pior das ditaduras, que é, sem dúvida, a "ditadura judiciária".*
>
> Raul Machado,
> juiz do Tribunal de Segurança Nacional (1941)

Introdução

O artigo pretende examinar um fragmento da história constitucional do primeiro governo de Getúlio Vargas. O objetivo do texto é analisar a discussão sobre o Tribunal de Segurança Nacional (TSN), órgão do judiciário brasileiro que atuou de 1936 a 1945. Para tanto, procura resgatar o contexto histórico, os debates constitucionais, as características desse novo tribunal e sua relação com a legislação que fundamentava a criminalidade política. Ao reconstruir esse quadro, busca-se descortinar a relação complexa existente entre constituição, judiciário e autoritarismo.

[1] O presente texto é parte (com modificações) da minha dissertação de mestrado defendida na Faculdade de Direito da Universidade de Brasília (UnB) em 2011. Uma versão reformulada deste texto foi publicada na Latin American Human Rights Studies em 2021 (Marques, 2021).

A criação do Tribunal de Segurança Nacional está relacionada diretamente aos eventos conturbados de novembro de 1935. Nessa data, ocorreu no Brasil uma rebelião armada, de natureza político-militar, que ficou conhecida como "Intentona Comunista". O levante recebeu esse nome devido a suposta liderança do Partido Comunista Brasileiro (PCB) no evento.[2]

O levante ocorrido em novembro de 1935 foi o maior responsável pela instauração do anticomunismo radical no Brasil. O perigo "vermelho", até então presente apenas no mundo das ideias, passou a ser visualizado, concretizado. O ambiente de reprovação tornou-se ainda maior depois da revelação da polícia sobre a participação de agentes soviéticos enviados pela Internacional Comunista (*Komintern*) e da morte de alguns oficiais enquanto dormiam.[3]

Os reflexos do anticomunismo foram intensos no âmbito constitucional. Depois da revolta, instituiu-se o estado de sítio e, posteriormente, o estado de guerra, de modo a suspender os direitos individuais e as imunidades parlamentares. A Lei nº 38/1935, que previa os crimes contra a ordem política e social, foi alterada com o objetivo de tornar mais dura a repressão política. Foi criada a Comissão Nacional de Repressão ao Comunismo para demitir os funcionários públicos "subversivos". No âmbito do judiciário, instituiu-se o Tribunal de Segurança Nacional. Uma das maiores consequências do levante de 1935 foi o golpe de estado de 1937 e a instituição do *Estado Novo*. Não era gratuito o fato de uma das justificativas para a outorga da Constituição de 1937 ter sido o perigo iminente de uma nova rebelião comunista.[4]

2 Para uma análise mais detalhada sobre a "Intentona Comunista", ver Vianna, 2007; Pinheiro, 1991; Hilton, 1986.

3 Sobre o impacto da "Intentona Comunista" na memória política brasileira, ver Motta, 2002.

4 Um dos *considerandos* do preâmbulo da Carta de 1937 atestava um "estado de apreensão criado no País pela infiltração comunista, que se torna dia a dia mais extensa e mais profunda, exigindo remédios, de caráter radical e permanente". Esse considerando referia-se ao suposto plano comunista encontrado pelo Estado-Maior do Exército denominado *Plano Cohen*. O Plano Cohen foi uma fraude articulada pelo general Góes Monteiro. Na realidade, tratava-se do capítulo II, item XIV, do boletim de informações nº 04 do serviço secreto da Ação Integralista Brasileira (AIB). O documento teria sido elaborado pelo então capitão Olímpio Mourão Filho para uso da AIB. O texto acabou caindo nas mãos do general Góes Monteiro, que utilizou uma parte para fins políticos: justificar a decretação do estado de guerra e

O texto está dividido da seguinte maneira: primeiro, será analisada a discussão parlamentar em torno da criação do Tribunal de Segurança Nacional (I). Em um segundo momento, o exame recairá sobre as características desse novo órgão judicial (II). Ao final, serão feitas algumas conclusões sobre a relação entre constituição, tribunais e regimes autoritários (III).

1. O debate legislativo sobre a criação do Tribunal de Segurança Nacional

Uma das primeiras preocupações do governo após a "Intentona comunista" foi a modificação da legislação. Para a cúpula militar e civil, as leis existentes eram por demais "benéficas" para a punição dos revoltosos. Em um primeiro momento, as energias foram voltadas para a alteração das penalidades e dos mecanismos institucionais que facilitassem a repressão ao comunismo. A modificação das normas processuais – matéria igualmente preocupante para Vargas – acabou ficando em segundo plano. Contudo, a demora de um julgamento nas instâncias ordinárias e a desconfiança em relação à atuação dos juízes federais na punição rigorosa dos comunistas foram fatores determinantes para o governo solicitar ao Legislativo a criação de um novo órgão judicial, encarregado de julgar os crimes contra a ordem política e social.

A criação de um tribunal especial surgiu como medida prioritária nos planos do governo após a prisão de alguns parlamentares oposicionistas e a concessão da respectiva licença, pelo Congresso Nacional, para processá-los.[5] Em meados de julho de 1936, Vargas discutiu com Vicente Ráo, ministro da Justiça, algumas medidas jurídicas que deveriam ser apresentadas ao Legislativo. Dentre estas, estava a criação de um tribunal específico para julgar os comunistas e a criação de colônias agrícolas para

criar um clima favorável ao adiamento das eleições e à realização do golpe de estado. Para as diversas versões sobre como o documento chegou ao conhecimento do alto comando do Exército, ver Silva, 1980.

[5] A prisão dos parlamentares deu-se no mesmo dia da publicação do Decreto nº 702, de 23 de março de 1936, que decretou o estado de guerra. Foram presos os principais parlamentares da oposição: João Mangabeira, Domingos Velasco, Octavio da Silveira, Abguar Bastos e Abel Chermont. No fundo, os argumentos para justificar a prisão dos deputados e do senador eram o fato de terem pertencido à Aliança Nacional Libertadora (não todos) e terem impetrado pedidos de *habeas corpus* para integrantes do PCB, como Harry Berger e Adalberto Fernandes.

o cumprimento de penas[6]. A mensagem presidencial chegou à Câmara dos Deputados em fins de julho.[7] Na exposição de motivos, constava o seguinte:

> A emenda nº 1 à Constituição da República, quando permite equiparar-se ao estado de guerra a comoção intestina grave com finalidades subversivas das instituições políticas e sociais, nada dispõe sobre o processo e julgamento dos crimes praticados com esse objetivo. Não me parece lícito, entretanto, inferir-se, do silêncio da emenda constitucional, que se deva aplicar, pura e simplesmente, na repressão daqueles delitos, a legislação militar, invocando-se a competência dos respectivos tribunais. A semelhante solução, várias razões se opõem, dentre as quais sobrelevam as seguintes: a) não são crimes, esses, definidos e punidos pelas leis nº 38, de 4 de abril, e 136, de 14 de dezembro de 1935; b) a medida de exceção autorizada pela emenda número um, não consiste no estado de guerra em sentido próprio, mas em uma *equiparação* tendente a reforçar os poderes da autoridade, na defesa da segurança nacional[8].

Diante da natureza do delito e considerando as disposições da Emenda Constitucional nº 01, concluiu-se pela urgência da elaboração de uma lei especial acerca da forma de julgamento dos crimes contra a segurança nacional. Consoante o presidente da República, era patente a

> impropriedade do processo e julgamento nos moldes das leis vigentes, adstritas, com estão, a limites e preceitos, cuja eficácia não se contesta para tempos normais, mas pode revelar-se insuficiente, como de fato se revela, para situações graves, tal a que o país ainda atravessa[9].

Além desse aspecto, outro argumento revelou-se decisivo para a criação de um tribunal e de um rito específicos: a natureza da ação criminosa dos comunistas caracterizava-se "pela violência e pelo rigoroso cunho técnico com que seus autores e cúmplices agem, para apagar os traços de sua

[6] Vargas, 1995, p. 522.
[7] DPL, 7/8/1936, p. 15.014.
[8] DPL, 7/8/1936, p. 15.014.
[9] DPL, 7/8/1936, p. 15.014.

responsabilidade"[10]. Esta peculiaridade exigia novos procedimentos, novos prazos e formas de julgar e, até mesmo, a relativização do devido processo legal. Isso era importante para resguardar as provas, os indícios, para a instrução de uma condenação rápida, enérgica e "duplamente eficiente, no sentido da repressão e no da prevenção"[11].

Curiosamente, Vargas não enviou nenhum projeto de lei. Limitou-se, apenas, a "solicitar o concurso indispensável do Poder Legislativo", perante o qual encarecia "a conveniência da criação de um tribunal capaz de solucionar as necessidades acenadas"[12]. Ao chegar à Câmara, a mensagem foi enviada à Comissão de Constituição e Justiça para análise, sendo relatada pelo deputado Deodoro de Mendonça.

Em extenso voto, o parlamentar tentou justificar a necessidade da criação do tribunal especial. Antes de analisar o projeto – elaborado na própria Câmara –, o deputado explicou que a ambição de impor uma doutrina única eliminava um aspecto fundamental da realidade brasileira:

> [...] a democracia liberal é a forma de governo que tem por fim garantir praticamente as condições humanas de existência em comum, retirando do grêmio social os indivíduos infensos à colaboração necessária das atividades legítimas. Mas uma das condições humanas da existência em comum é o pendor de cada indivíduo para admitir os sistemas de idéias que lhe sejam contrários. De modo que a democracia não pode admitir a livre propaganda de sistemas de opinião, em que se advoga o predomínio de um ponto de vista, de um interesse, ou de um grupo, com o prévio anúncio de que eliminará a colaboração do adversário na lei, que deve ter como função de autoridade conciliar todos os interesses humanos[13].

De acordo com o relator, a nação estaria seriamente ameaçada pela "onda vermelha que arrasta, fria e indiferente, na mesma enxurrada demolidora, a crença, a família, a lei liberal, a pátria livre"[14]. Abria-se, assim, uma encruzilhada difícil e urgia decidir. Os termos da escolha eram

[10] DPL, 7/8/1936, p. 15.014.
[11] DPL, 7/8/1936, p. 15.014.
[12] DPL, 7/8/1936, p. 15.014.
[13] DPL, 29/7/1936, p. 14.499.
[14] DPL, 29/7/1936, p. 14.499.

claros: a salvação da pátria ou o respeito às leis. "O Estado democrático", defendia o deputado, "não pode conservar sua estrutura sem reagir". A rigidez das constituições tem que ser adaptada "às fórmulas preventivas e repressoras que as separem da decomposição"[15].

A linha de argumentação exposta no parecer foi a mesma utilizada nos momentos decisivos do regime: declaração do estado de sítio, reforma da lei de segurança nacional, alteração da constituição, licença para processar os parlamentares presos. Em todos estes episódios o argumento mostrou-se idêntico: a defesa do Estado está acima dos indivíduos e das leis; a legislação vigente é *sempre* – por mais alterações que se façam – ineficiente para combater o comunismo; a atividade extremista está *sempre* prestes a atacar.

A criação de um tribunal específico, em vista disso, mostrava-se urgente, pois era o outro lado da dinâmica da repressão. Não adiantava alterar a legislação se, no âmbito da aplicação do direito, não houvesse pessoas e órgãos afinados com a ideologia do regime. Para Deodoro de Mendonça, no entanto, a medida era muito mais decorrência do "espírito liberal do Chefe do Executivo", que preferia "um tribunal especial aos rigores dos tribunais militares"[16]. Para isso, era preciso contornar as proibições constitucionais sobre o assunto.

Na justificação quanto à constitucionalidade do projeto, o primeiro passo foi demonstrar que o tribunal a ser criado não se qualificava como um tribunal de exceção. No entendimento do parlamentar, em nada se opunha a constituição ao novo órgão judicial. A previsão da Constituição de 1934 era a seguinte:

> Art. 84. Os militares e as pessoas que lhes são assemelhadas terão foro especial nos delitos militares. Este foro poderá ser estendido aos civis, nos casos expressos em lei, para a repressão de crimes contra a segurança *externa* do país, ou contra as instituições militares.
>
> Art. 85. A lei regulará também a jurisdição, dos Juízes militares e a aplicação das penas da legislação militar, *em tempo de guerra, ou na zona de operações durante grave comoção intestina*[17]. (grifo no original)

[15] DPL, 29/7/1936, p. 14.499.

[16] DPL, 29/7/1936, p. 14.500.

[17] DPL, 29/7/1936, p. 14.500-14.501.

Segundo o relator, os artigos citados não seriam aplicáveis à situação, pois, além dos crimes políticos não serem crimes militares, o estado de guerra previsto na emenda constitucional nº 01 seria apenas fictício ou equiparado.[18] Estes dois argumentos possibilitavam uma situação *sui generis*, exigindo a criação de um tribunal especial para dar conta do julgamento dos crimes previstos na Lei nº 38/1935. Por outro lado, o projeto não estava instituindo um tribunal de exceção, mas um "juízo especial em razão da natureza da causa", atendendo com isso, ao art. 113, nº 25, da Constituição de 1934.[19]

Afora a proibição constitucional de tribunais de exceção, o parecer ainda deveria abordar a limitação constitucional prevista no art. 113, nº 26: "ninguém será processado nem sentenciado, senão pela autoridade competente, em virtude de lei anterior ao fato, e na forma por ela estabelecida". Parecia difícil defender a constitucionalidade do projeto diante deste dispositivo. Como diria Vargas, "só suspendendo a constituição". Foi justamente essa a fundamentação:

[18] A Emenda Constitucional nº 01 foi promulgada em dezembro de 1935 com o objetivo de facilitar a repressão política após a "Intentona Comunista". Teve a seguinte redação: "A Câmara dos Deputados, com a colaboração do Senado Federal, poderá autorizar o Presidente da República a declarar a comoção intestina grave, com finalidades subversivas das instituições políticas e sociais, equiparada ao estado de guerra, em qualquer parte do território nacional, observando-se o disposto no artigo 175, n. 1, §§ 7º, 12 e 13, e devendo o decreto de declaração de equiparação indicar as garantias constitucionais que *não ficarão suspensas*". O estado de guerra equiparado, nos moldes previstos na EC nº 01/1935 foi inicialmente ativado por meio do Decreto presidencial nº 702, de 23 de março de 1936. Conforme o art. 2º do ato presidencial, ficariam suspensas quase todas as garantias do art. 113 (declaração de direitos) e as estabelecidas pelo art. 175 (limitações ao estado de sítio) da Constituição de 1934. Só não foram suspensas as garantias constantes dos números 1, 5, 6, 7,10, 13, 15, 17, 18, 19, 20, 28, 30, 32, 34, 35, 36 e 37, do art. 113. Os dispositivos constitucionais indicados diziam respeito à igualdade perante a lei, à liberdade de consciência e de crença, à assistência religiosa em instituições militares, à natureza secular dos cemitérios, ao direito de petição, à liberdade do exercício de profissão, ao direito de propriedade, à individualidade da pena, à proibição da prisão por dívidas, à assistência judicial gratuita, ao dever estatal de amparar os necessitados, ao direito de certidão e à publicidade do processo administrativo, e à proibição de instituir imposto para atingir a profissão de escritor, jornalista e professor.

[19] A redação do art. 113, nº 25, da Constituição de 1934 era a seguinte: "não haverá foro privilegiado nem Tribunais de exceção; admitem-se, porém, Juízos especiais em razão da natureza das causas".

> A disposição do nº 26 do art. 113 da Constituição [...] constitui uma das garantias individuais que o decreto do Poder Executivo, prorrogado pelo Poder Legislativo, estabelecendo o estado de guerra, não resguardou, ficando, portanto, entre as que se acham suspensas. Em consequência, o processo e julgamento prescrito no projeto tem plena aplicação quanto aos implicados nos movimento subversivos, que ainda não tenham sido sentenciados definitivamente[20].

O argumento consagrava o entendimento de que, durante o estado de guerra *equiparado* – onde a suspensão da constituição era a regra –, não havia parâmetro constitucional para a elaboração das leis. Se não existia parâmetro, a assimetria constituída pela constituição no sistema do direito deixava de existir, revelando a violência e o arbítrio do sistema da política.

Em seguida à apresentação do parecer do deputado Deodoro de Mendonça, a CCJ reuniu-se para votação. A discussão foi intensa. Dos treze presentes, seis votaram expressamente pela inconstitucionalidade do projeto, até mesmo alguns dos deputados da base de apoio de Vargas, como Levi Carneiro e Raul Fernandes[21].

Entre os que opinaram pela inconstitucionalidade, Sebastião do Rego Barros foi o mais enérgico e contundente.[22] No seu voto em separado, Barros afirmou que o projeto destoava de tal modo dos princípios

[20] DPL, 29/7/1936, p. 14.501. Na opinião de Deodoro de Mendonça, mesmo que o dispositivo não estivesse suspenso, nada impediria a retroatividade da lei nesse caso. Como argumento de autoridade, citava-se o ensinamento de Clóvis Beviláqua, Pimenta Bueno e Carlos Maximiliano, bem como decisões do Supremo Tribunal Federal, defendendo a aplicação da lei nova em matéria criminal, "não só quando altera as fórmulas processuais, como também, quando transfere a competência do julgamento" (DPL, 29/7/1936, p. 14.501). Todavia, tanto a doutrina, quanto a jurisprudência citadas referiam-se à Constituição de 1891. De acordo com João Mangabeira, após a Constituição de 1934, não fazia mais sentido a discussão do assunto, já que o art. 113, nº 26, acrescentou o trecho "processado", ao contrário da anterior constituição que apenas falava em "sentenciado" (DPL, 7/8/1936, p. 15.010).

[21] Faziam parte da CCJ os deputados Waldemar Ferreira (SP), como presidente, Godofredo Viana (MA), Ascanio Tubino (RS), Pedro Aleixo (MG), Carlos Gomes de Oliveira (SC), Levi Carneiro (RJ), Homero Pires (BA), Alberto Álvares (representante profissional), Roberto Moreira (SP), Arthur Santos (PR), Rego Barros (PE), Sampaio Costa (AL), Adolpho Celso (PE), Deodoro de Mendonça (PA) e Raul Fernandes (RJ).

[22] Sebastião do Rego Barros seria, mais tarde, o advogado de João Mangabeira no Processo nº 1-A do Tribunal de Segurança Nacional.

consagrados na constituição, que cada um dos seus artigos atentava contra um dispositivo constitucional específico. O ponto mais combatido foi a natureza excepcional do tribunal a ser criado:

> O que permite a Constituição é a distribuição da competência, entre os juízes ordinários, em razão da natureza das causas [...]. Ora, um tribunal especial, organizado, com preterição das normas traçadas na Constituição, cujos membros são nomeados independentemente das exigências indispensáveis [...] e não gozam das garantias inerentes aos órgãos do Poder Judiciário [...], que julga, arbitrariamente, "de fato, por livre convicção" e sem recurso, criado, especial e excepcionalmente, para, mediante processo excepcional, sentenciar, sobre determinados crimes [...], em uma situação excepcionalíssima, qual seja o estado de guerra, é, caracteristicamente, tipicamente, um tribunal de exceção. Não há habilidade, sofisma, eufemismo capaz de mascarar essa exigência [...][23].

Em anexo ao voto do deputado, encontrava-se uma exposição do deputado federal João Mangabeira, à época preso. "Sem consulta possível a qualquer livro e tendo em mãos apenas um exemplar da Constituição", Mangabeira tentou demonstrar que "a criação de um Tribunal Especial, para processo e julgamento dos crimes capitulados na Lei de Segurança, é a mais ousada e monstruosa subversão constitucional que se poderia imaginar"[24]. A principal crítica centrava-se na questão da competência judicial estabelecida constitucionalmente. Para Mangabeira, os crimes, cujo processo e julgamento o projeto visa regular, são essencialmente políticos. Como tais,

> o respectivo processo e julgamento compete privativamente em primeira instância aos Juízes Federais e em grau de recurso à Corte Suprema. É o que determina expressamente a Constituição nos arts. 76, nº 2, I – e 81, letra i. [...] Ora, essa atribuição privativa que a Constituição conferiu ao juiz federal [...] só lhes pode ser retirada por uma revisão constitucional, e não por lei ordinária, sob o pretexto de um estado de guerra, que só suspende apenas garantias, e nada mais[25].

[23] DPL, 7/8/1936, p. 15.010.

[24] DPL, 7/8/1936, p. 15.010.

[25] DPL, 7/8/1936, p. 15.011.

Embora muitos tenham considerado a proposição violadora da constituição, concordaram em apoiar, dada a urgência da medida, a sugestão de Pedro Aleixo de enviar ao plenário o projeto sem a análise do mérito.[26] Em seguida, o texto aprovado passou à discussão, como Projeto nº 182. O referido projeto estabelecia algumas regras que merecem ser citadas por sua radicalidade: a) o tribunal só exerceria as suas funções durante o estado de guerra *equiparado*, observando somente as garantias constitucionais *não suspensas*; b) os juízes eram nomeados diretamente pelo Presidente da República; c) a acusação presumir-se-ia provada, cabendo ao réu o ônus da prova; d) os membros do tribunal julgariam como juízes de fato, por livre convicção; e) a decisão final seria irrecorrível.

O debate em plenário foi um prolongamento daquele ocorrido na CCJ. Dentre os que apoiavam o projeto, Adalberto Corrêa era o único que reconhecia o verdadeiro caráter da medida pleiteada. No entendimento do parlamentar, "se o estado de guerra é um estado de exceção, se de exceção são as medidas tomadas durante este período, os tribunais também podem ser de exceção. Isto, ao menos, é o que indica a lógica"[27]. E continuava:

> Sabemos ser irrealizável ou ineficaz a repressão do comunismo dentro dos velhos quadros jurídicos. Com as regras comuns da organização dos tribunais e apreciação das provas, esse credo destruidor facilmente solapará em seus fundamentos todas as conquistas da nossa civilização. Se antigamente era necessário que as leis defendessem o indivíduo contra o Estado, hoje é indispensável que defendam o Estado contra o indivíduo. Por isso, enquanto essas leis não existirem, cabe ao Estado defender-se sem peias de nenhuma espécie. Na atualidade, só um organismo de exceção, armado de amplos ou ilimitados poderes, conseguirá opor um dique a essas forças subterrâneas de destruição da família, da sociedade e da Pátria[28].

[26] Ao final, a CCJ manifestou-se da seguinte maneira: "A Comissão de Constituição e Justiça resolveu, em sessão de hoje, encaminhar ao plenário o projeto, de que foi Relator o Sr. Deodoro de Mendonça, a propósito da mensagem do Sr. Presidente da República, solicitando a criação de Tribunal Especial para julgamento de crimes políticos e sociais e de Colônias Penais e Agrícolas. E tomou essa deliberação para o efeito de, recebendo ele as emendas do plenário e da própria Comissão, poder ela manifestar-se, em último turno, apresentando, então, o substitutivo que os debates indicarem" (DPL, 7/8/1936, p. 15.009).

[27] DPL, 29/8/1936, p. 16.137.

[28] DPL, 29/8/1936, p. 16.138.

A tramitação legislativa do Projeto nº 182 foi conturbada e com acusações de manipulação regimental. Apesar das acusações e protestos, não demorou muito para o projeto ser aprovado. Em 31 de agosto de 1936, por 140 votos a 61, ocorreu a aprovação na Câmara. No dia seguinte, era a vez do Senado. Em 11 de setembro, a Lei nº 244 instituiu, como órgão da justiça militar, o Tribunal de Segurança Nacional (TSN), a funcionar no Distrito Federal sempre que decretado o estado de guerra.

Ao comparar o projeto original com o aprovado, percebe-se, contudo, a alteração de algumas regras: a) o TSN passava a ser órgão integrante da justiça militar; b) suas decisões passariam a ser recorríveis, mediante apelação para o STM; c) os juízes não poderiam ser demitidos; d) ao acusado ausente ou que não tivesse defensor, seria nomeado um advogado indicado pela OAB. Em relação ao restante da lei, verificou-se a manutenção de algumas normas constantes do projeto original, bem como a inclusão de outras que restringiam o direito de defesa: a) a retroatividade da Lei nº 244; b) o arrolamento ilimitado de testemunhas por parte do Ministério Público; c) o prazo de apenas três dias para o oferecimento da defesa; d) a possibilidade do juiz determinar a realização de provas *ex officio*; e) a possibilidade de dispensar o comparecimento do réu; f) a presunção de veracidade das alegações da acusação no caso do réu ter sido preso com arma na mão; g) o julgamento por "livre convicção".

A sessão de instalação do TSN ocorreu em 24 de outubro.[29] O TSN iniciou os seus trabalhos com o processo daqueles envolvidos na revolta de novembro de 1935. O respectivo inquérito policial, presidido pelo delegado Eurico Bellens Porto, "compunha-se de 46 tomos, e dos 179 indiciados, foram denunciados 177, distribuídos em 5 processos", dos quais 35 réus como cabeças da revolução e 142 como corréus, entre eles 5 parlamentares. Foram ouvidas cerca de 300 testemunhas de defesa e de acusação, em um total de 40 volumes de autos. Em 27 de outubro de 1937,

[29] Conforme o art. 2º, § 2º, da Lei nº 244, a composição seria a seguinte: "Dois dos juízes serão oficiais do Exército ou da Armada, generais ou superiores da ativa ou da reserva, dois serão civis, de reconhecida competência jurídica, e o quinto juiz um magistrado civil, ou militar, todos de reputação ilibada". Os escolhidos foram: o magistrado Frederico de Barros Barreto, para presidente, coronel Luís Carlos da Costa Neto, capitão de mar e guerra Alberto de Lemos Basto, Antônio Pereira Braga e Raul Machado. Para exercer a função de procurador, nomeou-se Honorato Himalaya Vergolino (Tribunal de Segurança Nacional, 1938a, p. 3).

todos eles já haviam sido julgados. Os que foram condenados receberam penas que variaram de seis meses a vinte sete anos.

2. O Tribunal de Segurança Nacional no contexto dos anos de 1930

A criação do Tribunal de Segurança Nacional inovou a tradição judiciária brasileira. Pode-se dizer o mesmo das regras processuais criadas com a referida corte. Elas representam um novo modo de lidar com os opositores políticos. Provavelmente, a criação de um tribunal específico para lidar – pelo menos inicialmente – com os presos envolvidos com a "Intentona Comunista" tenha se inspirado no "Tribunal Especial" criado logo após a ocorrência da Revolução de 1930.[30] Contudo, seja pela duração, seja pelo contexto político, o Tribunal de Segurança Nacional representa de modo muito mais claro a nova relação entre público e privado que se revelava no contexto dos anos de 1930.

Dentre as disposições contidas na Lei nº 244, dois pontos merecem um exame mais detalhado. O primeiro é a inserção do TSN dentro da justiça militar. É interessante notar o argumento criado para justificar o enquadramento constitucional do TSN.[31] De acordo com o art. 84 da Constituição de 1934, o foro da justiça militar somente poderia ser estendido aos civis, "nos casos expressos em lei, para a repressão dos crimes contra a *segurança externa* do país ou contra as instituições *militares*".

O atendimento do dispositivo parecia fácil para os defensores do tribunal especial. Afinal, tratava-se do comunismo – crime financiado por Moscou – e da revolta de 1935 – ocorrida eminentemente dentro dos

[30] O Tribunal Especial foi criado pelo artigo 16 do Decreto nº 19.398, de 11 de novembro de 1930, que instituiu o Governo Provisório. A sua organização foi estabelecida pelo Decreto nº 19.440, de 28 de novembro de 1930. A competência do tribunal era a de julgar os "crimes políticos e funcionais" relacionados com os fatos que haviam comprometido a vida política e administrativa do país no governo de Washington Luís. Os cinco juízes nomeados foram Djalma Pinheiro Chagas, Justo Rangel Mendes de Morais, Sérgio Ulrick de Oliveira, Francisco Solano Carneiro da Cunha e José Joaquim Seabra. Os dois procuradores foram Álvaro Goulart de Oliveira e Ari de Azevedo Franco, o qual se exonerou no dia 13 de dezembro, sendo substituído por Temístocles Brandão Cavalcanti. O Tribunal Especial foi dissolvido em 6 de março de 1931, sendo logo depois substituído pela Junta de Sanções. Em seus quatro meses e meio de existência, o Tribunal Especial pouco produziu, perdendo rapidamente seu prestígio (Kornis, 2010).

[31] Para uma defesa da constitucionalidade do TSN à época, ver Machado, 1943, e Lessa, 1936.

quartéis. Então, o que foi feito? O raciocínio adotado foi cuidadosamente costurado. No art. 1º, estabeleceu-se que o TSN era órgão da justiça militar. Mas se era tribunal militar, como ele teria competência para julgar os crimes previstos na Lei nº 38? Só existia uma única alternativa: "transformar" crime político em crime militar. Primeiro, o art. 3º concedeu ao tribunal a competência para julgar os crimes contra a segurança *externa* da República e contra as instituições militares. Em seguida, qualificava-se como crime militar o crime político previsto na Lei nº 38/1935 que desse causa ao estado de guerra equiparado:

> Art. 3º. [...].
> § 3º. Consideram-se cometidos contra a segurança externa da República e contra as instituições militares os crimes com finalidades subversivas das instituições políticas e sociais, definidos nas Leis nº 38, de 4 de abril, e 136, de 14 de dezembro de 1935, sempre que derem causa a comoção intestina grave, seguida de equiparação ao estado de guerra, ou durante este forem praticados.

Portanto, se havia a imposição constitucional de responsabilizar os criminosos por meio de uma condenação judicial, isto não poderia ser feito através de um procedimento adequado para tempos normais; ou com juízes com uma concepção legalista. A guerra, aqui, possuía um sentido diferente e o inimigo era outro. Vicente Ráo, então ministro da Justiça, em conferência realizada em 1936 no Instituto da Ordem dos Advogados, deixou claro esse novo quadro ao tentar justificar a mudança de sentido do termo "guerra", para fins de criação de um novo instituto de emergência constitucional:

> (...) em princípio, o estado de guerra pressupõe a luta armada contra o inimigo estrangeiro. (...) O instinto jurídico que conduziu nossos legisladores a criação deste novo instituto de Direito Público [estado de guerra interno] [...] foi, realmente, guiado pelo dedo de Deus, visando a verdadeira significação, o verdadeiro alcance da luta em que todos nós estamos empenhados: é uma luta contra o estrangeiro, o estrangeiro que nos agride!"[32].

[32] DPL, 3/5/1936, p. 11.307.

Foi justamente o argumento desse novo estado de guerra – o qual, de acordo com a EC nº 01/1935, suspenderia em regra toda a constituição – que fundamentou as decisões do Supremo Tribunal Militar e da Corte Suprema, quando questionados acerca da constitucionalidade do Tribunal de Segurança Nacional. É importante verificar como esse questionamento se deu.

Com a decretação do estado de guerra, em 23 de março de 1936, os parlamentares Mangabeira, Silveira, Velasco, Bastos e Chermont foram presos, ficando incomunicáveis até dezembro de 1936. Somente em 22 de dezembro de 1936 a denúncia contra eles foi protocolada no Tribunal de Segurança Nacional. Alguns meses antes da denúncia ser apresentada, Mangabeira tentou, juntamente com o seu filho, Francisco, impedir que fossem processados perante o TSN. Para tanto, impetrou um *habeas corpus* na Corte Suprema, que acabou não sendo conhecido por não ser da sua competência a análise da matéria, e sim do STM.[33] O deputado resolveu ajuizar o HC nº 7.945 no STM com o mesmo pedido. Mangabeira defendeu a inconstitucionalidade do TSN por ser um tribunal de exceção. O Supremo Tribunal Militar acabou indeferindo o pedido com a seguinte fundamentação:

> (...) o Supremo Tribunal Militar não poderá conceder ao impetrante em benefício dos pacientes o reconhecimento de uma garantia constitucional de salvaguarda das suas liberdades, justamente quando essa garantia foi suspensa em virtude da própria constituição que o assegura. O Tribunal Militar não pode restabelecê-la em favor de quem se queixa de que está preso e vai ser processado por imputação de participação em crime de ordem política e social, se precisamente por motivo do crime foi decretado o estado de guerra e com ele a suspensão da garantia constitucional do habeas-corpus[34].

Recorreu-se, então, novamente à Corte Suprema. Ao julgar o RHC nº 26.330, a Corte adotou os mesmos fundamentos delineados na discussão

[33] O HC nº 26.254 foi impetrado em 22 de setembro e julgado no dia 02 de outubro. Nele, a Corte Suprema deixou claro que qualquer questionamento referente à inconstitucionalidade do TSN deveria ser feito perante o Supremo Tribunal Militar (ASTF, Autos do HC nº 26.254, 1936).

[34] ASTM, Autos do HC nº 7.945, 1936.

da elaboração da Lei nº 244: além do estado de guerra suspender os direitos individuais, o Tribunal de Segurança Nacional não era um tribunal de exceção, não havendo, também, que se falar em irretroatividade da lei processual[35]. A argumentação do STM e da Corte Suprema desvelavam, assim, o paradoxo de uma constituição que suspende a si mesma.

O segundo ponto que merece um olhar mais atento recai no novo modo do juiz se relacionar com as provas do processo, e, em última análise, com o passado. Conforme o art. 10, parágrafo único, da Lei nº 244, os membros do Tribunal de Segurança Nacional seriam juízes "de fato", que julgariam por "livre convicção"[36]. Essa inovação na tradição processual brasileira foi bastante criticada[37]. A defesa da medida seria feita pelo juiz Raul Machado[38]. Em entrevista ao *O Jornal*, em fins de outubro de 1936, o magistrado defendeu que a livre convicção não implicava decidir de forma contrária às provas apresentadas. Ao contrário, significava apenas que o juiz podia decidir conforme a sua avaliação do conjunto probante, sem estar adstrito ao sistema legal de provas. Alguns anos depois, já com a experiência de 05 anos dentro do TSN, Machado publicou as suas reflexões sobre a matéria na Revista *Direito*. Na ocasião, tentou evitar que o tribunal recebesse a pecha de arbitrário:

> Ao meu ver, portanto, como já tive, aliás, oportunidade de afirmar, com a frase julgar por "livre convicção", a lei quis, apenas, conferir ao juiz a faculdade de decidir, conforme o seu conhecimento, alicerçado em "qualquer

[35] CORTE SUPREMA, *Recurso de habeas corpus* nº 26.330, 1937, disponível em: <www.stf.jus.br>.

[36] Sobre o princípio da "livre convicção" e sua relação com o Tribunal de Segurança Nacional, ver Nunes, 2013.

[37] No texto que João Mangabeira enviou a Rego Barros durante a votação do parecer na CCJ, a crítica é contundente: "É como se vê, um tribunal de encomenda para, fora da prova dos autos e por ordem dos seus patrões, condenar os inocentes ou absolver os criminosos, conforme os interesses eleitorais ou as inimizades dos mandões determinarem. Um tribunal assim formado, e julgando fora das provas, e sem recurso, seria bastante para cobrir de vergonha a história brasileira e de condenações e de opróbrio a ditadura que nos desonra" (DPL, 7/8/1936, p. 15.011).

[38] Raul Machado foi, antes de ser nomeado para o TSN, auditor de guerra e promotor da Justiça Militar. Foi membro do Conselho de Justiça Militar e da Academia Paraibana de Letras (Paula; Lattman-Weltman, 2010). Entre outros livros, escreveu *A insídia comunista nas letras e nas artes do Brasil* (1941) e *Delitos contra a Ordem Política e Social* (1944).

> das provas" (e aí é que está a suposta "liberdade" de convicção) a que, no inventário e exame meticuloso das peças do processo, dê mais crédito e validade; e, não, a de julgar "livremente", sem atenção à vida expressiva dos elementos comprobatórios e sem consulta à realidade dos fatos[39].

Quais as consequências dessa mudança? Para Raul Machado, significa assentar que o TSN não mais estava adstrito a regras como a impossibilidade de condenar apenas com o depoimento de uma testemunha – *testis unus, testis nullus* – ou com a confissão produzida perante a autoridade policial. Assim, "não estando adstritos a essas e a outras regras idênticas, os juízes do Tribunal de Segurança Nacional, teriam, por lei, certa independência para, no exame do processo, fundar o seu veredicto"[40]. A decorrência direta do sistema de livre apreciação de provas seria, segundo Machado, a motivação da sentença[41].

A introdução de novas regras processuais e de valoração da prova no âmbito da atuação do Tribunal de Segurança Nacional acabou por conflitar com padrões de julgamento já existentes no âmbito do Supremo Tribunal Militar. No relatório enviado ao presidente da República em 1938, o presidente do TSN queixou-se da situação, afirmando que a administração da justiça viu-se embaraçada pela dificuldade na execução da Lei nº 244, pois os juízes do TSN "julgavam por livre convicção, cabendo, entretanto,

[39] Machado, 1941, p. 19. Isso não impediu que a mesma Lei nº 244 instituísse a presunção de culpabilidade para aqueles que fossem presos de arma na mão (art. 9º, nº 15). Logo depois do golpe, essa regra foi ampliada, em dezembro de 1937, para incluir também "os instrumentos ou documentos do crime" (art. 20, nº 5, do Decreto-Lei nº 88). Em 1938, mais uma alteração, dessa vez para estabelecer que "considera-se provado o que ficou apurado no inquérito" (art. 9º, do Decreto-Lei nº 428).

[40] Machado, 1941, p. 20.

[41] A verdade, para Raul Machado, "é que também os juízes do Tribunal de Segurança Nacional, apesar de lhes ser permitida essa forma de julgamento, não têm postergado aquelas normas, chegando até à aparente contradição de proferirem sempre suas sentenças, largamente fundamentadas... Algumas delas constituem volumes" (Machado, 1941, p. 20). O que se chamava de fundamentação era o relatório/resumo do processo (que às vezes tomava 100 páginas) feito pelo juiz relator. A fundamentação do acórdão, na maioria dos casos, constituía-se de apenas alguns parágrafos. Como exemplo, pode-se citar a decisão, do próprio Machado, sobre o movimento comunista em Natal. Em um processo com 371 réus, o juiz não faz menção a nenhum dos argumentos levantados pela defesa. (Tribunal de Segurança Nacional, 1938, p. 5-6).

o recurso de apelação para o Supremo Tribunal Militar, adstrito ao critério de julgamento pela prova legal. O choque era inevitável"[42].

Sobre esse ponto, Evandro de Lins e Silva (1997, p. 161) nos fornece um relato interessante, mas que pode esconder a complexidade da relação entre os dois órgãos judiciais, além de criar uma falsa imagem do STM. Segundo ele, o STM

> funcionava como um órgão do Poder Judiciário, respeitando todas as regras em relação à prova, à necessidade de elementos fidedignos para a condenação de alguém. Havia muita reforma das decisões do Tribunal de Segurança pelo Tribunal Militar. Depois não, ficou uma ação entre amigos: um juiz julgava em primeira instância e os outros componentes do Tribunal de Segurança julgavam a apelação. Era muito difícil alterar a sentença proferida em primeira instância. Era raríssimo modificar-se uma decisão.

Uma narrativa um pouco diferente nos é fornecida por outras fontes. Tomemos, por exemplo, os processos relacionados à "Intentona Comunista". Em relatório apresentado em janeiro de 1945, o Tribunal de Segurança Nacional informou que em relação aos envolvidos no levante do Rio de Janeiro foram denunciadas 177 pessoas, sendo 131 condenadas.[43] Consoante o referido tribunal, todas as condenações foram mantidas pelo STM, com exceção de 7 pessoas que foram absolvidas. Registre-se, ainda, que diversas penas impostas pelo TSN foram agravadas em sede de apelação, existindo alguns casos em que o STM condenou alguns réus que haviam sido absolvidos pela TSN[44].

[42] Tribunal de Segurança Nacional, 1938a, p. 5.

[43] Em relação aos envolvidos no levante do Rio Grande do Norte, foram denunciadas 372 pessoas, mas apenas 62 foram condenados (Tribunal de Segurança Nacional, 1945, p. 3).

[44] Tribunal de Segurança Nacional, 1945, p. 2. O levantamento feito por Maria Edite Mendes (1994/1996, p. 19-227) corrobora quase que inteiramente o relatório do TSN. Depois de examinar o Processo nº 01 (que se relacionava aos envolvidos no Levante Comunista do Rio de Janeiro), ela nos fornece as seguintes informações: dos 177 denunciados, foram condenados 131 pessoas e absolvidas 46 pelo TSN. No STM, 14 pessoas tiveram as penas reduzidas, 9 foram absolvidas, 12 tiveram a pena aumentada e 3 foram condenadas, mesmo sendo absolvidas pelo TSN. Como se observa, o número de absolvidos é um pouco maior do que o informado pelo TSN.

Como se percebe, a afirmação de Evandro Lins e Silva deve ser problematizada. Qualquer conclusão sobre o papel do STM deve ser fundamentada empiricamente, após a devida análise dos processos judiciais. Faz-se necessária, portanto, uma investigação mais aprofundada sobre a intricada relação desses dois órgãos judiciais, de modo a evitar a conclusão apressada sobre uma suposta atitude "garantista" do STM.

Deve-se ter em conta, ainda, que a atuação do TSN não foi linear e homogênea, mas dependente do contexto histórico e das diversas fases pelas quais atravessou. Os processos constituídos até maio de 1938 diziam respeito exclusivamente aos comunistas. Após esta data, o TSN passou a ocupar-se dos integralistas, por conta da tentativa fracassada de um golpe de estado. Depois da instauração do *Estado Novo*, em novembro de 1937, o TSN foi reformulado. Adquiriu competência para julgar, além dos crimes contra a ordem política e social, os crimes contra a economia popular e de espionagem. Passou a ser um tribunal de única instância e ganhou regras que tornavam mais rápidos e autoritários seus procedimentos.[45] As poucas garantias que ainda existiam foram extintas. O TSN funcionou até o ano de 1945 e foi extinto juntamente com o primeiro governo de Getúlio Vargas[46].

[45] Para mais detalhes sobre o TSN durante o período do Estado Novo, cf. Nunes, 2010; 2014; Campos, 1982; Branco, 1943; Silva, 2007; Machado, 1944.

[46] O Tribunal de Segurança Nacional foi extinto após a deposição de Getúlio Vargas, ocorrida em outubro de 1945, por meio da Lei Constitucional nº 14, de 17 de novembro de 1945, editada pelo presidente em exercício José Linhares (então presidente do STF). Registre-se que a extinção do TSN não implicou na revogação da lei que estabelecia os crimes contra a "personalidade internacional, a estrutura e a segurança do Estado e a ordem social" (Decreto-Lei nº 431/1938). A prática de tais crimes continuou sendo apurada pela polícia política e julgada, a partir de agora, pela justiça militar (Decreto-Lei nº 8.186/1945). O interessante é que o referido decreto-lei estabeleceu que os processos do TSN ainda não julgados, e também aqueles onde já houvesse uma condenação, deveriam ser remetidos à justiça militar para continuidade do julgamento (de primeira instância ou da apelação). Aqui, é importante destacar dois pontos interessantes: a) não se observou a regra do art. 122, n. 17, da Constituição de 1937, que exigia "tribunal especial" para julgamento dos crimes contra a segurança do Estado e a ordem social; b) a anistia concedida pelo Decreto-Lei nº 7.474, em abril de 1945, foi relativizada, pois a continuidade de julgamento estabelecida pelo Decreto-Lei nº 8.186/1945 não foi restrita aos crimes que não tinha sido anistiados (crimes praticados, em tempos de guerra, contra a segurança do Estado, nos termos do Decreto-Lei nº 4.766/1942).

Após a derrocada do Estado Novo e o fim da segunda guerra mundial, o modelo judicial representado pelo Tribunal de Segurança Nacional não se perpetuou. Embora a ideologia da segurança nacional tenha adquirido vida longa no pós-guerra, não se encontra órgão judicial com as características do TSN, mesmo na ditadura militar iniciada em 1964.

3. Constituição, política e judiciário: notas conclusivas

Analisar o papel do judiciário em regimes autoritários ou em períodos de emergência constitucional não é tarefa simples. A observação histórica da atuação das cortes nesse contexto pode revelar aspectos contraditórios e, em alguns casos, pode surpreender. Afinal, a aplicação do direito é uma operação que está longe de ser algo mecânico e automático. Todo texto, inclusive o jurídico, necessita de interpretação. O olhar atento às decisões judiciais, à sua motivação, pode desvelar atitudes e argumentos que não se enquadram na intenção – ou nas motivações – daqueles que elaboraram a lei que está sendo interpretada. Embora o presente texto não tenha analisado a atuação do TSN – o que demandaria outra pesquisa[47] –, pretendeu reconstruir o contexto histórico e resgatar a discussão em torno da sua criação, de modo a contribuir com alguns elementos necessários para a observação, do ponto de vista da história do direito, da atuação daquela corte durante os anos de 1936 a 1945.

O objetivo, aqui, foi o de refazer o caminho discursivo existente entre as instituições responsáveis pela criação da referida corte, identificando quais os argumentos utilizados para justificar a medida, em especial diante das limitações constitucionais existentes e dos direitos individuais como o do juiz natural, da irretroatividade das leis e da proibição de tribunais de exceção (*ex post facto*).

A judicialização da repressão política levanta várias questões. Como explicar os laços entre o aprofundamento do autoritarismo e a manutenção ou criação de instituições judiciais para responsabilizar os dissidentes políticos? Qual a razão para Vargas optar por levar seus opositores a julgamento? A tentativa de legitimação da repressão talvez seja um indício. É sintomático que todas as medidas emergenciais e leis de exceção tenham sido obtidas por Vargas através do procedimento previsto constitucionalmente, com a colaboração do Legislativo. De todo modo, independente

[47] Ver a profunda pesquisa realizada por Nunes, 2014.

de uma condenação ou absolvição, a judicialização teve sua eficiência, na medida em que legitimava a prisão de opositores políticos e os retirava da arena da discussão pública. Para Anthony Pereira (2010, p. 84), ao analisar a ditadura militar brasileira (1964-1985), as razões para a judicialização da repressão são as seguintes:

> Em suma, os processos por crimes políticos são tentadores para os governantes autoritários, por terem a capacidade de desmobilizar os movimentos populares de oposição, de angariar legitimidade para o regime ao convencer setores importantes do público de que os oponentes são tratados com justiça, de criar imagens políticas positivas para o regime e negativas para a oposição, de auxiliar uma facção do regime a ganhar ascendência sobre as demais, e de estabilizar a repressão, ao fornecer não apenas informações como, também, um conjunto de regras previsíveis, em torno do qual as expectativas tanto dos opositores quanto das autoridades podem se aglutinar.

Não obstante o TSN tenha sido extinto junto com o fim Estado Novo, a sua existência foi importante por ter sido vivenciada pelos generais que subiriam ao poder em 1964. Embora não tenha existido um tribunal especial para o julgamento de crimes políticos na década de 1960, para Anthony Pereira (2010) a judicialização da repressão política foi uma das características da ditadura militar brasileira se comparada ao Chile e à Argentina. Outro ponto de contato entre a forma da repressão entre 1935-1937 e 1964-1985 é a legislação de segurança nacional. Foi a partir de 1930 que se consolidou a mudança de sentido na noção de criminalidade política e de segurança nacional[48].

A repressão judicial aos comunistas deu continuidade ao discurso estereotipado que se criou especialmente a partir da *Intentona*. A preocupação não era examinar a conduta em si, mas em comprovar o caráter comunista do acusado. A confissão da orientação política pelo réu equivalia a uma sentença condenatória[49].

[48] Sobre a discussão legislativa da primeira lei de segurança nacional no contexto dos anos 1930, ver Marques, 2013.

[49] Diego Nunes (2010, p. 173), ao examinar a prática jurisprudencial do tribunal, conseguiu resumir bem esse aspecto: "Várias são as conotações preconceituosas que nos remetem a um Direito Penal do autor, em que pouco ou nada se decide com relação a conduta desviante da lei propriamente dita em nome de uma capitulação moral dos acusados. [...] Todo réu com

Para ter uma noção panorâmica de sua atuação, um dos recursos adequados é o exame dos relatórios anuais elaborados pelo presidente do Tribunal de Segurança[50]:

Ano	1936	1937	1938	1939	1940	1941	1942	1943	1944	Total
Processos	200	242	248	304	544	482	949	1.504	1.513	5.986
Processos julgados	-	64	273	165	302	264	286	635	755	2.744
Indiciados	2.608	2.112	2.483	1.314	1.392	1.098	1.800	3.005	3.206	19.018
Denunciados	-	-	-	-	-	-	-	-	-	10.724[51]
Pessoas sentenciadas	-	374	3.049	813	999	579	559	1.120	1.502	8.995[52]
Absolvidos	-	-	-	-	-	-	-	-	-	7.658
Condenados	-	-	-	-	-	-	-	-	-	3.066[53]

pensamento oposicionista ao regime é (em geral) comunista, e por isso tem relações com o PCB, segue ordens diretas do Komintern e está lançado a toda uma série de atividades subversivas (guerrilha, propaganda, insubordinação, desobediência civil, greves, dentre outras). Assim, todos os atos estariam de tal forma concatenados que toda a ação seria sempre parte de um grande plano revolucionário. E, reféns dessa visão, acabavam por não conseguir separar as condutas, fugindo à técnica pelo medo por eles mesmos criado ao demonizar os elementos subversivos".

50 A tabela tem por base os relatórios anuais apresentados pelo Tribunal de Segurança Nacional e se refere à atuação do tribunal até dezembro de 1944 (Tribunal de Segurança Nacional, 1938a; 1939; 1940; 1941; 1942; 1943; 1944; 1945). Portanto, ainda faltariam os dados referentes ao período de janeiro de 1945 a novembro de 1945. Lembre-se, todavia, que em abril de 1945 foram anistiados todos aqueles que praticaram crimes políticos, com exceção dos crimes contra a segurança do Estado em tempos de guerra, nos termos do Decreto-Lei nº 4.766/1942.

51 Comparando o número de denunciados (10.724) com o de indiciados (19.018), vê-se que a diferença (8.294) refere-se a processos arquivados ou encaminhados a outro órgão judicial (Tribunal de Segurança Nacional, 1945).

52 Esse número foi obtido por meio da análise dos relatórios anuais, de 1937 a 1944. Todavia, há uma contradição quanto ao número total de condenados/absolvidos, que só foi fornecido pelo relatório anual de 1944.

53 Reynaldo Campos (1982, p. 173) fornece um número diferente (4.099) baseado no Livro de condenados do TSN, presente no Arquivo Nacional. Aparentemente, essa diferença se deve à inclusão do ano de 1945 nas estatísticas.

Os números apontam para uma concentração de réus, embora com menos processos, para o contexto relacionado ao levante comunista, ao levante integralista e o período após 1942, quando o Brasil declarou guerra aos países do Eixo. No total, se compararmos o número de denunciados com o número de pessoas condenadas, veremos que há uma enorme discrepância. O que isto significa? Uma possível falta de "eficiência" da judicialização da repressão? A explicação para tal fato não se revela simples. Longe de ser uma benevolência dos juízes do Tribunal de Segurança Nacional, a razão para essa discrepância parece residir em vários fatores, como o interesse maior na simples prisão de opositores políticos, na tradição formalista dos juristas brasileiros, na condição social do réu ou mesmo na importância dele para o contexto histórico pesquisado. Qualquer destas hipóteses, contudo, só pode ser verificada após o profundo exame das fontes.

Apesar de o Tribunal de Segurança Nacional ter sido criado para facilitar uma condenação judicial, verifica-se na análise do processo específico dos deputados João Mangabeira, Octavio da Silveira, Domingos Velasco, Abguar Bastos, e do senador Abel Chermont, que argumentos políticos foram relativizados diante do conjunto probatório apresentado.[54] Ademais, as alterações realizadas a partir das críticas e emendas da minoria, durante a discussão legislativa da Lei nº 244, com a inserção do duplo grau de jurisdição, amenizou o grau de autonomia do referido tribunal.

Essas considerações abrem espaço para algumas notas conclusivas sobre a função judicial no Estado de Direito. A discussão em torno do valor da prova para um processo judicial fomenta o debate – iluminando os riscos e as possibilidades – acerca das diferenças e semelhanças da atividade do juiz e do historiador. Juízes e historiadores se relacionam por uma dupla convergência: a preocupação com a definição dos fatos – no sentido mais amplo do termo, incluindo tudo o que se inscreve na realidade – e a vinculação à noção de prova.

Carlo Ginzburg[55] afirma que, a essa dupla ligação, corresponde uma dupla divergência: "os juízes dão sentenças, os historiadores não; os juízes se ocupam apenas de eventos que implicam responsabilidades individuais, os historiadores não conhecem essa limitação". Além de uma simples dife-

[54] Analiso esse processo em Marques, 2015.

[55] Ginzburg, 2002, p. 62.

rença de papéis sociais, tal distinção carrega importantes consequências políticas, éticas e epistemológicas. Para Ginzburg[56], do ponto de vista institucional, o erro judiciário, em respeito aos equívocos do historiador, possui "consequências imediatas e mais graves", pois "podem levar a uma condenação de indivíduos inocentes".

O que a história busca demonstrar com o conhecimento do passado não acaba nunca em uma verdade absoluta. Ao invés de objetividade, seria importante falar de imparcialidade. E isso serve tanto para o juiz como para o historiador:

> O juiz não pode ser totalmente objetivo: na sua apreciação sobre um crime passional, verifica-se a interferência inevitável de seus sentimentos pessoais. No entanto, o procedimento é contraditório: os pontos de vista da acusação e da defesa são defendidos em pé de igualdade; além disso, para os cronistas, o juiz é imparcial quando utiliza o mesmo peso para as duas partes, formula questões sem opiniões preconcebidas e se limita aos fatos. Assim, deveria ser o procedimento do historiador para evitar as perspectivas unilaterais[57].

Por outro lado, o texto histórico não pode ter o mesmo propósito imediato e prático do discurso no tribunal. Mesmo que o modo de demonstração seja semelhante – citação das fontes – o objetivo não é uma absolvição ou uma condenação, mas sim um texto histórico autorizado. No caso do historiador, o "julgamento final" deve ficar suspenso indefinidamente[58], o que põe em relevo a questão do erro, seja na perspectiva histórica, seja na perspectiva judicial.

O que marca a diferença entre o "julgamento" histórico e o julgamento judicial, portanto, não é somente uma diferença epistemológica e de decisão. Ao julgar baseado em possibilidades, em indícios, o juiz ultrapassa os simples limites de tratamento da prova que o distinguem do historiador, agindo em prejuízo do devido processo legal e abrindo espaço para que a comunicação voltada para o direito seja ditada pelo sistema da política.

[56] Ginzburg, 2002, p. 93-94.
[57] Prost, 2008, p. 258.
[58] Bann, 1994, p. 37.

Fontes

BRASIL. Constituição da República dos Estados Unidos do Brasil, de 16 de julho de 1934. *Diário Oficial da União*, Rio de Janeiro, 16.07.1934, Seção 1, suplemento, p. 9.253.

______. Constituição dos Estados Unidos do Brasil, de 10 de novembro de 1937. *Diário Oficial da União*, Rio de Janeiro, 10.11.1937, Seção 1, p. 22.359.

______. Decreto nº 702, de 21 de março de 1936. Declara, pelo prazo de noventa, dias, equiparada ao estado de guerra, a comoção intestina grave, em todo o território nacional. *Diário Oficial da União*, Rio de Janeiro, 23.03.1936, Seção 1, p. 6.103.

______. Decreto nº 19.398, de 11 de novembro de 1930. Institui o Governo Provisório da República dos Estados Unidos do Brasil e dá outras providências. *Diário Oficial da União*, Rio de Janeiro, 12.11.1930, Seção 1, p. 20.663.

______. Decreto nº 19.440, de 28 de novembro de 1930. Organiza o Tribunal Especial, estabelece o processo, e dá outras providências. *Diário Oficial da União*, Rio de Janeiro, 30.11.1930, Seção 1, p. 21.540.

______. Decreto-Lei nº 88, de 20 de dezembro de 1937. Modifica a Lei nº 244, de 11 de setembro de 1936, que institui o Tribunal de Segurança Nacional, e dá outras providências. *Diário Oficial da União*, Rio de Janeiro, 24.12.1937, Seção 1, p. 25.521.

______. Decreto-Lei nº 431, de 18 de maio de 1938. Define crimes contra a personalidade internacional, a estrutura e a segurança do Estado e contra a ordem social. *Coleção de Leis do Brasil*, Rio de Janeiro, 31.12.1938, p. 147.

______. Decreto-Lei nº 4.766, de 1º de outubro de 1942. Define crimes militares e contra a segurança do Estado, e dá outras privid ências. *Diário Oficial da União*, Rio de Janeiro, 03.10.1942, p. 14.753.

______. Decreto-Lei nº 7.474, de 18 de abril de 1945. Concede anistia. *Diário Oficial da União*, Rio de Janeiro, 19.04.1945, p. 7.076.

______. Decreto-Lei nº 8.186, de 19 de novembro de 1945. Dispõe sobre o processo e julgamento dos crimes da competência do extinto Tribunal de Segurança Nacional. *Diário Oficial da União*, Rio de Janeiro, 24.11.1945, Página 17.837.

______. Decreto Legislativo nº 6, de 18 de dezembro de 1935. Emenda à constituição. *Diário do Poder Legislativo*, Rio de Janeiro, 19.12.1935, p. 9.271-9.272.

______. Lei nº 38, de 4 de abril de 1935. Define crimes contra a ordem política e social. *Diário Oficial da União*, Rio de Janeiro, 06.04.1935, Seção 1, p. 6.857.

______. Lei nº 244, de 11 de setembro de 1936. Institui, como órgão da Justiça Militar, o Tribunal de Segurança Nacional, que funcionará no Distrito Federal sempre que for decretado o estado de guerra e dá outras providências. *Diário Oficial da União*, Rio de Janeiro, 12.09.1936, Seção 1, p. 20.124.

CORTE SUPREMA. Autos do *Habeas corpus* nº 26.254. Impetrante: João Mangabeira. Pacientes: João e Francisco Mangabeira. Coator: Presidente da República. Relator Min. Hermenegildo de Barros. Data do julgamento: 02.10.1936.

______. *Recurso de habeas corpus* nº 26.330. Recorrente: João e Francisco Mangabeira. Recorrido: Supremo Tribunal Militar. Relator Min. Costa Manso. Data do julgamento: 11.01.1937. Disponível em: <www.stf.jus.br>.

DIÁRIO DO PODER LEGISLATIVO. Rio de Janeiro: Imprensa Nacional, 1934-1937.

SUPREMO TRIBUNAL MILITAR. Autos do *Habeas Corpus* nº 7.945. Pacientes: João Mangabeira e Francisco Mangabeira. Relator: Ministro Cardoso de Castro, 1937.

______. *Habeas corpus* nº 8.403. Impetrante: Carlos Carrilho Cabral. Paciente: Miguel Costa. Coator: Presidente do Tribunal de Segurança Nacional. *Jurisprudência*, nº 03, volume 23, Data do julgamento: 23.06.1937.

TRIBUNAL DE SEGURANÇA NACIONAL. Movimento extremista de Natal em 1935 – Sentença do Juiz Dr. Raul Machado. Rio de Janeiro: Imprensa Nacional, 1938.

______. Relatório dos trabalhos realizados desde a sua instalação até 31 de dezembro de 1937. Rio de Janeiro: Imprensa Nacional, 1938a.

______. Relatório dos trabalhos realizados desde a sua instalação até 31 de dezembro de 1938. Rio de Janeiro: Imprensa Nacional, 1939.

______. Relatório dos trabalhos realizados desde a sua instalação até 31 de dezembro de 1939. Rio de Janeiro: Imprensa Nacional, 1940.

______. Relatório dos trabalhos realizados desde a sua instalação até 31 de dezembro de 1940. Rio de Janeiro: Imprensa Nacional, 1941.

______. Relatório dos trabalhos realizados desde a sua instalação até 31 de dezembro de 1941. Rio de Janeiro: Imprensa Nacional, 1942.

______. Relatório dos trabalhos realizados desde a sua instalação até 31 de dezembro de 1942. Rio de Janeiro: Imprensa Nacional, 1943.

______. Relatório dos trabalhos realizados desde a sua instalação até 31 de dezembro de 1943. Rio de Janeiro: Imprensa Nacional, 1944.

______. Relatório dos trabalhos realizados desde a sua instalação até 31 de dezembro de 1944. Rio de Janeiro: Imprensa Nacional, 1945.

Referências

BANN, Stephan. *As invenções da história:* ensaios sobre a representação do passado. São Paulo: Unesp, 1994.

BRANCO, Eurico Castello. *Dicionário de Jurisprudência do Tribunal de Segurança Nacional.* São Paulo: Ed. Universal, 1943.

CAMPOS, Reynaldo Pompeu de. *Repressão judicial no Estado Novo:* esquerda e direito no banco dos réus. Rio de Janeiro: Achiamé, 1982.

GINZBURG, Carlo. Introdução. In: _____. *Relações de força:* história, retórica, prova. São Paulo: Companhia das Letras, 2002.

_________. *Il giudice e lo storico:* considerazioni in margine al processo Sofri. Milão: Feltrinelli, 2006.

HILTON, Stanley. *A rebelião vermelha*. Record, Rio de Janeiro, 1986.

KORNIS, Mônica. Tribunal Especial. In: PAULA, Christiane Jalles de; LATTMAN-WELTMAN, Fernando (coord.). *Dicionário histórico-biográfico brasileiro pós-30*. 3ª ed. Rio de Janeiro: FGV, 2010. Disponível em <http://cpdoc.fgv.br/acervo/dhbb.

LESSA, Mário. *Tribunal de Segurança Nacional:* da sua constitucionalidade e permanência como órgão do poder judiciário. Rio de Janeiro: Typografia do Jornal do Commércio, 1936.

LINS E SILVA, Evandro. *O Salão dos passos perdidos* (depoimento ao CPDOC). Rio de Janeiro: Nova Fronteira; Ed. FGV, 1997.

MACHADO, Raul. Do julgamento por livre convicção. *Revista Direito*. Ano II. Vol XII, 1941.

______. A constitucionalidade do Tribunal de Segurança Nacional desde a sua instituição. *Revista dos Tribunais*, v. 32, nº 246, dezembro de 1943.

______. *Delitos contra a ordem política e social*. São Paulo, 1944.

MARQUES, Raphael Peixoto de Paula. Repressão Política e Anticomunismo no primeiro Governo Vargas: A Elaboração da Primeira Lei de Segurança Nacional. *Revista Jurídica da Presidência*, v. 15, 2013.

______. *Repressão política e usos da constituição no primeiro Governo Vargas (1935-1937)*. Curitiba: Prismas, 2015.

______. Cortes de exceção e emergência constitucional: o debate sobre o Tribunal de Segurança Nacional. *Latin American Human rights Studies*, v. 1, 2021.

MENDES, Maria Edite. Resumo dos processos julgados no Tribunal de Segurança Nacional (TSN) e no Supremo Tribunal Militar (STM) em 2ª instância. *Revista do Superior Tribunal Militar*, nº 16/18supl., 1994/1996 Supl.

MOTTA, Rodrigo Patto Sá. *Em guarda contra o perigo vermelho:* o anticomunismo no Brasil (1917-1964). São Paulo: Perspectiva: Fapesp, 2002.

NUNES, Diego. *O percurso dos crimes políticos durante a Era Vargas (1935-1945):* do Direito Penal político italiano ao Direito de Segurança Nacional brasileiro. Dissertação (Mestrado em Direito). Faculdade de Direito, Universidade Federal de Santa Catarina, 2010.

______. O Tribunal de Segurança Nacional e o valor da prova testemunhal: o debate sobre o princípio da livre convicção do juiz a partir do julgamento do processo nº 1.335. *Revista Eletrônica Direito e Política*, Programa de Pós-Graduação Stricto Sensu em Ciência Jurídica da UNIVALI, Itajaí, v. 8, n. 2, 2013.

______. *Le "irrequietas leis de segurança nacional". Sistema penale e repressione del dissenso politico nel Brasile dell'Estado Novo (1937-1945)*. Tese (doutorado). Dipartamento di Giurisprudenza, Università degli studi di Macerata (Itália), 2014.

PAULA, Christiane Jalles de; LATTMAN-WELTMAN, Fernando. Raul Campelo Machado. In: PAULA, Christiane Jalles de; LATTMAN-WELTMAN, Fernando (coord.). *Dicionário histórico-biográfico brasileiro pós-30*. 3ª edição. Rio de Janeiro: FGV, 2010. Disponível em <http://cpdoc.fgv.br/acervo/dhbb.

PEREIRA, Anthony W. *Ditadura e repressão:* o autoritarismo e o estado de direito no Brasil, no Chile e na Argentina. Tradução de Patrícia de Queiroz Carvalho Zimbres. São Paulo: Paz e Terra, 2010.

PINHEIRO, Paulo Sérgio. *Estratégias da ilusão:* a Revolução Mundial e o Brasil (1922--1935). São Paulo: Companhia das Letras, 1991.

PROST, Antoine. *Doze lições sobre a história*. Belo Horizonte: Autêntica, 2008.

SILVA, Francisco Carlos Teixeira da. Os tribunais da ditadura: o estabelecimento da legislação de segurança nacional no Estado Novo. In: MARTINHO, Francisco Carlos Palomanes; PINTO, Antônio Costa (orgs.). *O corporativismo em português:* Estado, política e sociedade no salazarismo e no varguismo. Rio de Janeiro: Civilização Brasileira, 2007.

SILVA, Hélio. *A ameaça vermelha:* o Plano Cohen. Porto Alegre: L&PM, 1980.

VARGAS, Getúlio. *Diário*. Volume I (1930-1936). São Paulo: Siciliano; Rio de janeiro: Fundação Getúlio Vargas, 1995.

VIANNA, Marly de Almeida Gomes. *Revolucionários de 1935 – sonho e realidade*. São Paulo: Ed. Expressão Popular, 2007.

12. A CONSTITUIÇÃO DE 1937 E O RETORNO DA IMAGINÁRIA PENA DE MORTE

Thaís Dumêt Faria

Introdução

O Brasil não é um país com um histórico relevante na aplicação da pena de morte oficial, já que a última execução do Estado Brasileiro de um condenado a pena de morte foi a de um escravo em 1876[1]. Já o último homem livre a ser executado foi em 1861, por enforcamento. A execução se deu na Província de Santa Luzia, nas proximidades do atual Distrito Federal, onde o lavrador José Pereira foi condenado à morte pelo homicídio do marido da sua amante. A sua execução seguiu um ritual simbólico que mostrava a força da lei para a comunidade. José caminhou pela cidade até uma igreja, onde se confessou (compulsoriamente) e depois cavou a sua própria cova, sob os olhares da população. O interessante é que ele foi enterrado em um cemitério para escravos, apesar de ser um homem livre, o que pode ter sido forma de ampliar o seu castigo[2]. A realidade é que, apesar de ser uma história recente, a bibliografia sobre a pena de morte no Brasil é extremamente escassa, havendo poucos relatos e estudos sobre o tema, o que torna a discussão difícil, mas estimulante.

[1] Tratava-se de um escravo, chamado Francisco, executado por enforcamento em 28 de abril, condenado por assassinar a pauladas João Evangelista de Lima e a esposa Josepha Marta de Lima, donos de um Hotel no município de Pilar (AL). Apesar dos pedidos de revisão da pena, o imperador D. Pedro II manteve a execução. Até os dias atuais o município realiza anualmente a encenação da morte do escravo Francisco, tamanha foi a repercussão do caso.

[2] Ribeiro, 2005.

Parece que o país nunca percebeu a pena capital como instrumento eficaz para acessar a justiça ou, pelo menos, não via a necessidade de regulamentá-la, utilizando, em maior escala, penas de privação de liberdade. Já após a proclamação da República, a pena de morte foi abolida para os crimes comuns, restando prevista para crimes militares em tempos de guerra. No entanto, a Constituição de 1937 contrariou a diretriz histórica de diminuição de casos passíveis de pena de morte e ampliou sua possibilidade para outras 10 situações, incluindo crimes comuns praticados com "extremo de gravidade", o que claro aumentaria as possibilidades da sua aplicação. Essa mudança drástica lança obrigatoriamente o questionamento sobre as razões históricas e sociais que levaram a essa alteração de caminho e fizeram com que a Constituição de 1937 fosse uma das mais rigorosas em termos de aplicação da pena de morte.

Fruto da inquietação com relação ao aumento do peso da pena de morte, este artigo pretende discutir as razões pelas quais o Estado Novo fortaleceu essa pena, ampliando a sua possibilidade de aplicação a situações que iam além das referidas no Código Militar. Essa era a prática que vinha sendo verificada até então, inclusive nos países europeus, que influenciaram o Brasil em suas legislações desde o século XVI.

O que causa curiosidade é porque houve uma mudança tão intensa em relação à amplitude da pena de morte, sem haver um respaldo nacional de discussão ou sem que o Código Penal refletisse essa mudança, impossibilitando a sua própria execução. Ou seja, foi incluída na Constituição, mas permaneceu como letra morta até que fosse revogada pela Carta Maior posterior. Uma das hipóteses é que o Brasil acompanhou as mudanças ocorridas nos Códigos Italiano e Alemão, países que viviam a realidade dos regimes fascista e nazista, sem que essa reprodução tenha necessariamente alguma relação com o momento histórico vivido pelo Brasil, mas com a busca por seguir os parâmetros europeus. Seguramente essa mudança deixou vestígios das suas razões, seja por "espelho" do mundo Europeu, seja pela força simbólica que a pena capital propõe. O fato é que compreender esse processo, pode auxiliar a desvendar o sentido da pena de morte em seus diversos momentos históricos, tendo sido ela aplicada efetivamente ou apenas servido de recurso de medo e coerção.

O artigo pretende, assim, discutir a necessidade da representação simbólica da pena de morte e a sua não utilização nos moldes legais, revendo as origens e razões para a sua reintrodução no período histórico do Estado Novo.

1. O espetáculo da morte e sua involução no Brasil

A morte sempre possuiu um tratamento especial na história das civilizações, seja como espetáculo público de eliminação dos "indesejáveis", como demonstração de poder do Estado, como curiosidade pela tragédia humana, por coação ou para disseminar o medo. Ela, a morte, tem exercido um fascínio e estabelecido um poder simbólico importante para o exercício do medo e da ameaça. De fato, a pena de morte institucionalizada nunca serviu para mudar uma situação de criminalidade, porque claramente ineficaz, mas para representar o poder extremo e o controle do Estado sobre os corpos, retirando a condição de sujeito dos acusados e transformando condenados em atores involuntários da mostra de sofrimento e poder.

Dessa maneira, a pena de morte não é matéria criminológica, mas decisão política. Analisando a história do Brasil, percebe-se que a pena de morte e castigos cruéis foram utilizados como maneira de eliminar a população considerada inferior, mormente escravos e escravas, e para reforço de poder político, eliminando publicamente as ameaças ao Estado. A discussão não era contenção do crime, mas proteção das instituições de poder.

No Brasil colonial, a legislação e práticas penais iniciaram com a instalação do Tribunal do Santo Ofício, em 1591, na Bahia e em Pernambuco. No entanto, foi com as Ordenações Filipinas, promulgadas por Felipe I, rei de Portugal em 1603, vigentes até 1830, que a legislação penal consolidou-se em regras, ordenamentos e estruturas de execução, ditando a contribuição da política criminal na construção da sociedade brasileira ao isolar os indivíduos não adequados. Apesar de seguir as diretrizes de Portugal, já em 1808 foi criado o Tribunal da Corte na Bahia, com jurisprudência própria, não havendo mais, a partir desse momento, a necessidade de encaminhar alguns casos para a Casa de Suplicação de Lisboa. Esse fato garantiu certa autonomia ao Brasil, o que pode ter auxiliado na mudança de caminhos diminuindo a aplicação da pena de morte.

Era o Livro V das Ordenações Filipinas que continha os dispositivos que definiam os crimes e as punições para os condenados. É interessante verificar as penas descritas no Livro V, porque o caráter de exclusão, punição exemplar dos condenados e, mais ainda, de esquecimento, permanece de maneira expressa em quase todas as modalidades. As penas eram:

> Morte natural; Morte natural para sempre[3]; Morte natural cruelmente; Morte pelo fogo (até ser feito o condemnado em pó, para que nunca de seu corpo e sepultura possa haver memória); Açoites, com ou sem baraço e pregão pela cidade ou Villa; Degredo para galés; Degredo, perpetuo ou temporário, para a África, para a Índia, para o Brazil, para o couto de Castro Mirim (este apllicado somente a mulheres), para fora do Reino, ou fora da Villa, e termo, ou fora do Bispado; Mutilação das mãos, da língua, etc; Queimaduras com tenazes ardentes; Capella de chifres na cabeça (applicada aos maridos condescendentes); Polaina ou enxaravia (beatilha de seda vermelha que traziam na cabeça, enquanto não partiam para o degredo) vermelha na cabeça (applicada as alcoviteiras); Confisco, como pena principal, ou acessória; Multas[4].

Algumas dessas penas possuíam, para além de uma punição a um crime, uma representação simbólica de como alguns indivíduos não podiam fazer parte da construção da nova sociedade e como deveriam ser desprezados na sua existência, evitando outros comportamentos similares. Essa representação pode ser vista nas penas de: morte natural para sempre, degredo perpétuo ou temporário, morte pelo fogo (até ser feito o condenado em pó, para que nunca de seu corpo ou sepultura possa haver memória). Esta última merece destaque pelo caráter fortemente simbólico de perda da memória do condenado, para que sua existência seja por completo desconsiderada. Não deveria haver resquícios do corpo e da história do criminoso. Ou seja, "não é mais o corpo, é a alma"[5] que

[3] Segundo Motta (2011, p. 14), "a morte natural podia ser simples ou para sempre. Nesse caso, o condenado, depois de sua execução, era enterrado às expensas da Santa Casa de Misericórdia. Nos crimes de lesa-majestade, depois da execução, o corpo dos condenados ficava exposto para ser visto pelo público até que as carnes ficassem podres, ou, ainda, ao relento, fossem devoradas pelas aves de rapina e os ossos se desconjuntassem e caíssem no chão. A Santa Casa de Misericórdia realizava em Lisboa, no dia 1 de novembro de cada ano, a procissão dos ossos, que se dirigia ao campo de Santa Bárbara para recolher os ossos dos enforcados e inumá-los *in sagrado*. A mesma cerimônia realizava-se também na Bahia".

[4] Cf. Ordenações Filipinas, livro V (Lara, 1999).

[5] Foucault, 2006, p. 18.

se pretende atingir. É a história do condenado que se busca apagar com a construção de uma nova história de poder.

Essas penas foram também as oficiais para o Brasil até, pelo menos, 1824, quando a Constituição Política do Império (25 de março de 1824), definiu alguns princípios contrários sobretudo no seu artigo 179 que dispunha nos números XIX e XX[6]:

> Desde já ficam abolidos os açoites, a tortura, a marca de ferro quente e todas as mais penas cruéis. Nenhuma pena passará da pessoa do delinqüente. Portanto, não haverá, em caso algum, confiscação de bens, nem a infâmia do réo se transmittirá aos parentes em qualquer grao que seja.

Sobre a criação e instalação da primeira prisão brasileira, esta é mencionada na Carta Régia de 1769, que manda estabelecer uma casa de correção no Rio de Janeiro. No entanto, pode-se perceber que, apesar da Constituição brasileira de 1824 proibir as penas cruéis, o Código Penal de 1830 ainda as mantinha, ao seguir prevendo a pena de morte na forca e a de galés. Nesse sentido, vale uma reflexão do que seria considerada pena cruel. Tal noção é absolutamente subjetiva. Um exemplo é que a pena de morte pela forca não era considerada cruel, já que não teria o que se chamava de tormenta para sua execução.

O fato é que já na Constituição do Império (1824) houve demonstração com a preocupação da realidade das prisões. "As cadeias serão seguras, limpas e bem arejadas, havendo diversas casas para separação dos réos, conforme suas circunstancias e naturesa dos seus crimes", descrevia o n. XXI do artigo 179.

A revogação total das Ordenações Filipinas, no entanto, só veio com o Código Criminal do Império de 16 de dezembro de 1830[7]. Este código adotou, dentre outras, as seguintes penas: morte na forca; galés, que sujeitava os réus a andarem de calceta no pé e corrente de ferro, juntos ou separados, e a empregarem-se em trabalhos públicos na província onde tivessem sido cometido o delito, a disposição do governo, não podendo tal

[6] Constituição Política do Império do Brazil (de 25 de março de 1824). Disponível em: <http://www.planalto.gov.br/ccivil_03/Constituicao/Constituicao24.htm>. Acesso em: 13/1/2015.

[7] Código Criminal do Imperio do Brazil (de 16 de dezembro de 1830). Disponível em: <http://www.planalto.gov.br/ccivil_03/LEIS/LIM/LIM-16-12-1830.htm>. Acesso em: 13/1/2015.

pena ser aplicada às mulheres, nem a menores de 21 anos, nem a maiores de 60.

Foi em 1891[8] que a Constituição aboliu a pena de morte, ressalvando apenas as disposições da legislação militar em tempo de guerra. A Constituição seguinte, de 1934[9], seguiu no mesmo sentido: Art. 113, "Não haverá pena de banimento, morte, confisco ou de caráter perpétuo, ressalvadas, quanto à pena de morte, as disposições da legislação militar, em tempo de guerra com país estrangeiro".

O Brasil vinha em uma crescente de banimento da pena de morte, no entanto, a Constituição brasileira de 1937[10], outorgada pelo então presidente Getúlio Vargas em 10 de novembro de 1937, ocasião em que implantou a ditadura do Estado Novo, foi claramente em sentido contrário ao propósito de eliminar a pena de morte. O texto incluiu, além dos casos previstos na legislação militar, 10 outras possibilidades de aplicação da pena capital, todos elas atentatórias ao Estado e a última contra qualquer indivíduo. São elas: a) tentar submeter o território da Nação ou parte dele à soberania de Estado Estrangeiro; b) atentar, com auxílio ou subsídio de Estado estrangeiro ou organização de caráter internacional, contra a unidade da Nação, procurando desmembrar o território sujeito à sua soberania; c) tentar por meio de movimento armado o desmembramento do território nacional, desde que para reprimi-lo se torne necessário proceder a operação de guerra; d) tentar, com auxilio ou subsidio de Estado estrangeiro ou organização de caráter internacional, a mudança da ordem política ou social estabelecida na Constituição; e) tentar subverter por meios violentos a ordem política e social, com o fim de apoderar-se do Estado para estabelecimento da ditadura de uma classe social; f) a insurreição armada contra os Poderes do Estado, assim considerada ainda que as armas se encontrem em depósito; g) praticar

[8] Constituição da República dos Estados Unidos do Brasil (de 24 de fevereiro de 1891). Disponível em: http://www.planalto.gov.br/ccivil_03/constituicao/Constituicao91.htm. Acesso em: 13/1/2015.

[9] Constituição da República dos Estados Unidos do Brasil (de 16 de julho de 1934). Disponível em: http://www.planalto.gov.br/ccivil_03/constituicao/Constituicao34.htm. Acesso em: 13/1/2015.

[10] Constituição dos Estados Unidos do Brasil (de 10 de novembro de 1937). Disponível em: http://www.planalto.gov.br/ccivil_03/Constituicao/Constituicao37.htm. Acesso em: 13/1/2015.

atos destinados a provocar a guerra civil, se esta sobrevém em virtude deles; h) atentar contra a segurança do Estado praticando devastação, saque, incêndio, depredação ou quaisquer atos destinados a suscitar terror; i) atentar contra a vida, a incolumidade ou a liberdade do Presidente da República e j) homicídio cometido por motivo fútil ou com extremos de perversidade.

Pode-se notar que a ampliação foi considerável, incluindo crime comum, praticado com "extremos de perversidade". Parece que o aumento das possibilidades de uso da pena de morte era um símbolo importante do controle político e social característico do Estado Novo de Getúlio Vargas. No entanto, as execuções não foram vistas em todo o período, ou pelo menos as execuções formalizadas judicialmente, já que o número de mortos pelo Estado ainda não é conhecido na sua totalidade. O fato é que o Código Penal nunca chegou a regulamentar os crimes passíveis de pena de morte, restando, dessa forma, apenas o simbolismo da pena capital na Constituição, impossibilitando a sua prática.

As previsões da pena de morte Constitucional durou até o fim da ditadura do Estado Novo (1937-1945), quando houve a substituição da antiga Constituição de 1937 pela Carta Magna de 1946, fruto de uma Assembleia Nacional Constituinte. A nova Constituição previa no seu artigo 141, "§ 31 – Não haverá pena de morte, de banimento, de confisco nem de caráter perpétuo. São ressalvadas, quanto à pena de morte, as disposições da legislação militar em tempo de guerra com país estrangeiro"[11]. Tudo voltou ao que era antes... mas por que essa mudança no meio do caminho?

2. Um breve e turbulento caminho constitucional

Virada do século XIX para o XX, o Brasil fechava as portas para o velho e abria para o novo com a esperança de grandes avanços para o país. Mas, se a virada do ano traz a ilusão de mudança, a virada do século era a oportunidade ideal para acreditar e sonhar com uma nova fase para o Brasil. O sonho do progresso parecia mais próximo, possível e era sinônimo de igualdade com o mundo europeu. Não à toa esse período ficou

[11] Constituição dos Estados Unidos do Brasil (de 18 de setembro de 1946). Disponível em: http://www.planalto.gov.br/ccivil_03/Constituicao/Constituicao46.htm. Acesso em: 13 de janeiro de 2015.

conhecido como *Belle époque*[12] em consequência da influência francesa que se via no dia a dia do país, através dos cardápios, conhecidos como *menus*, da arquitetura *art noveau*, da moda, da música e das artes, das aulas de francês, obrigatórias nas escolas da elite, enfim era um modelo seguido pelo Brasil na busca do projeto de progresso[13]. Nesse processo, parecia que o país estava se "livrando" das consequências da escravidão, através do aceleramento do progresso e da adoção do modelo europeu de sociedade. De acordo com Costa e Schwarcz:

> a atmosfera que no Rio de Janeiro ficou conhecida como *regeneração* parecia corresponder ao surto que ocorria em outras partes do mundo, além de trazer a sensação de que o país estava em harmonia com o progresso e a civilização mundiais. O suposto é que a República representava a modernidade que se instalava no país, tirando-o da *letargia da monarquia* ou da *barbárie da escravidão*.[14]

A República[15] se instalava e, com ela, as promessas de um futuro "europeizado". Viu-se grandes avanços num tempo muito limitado. Em 1911, o Teatro Municipal foi inaugurado, possibilitando à população o acesso à cultura mais "civilizada"; a arborização das ruas e avenidas foi feita à moda inglesa. Em 1868, houve a inauguração do serviço de bondes pela Cia. de Ferro Carril do Jardim Botânico. Em 1909, fundou-se a Biblioteca Nacional. Enfim, o país vivia um período de grandes avanços e aumento no acesso à cultura e informações do mundo civilizado.

Os contextos sociais europeu e brasileiro eram claramente distintos, o que tornava impossível uma reprodução da sua organização, incluindo as legislações. Nesse sentido, o constitucionalismo teve impactos distintos nas duas esferas de aplicação. Apesar do empenho brasileiro em seguir os moldes europeus, a realidade histórica nacional demonstrava seu poder

[12] Foi um período na história da Europa, entre fins do século XIX até a primeira guerra mundial, em 1914, marcado por profundas transformações culturais que influenciaram uma nova forma de pensar e novos costumes.

[13] Costa e Schwarcz, 2000.

[14] Costa e Schwarcz, 2000, p. 27.

[15] A Proclamação da República se deu no Brasil em 15 de novembro de 1889, momento em que foi instaurado o regime republicano, derrubando a monarquia constitucional parlamentarista do Império do Brasil.

e impedia o país de se aproximar do seu modelo de progresso. Segundo Bonavides:

> O constitucionalismo europeu teve por premissa de luta e contradição o absolutismo de uma sociedade já organizada e estruturada, a saber, a sociedade feudal do *ancien régime*. Tinha história e tradição. Tinha riqueza e cultura. Tinha profundas raízes espirituais. O nosso constitucionalismo, ao revés, levantou-se sobre as ruínas sociais do colonialismo, herdando-lhe os vícios e as taras, e ao mesmo passo, em promiscuidade com a escravidão trazida dos sertões da África e com o absolutismo europeu, que tinha a hibridez dos Braganças e das Cortes de Lisboa, as quais deveriam ser o braço da liberdade e todavia foram para nós contraditoriamente o órgão que conjurava a nossa recaída no domínio colonial.[16]

A história constitucional brasileira é marcada por mudanças bruscas desde seu início, quando o Golpe de Estado de 1823 dissolveu a constituinte e D. Pedro I indicou dez pessoas para elaborar a outorgada Constituição de 1824 que vigorou até a proclamação da República em 1889. Em 1891, a primeira Constituição republicana foi promulgada e teve como inspiração documentos similares da Argentina, Estados Unidos e da Suíça. A Constituinte brasileira iniciou os trabalhos no dia 15 de novembro de 1933 e sete meses depois, em 16 de julho do ano seguinte a Constituição foi promulgada[17]. O texto vigorou de 1934 a 1937, o menor tempo de todas as Constituições nacionais.

A década de 30 foi um período de grandes conflitos e que teve Getúlio Vargas como presidente eleito, por via indireta, pelas forças políticas situacionistas e que depois, às vésperas da eleição presidencial direta, assumiu o poder através do golpe de 1937, inaugurando o que se denomina ditadura do Estado Novo.

Existem discussões entre teóricos se os eventos de 1935 foram provocados ou controlados por Vargas, mas o fato é que "se é verdade que a insurreição de 1935 ocorreu à revelia da vontade do governo, não há dúvida de que Vargas soube explorar com maestria, em proveito do fortalecimento de seu poder, o pânico gerado pelo movimento comunista. Fortaleceu-se

[16] Bonavides, 2000, p. 156.

[17] Pandolfi, 2013.

a ponto de, dois anos depois, instaurar um regime ditatorial escudado no compromisso anticomunista"[18]. Esse medo dos "comunistas", fortalecido pela imprensa, causou um clamor por uma proteção do Estado. "Os comunistas teriam cometido atos hediondos, que os tornavam indivíduos alienados da comunidade nacional brasileira – assaltaram, estupraram..."[19]. Diante da ameaça era fundamental uma nova diretriz nacional.

3. A Constituição de 1937 e o espelho europeu

Para marcar a mudança de governo, Getúlio nominou o jurista mineiro Francisco Campos para redigir um novo texto constitucional que vigorou de 1937 a 1945, mas que, no entanto, não causou mudanças substanciais no Estado Brasileiro por não haver sido devidamente executado. A Constituição desse período foi mais simbólica que efetiva, mas refletia a natureza histórica do período, com recortes fascistas e autoritários, bem nos moldes do que ocorria no mundo europeu, sobretudo na Itália de Mussolini e na Alemanha do Terceiro Reich de Hitler.

O próprio Francisco Campos admitiu em entrevista ao Correio da Manhã do Rio de Janeiro, em março de 1945, que a Constituição de 1937 "era um documento que não podia invocar em seu favor o teste da experiência, pois não foi posta à prova, permanecendo em suspenso desde o dia da sua outorga"[20]. Apesar da denominação de fascista, o seu principal autor, anos depois questionou fortemente essa definição, apontando diversos aspectos da Constituição que, segundo ele, seriam incompatíveis com a ideologia fascista, como as prerrogativas asseguradas ao Poder Judiciário e os instrumentos que, segundo ele existiam, de limitação de poder.

A escolha do então ministro da justiça Francisco Campos, no entanto, para redigir a Constituição de 1937 demonstrou a intenção do governo de assumir suas vestes autoritárias, já que o jurista, apesar de ter negado tal afirmativa, era conhecido pelas suas posturas que defendiam o poder do Estado para reprimir os possíveis excessos da democracia. Afirmava o autor a necessidade de fortalecer o Estado e nesse sentido justificava um maior controle. Segundo Campos em entrevista concedida ao Correio da Manhã (Rio de Janeiro, 03 de março de 1945):

[18] Sá Motta, 2006, p. 49-50.

[19] Sá Motta, 2006, p. 50.

[20] Porto, 2012, p. 12.

> Impunha-se, portanto, transformar as instituições políticas antes que elas fossem destruídas. Foi o que fez a Constituição de 1937. Ela refletiu as contingências do momento. Impunha-se armar o estado contra a agressividade dos partidos da extrema, tanto mais quanto estes partidos pretendiam, valendo-se das franquias liberais do regime, atacá-lo nos seus fundamentos. Eles pretendiam usar da liberdade precisamente para destruí-la. Sobrevindo, porém, a guerra, a luta ideológica perdeu o seu sentido nacional, passando a desenvolver-se não mais entre partidos, mas entre nações, transposta do quadro interno de cada país para o plano internacional.

Muito pouca discussão e interesse existem com relação a essa Constituição exatamente por não ter sido efetivamente aplicada, no entanto, ela reflete um momento histórico importante, além de como as forças políticas operavam no contexto. Uma curiosidade é que em nenhum momento, ao longo da entrevista de Francisco Campos ele menciona o motivo da inclusão da pena de morte no texto Constitucional. Francisco também se envolveu na redação dos atuais códigos penal e processual penal brasileiros, deixando claro sua vertente de criminalista ou pelo menos de jurista que acreditava na força do controle penal como meio de organização social. Não à toa revestiu a Constituição de 1937 com contornos punitivos, reavivando a pena de morte. Essa pena também foi ressuscitada no mesmo período na Itália e em outros países da Europa.

Além das mudanças internacionais, no país existia um conclame pela repressão aos revolucionários e à ameaça comunista. "Os meios de comunicação fizeram pressão sobre o governo para que reprimisse os rebeldes de modo exemplar. As Forças Armadas (FA) constituíram-se em outra poderosa fonte de pressão no sentido de exigirem tratamento duro para os revolucionários"[21]. Talvez a junção entre as respostas solicitadas pela população e a prática internacional tenha levado Campos a apostar na retomada da pena de morte como mostra do poder e do controle do Estado, mesmo entendendo a pouca possibilidade que teria de ser efetivada por uma mudança no Código Penal.

É importante salientar que o Estado Novo foi um momento político onde o Estado tornou-se responsável por inúmeras mortes e torturas por motivações políticas. Além de estabelecer políticas claras consonantes

[21] Sá Motta, 2006, p. 51.

aos regime fascista e nazista, incluindo a negação de refúgio a judeus sobreviventes do Holocausto com argumentos antissemitas. O fato é que Getúlio Vargas utilizava argumentos racistas e higienistas para justificar uma série de atos ditatoriais, apoiados por alguns movimentos nacionais, sobretudo formados por descendentes de europeus. E foi nesse contexto que a Constituição de 1937 foi desenhada.

Alguns autores, como Bonavides[22], afirmam que Francisco Campos deu ao documento de 1937 contornos fascistas e, pelo menos com relação à pena de morte, é fácil verificar essa afirmativa numa rápida análise do Código Penal italiano de 1930 que aumentou o número de crimes puníveis com a pena de morte, exatamente como o fez Campos em seu texto Constitucional de 1937. Apenas em 1944, após o período fascista, um decreto italiano revogou a pena de morte da legislação nacional. Segundo o artigo 21 do *Codice Penale* (1930):

> La pena di morte si esegue, mediante la fucilazione, nell'interno di uno stabilimento penitenziario ovvero, in un altro luogo indicato dal ministro della giustizia. L'esecuzione non è pubblica, salvo che il ministro della giustizia disponga altrimenti.

É de se supor que Francisco Campos, jurista interessado no sistema penal, tenha buscado inspiração no movimento de retomada da pena de morte que ocorria em países da Europa, tendo acompanhado também a sua retirada do sistema ao auxiliar na redação do Código Penal de 1940 e não defender a inclusão da pena capital como uma das possibilidades. Ao analisar alguns textos e documentos do período, parece que a pena de morte foi incluída quase que automaticamente, já que não encontramos registros de discussões sobre o tema ou, como foi analisado, indícios de tentativa de regulamentação através da lei penal. Teria sido mero espelho da "tendência" dos regimes mais autoritários ou de fato uma proposta de novo modelo punitivo? A primeira parece mais adequada à realidade encontrada.

No entanto, apesar da não aplicação da pena de morte, outros instrumentos violentos de controle foram vistos no período, como o estado de guerra, decretado em 1936, acarretando a prisão de deputados e senadores

[22] Bonavides, 2000.

acusados de ligação com a Aliança Nacional Libertadora. Em julho do mesmo ano foi proposta a criação do Tribunal de Segurança Nacional, instrumento criado para julgar os revolucionários, além da realização do Congresso das Polícias em 1936. Em janeiro deste mesmo ano foi criada a Comissão Nacional de Repressão ao Comunismo, cuja "função era fazer investigações sumárias sobre os envolvidos em atividades de subversão à ordem, auxiliando o Executivo a localizar os elementos perigosos"[23].

O clima político estava tão afetado pelo levante comunista que houve até a proposta de criação de campos de concentração nos moldes escotistas para educação dos filhos de comunistas presos. Não é de se entranhar, nesse contexto, que a pena de morte tenha retomado seu poder simbólico com a ampliação da sua abrangência.

Apesar do esforço em reavivar e fortalecer o controle do estado, o contexto global auxiliou na retomada das bases democráticas.

> Pôs-se termo assim a uma flagrante contradição política e ideológica que era a sobrevivência do Estado Novo, de bases ditatoriais, num mundo que emergia das ruínas da guerra, fizera vitoriosa a causa das velhas democracias liberais e passara a reconstruir o contrato social, escrevendo em São Francisco, em 1945, a Carta das Nações Unidas, logo seguida, em dezembro de 1948, da Declaração Universal dos Direitos do Homem[24].

A Constituição de 1937 dá espaço a um novo modelo, mas deixa vestígios importantes para compreender a história do país e do uso do texto das Constituições para atender aos interesses de governos ditatoriais.

Conclusões

Uma das Constituições fadadas ao esquecimento, a de 1937, revela indícios do contexto histórico do Brasil fundamentais para se compreender os regimes autoritários e os instrumentos de poder utilizados para fortalecê-los. Elaborada por encomenda de Getúlio Vargas ao seu então Ministro da Justiça Francisco de Campos, adotou contornos fascistas característicos do período e adequados ao modelo autoritário pós-golpe de 1937, mas que não

[23] Sá Motta, 2006, p. 53.
[24] Bonavides, 2000, p. 173.

teve forças, diante da realidade, para ser executada, vindo a ser substituída, em 1946, antes mesmo que pudesse ter sido adotada efetivamente.

A pena de morte povoa o imaginário mundial, sendo, até o presente, tema de discussão, abolida e retomada em contextos distintos por vários países. É fundamental analisar as realidades sociais e políticas onde a questão da pena capital é colocada, já que é um dos instrumentos simbólicos mais poderosos de exercício de coerção e poder pelo Estado. Longe de solução para a violência, este tipo de pena sugere o controle de determinados corpos e está ligada ideologicamente aos regimes fascistas e autoritários e fortalece as teorias racistas e higienistas.

Os documentos históricos são base poderosa para compreender os contextos sociais e políticos e a Constituição de 1937, apesar da sua pouca aplicabilidade é de grande riqueza em termos de conteúdo simbólico. A ampliação das possibilidades de aplicação da pena de morte é apenas um dos seus aspectos, mas talvez o mais curioso, já que fato único na história constitucional brasileira.

Referências

BONAVIDES, Paulo. A evolução constitucional no Brasil. *Estudos avançados,* São Paulo, USP, vol. 14, n. 40, 2000.

COSTA, Ângela Marques da; SCHWARCZ, Lilia Moritz. *Virando séculos:* 1890-1914, no tempo das certezas. 1ª ed. São Paulo: Companhia das Letras, 2000.

FOUCAULT, Michael. *Vigiar e Punir:* história da violência nas prisões. Trad. Raquel Ramalhete. 31ª ed. Petrópolis: Vozes, 2006.

LARA, Silvia Hunold (org.). *Retratos do Brasil.* São Paulo: Cia das Letras, 1999.

MOTTA, Manoel Barros. *Crítica da Razão Punitiva:* nascimento da prisão no Brasil. 1ª ed. Rio de Janeiro: Forense, 2011.

PANDOLFI, Dulce Chaves. Os anos 1930: as incertezas do regime. In: FERREIRA, Jorge; DELGADO, Lucilia de Almeida Neves (org.). *O Brasil Republicano.* 6ª ed. Rio de Janeiro: Civilização Brasileira, 2013.

PORTO, Walter Costa. Coleção Constituições Brasileiras, v. 4. Brasília: Senado Federal, 2012.

RIBEIRO, João Luiz de Araújo. *No Meio das Galinhas as Baratas não têm Razão.* Rio de Janeiro: Renovar, 2005.

SÁ MOTTA, Rodrigo Patto. O primeiro governo Vargas (1935-1945). In: MARTINHO, Francisco Carlos Palomanes (org.). *Democracia e ditadura no Brasil.* Rio de Janeiro: UERJ, 2006.

13. DISCUSSÕES NA ASSEMBLEIA CONSTITUINTE DE 1946: CONTINGÊNCIAS DA RELAÇÃO ENTRE JUSTIÇA DO TRABALHO E DIREITO DE GREVE

Ricardo Lourenço Filho

Introdução

O Estado Novo, iniciado pelo golpe dado por Getúlio Vargas em 10 de novembro de 1937, deu sinais de esgotamento e de insustentabilidade à medida em que os Aliados ganhavam terreno sobre o nazismo e o fascismo europeus, durante a Segunda Guerra Mundial[1]. No plano interno, a oposição ao governo rompia barreiras, como a censura[2]. E atacavam algumas medidas adotadas por Vargas ao longo de seus quase 15 anos de governo, em especial a legislação social e o sindicalismo controlado pelo Ministério do Trabalho[3].

[1] Segundo Thomas Skidmore, "à medida que a maré da guerra mudava a favor dos aliados, em 1943, Vargas foi se preparando para a nova atmosfera política que seria criada por uma vitória aliada. Em 1944, ele recebeu relatórios de críticas ao Estado Novo, correntes entre os oficiais brasileiros que lutavam lado a lado com o 5º Exército Americano, na Itália. Os brasileiros tinham se dado conta da anomalia de lutar pela democracia no exterior, enquanto persistia uma ditadura em seu próprio país" (Skidmore, 1982, p. 72).

[2] Um marco importante foi a entrevista concedida por José Américo de Almeida, que fora candidato na campanha para a Presidência da República em 1937 e, em fevereiro de 1945, manifestou-se, em longo pronunciamento, sobre a necessidade de eleições presidenciais e sobre inadequação da candidatura de Vargas (Skidmore, 1982, p. 73).

[3] De acordo com Jorge Ferreira, "ditador, tirano, fascista, demagogo, hipócrita, traidor, mistificador e opressor dos operários, entre tantos outros impropérios, assim Vargas passou a ser qualificado pela oposição e na imprensa a partir de fins de fevereiro [de 1945]" (Ferreira, 2008, p. 17).

Mas os beneficiados pelas medidas sociais de Vargas não ficaram inertes. Os trabalhadores foram às ruas, em defesa do que o governante representava. Esse movimento deu origem ao *queremismo*[4]. Quando o enfraquecimento do Estado Novo tornou inevitáveis a redemocratização do país e a elaboração de uma nova constituição, o movimento defendeu que a assembleia constituinte fosse realizada *com Getúlio* – o que, como se sabe, não ocorreu.

No âmbito político, após a edição da Lei Constitucional nº 9, de 28 de fevereiro de 1945 (que previa, em 90 dias, a edição de decreto estabelecendo a data das eleições presidenciais), foi lançada a candidatura do Brigadeiro Eduardo Gomes, um dos principais comandantes da Força Aérea e cuja campanha seria sustentada pela União Democrática Nacional – UDN, de oposição a Vargas e significativo viés liberal. Após esse último informar publicamente que não sairia candidato, teve início o movimento de candidatura do então Ministro da Guerra, General Eurico Gaspar Dutra, que seria apoiado por uma nova agremiação, o Partido Social Democrático – PSD. A partir de personalidades ligadas a Getúlio, foi formado o Partido Trabalhista Brasileiro – PTB, que possuía vínculos com o *queremismo*. E a anistia geral concedida em 1945 permitiu a reorganização do Partido Comunista do Brasil – PCB, sob a liderança de Luís Carlos Prestes[5].

Vargas foi deposto em 29 de outubro de 1945, por meio de movimento liderado pelo Ministro da Guerra, General Góes Monteiro, que substituíra o General Dutra[6]. Ainda assim, começava a ser traçado o que os autores

[4] Ainda segundo Jorge Ferreira, "o conjunto de leis de proteção ao trabalho, definido pelos assalariados, no início de 1945, como 'trabalhismo' ou 'getulismo' – nesse momento as expressões eram intercambiáveis –, tinha que ser defendido. Os ataques a Vargas significavam, na cultura política popular, grande perigo para aqueles que, desde o início dos anos 1930, se beneficiavam da legislação". E, em outra passagem: "o 'mito' Vargas – e o movimento que decorre dele, o queremismo – expressava um conjunto de experiências que, longe de se basear em promessas irrealizáveis, fundamentadas tão-somente em imagens e discursos vazios, alterou a vida dos trabalhadores" (Ferreira, 2008, p. 18 e 19, respectivamente). Ver também Ferreira, 2005.

[5] Cf. Skidmore, 2008, p. 73-87.

[6] "A maneira pela qual Vargas havia partido era importantíssima. Como Góes Monteiro lembraria mais tarde à UDN, o ditador foi deposto do cargo, não pelo poder da oposição civil, mas por decisão do Alto Comando do Exército. Não era, portanto, uma vitória conquistada pela influência política dos constitucionalistas liberais. Era, antes, um ato de força por parte

vieram a chamar de *a experiência democrática*. A Constituição de 1946 é fundamental nesse processo[7].

Paulo Bonavides e Paes de Andrade destacam o liberalismo que marcou o texto de 1946. Mas reconhecem os seus limites: "a Constituição de 1946 não logrou se fazer presente no dia-a-dia do povo, nem mesmo demonstrar que era instrumento de participação e mudança". Para aqueles autores, o autoritarismo do Estado Novo ainda se fez presente: "mais do que a vitória do pensamento autoritário, o que se observou foi a legitimação difusa desse pensamento entre algumas camadas da sociedade brasileira. A figura de Vargas, antes de tudo, fez escola, com o paternalismo que o caracterizou"[8]. De tudo isso se percebe que, quando se iniciaram os trabalhos da Assembleia Constituinte, em 1946, havia um intrincado conjunto de ideias: autoritárias, corporativas, paternalistas e liberais[9].

A legislação social implementada por Getúlio Vargas exigia a criação de mecanismos institucionais de controle e fiscalização[10]. Ainda que a finalidade das iniciativas trabalhistas fosse a busca por um suporte social do governo[11], em especial junto às classes assalariadas, elas vieram acompanhadas de uma postura de repressão a manifestações coletivas dos trabalhadores. Aqui assumem papel importante o Ministério do Trabalho e a Justiça do Trabalho.

A Constituição de 1934 já previa a instituição da Justiça do Trabalho, para "dirimir questões entre empregados e empregadores, regidas pela

dos generais. Como havia acontecido, nos momentos críticos, em outubro de 1930 e novembro de 1937, foram os militares e não os políticos que se tornaram os imediatos guardiães do poder" (Skidmore, 2008, p. 78).

[7] Em dezembro de 1945, foram realizadas eleições presidenciais e legislativas. O novo presidente, o general Eurico Gaspar Dutra, tomou posse em janeiro de 1946. No mesmo ano, o novo Congresso se reuniu em Assembleia Constituinte para aprovar uma Constituição. Para José Murilo de Carvalho, "o país entrou em fase que pode ser descrita como a primeira experiência democrática de sua história" (Carvalho, 2007, p. 112). Ver também Skidmore, 2008, p. 91.

[8] Bonavides e Andrade, 2006, p. 418 (para ambas as citações).

[9] Cf., sobre esse conjunto de ideias, Carvalho, 2007, p. 111-112; Fausto, 2001, p. 55-58; e Fausto, 2005, p. 23.

[10] Esse aspecto é um diferenciador em relação aos governos anteriores. Ver, a respeito, D'Araujo, 2003, p. 222.

[11] Cf. French, 2002, p. 92.

legislação social" (art. 122)[12]. Ela foi, de fato, implementada apenas em 1941. A despeito de sua denominação – *Justiça* – não fora ela criada no âmbito do Poder Judiciário, mas no do Executivo, mantendo a dinâmica que tinha lugar com as Juntas de Conciliação e Julgamento – instituídas também na década e 1930 – e a Comissão Nacional do Trabalho, em funcionamento desde 1923.

A Constituição de 1937 adotou tendência semelhante, prevendo, no mesmo dispositivo, a criação da Justiça do Trabalho e declarando a greve e o "lock-out" como recursos antissociais[13]. A Constituição de 1946 mudou esse cenário, encerrando o que Pontes de Miranda chamou de "Justiça do Trabalho *administrativa*"[14], além de reconhecer o direito de greve, cujo exercício seria regulamentado pela legislação ordinária.

O que se pergunta, nesse contexto, é: quais ideias e discursos motivaram a inserção da Justiça do Trabalho no âmbito do Poder Judiciário? Como era apreendida a função e a competência dessa Justiça Especializada? Havia alguma relação entre o papel da Justiça do Trabalho e o reconhecimento do direito de greve?

A tentativa de fornecer uma resposta a esses questionamentos será feita mediante o exame dos debates na Assembleia Constituinte de 1946. O objetivo é tentar enfocar o papel, hoje, da Justiça do Trabalho, sob uma nova luz[15].

[12] O dispositivo constitucional estabelecia também que "a constituição dos Tribunais do Trabalho e das Comissões de Conciliação obedecerá sempre ao princípio da eleição de membros, metade pelas associações representativas dos empregados, e metade pelas dos empregadores, sendo o presidente de livre nomeação do Governo, escolhido entre pessoas de experiência e notória capacidade moral e intelectual" (Constituição da República dos Estados Unidos do Brasil, de 16/07/1934).

[13] O art. 139 da Carta de 1937 enunciava que: "para dirimir os conflitos oriundos das relações entre empregadores e empregados, reguladas na legislação social, é instituída a Justiça do Trabalho, que será regulada em lei e à qual não se aplicam as disposições desta Constituição relativas à competência, ao recrutamento e às prerrogativas da Justiça comum. A greve e o lock-out são declarados recursos anti-sociais nocivos ao trabalho e ao capital e incompatíveis com os superiores interesses da produção nacional" (Brasil, 1937). A Constituição de 1934 nada previa quanto ao direito de greve.

[14] Miranda, 1963, p. 425. O autor, porém, defendia o caráter jurisdicional da Justiça do Trabalho (p. 422).

[15] Cf. Darnton, 2005, p. 11-12.

1. A Justiça do Trabalho como órgão do Poder Judiciário: discussões na Assembleia Constituinte de 1946

Quando a Assembleia Constituinte de 1946 iniciou os debates sobre a Justiça do Trabalho, uma das questões a serem enfrentadas era a da sua incorporação ao Poder Judiciário. À época, o Supremo Tribunal Federal já havia proferido algumas decisões reconhecendo que a Justiça do Trabalho não se tratava de uma instância administrativa, mas, sim, jurisdicional (de maneira que não era cabível a revisão de suas decisões pela Justiça Comum)[16].

A Comissão incumbida de redigir o projeto de Constituição, para submissão ao Plenário da Assembleia, debateu, na reunião de 26 de abril de 1946, a integração da Justiça do Trabalho no Poder Judiciário[17]. A Subcomissão V, encarregada do capítulo sobre o Poder Judiciário[18], havia apresentado à Comissão anteprojeto incluindo a Justiça do Trabalho no âmbito do Poder Judiciário[19]. O constituinte Ferreira de Sousa (UDN/RN) apresentou emenda supressiva, excluindo a previsão do texto. Para o constituinte,

> As relações de trabalho são reguladas como o são as diversas relações privadas. A Comissão mesma, ao discriminar a competência da União, compreendeu o direito do trabalho na expressão – "direito privado".

[16] É possível mencionar os seguintes acórdãos: "a Justiça do Trabalho é uma magistratura especial, cuja jurisdição se esgota nas suas diferentes instâncias e não uma justiça administrativa, cujos atos e decisões possam ser apreciados pela justiça ordinária" (Coletânea de Acórdãos, s/d, nº 318, p. 128); "não reconhecida embora pela Constituição de 1937, como o fôra pela de 1934 como um dos órgãos do Poder Judiciário, não se lhe poderá recusar missão idêntica à dos tribunais ordinários, quando chamada a decidir, a dirimir as questões especializadas, com feição peculiar, entre empregados e empregadores, dentro dos limites traçados pela legislação do Trabalho nas atribuições da sua Justiça. (...) O certo é que ela exerce autoridade jurisdicional, traçada por suas leis. (Coletânea de Acórdãos, s/d, nº 230, p. 149).

[17] A Comissão da Constituição era integrada por 37 constituintes (sendo 19 do PSD e 10 da UDN) e foi presidida por Nereu Ramos (PSD/SC), que, ao final dos trabalhos da Assembleia Constituinte, viria a ser eleito o Vice-Presidente da República de Eurico Gaspar Dutra.

[18] A Subcomissão V era composta pelos constituintes Valdemar Pedrosa (PSD/AM), presidente, Milton Campos (UDN/MG), relator, e Atílio Vivácqua (PSD/ES).

[19] Ainda na fase das reuniões da Subcomissão V, a ata da reunião do dia 21.3.1946 faz menção a algumas sugestões recebidas, entre elas a do constituinte Plínio Barreto (UDN/SP) para a inclusão da Justiça do Trabalho entre os órgãos do Poder Judiciário (Diário do Poder Legislativo: 22 de março de 1946, p. 537).

> Ora, se são relações comuns não vejo porque, constitucionalmente, se crie Justiça especial e não se atribuam os dissídios consequentes ao julgamento da Justiça comum.
>
> (...)
>
> Não venho discutir, Sr. Presidente, a organização da Justiça do Trabalho, como paritária ou togada. Declaro, porém, a V. Ex.ª que não sou partidário da justiça paritária tal como existe entre nós; mas, ao contrário da afetação de todos os casos do trabalho à justiça togada. (...)[20]

Ferreira de Sousa questionava o que haveria de inovador no campo do direito do trabalho[21] e preferia a opção feita nas Cartas de 1934 e 1937:

> (...) eu compreenderia que quiséssemos manter organização, a meu ver defeituosíssima, da Justiça do Trabalho, mas não institui-la, obrigatória ou expressamente, como órgão do Poder Judiciário. Muito melhor andaram as Constituição de 34 e 37, facultando ao Legislativo, em especial, a criação de órgãos especiais, para solução das questões do trabalho.
>
> (...)
>
> O que, a meu ver é ilógico e briga com a orientação de uma Constituição perfeita, é o estabelecimento do princípio absolutamente rígido da Justiça Trabalhista especializada, privando-a de evoluir para a Justiça togada, como não se deve inclui-la, desde logo, na Justiça togada[22].

Após a manifestação de Ferreira de Sousa, vários constituintes fizeram uso da palavra para defender o caráter jurisdicional da Justiça do Trabalho. O ex-Ministro do Trabalho, Indústria e Comércio (1934-1937) e da Justiça (março a outubro de 1945) de Getúlio Vargas, Agamenon Magalhães (PSD/PE), depois de referir à "verdadeira revolução nos conceitos do direito privado", ressaltou a especificidade da Justiça Trabalhista, destacando dois aspectos, a competência normativa e a conciliação:

[20] Diário do Poder Legislativo: 27 de abril de 1946, p. 1.286.

[21] Em suas palavras, "qual é – perguntaria aos especialistas – o princípio geral, qual a inovação metodológica ou mesmo exegética que o Direito do Trabalho apresenta no campo geral do Direito?" (Diário do Poder Legislativo: 27 de abril de 1946, p. 1.286).

[22] Diário do Poder Legislativo: 27 de abril de 1946, p. 1.286-87.

> (...) desejo acentuar, em duas palavras, que a Justiça do Trabalho é específica. Vou dizer o que a diferencia da Justiça Comum. A Justiça do Trabalho é normativa e suas decisões, nos conflitos coletivos, obrigam a todos os ramos de determinada indústria a tôda uma classe, enquanto a Justiça togada só julga em espécie, só decide entre partes. A Justiça do Trabalho – insisto – é normativa e suas decisões abrangem tôdas as relações em determinados ramos de atividade social.
>
> Peço a atenção da Comissão para o aspecto que focalizo, porque, se procurarmos integrar a Justiça do Trabalho, cuja jurisdição é específica, no campo da Justiça comum, terá ela fugido completamente aos seus princípios. Ela é normativa, e a Justiça comum não o é. (...).
>
> Fixado êste ponto, Sr. Presidente, quero acentuar outro: a Justiça do Trabalho não pode ficar integrada na Justiça comum, porque suas relações têm por base a conciliação. Na Justiça do Trabalho, a primeira instância, a primeira fase do processo é a conciliação.
>
> (...)
>
> Estou acentuando as características da Justiça do Trabalho, em que a instância se inicia pela conciliação.
>
> (...)
>
> Outro aspecto é o da organização paritária dos Tribunais. Isso é, também da natureza da própria Justiça, porque, sendo sua base a conciliação, é preciso que todos os interêsses nela se representem[23].

O constituinte Ataliba Nogueira (PSD/SP) criticou os dois oradores precedentes pela ênfase, dada por um, ao direito privado, e, dada pelo outro, ao abandono do direito privado[24]. Para Ataliba Nogueira, a Justiça do Trabalho seria "órgão do Poder Judiciário". Deveria ser evitado o erro de conferir questões de julgamento por juízes e tribunais fora do Poder Judiciário: "devemos proscrever da Constituição a possibilidade de haver

[23] Diário do Poder Legislativo: 27 de abril de 1946, p. 1.287. As transcrições foram realizadas tal como constam dos diários da Assembleia Constituinte.

[24] "Preconizou o último orador que seja desterrado do mundo, para sempre, o direito privado. Não nos esqueçamos do direito, tal como êle é. O direito é, e não pode deixar de ser, relação social. Desvirtuam, portanto, a sua noção, tanto aqueles que, prendendo-se ao individualismo se esqueceram desta verdade – de que êle é relação social – quanto os que o pretendam não ser êle relação social. Eis o êrro: *data venia*, no qual se aprofundaram os eminentes professores" (Diário do Poder Legislativo: 27 de abril de 1946, p. 1.287).

qualquer Justiça fora do Poder Judiciário, com as exceções já estabelecidas, a saber: quando as Casas do Poder Legislativo assumirem função judicante ou quando se tratar do Tribunal de Contas"[25]. E a especialização daquela Justiça estaria justificada na "celeridade no andamento dos feitos" e, por conseguinte, tratando-se de uma Justiça "especial" poderia receber "uma organização tôda especial". O constituinte era da opinião de que "o momento histórico está a exigir a Justiça do Trabalho" e "é necessária a justiça do trabalho, paritária e portadora de outros benefícios (...)". Nela deveria ser assegurada, ainda, "a interferência de juízes togados para presidir os julgamentos"[26].

O constituinte Baeta Neves (PTB/DF) criticou a posição de Ferreira de Souza quanto à possibilidade de atribuição dos dissídios trabalhistas à Justiça Comum. É interessante notar que Baeta Neves, ao defender a Justiça do Trabalho como importante instituição para o país, afirma que seu funcionamento deveria ser regulado no capítulo da Constituição destinado à ordem econômica e social. Eis o raciocínio do constituinte:

> O Senador Ferreira de Souza pretende entrar os dissídios trabalhistas à justiça comum. Mas, nesse caso, teríamos cometido um grande êrro, extinguindo uma instituição que honra o Brasil.
>
> Devo dizer, Sr. Presidente, que temos, ainda hoje, processos no Executivo, há mais de cinco anos, esperando julgamento, ficando as partes fracas neles interessadas à mercê da vontade dos funcionários da justiça comum.
>
> Se tomássemos a atitude aconselhada pelo ilustre Senador, iríamos criar sérios embaraços ao país, talvez mesmo provocando perturbações da ordem.
>
> (...)
>
> Essa justiça, disse S. Ex.ª nos seus argumentos, não depende de conhecimentos profundos. S. Ex.ª laborava em equívoco, porque, às vêzes, para dirimir uma questão é preciso ter até conhecimentos profissionais. Muitas vêzes entram até conhecimentos de máquina e é necessário que o trabalhador saiba como funcionam determinadas ferramentas para resolver o conflito. Poderia mesmo exemplificar, apontando casos em que são indispensáveis esses conhecimentos. Defendemos o ponto de vista de conservar neste

[25] Diário do Poder Legislativo: 27 de abril de 1946, p. 1.287.

[26] Diário do Poder Legislativo: 27 de abril de 1946,, p. 1.287.

capítulo a justiça do trabalho como justiça especializada, regulando o seu funcionamento no Capítulo relativo à ordem econômica e social[27].

Também enaltecendo a Justiça do Trabalho, o constituinte Ivo D'Aquino (PSD/SC) referiu a ela como "a maior conquista que o Brasil realizou nestes últimos anos". A questão estaria assim posta:

> ou admitimos a existência dessa justiça, ou teremos de confessar, dentro de muito breve, a falência do regime democrático para resolver as questões sociais no Brasil. Ou acompanhamos a evolução que neste momento está orientando tôdas as sociedades políticas, ou teremos, talvez, de regredir, violentamente, porque não soubemos transigir[28].

Era necessário reconhecer que o "direito político", "por exigências de ordem social", estava "penetrando, inelutavelmente, no campo do direito privado". O constituinte advertiu então:

> peço a atenção desta Comissão, porque a nossa Constituição terá de ser orientada num pensamento social-democrático. Ou caminhamos para ela ou teremos de dar lugar a outro regime que promete solução social, que estamos negando neste momento[29].

Costa Neto, também constituinte pelo PSD (SP), criticou as bases do discurso de Agamenon Magalhães, mas concordou com suas conclusões. Para Costa Neto, o direito teria certos pressupostos: o direito público pressuporia o Estado; o direito social, expressão preferível a direito do trabalho, pressuporia a sociedade; e o direito privado, o indivíduo. No caso da Justiça do Trabalho, sua existência estaria justificada na solução dos dissídios individuais e coletivos, seguindo a tendência de outros países:

> (...) admitindo a existência do direito do trabalho e verificando-se que existem dentro da orbita desse direito duas espécies de dissídios que não

[27] Diário do Poder Legislativo: 27 de abril de 1946, p. 1.287. Baeta Neves era advogado trabalhista e fora membro de entidades sindicais dos comerciários, tendo atuado também como primeiro suplente da Justiça do Trabalho na 1ª Região. Cf. Braga, 1998, p. 261-262.

[28] Diário do Poder Legislativo: 27 de abril de 1946, p. 1.287.

[29] Diário do Poder Legislativo: 27 de abril de 1946, p. 1.287-1.288, respectivamente.

podem deixar de ser solucionados – os dissídios individuais e coletivos – devemos confessar que a justiça comum não se encontra aparelhada para resolver êsses dissídios e que a justiça social, ou melhor a justiça do trabalho, se não está suficientemente equipada para isso já se encaminha para uma situação de aperfeiçoamento que finalmente atingirá a seus fins.

Sr. Presidente, a maneira pela qual nós, no Brasil, de alguns anos para cá, temos conceituado a justiça do trabalho e temos procurado organizá-la, não destôa do que se tem feito em outros países civilizados.

(...)

Assim, Sr. Presidente, entre nós, que não estamos em situação diferente, devemos reconhecer duas cousas: em primeiro lugar, a existência de dissídios que precisam ser solucionados pelo Poder Judiciário; e, em segundo lugar, a existência do tribunal de trabalho em pleno funcionamento no Brasil e que não pode ser aglutinado à justiça comum no momento em que devemos enumerar os órgãos do Poder Judiciário[30].

O constituinte Silvestre Péricles (PSD/AL) defendeu a manutenção do dispositivo do projeto, enfatizando o caráter coletivo e socialista da Justiça do Trabalho, opondo-se à Justiça Comum, de feição individualista. Os valores colocados em relevo eram os de harmonia, fraternidade, paz e solidariedade. Vale conferir seu discurso:

A denominada justiça comum é a clássica justiça individualista, da época do direito romano. A justiça do trabalho está, ao contrário, em franco desenvolvimento, representando a justiça de conjunto, a justiça coletiva ou socialista. Já tomou o seu lugar na sociedade e tende, portanto, a fixar-se definitivamente. Basta acentuar que, apesar de todos os embates das duas grandes guerras mundiais, existe um corpo internacional aceito por tôdas as nações inclusive o Brasil, com exclusão, apenas, de um pequenino número de países.

Fui, mesmo, o representante do Brasil na Conferência de Paris e posso dar o meu testemunho de que a Justiça do Trabalho se mantém vitoriosa,

[30] Diário do Poder Legislativo: 27 de abril de 1946, p. 1.288. Os exemplos dados pelo constituinte são dos Estados Unidos, em que um deputado pelo Estado de Dakota teria apresentado um projeto de criação da Justiça do Trabalho, com apresentação de regras para julgamento de dissídios coletivos; e, onde, no Distrito de Columbia, havia sido criada a Justiça do Trabalho, composta por representantes de empregados e empregadores.

como parte do Poder Judiciário, e deve manter-se para a concórdia, entre os homens. Voto, pois, pela sua inclusão no Poder que lhe compete. É uma grande conquista da consciência jurídica dos povos, e estou certo de que os preclaros constituintes de 1946 saberão conservar, para o Brasil, não o espírito reacionário dos individualistas, mas o valor moral e cristão da harmonia e fraternidade entre os brasileiros, que devem estabelecer como reais os seus princípios de paz e solidariedade internacional[31].

Assim como fizera Baeta Neves, Adroaldo Mesquita (PSD/RS), ao se manifestar de forma favorável à inclusão da Justiça do Trabalho no Poder Judiciário, defendeu que sua regulamentação deveria se dar no capítulo atinente à ordem econômica e social[32]. Para o constituinte, a representação de empregados e empregadores teria uma função consultiva, fornecendo subsídios ao juiz (togado) para a decisão do caso. Mas a peculiaridade da Justiça Trabalhista viria de outro aspecto: "o que não posso é deixar de fazer da Justiça do Trabalho uma justiça autônoma, porque, para isso, tem ela a competência normativa, coisa que não é dada à justiça comum"[33].

[31] Diário do Poder Legislativo: 27 de abril de 1946, p. 1.288. Numa discussão anterior, sobre a situação do Tribunal de Contas, Silvestre Péricles assim já havia se pronunciado: "quanto à Justiça do Trabalho, os juízes e Tribunais trabalhistas, como órgãos judicantes que são, devem também ser fixados no Poder Judiciário. Essa Justiça, pelo fato de ser uma justiça especial, como é geralmente denominada, não deixa de ser uma magistratura. Na verdade, é uma instituição moderna: a Justiça do pobre, a Justiça onde o débil econômico se defronta, em igualdade de condições, com o patrão capitalista, da mesma forma que a chamada justiça comum não é outra senão a justiça especial dos poderosos endinheirados, dos proprietários, dos latifundiários, das classes médias e até dos usurários" (Diário do Poder Legislativo, 26 de abril de 1946, p. 1251). Silvestre Péricles de Góis Monteiro era irmão do General Pedro Aurélio de Góis Monteiro e considerado, por Sérgio Braga, como "alter ego" desse último na Assembleia Constituinte. Foi, ainda, Presidente do Conselho Nacional do Trabalho de 1941 a 1943. Após a constituinte, elegeu-se governador de Alagoas, onde promoveu forte repressão ao movimento popular. Ver Braga, 1998, p. 159-160 e 169-170.

[32] O constituinte informou que pretendia apresentar emenda, sobre a ordem econômica e social, com o seguinte teor: "os litígios entre empregados e empregadores serão dirimidos pela justiça do trabalho que terá jurisdição autônoma e organização especial dotada de magistratura de carreira com assistência consultiva e necessária de representantes de empregados e empregadores, garantida a dualidade de instância" (Diário do Poder Legislativo: 27 de abril de 1946, p. 1.288).

[33] Diário do Poder Legislativo: 27 de abril de 1946, p. 1.288.

O constituinte Prado Kelly (UDN/RJ) discordou da emenda oferecida por Ferreira de Sousa e afirmou, em nome do Partido, que considerava que o direito moderno seria cada vez mais "dominado pelas relações sociais". Lembrou que a previsão da Constituição de 1934 sobre a Justiça do Trabalho contara com sua participação, também como constituinte. O discurso de Prado Kelly adotava o tom de que o debate poderia ser resumido a uma questão de técnica de redação, sem adoção de restrições à especialização da Justiça do Trabalho[34].

Fazendo uso da palavra, em seguida, Hermes Lima, único representante na Comissão da Esquerda Democrática (ED/DF) e que fora perseguido político no Estado Novo[35], ressaltou a importância da questão, tanto que gerou controvérsias decididas pelo Supremo Tribunal Federal. Observou que o entendimento sobre a integração da Justiça do Trabalho no Poder Judiciário também era defendido por juristas, como Castro Nunes e Gabriel de Resende Filho. Em sua opinião, não poderia ser diferente: a Justiça do Trabalho é um órgão do Poder Judiciário na medida em que tem "o poder de executar suas próprias decisões"[36]. Além disso, seria específico das atribuições da Justiça do Trabalho seu "caráter normativo". E, assim como outros que o precederam, Hermes Lima destacou a relevância da Justiça Trabalhista como conquista do país e para a manutenção da paz social. Os seguintes trechos de sua manifestação são elucidativos:

> Não devemos – é observação para que peço a atenção da Comissão – fazer nada que possa diminuir a importância da Justiça do Trabalho perante a opinião pública brasileira, porque é uma conquista extraordinária da vida pública nacional. É conquista que teria de vir sob êsse ou aquele govêrno, por ser conquista determinada pelas questões a que é chamada a resolver, questões que se originam dos conflitos entre o capital e o trabalho, de onde a especialização e o caráter paritário dessa Justiça. E, exatamente porque é uma Justiça chamada a resolver questões sociais originárias de conflitos entre

[34] "Incluir-se ou deixar de incluir-se a Justiça do Trabalho na parte referente aos órgãos do Poder Judiciário da União, quase que poderia ser, neste ponto, relegado a outra oportunidade e considerado, até, matéria de redação" (Diário do Poder Legislativo: 27 de abril de 1946, p. 1.288).

[35] Braga, 1998, p. 281.

[36] Diário do Poder Legislativo: 27 de abril de 1946, p. 1.288.

o capital e o trabalho, foi-lhe dada essa autonomia, essa normatividade, essa especialização, êsse caráter paritário.

Devemo-nos influenciar por que a Justiça do Trabalho possa vir a ser elemento indispensável da paz social de que o país precisa, de que tôdas as nações necessitam, nêste momento de profundas transformações econômicas. Se não se tiver capacidade para resolver os graves problemas da transformação da ordem econômica, existentes no mundo, não haverá dúvidas de que êsses problemas virão a ser solucionados pela violência; sem decisão é que êles não ficarão.

(...)

É exatamente a natureza, nova, das questões surgidas dos conflitos entre o capital e o trabalho, que determina, meu ilustre colega Sr. Ferreira de Sousa, tenhamos de dar a essa Justiça a consagração mais formal no texto da Constituição pois estamos fazendo a Carta Magna com os elementos que a realidade brasileira e o espírito público nacional nos oferecem, e um dêles é a convicção, hoje generalizada, de que a Justiça do Trabalho já está desempenhando papel saliente. O nosso dever, de Constituintes, portanto, é fazer com que essa possa resolver pacificamente, tôdas as questões postas nos quadros da transformação econômica contemporânea[37].

Aliomar Baleeiro (UDN/BA) rechaçou a assertiva de Agamenon Magalhães de que a especificidade da Justiça do Trabalho consistiria em seu caráter normativo[38]. E conceituou a Justiça Trabalhista como "órgão administrativo com função jurisdicional, o que não seria privativo dela". Assim, "já que a Justiça do Trabalho é um órgão jurisdicional, que aplica o mesmo direito, seu lugar deve ser dentro do próprio Poder Judiciário, mesmo porque somos país infenso à justiça administrativa"[39].

O constituinte Caires de Brito (PCB/SP) também se pronunciou favorável à integração da Justiça do Trabalho no Poder Judiciário. Para ele, haveria vantagens em manter "a justiça especializada com sua autonomia,

[37] Diário do Poder Legislativo: 27 de abril de 1946, p. 1.289.

[38] Em sua observação: "ora, esta circunstância [a normatividade] não distingue, em absoluto a Justiça do Trabalho de qualquer outra Justiça. E lembra ao eminente Professor de Recife que o Código do Processo de 1939, no art. 114, se não me engano, determina que o Juiz, quando autorizado a decidir por eqüidade, criará a lei e criaria como se fôsse legislador. Cria direito, cria norma" (Diário do Poder Legislativo: 27 de abril de 1946, p. 1.289).

[39] Diário do Poder Legislativo: 27 de abril de 1946, p. 1.289.

tirando-a, do contrôle absoluto do Ministério do Trabalho, e não a deixando simplesmente na justiça comum". O contexto brasileiro, de início de industrialização, justificaria uma Justiça do Trabalho com maiores prerrogativas e autonomia[40]. Para o constituinte, as relações de produção, no país, seriam diferentes das existentes "em países de fase industrial mais avançada"; e "os problemas são grandes e – não tenhamos dúvidas – só haverá vantagem em que permaneça a justiça do trabalho como está, – autônoma, em condições de poder mover número considerável de processos". Lembrou a importância de a Justiça do Trabalho atuar de maneira célere. Mas a questão dependeria também do governo ("a justiça do trabalho só será eficazmente melhorada – faço justiça ao que já se tem conseguido – à proporção que o Govêrno possa e queira proteger realmente os interessados e necessitados dela") e da garantia de direitos sindicais ("a condição para a justa aplicação da justiça do trabalho está em se dar aos sindicatos liberdades e garantias, como órgãos de classe")[41].

Manifestou-se, depois, o constituinte Atílio Vivácqua (PSD/ES), que fora Procurador da Justiça do Trabalho e consultor jurídico do Ministério do Trabalho, Indústria e Comércio e da Companhia Siderúrgica Nacional. Afirmou a autonomia do direito do trabalho, do que decorre a própria magistratura trabalhista, como diversidade, ainda, das técnicas e métodos de solução de conflitos. Procurando responder a algumas objeções e, em especial, às de Aliomar Baleeiro, Atílio Vivácqua justificou a necessidade de uma magistratura especial, com representação paritária de empregados e empregadores, diante das decisões a serem proferidas em conflitos coletivos[42]. Recordou também o entendimento do Supremo Tribunal

[40] "A realidade brasileira é esta: estamos, efetivamente, apenas iniciando nossa industrialização, precária, em meio eivado dos restos feudais. Isso exige uma justiça de trabalho com maiores prerrogativas e maior autonomia" (Diário do Poder Legislativo: 27 de abril de 1946, p. 1.289).

[41] Diário do Poder Legislativo: 27 de abril de 1946, p. 1.289.

[42] "Na justiça do trabalho existem soluções econômicas que reclamam a participação dos representantes das classes interessadas. O instituto da coisa julgada sofre, nêste ponto, profunda modificação. Assim, é que as decisões em conflitos coletivos, podem ser ampliadas a todas as categorias. São decisões constitutivas ou determinativas, como as conceituam alguns juristas, e podem também ser revistas, desde que alterem as condições de trabalho em que se basearam. São institutos consagrados na Consolidação das Leis do Trabalho do Brasil, nos artigos 868 e 873. Só isto justificaria a necessidade de uma magistratura especial,

Federal, que consideraria a Justiça do Trabalho como órgão do Poder Judiciário. Pontuou a "longa experiência" da Justiça Trabalhista no país, desde as Juntas de Conciliação formadas em 1932 e observou: "(...) neste momento, reconhecemos apenas experiência comprovada pelos mais benéficos resultados. Neste instante de conflitos sociais, foi providencial que o país, no após guerra, já se encontrasse dotado de órgãos capazes de servir de instrumento de pacificação coletiva"[43]. A Justiça do Trabalho cumpriria seu papel na conciliação entre empregados e empregadores:

> (...) ainda não estamos na oportunidade de discutir a composição da Justiça trabalhista dentro do sistema paritário, mas é preciso, desde já, salientar que essa instituição tem grande alcance, como fator de equilíbrio social, porque, precisamente, nas juntas de conciliação, de que participam empregados e empregadores é onde êstes aproximam e se entendem, criando ambiente propício para mútua compreensão.
>
> Por outro lado, a Justiça do Trabalho está hoje na consciência geral do país e na das massas, como na consciência mundial. No último Congresso Internacional do Trabalho essa instituição despertou a admiração e o respeito do mundo, e, ainda há pouco, nosso ilustre colega, Sr. Costa Neto lembrou as tendências americanas, no sentido da organização da Justiça do Trabalho[44].

Procedida a votação, a emenda do constituinte Ferreira de Sousa foi rejeitada. Mais à frente nas discussões, foi aprovada emenda do constituinte Adroaldo Mesquita (PSD/RS) que visava a garantir o reconhecimento da competência normativa da Justiça do Trabalho.[45] Essa competência seria essencial para que a Justiça Trabalhista não ficasse inoperante e ineficiente.[46]

com participação de elementos paritários" (Diário do Poder Legislativo: 27 de abril de 1946, p. 1.289).

[43] Diário do Poder Legislativo: 27 de abril de 1946, p. 1.289.

[44] Diário do Poder Legislativo: 27 de abril de 1946, p. 1.290.

[45] O texto da emenda era o seguinte: "a composição, jurisdição, competência, inclusive, de estabelecer normas nos dissídios coletivos e condições de exercício dos diversos órgãos da Justiça do Trabalho, serão reguladas em lei" (Diário do Poder Legislativo, 2 de maio 1946, p. 1387).

[46] Na declaração de voto apresentada pelo constituinte, tem-se a seguinte exposição: "se não se deixar expresso, na Constituição, que à Justiça do Trabalho compete estabelecer normas,

Na discussão, em plenário, do projeto de Constituição formulado pela Comissão, não houve debates significativos sobre a previsão da Justiça do Trabalho como órgão do Poder Judiciário. O momento decisivo havia sido na chamada Grande Comissão. Ao final, como se sabe, houve a inserção da Justiça Trabalhista no âmbito do Poder Judiciário.[47] E o exame dos pronunciamentos que tiveram lugar na Assembleia Constituinte de 1946 suscita algumas questões, como será examinado a seguir.

2. A greve como "chave de leitura" da instituição da Justiça do Trabalho

Na maioria dos discursos dos constituintes da Comissão da Constituição, há o reconhecimento da importância da Justiça do Trabalho para o país, sendo ela apresentada como garante da paz social. A Justiça Trabalhista deveria ser prestigiada, pois os conflitos sociais demandariam pacificação – no que seria essencial sua competência normativa. À exceção do autor da emenda supressiva apontada no início (Ferreira de Souza), parecia haver significativo consenso quanto à relevância do papel da Justiça do Trabalho. Tanto o partido da base do governo (PSD), quanto o da oposição (UDN) e outros partidos de representação minoritária (PCB e ED, por exemplo) sustentavam opiniões convergentes. Como compreender essa homogeneidade de opiniões? Qual é a chave de leitura[48] desses discursos?

Uma pista, isto é, uma possibilidade de interpretação pode ser encontrada nas propostas relacionadas ao direito de greve.

O projeto elaborado pela Comissão da Constituição sugeria a seguinte redação sobre o assunto: "é reconhecido o direito de greve". Por ocasião

nos dissídios coletivos, tenho para mim que esta não terá tal competência. A justiça cabe aplicar a lei; de acordo com esta lhe compete decidir nos casos ocorrentes, mas jamais terá ela a faculdade de cria-la, porque não é de juiz a função de legislar. A Justiça do Trabalho, porém, tem peculiaridades que não devem ser esquecidas no texto constitucional, precisamente por serem peculiariedades. Praticamente, ela ficará ineficiente e se tornaria inoperante para julgar os dissídios coletivos, se não se lhe desse a competência normativa. E esta a lei ordinária não lhe poderá dar, assim o entendo, se antes o não houver feito, de modo expresso, a Constituição que estamos a elaborar" (Diário do Poder Legislativo, 2 de maio 1946, p. 1387).

[47] O art. 94 da Constituição de 1946 previa que "O Poder Judiciário é exercido pelos seguintes órgãos: (...) V – Juízes e Tribunais do Trabalho" (Constituição dos Estados Unidos do Brasil, de 19/09/1946).

[48] Cf. Ginzburg, 2006, p. 72.

dos debates na Comissão, foram apresentadas cinco emendas, todas buscando estabelecer limites àquele direito[49]. Ao fazer uso da palavra, o constituinte Costa Neto (PSD/SP) justificou sua emenda, apresentando, entre outras razões, a seguinte:

> é evidente que, tendo sido criada uma Justiça Social, encarregada principalmente de dirimir os conflitos oriundos das relações entre empregadores e empregados, o exercício do direito de greve não poderá se tornar efetivo naqueles casos que a referida Justiça esteja habilitada a solucionar satisfatoriamente[50].

Proposta semelhante retornou quando das discussões no plenário[51]. O constituinte Alfredo Neves (PSD/RJ) formulou emenda (de nº 3.324) para que o dispositivo sobre o direito de greve recebesse a seguinte redação: "o direito de greve somente poderá ser exercido, com as limitações impostas pelo bem público, quando tenha por fim a defesa de direitos assegurados, na sua execução". A justificativa trazia argumentos vinculados à Justiça do Trabalho:

> Assegurados aos trabalhadores os direitos que a Constituição estabelece, e integrada a Justiça do Trabalho no sistema judiciário do País, não subsistem razões para movimentos grevistas. Nem os nossos trabalhadores manifestam qualquer inclinação para êsse processo nocivo de recuperação. A prova é que, proibidas as greves entre 1937 e 1945, nem por isso deixaram os

[49] O constituinte Mário Masagão (UDN/SP) apresentou a seguinte emenda: "é reconhecido o direito de greve como faculdade de não trabalhar, sem impedir que outrem o faça e sem danificar a propriedade do patrão"; Adroaldo Mesquita (PSD/RS) foi autor de emenda que acrescentava ao dispositivo: "com as limitações impostas pelo bem público"; Costa Neto (PSD/SP) formulou emenda nos seguintes termos: "é reconhecido o direito de greve pacífica nos serviços e casos previstos em lei especial"; Arruda Câmara (PDC/PE) propôs incluir: "esgotados todos os recursos de conciliação e arbitragem"; e Graccho Cardoso (PSD/SE) formulou a seguinte emenda aditiva: "é declarada ilegal a greve que não resultar da sustentação de um conflito industrial no quadro da profissão ou da indústria. Parágrafo único. A lei não reconhecerá o direito de greve nos serviços de interêsse público, assecuratórios dos elementos indispensáveis à vida e à liberdade de locomoção dos cidadãos" (Brasil, 1946h – Diário do Poder Legislativo, 19/5/1946, p. 1914).

[50] Diário do Poder Legislativo, 19 de maio de 1946, p. 1914-1915.

[51] Na Comissão da Constituição, foi aprovada apenas a emenda de Adroaldo Mesquita.

> trabalhadores brasileiros de cooperar com o Governo. Demais, consagrada, com amplitude, a competência da Justiça do Trabalho, inclusive para fixar salários, é forçoso reconhecer a necessidade de limitar o direito de greve a casos acentuadamente excepcionais.
>
> O lógico seria não incluir a matéria no têxto constitucional. Não nos parece tratar-se de um dêsse direitos fundamentais à organização política, que careçam de declaração expressa no estatuto político. A greve só se justifica como um meio do trabalhador defender os direitos inerentes ao trabalho. Se a Constituição já garante êsses direitos – salário mínimo, horas de trabalho, higiene, acidentes do trabalho, etc., – para o cumprimento dos quais institui-se a Justiça do Trabalho é inútil garantir o direito de greve como um direito constitucional à parte e distinto. A matéria pode ser, portanto, relegada à legislação ordinária, que admitirá a greve como justa só nos casos em que ela tenha por fim tornar efetivo o respeito aos direitos do trabalhador, assegurados pela Constituição. Fora daí, a greve é instrumento de imposições, instrumento de luta de classes e de agitação estéril. Se, todavia, houver conveniência de ordem política, de referir-se a Constituição expressamente ao direito de greve, outra deverá ser a fórmula adotada, que desde logo fixe o conceito da greve justa. Essa a razão da fórmula substitutiva[52].

O constituinte Elói Rocha (PSD/RS) sugeriu, por sua vez, que o dispositivo sobre o direito de greve fosse assim escrito: "é reconhecido o direito de greve, condicionado à tentativa de conciliação prévia do litígio perante a Justiça do Trabalho e à deliberação, em votação secreta, da maioria dos trabalhadores interessados"[53]. A justificativa da emenda indicava que a redação do projeto não era satisfatória. Para o constituinte, a greve correspondia a ato extremo de defesa. E mais:

> Não é atitude pacífica. É antes, fundamentalmente, ato de guerra. É uma atitude negativa, mas de indisfarçável agressividade. Nem é platônica

[52] Diário do Poder Legislativo, 29 de junho de 1946, p. 3.171.

[53] A segunda parte do dispositivo, consoante a emenda (de nº 3.358) teria a seguinte redação: "não será lícita a greve por motivos estranhos às condições do trabalho, nem nos serviços executados pelos poderes públicos, ou colocados sob sua administração. A lei regulará a intervenção, em caráter transitório, dos poderes públicos na administração de emprêsas privadas, quando, em consequência de greve o exigir o bem comum" (Diário do Poder Legislativo, 29 de junho de 1946, p. 3.173).

> essa agressividade, ainda quando não haja violência contra as pessoas ou as coisas.
>
> Não afeta, sômente, as relações entre empregados e empregadores; não sômente a ordem jurídica ou a ordem social, senão ainda a ordem econômica.
>
> (...)
>
> Tenta-se, por isso, nos países democráticos, evitar ou restringir as greves, enquanto aos trabalhadores são concedidos outros meios de defesa de suas reivindicações[54].

A depender da situação, segundo o constituinte, a greve poderia perder sua razão de ser. Como prosseguia a justificativa da emenda:

> A greve é legítima na medida em que se apresenta como ato de defesa dos trabalhadores.
>
> Segue daí que não se pode apreciar o direito à greve, com desatenção às normas que regulam as relações entre empregados e empregadores. Em países cuja legislação é francamente intervencionista, em que são reduzidas as restrições legais impostas às partes no contrato de trabalho, explica-se a não ingerência dos poderes públicos nos conflitos coletivos do trabalho. Mas, entre nós onde a volumosa legislação do trabalho expressa, a cada passo, limitações à liberdade das partes; onde a Justiça do Trabalho tem competência normativa, isto é pode impor novas condições de trabalho aos litigantes e estendê-las a outras pessoas a greve perde muito a sua razão de ser[55].

Alguns integrantes da bancada comunista na Assembleia Constituinte apresentaram emenda propondo o reconhecimento, sem restrições, do direito de greve. O preceito constitucional estabeleceria apenas que "é reconhecido o direito de greve". Logo de início, a justificativa da emenda sustentava que "o direito de greve é um dos direitos fundamentais do homem e por isso não pode admitir limitações que na prática possam torná-lo insubsistente. Não se pode admitir as restrições do Projeto pois levariam fatalmente à eliminação do direito de greve"[56].

[54] Diário do Poder Legislativo, 29 de junho de 1946, p. 3.173.

[55] Diário do Poder Legislativo, 29 de junho de 1946, p. 3.173.

[56] A emenda era subscrita pelos constituintes João Amazonas, Alcedo Coutinho, Luis Carlos Prestes, Maurício Grabois, Alcides Sabença, Gregório Bezerra e Carlos Marighela (Diário do Poder Legislativo, 28 de junho de 1946, p. 3.136).

Ao final das discussões e votações, porém, prevaleceu a intenção da Comissão da Constituição de relegar à legislação ordinária a disciplina sobre o direito de greve[57]. O curioso, porém, é que, tanto no que dizia respeito à greve, como no que concernia à Justiça do Trabalho, a legislação ordinária já existia[58].

O direito de greve era regulado pelo Decreto-Lei nº 9.070, editado pouco depois do início dos trabalhos da Assembleia Constituinte, a 15 de março de 1946. As "considerações" do Presidente da República para a edição da norma tinham por premissa exatamente a instituição da Justiça do Trabalho, com competência normativa e representação de empregados e empregadores:

> Considerando que, para dirimir os dissídios entre empregadores e empregados foi instituída a Justiça do Trabalho, organismo autônomo e dotado de meios capazes de impor o cumprimento de suas decisões;
>
> Considerando que dos tribunais que integram a Justiça do Trabalho participam empregadores e empregados, em igual número;
>
> Considerando que somente depois de esgotados os meios legais para remediar as suas causas, se poderão, admitir o recurso à greve;
>
> Considerando que a solução dos dissídios do trabalho deve subordinar-se à disciplina do interêsse coletivo, porque nenhum direito se deve exercer em contrário ou com ofensa a êsse interêsse;

[57] O art. 158 da Constituição de 1946 dispunha que: "é reconhecido o direito de greve, cujo exercício a lei regulará" (mesma redação do Projeto apresentado pela Comissão da Constituição em 8 de agosto de 1946. Cf. Diário do Poder Legislativo, 9 de agosto de 1946, p. 3.980).

[58] Na análise de Luiz Werneck Vianna, "(...) como não fora derrogado o conjunto da legislação estadonovista, estavam ainda em vigência todas as disposições que não conflitassem com a nova Carta. Na medida em que essa definira com extraordinária fluidez todas as questões essenciais à movimentação das classes subalternas – ordem sindical, direito de greve, Justiça do Trabalho – o Poder Judiciário se elevava ao papel de um 'legislador' constituinte de fato. Estava aberta a possibilidade de se legitimar a legislação anterior, desde que julgada compatível pelos órgãos judiciários competentes como espírito da nova Carta. Conseqüentemente, cerrava-se o espaço para a obra do futuro legislador ordinário, que regulamentaria, conforme dizia a Constituição, esses institutos. As leis anteriores, emanadas da ordem corporativa sob o Estado Novo, julgada como eficazes para suprir sua disciplina, revitalizam-se no interior de uma ordem política liberal. A observação de Erickson se revela pertinente – não foi por sua adesão ao corporativismo que Vargas foi derrubado" (Vianna, 1989, p. 268).

> Considerando que o Estado, por meio de organizações públicas deve assegurar amplas e plenas garantias para uma solução pronta e eficaz dos dissídios coletivos (...)[59]

O art. 1º do Decreto-Lei estabelecia de fato que: "os dissídios coletivos, oriundos das relações entre empregadores e empregados, serão obrigatoriamente submetidos à conciliação prévia, ou à decisão da Justiça do Trabalho".

Em 1939, fora editado o Decreto-Lei nº 1.237, de 2 de maio, que dispunha sobre a organização da Justiça do Trabalho. A norma foi revogada tacitamente com a edição da Consolidação das Leis do Trabalho – CLT, o Decreto-Lei nº 5.452, de 1º de maio de 1943. A CLT passou a disciplinar o julgamento dos dissídios individuais e coletivos pela Justiça do Trabalho e, mantendo regra já existente no Decreto-Lei nº 1.237/1939, permitia que o dissídio coletivo, para julgamento de conflito coletivo, fosse instaurado por iniciativa do presidente do Tribunal do Trabalho, ou seja, de ofício (art. 856). Ainda no campo dos conflitos coletivos, a CLT estabelecia penalidades aos empregados que, de forma coletiva e sem prévia autorização do tribunal competente, abandonassem o serviço, ou desobedecessem a qualquer decisão proferida em dissídio. As penalidades consistiam em suspensão do serviço por até seis meses, ou dispensa do emprego; perda do cargo de representação profissional, caso estivessem em seu desempenho; e suspensão, pelo prazo de dois a cinco anos, do direito de serem eleitos para cargo de representação profissional (art. 723). Eram estipuladas multas para o caso de a suspensão do serviço ou a desobediência às decisões dos Tribunais do Trabalho ter sido ordenada por associação profissional, sindical ou não (art. 724). Outro dispositivo preceituava que

> aquele que, empregado ou empregador, ou mesmo estranho às categorias em conflito, instigar a prática de infrações previstas neste Capítulo ou houver feito cabeça de coligação de empregadores ou de empregados incorrerá na pena de prisão prevista na legislação penal, sem prejuízo das demais sanções cominadas. (art. 725)

O texto legal ainda previa que o estrangeiro que incorresse nessas condutas, após o cumprimento das penalidades, seria expulso do País.

[59] Decreto-Lei nº 9.070, de 15 de março de 1946.

Havia também penalidades para os empregadores que declarassem, de forma irregular, a suspensão coletiva dos trabalhos em seus estabelecimentos ("lock-out" - art. 722)[60].

O funcionamento da Justiça do Trabalho permanecia regulado, portanto, por legislação oriunda do Estado Novo. Embora a disciplina do direito de greve tenha se dado mediante norma posterior ao Estado Novo, seu pressuposto era justamente a existência da Justiça do Trabalho, que, vale lembrar, fora, de fato, implementada no curso do regime iniciado em 10 de novembro de 1937. Não obstante, algumas regras de repressão à greve remetiam à legislação do Estado Novo, em particular à CLT.

Talvez, nessas matérias, houvesse a adesão de parte significativa dos constituintes às ideias subjacentes à legislação social implementada por Getúlio Vargas. Tais ideias foram naturalizadas, normalizadas, a partir do pressuposto da garantia da paz social e da conciliação entre empregados e empregadores, isto é, entre capital e trabalho.

Um dos principais autores da legislação social do governo de Getúlio Vargas foi Oliveira Vianna, que atuou como Consultor Jurídico no Ministério do Trabalho de 1932 a 1940. E o seu pensamento influenciou de maneira decisiva a consolidação da Justiça do Trabalho no país.

Em 1937 (antes do golpe que deu início ao Estado Novo), o Presidente da República encaminhou à Câmara dos Deputados um Anteprojeto de Organização da Justiça do Trabalho. Por ocasião das opiniões (e, sobretudo, objeções) expressadas pelo então deputado federal Waldemar Ferreira, na condição de presidente da Comissão de Justiça da Câmara dos Deputados, Oliveira Vianna elaborou inúmeras observações ao parecer de Waldemar Ferreira. Esse último apresentava ressalvas à competência normativa da Justiça do Trabalho, entendendo que havia violação ao princípio da separação dos poderes. Para Oliveira Vianna, porém, a competência normativa estaria relacionada ao caráter corporativo da Justiça Trabalhista. Em sua constatação, "os órgãos corporativos criados para regular e disciplinar os conflitos econômicos e sociais estão cada vez mais investidos de funções normativas"[61]. Assinalando a diferença entre o direito privado e o direito do trabalho, bem como entre os tribunais de direito comum e os tribunais

[60] Decreto-Lei nº 5.452, de 1º de maio de 1943.

[61] Vianna, 1983a, p. 279.

trabalhistas, Oliveira Vianna entendia que o direito do trabalho teria "métodos próprios, métodos exclusivamente seus". E seguia:

> Se, em vez de ter criado uma Justiça do Trabalho de natureza corporativa, com juízes eleitos pelas associações de classe, tivesse a Constituição estabelecido uma organização constituída de juízes de exclusiva e direta nomeação do governo, como acontece com os da justiça ordinária, então eu compreenderia que se fosse buscar no Direito Judiciário ordinário as regras para determinar a competência "implícita" dos Tribunais do Trabalho. Mas, a Constituição não a quis assim; ao instituir a Justiça do Trabalho, tirou ao governo o seu direito de prover, por nomeação sua, os cargos dos Tribunais de Trabalho para entregar esta designação às associações de classe. Criou, portanto, verdadeiras "corporações" judicantes.
>
> Ora, em direito corporativo (...), é princípio dominante que as organizações corporativas, quando porventura instituídas, ficam investidas de um poder "autônomo" para editar normas reguladoras das relações da categoria, a que pertencem. Isto é da essência do próprio regime corporativo, é uma qualidade atributiva das suas próprias organizações, sejam as que disciplinam e regulam somente as relações propriamente econômicas, sejam as que regulam e disciplinam as relações de caráter social, isto é, entre empregados e empregadores. Ou então não são organizações corporativas.
>
> Ora, bem. Estabelecendo o regime corporativo para organizações judicantes dos dissídios do trabalho, está claro que a Constituição concedeu, implicitamente, poderes a estas corporações para regular, de maneira geral, quando assim julgarem conveniente, a matéria da sua competência. Este poder elas somente não o possuíram se houvesse uma proibição ou uma denegação estabelecida taxativamente no texto constitucional. Ora, não há, na Constituição, nenhuma limitação imposta, de forma explícita ou taxativa, a esta competência normativa, própria, como vimos, aos Tribunais do Trabalho[62].

[62] Vianna, 1983a, p. 189-190. A referência do autor é à Constituição de 1934. É importante registrar que Oliveira Vianna considerava um equívoco a opção do constituinte de 1934 em excluir a Justiça do Trabalho do Poder Judiciário. Em suas palavras: "não quis a Constituinte que a Justiça do Trabalho fosse considerada parte integrante do Poder Judiciário. Ora, é um erro: o fato de ser ela uma justiça especial, revelando, na interpretação da lei e na apreciação das espécies, uma mentalidade distinta dos juízes de direito comum, nem por isso deixa de ser justiça e função judiciárias. Substancialmente, não há diferença nenhuma entre uma

Na exposição de motivos da comissão que elaborou o projeto de lei de organização da Justiça do Trabalho, o qual deu origem ao Decreto-Lei nº 1.237, de 2 de maio de 1939, é possível encontrar algumas ideias importantes sobre o papel da Justiça do Trabalho. Ao tratar das funções dessa Justiça, a exposição de motivos aborda a questão da competência normativa, que seria condição para o estabelecimento da paz social. Vale a transcrição do seguinte excerto:

> Dando a Constituição [de 1937] aos tribunais do trabalho competência genérica para decidir privativamente sobre todos os conflitos de trabalho, é lógico que ficaram eles com competência para decidir, não somente os conflitos *individuais* do trabalho, que sempre são conflitos *jurídicos*, como também os conflitos *coletivos*, que nem sempre, ou melhor, que quase sempre *não são* conflitos *jurídicos*. Ora, se aos tribunais do trabalho é dada competência para dirimir conflitos *coletivos*, isto implica, afinal, não apenas competência para *aplicar* a norma legal ou contratual porventura existente; mas, como no caso dos conflitos coletivos de natureza *econômica*, também a competência para *formular* esta própria norma – o que importará, por sua vez, em reconhecer aos Tribunais do Trabalho competência para editar normas *gerais*, reguladoras das relações do trabalho entre as duas classes, categorias ou grupos em conflito.
>
> É o que se chama a competência *normativa* dos tribunais do trabalho.
>
> (...)
>
> Seria fácil demonstrar que, no domínio das relações entre empregado e empregador e em face de conflitos coletivos tendo em vista novas condições de trabalho, esta função normativa é um imperativo à eficiência da decisão, é uma condição essencial para que ela realize os seus fins de dirimir esses conflitos, de modo a estabelecer, não apenas a *justiça social*, mas também a *paz social*[63].

questão de salários entre empregado e empregador e uma questão de muro divisório entre dois proprietários confinantes. Numa e noutra, o Estado deve intervir para decidir, pondo termo ao conflito. Se, nas questões de trabalho, o Estado recalcitra em o fazer, ou se abstendo, ou entregando a decisão a um órgão arbitral, prova isso apenas que, na mentalidade dos nossos juristas e legisladores, subsiste ainda, apesar de tudo, muito do antigo doutrinarismo liberal, que negava ao Estado o direito de intervir na organização da vida econômica" (Vianna, 1983a, p. 176).

[63] Vianna, 1983b, p. 243-244. A comissão era liderada por Oliveira Vianna e contava, ainda, com Luiz Augusto do Rego Monteiro, Deodato Maia, Oscar Saraiva, Geraldo Augusto de Faria Baptista e Xelvécio Xavier Lopes.

O projeto também tratava do direito de greve e do "lock-out", estabelecendo penalidades para determinadas condutas. Tais regras foram, mais à frente, incorporadas, em parte, pela CLT, nos artigos há pouco mencionados. O que interessa destacar aqui é a justificativa apresentada pela comissão na exposição de motivos:

> Teve o projeto de prever o regime repressivo contra os que, patrões ou empregados, suspendam o trabalho em *lock-out* ou em *greve*, ou se recusem a obedecer às decisões dos tribunais do trabalho. Um e outro destes expedientes de luta de classe foram severamente condenados pela nova Constituição – e, na verdade, não se compreende o reconhecimento do direito à *greve* ou ao *lock-out*, desde que a própria Constituição prevê, para a solução dos dissídios do trabalho, um aparelhamento jurisdicional especial e próprio, fácil, rápido, barato, posto ao alcance dos dois grupos interessados, patrões e empregados[64].

Ou seja, a existência da Justiça do Trabalho, como órgão devidamente equipado para decidir sobre os conflitos individuais e coletivos do mundo do trabalho, como instituição garantidora da paz social, em decorrência do exercício de sua competência normativa, tornava desnecessário o recurso à greve.

A semelhança dos argumentos chama a atenção. A compreensão de Oliveira Vianna sobre a Justiça do Trabalho, seu caráter corporativo, sua competência normativa e, de alguma maneira, sua relação com o direito de greve, parece ecoar nos discursos dos constituintes de 1946, mesmo exposta, aquela, em parte significativa, sob o regime ditatorial instaurado em 10 de novembro de 1937. A despeito da oposição que boa parcela dos constituintes de 1946 apresentava à figura de Getúlio Vargas e à Constituição de 1937, chamada, variadas vezes, de fascista, há, aqui, no campo da disciplina das relações trabalhistas, uma evidente linha de continuidade.

É possível, contudo, que não se tratasse de mera coincidência. Alguns constituintes que integraram os debates sobre a Justiça do Trabalho (e também sobre o direito de greve) haviam participado do governo de Getúlio Vargas. Agamenon Magalhães (PSD/PE), por exemplo, fora Ministro do Trabalho, Indústria e Comércio de 1934 a 1937 (período que

64 Vianna, 1983b, p. 256.

coincide, em parte, com a atuação de Oliveira Vianna como Consultor Jurídico do Ministério), tendo sido um dos articuladores do Estado Novo[65]. Silvestre Péricles havia presidido o Conselho Nacional do Trabalho de 1941 a 1943. Como já indicado, Atílio Vivácqua (PSD/ES) foi procurador do trabalho, além de consultor jurídico do Ministério do Trabalho, Indústria e Comércio.

Além disso, muitos constituintes pertenciam ao partido de sustentação do governo, o PSD, que vencera as eleições para a Presidência da República com o candidato Eurico Gaspar Dutra. Ainda que esse último tivesse participado do movimento de outubro de 1945 que levou à derrubada do ditador, o próprio Getúlio Vargas se elegera senador constituinte por aquele partido. Entretanto, mesmo no âmbito dos partidos de oposição, como a UDN e o PCB, percebe-se a adesão, ainda que parcial (à exceção de algumas restrições sobre o direito de greve), aos ideais que fundamentaram a instituição da Justiça do Trabalho e, por último, sua incorporação ao Poder Judiciário.

A contestação a Vargas, ao Estado Novo e à Constituição de 1937 era esperada, em especial, quanto aos integrantes do PCB. Mas não era um caso isolado. Ao tomar posse como Presidente da Assembleia Constituinte, Fernando de Melo Viana, do PSD de Minas Gerais, discursou, invocando as tradições políticas e religiosas do país, referindo-se a "vibrações de patriotismo" presentes naquele "ambiente de esperanças". Há um tom de restauração e de cooperação. O trecho a seguir é significativo:

> Apagando da Construção Jurídica Nacional implantações totalitárias, que a aviltam e maculam, formemos ao lado dos que, na reconstrução do mundo político e social contemporâneo, anseiam por um regime de garantias e seguranças de direitos, em um clima de paz duradoura e fecunda, sob a inspiração de Deus, em contraste com o ateísmo atrabiliado (*sic*), diabólico e destruidor (...) marchemos olhos fitos nos nossos ancestrais, para definitiva construção de uma sociedade de paz, de liberdade e de justiça social, enlaçada nesse amplexo fraterno a humanidade, pelo abolimento de um nacionalismo exagerado, estreito e egoísta, e da diplomacia do sigilo impenetrável dos tratados internacionais, em favor de uns em detrimento de outros povos, pois aqueles são os geradores de grandes catástrofes[66].

[65] Ver Braga, 1998, p. 486.

[66] Diário do Poder Legislativo, 6 de fevereiro de 1946, p. 18-19.

Na primeira sessão da Comissão da Constituição, Hermes Lima se manifestou dizendo que a Assembleia Constituinte de 1946 não seria revolucionária e deveria manter os fundamentos econômico-jurídicos que até então tinham vigorado no país, o que demandaria colocar o direito do trabalho no mesmo patamar que o direito de propriedade. Em suas palavras:

> Evidentemente, a Constituinte de 1946 não é nenhuma Assembléia revolucionária – é uma Assembléia conservadora como foram as outras Constituintes brasileiras.
>
> Está claro que os fundamentos da ordem econômica e social, no Brasil, não vão ser modificadas por esta Constituinte; temos, portanto, que trabalhar dentro de fundamentos econômico-sociais já conhecidos, que já vêm de longo tempo e consagrados nas outras Constituições. O que se deseja, em relação ao tempo presente, é que a Constituinte não se esqueça de que está vivendo em 1946 e de que, para manter os fundamentos clássicos da ordem econômico-jurídica, que têm vigorado no Brasil, precisará, naturalmente, dar tanta atenção aos direitos da propriedade privada como aos direitos do trabalho. (*Muito bem*). Cabe-lhe, portanto, equilibrar a situação, reconhecendo que os direitos da propriedade privada é que foram, até agora, verdadeiramente protegidos pelas Constituições brasileiras e que é necessário colocar no mesmo plano dos direitos da propriedade os direitos do trabalho, afinal, tão importantes e básicos na trama da vida social, quanto as próprias relações da propriedade, e, no caso, da propriedade privada[67].

De certa forma, os fundamentos da ordem econômica e social, em especial quanto às relações de trabalho, estavam orientados pela tentativa de conciliação entre empregados e empregadores. Estaria a permanência

[67] Diário do Poder Legislativo, 16 de março de 1946, p. 447. Observando o resultado dos trabalhos da Assembleia de 1946, Aliomar Baleeiro e Barbosa Lima Sobrinho, ambos constituintes (o primeiro pela UDN/BA, o segundo pelo PSD/PE), afirmam, referindo ao discurso de Hermes Lima, que: "na primeira sessão da Grande Comissão, o Deputado Hermes Lima salientou que a obra seria mais de restauração do regime destruído pelo golpe de 1937. E, realmente, essa tendência restauradora das linhas de 1891 com as inovações aproveitáveis de 1934 (disposições de proteção aos trabalhadores, à ordem econômica, à educação, à família etc.) foi característica do texto que veio a ser promulgado com grande entusiasmo no dia 18 de setembro de 1946 (Baleeiro e Sobrinho, 2001, p. 14).

de compreensão quanto ao papel da Justiça do Trabalho vinculada ao ideal de garantia da "paz social" mediante a rejeição do conflito entre capital e trabalho? A função da Justiça Trabalhista guardaria relação com o propósito de controlar as manifestações coletivas dos trabalhadores? Seria ela um mecanismo eficiente para lidar com a classe operária? A par do continuísmo identificado, houve uma mudança relevante. Na observação de Luiz Werneck Viana:

> Apesar da continuidade com a ordem anterior, o pós-46 operava uma importante diferenciação nas relações entre o Estado, o capital e o trabalho. No Estado Novo, era o Ministério do Trabalho acoplado aos sindicatos a peça que ordenava e amparava todo o sistema da CLT. Agora, esse papel se transferia para a Justiça do Trabalho, cuja competência normativa se constituía no eixo da política para as classes subalternas[68].

De que maneira essas reflexões e indagações podem servir à compreensão do papel da Justiça do Trabalho hoje? Como a Justiça Especializada articula sua competência normativa com o exercício do direito de greve?

Considerações finais: a contingência da relação entre Justiça do Trabalho e greve

A Constituição de 1988 manteve, em sua redação original, a representação paritária de trabalhadores e empregadores e a competência normativa da Justiça do Trabalho (na linha da Constituição de 1967 e da Emenda Constitucional nº 1 de 1969). O texto constitucional, nesses dois temas, diferiu muito pouco da Constituição de 1946[69].

Em 1999, porém, com a Emenda Constitucional nº 24, foi extinta a representação classista (que Oliveira Vianna apontava como um pressuposto da competência normativa)[70]. E, cerca de cinco anos depois, com a Emenda nº 45, de 2004, foi alterado o poder normativo. O texto primitivo da Constituição de 1988 permitia que qualquer um dos atores envolvidos em um conflito coletivo poderia suscitar dissídio coletivo perante a Justiça Especializada, para que o Poder Judiciário estabelecesse normas e

[68] Vianna, 1989, p. 270.

[69] Ver artigos 111 e 114 da Constituição de 1988.

[70] Cf. Emenda Constitucional nº 24, de 9 de dezembro de 1999.

condições laborais. Seguindo a regulamentação da CLT e da Lei de Greve (nº 7.783/1989), qualquer uma das partes conflitantes poderia, de forma unilateral, requerer o pronunciamento da Justiça do Trabalho sobre a abusividade de determinada greve e sobre a procedência das reivindicações profissionais que estavam na base do conflito, estabelecendo regras sobre as condições de trabalho dos envolvidos[71].

O novo texto conferido ao art. 114, § 2º, da Constituição estabeleceu que a propositura de dissídio coletivo estaria submetida à existência de *comum acordo* entre as partes conflitantes[72]. A modificação parecia direcionada a impedir a intervenção da Justiça do Trabalho em greves e negociações coletivas em caso de provocação unilateral.

O exame de alguns precedentes do Tribunal Superior do Trabalho demonstra a existência de uma argumentação que assume o pressuposto de que o exercício do poder normativo tem o condão de prevenir a deflagração de greves. Há uma confiança de que a intervenção da Justiça Especializada poderia equilibrar as relações entre capital e trabalho, evitando, com isso, o conflito social[73].

[71] O art. 856 da CLT dispõe que: "a instância será instaurada mediante representação escrita ao Presidente do Tribunal. Poderá ser também instaurada por iniciativa do presidente, ou, ainda, a requerimento da Procuradoria da Justiça do Trabalho, sempre que ocorrer suspensão do trabalho" (Diário Oficial da União, 9/8/1943). Por sua vez, o art. 8º da Lei nº 7.783, de 28 de junho de 1989, estabelece que: "a Justiça do Trabalho, por iniciativa de qualquer das partes ou do Ministério Público do Trabalho, decidirá sobre a procedência, total ou parcial, ou improcedência das reivindicações, cumprindo ao Tribunal publicar, de imediato, o competente acórdão".

[72] O art. 114, § 2º, da Constituição passou a dispor que: "recusando-se qualquer das partes à negociação coletiva ou à arbitragem, é facultado às mesmas, de comum acordo, ajuizar dissídio coletivo de natureza econômica, podendo a Justiça do Trabalho decidir o conflito, respeitadas as disposições mínimas legais de proteção ao trabalho, bem como as convencionadas anteriormente" (Emenda Constitucional nº 45, de 30 de dezembro de 2004).

[73] No julgamento do Dissídio Coletivo nº 218000-37-2007-5-03-0000, o Ministro Maurício Godinho Delgado, embora, na ocasião, tenha aderido ao entendimento da maioria da Seção de Dissídios Coletivos do Tribunal Superior do Trabalho, quanto à exigência do "comum acordo" para fins de propositura de dissídio coletivo, expressou, em suas ressalvas, o seguinte entendimento: "(...) não parece adequado interpretar-se que a Constituição – o documento político e jurídico mais democrático já construído na história do país – queira instigar os trabalhadores à greve, querendo também acentuar o desequilíbrio entre capital e trabalho, pela desmesurada força que estaria conferindo ao silêncio ou recusa expressa empresarial à negociação coletiva ou arbitragem no plano das relações coletivas laborais. Os princípios

O Tribunal Superior do Trabalho, nessa linha de raciocínio, tem compreendido que a existência de greve deflagrada autoriza a Corte a se manifestar sobre o dissídio coletivo suscitado, independentemente do requisito do art. 114, § 2º, da Constituição. A relação entre greve e competência normativa da Justiça do Trabalho é aqui explícita. A ementa a seguir é elucidativa:

> RECURSO ORDINÁRIO EM DISSÍDIO COLETIVO. DISSÍDIO COLETIVO DE GREVE AJUIZADO PELO SINDICATO PROFISSIONAL. APRESENTAÇÃO DE REIVINDICAÇÃO. EXIGÊNCIA DO COMUM ACORDO PARA O AJUIZAMENTO. Desde a edição da Lei nº 7.783/89, não se distingue entre as empresas, os empregados e o Ministério Público do Trabalho no tocante à legitimidade e ao interesse para provocar a apreciação da Justiça do Trabalho em torno das reivindicações em caso de greve, conforme se depreende do art. 8º. Ademais, a leitura literal da alteração trazida pela Emenda Constitucional nº 45/2004 demonstra que se exige expressamente o comum acordo tão somente para o ajuizamento do dissídio coletivo de natureza econômica. De outro lado, o Tribunal Superior do Trabalho, em composição plena, decidiu pelo cancelamento da OJ 12 da SDC, não mais prevalecendo o entendimento no sentido da vedação ao sindicato profissional que deflagre a greve de ajuizar dissídio coletivo de greve para discutir, ao menos e em tese, a qualificação jurídica do movimento (Sessão de 24/04/2010). Por fim, e não menos relevante, a própria Constituição Federal

constitucionais da proporcionalidade (este atenuando as diversas formas de exercício do poder) e da razoabilidade (este tornando equânimes as diretrizes fixadas pela ordem jurídica, consideradas as peculiaridades sociais), ambos princípios com decisivo assento na Carta Magna, também não autorizam, data venia, outra interpretação para os preceitos constitucionais enfocados e o conjunto normativo da Constituição da República. Em conseqüência, frustrada a negociação coletiva trabalhista, e não realizada a arbitragem privada, e não escolhendo as partes coletivas trabalhistas em consenso mútuo ajuizar o dissídio coletivo para arbitragem judicial, surge a possibilidade jurídica de instauração pela parte coletiva que teve frustrada a busca da negociação e da arbitragem a pertinente figura do dissídio coletivo clássico, a se reger pelas regras do Capítulo IV do Título X da CLT, compatibilizadas com as diretrizes dos § § 2º e 3º do artigo 114 da Constituição da República" (Tribunal Superior do Trabalho. Seção de Dissídios Coletivos. Recurso Ordinário nº 218000-37-2007-5-03-0000. Relator Ministro Mauricio Godinho Delgado. Diário Eletrônico da Justiça do Trabalho, Brasília, DF, 22/8/2008).

contempla a possibilidade de a Justiça do Trabalho decidir o conflito em dissídio coletivo ajuizado pelo Ministério Público do Trabalho em caso de greve em atividade essencial. Esses quatro fatores convergem para a conclusão no sentido de que, em caso de greve, mesmo que em atividade não essencial, o dissídio coletivo ajuizado por qualquer das partes prescindiria do comum acordo, embora apresentadas as reivindicações pela categoria profissional. Isso porque, ao menos, no dissídio coletivo de greve ajuizado pela categoria patronal, sindicato ou empresa, os trabalhadores podem apresentar as reivindicações, devendo a Justiça do Trabalho apreciá-las, sem a exigência do comum acordo para tanto. Com efeito, **não é de se esperar que a empresa ou o sindicato patronal concorde com a apreciação das reivindicações sobretudo porque já está em posição de defesa ante a deflagração da greve que o atinge diretamente. De resto, o conflito perduraria sem que a Justiça do Trabalho pudesse ao menos esforçar-se na solução do litígio, limitando-se a pronunciar sobre eventual abusividade da greve. Recurso a que se nega provimento no particular**[74].

De certa forma, o entendimento atual do Tribunal Superior do Trabalho inverte a relação estabelecida desde a década de 1940 entre greve e poder normativo. Antes, como visto nos debates da Assembleia Constituinte de 1946, a existência da Justiça do Trabalho, com sua competência normativa, tornava desnecessário o recurso à greve. Agora, o exercício do direito de greve torna necessário e justifica o poder normativo da Justiça do Trabalho. Mas tanto num como no outro tipo de argumento há uma rejeição do conflito entre capital e trabalho e, em última análise, do próprio direito de greve.

Na década de 1940, havia o interesse em controlar, em especial, as classes trabalhadoras, num ideal de harmonização entre capital e trabalho. E agora? De que serve a competência normativa da Justiça do Trabalho? Não estaria subjacente, na autodescrição do Tribunal Superior do Trabalho, um excesso de confiança na capacidade do Poder Judiciário de resolver o conflito social e promover a paz na sociedade? Por outro lado, não haveria uma inferiorização dos trabalhadores, sobretudo os

[74] Tribunal Superior do Trabalho. Seção de Dissídios Coletivos. Recurso Ordinário nº 2014200-84.2009.5.02.0000. Relator Ministro Márcio Eurico Vitral Amaro. Diário Eletrônico da Justiça do Trabalho. Brasília, DF, 1º/7/2011 (destaque acrescentado).

das chamadas "categorias mais fracas", que a Corte entende devam ser protegidos *contra* o conflito com o capital?

A relação entre competência normativa da Justiça do Trabalho e direito de greve não é uma relação necessária, nem definitiva. Ela está sujeita a variações, contingências e contextos específicos (políticos, econômicos, jurídicos, morais, etc.). O mesmo se dá no que diz respeito à associação entre decisão judicial e paz social ou interesse social. Essas vinculações são construções discursivas, em geral pressupostas, com maior ou menor intensidade, pelos operadores do direito (tanto legisladores, como juízes e advogados).

Aqui tem relevância a história do direito, com sua função crítica, distinguindo-se de determinadas disciplinas dogmáticas. Como afirma António Manuel Hespanha:

> Enquanto que as últimas [as disciplinas dogmáticas] visam *criar certezas* acerca do direito vigente, a missão da história do direito é antes a de *problematizar o pressuposto implícito e acrítico das disciplinas dogmáticas,* ou seja, o de que o direito dos nossos dias é *o racional, o necessário, o definitivo.* A história do direito realiza esta missão sublinhando que o direito existe sempre "em sociedade" (situado, localizado) e que, seja qual for o modelo usado para descrever as suas relações com os contextos sociais (simbólicos, políticos, económicos, etc.), as soluções jurídicas são sempre contingentes em relação a um dado envolvimento (ou *ambiente*). São, nesse sentido, sempre *locais*[75].

Fontes

Diários

BRASIL. *Diário do Poder Legislativo.* Sessão solene de instalação da Assembleia Constituinte. Ano I, nº 3, Rio de Janeiro, 6 de fevereiro de 1946.

_______. Comissão da Constituição. Ano I, nº 28, Rio de Janeiro, 16 de março de 1946.

_______. Quinta Subcomissão da Constituição, Ano I, nº 32, Rio de Janeiro, 22 de março de 1946.

_______. Comissão da Constituição. Ano I, nº 53, Rio de Janeiro, 26 de abril de 1946.

_______. Comissão da Constituição. Ano I, nº 54, Rio de Janeiro, 27 de abril de 1946.

_______. Comissão da Constituição. Ano I, nº 56, Rio de Janeiro, 2 de maio de 1946.

_______. Comissão da Constituição, Ano I, nº 69, Rio de Janeiro, 19 de maio de 1946.

[75] Hespanha, 2005, p. 21.

_______. Assembleia Constituinte. Ano I, nº 96, Rio de Janeiro, 28 de junho de 1946.
_______. Assembleia Constituinte. Ano I, nº 97, Rio de Janeiro, 29 de junho de 1946.
_______. Assembleia Constituinte. Ano I, nº 125, Rio de Janeiro, 9 de agosto de 1946.

Legislação

BRASIL. Constituição (1934). *Constituição da República dos Estados Unidos do Brasil.* Diário Oficial da União, Rio de Janeiro, 16 de julho de 1934.

_______. Constituição (1937). *Constituição da Repúlica dos Estados Unidos do Brasil.* Diário Oficial da União, Rio de Janeiro, 10 de novembro de 1937.

_______. Poder Executivo. Decreto-Lei nº 5.452, de 1º de maio de 1943. Aprova a Consolidação das Leis do Trabalho. *Diário Oficial da União.* Rio de Janeiro, DF, 9 de agosto de 1943.

_______. Poder Executivo. Decreto-Lei nº 9.070, de 15 de março de 1946. Dispõe sôbre a suspensão ou abandono coletivo do trabalho e dá outras providências. *Diário Oficial da União,* Rio de Janeiro, DF, 16 de março de 1946.

_______. Constituição (1946). *Constituição dos Estados Unidos do Brasil.* Diário Oficial da União, Rio de Janeiro, 19 de setembro de 1946.

_______. Constituição (1988). *Constituição da República Federativa do Brasil.* Diário Oficial da União, Brasília, DF, 5 de outubro de 1988.

_______. Lei nº 7.783, de 28 de junho de 1989. Dispõe sobre o exercício do direito de greve, define as atividades essenciais, regula o atendimento das necessidades inadiáveis da comunidade, e dá outras providências. *Diário Oficial da União.* Brasília, DF, 29 de junho de 1989.

_______. Constituição (1988). Emenda Constitucional nº 24, de 9 de dezembro de 1999. Altera dispositivos da Constituição Federal pertinentes à representação classista na Justiça do Trabalho. *Diário Oficial da União,* Brasília, DF, 10 de dezembro de 1999.

_______. Constituição (1988). Emenda Constitucional nº 45, de 30 de dezembro de 2004. Altera dispositivos dos arts. 5º, 36, 52, 92, 93, 95, 98, 99, 102, 103, 104, 105, 107, 109, 111, 112, 114, 115, 125, 126, 127, 128, 129, 134 e 168 da Constituição Federal, e acrescenta os arts. 103-A, 103B, 111-A e 130-A, e dá outras providências. *Diário Oficial da União,* Brasília, DF, 31 de dezembro de 2004.

Decisões judiciais

BRASIL. Supremo Tribunal Federal. Apelação Cível nº 7330, São Paulo, Rel. Min. Octavio Kelly. Julgado em 28.4.1941. *Coletânea de Acórdãos nº 318, p. 128,* Distrito Federal, s/d.

_______. Supremo Tribunal Federal. Recurso Extraordinário nº 6.310, Distrito Federal, Rel. Min. Goulart de Oliveira. Julgado em 13 de julho de 1943, *Coletânea de Acórdãos nº 230,* p. 149. Distrito Federal, s/d.

______. Tribunal Superior do Trabalho. Seção de Dissídios Coletivos. Recurso Ordinário nº 218000-37-2007-5-03-0000. Relator Ministro Mauricio Godinho Delgado. *Diário Eletrônico da Justiça do Trabalho*, Brasília, DF, 22/8/2008.

______. Tribunal Superior do Trabalho. Seção de Dissídios Coletivos. Recurso Ordinário nº 2014200-84.2009.5.02.0000. Relator Ministro Márcio Eurico Vitral Amaro. *Diário Eletrônico da Justiça do Trabalho*. Brasília, DF, 1º/7/2011.

Referências

BALEEIRO, Aliomar e SOBRINHO, Barbosa Lima. *Constituições Brasileiras: 1946*. Brasília: Senado Federal e Ministério da Ciência e Tecnologia, Centro de Estudos Estratégicos, 2001.

BONAVIDES, Paulo, ANDRADE. Paes de. *História Constitucional do Brasil*. Brasília: OAB Editora, 2006.

BRAGA, Sérgio Soares. *Quem foi quem na Assembléia Nacional Constituinte de 1946:* um perfil socioeconômico e regional da Constituinte de 1946. Brasília: Câmara dos Deputados, Coordenação de Publicações, 1998.

CARVALHO, José Murilo de. *Cidadania no Brasil:* o longo caminho. 9ª ed. Rio de Janeiro: Civilização Brasileira, 2007.

D'ARAUJO, Maria Celina. Estado, classe trabalhadora e políticas sociais. In: FERREIRA, Jorge; DELGADO, Lucilia de Almeida Neves (orgs). *O Brasil Republicano – o tempo do nacional-estatismo:* do início da década de 1930 ao apogeu do Estado Novo. Rio de Janeiro: Civilização Brasileira, 2003.

DARNTON, Robert. *Os dentes falsos de George Washington*: um guia não convencional para o século XVIII. Trad. de José Geraldo Couto. São Paulo: Companhia das Letras, 2005.

FAUSTO, Boris. *O pensamento nacionalista autoritário (1920-1940)*. Rio de Janeiro: Jorge Zahar Editor, 2001.

________. *A Revolução de 1930* – historiografia e história. 16ª ed. São Paulo: Companhia das Letras, 2005.

FERREIRA, Jorge. *O imaginário trabalhista – getulismo, PTB e cultura política popular 1945-1964*. Rio de Janeiro: Civilização Brasileira, 2005;

________. A democratização de 1945 e o movimento queremista. In: FERREIRA, Jorge; DELGADO, Lucilia de Almeida Neves (orgs.). *Brasil Republicano – o tempo da experiência democrática:* da democratização de 1945 ao golpe civil-militar de 1964. Vol. 3. 2ª ed. Rio de Janeiro: Civilização Brasileira, 2008.

FRENCH, John. *Afogados em leis* – a CLT e a cultura política dos trabalhadores brasileiros. Trad. Paulo Fontes. São Paulo: Fundação Perseu Abramo, 2002.

GINZBURG, Carlo. *O queijo e os vermes:* o cotidiano e as idéias de um moleiro perseguido pela Inquisição. Trad. Maria Betânia Amoroso. São Paulo: Companhia das Letras, 2006.

HESPANHA, Antonio Manuel. *Cultura Jurídica Européia* – Síntese de um Milênio. Florianópolis: Fundação Boiteux, 2005.

MIRANDA, Pontes de. *Comentários à Constituição de 1946*. 4ª ed. Tomo III (Arts. 73 - 128). Rio de Janeiro: Borsoi, 1963.

SKIDMORE, Thomas. *Brasil: de Getúlio a Castelo (1930-1964)*. Trad. De Ismênia Tunes Dantas. 14ª ed. Rio de Janeiro: Paz e Terra, 1982.

VIANNA, Luiz Werneck. *Liberalismo e sindicato no Brasil*. 3ª ed. Rio de Janeiro: Paz e Terra, 1989.

VIANNA, Oliveira. Notas à margem do parecer do Professor Waldemar Ferreira. In: *Problemas de Direito Corporativo*. 2ª ed. Brasília: Câmara dos Deputados, 1983a.

________. Exposição de Motivos da Comissão elaboradora do Projeto de Organização da Justiça do Trabalho. In: *Problemas de Direito Corporativo*. 2ª ed. Brasília: Câmara dos Deputados, 1983b.

IV.

HISTÓRIA CONSTITUCIONAL NO PERÍODO DA DITADURA MILITAR

14. MOBILIZAÇÃO SOCIAL, REFORMAS DE BASE E TRANSIÇÃO PARA A DITADURA: O CASO DO GRUPO DOS ONZE DOS VEREADORES DE ARARUAMA[1]

Maria Pia Guerra

Introdução

O golpe de 1964 foi precedido de uma intensa mobilização social. Entre 1961 e 1963, como fartamente documentado pela literatura especializada, organizações direitistas, grupos conservadores, associações de trabalhadores e movimentos pró-reformas de base agremiaram correligionários e pressionaram os poderes institucionais. A polarização ideológica que daí se seguiu dividiu o sistema político, radicalizando os partidos de centro-direita e de esquerda dentro e fora do Congresso Nacional.

Leonel Brizola tornou-se um dos principais líderes políticos neste período. Liderou uma frente parlamentar de radicalização das esquerdas e alcançou grande prestígio social junto aos setores favoráveis às reformas de base. Em fins de 1963, anunciou a formação de comandos nacionalistas. Os grupos dos onze, como ficaram mais conhecidos, seriam grupos de simpatizantes brizolistas que reforçariam a luta pelas reformas. Cada militante, ainda que sem prévia experiência político-partidária, deveria se reunir a vizinhos e amigos, enviar uma lista de formação à Rádio Mayrink Veiga e aguardar instruções. Milhares de cartas de todo o Brasil chegaram à Rádio nas semanas seguintes, demonstrando significativo apoio popular e a liderança pessoal de Brizola.

[1] O artigo foi elaborado a partir de materiais selecionados no âmbito de Consultoria Técnica junto à Comissão de Anistia e ao Programa das Nações Unidas para o Desenvolvimento (2012-2013).

Embora os grupos não tenham tido efetiva atuação, seja pela falta de clareza manifesta quanto aos seus objetivos, seja pela ausência de tempo hábil, na iminência do golpe, para a sua organização, eles certamente alarmaram os opositores, que os descreviam como células comunistas armadas. Fossem ou não uma ameaça real à democracia, porém, impuseram uma série de dificuldades aos militares após a tomada do poder. Primeiro, a ausência de atuação dos grupos criava dificuldades jurídico-institucionais de punição. Segundo, a grande quantidade de integrantes afrontava a explicação dominante de que existiam apenas alguns poucos subversivos infiltrados e indicava apelo popular não tanto a Brizola, mas, mais significativamente, às reformas de base. O regime militar, desta forma, não poderia rejeitar completamente as reformas sem perder parte do seu apoio social, assim como não poderia apoiá-las sem legitimar o reformismo radical.

A história dos grupos dos onze, desta forma, revela a tensão e indefinição da fase inicial do regime militar. Aponta os dilemas de implantação de um regime autoritário que buscava se afirmar como defensor da democracia. Revela que sanear a política, naquele momento, era medida insuficiente para enfrentar um problema de fundo: o apoio social às reformas de base. Neste artigo, analisaremos o Grupo dos Onze dos vereadores do município de Araruama, interior de São Paulo, por meio de documentos produzidos por uma comissão de investigação parlamentar, que embasaram um processo penal contra os vereadores acusados de brizolismo[2]. O objetivo é analisar como se relacionavam regime militar, população e representação política na fase de transição para a ditadura, tentando compreender os desafios de consolidação, em especial de contenção da mobilização social pró-reformas.

1. Brizola, a mobilização política e os Grupos dos Onze

Em 1963, Leonel Brizola coordenou a criação da Frente de Mobilização Popular, que reunia as principais organizações sociais de esquerda. Reunia lideranças sindicais, camponesas, estudantis e dos subalternos das Forças Amadas, além de marxistas e nacionalistas. A frente procurava pressionar o governo de João Goulart a implantar as reformas apenas com o apoio da

[2] Os documentos estão disponíveis no Arquivo Público do Estado do Rio de Janeiro (APERJ), Setor DOPS, pasta AP Araruama.

população, desconsiderando as divergências internas entre os partidos políticos. Brizola passou a representar o que havia de mais esquerda no trabalhismo brasileiro, acompanhando e promovendo a crescente radicalização, tal como se deduz do seu slogan "reforma na lei ou na marra"[3].

Em 1961, Brizola havia dirigido um movimento contrário à tentativa de barrar a posse de João Goulart após a renúncia de Jânio Quadros. Entrincheirando-se no Palácio Piratini, deu armas à população e constituiu uma rede de comunicação de rádio que apelava à legalidade: "nós, que governamos o Rio Grande do Sul, não aceitaremos quaisquer golpes. Não assistiremos passivamente quaisquer atentados às liberdades e à ordem constitucional. (...)"[4]. Nos dois anos seguintes, durante sua gestão no governo do Rio Grande do Sul, abriu mais de 680 mil vagas de ensino público e nacionalizou empresas estrangeiras que prestavam serviços no Estado. Também participava de programas de rádio semanais, nos quais discursava por horas e era ouvido por milhares de pessoas.[5] Como afirmou Carlos Fontoura, em depoimento a Marli Baldissera: "todo gaúcho daqueles ranchinhos tinha um rádio de pilha e ouvia o Brizola das 7 às 8 horas da noite, todas as sextas-feiras. E tinha uma multidão batendo palmas"[6]. A popularidade pode ser medida pelo resultado das eleições de 1963, em que, representando o Rio de Janeiro, foi o deputado federal mais votado do país.

Portanto, tendo iniciado uma campanha na rádio para a formação de grupos dos onze, foi prontamente atendido por um grande contingente. Em 19 de outubro de 1963, Brizola fez o primeiro pronunciamento na Rádio Mayrink Veiga convidando amigos a constituir grupos de cinco pessoas para proteção ao nacionalismo. Não tendo sido bem compreendido, mudou a estratégia. Nos pronunciamentos seguintes passou a convidar os ouvintes a constituir grupos de onze pessoas, os quais, à semelhança do futebol de final de semana, reuniriam amigos e vizinhos, sob coordenação de um *capitão*, para atuar um prol de um objetivo comum. Cada grupo

[3] Ferreira, 2004.

[4] Discurso citado em Amaral, 2009, p. 42.

[5] Nos anos seguintes, quando conseguiu transmitir seu programa pela rádio Mayrink Veiga, Brizola chegou a ter uma audiência de 10 milhões de pessoas. Dados de Paulo Schilling citado em Baldissera, 2005, p. 41 e 49.

[6] Citado em Baldissera, 2005, p. 74. Pelos dados de Paulo Schilling, Brizola chegou a ter uma audiência de 10 milhões de pessoas. Citado em Baldisera, 2005, p. 41 e 49.

formado deveria enviar uma carta para a Rádio Mayrink Veiga contendo a relação de integrantes e o local de reunião e esperar as instruções para os passos seguintes.

Em 17 de fevereiro de 1964, o jornal O Panfleto publicou uma cartilha, com modelo de ata e manifesto para a formação dos grupos, nomeados Comandos Nacionalistas. No texto, Brizola reclamava para si a herança política de Getúlio Vargas e anunciava o acirramento das contradições sociais que estaria encaminhando o país para um *desfecho*. Apenas a mobilização do povo seria capaz de vencer a disputa contra a minoria do *antipovo* e da *antinação* que espoliava os setores marginalizados do país:

> Passamos a viver momentos decisivos de nossa vida e de nossa história. Aproximamo-nos, rapidamente, de um desfecho deste período cruel que se iniciou desde o fim da última guerra (...). Hoje ninguém mais nos ilude, porque sabemos que os preços sobem, que a inflação se acelera, que não vêm as reformas, que o nosso povo se marginaliza e tem de lutar desesperadamente para sobreviver e que a nossa própria soberania se degrada, em consequência do monstruoso processo espoliativo, do saque internacional que leva para fora de nossas fronteiras os frutos do trabalho e da produção do povo brasileiro. Uma minoria de brasileiros egoístas e vendilhões de sua Pátria, minoria poderosa e dominante sobre a vida nacional – desde o latifúndio, a economia e a finança, a grande imprensa, os controles da política até os negócios internacionais – associou-se ao processo de espoliação do nosso povo. Esta minoria hoje o que podemos chamar de antipovo, de antinação.

A estratégia foi bem sucedida. Embora não se saiba ao certo quantos grupos foram constituídos, relatos pessoais e documentos oficiais ajudam a compreender a extensão. Pelos dados do assessor direto de Leonel Brizola, Paulo Schilling, teriam sido de 30 a 40 mil grupos. Pelos dados de Neiva Moreira, teriam sido de 60 a 70 mil grupos. Uma notícia de jornal constante no APERJ referiu-se à existência de 191 grupos dos onze investigados no Rio de Janeiro, a maior parte em Duque de Caxias. Um ofício do Comando Supremo das Organizações Anticomunistas, do Gabinete da Presidência, relatou 194 grupos no Estado do Rio de Janeiro, alertando que o número seria ainda maior, porque vários grupos não haviam sido listados[7]. Caso estivessem completos, seriam cerca de 2 mil pessoas indiciadas no Estado[8]. Um artigo de periódico mineiro informou que em Minas Gerais foram abertos 139 inquéritos policiais militares e indiciados mais de mil envolvidos[9]. O mesmo artigo afirmou que em Goiás o número de investigações abertas retardou o processamento dos casos das Auditorias da Região Militar. Também um artigo do Jornal do Brasil, de 20 de outubro de 1965, informou que 172 pessoas foram indiciadas no IPM relativo à organização nacional de grupo dos onze. Se os dados não são plenamente confiáveis, uma vez que existia algum interesse, à época, em exagerar o perigo comunista, são, no entanto, compatíveis com a popularidade pessoal e o momento de mobilização e tensão social.

Assim, uma das primeiras providências do regime militar foi apreender as cartas dos grupos dos onze na sede da Rádio Mayrink Veiga e no gabinete parlamentar de Brizola. As cartas embasaram investigações locais e um inquérito policial militar nacional, presidido pelo Coronel Osnelli Martinelli. Aqueles que as haviam assinado foram presos em seguida e indiciados em inquéritos e processos penais por subversão política.

O dilema dos inquéritos, porém, era diferenciar militantes comunistas de simpatizantes inofensivos. O curto espaço de tempo entre o primeiro anúncio e o golpe impediu a construção de significados comuns para os grupos. Impediu tanto a organização para a atuação local como a criação de uma rede de comunicação para atuação em conjunto. As instruções específicas de Brizola nunca chegaram a ser elaboradas nem os grupos se articularam de modo autônomo. Ainda, é de se notar que existiu conversão

[7] Sendo, por região: Araruama: 3; São Pedro da Aldeia: 1; Macaé: 1; Cabo Frio: 1; São Gonçalo: 12; Niterói: 12; Rio Bonito: 6; Silva Jardim: 8; Cambuci: 1; Itaperuna: 1; Porciúncula: 1; Nova Friburgo: 9; Bom Jardim: 2; Petrópolis: 6; Teresópolis: 1; Saquarema: 1; Magé: 4; Duque de Caxias: 39; São João do Meriti: 9; Vassouras: 3; Mendes: 3; Volta Redonda: 3; Carmo: 1; Angra dos Reis: 1; Barra Mansa: 2; Paracambi: 7; Itaguaí: 2; Mangaritiba: 1; Nilópolis: 14; Nova Iguaçu: 30; Miracema: 1; Campos: 8 (Brasil. Comando Supremo das Organizações Anticomunistas. Relação dos grupos dos onze no Estado do Rio de Janeiro. In: Dossiê nº 1 – Grupo dos Onze – Estado do Rio de Janeiro, APERJ. Setor Comunismo, Pasta 66).

[8] Cf. 191 Grupos dos Onze Fluminenses: 6 grupos dos onze em Petrópolis. [nome do jornal], 28 de jul. 1964. Disponível em APERJ, Setor DOPS/RJ, Pasta AP, Petrópolis.

[9] O jornal também revela que cerca de 32 grupos seriam qualificados perante o Conselho Permanente de Justiça (IV Região Militar) no dia 26 de janeiro de 1965. Grupo dos 11 na Justiça de Minas. Diário de Notícias, 13 jan. 1965. In: BRASIL. Grupo dos Onze Companheiros, 1964. Disponível em APERJ, Setor DOPS/GB, Pasta M.E.P.

acelerada no perfil político de Leonel Brizola, produzindo expectativas distintas de cada integrante em relação ao que se faria com os grupos. O Brizola da Campanha da Legalidade, favorável à proteção da Constituição de 1946, ou mesmo o Brizola sucessor de Jango, não era exatamente o mesmo Brizola das reformas na lei ou na marra.

Embora possamos reunir as motivações dos assinantes das listas em um grande guarda-chuva *reformista-nacionalista*, a heterogeneidade da mobilização política do pré-golpe foi simplificada apenas após o golpe, pelo discurso anticomunista do regime militar. Grupos dos onze, porém, haviam sido constituídos em lugares diversos, por motivos diversos: em fábricas e sindicatos, por trabalhadores exigindo melhores condições de trabalho; em municípios do sul do Brasil, por simpatizantes da liderança de Brizola construída no governo do Rio Grande do Sul e na Campanha da Legalidade; em vizinhanças, por eleitores de Brizola com motivações eleitorais; em organizações de esquerda, por militantes ligados às pautas radicalizadas; em câmaras legislativas, por deputados e vereadores, principalmente do PTB por motivos político-partidários. Este era o caso do grupo dos onze dos vereadores de Araruama.

2. O grupo dos onze dos vereadores de Araruama: mobilização e instituições representativas

No início de 1964, cinco vereadores do município de Araruama, São Paulo, combinaram a formação de "grupos de pressão para as reformas". Eram eles: Alcebíades Carvalho das Flores, Carlos da Silva Chaves, Benício Medeiros de Carvalho, Celso Vieira de Souza e José Pereira dos Santos (suplente). Antes mesmo da oficialização nacional, ainda no início de 1964, anunciaram a iniciativa em sessão da Câmara de Vereadores. O anúncio parece ter perturbado os pares, como se vê em depoimentos subsequentes, de modo que em 17 de abril, duas semanas após o início do regime militar, a Câmara municipal instalou Comissão Parlamentar de Investigação para averiguar a participação dos vereadores em atividade subversiva, sujeita a cassação de mandato[10].

Os autos desta investigação parlamentar foram arquivados no APERJ e permitem uma abordagem interessante sobre o tema. Diferentemente

[10] Declaração à Comissão de Investigação da Câmara Legislativa do Município de Araruama. Araruama, 17 de abril de 1964. p. 24.

de outras investigações de Grupos dos Onze, em que os atores são oficiais militares ou representantes nacionais, neste caso os atores são os representantes políticos locais. Nos relatórios e depoimentos, revelam como compreendiam os comandos nacionalistas e, principalmente, o uso de meios de pressão popular dentro do jogo institucional. Até que ponto estas estratégias de mobilização foram rejeitadas por atores institucionais locais, que não integravam as Forças Armadas ou o eixo político federal? A consolidação do regime exigia um controle sobre todos estes atores. Como veremos na investigação de Araruama, nada em abril de 1964 indicava que o regime estava consolidado[11].

Pela semelhança com o discurso brizolista, suspeita-se que os vereadores de Araruama fossem filiados ao PTB[12]. Como mostra Maria Celina d'Araújo, o partido utilizava uma dupla estratégia: se de um lado optava pela via parlamentar, de outro a minava pela via da ação direta[13]. Utilizando a via parlamentar, o PTB intensificou as campanhas eleitorais de 1962, no intuito de compor bancada ampla capaz de aprovar as reformas, a exemplo da Frente de Libertação Nacional (FLN), aliança eleitoral pró-reformas criada em 1961. Seus líderes partiam da crítica comum à época sobre a morosidade do Legislativo e procuravam ampliar a margem de participação do PTB no poder. Os resultados foram positivos: o partido aumentou o número de deputados e se tornou a segunda maior bancada do Congresso. Ao mesmo tempo, porém, o PTB passou a utilizar cada vez mais a estratégia da mobilização direta, atuando fora das instituições como aglutinador de grupos de pressão populares, contra o governo e mesmo contra as instituições representativas. Nesta estratégia, a ala radical do

[11] Tal consolidação teria de esperar ao menos o Ato Institucional nº 2, de 1965, por meio do qual o governo reagiu a uma previsível rejeição eleitoral. Kinzo, 1988, p. 23.

[12] No caso dos vereadores de Araruama, o vínculo partidário pode ou não ser petebista, a depender das diversas coligações que se faziam nos municípios entre 1945 e 1964, nem sempre iguais às coligações nacionais. Cf. Olavo Brasil de Lima Júnior (Fleischer, 1981). Dos cinco vereadores, apenas José Pereira dos Santos afirmou no depoimento que apoiava "outro candidato" (Alziro Zarur, fundador da Legião da Boa Vontade), o que dá a entender que os outros quatro teriam apoiado um mesmo concorrente. Zarur fundou a Legião da Boa Vontade em 1962. Em 1963, anunciou a fundação de um Partido da Boa Vontade, que no entanto só foi registrado em julho de 1964, cf. Editorial. Rádio Mundial S.A. Correio da Manhã, p. 13, 4 abr. 1963.

[13] Araújo, 1996, p. 147.

PTB, que tinha como figura central Leonel Brizola, comportou-se como efetivo partido de oposição ao governo Jango. Após a dissolução da FLN, Brizola fundou a Frente de Mobilização Popular (FMP), aliança que promovia ações diretas e que foi central, por exemplo, para rejeição ao Plano Trienal. O recurso ao povo, de modo direto, tornou-se uma tática de disputa de poder institucional. É nesta estratégia de mobilização popular que se compreende a intenção de Brizola de formar os grupos dos onze.

No caso dos vereadores de Araruama, é possível perceber o uso de ações diretas para influenciar o jogo institucional. Nos depoimentos dados à CPI, Celso Vieira de Souza explicou que o objetivo era pressionar o Congresso Nacional pela aprovação das reformas. Organizando grupos populares, os vereadores poderiam reforçar a exigência de reformas no Congresso:

> Certa vez, quando saiam de uma reunião da Câmara, o declarante em conversa com seus colegas, vereadores Alcebíades Carvalho das Flôres, Carlos da Silva Chaves e Benício Medeiros de Carvalho passaram a comentar a respeito do que vinha pregando a Rádio Mayrink Veiga, e que concitava a formação dos grupos dos '11' *para reivindicarem junto ao Congresso Nacional a aprovação das reformas* (...) (grifo nosso)[14].

A formação do grupo tornou-se um elemento de sua atuação representativa, a ser exposta e barganhada junto aos demais parlamentares em sessão legislativa. Percebe-se uma estratégia comum de ação, a de combinar atuação institucional e medidas de mobilização popular, algo, como se viu acima, que era próprio da política federal. O grupo de pressão

[14] Cf. ARARUAMA. Câmara Municipal de Araruama. Declarações prestadas pelo vereador Celso Vieira de Souza perante a Comissão Especial de Sindicância. Araruama, 17 de abril de 1964. In: ESTADO DO RIO DE JANEIRO. Secretaria de Segurança Pública. Investigação sobre grupo dos onze no município de Araruama/RJ. Relatório. Rio de Janeiro, 1964. p. 15. Disponível em APERJ, Setor DOPS/RJ, Pasta AP, Araruama. No mesmo sentido, o vereador Alcebíades Carvalho Flôres afirmou que a ideia do grupo "surgiu com o propósito de solicitar às autoridades do país e ao Congresso Nacional a aprovação das reformas que se preconizavam". Cf. ARARUAMA. Câmara Municipal de Araruama. Relatório da Comissão Especial de Sindicância. Araruama, 18 de abril de 1964. In: BRASIL. ESTADO DO RIO DE JANEIRO. Secretaria de Segurança Pública. Investigação sobre grupo dos onze no município de Araruama/RJ. Relatório. Rio de Janeiro, 1964. p. 23. Disponível em APERJ, Setor DOPS/RJ, Pasta AP, Araruama.

seria mais um elemento do jogo político institucional[15].O vereador Carlos Chaves, assim, afirmou à CPI que "chegou mesmo a declarar, no plenário da Câmara, que pertencia ao grupo dos 11, embora de fato ainda não pertencesse"[16]. O vereador demonstra, assim, um cálculo estratégico de vantagem, se verdadeiro o depoimento no que se refere ao anúncio de algo que ainda não se tinha realizado.

Após o golpe, porém, a estratégia foi objeto de questionamento. Para além de uma possível insurreição armada, a mobilização social e a ação direta traziam o risco de uma democracia descontrolada. Os vereadores parecem perceber o real problema, pois se defendiam rejeitando as ações em sindicatos e aquelas "contrárias à democracia", embora, como veremos abaixo, ainda buscassem diferenciar mobilizações populares subversivas de mobilizações populares não subversivas, que incluiriam as organizações pró-reformas de base. Assim, em seu depoimento, o vereador Flôres, afirmou nunca ter participado de sindicatos ou "de insuflação para que se formassem sindicatos", estratégia de ação direta paralela à dos grupos dos onze[17].

O agravante, porém, foi terem sido absolvidos por seus pares na CPI, o que significa que existiam justificativas aceitáveis para a existência de

[15] Para o vereador investigado Benício de Carvalho, o grupo "seria um instrumento para reivindicar benefícios para êstes trabalhadores menos favorecidos, aos quais, o declarante representa como vereador". Cf. ARARUAMA. Câmara Municipal de Araruama. Declarações prestadas pelo vereador Benício de Medeiros perante a Comissão Especial de Sindicância. Araruama, 17 de abril de 1964. In: ESTADO DO RIO DE JANEIRO. Secretaria de Segurança Pública. Investigação sobre grupo dos onze no município de Araruama/RJ. Relatório. Rio de Janeiro, 1964. p. 13. Disponível em APERJ, Setor DOPS/RJ, Pasta AP, Araruama.

[16] Cf. ARARUAMA. Câmara Municipal de Araruama. Declarações prestadas pelo vereador Carlos da Silva Chaves perante a Comissão Especial de Sindicância. Araruama, 17 de abril de 1964. In: ESTADO DO RIO DE JANEIRO. Secretaria de Segurança Pública. Investigação sobre grupo dos onze no município de Araruama/RJ. Relatório. Rio de Janeiro, 1964. p. 12. Disponível em APERJ, Setor DOPS/RJ, Pasta AP, Araruama.

[17] Também os outros vereadores afirmaram em seus depoimentos que nunca apoiaram ações contrárias à democracia, o que provavelmente incluía mobilizações populares. Cf. ARARUAMA. Câmara Municipal de Araruama. Relatório da Comissão Especial de Sindicância. Araruama, 18 de abril de 1964. In: BRASIL. ESTADO DO RIO DE JANEIRO. Secretaria de Segurança Pública. Investigação sobre grupo dos onze no município de Araruama/RJ. Relatório. Rio de Janeiro, 1964. p. 23. Disponível em APERJ, Setor DOPS/RJ, Pasta AP, Araruama.

mobilizações populares legítimas, algo de difícil aceitação no novo regime ditatorial que buscava consolidar uma democracia depurada.

3. Sociedade, poder legislativo e reformas de base: qual subversão?

O tema das reformas estruturais do Estado foi o centro dos debates no início da década de 1960. Eram as reformas de base: bancária, fiscal, urbana, administrativa, universitária e agrária, assim como voto dos sargentos e voto dos analfabetos. O caso da reforma agrária era emblemático: como a previsão constitucional de pagamento prévio em dinheiro a inviabilizava, exigia-se uma emenda constitucional que autorizasse o pagamento em títulos da dívida pública, algo sobre o que nunca houve consenso[18]. A composição partidária do Congresso Nacional e a postura irredutível das bancadas tornou o acordo impossível, o que só reforçava o discurso de paralisia do legislativo e falência das instituições.

Mas as reformas eram discutidas também nos espaços públicos não institucionais, como em associações, vizinhanças e até em reuniões de famílias. "O país estava irreconhecivelmente inteligente", dizia Schwarz[19]. À medida que o Congresso polarizava e travava os debates, grupos sociais diversos eram constituídos tendo como mote a defesa das reformas. Tanto quanto a defesa do nacionalismo, a necessidade de concretizá-las teve forte apelo na sociedade brasileira.

Em si, não tinham objetivos comunistas. Mesmo a mais temida reforma agrária, como era proposta, não visava à extinção ou à coletivização da propriedade. Para Thomas Skidmore, poderiam levar a três caminhos: modernização do sistema de produção e ampliação da economia brasileira; redução da desigualdade social combinada a crescimento econômico; ou, a depender do impacto da inclusão eleitoral de um contingente significativo de excluídos, uma alteração estrutural no sistema político[20]. Em qualquer dos caminhos, realizariam os ideais das instituições liberais[21]. Contudo, alteravam o equilíbrio político-econômico. Principalmente, eram exigidas por e para atores que até então não participavam ativamente do debate

[18] Enquanto o PSD aceitava algumas modificações, como o pagamento em títulos da dívida pública, desde que protegidas as propriedades produtivas, a UDN rejeitava qualquer alteração.

[19] Schwarz, 1978, p. 69.

[20] Skidmore, 2010, p. 280.

[21] Carvalho, 2013, p. 59.

público e cuja própria presença no espaço público já era sinal de uma alteração do equilíbrio político em curso. Para parlamentares conservadores, as reformas eram sempre *esquerdistas e comunizantes*. Neste contexto, nenhum dos lados distinguia reformas de base de mobilização popular, tida para uns como democrática, para outros como comunizante.

Talvez um debate menos polarizado tivesse permitido uma solução compromissória, com algum tipo de reforma. De um lado, deputados da UDN rejeitavam qualquer tipo de proposta de reforma agrária com alteração do texto constitucional, de outro, deputados reformistas-radicais rejeitavam qualquer proposta que não fosse ampla o suficiente ou que, por exemplo, transformasse "a reforma agrária em negócio agrário"[22]. Porém, para além da dificuldade e da tensão próprias da redistribuição de poder, existia uma imbricação particular com a mobilização social. Seria possível dissociar reformas e mobilização? Uma ditadura que rejeitasse um alto grau de mobilização seria capaz de efetivar reformas estruturais?

No grupo dos onze de Araruama, os vereadores, em seus depoimentos, justificaram a formação de um grupo como defesa das reformas. Para o vereador Carlos da Silva Chaves, pensavam estar defendendo a reforma agrária:

> (...) foi falado sobre a constituição dos grupos dos '11' em virtude da programação da Rádio Mayrink Veiga, que concitava a criação dêsses grupos para forçar a aprovação das reformas, principalmente, a reforma agrária; que a pregação da referida *estação radiofônica deixou transparecer que a criação dos grupos dos '11' seria mais uma alavanca para a consumação das reformas*; que sendo o declarante, vereador nesta Câmara e também agricultor, e *sabendo da existência de grandes áreas de terras abandonas e improdutivas no município, julgava em seu entender que esta providência viria a concorrer para o aproveitamento destas terras* (...); que nunca pensou que a constituição dêste grupo tivesse outra finalidade, senão as que já se referiu (grifo nosso)[23].

[22] Carvalho, 2013, p. 57.

[23] Cf. BRASIL. Câmara Municipal de Araruama. Declarações prestadas pelo vereador Carlos da Silva Chaves perante a Comissão Especial de Sindicância. Araruama, 17 de abril de 1964. In: ESTADO DO RIO DE JANEIRO. Secretaria de Segurança Pública. Investigação sobre grupo dos onze no município de Araruama/RJ. Relatório. Rio de Janeiro, 1964. p. 11. Disponível em APERJ, Setor DOPS/RJ, Pasta AP, Araruama.

Para o vereador Celso Vieira de Souza, o grupo era forma de reivindicação para aprovação das reformas:

> (...) passaram a comentar a respeito do que vinha pregando a Rádio Mayrink Veiga, e que concitava a formação dos grupos dos '11' para reivindicarem junto ao Congresso Nacional a aprovação das reformas (...), jamais supunha que êsse grupo, após formado, tivesse outras finalidades senão aquelas que apregoava a Rádio (...)[24].

Assim como para o vereador Alcebíades das Flôres, para quem

> êste ideal surgiu com o propósito de solicitar às autoridades do país e ao Congresso Nacional a aprovação das reformas que se preconizavam (...), nunca podia pensar que o mencionado grupo tivesse outras finalidades (...)[25].

Ainda que se reconheça a possibilidade de um acusado contar apenas parte da realidade, ocultando os elementos que o poderiam incriminar, o interessante é que, de todas as estratégias de defesa possíveis, usaram o argumento de apoio às reformas. Nos seus depoimentos, eles não rejeitaram o golpe, eles elogiavam as forças armadas e a *revolução* e afirmavam "não queríamos o comunismo, queríamos apenas as reformas". O vereador Benício Medeiros declarou que "é democrata, repudia o comunismo e dá graças a Deus por terem as gloriosas Fôrças Armadas evitado que êste mal fadado regime pudesse ser consumado entre nós"[26]. O vereador Carlos

[24] Cf. ARARUAMA. Câmara Municipal de Araruama. Declarações prestadas pelo vereador Celso Vieira de Souza perante a Comissão Especial de Sindicância. Araruama, 17 de abril de 1964. In: ESTADO DO RIO DE JANEIRO. Secretaria de Segurança Pública. Investigação sobre grupo dos onze no município de Araruama/RJ. Relatório. Rio de Janeiro, 1964. p. 15. Disponível em APERJ, Setor DOPS/RJ, Pasta AP, Araruama.

[25] Cf. ARARUAMA. Câmara Municipal de Araruama. Relatório da Comissão Especial de Sindicância. Araruama, 18 de abril de 1964. In: ESTADO DO RIO DE JANEIRO. Secretaria de Segurança Pública. Investigação sobre grupo dos onze no município de Araruama/RJ. Relatório. Rio de Janeiro, 1964. p. 23. Disponível em APERJ, Setor DOPS/RJ, Pasta AP, Araruama.

[26] Cf. ARARUAMA. Câmara Municipal de Araruama. Relatório da Comissão Especial de Sindicância. Araruama, 18 de abril de 1964. In: ESTADO DO RIO DE JANEIRO. Secretaria de Segurança Pública. Investigação sobre grupo dos onze no município de Araruama/RJ.

da Silva declarou que "repudia o comunismo e aquêles que tentaram implantar o comunismo, flanqueando a boa-fé dos que querem melhores dias para a nossa pátria; finalizando confia na democracia chefiada pelo grande Marechal Castelo Branco"[27]. No mesmo sentido, o vereador Celso de Souza declarou:

> (...) que se congratula com as Forças Armadas por terem, em tempo, libertado a nossa pátria do jugo comunista; que só agora veio a saber que o país estava infectado pelo comunismo (...); que estavam realmente ludibriados em sua boa fé e que nenhuma participação tiveram antes, durante ou depois da revolução democrática[28].

Também as testemunhas ouvidas afirmaram que os vereadores eram conhecidos na cidade, que "sempre se portaram muito bem, não promovendo qualquer ato de agitação"[29], que "nenhum dêsses elementos promoveu agitações, nem distribuiu material subversivo (...), sabe ser todos homens pacatos e ordeiros"[30], que "nunca ouviu nem soube que qualquer

Relatório. Rio de Janeiro, 1964. p. 25. Disponível em APERJ, Setor DOPS/RJ, Pasta AP, Araruama.

[27] Cf. ARARUAMA. Câmara Municipal de Araruama. Relatório da Comissão Especial de Sindicância. Araruama, 18 de abril de 1964. In: ESTADO DO RIO DE JANEIRO. Secretaria de Segurança Pública. Investigação sobre grupo dos onze no município de Araruama/RJ. Relatório. Rio de Janeiro, 1964. p. 24. Disponível em APERJ, Setor DOPS/RJ, Pasta AP, Araruama.

[28] Cf. ARARUAMA. Câmara Municipal de Araruama. Relatório da Comissão Especial de Sindicância. Araruama, 18 de abril de 1964. In: ESTADO DO RIO DE JANEIRO. Secretaria de Segurança Pública. Investigação sobre grupo dos onze no município de Araruama/RJ. Relatório. Rio de Janeiro, 1964. p. 25. Disponível em APERJ, Setor DOPS/RJ, Pasta AP, Araruama.

[29] Cf. ARARUAMA. Câmara Municipal de Araruama. Depoimento de Estanislau Gomes Vieira à Comissão Especial de Sindicância. Araruama, 17 de abril de 1964. In: ESTADO DO RIO DE JANEIRO. Secretaria de Segurança Pública. Investigação sobre grupo dos onze no município de Araruama/RJ. Relatório. Rio de Janeiro, 1964. p. 08. Disponível em APERJ, Setor DOPS/RJ, Pasta AP, Araruama.

[30] Cf. ARARUAMA. Câmara Municipal de Araruama. Depoimento de Mário Vieira Machado à Comissão Especial de Sindicância. Araruama, 17 de abril de 1964. In: ESTADO DO RIO DE JANEIRO. Secretaria de Segurança Pública. Investigação sobre grupo dos onze no município de Araruama/RJ. Relatório. Rio de Janeiro, 1964. p. 08. Disponível em APERJ, Setor DOPS/RJ, Pasta AP, Araruama.

vereador (...) tivessem se manifestado a favor do comunismo (...) ou tido qualquer atuação subversiva (...)"[31]. A postura dos vereadores teria sido sempre favorável à democracia, antes ou depois da *revolução*.

O que se percebe é que a defesa dos vereadores partia do pressuposto que as reformas de base não eram subversivas, por isso eles não eram comunistas. Como não tinham efetivamente atuado, mas apenas manifestado apoio a uma demanda legítima, não poderiam ser condenados ou cassados. Para demonstrar que estavam errados, seria preciso demonstrar que agiram, sim, mesmo que ninguém tivesse percebido ou, alternativamente, que o simples apoio às reformas e à mobilização popular já era subversão.

Esta dificuldade de enquadramento perpassou a investigação de quase todos os grupos dos onze, pois os grupos, apesar de acusados de *ação comunizante*, nunca chegaram a ter uma atuação concreta. Restava ao regime militar duas opções de condenação: (i) ou se condenava a atuação, alegando que existia uma rede de ação comunista subterrânea inacessível ao olhar público que via apenas as reformas de base, (ii) ou se condenava a opinião, mostrando que o apoio explícito à mobilização e às reformas já era subversivo.

No primeiro caso, adotava-se a teoria dos infiltrados: alguns poucos subversivos comunistas estavam sorrateiramente presentes na sociedade preparando um golpe comunista. Esta teoria tinha a nítida vantagem de não expor o apoio generalizado às reformas, algo que poderia revelar um lado obscuro do golpe, o de que existiam divergências na sociedade civil sobre os benefícios de uma ditadura militar. Tal teoria foi a adotada pela investigação nacional sobre os grupos dos onze, o IPM do G11 conduzido pelo Coronel Osneli Martineli. No curso das investigações, oficiais das Forças Armadas teriam descoberto o suposto Dossiê Secreto de Leonel Brizola, dando provas de que havia um plano comunista em curso: "Este documento foi trazido ao nosso ´Serviço de informação e contra-informação´ por um agente secreto infiltrado na cúpula comunista do

[31] Cf. ARARUAMA. Câmara Municipal de Araruama. Depoimento de Antonio Francisco Alves à Comissão Especial de Sindicância. Araruama, 17 de abril de 1964. In: ESTADO DO RIO DE JANEIRO. Secretaria de Segurança Pública. Investigação sobre grupo dos onze no município de Araruama/RJ. Relatório. Rio de Janeiro, 1964. p. 07. Disponível em APERJ, Setor DOPS/RJ, Pasta AP, Araruama.

Estado do Rio de Janeiro, Grupos dos onze e Brizola"[32].No texto, Brizola admitiria que o objetivo final era se associar ao Partido Comunista Chinês e implantar a revolução no Brasil, o que explicaria o caráter secreto das orientações. Entretanto, é de se notar que existem indícios de falsificação ou adulteração. Enquanto alguns trechos são compatíveis com os discursos de Brizola no início de 1964, favoráveis ao nacionalismo e às reformas de base na "lei ou na marra", outros causam estranhamento:

> Os g11 serão, como o foi a Guarda Vermelha da Revolução Socialista de 1917 (...) os agentes da Libertação do nosso povo. (...) OS FINS JUSTIFICAM OS MEIOS e que TUDO será ainda pouco para a LIBERTAÇÃO NACIONAL (grifo original). [Deve-se atrair] o maior número de mulheres e crianças para, à frente da massa popular, acobertar a ação dos g11 (p. 2).
>
> A escassez inicial de armas poderosas e verdadeiramente militares será suprida pelos aliados militares. (...). Nesse mesmo dia, os camponeses, dirigidos por nossos companheiros, virão destruindo e queimando as plantações, celeiros, depósitos de cereais e armazéns gerais (p. 6). [A principal deve ser a] destruição de armazéns, pontes, passagens, vias férreas, ataques e desarmamento de pequenos grupos de soldados, procurando organizar a revolta das tropas (p. 7). [É fundamental] difundir notícias falsas, tendenciosas e inteiramente favoráveis aos nossos g11 e aos nossos planos (p. 7).
>
> Os reféns [devem ser] sumariamente e imediatamente fuzilados, a fim de que não denunciem seus aprisionadores e não lutem posteriormente, para sua condenação de destruição (p. 11)[33].

Mesmo imaginando que o objetivo de Brizola fosse o de organizar milícias, dificilmente ele as explicaria como difusão de notícias *falsas, tendenciosas e inteiramente favoráveis*. Do mesmo modo, dificilmente recomendaria atrair mulheres e crianças para *acobertar* a ação após ter sugerido que os companheiros convidassem seus vizinhos, amigos e familiares.

Diversos jornais noticiaram a apreensão do dossiê pelas autoridades militares, anunciando que ele seria anexado aos autos das investigações em

[32] Cf. BRASIL. Dossiê nº 1. Grupo dos onze – Estado do Rio de Janeiro, pág. 2. Disponível em APERJ, Setor Comunismo, pasta 66.

[33] Cf. BRASIL. Dossiê nº 1. Grupo dos onze – Estado do Rio de Janeiro, pág. 2. Disponível em APERJ, Setor Comunismo, pasta 66.

curso. Este dossiê garantiu a comprovação de que os grupos dos onze eram organização subversiva que deveria ser combatida. Apoiava-se na teoria dos infiltrados para responder a dúvida sobre o real sentido dos grupos: os líderes que afirmavam não conhecer o caráter comunista só poderiam estar escondendo a verdade, a grande massa que participou só poderia ter sido ludibriada. Ou seja, permitia tanto fazer uma limpeza política como reafirmar o apoio social ao novo regime.

A teoria teve repercussão, tendo sido inclusive utilizada pelos vereadores de Araruama em suas defesas. Como afirmavam em seus depoimentos: "a *revolução* era necessária; pensávamos estar defendendo as reformas, mas fôramos todos ludibriados porque o real propósito era constituir células comunistas". O vereador Carlos Chaves declarou: "lamenta saber agora que o tal grupo dos 11 tinha outra finalidade diferente daquelas que pregava o seu fundador, que é visceralmente contrário ao comunismo e repudia aquêles que tentaram implantar êste regime"[34]. O vereador Benício de Carvalho explicou que "jamais podia supor que êste grupo tivesse outras finalidades diversas daquelas pregadas pela referida emissora, que o declarante tem sua formação democrática e cristã, repudia o comunismo"[35]. Também o vereador Celso Vieira de Souza declarou que "seus colegas estavam igualmente ludibriados em sua boa-fé e que nenhuma participação tiveram antes, durante e após a vitoriosa revolução democrática e que neste momento só lhe resta dar um Viva a Democracia"[36].

[34] Cf. BRASIL. Câmara Municipal de Araruama. Declarações prestadas pelo vereador Carlos da Silva Chaves perante a Comissão Especial de Sindicância. Araruama, 17 de abril de 1964. In: ESTADO DO RIO DE JANEIRO. Secretaria de Segurança Pública. Investigação sobre grupo dos onze no município de Araruama/RJ. Relatório. Rio de Janeiro, 1964. p. 11. Disponível em APERJ, Setor DOPS/RJ, Pasta AP, Araruama.

[35] Cf. ARARUAMA. Câmara Municipal de Araruama. Declarações prestadas pelo vereador Benício de Medeiros perante a Comissão Especial de Sindicância. Araruama, 17 de abril de 1964. In: ESTADO DO RIO DE JANEIRO. Secretaria de Segurança Pública. Investigação sobre grupo dos onze no município de Araruama/RJ. Relatório. Rio de Janeiro, 1964. p. 13. Disponível em APERJ, Setor DOPS/RJ, Pasta AP, Araruama.

[36] Cf. ARARUAMA. Câmara Municipal de Araruama. Declarações prestadas pelo vereador Celso Vieira de Souza perante a Comissão Especial de Sindicância, em 17 de abril de 1964. In: ESTADO DO RIO DE JANEIRO. Secretaria de Segurança Pública. Investigação sobre grupo dos onze no município de Araruama/RJ. Relatório. Rio de Janeiro, 1964. p. 16. Disponível em APERJ, Setor DOPS/RJ, Pasta AP, Araruama.

A defesa dos vereadores tem sua razão de ser dentro do quadro traçado pelo regime militar a respeito dos grupos dos onze. As justificativas de defesa são formuladas a partir da narrativa oficial. Porém, revelam um problema desta narrativa: a ditadura seria capaz de reconhecer que existia um apoio generalizado às reformas, que se contrapunha ao projeto de construção social do regime autoritário? A teoria dos infiltrados não enfrenta este problema: se explica como sanear a política de alguns poucos subversivos, não explica como sanear a política da própria sociedade. Como se verá no tópico seguinte, a deficiência na argumentação autoritária levava a algumas dificuldades de controle social.

4. Como consolidar o regime militar? A absolvição no autojulgamento dos vereadores

As defesas parecem ter surtido efeito, porque ao final das investigações a Comissão Especial de Sindicância concluiu que os vereadores não eram culpados de qualquer ato subversivo que pudesse levar à perda do cargo: "a Comissão Especial entende nada ter apurado que possa comprometer os vereadores"[37]. Três resoluções da Câmara de Vereadores de Araruama indicam que os vereadores sofreram ao final algum tipo de responsabilização. A primeira é a Resolução nº 17, nomeada "Suspensão de vereadores", de 04 de maio de 1964, duas semanas após o término do relatório da Comissão de Sindicância. A segunda é a Resolução nº 4, de 03 de maio de 1965, que prorrogou por mais 180 dias a Resolução nº 17. A terceira é a Resolução nº 5, de 31 de maio de 1965, que revogou a resolução anterior de prorrogação[38]. O conteúdo da Resolução nº 17 não está disponível, não tendo sido possível confirmar a quem as resoluções se referiam, mas suspeita-se que os vereadores suspensos por ela tenham sido os mesmos investigados pela Comissão de Sindicância. O que se sabe é que Alcebíades Carvalho Flôres foi alvo de um inquérito penal militar e de uma ação penal,

[37] Cf. ARARUAMA. Câmara Municipal de Araruama. Relatório da Comissão Especial de Sindicância. Araruama, 18 de abril de 1964. In: ESTADO DO RIO DE JANEIRO. Secretaria de Segurança Pública. Investigação sobre grupo dos onze no município de Araruama/RJ. Relatório. Rio de Janeiro, 1964. p. 25. Disponível em APERJ, Setor DOPS/RJ, Pasta AP, Araruama.

[38] Dados disponíveis no sítio eletrônico da Câmara Municipal de Araruama: http://www.cmararuama.com.br/vereadores.php?ano=1967. Acesso em 21 de agosto de 2014.

não havendo notícias sobre o resultado do processo[39]. Sabe-se, ainda, que o vereador Carlos da Silva Chaves foi reeleito no pleito de 1965, o que indica que não sofreu maiores represálias[40]. Pelas consequências diversas que sofreram esses dois vereadores, é possível supor que o relatório da Comissão de Sindicância tenha tido algum impacto, de rejeição no caso de Alcebíades, de aceitação no caso de Carlos Chaves.

Considerando que se trata de uma investigação feita por seus pares, é possível imaginar que os vereadores tenham influenciado a colheita de depoimentos, já que todas as testemunhas que prestaram depoimentos foram favoráveis aos acusados. Contra esta suspeita, o depoimento do comerciante Lourival Coutinho assumiu certo caráter de neutralidade, indicando que havia, de fato, uma discussão em curso sobre a *subversividade* de movimentos políticos de ação direta e de pressão institucional não ligados diretamente ao comunismo:

> [Afirmou que] é inimigo particular e pessoal do vereador Alcebíades Carvalho das Flôres, que pode afirmar em sã consciência que o vereador Alcebíades nunca falou sobre comunismo, nunca distribuiu material subversivo a ninguém, nem promoveu agitações (...); que sabe, inclusive que o vereador é contra o comunismo, sendo o mesmo nascido e criado nesta localidade, que afirma o que está dizendo com a consciência tranquila pois, como já disse, não tem relações com o vereador[41].

[39] A ação penal foi encaminhada para a justiça comum em 31 de dezembro de 1964, após declaração de incompetência do juízo militar. Cf. Editoral. Incompetência. Correio da Manhã, p. 3, 31 de dez. de 1964. Ainda: BRASIL. JUSTIÇA MILITAR. 2ª Auditoria da 1ª Região Militar. Ofício nº 173-Distr. Comunica a distribuição de inquérito no qual figuram Alcebíades Carvalho das Flores, José Simplício de Freitas e outro, de 17 de setembro de 1964. In: ESTADO DO RIO DE JANEIRO. Secretaria de Segurança Pública. Investigação sobre grupo dos onze no município de Araruama/RJ. Relatório. Rio de Janeiro, 1964. Disponível em APERJ, Setor DOPS/RJ, Pasta AP, Araruama.

[40] Dados disponíveis no sítio eletrônico da Câmara Municipal de Araruama: http://www.cmararuama.com.br/vereadores.php?ano=1967. Acesso em 21 de agosto de 2014.

[41] Cf. ARARUAMA. Câmara Municipal de Araruama. Declarações prestadas Lourival Coutinho perante a Comissão Especial de Sindicância, em 17 de abril de 1964. Araruama, 17 de abril de 1964. In: ESTADO DO RIO DE JANEIRO. Secretaria de Segurança Pública. Investigação sobre grupo dos onze no município de Araruama/RJ. Relatório. Rio de Janeiro, 1964. p. 9.

Para além de manobras de defesa, parece ter existido uma crença mais profunda na legitimidade de disputas político-institucionais associadas à mobilização político-social. Neste sentido, tão interessante quanto o resultado é a escolha das estratégias de defesa, consideradas as mais persuasivas naquele contexto. Estas estratégias permitiram que, mesmo após o golpe, fosse construída uma narrativa capaz de defender as reformas de base e defender a autonomia político-institucional dos deputados. Ainda que o parecer da Comissão tenha sido rejeitado para Alcebíades das Flores, pode ser aceito pela Câmara de Araruama e pode ter resultados positivos para Carlos Chaves, um indício de que nos primeiros meses após o golpe o discurso pró-reformas ou a estratégia de mobilização não estava completamente sob controle. Em meio a estes debates, permaneciam duas perguntas para o novo regime. Primeiro, seria possível recepcionar o discurso das reformas? Segundo, seria possível recepcionar a liberdade mobilização político-institucional?

Para o regime militar, o desafio seguinte era dissociar reformas de mobilização popular, apropriando-se de parte da agenda reformista, com novo sentido autoritário. A reforma econômica foi implementada no governo de Castelo Branco por meio do Programa de Ação Econômica do Governo (PAEG), visando ao reequilíbrio das finanças por meio de corte de gastos, reorganização das empresas públicas e aumento de imposto, assim como pela elaboração de lei de regulação de investimentos estrangeiros e remessa de lucro. O PAEG, combinado a medidas de repressão às greves, surtiu efeitos positivos na economia, com redução progressiva do déficit público e da inflação[42]. A reforma agrária foi implementada por meio do Estatuto da Terra, de novembro de 1964, para promoção da política agrícola, em associação à repressão dos *agitadores* do campo. Apropriou-se de demandas por reformas buscando construir a sua necessária base social, mas deu novo significado ao combiná-las não à mobilização, mas à repressão.

Permanecia, porém, uma segunda pergunta: como controlar a atuação de grupos políticos que haviam se mobilizado dentro e fora das instituições? Inicialmente, a concepção de democracia tutelada do Presidente Castelo Branco não previa reformas institucionais estruturais. Se o que existia eram infiltrados comunistas nas organizações liberais, seria suficiente

[42] Fausto, 1994, p. 471.

realizar uma *limpeza* com prisões, cassações, demissões e expulsões do país. Um ato institucional demarcaria as situações excepcionais de expurgos para que as instituições voltassem ao bom funcionamento. Mantinha-se, portanto, a legalidade e a legitimidade da Constituição de 1946.

O que se vislumbra na CPI de Araruama, contudo, era a impossibilidade prática de consolidação da ditadura dentro dos parâmetros institucionais da democracia de 1946 a 1964. Ao deixar para o legislativo municipal a atribuição de julgamento da política e da sociedade, o resultado foi um enfraquecimento do discurso autoritário, uma perda de controle. Pequenas derrotas tanto nas localidades como nos demais poderes, em especial no judiciário, expunham um desafio que não podia ser ignorado: a tentativa de respeitar a legalidade trazia consigo o ônus da possibilidade da derrota. Nos anos seguintes, o regime militar tentou dar uma resposta ao problema, passando a editar outros atos institucionais e a intervir nos demais poderes. O resultado foi o progressivo endurecimento do regime até o Ato Institucional nº 5.

Referências

Fontes

Arquivo Público do Estado do Rio de Janeiro, setor DOPS e setor Comunismo.

Bibliografia

AMARAL. Anselmo. *Brizola e a Legalidade*. Porto Alegre: Editora Rigel, 2009.

ARAÚJO, Maria Celina. *Sindicatos, Carisma e Poder:* o PTB de 1945 a 1965. São Paulo: Editora FGV, 1996.

BALDISSERA, Marli de Almeida. *Onde estão os Grupos de Onze:* os Comandos Nacionalistas na região do Alto Uruguai – RS. Passo Fundo, EPF Editora, 2005.

BANDEIRA, Moniz. *Brizola e o trabalhismo*. Rio de Janeiro: Civilização Brasileira, 1979.

CARVALHO, Cláudia Paiva. *Intelectuais, cultura e repressão política na ditadura brasileira*. Dissertação (Mestrado em Direito). Programa de Pós-Graduação em Direito, Estado e Constituição, Universidade de Brasília, 2013.

DELGADO, Lucilia. *PTB:* do getulismo ao reformismo. São Paulo: Marco Zero, 1989.

FAUSTO, Boris. *História do Brasil*. São Paulo: Editora da USP, 1994.

FELIZARDO, Joaquim José. *A legalidade:* último levante gaúcho. Porto Alegre: Ed. da UFRGS, 1988.

FERREIRA, Jorge. A estratégia do confronto: a frente de mobilização popular. *Rev. Bras. Hist.*, vol. 24, nº 47, 2004.

_________. A legalidade traída: os dias sombrios de agosto e setembro de 1961. Tempo. *Revista do Departamento de História da UFF*, vol. 2, n. 3, p. 149-182, 1997.

_________. *O imaginário trabalhista:* getulismo, PTB e cultura política popular (1945--1964). Rio de Janeiro: Civilização Brasileira, 2005.

_________ (org). *Populismo e sua história:* debate e crítica. Rio de Janeiro: Civilização Brasileira, 2001.

_________; DELGADO, Lucilia (org). *O Brasil Republicano:* o tempo da experiência democrática (1945-1964). Rio de Janeiro: Civilização Brasileira, 2003.

_________; REIS, Daniel Aarão (org). *Nacionalismo e reformismo radical (1945-1964).* Rio de Janeiro: Civilização Brasileira, 2007.

FLEISCHER, David (org). *Os partidos políticos no Brasil.* Brasília: Editora da UnB, 1981.

GASPARI, Elio. *A ditadura envergonhada.* São Paulo: Cia. das Letras, 2002.

GOMES, Angela. *A invenção do trabalhismo.* Rio de Janeiro: Relume-Dumara, 1994.

_________ (org.). *Vargas e a crise dos anos cinquenta.* Rio de Janeiro: Relume-Dumará, 1994.

LEITE FILHO, Francisco das Chagas. *El Caudillo:* Leonel Brizola, um perfil biográfico. São Paulo: Aquariana, 2008.

KINZO, Maria d'Alva Gil. *Oposição e Autoritarismo:* Gênese e Trajetória do MDB – 1966-1979. São Paulo: Vértice, Editora Revista dos Tribunais, 1988.

MARKUN, Paulo; HAMILTON, Duda. *1961:* que as armas não falem. São Paulo: Ed. Senac, 2001.

MORAES, Denis de. *A Esquerda e o Golpe de 64:* vinte e cinco anos depois as forças populares repensam seus mitos, sonhos e ilusões. Rio de Janeiro: Espaço e Tempo, 1989.

PACHECO, Diego. *Ecos da Resistência:* os grupos dos onze e os trabalhismos em Santa Catarina (1961-1964). Dissertação (Mestrado em História). Programa de Pós-Graduação em História, Universidade Federal de Santa Catarina, 2012.

SCHILLING, Paulo. *Como se coloca a direita no poder.* São Paulo: Global, 1979.

SCHWARZ, Roberto. Cultura e Política, 1964-1969. In: *O pai de família e outros estudos.* 2ª ed. Rio de Janeiro: Paz e Terra, 1978.

SKIDMORE, Thomas E. *Brasil:* de Getúlio a Castello (1930-64). Tradução de Berilo Vargas. São Paulo: Companhia das Letras, 2010.

STEPAN, Alfred. *The Breakdown of Democratic Regimes.* Baltimore and London: Johns Hopkins University Press, 1979.

SZATKOSKI, Elenice. *Os Grupos dos Onze:* política, poder e repressão na região do Médio Alto Uruguai – RS 1947/1968. Programa de Pós-Graduação em História. Universidade de Passo Fundo. Porto Alegre, 2003.

15. O SUPREMO TRIBUNAL FEDERAL E A REPRESENTAÇÃO DE INCONSTITUCIONALIDADE NO REGIME MILITAR

Cristina Reis Kokkinos Castanheira

Introdução

Em um contexto de crise no Governo Castello Branco, foi introduzido o Ato Institucional nº 2, em outubro de 1965, o qual promoveu mudanças institucionais no âmbito do Supremo Tribunal Federal. Nove dias depois, o Ministro da Justiça, Juracy Magalhães, submeteu ao Congresso projeto de emenda constitucional para modificação do artigo 101, que objetivava instituir a representação de inconstitucionalidade de lei ou ato de natureza normativa federal ou estadual, encaminhada pelo Procurador-Geral da República ao Supremo Tribunal Federal (STF), entre outras alterações.

Aprovada por maioria absoluta, a Emenda Constitucional nº 16, de 1965, é citada nos livros de Direito Constitucional dos atuais ministros do STF, Gilmar Ferreira Mendes[1] e Luís Roberto Barroso[2], como a norma instituidora do controle abstrato de normas federais no ordenamento jurídico brasileiro.

[1] Cf. Mendes e Branco, 2012, p. 1329-1333.

[2] A Emenda Constitucional nº 16, de 1965 é retratada por Barroso do seguinte modo: "O controle de constitucionalidade só viria a sofrer inovação radical com a Emenda Constitucional n. 16, de 26 de novembro de 1965, na vigência ainda da Constituição de 1946, mas já sob o regime militar. (...) Introduzia-se, assim, no direito brasileiro mecanismo análogo ao das cortes constitucionais europeias: um controle por via principal, mediante ação direta, em fiscalização abstrata e concentrada no Supremo Tribunal Federal. O controle incidental e difuso, por sua vez, não foi afetado pela inovação, passando ambos a conviver entre si" (Barroso, 2012, p. 69 e 70).

O ano de 1965 chama a atenção por tudo ao que remete: o início da ditadura civil-militar e a edição do segundo Ato Institucional, responsável por promover alterações sensíveis no âmbito do Poder Judiciário, cujo exemplo primordial é o aumento da composição do STF. A reflexão desse contexto histórico, em conjunto com o que o controle abstrato e concentrado de constitucionalidade tem representado no âmbito do constitucionalismo brasileiro do século XXI, possui a pretensão de contribuir, de algum modo, para a recuperação do papel da história como fundamental campo de pesquisa que abre caminhos para reflexões e proposições sobre os problemas contemporâneos do Direito e das práticas constitucionais brasileira.

A presente pesquisa, ao abordar o contexto em que esse novo modelo de controle jurisdicional no país foi inaugurado, durante o regime militar, se reúne às recentes produções historiográficas sobre o papel do Poder Judiciário na ditadura militar[3]. Em especial, busca refletir acerca da recepção dessa mudança pelo STF, considerando como a Corte e os juristas da época conformaram os seus aspectos procedimentais, tal como a atuação do Procurador Geral da República, por meio da leitura das primeiras representações que envolveram a discussão sobre os significados e limites do novo instituto.

1. A Constituição de 1946 e sua modificação pelo Ato Institucional de 9 de abril de 1964

O processo de institucionalização do novo regime, em 1964, adveio da necessidade de um estatuto jurídico que legitimasse a ação militar como uma revolução e não como um golpe de Estado.

Para tanto, a "revolução vitoriosa" investiu a si mesma de Poder Constituinte, e instituiu o Ato de 9 de abril de 1964, criando uma das primeiras ambivalências do regime que veio a perdurar até o ano de 1985. Leonardo Barbosa[4] salienta tal contradição ao explicar que, nos dizeres

[3] O presente texto foi o ponto de partida para a pesquisa da dissertação de mestrado intitulada "*CONTROLE ABSTRATO DE CONSTITUCIONALIDADE NO BRASIL Entre superposições, assincronias e convergências*" apresentada ao Programa de PósGraduação da Faculdade de Direito da Universidade de Brasília para a obtenção do título de mestre em Direito.

[4] Cf. Barbosa, 2012, p. 54-55.

do Ato, o único titular do Poder Constituinte é o povo, o qual estaria representado pelos chefes da "revolução". Ao mesmo tempo, na tentativa de manter a aparência de legalidade, o deputado Ranieri Mazzilli exercia a presidência até que fosse eleito um novo presidente, conforme a previsão constitucional[5].

Na tentativa de transformar a estrutura constitucional para atender aos novos objetivos da gloriosa "revolução", o art. 3º do Ato Institucional nº 1 atribuiu ao Presidente da República a prerrogativa de propor emendas constitucionais. Isso alterou o dispositivo original cujo texto previa que as emendas constitucionais deveriam ser propostas pelos membros da Câmara dos Deputados ou do Senado federal, ou das Assembleias Legislativas dos Estados. O quórum para a aprovação da emenda se dava com o voto de dois terços em cada casa[6].

O Ato Institucional nº 1 veio também com a exigência procedimental de que os projetos enviados pelo Presidente da República fossem apreciados em reunião do Congresso Nacional em um prazo de 30 dias a contar da data do seu recebimento, em duas sessões, e com o intervalo máximo de 10 dias entre elas. Modificando o quórum para aprovação de emendas, o Ato estabeleceu que seriam considerados aprovados os projetos quando fosse obtida, em ambas as votações, a maioria absoluta dos membros das duas Casas do Congresso[7].

Prática não inédita na história constitucional brasileira, a mudança na Constituição, para alterar o quórum de votação de um projeto de emenda constitucional, tornou-se, como será visto adiante, mais um instrumento utilizado pelo regime militar que indica o anseio por um Executivo forte e protagonista[8], interessado em reformar. Ademais, um dos significados do

[5] Art. 79 e parágrafos, da Constituição de 1946.

[6] Constituição de 1946, texto original, art. 217, §§ 1º e 2º.

[7] Cf. art. 3º do Ato Institucional de 9 de Abril de 1964: "Art. 3º – O Presidente da República poderá remeter ao Congresso Nacional projetos de emenda da Constituição. Parágrafo único – Os projetos de emenda constitucional, enviados pelo Presidente da República, serão apreciados em reunião do Congresso Nacional, dentro de trinta (30) dias, a contar do seu recebimento, em duas sessões, com o intervalo máximo de dez (10) dias, e serão considerados aprovados quando obtiverem, em ambas as votações, a maioria absoluta dos membros das duas Casas do Congresso" (Ato Institucional de 9 de Abril de 1964. Diário Oficial da União, Brasília, DF, 9 abr. 1964, Seção 1).

[8] Cf. Barbosa, 2012, p. 58.

golpe militar foi a modificação não só do poder, como também da estrutura constitucional.

2. A instabilidade institucional entre o Executivo e o Supremo Tribunal Federal

Com o golpe militar, no período de um ano e seis meses que se seguiu, Castello Branco governou o país com uma preocupação de manter a legalidade e, ao mesmo tempo, frear os anseios dos setores militares mais radicais e manter o apoio da sociedade civil. Ocorre que, com o acontecimento das eleições diretas em 11 dos estados da federação, a vitória da oposição em Minas Gerais e na Guanabara aumentou a pressão por parte dos militares, como exposto por Osvaldo Trigueiro do Vale:

> Antes da edição do AI n.º 2 e após as eleições diretas em 11 estados da Federação, nos quais a Revolução fora derrotada em vários deles, principalmente em Minas Gerais e na Guanabara, com a eleição de Israel Pinheiro e Negrão de Lima, respectivamente, reabriram-se as perspectivas de enrijecimento da chamada 'linha dura' e os ventos varriam as pegadas no caminho da democracia. O Supremo não ficaria imune desta vez[9].

O Presidente, a partir de então, passou a enviar mensagens ao Congresso com o intuito de aumentar a atuação "revolucionária", na tentativa de atender à pressão militar, insatisfeita com os resultados da eleição. O Jornal do Brasil, em 05 de outubro de 1965, noticiou em sua primeira página a ação do Presidente na tentativa de conter os anseios civis e militares: a concessão da posse dos eleitos, e em contrapartida, a ampliação imediata, por emenda constitucional, do seu poder de controle sobre os estados[10].

Três dias depois, o mesmo jornal publicou a seguinte notícia:

> Milton exonera-se do Ministério.
>
> Aprofunda-se dissídio entre civis e militares.
>
> O Senhor Milton Campos, na verdade, opôs-se seguidamente aos projetos elaborados nos laboratórios da linha dura como atentatórios a ordem jurídica de que se tornou um guardião vigilante, sempre, de resto, prestigiado e

[9] Cf. Barbosa, 2012, p. 95.

[10] Cf. Barbosa, 2012, p. 97.

> compreendido pelo Presidente da República. É sintomático que, no momento em que, por intermédio do Dep. Adauto Lúcio Cardoso, inclui-se na lista de prováveis projetos a serem enviados ao Congresso aquele que transfere para alçada da Justiça Militar o julgamento dos crimes apurados pelos IPMs[11].

O personagem Milton Campos, Ministro da Justiça à época, e exaltado pelo jornal, nomeou uma comissão responsável por estudar as proposições que culminaram no projeto de Emenda Constitucional nº 6. Milton Campos foi substituído pela figura de Juracy Magalhães, que teria assumido a pasta com a "missão de emergência"[12] de fazer ser aprovado o projeto de emenda constitucional que ampliava o raio de intervenção federal nos estados e significaria o cumprimento do compromisso de Castello Branco com a linha dura.

No âmbito do Judiciário, ainda dentro do contexto da perda de credibilidade do regime e das ameaças de enrijecimento e intervenção, o Presidente do Supremo, Ribeiro da Costa, em 25 de outubro do mesmo ano, teceu críticas aos militares e, mais especificamente, rejeitou a intervenção do poder "revolucionário" no funcionamento e nas atribuições da Suprema Corte brasileira. Vale ressaltar trecho da entrevista:

> Em verdade, nada mais contundente, absurdo, esdrúxulo e chocante com os princípios básicos da Constituição, que vedam em sua sistemática se cogite de aumento de juízes, da Corte Suprema, sem que de sua iniciativa se manifeste essa necessidade mediante mensagem dirigida ao Congresso Nacional[13].

Para compreender melhor o trabalho de Ribeiro da Costa, cumpre ressaltar que o jurista era filho de general e seus irmãos eram coronéis, no entanto, como presidente do STF, o ministro parecia saber da responsabilidade institucional da Suprema Corte brasileira ao mesmo tempo em que, em um primeiro momento, defendeu a neutralidade do Judiciário perante as questões políticas[14].

[11] Cf. Vale, 1976, p. 97-98.

[12] Cf. Vale, 1976, p. 99.

[13] Cf. Vale, 1976, p. 102.

[14] Cf. Kaufmann, 2012, p. 54.

Continuando em sua defesa pela independência e harmonia entre os poderes, Ribeiro da Costa explicitou a competência privativa e exclusiva do Supremo Tribunal Federal para propor o aumento do número de membros, prevista pelo art. 98 da Constituição da República de 1946. Para o ministro, a transferência da iniciativa "por conveniência de sua própria organização e independência, é atentar contra princípio fundamental da Constituição, ferindo sua sistemática e suas traves basilares. Desconhecê-las, importa em fazer ruir o próprio regime constitucional"[15].

Não obstante tais declarações, em 20 de outubro, Ribeiro da Costa novamente se manifestou:

> Já é tempo de que os militares se compenetrem de que nos regimes democráticos não lhes cabe o papel de mentores da Nação, como há pouco o fizeram, com estarrecedora quebra de sagrados deveres os sargentos, instigados pelos Jangos e Brizolas. A atividade civil pertence aos civis, a militar a estes que, sob sagrado compromisso, juram fidelidade à disciplina, às leis e à Constituição[16].

Com larga repercussão na mídia, nos meios políticos e militares, o Presidente do Supremo recebeu apoio até mesmo de deputados. Em contrapartida, o jornal *O Globo* defendeu a necessidade de mudança. Em editorial, o jornal se posicionou no sentido de que se o Congresso negasse colaboração ao Presidente, estaria descumprindo as obrigações contraídas com o "Movimento Revolucionário", o qual deveria ser uno, devendo os três Poderes marcharem juntos, "no que for essencial à Revolução"[17].

Osvaldo Trigueiro, em sua construção dos fatos que culminaram na edição do Ato Institucional nº 2[18], expõe que, além das declarações e discursos do Presidente do Supremo, os quais, para ele, haviam agravado a crise política, estava para ser apreciado no Supremo Tribunal Federal um pedido de *habeas corpus* em favor do ex-presidente Juscelino Kubitschek. Como forma de reação às investidas de Castello Branco, dois dias antes da publicação do AI nº 2, o próprio STF, por unanimidade, aprovou emenda

[15] Cf. Vale, 1976, p. 103.

[16] Cf. Vale, 1976, p. 108.

[17] Cf. Vale, 1976, p. 127.

[18] Cf. Vale, 1976, p. 130-131.

regimental prorrogando o mandado de Ribeiro da Costa na presidência até o término de sua judicatura.

A despeito da declaração do Ministro da Justiça, Juracy Magalhães, no sentido de que a aprovação da proposta de emenda constitucional enviada por Castello Branco era necessária para a preservação das instituições e segurança da "revolução"[19], o Congresso a rejeitou, aumentando a tensão entre Executivo e Legislativo. Em 27 de outubro de 1965, o Presidente Castello Branco anunciou em cadeia nacional de rádio e TV a edição do Ato Institucional nº 2.

Na análise de Trigueiro[20], esse Ato teria restaurado o equilíbrio militar, fazendo cessar a crise. Para Barbosa, o novo ato foi reflexo da falta de unidade dentro das Forças Armadas[21], no entanto, em seu preâmbulo afirmava-se que "A revolução está viva e não retrocede. Tem promovido reformas e vai continuar a empreendê-las, insistindo patrioticamente em seus propósitos de recuperação econômica, financeira, política e moral do Brasil"[22].

Para Cristiano Paixão[23], a linha de raciocínio tornou-se evidente: "por se tratar de um processo revolucionário, o movimento de março de 1964 teria a capacidade de moldar a forma constitucional". E assim foi feito durante os anos em que se seguiu o regime militar.

Atingindo o STF, o Ato Institucional nº 2 aumentou, mesmo que contrário às manifestações de Ribeiro da Costa, o número de ministros do Supremo de 11 para 16. O receio dos militares, para muitos infundado, consiste no fato de que os ministros que compunham a Corte constitucional brasileira tinham tendências partidárias. Entre os 11, quatro haviam sido indicados por Juscelino Kubitschek e dois por João Goulart. Ainda assim, tanto os ministros da Corte, quanto os juristas da época, como Osvaldo Trigueiro, defendiam que as nomeações pelos militares não influenciaram na independência da Corte, a qual "continuaria a cumprir sua destinação histórica"[24].

[19] Cf. Barbosa, 2012, p. 73.

[20] Cf. Barbosa, 2012, p. 135.

[21] Cf. Barbosa, 2012, p 76.

[22] Ato Institucional nº 2, Diário Oficial da União, Brasília, DF, 27 out. 1965.

[23] Cf. Paixão, 2011, p. 158.

[24] Cf. Vale, 1976, p. 139.

Importante ressaltar, neste ponto, a ideia que se tem apresentado do Supremo Tribunal Federal, como árbitro e guardião da Constituição. Para Osvaldo Trigueiro, a mudança na composição da Corte não altera o sentimento, do qual são investidos os ministros ao tomarem posse em seus cargos, de luta pela estabilidade institucional do País, definindo o STF como baluarte em defesa da maturidade no processo de mudança do sistema político nacional.

Nesse sentido, Emília Viotti, em sua obra *Supremo Tribunal Federal e a construção da cidadania*, traz, do mesmo modo, o STF, e o Judiciário brasileiro em si, como a instituição que mais contribuiu para a construção da cidadania no Brasil, lutando para defender os direitos e garantias constitucionais e manter o estado de direito e o equilíbrio entre os poderes[25].

Embora os autores acima mencionados defendam a atuação dos ministros como guardiões da Constituição, independentemente de seu envolvimento e preferência política, a intenção do regime em alterar a composição da Corte foi, sem dúvida, a de identificar a linha jurisprudencial do Supremo com os objetivos da "revolução". Com o redesenho autoritário realizado por um preconceito de ordem ideológica, passaram a integrar a Corte, com a criação de mais cinco vagas, os ministros Adalício Coelho Nogueira, José Eduardo do Prado Kelly, Oswaldo Trigueiro de Albuquerque Melo, Aliomar de Andrade Baleeiro e Carlos Medeiros da Silva.

Com a edição do Ato Institucional nº 2, foi confirmada a iniciativa de emendas à Constituição aos membros da Câmara dos Deputados ou do Senado Federal; ao Presidente da República e às Assembleias Legislativas dos Estados, demonstrando-se a tentativa de estabelecer um Executivo com mais poderes. Dando continuidade às alterações na forma constitucional, os projetos enviados pelo Presidente da República passaram a ser apreciados pelo Congresso Nacional em 30 dias, a contar da data de seu recebimento, em sessão conjunta. A aprovação se daria apenas com o cumprimento do requisito de votos favoráveis da maioria absoluta dos membros das duas Casas, em ambas as votações, diminuindo-se então o quórum anterior exigido, de dois terços[26].

[25] Costa, 2006. p. 187.

[26] Cf. art. 2º do AI-2: "Art. 2º – A Constituição poderá ser emendada por iniciativa: I – dos membros da Câmara dos Deputados ou do Senado Federal; II – do Presidente da República;

Oito dias depois da edição do AI nº 2, em 4 de novembro de 1965, Castello Branco, exercendo sua nova prerrogativa, submeteu, por meio da Mensagem nº 19[27], o Projeto de Emenda Constitucional nº 6, com a Exposição de Motivos do Ministro da Justiça, Juracy Magalhães. Tal projeto visava a alterar os dispositivos constitucionais referentes ao Poder Judiciário, demonstrando novamente a ingerência do regime militar sobre este poder, não satisfeito com as alterações já realizadas pelo AI nº 2.

Apesar da amplitude da reforma, que recaiu sobre 11 artigos da Constituição de 1946, o objeto do presente trabalho consiste na análise da alteração da redação da alínea k, inciso I, do art. 101 da Constituição, cujo texto atribui como competência originária do STF processar e julgar: "k) a representação de inconstitucionalidade de lei ou ato de natureza normativa, federal ou estadual, encaminhada pelo Procurador-Geral da República".

Na Exposição de Motivos, Juracy Magalhães expôs que o projeto resultou do trabalho de comissão nomeada por seu antecessor, o ex-ministro Milton Campos, que teria renunciado ao cargo por discordar dos planos que vinham sendo elaborados. Os estudos que culminaram no projeto haviam sido propostos para:

> (...) debelar, senão pelo menos a minorar, as causas principais da chamada crise das pautas de julgamento, caracterizada pelo acúmulo de processos a exigir decisão dos tribunais superiores, crise que não é apenas brasileira, mas existe em tribunais de outros países, notadamente nos Estados Unidos, onde o backlog, à exceção da Suprema Côrte, é cada dia maior, desafiando os remédios até agora examinados ou propostos[28].

III – das Assembléias Legislativas dos Estados. § 1º – Considerar-se-á proposta a emenda se for apresentada pela quarta parte, no mínimo, dos membros da Câmara dos Deputados ou do Senado Federal, por mensagem do Presidente da República, ou por mais da metade das Assembléias Legislativas dos Estados, manifestando-se cada uma delas pela maioria dos seus membros. § 2º – Dar-se-á por aceita a emenda que for aprovada em dois turnos na mesma sessão legislativa, por maioria absoluta da Câmara dos Deputados e do Senado Federal. § 3º – Aprovada numa, a emenda será logo enviada à outra Câmara, para sua deliberação".

27 Congresso Nacional. Mensagem nº 19, de 1965, p. 1.

28 Congresso Nacional. Mensagem nº 19, de 1965, p. 6.

Nessa tentativa de desafogar o Judiciário, temática atual ainda hoje, o Ministro da Justiça trouxe ao debate o número de processos analisados pelo STF no ano de 1964, perfazendo um total de 7.894 (sete mil, oitocentos e noventa e quatro) feitos. Em continuidade, considerou não ser admissível a "mutilação" de sua competência, de configuração histórica como "árbitro da Constituição e das leis federais, especialmente do equilíbrio da Federação, da harmonia dos Podêres e da integridade dos direitos individuais"[29].

Como contraponto ao argumento de que o projeto de emenda constitucional buscava desafogar o STF, a exposição de motivos continha a seguinte previsão:

> Ao lado desse conjunto de providências, outras foram aventadas em direção oposta: a do refôrço da competência do Supremo, através de dois novos institutos de 'legitimidade constitucional' que êle mesmo propôs:
>
> a) uma representação de inconstitucionalidade de lei federal, em tese, de exclusiva iniciativa do Procurador Geral da República, à semelhança do que existe para o direito estadual (art. 8º, parágrafo único, da Constituição Federal)[30].

A representação de inconstitucionalidade, limitada em sua iniciativa pelo Procurador Geral da República, foi justificada pelo mérito de facultar a definição da controvérsia constitucional, com economia para as partes e formando precedente.

Durante a pesquisa para o presente trabalho, a dificuldade que se encontrou diz respeito ao porquê da introdução de um novo modelo de controle de constitucionalidade justamente neste período peculiar da história constitucional brasileira. Não há, mesmo após 49 anos da introdução da representação contra inconstitucionalidade de lei federal, número considerável de discussões jurídicas e até mesmo documentos históricos a respeito da correlação entre esta inovação e o momento político que se estava vivendo.

Uma das hipóteses de explicação poderia se encontrar em trecho da exposição de motivos segundo o qual a representação de inconstitucionalidade

[29] Congresso Nacional. Mensagem nº 19, de 1965, p. 7.

[30] Congresso Nacional. Mensagem nº 19, de 1965, p. 8.

estaria próxima da representação interventiva, e ambas teriam o intuito de forçar o cumprimento dos princípios constitucionais sensíveis, presentes no art. 7º, inciso VII da Constituição de 1946. A inovação da emenda se daria, desse modo, na extensão do controle do cumprimento desse artigo, abrangendo as leis federais, o que completaria o sistema "de pronto resguardo da lei básica, se ameaçada em seus mandamentos"[31].

Posteriormente, no mesmo documento, afirmou-se, (insistindo ainda no problema do excesso de processos no âmbito do STF) que não seria perdoável desfalcar as atribuições privativas do órgão e que o exercício dessas atribuições coopera ao "equilíbrio dos poderes políticos e a confiança dos cidadãos na realização da justiça"[32].

Tais declarações, como outras já aqui referidas, explicitam as incongruências do regime militar. Como exposto no capítulo anterior, o Supremo Tribunal Federal sofreu diversas influências que atingiram sobremaneira seu funcionamento de modo independente e desligado das ambições do regime.

Mesmo com a falta de reflexão, à época, sobre o significado do que se estava por inaugurar no país, a produção que se tem é o trabalho da Comissão Mista, que consistiu em opinar acerca do Projeto de Emenda Constitucional nº 6. Inicialmente, o Parecer nº 25, de 1965[33] sintetizou que o AI nº 2 foi responsável pela quase completude da reforma judiciária, a qual teria atendido ao princípio federativo, uma vez que restabeleceu o juízo federal como primeira instância do Tribunal Federal de Recursos, por exemplo. Admitiu, no mesmo bojo, que a ampliação do número de Ministros no STF foi o centro da crise entre o Judiciário e o Executivo.

No parecer da Comissão, a Mensagem nº 19, com o projeto de emenda, foi recebida como "um instrumento de adaptação do Ato nº 2 ao estatuto básico do País, redefinindo a competência dos tribunais superiores"[34]. Novamente em invocação à representação interventiva, o Congresso concebeu a inovação constitucional meramente como a ampliação da faculdade já prevista no art. 8º da Constituição de 1946, o qual dizia respeito à decretação da intervenção.

[31] Congresso Nacional. Mensagem nº 19, de 1965, p. 9.

[32] Congresso Nacional. Mensagem nº 19, de 1965, p. 10.

[33] Congresso Nacional. Parecer nº 25, de 1965, p. 1.

[34] Congresso Nacional. Parecer nº 25, de 1965, p. 1.

A despeito da proposição de subemendas relativas a outros tópicos do projeto, no que se refere à representação de inconstitucionalidade, nenhuma alteração foi proposta.

Na data de 24 de novembro de 1965, sob a presidência de Moura Andrade, o Congresso Nacional discutiu em turno único o Projeto de Emenda Constitucional nº 6. Durante a Sessão, Moura Andrade suspendeu a votação das emendas ao projeto para ler o ofício recebido, cujo teor dispunha que, ao invés de se ler a expressão "representação de inconstitucionalidade", dever-se-ia ler "representação contra a inconstitucionalidade". Com a aprovação da nova redação, Moura Andrade chamou a atenção dos demais congressistas acerca da votação da matéria em segundo turno, que ocorreria ainda na mesma noite.

Com a votação e aprovação nas duas Casas, o Presidente do Congresso declarou encerrada a sessão e convocou logo em seguida sessão extraordinária para votar em segundo turno o projeto ora referido.

Dando início à votação em segundo turno, o Senado Federal aprovou o projeto de emenda por 38 votos favoráveis e 2 contrários. Na Câmara dos Deputados, o resultado foi de 293 votos a favor, 4 contra e 8 deputados se abstiveram.

Em reflexão acerca da natureza da representação contra inconstitucionalidade, Raymundo Faoro[35] definiu tanto a representação interventiva como a representação de inconstitucionalidade como dois tipos de controle de constitucionalidade abstrato, criados em épocas diversas.

Victor Nunes Leal, propondo-se a tratar justamente da representação de inconstitucionalidade como um aspecto inexplorado, ao afirmar que tal instrumento não estava relacionado com a intervenção federal nos estados, declarou também que: "Nem se aprofundou, no STF, o estudo da natureza da representação de inconstitucionalidade"[36].

Para Raymundo Faoro:

> O controle interventivo, insculpido no parágrafo único do art. 8.º da Carta de 1946, guardava a incolumidade dos chamados 'princípios constitucionais sensíveis', de respeito obrigatório pelos Estados. A União reservava-se, por meio do Supremo Tribunal, a tutela dos padrões dentro os quais se organiza

[35] Cf. Leal, p. 2.

[36] Cf. Leal, p. 4.

a Federação. No outro tipo – controle geral – está em causa a supremacia da ordem constitucional, vigilante contra agressões de natureza federal ou estadual, de lei ou de ato normativo[37].

Ainda que, inicialmente, a doutrina e a jurisprudência tenham interpretado a representação de inconstitucionalidade como uma das etapas da representação interventiva nos estados, com o passar do tempo, e o consequente amadurecimento do instituto, foi possível dissociar e compreender a diferença entre a natureza jurídica dos dois institutos. Tanto assim que, se antes a representação contra inconstitucionalidade visava à obediência aos princípios sensíveis, posteriormente passou a ser possível intentar uma representação de inconstitucionalidade – ação direta – para proteger a integridade da Constituição Federal como um todo.

3. A representação contra inconstitucionalidade e a legitimação ativa do Procurador Geral da República

Em pronunciamento ao Conselho Federal da Ordem dos Advogados do Brasil sobre o assunto, Caio Mário da Silva Pereira reafirmou a competência do Judiciário para declarar a inconstitucionalidade de leis que estivessem em descumprimento à Constituição e asseverou que o Direito Brasileiro, desde a Primeira República, transpôs a doutrina norte-americana do controle de constitucionalidade, tendo essa doutrina sobrevivido "a todas as crises e instabilidades do regime"[38].

Seabra Fagundes, ao expressar o pensamento de outros juristas da época, esclareceu que, ainda com a introdução da representação de inconstitucionalidade, a regra, no Direito Brasileiro, ainda seria a apreciação de inconstitucionalidade *in concreto*, e o controle abstrato, uma exceção que deveria ser interpretada restritivamente, para o resguardo da supremacia da Constituição[39]. Essa regra, advinda da tradição norte-americana do controle de constitucionalidade, garantia às partes o direito de invocar leis contrárias ao texto constitucional.

Já a representação contra inconstitucionalidade, como ação direta, foi inspirada no direito europeu, sobretudo após a Primeira Guerra

[37] Arquivos do Ministério da Justiça. Ano XXIX, nº 117, mar. 1971, p. 49.

[38] Arquivos do Ministério da Justiça. Ano XXIX, nº 117, mar. 1971, p. 29.

[39] Arquivos do Ministério da Justiça. Ano XXIX, nº 117, mar. 1971, p. 35.

Mundial. Arnaldo Wald, em seu parecer apresentado também ao Conselho Federal da OAB, trouxe reflexão acerca do controle abstrato inaugurado na Áustria, em 1920, sob a inspiração de Kelsen e, na mesma época, a Tchecoslováquia também criou um Tribunal Constitucional. Um novo movimento surgiu após a Segunda Guerra Mundial, a fim de evitar a "hipertrofia do legislativo"[40] na Alemanha, na Itália e na França. Tais tribunais, com competência política, se pronunciavam após prévia provocação do Poder Executivo, ou de minorias parlamentares.

Cabe questionar, nesse ponto, o que se pretendeu com o implemento do controle de constitucionalidade abstrato em face de leis federais nas mãos do Supremo Tribunal Federal em um momento de ditadura militar. José Olímpio de Castro Filho, jurista que integrou o Conselho Federal da OAB, em seu parecer, entendeu como razão para tal sistema "o refôrço do Poder Executivo Federal na Federação, que se vem aumentando, cada dia mais, nas Constituições Brasileiras"[41], forçando a obediência à Constituição. Esse questionamento e sua resposta condizem com o momento constitucional da época, em que o Presidente Castello Branco agia na dualidade de manter uma legalidade aparente, enquanto concentrava poderes em suas mãos, para conseguir concretizar os anseios da "revolução" a favor do Estado brasileiro.

Como consequência a essa explicação para a inovação trazida pela Emenda Constitucional nº 16/65, também a legitimidade ativa para representar ao STF, nas mãos do Procurador Geral da República pode ser assim entendida:

> (...) sendo o Procurador-Geral pessoa da absoluta confiança do Presidente da República, jamais argüirá êle a inconstitucionalidade de lei quando isto não fôr do agrado do Govêrno Federal. E precisamente esses casos, em geral de grande interesse político, são os que mais exigem o remédio expedito e eficiente da ação direta[42].

Isso porque, no trecho do texto constitucional, com a introdução da Emenda Constitucional nº 16/65, previa-se que a representação contra

[40] Arquivos do Ministério da Justiça. Ano XXIX, nº 117, mar. 1971, p. 41.

[41] Arquivos do Ministério da Justiça. Ano XXIX, nº 117, mar. 1971, p. 54.

[42] Arquivos do Ministério da Justiça. Ano XXIX, nº 117, mar. 1971, p. 37.

inconstitucionalidade seria "encaminhada pelo Procurador-Geral da República".

A partir de então, a atuação do Supremo Tribunal Federal se deu no sentido de estabelecer os parâmetros a serem aceitos nas representações contra inconstitucionalidade que chegassem à Corte. Um deles foi decidir a respeito do real papel do Procurador Geral da República perante a ação.

4. A Reclamação nº 849 e a decisão do Supremo Tribunal Federal

Em 1970, ano em que já vigia nova carta constitucional, o partido MDB (Movimento Democrático Brasileiro) encaminhou petição ao Procurador Geral da República, arguindo a inconstitucionalidade do Decreto Lei nº 1.077, de 26 de janeiro de 1970. Os fundamentos se deram no sentido de que a matéria contida no decreto não dizia respeito à Segurança Nacional, tendo o Presidente da República, Emílio Garrastazu Médici, dessa maneira, exorbitado de sua competência e, mais especificamente, violado o dispositivo constitucional segundo o qual seria livre a manifestação de pensamento, independentemente de censura, tendo em vista que autorizava a verificação prévia de matéria contrária à moral e aos bons costumes, em livros e periódicos.

As considerações preambulares do pedido do MDB, realizado pelo advogado Marcos Heusi Netto, iniciam-se afirmando que o sistema constitucional brasileiro acolhia sem disfarces a hipertrofia do Executivo, justificada como o meio necessário a assegurar o funcionamento normal do regime[43].

A petição contou ainda com a seguinte declaração:

> É necessário, porém, que a ação direta de declaração de inconstitucionalidade assuma o seu verdadeiro papel regulador de excessos, garantindo a hegemonia da ordem constitucional, ainda quando a ameaça dimane de atos legislativos ditos de emergência[44].

[43] Supremo Tribunal Federal. Reclamação nº 849. Reclamante: Movimento Democrático Brasileiro. Reclamado: Procurador-Geral da República. Relator: Min. Adalício Nogueira. Brasília, DF, 10 mar. 1971.

[44] Arquivos do Ministério da Justiça. Ano XXIX, nº 117, mar. 1971, p. 17.

A arguição de inconstitucionalidade evidenciou o desrespeito à cultura e limitou a possibilidade de censura prévia apenas para diversões e espetáculos públicos, já contemplados na Constituição de 1967. Em contrapartida, as demais atividades intelectuais deveriam ser isentas de censura prévia, sob o critério da responsabilidade individual. Em continuidade, a petição invocou que a consciência ética de cada cidadão não poderia ser submetida aos padrões "preconceituosos da censura policial", devendo ser considerado ainda que o conceito de moral é variável no tempo e no espaço e impossível a fixação de critérios rígidos.

A petição é então finalizada:

> Impõe-se, ao nosso ver, que esta anômala situação seja prontamente corrigida, para que a flagrante incompatibilidade apontada entre a Constituição e o Decreto-lei nº 1077/70 não inaugure o absurdo de termos no Brasil 'uma lei contrária ao Direito', na feliz expressão de Deguit (*sic*)[45].

Nos autos do Processo nº 1.735/70, o Procurador Geral, Xavier de Albuquerque, a despeito do pedido a ele realizado, se pronunciou no sentido de que não havia que se falar em inconstitucionalidade de decreto-lei baixado pelo Presidente da República e aprovado pelo Congresso Nacional, o qual convalidou a matéria e supriu a falta de iniciativa do Poder Executivo. Sobre o argumento de que a matéria do decreto não versava sobre Segurança Nacional, Xavier de Albuquerque valeu-se de ementa própria do STF:

> Segurança Nacional envolve toda a matéria pertinente à defesa da integridade do território, independência, sobrevivência e paz do país, suas instituições e valores materiais e morais contra ameaças externas e internas, sejam elas atuais e imediatas ou ainda em estado potencial próximo ou remoto[46].

Conclui o Procurador Geral, assim, que não houve afronta à Constituição no tocante à liberdade de manifestação de pensamento, independentemente de censura. Isto porque o texto da Constituição de 1946 dizia ser

[45] Arquivos do Ministério da Justiça. Ano XXIX, nº 117, mar. 1971, p. 26.

[46] Recurso Extraordinário nº 62.739 (Brasil, 1967).

"livre a manifestação do pensamento, sem que dependa de censura"[47]; no entanto, a Constituição de 1967, em vigor à época, tinha por previsão ser "livre a manifestação de pensamento, de convicção política ou filosófica, bem como a prestação de informação independentemente de censura"[48], sendo intoleráveis as publicações e exteriorizações contrárias à moral e aos bons costumes.

Xavier de Albuquerque não acolheu, indeferiu o pedido de encaminhar a representação ao Supremo Tribunal Federal e, por fim, mandou arquivar o processo, deixando explícito que, embora a via direta não fosse o instrumento adequado, seria possível levantar a inconstitucionalidade "pelas vias usuais e nos casos concretos, os que se julgarem prejudicados pelas medidas de execução do Decreto-lei impugnado"[49].

Inconformado com a recusa do Procurador Geral, o MDB formulou Reclamação perante o Supremo Tribunal Federal, sob o argumento de que a competência do Tribunal havia sido frustrada. Desse modo, caberia à Corte firmar seu entendimento a respeito da função atribuída ao Procurador, se seria mera faculdade ou dever:

> Como imaginar, então, o Procurador Geral da República investido de uma super competência, para decidir, sozinho e de forma irrecorrível, uma relevante questão constitucional que lhe é encaminhada por um dos dois únicos partidos políticos brasileiros?
>
> Por mais respeitáveis que fôssem as razões do seu convencimento cumpria-lhe, data venia, encaminhar a Representação ao Pretório Excelso[50].

Diante disso, o Supremo Tribunal Federal, sob a presidência do ministro Aliomar Baleeiro, viu-se diante da necessidade de firmar seu entendimento acerca do papel do Procurador Geral da República na representação contra inconstitucionalidade.

[47] Art. 141, § 5º.

[48] Na forma da Emenda Constitucional nº 1, de 17 de outubro de 1969 (Emenda Constitucional nº 1, de 17 de outubro de 1969. Edita o novo texto da Constituição Federal de 24 de janeiro de 1967. Diário Oficial da União, 20 out. 1969, retificado em 21.10.1969 e republicado em 30.10.1969).

[49] Supremo Tribunal Federal. Reclamação nº 849. Reclamante: Movimento Democrático Brasileiro. Reclamado: Procurador-Geral da República. Relator: Min. Adalício Nogueira. Brasília, DF, 10 mar. 1971.

[50] Arquivos do Ministério da Justiça. Ano XXIX, nº 117, mar. 1971, p. 04.

O Procurador Geral, ao prestar as informações solicitadas pelo Tribunal, não adentrou nas razões pelas quais impugnou o pedido, com o argumento de que estaria se pronunciando sobre o mérito da questão. Logo, expôs que, em tais casos, de representação contra inconstitucionalidade, o STF somente é investido de jurisdição quando o Procurador Geral da República a ele representa, fato que também limita o objeto a ser apreciado. Por consequência, não haveria que se falar em usurpação de competência quando o PGR nega o pedido de representação, o que torna a reclamação em questão "um *non sense*"[51].

Xavier de Albuquerque prossegue seus argumentos no sentido de afastar a posição de Themistocles Cavalcanti, segundo o qual o Procurador Geral apenas opinaria nos casos em que não concordasse com o pedido a ele dirigido, levando a questão ao conhecimento do Tribunal, único competente para julgar. Em seu favor, invocou Alfredo Buzaid, cuja posição era no sentido de que o Procurador Geral só deve arguir a inconstitucionalidade quando dela estivesse convencido, uma vez que seu papel não seria de mero veículo de representações.

Para tanto, diferencia o texto da Emenda Constitucional nº 16/65, que falava em "representação (...) encaminhada pelo Procurador Geral da República" e a Constituição de 1969, que falava em "representação do Procurador Geral da República"[52].

Nos votos dos ministros, o debate ocorreu em torno da definição da competência do PGR, se seria ele o único legitimado para encaminhar a representação de inconstitucionalidade, e por fim, se o encaminhamento seria facultativo ou obrigatório.

O ministro Bilac Pinto utilizou o direito comparado para dar seu voto, e apresentou o modelo constitucional francês, o qual reputava a titularidade ativa para o controle de constitucionalidade ao Presidente da República, ao Primeiro Ministro e aos Presidentes da Assembleia Nacional e do Senado, evidenciando o interesse dos poderes públicos e excluindo a possibilidade aos particulares, tendo em vista que seria do PGR a competência exclusiva e indelegável.

[51] Arquivos do Ministério da Justiça. Ano XXIX, nº 117, mar. 1971, p. 45.

[52] Emenda Constitucional nº 1, de 17 de outubro de 1969. Edita o novo texto da Constituição Federal de 24 de janeiro de 1967. Diário Oficial da União, 20 out. 1969 (retificado em 21.10.1969 e republicado em 30.10.1969).

Nesse sentido, o Conselho Federal da OAB também se manifestou e comparou os modelos constitucionais europeus, a exemplo da Alemanha, Itália e França.

Arnaldo Wald, em seu parecer ao Conselho Federal da OAB, relatou que o único país que concedia a todas as pessoas a ação direta de inconstitucionalidade, intentada perante a Corte Suprema, era o Uruguai, como aprovado por sua Constituição em 1951.

No único voto divergente sobre a matéria, o ministro Adaucto Cardoso iniciou seu voto pela procedência da reclamação com a seguinte manifestação:

> Tenho ouvido da parte de alguns dos eminentes membros desta Côrte que exerceram o cargo de Procurador-Geral da República o argumento de autoridade de que sempre consideraram prerrogativa deste o oferecimento da representação. É de ver-se que defendem com ênfase um ponto de vista assentado não no exercício do cargo de juiz desta Côrte, mas no exercício da alta função de chefe do Ministério Público Federal.
>
> Por outro lado, Sr. Presidente, a conjuntura em que nos vemos e o papel político do Supremo Tribunal Federal estão a indicar, para minha simplicidade, que o art. 2º, da L. 4.337, de 1º-6-64, o que estabeleceu para o Procurador-Geral da República foi o dever de apresentar ao S.T.F., em prazo certo, a arguição de inconstitucionalidade formulada por qualquer interessado.
>
> O nobre Dr. Procurador apreciou desde logo a representação, não para encaminhá-la, com parecer desfavorável, como lhe faculta o Regimento, mas para negar-lhe a tramitação marcada na lei e na nossa Carta Interna. Com isso, ele se substituiu ao Tribunal e declarou, ele próprio, a constitucionalidade do Dl. 1.077/70
>
> Essa é para mim uma realidade diante da qual não sei como fugir.

É possível perceber que o STF também associava a representação interventiva com a representação contra inconstitucionalidade, ao invocar a Lei nº 4337, de 1º de junho de 1964, cuja função era a de regular a declaração de inconstitucionalidade ocorrida no bojo da representação interventiva.

O pronunciamento de Adaucto Cardoso gerou um mal estar na votação da Corte. O ministro chamou atenção ao fato de que não havia surgido na Corte, até aquela data, ninguém, a não ser o único partido político de oposição, com o intuito de arguir a inconstitucionalidade do decreto-lei que estabeleceu a censura prévia no país. O ministro Luiz Gallotti o questionou sobre a possibilidade de escritores e empresas o fazerem, e em resposta, Cardoso alegou que tal visão era otimista, e que, na realidade, o STF estava se esquivando de atuar conforme sua missão constitucional.

Não obstante, todos os outros ministros acompanharam o voto do relator pela improcedência da reclamação e defenderam que os interessados poderiam arguir a inconstitucionalidade por outras vias, no controle incidental. Ainda em reforço à possibilidade de os cidadãos que arguirem sozinhos a inconstitucionalidade de lei sofrerem represálias, Gallotti exclamou que não havia visto "ninguém sujeito a represálias pelo só fato de pleitear em juízo"[53].

Desta maneira, passados quase seis anos da promulgação da Emenda Constitucional nº 16, em 10 de março de 1971 o Supremo Tribunal Federal, ao julgar improcedente a Reclamação nº 849, promovida pelo MDB, estabeleceu seu posicionamento quanto ao procedimento a ser seguido nos casos de representação contra inconstitucionalidade: caberia privativamente ao Procurador Geral da República encaminhar a representação contra inconstitucionalidade, quando dela estivesse convencido.

No entendimento de Gilmar Mendes, não perceberam, os ministros e juristas da época, que, da forma como foi concebida a representação de inconstitucionalidade, sua natureza era ambivalente, "permitindo ao Procurador-Geral submeter a questão constitucional ao Supremo Tribunal quando estivesse convencido da inconstitucionalidade da norma ou, mesmo quando convencido da higidez da situação jurídica, surgissem controvérsias relevantes sobre sua legitimidade"[54], podendo postular, ainda, a declaração de constitucionalidade da norma questionada.

Conclusões

No início da atuação do regime militar no Brasil, Castello Branco, como Presidente da República, promoveu profundas alterações na ordem constitucional brasileira, por meio dos atos institucionais, em nome da "revolução gloriosa" que se auto investiu de poder constituinte.

[53] Arquivos do Ministério da Justiça. Ano XXIX, nº 117, mar. 1971, p. 89.

[54] Mendes, 2013, p. 4.

A relação do Supremo Tribunal Federal com o Executivo, durante o período do regime militar, compreendido entre 1965 e 1971, mostrou-se permeada por interferências diretas no âmbito da Suprema Corte brasileira. Tais interferências, no entanto, foram revestidas de uma legalidade por meio dos atos institucionais e reformas constitucionais que mudaram a composição da Corte e ampliaram sua competência, na tentativa de fortalecer o Executivo, abrindo espaço para a atuação do regime, na tentativa de por em prática os anseios da "revolução".

A Emenda Constitucional nº 16/1965 deve ser mais explorada histórica e juridicamente, diante da importância de se entender melhor esse instrumento e o que ela significou na história constitucional brasileira no período da ditadura e o que se tornou no regime democrático.

A representação contra inconstitucionalidade, mesmo que inicialmente tenha sido associada à representação interventiva, e demonstrasse a busca do regime militar de fortalecer e aumentar o seu campo de atuação, com o passar do tempo ganhou forma própria, como instrumento de defesa da Constituição, ao se permitir que fosse declarada a inconstitucionalidade de lei, em face da Constituição Federal como um todo, e não apenas quanto aos princípios sensíveis.

Para Aliomar Baleeiro, "o mais relevante aspecto da função política do Judiciário reside na possibilidade de os Tribunais declararem a inconstitucionalidade das leis, limitando o discricionarismo da política legislativa do Congresso e do Poder Executivo"[55].

Questão ainda hoje atual, a função política do Judiciário é refletida como o papel ora de freio e amortecedor da política legislativa, ora acelerador dessa política.

No momento aqui analisado, de ditadura militar, ainda que seja defendido o papel de garantidor da democracia, o Supremo Tribunal Federal no caso aqui analisado, à exceção do ministro Adaucto Cardoso, absteve-se de decretar o papel facultativo do Procurador Geral da República para encaminhar as representações contra inconstitucionalidade.

Dessa forma, o decreto-lei nº 1.077/70 continuou em vigor, revestindo de legalidade a censura prévia no Brasil. Ainda que a Suprema Corte pudesse adentrar no mérito da inconstitucionalidade do decreto, e afirmar seu papel de freio à atividade do Executivo, o qual, conforme aqui exposto,

[55] Cf. Baleeiro, 1972, p. 8.

realizou diversas influências na sua esfera durante o regime militar, a Corte assim não fez e o resultado da Reclamação nº 849 enfraqueceu, ainda mais, as possibilidades de um jogo democrático tão deficiente à época.

Por outro lado, a Emenda 16 parece ter representado um jogo do Executivo, concentrando a competência para o controle de constitucionalidade abstrato nas mãos do STF, servindo o Procurador Geral da República como um filtro, em que só poderia passar para a análise da Suprema Corte os assuntos de preferência do regime, e que não os questionasse.

Referências

BALEEIRO, Aliomar. A função política do Judiciário. In: *Revista Forense*, vol. 238, ano 68, p. 5-14, jun. 1972.

BARBOSA, Leonardo Augusto de Andrade. *História constitucional brasileira:* mudança constitucional, autoritarismo e democracia no Brasil pós 1964. Brasília: Câmara dos Deputados, Edições Câmara, 2012.

BRASIL. *Arquivos do Ministério da Justiça*. Ano XXIX, nº 117, mar. 1971.

_______. Ata da 114ª Sessão Conjunta. *Diário do Congresso Nacional*, Ano XX, nº 84, p. 915-918, 25 nov. 1965 (1965a).

_______. Ata da 115ª Sessão Conjunta. *Diário do Congresso Nacional*, Ano XX, nº 84, p. 919-921, 25 nov. 1965 (1965b).

_______. Ato Institucional de 9 de Abril de 1964. *Diário Oficial da União*, Brasília, DF, 9 abr. 1964, Seção 1. Disponível em: <http://www.planalto.gov.br/ccivil_03/AIT/ait-01-64.htm >. Último acesso em: 14/07/2014.

_______. Ato Institucional nº 2, *Diário Oficial da União*, Brasília, DF, 27 out. 1965. Disponível em: http://www.planalto.gov.br/ccivil_03/AIT/ait-02-65.htm. Último acesso em: 14/07/2014.

_______. Congresso Nacional. *Mensagem nº 19*, de 1965.

_______. Congresso Nacional. *Parecer nº 25*, de 1965.

_______. Constituição. Constituição dos Estados Unidos do Brasil. *Diário Oficial da União*, Rio de Janeiro, 19 de set. 1946. Disponível em: <http://www.planalto.gov.br/ccivil_03/constituicao/constituicao46.htm> Último acesso em: 13/07/2014.

_______. Emenda Constitucional nº 1, de 17 de outubro de 1969. Edita o novo texto da Constituição Federal de 24 de janeiro de 1967. *Diário Oficial da União*, 20 out. 1969 (retificado em 21.10.1969 e republicado em 30.10.1969). Disponível em: <http://www.planalto.gov.br/ccivil_03/constituicao/Emendas/Emc_anterior1988/emc01-69.htm>. Último acesso em: 14/07/2014.

_______. Supremo Tribunal Federal. *Reclamação nº 849*. Reclamante: Movimento Democrático Brasileiro. Reclamado: Procurador-Geral da República. Relator: Min. Adalício Nogueira. Brasília, DF, 10 mar. 1971. Disponível em: http://redir.

stf.jus.br/paginadorpub/paginador.jsp?docTP=AC&docID=87519. Último acesso em: 13/07/2014.

_______. Supremo Tribunal Federal. *Sessão em Homenagem ao centenário de nascimento do Ministro Adauto Cardoso*. Sessão realizada em 02/06/2005.

COSTA, Emília Viotti da. *O Supremo Tribunal Federal e a construção da cidadania*. São Paulo: Unesp, 2006.

KAUFMANN, Rodrigo de Oliveira. *Memória Jurisprudencial:* Ministro Ribeiro da Costa. Brasília: Supremo Tribunal Federal, 2012.

KOKKINOS, Cristina Reis. Controle abstrato de constitucionalidade no Brasil: entre superposições, assincronias e convergências temporais. 2020. 150 f. Dissertação (Mestrado em Direito)—Universidade de Brasília, Brasília, 2020.

LEAL, Victor Nunes. Representação de inconstitucionalidade perante o Supremo Tribunal Federal: um aspecto inexplorado. In: CLEVE, Clemerson Merlin; BARROSO, Luís Roberto (org.). *Doutrinas Essenciais de Direito Constitucional*. Vol. 5. São Paulo: RT, 2011.

MENDES, Gilmar Ferreira. Considerações sobre o papel do Procurador-Geral da República no controle abstrato de normas sob a Constituição de 1967/1969: proposta de releitura. In: *Revista Tributária e de Finanças Públicas*, vol. 21, 2013.

PAIXÃO, Cristiano. Direito, política, autoritarismo e democracia no Brasil: da Revolução de 30 à promulgação da Constituição da República de 1988. In: *Araucária – Revista Iberoamericana de Filosofía, Política y Humanidades*, año 13, nº 26, 2011.

SÃO PAULO, Angelo. *Jurisdição e competência do Supremo Tribunal Federal face à Emenda Constitucional nº 16/65*. Trabalho apresentado ao Prof. Aliomar Baleeiro. Distrito Federal, julho de 1966. Acesso: Biblioteca do Supremo Tribunal Federal.

VALE, Osvaldo Trigueiro do. O Supremo Tribunal Federal e a Instabilidade Político-Institucional. *Civilização Brasileira*, p. 97-98, 1976.

16. O SUPREMO TRIBUNAL FEDERAL NA DITADURA BRASILEIRA: CONTROLE DE CONSTITUCIONALIDADE, DECRETOS-LEIS E SEGURANÇA NACIONAL

Claudia Paiva Carvalho

Introdução

Nos últimos anos, um número crescente de trabalhos tem se dedicado a investigar a atuação do Poder Judiciário e, especificamente, do Supremo Tribunal Federal (STF) durante a ditadura militar brasileira. Não é incomum que regimes autoritários mantenham o Poder Judiciário em funcionamento com o propósito de legitimação da ordem imposta, ao sustentar uma aparência de normalidade jurídica e institucional. Em regra, um conjunto de medidas pode ser adotado com o objetivo de restringir a liberdade de atuação de juízes e tribunais, entre as quais se destacam, por exemplo: *(i)* mudanças no regime de competência, acompanhadas ou não da criação de tribunais de exceção; *(ii)* exclusão de determinadas matérias da apreciação judicial; *(iii)* expurgos e punições de magistrados; *(iv)* pressões políticas; e *(v)* interferências na estrutura e na composição dos tribunais.[1]

No Brasil, com a edição do primeiro ato institucional, em 9 de abril de 1964, que se autointitulava obra do "poder constituinte revolucionário", foram suspensas as garantias constitucionais de vitaliciedade e estabilidade, sujeitando os magistrados à aplicação de punições sumárias,

[1] A respeito das possíveis soluções autoritárias para o problema da independência e o poder judicial, ver Solomon, 2007.

como a aposentadoria compulsória.[2] De modo geral, o primeiro e os demais atos institucionais continham uma cláusula de exclusão da apreciação jurisdicional[3]. Replicada na Constituição de 1967[4], a cláusula vedava o controle pelo Poder Judiciário dos atos praticados pelo regime com fundamento nos atos institucionais. Por sua vez, o ato institucional nº 2 (AI-2) ampliou a competência da justiça militar para julgar civis pela prática de crimes contra a segurança nacional e aumentou o número de ministros do STF de 11 para 16. O mesmo ato restabeleceu a justiça federal com competência especialmente para julgar causas envolvendo a União e previu que a indicação dos juízes seria feita pelo presidente da República. Após a edição do ato institucional nº 5 (AI-5), em dezembro de 1968, três ministros do STF foram aposentados compulsoriamente.[5]

Essa breve recapitulação demonstra como a justiça conviveu com constantes cerceamentos e restrições durante o período ditatorial no Brasil. Outra forma de um regime autoritário manter o Poder Judiciário, mas esvaziá-lo politicamente, é limitar a sua competência para julgar apenas matérias relacionadas ao direito privado. A ditadura brasileira não seguiu tal padrão que se poderia qualificar como minimalista em relação à esfera de atuação judicial, mas adotou, ao contrário, uma estratégia de ampla judicialização da repressão política.[6] Por conta dessa característica, inclusive, as análises sobre o sistema de justiça na ditadura têm se concentrado, com maior frequência, no papel que o Poder Judiciário desempenhou em relação ao aparato repressivo, tendo em vista o julgamento de opositores

[2] Cf. Art. 7º do AI-1, de 9 de abril de 1964.

[3] Cf. Art. 7º, § 4º do AI-1, de 9 de abril de 1964; Art. 19 do AI-2, de 27 de outubro de 1965; Art. 11 do AI-5, de 13 de dezembro de 1968.

[4] Cf. Art. 173, da Constituição de 1967.

[5] Foram cassados os ministros Victor Nunes Leal, Hermes Lima e Evandro Lins e Silva. Os ministros Gonçalves de Oliveira e Lafayette de Andrada saíram por discordar das punições. Para mais informações sobre o episódio da aposentadoria compulsória dos ministros, ver (Recondo, 2018, p. 161-183).

[6] Para Anthony Pereira, a opção do regime de levar seus adversários políticos a julgamento se justificava pelo interesse em desmobilizar, intimidar e criminalizar a oposição, de um lado, e de legitimar e estabilizar a repressão, de outro. Mas, ao mesmo tempo, a judicialização abria brechas para a resistência e, como resultado, para eventuais derrotas sofridas pela ditadura nos tribunais (Pereira, 2010).

políticos e as respostas judiciais às denúncias de violações a direitos humanos praticadas por agentes do Estado.

Inicialmente, os estudos que abordavam a atuação do STF na ditadura apresentavam uma visão mais panorâmica e que descrevia o tribunal como um reduto da resistência e como foro garantidor dos direitos individuais contra as investidas autoritárias dos governos militares.[7] Essa visão tem sido desafiada por pesquisas mais recentes que afastam uma compreensão simplista da função exercida pelo STF, seja sob o signo da resistência ou da colaboração, e chamam atenção para a complexidade das relações travadas entre o tribunal e o Executivo militar.[8]

Diversas análises, dentro dessa perspectiva crítica, têm se focado na observação da jurisprudência do STF relacionada à chamada criminalidade política, com destaque para as decisões de habeas corpus impetrados por advogados de presos e perseguidos políticos.[9] Em livro publicado recentemente, o jornalista Felipe Recondo revisita eventos marcantes da história do STF no período ditatorial, buscando aprofundar os dilemas vividos pelo tribunal, as tensões externas e internas, e os cálculos políticos envolvidos nas decisões mais sensíveis e emblemáticas.[10]

A presente pesquisa pretende jogar luz sobre outros aspectos da atuação do STF no período, particularmente no que diz respeito à apreciação da legalidade e da constitucionalidade de normas do regime. Essa temática

[7] Nesse sentido, (Costa, 2001) e (Vale, 1976). Essa perspectiva também está subjacente à compilação de jurisprudência do STF presente em (Noronha, 1967).

[8] Segundo Renato Lemos, durante a ditadura, o poder judiciário funcionou como "uma instância a um só tempo limitadora do poder de coação e legitimadora da ordem coatora" (Lemos, 2004, 420). Em pesquisa sobre STF, especificamente, Otávio Valério afirma: "As relações do judiciário com o executivo militar costumam ser tratadas bastante superficialmente, em notas de rodapé, tomando uma de duas posições extremadas: ou (a) o judiciário estava a serviço dos militares, sendo um mero apêndice do regime, uma máquina produtora de condenações e conivente com a tortura e o desrespeito ao Estado de Direito. (...) ou (b) o judiciário, notadamente o STF, foi a única e última resistência ante as arbitrariedades do executivo militar. As duas posições se baseiam mais em impressões do que em pesquisa empírica. Não por acaso, a primeira é mais popular entre os cientistas políticos, e a segunda entre os juristas. Este trabalho conclui que nenhuma destas duas posições é totalmente correta em relação ao Supremo." (Valério, 2010, p. 4-5).

[9] Alguns trabalhos acadêmicos nesse sentido são: Swensson Junior, 2007; Santos, 2008 e Valério, 2010.

[10] Recondo, 2018.

também tem recebido maior atenção, a exemplo da análise produzida por Cristiano Paixão e por Leonardo Barbosa sobre as chamadas cláusulas de exclusão da apreciação judicial previstas nos atos institucionais. Os autores investigaram como o STF reagiu a esses dispositivos que vedavam o exame judicial de atos praticados pelo governo com base nos atos institucionais como forma de imunizá-los ou blindá-los contra questionamentos legais. A pesquisa explorou o paradoxo das situações em que o tribunal foi provocado a, no mínimo, decidir que não devia decidir.[11]

Outra investigação importante foi desenvolvida por Andrei Koerner a respeito da introdução do controle concentrado de constitucionalidade por meio da Emenda Constitucional nº 16/1965.[12] De modo geral, o surgimento desta modalidade abstrata de controle de constitucionalidade durante a ditadura é tratado de maneira superficial pela doutrina que, muitas vezes, limita-se a apontar como é "curioso" que um instrumento potencialmente voltado à garantia de direitos fundamentais tenha sido criado em um período autoritário.[13] Koerner problematiza essa "coincidência" e situa a criação do instituto dentro da lógica de centralização de poder seguida pelo regime, com destaque para o fato de o Procurador Geral da República – indicado pelo Presidente e atuando ao mesmo tempo como advogado da União – ser o titular exclusivo da ação[14].

Em sua tese de doutorado, Heloísa Câmara avançou no estudo sobre o exercício do controle abstrato de constitucionalidade pelo STF durante a ditadura. A autora analisou as representações de inconstitucionalidade julgadas entre 1965 e 1968 e demonstrou que a jurisdição constitucional

[11] Paixão; Barbosa, 2008.

[12] O tema também é desenvolvido por Cristina Kokkinos em texto publicado neste livro.

[13] Ao final da sua dissertação de mestrado, que abordou a polêmica Kelsen-Schmitt acerca do guardião da Constituição, Paulo Sávio deixa a seguinte reflexão – e provocação – para o caso brasileiro: "Há quem considere 'curioso' o fato de a ação direta de inconstitucionalidade ter sido instituída pela ditadura militar, ao argumento de que 'esse mecanismo, contrariando a dinâmica de qualquer ditadura, pode prestar-se, se bem manejado, admiravelmente para a proteção e garantia dos direitos fundamentais'. Ante o exposto, já se sabe que a concentração, em uma Corte, da fiscalização de constitucionalidade *não contraria em nada* 'a dinâmica' de uma ditadura. Afinal, a jurisdição constitucional kelseniana não é condição sine qua non para uma efetividade da supremacia da Constituição: o que ela estabelece é um órgão estatal que monoliticamente decide sobre questões de poder" (Maia, 2008, pp. 377-378).

[14] Koerner, 2010.

serviu como mecanismo de ampliação das competências do STF e, assim, de fortalecimento institucional do tribunal. Por um lado, a pesquisa ajuda a descontruir as narrativas que tratam o controle de constitucionalidade como resultado de um processo evolutivo contínuo, descolado das condições políticas e sociais. Por outro lado, a análise de Câmara também refuta a hipótese de que o controle de constitucionalidade teria sido mero instrumento do regime para ingerir sobre a produção normativa, já que as representações não recaíram predominantemente sobre normas federais.[15]

Na esteira dessas pesquisas, o presente artigo analisa três decisões proferidas pelo STF em sede de controle concreto ou difuso de constitucionalidade, entre os anos de 1967 e 1968. As decisões declararam a inconstitucionalidade de dispositivos de decretos-leis baixados pelo regime em matéria de segurança nacional. Esses julgados foram selecionados a partir do levantamento feito na dissertação de mestrado de Otávio Valério intitulada "A toga e a farda: o Supremo Tribunal Federal e o regime militar (1964-1969)". Valério examinou a jurisprudência entre 1964 e 1969, mas não conferiu maior relevância a esses três casos, tendo em vista seu foco na análise de decisões que examinavam a legalidade de prisões políticas e geraram, por isso, maiores tensões entre o STF e o Executivo militar.[16]

Não obstante, consideramos que os casos citados abrem uma frente de análise que nos permite entender melhor a relação entre o STF e a ditadura, por considerar que o papel do tribunal não pode ser medido apenas pela sua atuação nos casos tidos como de maior repercussão ou sensibilidade política. De uma forma mais ampla, podemos questionar, a

[15] Câmara, 2017.

[16] No trecho em que menciona os casos, Otávio Valério afirma que: "a pesquisa revelou que os grandes atritos entre o Supremo e os militares, ao menos entre 1964 e 1969, ocorreram muito mais em razão da atribuição do judiciário de controlar a legalidade dos atos do executivo do que do poder de declarar a inconstitucionalidade de leis, em que pese que fúria legislativa e a preocupação com o formalismo jurídico que caracterizaram o regime de 1964. **Com exceção de três casos de menor importância em relação a outras decisões do Supremo (nos quais houve a declaração de inconstitucionalidade de artigos de diferentes decretos-lei promulgados pelos militares)**, a imensa maioria dos atritos envolveu o controle da legalidade das prisões efetuadas pelo executivo militar em desrespeito às regras infraconstitucionais do devido processo penal." (Valério, 2010, p. 18) (grifos acrescidos).

partir dos casos, em que medida as regras e as instituições mantidas por um governo ditatorial podem, de fato, limitar a sua discricionariedade[17]. A pesquisa pretende abordar se e como as decisões refletem disputas entre os Poderes Executivo e Judiciário em torno dos limites da delegação legislativa e do conceito de segurança nacional, central para as definições políticas e jurídicas da ditadura brasileira. Também busca examinar se as declarações de inconstitucionalidade tiveram o sentido de desafiar a ordem jurídico-autoritária do regime e se tiveram o efeito de limitar ou de controlar o exercício do poder político e garantir direitos.

Para enfrentar essas questões, em um primeiro momento, analisamos a previsão da delegação legislativa como instrumento de concentração de poderes nas mãos do Executivo e a serviço de uma potencial militarização do direito e da política a partir de um uso extensivo do conceito de segurança nacional. Em seguida, serão discutidas as três decisões do STF com o objetivo de observar se elas representaram limites ao arbítrio do Poder Executivo e se revelam disputas ou tensões entre o Judiciário e o Executivo militar.

1. Delegação legislativa e concentração de poderes no Poder Executivo: direito e segurança nacional

A ditadura militar brasileira ficou caracterizada por manter em funcionamento instituições tradicionalmente ligadas ao Estado de Direito, como os Poderes Legislativo e Judiciário, ainda que estivessem submetidas a fortes constrangimentos e coerções. Para além do intuito de fomentar uma imagem positiva e de legitimar o regime perante a opinião pública interna e internacional, é possível perceber, no apelo à legalidade, o objetivo de conduzir uma institucionalização autoritária, ou seja, de estabilizar uma ordem política e jurídica de caráter antidemocrático.

Um aspecto central desse projeto envolvia a dinâmica de centralização política, que é típica de regimes ditatoriais e se realiza por meio da concentração de poderes no Executivo, em detrimento dos demais poderes e em descompasso com a teoria liberal de repartição das funções do Estado e de previsão de mecanismos de peso e contrapeso que estabelecem controles recíprocos entre os órgãos. Por sua vez, um dos artifícios para operar essa centralização política consiste na transferência de competências

[17] Essa questão é discutida com profundidade em (Barros, 2004).

legislativas para o presidente; assim, parte significativa das atribuições de produção normativa que cabem precipuamente ao Poder Legislativo são delegadas ao Executivo.[18]

Antes de analisar como essa transferência foi regulada pela ordem jurídica autoritária pós-1964, é importante situar melhor o debate sobre delegação legislativa no período. Em primeiro lugar, devemos pontuar que a delegação legislativa, em si, não é um instrumento por essência ou por natureza autoritário. No Brasil, ela tinha sido empregada de forma abusiva durante o Estado Novo (1937-1945), período em que o Parlamento foi mantido fechado, e a legislação foi produzida por meio de decretos-leis expedidos pelo então ditador Getúlio Vargas. Com o objetivo de combater a hipertrofia do Poder Executivo e de reabilitar a atividade parlamentar, a Constituição de 1946 proibiu expressamente a delegação de poderes e, portanto, a delegação legislativa.[19]

A rigidez da vedação foi, no entanto, fortemente criticada por juristas com distintas posições políticas[20], ao longo de todo o período democrático de 1946 a 1964. Esses juristas criticavam a separação rígida entre os poderes prevista no artigo 36 da Constituição de 1946, uma vez que ela resultava no isolamento dos poderes e impedia uma colaboração entre eles. Particularmente, consideravam o monopólio da produção normativa pelo Poder Legislativo incompatível com a realidade social e econômica, que impunha novas tarefas de intervenção do Estado e exigia um trabalho cada vez mais técnico e especializado na elaboração das leis. Como o Poder Legislativo não teria condições de responder a essas demandas técnicas e complexas, defendia-se uma descentralização do poder normativo. Uma ideia nesse sentido seria limitar o Poder Legislativo a estabelecer *standards*

[18] Outras estratégias para fortalecer a interferência do Executivo na produção legislativa envolvem a ampliação de matérias de iniciativa exclusiva do Executivo, acompanhada de redução no quórum de aprovação ou previsão de aprovação de projetos de lei por decurso de prazo. Ver, sobre o tema: (Barbosa, 2012).

[19] "Art 36 – São Poderes da União o Legislativo, o Executivo e o Judiciário, independentes e harmônicos entre si. [...] § 2º – É vedado a qualquer dos Poderes delegar atribuições."

[20] Entre os juristas favoráveis à delegação legislativa estavam, por exemplo, Victor Nunes Leal (1946), Carlos Medeiros Silva (1952) e Themístocles Cavalcanti (1951). Sobre o tema, ver (Costa, 2016) com ênfase na doutrina de Themístocles Cavancanti e (Pinto, 2018) tratando da obra de Carlos Medeiros Silva.

gerais da legislação, complementada pelo Poder Executivo ou por órgãos técnicos.

Se a delegação legislativa recebeu forte apoio até 1964, esse debate ficou esvaziado com a instauração do regime ditatorial e a retomada da prática dos decretos-leis como meio de concentração de poderes e de usurpação da competência legislativa pelo Poder Executivo. Essa reativação dos decretos-leis não ocorreu às margens do direito, mas foi regulada pelo regime dentro da perspectiva de construção de uma legalidade autoritária.[21] A primeira previsão foi estabelecida pelo artigo 30 do AI-2, de 1965, que dispunha o seguinte:

> Art. 30. O Presidente da República poderá baixar atos complementares do presente, bem como decretos-leis sôbre matéria de segurança nacional.

O Ato Institucional nº 4 (AI-4), de 1966, ampliou as temáticas que poderiam ser objeto de decretos-leis no período de convocação extraordinária do Congresso para a votação da Constituição de 1967, autorizando o presidente a baixar decretos-lei também sobre matéria financeira.[22] Por sua vez, a Constituição de 1967, que tinha o objetivo de institucionalizar os parâmetros jurídicos da ditadura, buscou consolidar o tratamento dado à delegação legislativa, nos termos fixados pelo artigo 58, transcrito a seguir:

> Art 58 – O Presidente da República, em casos de urgência ou de interesse público relevante, e desde que não resulte aumento de despesa, poderá expedir decretos com força de lei sobre as seguintes matérias:
> I – segurança nacional;
> II – finanças públicas.
> Parágrafo único – Publicado, o texto, que terá vigência imediata, o Congresso Nacional o aprovará ou rejeitará, dentro de sessenta dias, não

[21] Pereira, 2010.

[22] Assim prevê o art. 9º do AI-4: "Art. 9º. O Presidente da República, na forma do art. 30 do Ato institucional nº 2, de 27 de outubro de 1965, poderá baixar Atos Complementares, bem como decretos-leis sobre matéria de segurança nacional até 15 de março de 1967. § 1º Durante o período de convocação extraordinária, o Presidente da República também poderá baixar decretos-leis sobre matéria financeira. § 2º Finda a convocação extraordinária e até a reunião ordinária do Congresso Nacional, o Presidente da República poderá expedir decretos com fôrça de lei sobre matéria administrativa e financeira."

podendo emendá-lo; se, nesse prazo, não houver deliberação o texto será tido como aprovado.

Percebe-se que o texto constitucional instituiu uma disciplina mais rígida para a edição de decretos-leis, impondo algumas exigências, como o atendimento dos pressupostos de urgência ou de interesse público relevante, a condição de não resultar em aumento de despesa e a aprovação do Congresso Nacional. Note-se, no entanto, que essa aprovação poderia ser expressa ou tácita, sendo que, neste último caso, a aprovação era presumida pelo decurso do prazo de 60 dias. A Constituição de 1967 também fixou as duas matérias sobre as quais os decretos-leis poderiam versar: segurança nacional e finanças públicas.

Apesar da diferença sensível no tratamento conferido à delegação legislativa pela Constituição, em comparação com aquele dispensado pelos atos institucionais, o governo não reiniciou a numeração dos decretos-leis a partir da Constituição de 1967, indicando uma continuidade entre os que foram baixados antes e depois da nova regra constitucional.[23] Além disso, como será visto adiante na análise dos casos, os requisitos de urgência e de interesse público relevante não serviram efetivamente para o controle sobre a edição dos decretos-leis, uma vez que eram apreciados de forma discricionária pelo presidente e sem possibilidade de revisão judicial.

Apoiado na prerrogativa de baixar decretos-leis, o Poder Executivo assumiu um proeminente papel legiferante e passou a editar volumosa quantidade de normas sobre diversas matérias e temáticas. Nesse sentido, o editorial do jornal *Correio da Manhã,* de 12 de fevereiro de 1967, criticava a "fúria legiferante" do governo de Castelo Branco que, no final de mandato, tinha editado um "cabedal de decretos-leis, baixados pela rotativa palaciana". Concluía a crítica: "Nesta época de segurança nacional, a insegurança jurídica, a inexperiência legislativa de quem se atribuiu discricionàriamente foros parlamentares, mantém o País em estado de suspense constante"[24].

Esse exercício discricionário da delegação legislativa era reforçado pelos largos contornos atribuídos ao conceito de segurança nacional que, com o avanço da guerra fria e da teoria da guerra revolucionária, deixou de

[23] Ataliba, 1967, p. 16-17.

[24] "Legiferância", *Correio da Manhã,* 12 fev. 1967.

corresponder ao sentido restrito de segurança externa, que caracterizava a ideia de defesa nacional, e passou a se expandir para todos os domínios da vida social, envolvendo o campo da política, da economia, da cultura, etc.[25] Segundo a doutrina da segurança nacional e sob a perspectiva da guerra revolucionária total, o Estado deveria atuar em todas as frentes para combater o "inimigo interno" e a ameaça da "ação indireta" e "psicossocial" do comunismo.[26]

A manifestação mais direta e imediata desta ampla conceituação da segurança nacional é percebida no âmbito da perseguição política, na medida em que qualquer atividade de oposição poderia ser considerada subversiva graças às vagas e imprecisas definições dos tipos penais previstos nas leis de segurança nacional.[27] Mas para além do aspecto jurídico-penal, as decisões na política econômica, cultural e educacional do regime também se pautavam pela necessidade de garantir a segurança interna atrelada à promoção do desenvolvimento.[28] Reforçava-se, com isso, o papel político das Forças Armadas, como já notava Lúcia Klein em 1978:

> Na realidade, o monopólio que exercem sobre a resolução dos problemas afetos à segurança nacional torna necessariamente amplo o escopo de interferência das Forças Armadas. De um lado, porque, ao abarcar as dimensões política, econômica, militar e psicossocial, a concepção de segurança nacional assume caráter extremamente abrangente e exige a mobilização de recursos os mais diversos. De outro lado, porque dentro da perspectiva vigente, segurança é um fator de produção indispensável ao desenvolvimento.[29]

A ideia de segurança nacional foi difundida na ordem jurídica, como indica o título da obra de Mário Pessoa: "O direito da segurança nacional"[30]. Nesse sentido, a Constituição de 1967 passou a conter inúmeras referências à segurança nacional, além de reservar a ela uma seção própria

[25] Alves, 2005, p. 132-133.

[26] Comblin, 1978, p. 49; Alves, 2005, p. 47.

[27] Comblin, 1978, p. 55-56.

[28] Sobre a relação entre segurança nacional e política econômica, ver: Pieranti *et al*, 2007.

[29] Klein, 1978, p. 45.

[30] Pessoa, 1971.

(a seção V, inserida no capítulo VII, dedicado ao Poder Executivo), na qual se destaca o artigo 89, que estabelecia que: "Tôda pessoa natural ou jurídica é responsável pela segurança nacional". Além disso, a nova ordem constitucional ampliou a competência do Conselho de Segurança Nacional que passou a ocupar uma posição central dentro do aparato do Estado.[31]

A importância conferida à segurança nacional justificaria a restrição de direitos e liberdades, bem como a concentração de atribuições e poderes nas mãos do Executivo, como explica, no livro *Planejamento Estratégico,* Golbery do Couto e Silva, figura de destaque na ditadura brasileira:

> Não há de fato – nem poderia haver em sã consciência – quem negue no governo a responsabilidade total e, pois, o direito incontestável de agir, orientando, mobilizando, coordenando, para tal fim, todas as atividades nacionais. E a concentração maior poder que daí resultar, em mãos dos delegados da vontade do povo, a ampliação da esfera de atribuições reservada ao Poder Executivo, as restrições impostas aos próprios direitos da cidadania na forma prevista nos textos constitucionais são corolários iniludíveis de toda situação de reconhecida gravidade para a segurança nacional – a aplicação de tais corolários comportando, como é evidente, grande margem de flexibilidade que lhes permita convenientemente adequar-se ao progressivo aumento ou relaxação das tensões externas ou internas que se estejam a manifestar.[32]

A elasticidade do conceito de segurança nacional serviu, portanto, para exacerbar os amplos poderes normativos conferidos ao presidente pela delegação legislativa, uma vez que o caráter vago e escorregadio do conceito assegurava uma ampla margem de discricionariedade na edição dos decretos-leis. A invocação da segurança nacional se tornou, por um lado, fonte de insegurança jurídica e, por outro, mecanismo para a militarização do direito. No entanto, os contornos do conceito foram disputados judicialmente, como se verá a seguir.

[31] Alves, 2005, p. 133.

[32] Couto e Silva, 1981, p. 22-23.

2. O STF e a constitucionalidade de decretos-lei em matéria de segurança nacional

Se o funcionamento do Poder Judiciário em regimes ditatoriais tem, por um lado, um efeito legitimador, por outro lado, também abre um espaço de tensões, uma vez que os usos do direito não podem ser completamente antecipados ou controlados. Durante a ditadura brasileira, em três decisões proferidas entre os anos de 1967 e 1968, o STF declarou a inconstitucionalidade de dispositivos de decretos-leis que tinham sido baixados pelo regime em matéria de segurança nacional.

A primeira decisão ocorreu no julgamento do Recurso Extraordinário 62.739, em 23 de agosto de 1967, quando o STF considerou inconstitucional um artigo do Decreto-Lei 322/1967, que regulamentava a purgação da mora para casos de locação comercial. Por sua vez, na decisão do Habeas Corpus 45.232, em 21 de fevereiro de 1968, o STF declarou a inconstitucionalidade parcial do artigo 48 da Lei de Segurança Nacional (Decreto-Lei 314/1967), segundo o qual a prisão em flagrante delito ou o recebimento da denúncia em casos de crimes contra a segurança nacional acarretava a automática suspensão do exercício de profissão ou emprego em entidade privada. Por fim, na terceira decisão, de 19 de novembro de 1968, o STF julgou o Recurso em Habeas Corpus 45.007 e declarou a inconstitucionalidade do artigo 3º do Decreto-Lei 2/1966, que equiparava os crimes contra a economia popular a delitos contra a segurança nacional e determinava a aplicação das sanções previstas na Lei 1.802/1953.

Nesses três casos, o controle de constitucionalidade foi exercido de forma incidental, concreta e difusa, gerando efeitos, a princípio, apenas para as partes envolvidas.[33] O fundamento das decisões se apoiou em uma interpretação restritiva do conceito de segurança nacional, que limitou a margem de discricionariedade do governo no exercício da delegação legislativa.

As decisões foram tomadas pelo STF já afetado pelas mudanças introduzidas pelo AI-2 de 1965, particularmente com relação à composição do tribunal. Vale lembrar que o AI-2, editado em um contexto de tensões

[33] Em dois casos, no entanto, as normas declaradas inconstitucionais pelo STF tiveram sua aplicação suspensa por resolução do Senado, gerando com isso efeitos *erga omnes*, como se verá adiante.

entre o STF e grupos militares[34], aumentou o número de ministros de 11 para 16.[35] A despeito dessas alterações, nas três decisões analisadas, o STF adotou uma posição que pode ser entendida como contrária ao governo, já que negou aplicação a algumas de suas normas. Diante disso, buscamos analisar se essas decisões que, à primeira vista, parecem transmitir uma postura de resistência, de fato significaram uma contestação à ordem ditatorial ou à autoridade do regime e se foram orientadas à proteção de direitos e liberdades fundamentais. Os casos são analisados a seguir conforme a ordem cronológica dos julgamentos.

Recurso Extraordinário nª 62.739, de 1967

No julgamento do RExt 62.739, em 23 de agosto de 1967, o STF considerou, por maioria de votos, inconstitucional o artigo 5º do Decreto-Lei 322 de 7/4/1967, que permitia a purgação da mora em locações comerciais.[36] O DL 322/1967, baixado com fundamento no artigo 58, I, da Constituição de 1967 – que autorizava, como visto, a delegação legislativa em matéria de segurança nacional – tratava de critérios e índices para o reajustamento de aluguéis. Em seu preâmbulo, o decreto-lei correlacionava o problema dos aluguéis à crise habitacional e ao aumento geral dos preços, de modo que tais repercussões justificariam o tratamento da matéria como de interesse da segurança nacional.

O recurso foi interposto ao STF por uma empresa de crédito e financiamento (locadora) contra um estabelecimento comercial (Bar e Restaurante Isildinha), que estava em mora no pagamento do aluguel. O julgamento do STF afastou o direito de a locatária purgar a mora, conforme previsto

[34] Ministros do STF criticaram a proposta de emenda submetida pelo governo ao Congresso que atingia diretamente o tribunal, interferindo na sua composição e organização interna. O então presidente do STF Ribeiro da Costa acusou a medida de tentar empacotar o tribunal e de representar uma intromissão indevida dos militares no Poder Judiciário. Ribeiro da Costa e o então ministro da guerra Costa e Silva trocaram acusações recíprocas em declarações públicas, o que agravou a revolta da chamada linha dura com o STF. A respeito dessas tensões, ver: (Recondo, 2018, p. 92-123).

[35] Foram indicados para as vagas abertas os juristas Prado Kelly, Oswaldo Trigueiro, Aliomar Baleeiro, Adalício Nogueira e Carlos Medeiros Silva.

[36] A Resolução nº 25, de 8 de abril de 1968, do Senado Federal, suspendeu a execução do art. 5º do Decreto-Lei nº 322, de 7 de abril de 1967, julgado inconstitucional pelo STF no RExt 62.739, de 1967.

no artigo 5º do DL 322/1967, com base em dois argumentos desenvolvidos pelo relator ministro Aliomar Baleeiro. Segundo o relator, o artigo 5º do DL 322 não deveria ser aplicado porque extrapolava os limites da delegação legislativa em matéria de segurança nacional e porque feria direito adquirido do recorrente. Quanto à ofensa a direito adquirido, tratava-se de resguardar os interesses comerciais da locadora diante da situação de mora do estabelecimento que alugava seu imóvel. Para o relator, o DL 322 não poderia retroagir para regular uma situação que já estava consolidada e definitiva quando foi editado.

Por sua vez, quanto ao excesso legislativo verificado, o ministro Aliomar Baleeiro entendeu que a purgação de mora em locação comercial não era assunto relacionado à segurança nacional. O relator adotou uma interpretação restritiva e vinculada do conceito de segurança nacional. Restritiva porque, segundo ele, "a matéria de segurança nacional, tôda ela de ordem pública e de Direito Público, repugna que ali se intrometa assunto miúdo de Direito Civil, que apenas joga com os interêsses também miúdos e privados de particulares". Por sua vez, a interpretação era vinculada porque a definição de segurança nacional não cabia ao juízo discricionário do presidente nem do Congresso. Baleeiro afirmou que "não é constitucional interpretar-se a cláusula 'segurança nacional' do art. 50, I, como algo que o Presidente da República faz e o Congresso desfaz, ou que ambos podem fazer discricionariamente". Dessa forma, o ministro também afastou a ideia de que a aprovação do Congresso teria o efeito de convalidar a inconstitucionalidade.

O parâmetro adotado pelo relator para restringir e vincular a interpretação sobre segurança nacional foi a própria Constituição de 1967. O ministro invocou a rigidez e a supremacia constitucional para justificar a existência de limites, impostos pelos artigos 89 e 90, que demarcavam o que se poderia considerar como matéria relativa à segurança nacional. Nesse sentido, a partir dos dispositivos constitucionais, elencou os temas que estariam relacionados à segurança nacional, conforme ficou consignado na ementa do julgado:

> (...) o conceito de 'segurança nacional' não é indefinido e vago, nem aberto àquele discricionarismo do presidente ou do congresso. 'Segurança nacional' envolve toda a matéria pertinente a defesa da integridade do território, independência, sobrevivencia e paz do país, suas instituições e valores materiais

ou morais contra ameacas externas e internas, sejam elas atuais e imediatas ou ainda em estado potencial proximo ou remoto.[37]

O recurso à Constituição de 1967 como fundamento de legitimidade também serviu para o ministro resguardar a sua posição, ao dizer que não emitia "uma opinião pessoal" e que não julgava "a lei", mas "segundo a lei" – argumento duas vezes repetido no voto. Neste ponto, é interessante observar como a Constituição adotada pelo regime ditatorial e pautada em preceitos autoritários, marcadamente no campo da segurança nacional, foi aplicada como um limite à própria atuação legislativa do governo. Não obstante, embora seja significativo que o STF tenha julgado inconstitucional o dispositivo de um decreto-lei com base na própria Constituição de 1967 e seu conceito de segurança nacional, isso não significou uma postura contrária à política repressiva de segurança, uma vez que o escopo da decisão foi favorecer interesses comerciais contra a intervenção do Estado nas relações contratuais de âmbito privado. Ou seja, a decisão voltou-se mais à proteção de interesses comerciais e privados do que propriamente de direitos e liberdades fundamentais.

Quanto à limitação do arbítrio do Poder Executivo, por um lado, a decisão entendeu que o conceito de segurança nacional vinculava e limitava materialmente o exercício da delegação legislativa, sujeito a controle judicial. No entanto, por outro lado, o STF consagrou o entendimento de que não cabia ao Poder Judiciário apreciar se foram atendidos os pressupostos de urgência e de interesse público relevante para a edição dos decretos-leis. O exame desses pressupostos estaria compreendido no juízo político discricionário do presidente e do Congresso.[38] Assim se manifestou o relator:

> Não me parece duvidoso que a apreciação da "urgência" ou do interesse público relevante assume caráter político – é urgente ou relevante o que o presidente entender como tal, ressalvado que o Congresso pode chegar

[37] RE 62739, Relator: Min. Aliomar Baleeiro, Tribunal Pleno, julgado em 23/08/1967, DJ 20-12-1967.

[38] Em seu livro de 1967, Geraldo Ataliba já discordava dessa visão e entendia que o Poder Judiciário podia entrar no mérito do ato para avaliar se foram cumpridos os pressupostos constitucionais de urgência ou interesse público relevante (Ataliba, 1967, 28).

> a julgamento de valor contrário, para rejeitar o decreto-lei. Destarte, não pode haver revisão judicial desses dois aspectos entregues ao discricionarismo do Executivo, que sofrerá apenas correção pelo discricionarismo do Congresso.[39]

A decisão conferiu respaldo, portanto, à discricionariedade do presidente em definir se há interesse e urgência na edição dos decretos-leis. Essa tese que restringe a competência do Poder Judiciário sob o argumento de excluir "questões políticas" do controle judicial influenciou a jurisprudência após 1988 sobre a sindicabilidade dos pressupostos para a edição de medidas provisórias. Embora as medidas provisórias tenham sido inseridas na ordem constitucional de 1988 como mecanismo para admitir a atividade legislativa pelo Poder Executivo em situações excepcionais, repudiando a prática abusiva dos decretos-leis no período da ditadura, a jurisprudência tem sido tímida na fiscalização da legalidade dessas normas. A primeira decisão do STF que abordou o controle de constitucionalidade das medidas provisórias após a Constituição de 1988 invocou o julgamento do RExt 62.739 de 1967, aqui analisado, como precedente para afirmar o caráter político e discricionário da apreciação dos requisitos de urgência e relevância pelo presidente, ainda que excetuando as hipóteses de abusos no exercício do poder normativo.[40] O caso mostra que a Constituição de 1988 foi interpretada à luz da orientação firmada pelo STF sob a ordem autoritária anterior para restringir o âmbito do controle judicial. Esse entendimento foi predominante durante a década de 1990 e ainda apresenta reflexos sobre a posição do tribunal.[41]

[39] STF, RE 62739, Voto Ministro Aliomar Baleeiro, 23/08/1967.

[40] Trata-se da decisão na ADI 162 MC, de 14/12/1989. Confira-se a ementa do julgado: "Ação Direta de Inconstitucionalidade. Medida Provisória nº 111/89. Prisão Temporária. Pedido de liminar. – Os conceitos de relevância e de urgência a que se refere o artigo 62 da Constituição, como pressupostos para a edição de Medidas Provisórias, decorrem, em princípio, do Juízo discricionário de oportunidade e de valor do Presidente da República, mas admitem o controle judiciário quando ao excesso do poder de legislar, o que, no caso, não se evidencia de pronto. (...)".

[41] A jurisprudência atual do STF admite o controle judicial, mas de forma restrita e excepcional. Ver, por exemplo, a decisão na ADI 1055, de 15/12/2016.

Habeas Corpus nº 45.232, de 1968

No julgamento do HC 45.232, em 21 de fevereiro de 1968, o STF declarou a inconstitucionalidade parcial do artigo 48 da Lei de Segurança Nacional (LSN) editada em março de 1967, o Decreto-lei 314 (DL 314/1967). O dispositivo determinava a suspensão automática do exercício profissional, do emprego em entidade privada e do cargo ou função pública na hipótese de prisão em flagrante delito ou de recebimento de denúncia em casos de crimes contra a segurança nacional.[42] Os impetrantes, que eram profissionais liberais ou da atividade privada, questionaram a legitimidade da medida, uma vez que correspondia à aplicação de uma pena acessória – de privação de direitos – sem processo regular, em violação ao direito de defesa, de individualização da pena e ao contraditório.

A decisão do STF seguiu, por maioria, o voto do relator, ministro Themístocles Cavalcanti, que concedeu em parte o pedido de habeas corpus. Assim como Baleeiro, relator do caso anterior, Cavalcanti também tinha sido nomeado pelo regime.[43] O objeto do julgamento foi uma norma que, não só tinha sido editada pelo governo militar, no exercício de poderes delegados, como trazia um conteúdo politicamente sensível, uma vez que tratava da repressão de crimes políticos. A declaração de inconstitucionalidade parcial do dispositivo impugnado da LSN afastou em parte a aplicação de medidas restritivas de direitos contra pessoas denunciadas ou presas em flagrante por crimes contra a segurança nacional.

A análise dos fundamentos do voto do relator permite entender melhor em que medida o posicionamento adotado questionou ou afetou a política persecutória e as práticas punitivas do regime. Antes disso, é relevante observar que este julgado de 1968 tem sido invocado pela jurisprudência

[42] Confira-se o texto do dispositivo: "Art. 48. A prisão em flagrante delito ou o recebimento da denúncia, em qualquer dos casos previstos neste decreto-lei, importará, simultâneamente, na suspensão do exercício da profissão, emprêgo em entidade privada, assim como de cargo ou função na administração pública, autarquia, em emprêsa pública ou sociedade de economia mista, até a sentença absolutória."

[43] Como foi mencionado, no período anterior a 1964, Themístocles Cavalcanti defendeu flexibilização do princípio da separação de poderes previsto na Constituição de 1946 para se admitir a delegação legislativa como mecanismo para modernizar e tornar mais eficiente o processo de elaboração das leis. Mas, segundo Maurício Mesurini da Costa (2016), o jurista deixou esse debate de lado depois que o regime ditatorial passou a adotar a prática de edição de decretos-leis.

recente do STF como precedente de afirmação do direito à presunção de inocência, que teria sido reconhecido então como princípio implícito no texto constitucional de 1967. Nesse sentido se verifica a remissão feita pelo ministro Celso de Mello na fundamentação de seu entendimento sobre o tema:

> ***o Plenário*** do Supremo Tribunal Federal, ***em julgamento*** proferido sob a égide da Carta Política de 1967 – que ***não*** previa, *de modo explícito*, o direito fundamental à presunção de inocência, ***reconhecido,*** *no entanto*, por esta Corte, ***como imanente*** ao sistema constitucional (art. 150, § 35) –, ***declarou a inconstitucionalidade parcial*** do art. 48 do Decreto-lei nº 314/67 (***a antiga*** *Lei de Segurança Nacional*) (...) (grifos no original)[44]

Essa afirmativa, no entanto, impõe uma análise mais detida. É certo, por um lado, que o ministro Themístocles Cavalcanti apontou que a LSN teria se excedido ao determinar, preventivamente, a aplicação de uma pena acessória que implicaria na privação dos meios de subsistência e na interrupção da atividade profissional dos afetados. Assim registrou o voto que:

> a simples denúncia, a menos que o estatuto da ordem profissional assim o determine, não pode constituir obstáculo ao exercício da profissão, privando-o dos meios de subsistência e interrompendo a sua atividade profissional, pela simples suspeita de ter praticado um crime contra a segurança nacional.[45]

O relator também alertou para os danos irreparáveis que decorreriam da suspensão do exercício de direitos, que corresponderia a uma antecipação de pena: "Sofre o acusado uma verdadeira pena, mesmo antes que contra ele se apure qualquer responsabilidade, com reflexos graves em sua vida profissional e em seu patrimônio que a absolvição posterior não poderia reparar"[46].

[44] Voto Ministro Celso de Melo, ADC 43 MC / DF, de 05/10/2016. O mesmo trecho está presente no voto do ministro no RE 591054 / SC.

[45] STF, HC 45.232, Voto Ministro Themístocles Cavalcanti, 21/02/1968.

[46] STF, HC 45.232, Voto Ministro Themístocles Cavalcanti, 21/02/1968.

No entanto, não é possível dizer que a declaração de inconstitucionalidade se fundamentou no reconhecimento implícito do princípio da presunção da inocência. A decisão se aproximaria desse fundamento caso tivesse acolhido as alegações dos impetrantes, que invocaram o desrespeito a garantias penais, como o direito à defesa, à individualização da pena e ao contraditório. Mas o relator não adotou esses argumentos como razão de decidir. Ao contrário, afirmou o ministro Themístocles Cavalcanti: "Os preceitos indicados [pelos impetrantes], porém, não me parecem de todo adequados à arguida inconstitucionalidade"[47]. Em seu lugar, o ministro fundamentou a declaração de inconstitucionalidade com base no direito à vida e na norma do artigo 150, §35, da Constituição de 1967, que estendia a proteção constitucional para outros direitos que não estavam expressamente enumerados no mesmo dispositivo.[48]

Segundo o ministro, a suspensão do exercício profissional e do emprego em entidade privada, baseada em simples suspeita de cometimento de crime, violaria o direito à vida porque privaria o indivíduo dos meios de subsistência, uma vez que ele deixaria de receber sua remuneração. Também violaria outros direitos não enumerados, como o direito ao trabalho e ao exercício profissional, que estariam vinculados às liberdades, aos princípios e ao sistema político consagrado na Constituição.

É com base nesse argumento que o ministro Themístocles Cavalcanti distinguiu a situação dos funcionários públicos em relação àquela dos profissionais liberais e dos empregados de entidades privadas. Segundo o entendimento do relator, seguido pelo STF, o artigo 48 do DL 314/1967 era inconstitucional na parte em que impunha a suspensão do exercício profissional e do emprego em entidade privada como efeito da prisão em flagrante ou do recebimento da denúncia. Quanto à suspensão do cargo ou função pública, o estatuto do funcionário público já previa o afastamento em caso de prisão preventiva, de pronúncia por crime comum, de denúncia por crime funcional e de condenação por crime inafiançável. O ministro considerou que essa medida não era inconstitucional porque o mesmo estatuto assegurava o pagamento de dois terços do vencimento durante

[47] STF, HC 45.232, Voto Ministro Themístocles Cavalcanti, 21/02/1968.

[48] Previa a norma constitucional: "Art. 150, § 35. A especificação dos direitos e garantias expressas nesta Constituição não exclui outros direitos e garantias decorrentes do regime e dos princípios que ela adota."

o afastamento, de modo que não se caracterizava ofensa ao direito à vida pela privação dos meios de subsistência.[49]

Percebe-se, portanto, que o fundamento expresso no voto e adotado pelo julgamento foi a garantia do direito à vida, do direito ao trabalho e ao exercício profissional. No caso de atingir trabalhadores de empresas privadas, o relator também considerou que a suspensão do emprego afetaria as atividades econômicas da empresa e representaria um "excesso de intervenção", ao impor ao empregador "restrição que atenta contra a sua liberdade na relação de emprego".[50] Ou seja, a medida prevista na LSN também violaria o preceito do livre exercício de atividade lícita, que inclui a liberdade da empresa de definir as relações de trabalho que manterá, contanto que dentro da legalidade.

Não parece correto, portanto, afirmar que a decisão do STF consagra a presunção de inocência, inclusive porque afasta expressamente os argumentos baseados nas garantias penais como fundamento da inconstitucionalidade. O problema não é a aplicação antecipada da pena, mas seu impacto na possibilidade de subsistência e de trabalho. Em todo caso, não se pode desconsiderar que o STF demonstra um grau de autonomia ao decidir pela inconstitucionalidade parcial de um dispositivo da LSN e garantir, no caso concreto, o exercício de um direito atingido pelo diploma repressivo.

A decisão permite leituras variadas. Podemos entender a fundamentação adotada pelo relator como uma saída criativa, ao apelar para uma interpretação constitucional do direito à vida e de direitos não enumerados. Também é possível supor que o tribunal tenha adotado uma atuação estratégica, para afastar a aplicação das penalidades no caso concreto, mas evitando maiores atritos ou possíveis reações. Por outro lado, a decisão pode ser interpretada como uma posição tímida ou conciliadora do tribunal, que tenta compor interesses e limitar os impactos do julgamento. De todo modo, o fato de a decisão não se apoiar nas garantias penais invocadas pelos pacientes enfraquece seu potencial de questionamento à ação

[49] Neste ponto, discordou (e ficou vencido) o ministro Evandro Lins e Silva, uma vez que votou no sentido de declarar a inconstitucionalidade de todo o art. 48, uma vez que aplicava preventivamente uma pena acessória que não é prevista na própria Lei de Segurança Nacional (DL 314/1967).

[50] STF, HC 45.232, Voto Ministro Themístocles Cavalcanti, 21/02/1968.

repressiva e persecutória do regime. A ausência deste fundamento penal também exige rever ou, ao menos, ponderar o entendimento atualmente endossado por ministros do STF, que atribui a essa decisão no HC 45.232 de 1968 o mérito de reconhecer o direito à presunção de inocência como imanente à ordem constitucional.

Recurso em Habeas Corpus nº 45.007, de 1968

O terceiro caso analisado, e que gerou maior polêmica dentro do tribunal, foi o RHC 45.007, julgado em 19 de novembro de 1968, que apreciou a constitucionalidade do artigo 3º do Decreto-Lei 2 de 1966, que determinava a aplicação das sanções da antiga Lei de Segurança Nacional (artigo 13 da Lei 1.802/1953) aos crimes contra a economia popular previstos no artigo 2º da Lei 1.521/1951 e reproduzidos na Lei Delegada nº 4 de 1962.[51] O recorrente entrou com o pedido de habeas corpus para afastar a penalidade que tinha sofrido por transgredir a tabela de preços, vendendo um peso de carne acima do preço da tabela oficial. Argumentou que, com a revogação da Lei 1.802/1953 pelo Decreto-Lei 314/1967 (a nova Lei de Segurança Nacional), a infração teria ficado sem sanção, consumando-se a extinção da punibilidade.

O relator do caso, ministro Carlos Thompson Flores, votou por manter a decisão recorrida e a punição do vendedor. A despeito da revogação da Lei 1.802/1953, o ministro entendeu que continuavam aplicáveis as sanções nela previstas. De todo modo, para o relator, não era necessário, para o deslinde da controvérsia, apreciar o DL 2/1966 e a equiparação feita entre os crimes contra a economia popular e os delitos contra a segurança nacional para efeitos de aplicação de pena, uma vez que o referido decreto-lei tinha entrado em vigor após o cometimento da infração. O relator foi inicialmente acompanhado pelos ministros Themístocles Cavalcanti, Aliomar Baleeiro e Eloy da Rocha, que defenderam a aplicação das infrações e penas previstas na Lei 1.521/1951 e

[51] Confira-se o dispositivo: "Art 3º O não cumprimento das obrigações estabelecidas no art. 2º e a oposição de quaisquer dificuldades ou embaraços à consecução dos objetivos do presente Decreto-Lei, bem como a infração aos dispositivos da Lei Delegada nº 4, de 26 de setembro de 1962, serão processados e julgados pela Justiça Militar, na forma da legislação processual vigente, sujeitando os infratores ou os responsáveis às sanções previstas no art. 13, da Lei nº 1.802, de 5 de janeiro de 1953".

na Lei Delegada 4/1962, já que os fatos ocorreram antes da edição do DL 2/1966.

O ministro Evandro Lins e Silva inaugurou a divergência no julgamento por entender, primeiramente, que era necessário enfrentar o DL 2/1966, tendo em vista que a alegação do impetrante questionava a própria subsistência das infrações previstas na Lei 1.521/1951 e na Lei Delegada nº 4/1962, após a revogação da Lei 1.802/1953 pelo DL 314/1967, que teria deixado as infrações sem sanção correspondente. No mérito, o ministro considerou inconstitucional o artigo 3º do DL 2/1966 porque extrapolava os limites da delegação legislativa ao dispor sobre matéria estranha à segurança nacional.

O ministro Evandro Lins retomou a discussão sobre a constitucionalidade do artigo 3º do DL 2/1966 que já tinha sido travada por ocasião do julgamento do HC 43.071, em 17 de março de 1966. Neste precedente, o STF rejeitou, por maioria, a arguição de inconstitucionalidade daquele dispositivo, nos termos do voto do relator, o ministro A. C. Laffayette de Andrade, que entendeu que a defesa da economia popular era matéria relativa à segurança nacional e se inseria, portanto, dentro do escopo da competência do presidente para baixar decretos-leis, conforme o artigo 30 do AI-2. Para o relator, o tema do abastecimento da população, por exemplo, era matéria de segurança interna, já que poderia ter implicações para a paz pública e para a tranquilidade social.

Ficou vencido o ministro Evandro Lins e Silva, que já se posicionava, então, pela inconstitucionalidade do DL 2/1966 (artigo 3º)[52]. Para decidir nesse sentido, o ministro afastou a vedação do artigo 19 do AI-2, que excluía da apreciação judicial os atos praticados com fundamento nos AIs, por considerar que o próprio ato institucional limitou a ação do presidente na expedição dos decretos-leis. Nota-se que o parâmetro de validade adotado pelo ministro foi o próprio AI-2 que, ao autorizar a delegação legislativa, também restringia sua incidência à matéria relativa à segurança

[52] Também ficaram vencidos, por acolher a arguição de inconstitucionalidade, os ministros Gonçalves de Oliveira, Luiz Galotti e o Presidente Ribeiro da Costa, que argumentou: "em nome da segurança nacional, está se atingindo a segurança dos indivíduos, quando se acena com a competência de um Tribunal Militar para julgar delito essencialmente comum, delito que não tem, pela sua repercussão, qualquer reflexo sobre a segurança nacional" (STF, HC 43.071,Voto Ministro Ribeiro da Costa, 17/03/1966).

nacional.[53] Nesse sentido, para o ministro, o conceito de segurança nacional não poderia ser alargado para abarcar crimes contra a economia popular: "Não tem o porte nem a significação de crime contra a segurança do Estado uma mera infração de aumento de preço do tabelamento ou de furto no pêso de mercadorias", afirmou no voto.[54]

Além de defender a distinção entre os crimes contra a segurança nacional e os crimes contra a economia popular, o ministro Evandro Lins argumentou que as normas de direito excepcional e de caráter punitivo tinham que receber uma interpretação restritiva e que o alargamento do ato institucional esvaziava o Poder Legislativo e o Poder Judiciário, diante da ampliação da competência da justiça militar.[55] Seu voto foi rebatido pelo ministro Carlos Medeiros, jurista ligado ao regime e futuro ministro da Justiça de Castelo Branco, que defendeu que os conceitos de crimes contra a segurança nacional e contra a economia mudavam com o tempo e que o presidente, agindo por delegação legislativa, era competente para estabelecer novas distinções.[56]

No julgamento do RHC 45.007, em 1968, o ministro Evandro Lins e Silva propôs o reexame da constitucionalidade do artigo 3º do DL 2/1966. O ministro reafirmou seus argumentos contrários à equiparação entre crimes contra a economia popular e crimes contra a segurança nacional. Alegou que "a lei 1.521 e que a lei delegada n. 4 sancionam infrações que não têm relação com a paz pública, com o sistema de govêrno ou com o funcionamento dos podêres" e por isso "não afetam nem comprometem a segurança nacional"[57]. A equiparação entre as duas modalidades resultava na aplicação de uma pena excessiva para infrações de menor gravidade, como a alteração do preço de mercadorias. Além disso, o problema mais sério de paralisação de abastecimento da cidade já estava contemplado na própria Lei 1.802/1953 como crime contra a segurança do Estado.

O ministro Evandro Lins invocou o precedente examinado acima em que o STF julgou inconstitucional o artigo 5º do DL 322 que permitia a

[53] Inclusive, o conceito de segurança nacional previsto no AI-2 era mais restritivo do que aquele depois incorporado pela Constituição de 1967 que, como visto, ampliou a área de incidência dos assuntos relacionados à segurança nacional.

[54] STF, HC 43.071, Voto Ministro Evandro Lins e Silva, 17/03/1966.

[55] STF, HC 43.071, Voto Ministro Evandro Lins e Silva, 17/03/1966.

[56] STF, HC 43.071, Voto Ministro Carlos Medeiros Silva, 17/03/1966.

[57] STF, RHC 45.007, Voto Ministro Evandro Lins e Silva, 28/08/1968.

purgação da mora nas locações comerciais, para defender que o tribunal definisse os limites conceituais da expressão "segurança nacional" como matéria de decretos-leis. Também se apoiou em referências doutrinárias, a começar pelo estudo de Geraldo Ataliba, que serviu para demonstrar que, para o efeito de interpretar a prerrogativa presidencial de editar decretos-leis e considerando o caráter excepcional dessa competência, a expressão segurança nacional é "estritíssima". De fato, segundo Ataliba, a faculdade presidencial é "gravada de condições, limitada, circunscrita, restrita"[58]. Daí sua conclusão:

> O conceito de segurança nacional, para a determinação da competência do Presidente da República, para editar decretos-leis, só pode ser dessumido do próprio texto constitucional, uma vez que se trata de competência extraordinária, derrogatória da regra geral, erigida em princípio fundamental do sistema, da tripartição do poder, com a exclusividade da função legislativa ao Congresso.[59]

Foi citado, ainda, um artigo do professor Nelson de Souza Sampaio que sustentava o cabimento do controle de constitucionalidade para apreciar os limites materiais do decreto-lei e entendia que era tarefa da jurisprudência demarcar os contornos das expressões "segurança nacional" e "finanças públicas" enquanto matéria de delegação legislativa. Interessante observar que a própria doutrina ressalvava que o juiz da urgência ou do interesse público era o presidente[60], cabendo controle judicial apenas quanto às limitações materiais. Neste ponto, o texto reforçava a necessidade de uma interpretação restritiva do termo segurança nacional de acordo com a própria Constituição de 1967 – e apesar do seu "hiperpresidencialismo".[61]

O voto do ministro Evandro Lins suscitou um grande debate no tribunal. O julgamento foi interrompido por diversos pedidos de vista, que reforçavam a delicadeza e a relevância da matéria em discussão. Por mais de uma vez o ministro Evandro Lins chamou atenção para a

[58] Ataliba, 1967, p. 28.

[59] Ataliba, 1967, p. 71-72.

[60] Como visto, esse entendimento já tinha sido firmado pelo STF no julgamento do RExt 62739 de 1967.

[61] Sampaio, 1967, p. 33.

repercussão do julgamento, uma vez que milhares de casos pelo país estavam paralisados e aguardavam uma definição do STF. O argumento da inconstitucionalidade foi reforçado pelo fato novo presente no caso, que era a revogação da Lei 1.802/1953 pelo DL 314/1967. O ministro demonstrou que, se fosse considerada constitucional a equiparação entre crimes contra a economia popular e crimes contra a segurança nacional, as penalidades da Lei 1.521/1951 teriam sido revogadas pelo DL 2/1966, que mandou aplicar as sanções da Lei 1.802/1953. Mas com a revogação desta lei pela nova LSN, não seria possível restaurar as penalidades já revogadas da Lei 1.521/1951. Tampouco seria possível entender que as sanções da Lei 1.802/1953 permaneciam em vigor ou aplicar por analogia o DL 314 para apenar as infrações. Concluiu o ministro: "Assim deixaríamos sem apenação os crimes contra a economia popular".[62]

A tese da inconstitucionalidade do artigo 3º do DL 2/1966 ficou, ao final, vitoriosa. Alguns ministros concordaram expressamente com os argumentos de fundo e com o raciocínio jurídico do ministro Evandro Lins, ao excluir os crimes contra a economia popular da categoria de crimes contra a segurança nacional.[63] No entanto, outros ministros que não estavam convencidos da tese de inconstitucionalidade acompanharam a dissidência aberta pelo ministro Evandro Lins com receio de que as infrações contra a economia popular ficassem sem sanção. O ministro Gonçalves de Oliveira, então presidente do STF, fez expressamente o apelo aos demais ministros: "Faria um apêlo ao Tribunal para reconsiderar essa matéria, porque não podemos deixar sem penalização êsses crimes de economia popular"[64]. O presidente defendeu que a declaração de inconstitucionalidade seria uma forma de simplificar a questão, já que a legislação de economia popular não seria restaurada de outro modo. Nesse sentido, os ministros Themístocles Cavalcanti e Aliomar Baleeiro mudaram a

[62] STF, RHC 45.007, Voto Ministro Evandro Lins e Silva, 28/08/1968

[63] É o caso do próprio presidente Gonçalves Oliveira que já havia se pronunciado nesse sentido, e também dos ministros Victor Nunes Leal e Adauto Lúcio Cardoso. Em seu voto, o ministro Adauto Cardoso destacou a função do STF de "definir os limites conceituais da segurança nacional" e, por consequência, decretar a inconstitucionalidade de dispositivos de decretos-leis que invadem "área estranha à matéria de segurança nacional" (STF, RHC 45.007, Voto Ministro Adauto Cardoso, 19/11/1968).

[64] STF, RHC 45.007, Voto Ministro Gonçalves Oliveira, 19/11/1968

orientação dos votos para acompanhar Evandro Lins.[65] O próprio relator Thompsom Flores ressalvou o seu entendimento mas, uma vez vencido, acolheu a preliminar para manter as penas da Lei 1.521/1951.[66]

O julgamento final declarou a inconstitucionalidade do artigo 3º do DL 2/1966 para negar provimento ao recurso e permitir que o paciente fosse penalizado pela lei dos crimes contra a economia popular.[67] O único voto mantido em contrário foi o do ministro Eloy da Rocha. A declaração de inconstitucionalidade não serviu, portanto, para abrandar a punição, ao afastar as penas da LSN, mas ao contrário, serviu para não deixar o crime sem sanção. A análise demonstra que a mudança de posição do STF decorreu menos de uma orientação para garantir direitos e restringir o arbítrio punitivo e mais da preocupação em assegurar a punição dos crimes contra a economia popular.

Conclusões

A análise das decisões de inconstitucionalidade que foram objeto deste texto reforça a complexidade das relações entre o STF e a ditadura pós-1964 no Brasil. Não se pode presumir que, por tratarem de temas de menor impacto político, essas decisões sejam menos relevantes para contar a história do tribunal no período ou das relações entre direito e autoritarismo. Também não é possível pressupor que a declaração de inconstitucionalidade de normas do regime represente, por si só ou puramente, uma demonstração de resistência do STF à ordem ditatorial. Sabemos que, nos manuais de direito e no ensino jurídico, é comum se retratar o controle de constitucionalidade, de modo geral, como um instrumento democrático de limitação do poder, de garantia de direitos e de contenção de abusos. Mas tal entendimento é insuficiente para explicar

65 Themístocles Cavalcanti afirmou que acompanhava o voto de Evandro Lins "dentro dessa orientação de resolver êsse problema" (STF, RHC 45.007, Voto Ministro Themístocles Cavancanti, 19/11/1968). Baleeiro também ressalvou que tinha convicção contrária, mas não quis que o voto gerasse dúvidas, e por isso acompanhou o ministro Evandro Lins (STF, RHC 45.007, Voto Ministro Aliomar Baleeiro, 19/11/1968).

66 STF, RHC 45.007, Voto Ministro Thompson Flores, 19/11/1968.

67 A Resolução nº 45, de 1971, do Senado Federal, suspendeu, em parte, por inconstitucionalidade, a execução do art. 3º do Decreto-lei nº 2/1966, nos termos da decisão do STF no RHC 45.007, de 1968.

o funcionamento desse mecanismo e a sua convivência com contextos autoritários.

Nesse sentido, o presente texto buscou contribuir para uma compreensão crítica tanto do instituto do controle de constitucionalidade como da atuação do STF na ditadura. Para isso, buscamos analisar de forma mais detida os argumentos utilizados nos julgamentos, a finalidade das orientações adotadas pelos ministros e os resultados práticos obtidos. Também foi importante pontuar em que sentido o entendimento firmado nesses casos foi ou tem sido invocado pela jurisprudência posterior do tribunal.

Destaca-se, por um lado, que as declarações de inconstitucionalidade de dispositivos de decretos-leis baixados pelo Poder Executivo se fundamentaram em interpretações restritivas do conceito de segurança nacional. Ao demarcar os contornos do conceito, as decisões limitaram a discricionariedade do presidente no exercício da competência normativa recebida via delegação legislativa. Essas decisões contrariaram os propósitos do regime de aproveitar a amplitude do conceito de segurança nacional para centralizar e concentrar poderes nas mãos do Executivo militar, autorizando-o a editar normas em qualquer matéria.

A análise dessa jurisprudência demonstra, portanto, como o direito pode operar de forma ambígua dentro de uma ordem autoritária e como, particularmente, os conceitos jurídicos podem ser disputados. Mesmo um conceito como o de segurança nacional, que foi inserido no sistema jurídico para reforçar o caráter repressivo de normas punitivas, ampliar os poderes do Executivo e respaldar decisões discricionárias, serviu com um limite, na medida em que fixou parâmetros e delimitou um espaço de interpretação possível. Dentro dos limites dos casos analisados, o STF constituiu uma arena de disputa em torno da legalidade de normas editadas pelo regime. E algo significativo nessa disputa foi observar que os ministros se apoiaram na definição de segurança nacional oferecida pelo próprio regime – nos atos institucionais e na Constituição de 1967 – para controlar os limites materiais dos decretos-leis.

Por outro lado, as decisões reduziram o controle judicial a esse exame material dos decretos-leis e asseguraram a atuação discricionária do presidente como juiz da relevância e do interesse público para a edição das normas. Ou seja, o STF considerou que a apreciação dos requisitos era estritamente política e, por isso, foi mantida livre do controle judicial. Esse entendimento influenciou a jurisprudência do tribunal após 1988 no sentido de limitar o controle de constitucionalidade dos pressupostos de relevância e de urgência exigidos para a edição de medidas provisórias. Desse modo, as decisões, particularmente do RExt 62739, que declararam a inconstitucionalidade de normas do regime ditatorial, acabaram influenciando a posição do STF, não no sentido de ampliar, mas sim de restringir o cabimento do controle judicial sobre os poderes legislativos exercidos pelo presidente da República.

Por fim, cabe considerar a visão jurídica subjacente aos posicionamentos do STF nas decisões estudadas. À primeira vista, as declarações de inconstitucionalidade baseadas em interpretações restritivas do conceito de segurança nacional parecem indicar uma concepção liberal de defesa da separação dos poderes e das liberdades individuais. De fato, alguns ministros se mostraram críticos aos excessos legislativos do Poder Executivo, o que representaria uma usurpação das competências do Parlamento. Em alguns pontos o tribunal também respondeu a demandas concretas por garantia de direitos, como no caso de impedir que profissionais liberais ou empregados em entidades privadas fossem suspensos ou afastados do trabalho nas hipóteses de prisão em flagrante ou de recebimento de denúncia por crimes contra a segurança nacional.

No entanto, não é possível extrair daí puramente uma postura de compromisso com direitos e de disciplinamento do Poder Executivo. Como visto, foi garantida uma larga margem de discricionariedade ao presidente na edição dos decretos-leis. Quanto aos argumentos de fundo, as decisões demonstram a recusa de uma interferência estatal excessiva tanto na vida dos indivíduos, como no desempenho de atividades econômicas e no funcionamento do mercado. Percebe-se que a postura de coibir excessos, inclusive punitivos, do Estado pode estar associada a uma defesa da liberdade econômica e do livre mercado. Isso ocorre tanto na declaração de inconstitucionalidade do dispositivo que tratava da purgação da mora em locações comerciais, como na vedação da suspensão liminar do trabalho como consequência da prisão ou da denúncia por crimes contra a segurança nacional. Neste último caso, diferentemente do que consta em votos recentes na jurisprudência do STF, o fundamento da decisão não foi a presunção de inocência, mas o direito de subsistência dos indivíduos e a liberdade econômica e de trabalho das empresas.

A última decisão é particularmente significativa para refletir sobre qual o escopo ou a que serve o controle de constitucionalidade. Como visto, a declaração de inconstitucionalidade da equiparação entre crimes contra a economia popular e crimes contra a segurança nacional foi reconhecida, não para suavizar a pena ou o tratamento conferido a delitos menos graves, mas sim para garantir que fossem penalizados. Por conta de problemas de técnica legislativa, muitos ministros mudaram de posição e alteraram, com isso, a própria jurisprudência do tribunal para que os crimes contra a economia popular não ficassem sem sanção.

Se não é possível dizer que o direito foi apenas um instrumento manipulado pela ditadura, já que as leis e instituições de fato abriram espaços de tensões e brechas para decisões que enquadraram atos do regime, também não é possível entender que todas as declarações de inconstitucionalidade contra normas do Executivo militar se pautaram pela preocupação de garantir direitos e de enfrentar o autoritarismo. Há outras camadas de interpretação a respeito do papel do STF e do controle de constitucionalidade que permitem uma melhor compreensão sobre a história constitucional do período.

Referências

ALVES, Maria Helena Moreira Alves. *Estado e Oposição no Brasil*: 1964-1984. Bauru, EDUSC, 2005.

ATALIBA, Geraldo. *O decreto-lei na Constituição de 1967*. São Paulo: Revista dos Tribunais, 1967.

BARBOSA, Leonardo Augusto de Andrade. *História constitucional brasileira:* mudança constitucional, autoritarismo e democracia no Brasil pós-1964. Brasília: Câmara dos Deputados, Edições Câmara, 2012.

BARROS, Robert. *Constitutionalism and dictatorship*: Pinochet, the Junta and the 1980 Constitution. Cambridge: Cambridge University Press, 2004.

CÂMARA, Heloísa Fernandes. *STF na ditadura militar brasileira*: um tribunal adaptável? Tese (doutorado), Universidade Federal do Paraná, Curitiba, 2017.

CAVALCANTI, Themístocles. O Estado e a ordem econômica – Problemas de técnica legislativa. *Revista de Direito Administrativo*. Vol. 25. Jul/Set. Rio de Janeiro: 1951.

COMBLIN, Pe. Joseph. *A Ideologia da Segurança Nacional*: o Poder Militar na América Latina. Rio de Janeiro: Editora Civilização Brasileira, 1978.

COSTA, Emília Viotti da. *O Supremo Tribunal Federal e a construção da cidadania*. São Paulo: IEJE, 2001.

COSTA, Maurício Mesurini da. *O Estado interventor no Brasil e seus reflexos no direito público (1930-1964)*: Themístocles Cavalcanti e sua contribuição doutrinária. Tese (doutorado), Universidade Federal de Santa Catarina, Florianópolis, SC, 2016.

COUTO E SILVA, Golbery. *Planejamento estratégico.* 2ª ed. Brasília: Editora Universidade de Brasília, 1981.

KLEIN, Lúcia; FIGUEIREDO, Marcus Faria. *Legitimidade e Coação no Brasil pós-1964.* Rio de Janeiro: Forense-Universitária, 1978.

KOERNER, Andrei. Uma análise política do processo de representação de inconstitucionalidade pós-64. In: *Revista da Escola da Magistratura Regional Federal / Escola da Magistratura Regional Federal, TRF da 2ª Região.* Cadernos Temáticos – Justiça Constitucional no Brasil: Política e Direito. Rio de Janeiro: EMARF – TRF 2ª Região / RJ, dezembro de 2010.

LEAL, Victor Nunes. Delegações legislativas. *Arquivos do Ministério da Justiça e Negócios Interiores,* nº 20, dezembro de 1946.

LEMOS, Renato. Poder Judiciário e poder militar (1964-1969). In: CASTRO, Celso; IZECKSOHN, Vitor; KRAAY, Hendrik (org.). *Nova história militar brasileira.* Rio de Janeiro: Editora FGV, 2004.

MAIA, Paulo Sávio N. Peixoto. *O guardião da Constituição na polêmica Kelsen-Schmitt:* Rechtsstaat *como referência semântica na memória de Weimar.* Dissertação de mestrado, Faculdade de Direito da Universidade de Brasília, 2007.

MEDEIROS SILVA, Carlos. O poder regulamentar no direito comparado. *Revista de Direito Administrativo,* v. 30, p. 28-33, 1952.

OLIVEIRA, Jardel Noronha de. *IPMs e o habeas corpus no Supremo Tribunal Federal.* São Paulo: Sugestões Literárias, 1967.

PAIXÃO, Cristiano; BARBOSA, Leonardo A. de Andrade. A memória do direito na ditadura militar: a cláusula e exclusão da apreciação judicial observada como um paradoxo. *Revista do Instituto de Hermenêutica Jurídica,* Porto Alegre, n. 6, p. 57-78, 2008.

PEREIRA, Anthony W. *Ditadura e Repressão*: o autoritarismo e o estado de direito no Brasil, no Chile e na Argentina. tradução de Patrícia de Queiroz Carvalho Zimbres. São Paulo: Paz e Terra, 2010.

PESSOA, Mário. *O Direito da Segurança Nacional.* Rio de Janeiro: Ed. Revista dos Tribunais, 1971.

PIERANTI, Octávio Penna; CARDOSO, Fábio dos Santos; RODRIGUES DA SILVA, Luiz Henrique. Reflexões acerca da política de segurança nacional: alternativas em face das mudanças no Estado. In: *RAP,* Rio de Janeiro 41(1): 29-48, jan./fev. 2007.

PINTO, Francisco Rogério Madeira. *A formação do pensamento jurídico-autoritário brasileiro e sua concretização no Estado Novo*: Júlio de Castilhos, Oliveira Vianna, Francisco Campos e Carlos Medeiros Silva. Tese (doutorado), Universidade de Brasília, Brasília, DF, 2018.

RECONDO, Felipe. *Tanques e togas*: o STF e a ditadura militar. São Paulo: Companhia das Letras, 2018.

SANTOS, Fabrícia Cristina de Sá. *Direito e autoritarismo: o Supremo Tribunal Federal e os processos de habeas corpus entre 1964-1969*. Dissertação de mestrado, Faculdade de Ciências Sociais, PUC/SP, 2008.

SAMPAIO, Nelson de Sousa. Limites dos decretos-leis. *Revista de Informação Legislativa*, janeiro a junho /1967.

SOLOMON, Peter H. Courts and judges in authoritarian regimes. *World Politics* 60 (October 2007), 122–45.

SWENSSON JUNIOR, Walter Cruz. *Os limites da liberdade: a atuação do Supremo Tribunal Federal no julgamento de crimes políticos durante o regime militar de 1964 (1964-1979)*. Tese de doutorado. Faculdade de Filosofia, Letras e Ciências Humanas, USP, 2007.

VALE, Osvaldo Trigueiro do. *O Supremo Tribunal Federal e a instabilidade político institucional*. Rio de Janeiro: Civilização Brasileira, 1976.

VALÉRIO, Otávio L. S. *A toga e a farda*: o Supremo Tribunal Federal e o Regime Militar (1964-1969). Dissertação (mestrado). Faculdade de Direito da USP, 2010.

Jurisprudência:

Supremo Tribunal Federal, HC 43071, Relator(a): Min. LAFAYETTE DE ANDRADA, Tribunal Pleno, julgado em 17/03/1966, DJ 27-06-1967.

Supremo Tribunal Federal, RE 62739, Relator(a): Min. ALIOMAR BALEEIRO, Tribunal Pleno, julgado em 23/08/1967, DJ 20-12-1967.

Supremo Tribunal Federal, HC 45232, Relator(a): Min. THEMISTOCLES CAVALCANTI, Tribunal Pleno, julgado em 21/02/1968, DJ 29-03-1968.

Supremo Tribunal Federal, RHC 45007, Relator(a): Min. THOMPSON FLORES, Tribunal Pleno, julgado em 19/11/1968, DJ 13-03-1970.

Supremo Tribunal Federal, ADI 162 MC, Relator(a): Min. MOREIRA ALVES, Tribunal Pleno, julgado em 14/12/1989, DJ 19-09-1997.

Supremo Tribunal Federal, RE 591054, Relator(a): Min. MARCO AURÉLIO, Tribunal Pleno, julgado em 17/12/2014, ACÓRDÃO ELETRÔNICO REPERCUSSÃO GERAL – MÉRITO DJe-037 DIVULG 25-02-2015 PUBLIC 26-02-2015)

Supremo Tribunal Federal, ADI 1055, Relator(a): Min. GILMAR MENDES, Tribunal Pleno, julgado em 15/12/2016, PROCESSO ELETRÔNICO DJe-168 DIVULG 31-07-2017 PUBLIC 01-08-2017.

Supremo Tribunal Federal, ADC 43 MC, Relator(a): Min. MARCO AURÉLIO, Relator(a) p/ Acórdão: Min. EDSON FACHIN, Tribunal Pleno, julgado em 05/10/2016, PROCESSO ELETRÔNICO DJe-043 DIVULG 06-03-2018 PUBLIC 07-03-2018.

Outros:

"Legiferância", *Correio da Manhã*, 12 fev. 1967 (Artigo de jornal).

17. EM 1977, SAUDADES DE 1967: EXPERIÊNCIAS DE UM CONSTITUCIONALISMO DE HORIZONTE LIMITADO

Francisco Rogério Madeira Pinto

Introdução

Na década de 1970, mais especificamente entre os anos de 1972 a 1978, ocorreu no meio político e jurídico brasileiro um intenso debate sobre de que maneira se poderia superar o Ato Institucional nº 5. Buscava-se reorganizar a ordem jurídica e institucional do país, mas com o devido cuidado de não deixar o governo militar sem instrumentos adequados à segurança do regime. Era a chamada "Questão Institucional" que buscava alternativas ao recrudescimento do regime de exceção a partir da edição AI-5 e, ao mesmo tempo, almejava resguardar o Estado com ferramentas de controle para possíveis insurgências. O ano de 1977 é marcante nesse período porque, passados dez anos da Constituição de 1967, voltou-se a discutir sobre a viabilidade de um resgate dos instrumentos dessa constituição, que quando foi outorgada era acusada de fascista[1], mas que sob os tempos do AI-5 se apresentava como uma alternativa menos repressiva. A constituição de 1967 passou a ser debatida e celebrada na imprensa, no Congresso Nacional e entre juristas como um instrumento viável para institucionalizar o período de exceção que se vivia. Esse

[1] Um dos principais responsáveis pelo texto da Constituição de 1967, o jurista Carlos Medeiros Silva, destacava em declaração na coluna *Informe JB* que "nos últimos tempos deram para falar muito em Constituição". E afirmou: "E olha que quando o Presidente Castelo Branco mandou preparar a Constituição de 1967 sofreu ataques e críticas de toda a natureza. Chegaram até a dizer que a Constituição de 1967 era fascista". *Jornal do Brasil*, Rio de Janeiro, p. 10, 01 de agosto de 1972.

retorno ao passado, essa crise do presente e um certo fechamento para o futuro é expressão do que aqui se denomina de constitucionalismo de horizonte limitado. Inspirado no conceito de horizonte de expectativa de Reinhart Koselleck[2], caracteriza-se por um constitucionalismo contido, cerceado em sua "imaginação criadora"[3], fruto de vozes acuadas, mas também marcado pela cumplicidade aos valores autoritários em voga. Se entendermos o constitucionalismo moderno como uma teoria acerca da limitação de poderes que acompanha o processo de confecção dos documentos formais com os quais se estabelecem as instituições governamentais de uma determinada comunidade política; que se fundamenta na ideia de independência e autonomia entre os poderes, respeito aos direitos individuais e pela promoção do judiciário no papel de guardião das normas constitucionais[4], veremos que o constitucionalismo em voga no Brasil dos anos de 1970 tratava-se um constitucionalismo às avessas. Ao contrário das premissas do constitucionalismo moderno, buscava-se limitar direitos e garantias individuais, aumentar e concentrar os poderes do Estado na estrutura do Poder Executivo e limitar a atuação do judiciário. Nesse sentido, o constitucionalismo cerceado dos anos 1970 se afasta da tradição do constitucionalismo liberal, caracterizado pela ideia de futuro e progresso[5]. Tal forma de constitucionalismo é característica dos regimes autoritários[6].

Nesse contexto das discussões sobre as alternativas ao regime de exceção do AI 5, mas com a garantia de instrumentos de força por parte do Executivo, este artigo busca reconstituir alguns dos debates travados na imprensa sobre as propostas institucionais para o regime de 64. O artigo está dividido em três partes. Na primeira, de caráter mais teórico, utiliza-se como ponto de partida para a discussão aqui proposta o conceito de horizonte de expectativa desenvolvido por Reinhart Koselleck. A partir desse conceito, se constrói a noção de um constitucionalismo de horizonte limitado em razão do fechamento discursivo imposto pelo

[2] 2006.

[3] A expressão foi retirada de mensagem do Presidente Ernesto Geisel denominado "Discurso feito aos dirigentes da Arena" de 29 de Agosto de 1974. Todas as citações de falas de Geisel contidas nesse artigo serão retiradas deste discurso.

[4] Loughlin, 2010, p. 55.

[5] Cf. Scheppele, 2008, p. 1379.

[6] Sobre o constitucionalismo autoritário cf. Ginsburg e Simpser, 2014.

regime ditatorial aos agentes políticos dos anos de 1970. A segunda parte centra-se no discurso do Presidente Geisel conclamando aqueles que apoiavam o regime a apresentarem propostas criativas que institucionalizassem os valores "revolucionários" levando em consideração o binômio segurança e desenvolvimento. O que se busca destacar nesse discurso é a sinalização emitida pelo General Presidente de que a criatividade dessas propostas deveria ter limites e que, portanto, não deveria ultrapassar fronteiras que não estivessem previamente consentidas pelo governo. Esse discurso é apresentado como representativo da pretensão do regime militar, em sua constante tentativa de legitimação, de tentar delimitar as discussões constitucionais no período. Na terceira parte do artigo, objetiva-se demonstrar como as propostas de uma reforma constitucional que institucionalizasse os valores da golpe de 1964 e, principalmente, absorvesse os mecanismos repressivos contidos no Ato Institucional nº 5, se ajustaram aos espaços tolerados pelo regime. Nesse sentido, os projetos de um Conselho de Estado inspirado na longínqua tradição imperial ou de um retorno às medidas contidas na efêmera constituição de 1967, são apresentados como exemplos de uma forma de constitucionalismo de imaginação limitada, que não ousa olhar para o futuro, mas, ao contrário, se volta ao passado como lugar de segurança e de previsibilidade.

1. Horizonte de expectativas

Em seu texto *Espaço de experiência e horizonte de expectativa: duas categorias históricas*, Reinhart Koselleck trabalha a distinção entre passado e futuro por meio da diferenciação entre experiência e expectativa.

> A *experiência* é o passado atual, aquele no qual acontecimentos foram incorporados e podem ser lembrados. Na experiência se fundem tanto a elaboração racional quanto as formas inconscientes de comportamento, que não estão mais, ou que não precisam mais estar presentes no conhecimento. Além disso, na experiência de cada um, transmitida por gerações e instituições, sempre está contida e é conservada uma experiência alheia. Nesse sentido, também a história é desde sempre concebida como conhecimento de experiências alheias" (grifos nossos).
>
> Algo semelhante se pode dizer da *expectativa*: também ela é ao mesmo tempo ligada à pessoa e ao interpessoal. Ela também se realiza no hoje, é

o futuro-presente, "voltada para o ainda-não, para o não experimentado, para o que apenas pode ser previsto. Esperança e medo, desejo e vontade, a inquietude, mas também a análise racional, a visão receptiva ou a curiosidade fazem parte da expectativa e a constituem"[7] (grifos nossos).

Por meio dessas categorias formais, em que a *experiência* remete ao passado e a *expectativa* diz respeito ao futuro, Koselleck lança a hipótese de que no processo de distinção entre essas categorias constitui-se um *tempo histórico*, que seria distinto do tempo natural e cronológico e marcado por sua singularidade. Nesse sentido, o tempo seria também uma construção cultural. O tempo histórico tem um dado antropológico, no qual se leva em conta a percepção temporal de homens reais que fazem e sofrem ações, relacionando-se, portanto, à ação política e social, como também às instituições e organizações. Não haveria, portanto, um tempo único, mas "um número incontável de outros tempos" como aponta Herder[8]. Nesse sentido, a determinação temporal, que sem dúvida é condicionada pela natureza, seria algo que também pode ser explicado de um ponto de vista histórico em que se dá uma inter-relação variável entre uma experiência vivida e uma expectativa de futuro[9].

Koselleck busca apreender esse tempo histórico por meio da linguagem, utilizando-se de textos que expressam uma experiência temporal específica e que abordam, de forma explícita ou implícita, a relação entre um passado determinado e um futuro também determinado. De forma geral, busca "(...) investigar a forma pela qual, em um determinado tempo presente, a dimensão temporal do passado entra em relação de reciprocidade com a dimensão do futuro"[10]. Dessa relação entre vários tempos busca-se articular nesse artigo como o tempo da política dos anos de 1970 e também o da economia – aqui apresentado de forma marginal –, estabeleceram amarras para o tempo do direito. Este ficou limitado em sua perspectiva de futuro, tendo que se voltar para arranjos do passado como forma de expressão das demandas autoritárias do presente.

[7] Koselleck, 2006, pp. 309-310.

[8] Cf. Koselleck, 2006, p. 14.

[9] Koselleck, 2006, p. 309.

[10] Koselleck, 2006, p. 15.

2. O constitucionalismo com imaginação cerceada: a questão da limitação do horizonte de expectativa

Em 29 de Agosto de 1974, em discurso diante das lideranças da Aliança Renovadora Nacional (ARENA), Ernesto Geisel enfatizou a necessidade de reorganizar a ordem jurídica e institucional do país condicionado à *segurança* e ao *desenvolvimento*. A filosofia de 1964, pautada na ideia de segurança nacional contra agentes internos, ainda estava presente, mas ao se referir sobre os instrumentos excepcionais para a manutenção da ordem, Geisel afirmava:

> (...) almejo vê-los não tanto em exercício duradouro ou frequente, antes como potencial de ação repressiva ou de contenção mais enérgica e, assim mesmo, até que sejam superados pela *imaginação política criadora*, capaz de instituir, *quando oportuno*, salva-guardas eficazes e remédios prontos e realmente eficientes dentro do contexto constitucional (grifos nossos)[11].

Alguns pontos merecem atenção no discurso de Geisel: o caráter de pronunciamento preventivo em razão da escalada de propostas em torno do tema da institucionalização do regime e um recado claro para as pessoas, associações e entidades que nos últimos anos teriam pecado pela impaciência ou imprudência com que apresentavam alternativas institucionais à ditadura. Nos últimos meses, antes do discurso presidencial, três entidades promoveram estudos ou elaboraram documentos em que solicitavam mudanças na ordem jurídica do país[12]. A primeira foi a Ordem dos Advogados do Brasil (OAB), por meio da V Conferência

[11] Geisel deixava claro em seu discurso que estava se referindo a todo o arcabouço jurídico da ditadura formado por atos institucionais, atos complementares, legislação especial sobre segurança nacional e outras prerrogativas outorgadas pelo regime ao chefe do Executivo. Cf. Geisel, 1974. Todas as citações de falas do Presidente Geisel contidas nesse artigo serão retiradas deste discurso.

[12] Para a apresentação desses eventos e o discurso de Geisel como reação a eles cf. Jornal *Opinião*, São Paulo, p. 04, 09 de Setembro de 1974. O jornal *Opinião* é considerado o primeiro jornal de oposição ao regime militar. Teve curta duração, com edições entre novembro de 1972 e abril de 1977, deixando de ser editado em razão da forte censura que sofria. Concebido para ser um canal de comunicação para intelectuais e jornalistas de oposição, projetou nomes como o do então sociólogo Fernando Henrique Cardoso, de Luiz Carlos Bresser Pereira, Francisco Weffort e de economistas como Maria da Conceição Tavares.

Nacional dos Advogados, realizada entre os dias 11 e 16 de agosto de 1974 no Rio de Janeiro, com o tema *O Advogado e os Direitos do Homem* em que se procurou dimensionar algumas das dificuldades que embaraçavam as atividades jurídicas do país e que possibilitou um amplo encontro de juristas de todas as tendências sobre o tema dos Direitos Humanos. Na mesma semana, também no Rio de Janeiro, a Fundação Cândido Mendes promoveu um seminário sobre *Legislativo e Tecnocracia*[13] com a participação de estrangeiros como Samuel Huntington, autor da chamada *teoria da descompressão*, cujas conclusões básicas influenciariam o projeto de abertura política do governo Geisel[14]. Entre os dias 10 e 17 de julho de 1974 ocorreu na cidade do Recife a 26ª reunião da Sociedade Brasileira para o Progresso da Ciência (SBPC) em que se elaborou um documento com considerações gerais sobre a vida nacional, posteriormente encaminhado ao governo, resumindo algumas críticas à situação político-institucional do país sob o ponto de vista da classe científica.

Em todas essas manifestações havia um criterioso cuidado com as palavras, no sentido de reconhecer a legitimidade do regime e assim evitar atritos que pudessem ser interpretados como uma afronta a ser debelada por meios violentos. É nessa inflexão que se dá o discurso de abertura de Ribeiro Castro, presidente da OAB à época, na V Conferência Nacional dos Advogados. Pode-se observar que sua fala não é a de enfrentamento direto ao regime, no sentido da exigência de seu fim, mas com o propósito de alertar para a necessidade de reformas dentro dele:

> Ninguém advoga, supomos, a vocação para o suicídio da democracia, que revés, deve ser defendida e sustentada a todo custo. Compreende-se a adoção de providências excepcionais tendentes à consolidação de um processo revolucionário que se tornou vitorioso, mas não se pode admitir que as mesmas se transformem em presenças permanentes, que passam a ameaçar os direitos fundamentais da pessoa humana. Contra o injustiçado, quem se

[13] Desse encontro foi editado o livro: Mendes, 1975.

[14] Os termos *abertura* ou *distensão* estabeleceram-se como os mais representativos do período de flexibilização do regime a partir do governo Geisel, mas uma das inspirações terminológicas desse processo é a chamada *teoria da descompressão* de Samuel Huntington. Sobre a influência de Samuel Huntington no processo da transição de Geisel, ver Hoeveler, 2012.

erguerá e através de que instrumentos, se normas de exceção, ainda vigentes, criam sérias dificuldades para a defesa?[15]

O discurso do Presidente Geisel era uma reação a essas inflexões que começavam a ganhar maior desenvoltura. Por isso, o que se pode destacar em seu pronunciamento era a exigência de que a *imaginação criadora* se manifestasse apenas de maneira *oportuna*. A questão institucional deveria estar rigorosamente enquadrada dentro de um contexto de prudência e de legitimidade consentidas. Ao exortar a *imaginação criadora,* Geisel deixava claro que dever-se-ia respeitar os limites previstos pela legislação de exceção. Caberia aos políticos, especialmente os da Arena para quem o discurso era diretamente endereçado, encontrar as saídas institucionais que preservassem as prerrogativas outorgadas ao regime. Em relação às manifestações permitidas, haveria uma distinção clara entre as contribuições desejadas e as atitudes de rebeldia. O critério seria a defesa ou não do AI-5. Os que queriam sua revogação imediata seriam *rebeldes*; os que pediam a sua incorporação por meio de uma legislação que seguisse os trâmites democráticos, ou seja, por meio da aprovação do Congresso, seriam os *colaboradores*[16].

A questão era saber até que ponto, principalmente àqueles que de algum modo apoiavam o regime no seu todo, era permitido o exercício da *imaginação criadora* em oposição a inoportunas invasões a áreas reservadas pelo governo para si mesmo.

Geisel convidava, àqueles autorizados para tal, contribuições à distensão, permitindo, assim, alguma participação sobre os rumos do regime. Haveria, naquele momento, um crescimento dos debates sobre a questão institucional e o discurso de Geisel, mesmo convidando para a possibilidade de "modificações realistas e oportunas", também indicava

[15] *Apud* Luiz, Barbosa, Pinheiro, 2009, p. 06.

[16] Jornal *Opinião,* São Paulo, p. 04, 09 de setembro de 1974. Em pronunciamentos individuais sobre a questão da institucionalização naquela data, falaram sobre o assunto: Daniel Krieger, líder do governo no Senado durante a presidência de Castelo Branco; o deputado Flávio Marcílio, presidente da Câmara dos Deputados; Paulo Egydio e Manuel Gonçalves Ferreira Filho (governador e vice-governador de São Paulo); e o ex-ministro da Justiça de Castello Branco Carlos Medeiros Silva. Observe-se que tanto Medeiros como Krieger eram muito ligados a Castello Branco, o qual tinha como objetivo institucionalizar a Revolução já em sua primeira fase. Parece que esse projeto continuou com seus simpatizantes.

uma severa advertência para possíveis excessos. Em tom de admoestação, e por meio de palavras mais diretas, sinalizava aos mais afoitos que, em questões políticas, a criatividade deveria obedecer menos à imaginação do que aos fatos. Disse Geisel:

> Desta forma, o Governo acolhe, com interesse, os debates e as discussões sobre a problemática política brasileira, que venham fornecer fundamentos e substância à tarefa renovadora que se deve realizar, da institucionalização objetiva e realista do ideário da Revolução de 64, em que se traduzem antigos e renovados anseios do povo brasileiro. Não aceita, porém, nem poderia admitir jamais, pressões indevidas ou campanhas reivindicadoras de indivíduos ou de grupos quaisquer que, sob variados pretextos, empunhando até mesmo a bandeira de nobres ideais e valores eternos, pretendam forçar mudanças e revisões inconvenientes, prematuras ou imprudentes, do quadro político nacional.

É nesse contexto de uma imaginação cerceada pelos limites de uma legislação excepcional, fruto de "anos de chumbo", que se desenvolveu o que aqui nomeamos de *constitucionalismo de horizonte limitado*, inspirado na categoria histórica desenvolvida por Reinhart Koselleck denominada *horizonte de expectativa*. Utilizando-se dessa categoria formal, pretende-se demonstrar neste artigo como um tempo marcado pela insegurança e pelo temor de intervenções militares produziu um pensamento constitucional que se autolimitava e lançava seu olhar mais para o passado do que para o futuro no intuito de encontrar ferramentas de estabilização.

2.1. O direito limitado entre os tempos da política e da economia

Nesse "determinado tempo" dos anos de 1970, apresenta-se um presente *sui generis*, típico dos regimes autoritários, que combinava progresso (econômico) com o retorno (político) a um passado mítico[17]. Entre os

[17] Hartog destaca que essa combinação de progresso com retorno a um passado mítico também desempenhou um papel na manutenção do regime moderno de historicidade que se fundamentava na crença no progresso e na ideia de que a humanidade avança em um tempo linear e homogêneo. Para o autor, o discurso econômico do "Milagre alemão" capitalista ou o de "Os Trinta Anos Gloriosos" da França, revelam a percepção de um tempo em aceleração: o "Progresso se apresentava como uma aceleração da aceleração anterior" e o tempo presente

"incontáveis outros tempos" de que Herder falava, havia uma cisão entre os tempos da política e da economia, mas que se articulavam tendo como objetivo uma definição para o direito. Numa perspectiva econômica, a ditadura exaltava e procurava garantir seus triunfos do "milagre econômico". No campo político, prevalecia um discurso de preservação da ordem e de reconstrução político-moral do país que já estava inserido no primeiro ato institucional do regime[18], mas ainda continuava vigente nos anos 1970. Ambos articulavam-se tendo em vista a definição de institutos jurídicos que pudessem gerar, para a economia, mais estabilidade[19] e, para a política, alguma legitimidade. Nesse sentido, é revelador dessa tensão positivista entre progresso e ordem o fato das palavras *desenvolvimento,* ligada semanticamente à ideia de progresso, e *segurança,* relacionada à ordem, serem as mais pronunciadas nas falas oficiais do Presidente Ernesto Geisel[20]. Se no campo econômico, o futuro

ganhava cada vez mais destaque comparado ao futuro. Tal foco no presente constitui o fenômeno denominado por Hartog de "presentismo" (2003, pp. 24-25).

18 Significativo desse fenômeno de retorno a uma espécie de "idade de ouro", em que supostamente reinavam a ética e a ordem no país, é a utilização do conceito de revolução como fenômeno restaurador desse tempo mítico existente antes da instalação do "bolsão comunista". No primeiro Ato Institucional, o termo "revolução" surge como fenômeno de restauração de uma estabilidade perdida. Nesse sentido, o termo aparece como algo conservador nas primeiras justificativas para o golpe. No Ato Institucional 1 convivem, numa ambiguidade que será a marca do regime, termos como "revolução" e "restauração da ordem", "revolução" e "reconstrução". Sobre essa tensão conceitual cf. Barbosa, 2009, pp. 40-48.

19 Roberto Campos, ministro do planejamento entre 1964-1967, afirmou em conferência na Escola Superior de Guerra, em agosto de 1974, que as limitações do arbítrio davam estabilidade à economia. Assinalava que a "revolução" teria que escolher se desejava institucionalizar-se, o que implicaria em certas limitações em benefício da estabilidade, "ou se quer preservar um alto grau de arbítrio, confiando na legitimação pelo sucesso e na continuidade pela sorte". *Jornal do Brasil,* Rio de Janeiro, p. 12, 12 de agosto de 1974.

20 Em pesquisa realizada pelo Jornal *Opinião,* em 09 de Setembro de 1974, verificou-se que nos últimos seis discursos que o Presidente Geisel pronunciara de julho de 1973 até março de 1974, 10 palavras foram as mais citadas: a palavra *desenvolvimento* vem em primeiro lugar, lembrada 52 oportunidades. *Segurança,* 34 vezes pronunciada, em segundo lugar. *Revolução,* 29 vezes, em terceiro lugar. Além delas, o presidente da República falou 20 vezes em *povo,* 20 vezes em *responsabilidade*; 18 vezes em *integração,* 15 vezes em *progresso;* 17 vezes em *ação;* 12 vezes em *ordem;* e 11 vezes em *democracia* e todos os seus derivados. A contagem foi feita com base na obra *Ernesto Geisel,* vol. 01. Secretaria de Imprensa da República. 1974. O sétimo discurso foi o citado acima, ocorrido no dia 29 de Agosto de 1974, diante das lideranças

é visto como algo promissor construído pela imagem do "país do futuro" e do "Brasil Potência", no terreno da política é visto como uma ameaça à estabilidade e à segurança do regime. O discurso que se apresenta é sempre arredio a qualquer pressão ou aceleração. Afirmava Geisel: "Erram – e erram gravemente, porém – os que pensam poder apressar esse processo pelo jogo das pressões manipuladas sobre a opinião pública e, através desta, contra o governo". De acordo com o General Presidente, "O futuro a ser perseguido – e Geisel fala parnasianamente em 'portentosa construção' do futuro – deverá realizar-se, necessariamente, no quadro de *nosso regime democrático*"[21]. Essa "democracia própria" do regime militar, baseada em condicionamentos restritivos, não estava em jogo. Ela deveria apenas ser aperfeiçoada para que não sofresse "suicídio", como afirmou Ribeiro de Castro no discurso acima citado. Para isso, seria necessário absorver as medidas de exceção como parte integrante de seu arranjo institucional.

O tempo político dos anos 1970 era de um presente marcado por uma precariedade de um projeto de Estado que ainda não conseguira institucionalizar-se, apesar de todas as tentativas iniciadas a partir do governo Castello Branco; em que o arbítrio[22] era mais forte que as

nacionais da ARENA em que Geisel confirmou suas intenções de coordenar um governo preocupado no binômio *desenvolvimento* e *segurança*.

[21] Geisel,1974.

[22] Havia um certo constrangimento dos Generais Presidentes se colocarem na figura de um tirano que governa apenas com base na sua vontade pessoal. Por essa razão, a "revolução" nunca foi personalizada. Em todos os documentos inaugurais relativos ao golpe as assinaturas eram coletivas e relacionadas a um grupo, tais como "Comando Supremo da Revolução", "Chefes da revolução vitoriosa", e nunca a uma pessoa específica. De Castello Branco até Geisel, tentativas de institucionalização do regime foram tentadas e testadas. Havia um discurso de que a revolução mantivera as instituições democráticas, formando, porém, uma democracia específica, "o nosso regime democrático", como assinalou Geisel, baseada em condicionamentos restritivos. A reflexão sobre essa "democracia real" gerou obras como "A democracia Possível" de Manuel Gonçalves Ferreira Filho (1974) e "Da Revolução à democracia" de Miguel Reale (1977). Nesse sentido, os generais pareciam compreender bem a diferença entre tirania e governo autoritário trabalhada pela filosofia política e resumida assim por Hannah Arendt (2002, p. 134): "A diferença entre tirania e governo autoritário sempre foi que o tirano governa de acordo com seu próprio arbítrio e interesse, ao passo que mesmo o mais draconiano governo autoritário é limitado por leis". Carlos Medeiros Silva, um dos mais ativos colaboradores do regime de 1964 e notório redator de atos institucionais,

instituições, caracterizando-se, portanto, pela incerteza e pela insegurança, no qual o passado era a referência mais forte. Se em um primeiro momento a ditadura buscou sua autoridade e legitimação numa espécie de passado mítico em que se viveria num tempo de ordem e de retidão moral a ser restaurado pelo movimento de 64, com o passar dos anos a ideia de autoridade passou a se autoreferenciar na própria "revolução"; ela que num primeiro momento "se legitima por si mesma"[23] como inscrito no preâmbulo do primeiro ato institucional, passou a se legitimar na sua própria história como marco fundador de algo que inaugura não o "novo", mas sua própria tradição. O regime militar passa a celebrar os aniversários da "revolução"[24] e estabelece a construção de uma memória sobre o evento por meio de comemorações, escritos memorialísticos em publicações tipo *Reader's Digest* ou em livros, numa ampla produção de escritos e atos festivos que buscavam trazer sentido ao passado[25].

O conceito de revolução passa a ser trabalhado semanticamente como "fundação", primeiro passo para estabelecer uma "tradição" para garantir e legitimar a "autoridade"[26]. Por meio desse movimento, a legitimidade que inicialmente se apoiava numa perspectiva mais concreta de um poder constituinte como expressão de uma vontade da nação, passa a se fundamentar na autoridade de uma ideia própria de revolução.

destacava essa diferença e assinalava que era "admirador de Estados autoritários, mas não ditatoriais" e, por essa, razão, foi um dos juristas que mais contribuiu publicamente com propostas para institucionalizar o regime em bases autoritárias e assim evitar um regime personalístico, do qual dizia discordar. Revista *Veja*, p. 29, 09 de março de 1983.

[23] Preâmbulo do AI-1. Brasil, Ato Institucional nº 1, de 09 de abril de 1964.

[24] No primeiro ato institucional o termo *revolução* é sempre inscrito com minúscula. No ato institucional nº 02 há o uso tanto de minúscula como maiúscula, mas com predominância para o uso de minúsculas. A partir do Ato institucional nº 3 a palavra revolução passa ser inscrita somente por maiúsculas como forma de realçar a sua importância como um evento singular em nossa história.

[25] Para uma análise da construção de uma memorialística sobre a ideia de revolução em 1964 empreendida pela ditadura cf. Cardoso, 2011, pp. 117-140.

[26] Ao analisar a gênese do conceito de autoridade e a sua ligação com a tradição, afirma Arendt (2002, p. 166): "A tradição preservava o passado legando uma geração a outra o testemunho dos antepassados que inicialmente presenciaram e criaram a sagrada fundação e, depois, a engrandeceram por sua autoridade no transcurso dos séculos. Enquanto essa tradição fosse ininterrupta, a autoridade estaria intata".

Levando-se em consideração esse movimento em direção ao passado como forma de legitimação do regime por meio da autoridade, poder-se-ia afirmar que, na ditadura, a experiência era mais presente que a expectativa. E se juntarmos a essa afirmação a análise de Koselleck que "(...) na era moderna a diferença entre experiência e expectativa aumenta progressivamente, ou melhor, só se pode conceber a modernidade como um tempo novo a partir do momento em que as expectativas passam a distanciar-se cada vez mais das experiências feitas até então"[27], pode-se argumentar que os projetos autoritários seriam conservadores por natureza tendo em vista que buscam apoiar-se na experiência do passado como forma de legitimação.

No caso brasileiro, a expectativa estava carregada da experiência autoritária do passado republicano. E quando o futuro se abre, ele é pensado como economia, ou seja, algo que pode ser planejado e calculado, mas também em bases autoritárias como demonstra o estudo de Ricardo Silva sobre o caráter autoritário do discurso liberal-econômico de Roberto Campos e de Eugênio Gudin, dois dos mais atuantes economistas do regime militar. De acordo com Silva ambos:

> (...) compartilham de um projeto político de corte estatista, tecnocrático e desmobilizador. Fazem apelo à ciência e à técnica como princípio de legitimação de um Estado autoritário, o qual deveria dispor de um Poder Executivo hipertrofiado para desencadear reformas institucionais contra as resistências presumidamente particularistas e irracionais dos diferentes setores da sociedade brasileira[28].

O mesmo Roberto Campos, em outra declaração, acentuava as diferenças de tempo entre a economia e a política ao justificar o crescente domínio dos chamados "tecnocratas" no país. De um lado, apontava a aceleração promovida pelo tecnocrata à economia; de outro, ressaltava o aspecto modorrento da política e sua imposição de uma espera paciente:

> Quando o problema de uma determinada sociedade é o de acelerar a máquina produtiva, o tecnocrata é mais útil do que o político. Este seria útil

[27] Koselleck, 2006, p. 314

[28] Silva, 1998, p. 08.

> na medida, apenas, em que possa vender esperança e paciência. Quando a sociedade atingir alto nível de produção, o problema passa a ser, então, o de captar aspirações para orientar o processo distributivo[29].

Deste modo, o futuro era compreendido tendo em vista a técnica. Não se tratava, portanto, de um futuro que se abrisse ao político, mas atrelado à ideia de progresso econômico. O discurso da economia tinha vistas ao futuro como algo a ser planejado, formulado com base em modelos matemáticos como tentativa de previsão, de cálculo, ou seja, de modos que garantissem alguma margem de segurança diante da imprevisibilidade e da morosidade da política. No entanto, mesmo esse futuro econômico e a sua premissa de previsibilidade, segurança e aceleração, era fortemente calcado em bases autoritárias.

Koselleck destaca que na política, a criação de conceitos, quanto mais destituídos de experiência ou de qualquer conteúdo, mais destaque ganha a perspectiva de futuro no sentido da criação de um movimento que tem por tarefa descobrir algo novo. "Quanto menor o conteúdo da experiência, tanto maior a expectativa que se extrai dele. *Quanto menor a experiência tanto maior a expectativa* – eis uma fórmula para a estrutura temporal da modernidade, conceitualizada pelo 'progresso'"[30]. O fato histórico era o de que nossa experiência política era profundamente marcada pelo arbítrio, pela violência e pelo controle das "classes perigosas". Essa experiência era o que ditava o horizonte constitucional dos anos 70 e limitava a expectativa de se construir algo novo. A alternativa foi buscar fórmulas institucionais do passado, as quais, mesmo que sofrendo algum tipo de "modernização" não deixavam de ser buscadas em algo já conhecido e de alguma maneira testado. A expectativa era refreada pelo peso de uma experiência autoritária.

Nesse contexto de retorno ao passado na discussão de propostas para a institucionalização dos princípios revolucionários e das limitações impostas à imaginação constitucional, surgiram algumas propostas para saídas ao regime de pura exceção do AI-5. As alternativas se dividiam entre a pura e simples revogação do ato – o que poderia ser considerado uma ação de provocação e de rebeldia à "revolução" – e as que sugeriam a

[29] *Jornal do Brasil*, Rio de Janeiro, caderno especial, p. 3, 17 de setembro de 1972.

[30] Koselleck, 2006, p. 326.

incorporação de suas prerrogativas dentro de um quadro de leis aprovados pelos mecanismos legislativos como forma de se garantir algum grau de legitimidade formal. Diante da tarefa de ser criativo para imaginar modelos institucionais sob as condicionantes efetivas da "democracia" do regime militar, as propostas de institucionalização do AI-5 destacaram-se entre as propostas que foram debatidas publicamente. Em janeiro de 1977, quase três anos após o discurso em que Geisel autorizou, ainda que eivado de fortes condicionantes, a busca de alternativas para saídas institucionais ao AI-5, o *Jornal do Brasil* estampava matéria com o subtítulo "um rol de sugestões para o país" em que buscava sintetizar as diferentes propostas que estavam sendo debatidas[31]. A matéria destacava a opinião do então líder do governo na Câmara dos Deputados, o deputado José Bonifácio, sobre uma infinidade de sugestões, mais ou menos democráticas, que estavam sendo discutidas tanto sobre temas ligados à reforma do sistema eleitoral como outras mais específicas para a institucionalização dos mecanismos de exceção. O periódico destacava as seguintes propostas: a prorrogação dos mandatos para coincidência de eleições de todos os cargos públicos com exceção ao do Presidente da República; voto distrital; eleições diretas e indiretas para governadores; convocação de uma constituinte para se incorporar o AI-5 ao texto constitucional; a importação do artigo 16 da Constituição da França em razão dos poderes excepcionais garantidos ao Presidente da República e a criação de um Conselho Superior que poderia ter a forma de um Conselho de Estado, constitucional ou de emergência.

Diante dos limites deste artigo, ante a impossibilidade de se discutir todas essas propostas de institucionalização do regime, nos limitaremos a discutir duas: a criação do Conselho Superior e o restabelecimento da Constituição de 1967. A escolha desses dois pontos se deu em razão da repercussão que elas tiveram nos jornais época. Nessas duas propostas, buscamos sintetizar esse movimento de reformulações de modelos do passado como expressão desse constitucionalismo limitado em sua imaginação criadora.

[31] *Jornal do Brasil*, Rio de Janeiro, p. 4, 19 de janeiro de 1977.

3. Os Modelos do Passado

3.1. Conselho de Estado: inspiração imperial

Em 1974, ganhou força na discussão sobre o modelo institucional do país a proposta de Manuel Gonçalves Ferreira Filho em sua obra "A democracia possível". Publicado em 1972, quando o autor era secretário geral do Ministério da Justiça, foi considerado como um simples trabalho teórico de um jurista que acabava de encerrar seu período de ativa colaboração com o Governo. A pequena edição esgotou-se rapidamente e sua discussão foi bastante limitada. Repentinamente, com a escolha do autor para o lugar de Vice-Governador de São Paulo e com a notícia de que a médio prazo seria aberta a discussão de um modelo político para o país, o livro e suas ideias renasceram[32]. De acordo com o *Jornal do Brasil*, "fontes do Planalto" negaram que houvesse qualquer relação entre a escolha do professor e seu trabalho acadêmico com os planos ainda vagos do governo. De qualquer modo, a ligação se fez. Era um período em que "coincidências" eram interpretadas politicamente como uma possível leitura dos caminhos a serem percorridos pelos generais. No contexto das discussões sobre a institucionalização do regime, o projeto de Manuel Gonçalves foi entendido como um ponto de partida dadas as relações que se fizeram entre seu nome e o cargo para que fora escolhido. Manoel Gonçalves propõe em sua obra a existência de cinco conselhos aos quais o Chefe de Estado não poderia deixar de consultar para decidir: o Conselho de Estado, o Conselho de Segurança Nacional, o Conselho Econômico, o Conselho Legislativo e o Conselho de Ministros[33]. Nesse arranjo institucional, o Conselho de Estado teria especial prevalência sobre os demais, cabendo-lhe "(...) opinar sobre as questões da mais alta política, e da mais lata relevância para os destinos da Nação", e teria o papel de ser "o guardião dos supremos interesses do Estado e dos cidadãos"[34]. O que se destaca na proposta de Manoel Gonçalves como a de outros juristas ligados à ditadura era a formação de um corpo técnico consultivo à disposição do presidente do país, o qual, faria as vezes do próprio parlamento, depurando cada vez mais o elemento representativo das decisões de governo.

[32] *Jornal do Brasil*, Rio de Janeiro, caderno especial, p. 3, 14 de julho de 1974.

[33] Para uma descrição da função de cada um desses conselhos cf. Ferreira Filho, 1974, pp. 101-104,

[34] Ferreira Filho, 1974, p. 101.

Algumas ideias existentes na obra "A democracia possível" reapareceram em discussões posteriores sobre os caminhos institucionais que o país poderia seguir. Entre estas se destacava a sugestão para se criar um Conselho de Estado, em moldes semelhantes ao que funcionou entre os anos de 1842 a 1889 no Império, o que gerou algumas críticas, mesmo entre aqueles que apoiavam a ideia de um Conselho consultivo para o chefe do Executivo

Um dos principais defensores da instituição de um Conselho para auxiliar as decisões dos presidentes era o jurista Carlos Medeiros, o qual criticava apenas sua formação à maneira do modelo imperial. Em conferência na Escola Superior de Guerra, pronunciada em 09 de agosto de 1974, o "institucionalizador da revolução" como se referia a ele Castello Branco, afirmava:

> A instituição de um Conselho de Estado no Brasil, inspirado no modelo clássico – como na França e Itália, atualmente, ou aqui durante o Império – parece sem nenhum sentido.
>
> (...)
>
> No Império, o Conselho de Estado era integrado por homens notáveis, com mandatos vitalícios, muitas vezes acusados de comporem um órgão que atuava mais em defesa de interesses partidários do que em favor do Estado ou da sociedade. Foi, portanto, uma experiência frustrante, em termos de evolução política
>
> (...)
>
> Estaria se repetindo, ademais, o grande erro do Império, quando o Imperador era obrigado a ouvir invariavelmente o mesmo grupo de pessoas, com a mesma e inalterável linha de pensamento. Com uma diferença, agora, para pior, pois os Presidentes da República mudam de cinco em cinco anos, enquanto que o grupo de notáveis permaneceria sempre o mesmo[35].

Medeiros sugeria a criação de uma espécie de Conselho de Emergência destinado a funcionar somente em casos excepcionais:

> A solução, a ser inserida no contexto de uma reforma constitucional ampla – a qual deverá ser objeto de exame no próximo ano, ao que se anuncia – seria

[35] *Jornal do Brasil,* Rio de Janeiro, p. 12, 12 de agosto de 1974.

> organizar algo como uma espécie de conselho de emergência, com membros natos, ou seja, em virtude de seus cargos ou posições.
>
> (...)
>
> O novo organismo só deveria se reunir em caráter extraordinário, por convocação do Presidente da República, em momentos de graves crises políticas e institucionais". Esse organismo (...) teria a competência de autorizar o Poder Executivo a aplicar determinadas medidas de salvação nacional, configuradas no corpo de um Estado de Emergência – dentro de certos limites e por um período determinado.[36]

A discussão sobre o Conselho na forma de um Conselho de Estado avança e no ano de 1977 os seus contornos já estão definidos[37]. Sua inspiração imperial é constantemente lembrada a ponto do jornal *O Globo* lançar chamada de reportagem de 4 de setembro de 1977 com o título: "A República busca no Império a saída para o impasse. Em debate a criação do Conselho de Estado"[38]. O Conselho de Estado do Império era um órgão meramente consultivo e tinha também como suas atribuições a discussão de questões administrativas. Sua importância política se justificava porque os seus integrantes eram alguns dos mais importantes políticos e juristas do Segundo Reinado e porque o Imperador acatava a maioria das decisões que eram ali tomadas. Sua competência era de se manifestar em todos os assuntos de competência do Poder Moderador, exceto a nomeação dos Ministros de Estado, e funcionou ininterruptamente de 1842 a 1889, quando foi proclamada a República[39].

O Conselho de Estado em debate no ano de 1977 seria exclusivamente político. Segundo as fórmulas imaginadas nos gabinetes tanto da Arena como do Movimento Democrático Brasileiro (MDB), sua função seria a de decidir sobre a aplicação de medidas de exceção que iriam compor uma espécie de um novo estado de emergência composto por um conjunto

[36] *Jornal do Brasil*, Rio de Janeiro, p. 12, 12 de agosto de 1974.

[37] Um dos principais defensores do retorno do Conselho de Estado foi o senador Daniel Krieger. Ele defendeu a proposta em conferência na Escola Superior de Guerra já no ano de 1974. O Conselho, na proposta de Krieger, teria a finalidade de atuar nas crises político-institucionais, conferindo poderes excepcionais ao Presidente. *Jornal do Brasil*, Rio de Janeiro, p. 12, 12 de agosto de 1974.

[38] *O Globo*, Rio de Janeiro, p. 06, 04 de setembro de 1977.

[39] Para uma síntese sobre o Conselho Imperial cf. Silva, 2013.

de leis constitucionais criadas para substituir o AI-5 e toda a legislação excepcional[40]. Seria uma tentativa de se transferir os poderes excepcionais das mãos de uma única pessoa para um colegiado de alto nível. Portanto, uma das consequências da existência do Conselho de Estado seria a diminuição dos poderes do Congresso Nacional, por conseguinte, um enfraquecimento ainda maior da representação popular. Deste modo, a existência desse organismo teria a função de chancelar medidas de emergência tomadas pelo executivo sem uma participação efetiva do Parlamento.

3.2. Constituição de 1967: tentativa de retorno a um passado recente

"O saudoso monstrengo"... Era assim denominada a Constituição de 1967 em reportagem da Revista *Veja* no ano de 1973. Na foto da edição de 15 de agosto de 1967 há a imagem do presidente Castello Branco e o então ministro da justiça Carlos Medeiros Silva descendo uma imponente escadaria palaciana. Na pasta de couro segurada por Medeiros, encontrava-se "o monstrengo". Passados cerca de quatro anos da Emenda Constitucional nº 01, que praticamente ab-rogou o texto de 1967, um dos principais juristas do regime militar estava fazendo seu primeiro pronunciamento público desde setembro de 1969[41], quando a população ouvira pelo rádio o manifesto dos três ministros militares que assumiam o governo, impedindo que um civil, o vice-presidente Pedro Aleixo, exercesse a Presidência da República após o derrame que levara o marechal Costa e Silva à morte. Ao final de sua fala, um ano antes do discurso de Geisel que falava de uma *imaginação oportuna*, Medeiros lançava, em forma de exortação, a necessidade da "imaginação" para a criação de novos arranjos institucionais ao país como alternativas ao período de exceção do AI-5, mas sem citá-lo diretamente:

> O país reclama de seus homens públicos *imaginação* e coragem. Todos estão convocados e, de todos, a Nação espera o cumprimento dos objetivos

[40] *O Globo*, Rio de Janeiro, p. 06, 04 de setembro de 1977.

[41] Tratava-se de conferência na Escola Superior de Guerra intitulada "O poder judiciário na Conjuntura Política Nacional". Cf. *Veja*, São Paulo, p. 21, 15 de agosto de 1973. Essa conferência também foi reproduzida na *Revista Forense*, vo. 70, nº 245, p. 5-14, Jan/Mar, 1974 e na *Revista de Direito Administrativo*, nº 114, p. 1-22, 1973.

> da Revolução de março de 1964. A missão não foi cometida somente ao presidente da República, mas também aos membros do Congresso Nacional e do Poder Judiciário. Carlos Maximiliano ensinava que uma Constituição não é somente um repositório de doutrinas, mas um instrumento de governo que assegura a liberdade e o direito, *sem prejuízo do progresso e da ordem* (grifos nossos).[42]

Claro que não poderia faltar o lema positivista ao final da conclama de Medeiros, mas o que se deve ressaltar em sua fala é o caráter inaugural de sua crítica ao período de exceção pelo qual o país estava a viver e a invocação de "criatividade" para que se encontrassem saídas institucionais ao AI-5. Medeiros era insuspeito nesse papel, pois era dos mais produtivos legisladores do regime de 1964, apelidado de "laboratório" por Castello Branco, tamanha a sua presteza e rapidez para criar instrumentos jurídicos para a ditadura. Os pontos principais de sua conferência eram sobre a necessidade de se restabelecer o instituto do *habeas corpus,* o funcionamento adequado do judiciário[43] e algumas críticas de caráter técnico à Emenda de 1969[44]. Mas, além disso, iniciava um movimento de propostas para se reinaugurar no país um período de "normalidade institucional" com o espírito da Revolução de 1964. Na oportunidade, Medeiros exercitou sua criatividade autoritária e propôs a criação de um Tribunal de Segurança Nacional, pois "são notórios os embaraços que a Justiça Militar tem enfrentado para atender a essa nova competência"[45].

Nos anos seguintes o debate se intensifica com apoiadores e críticos à proposta. A onda nostálgica tomou conta tanto de influentes setores da ARENA como dos oposicionistas, todos empenhados em "imaginar" um ponto de partida para se reconstitucionalizar o país com base na Constituição de 1967. O Senador Konder Reis, então vice-presidente do Senado pela ARENA e relator da Constituição de 1967, em entrevista para *O Globo*, em fevereiro de 1974, afirmava que a referida constituição não

[42] *Veja*, São Paulo, p. 22, 15 de agosto de 1973.

[43] Dizia ele que "Sem um funcionamento adequado da organização judiciária, o país caminharia para a desordem e a descrença nas suas instituições". *Veja*, São Paulo, p. 22, 15 de agosto de 1973.

[44] Brasil, Emenda Constitucional nº 1, de 17 de outubro de 1969.

[45] *Veja*, São Paulo, p. 22, 15 de agosto de 1973.

poderia ser simplesmente restabelecida, mas que "será fonte inspiradora para a elaboração dos instrumentos legais capazes de estabelecer, em nosso país, a plenitude democrática, *de acordo com os ideais revolucionários*"[46]. Tales Ramalho, secretário-geral do MDB, partido que nas palavras do ex-líder emedebista Pedroso Horta, seria "apenas um partido de dizer amém", afirmava que o retorno a 1967 era "quase uma confirmação dos anseios de setores do seu partido – inclusive dele próprio – quanto aos meios de se alcançar a normalidade política do País"[47].

São muitos os exemplos de manifestações para um retorno constitucional a 1967 ao longo dos anos seguintes. Contudo, é no ano de 1977, que marcava o aniversário de 10 anos da referida Constituição e já inserido no contexto da "descompressão" política promovida por Geisel, que a lembrança constitucional ao "monstrengo" ganha ares de celebração. De início, a primeira lembrança é o fracasso da Carta de 1967, a qual já "nasceu morta", como afirmava a manchete do *Jornal do Brasil* em janeiro daquele ano em caderno especial sobre o tema[48]. Na mesma reportagem, Afonso Arinos aponta as razões do fracasso da Constituição de 1967. Para o ex-senador a pressão de grupos políticos e militares por medidas de caráter arbitrário inviabilizaram o então "monstrengo" com o qual Castello Branco objetivava institucionalizar os princípios da "revolução" de 1964. Para Arinos,

> A constituição, com seus dispositivos anticrise, nunca foi acionada para detê-las [as agitações políticas e estudantis de 1968], pois o Governo ou os setores extremistas que se assentavam sob ele não estavam dispostos a consagrá-la. A constituição era dura, mas era lei. E andavam todos a pedir o arbítrio[49].

Mas ao longo dos meses subsequentes, as menções à Constituição de 1967 não se fazem mais em razão do seu fracasso, mas por nela existir mecanismos que possibilitavam uma institucionalização do país. Em declarações para o *Jornal do Brasil* em agosto de 1977, Roberto Campos, Daniel Faraco e Arnaldo Sussekind, respectivamente, ministros do

[46] *O Globo*, Rio de Janeiro, p. 3, 14 de fevereiro de 1974. Grifos nossos.

[47] *O Globo*, Rio de Janeiro, p. 2, 15 de fevereiro de 1974.

[48] *Jornal do Brasil*, Rio de Janeiro, caderno especial, 30 de janeiro de 1977.

[49] *Jornal do Brasil*, Rio de Janeiro, caderno especial, 30 de janeiro de 1977.

Planejamento, Indústria e Comércio e do Trabalho do Governo Castello Branco, recomendavam a volta à Constituição de 1967. Nessa mesma reportagem, Carlos Medeiros recusa-se a opinar, afirmando que era um técnico e que não opinava sobre fatos políticos[50]. Contudo, em entrevista posterior à revista *Veja* intitulada "Uma base para reformas", em outubro do mesmo ano, Medeiros comentava a pergunta do repórter sobre uma "onda de saudosismo que impele boa parte dos políticos a falar na Constituição de 1967". Medeiros responde, exaltando sua crença na legalidade e que este saudosismo era "a aspiração do país que quer viver num regime legal, onde haja regras estabelecidas e onde o governo e povo vivam com obediência às leis"[51]. Afirmava ainda que a simples restauração da Constituição de 1967 bastava para implementar o Estado de Direito no país, destacando as vantagens do texto, principalmente por conter instrumentos de aceleração legislativa e mecanismos suficientes para debelar crises como as de 1968, sem a necessidade de utilização de "medidas de exceção". Ao fim de sua entrevista, revela o espírito antiliberal que moveu a construção do texto de 1967:

> A Constituição de 1967 marca um estágio importante da evolução do Direito Constitucional brasileiro. O liberalismo utópico do século passado, que se refletiu nas constituições de 1891, 1934 e 1946, deixou de existir. Estruturou-se, com ela, um regime orgânico dotando o governo de meios adequados para promover o desenvolvimento do país sem ferir, entretanto, as liberdades fundamentais.

Em novembro de 1977, informava o *Jornal do Brasil*, o Senador Daniel Krieger (ARENA-RS), em audiência com o Presidente Geisel, propunha a volta da Constituição de 1967. Sua proposta incluía, contudo, um novo capítulo ao texto, denominado de "Capítulo de Emergência", que teria a função de armar o Executivo com instrumentos excepcionais para a defesa do Estado. Para o senador arenista, a "revolução" dar-se-ia por satisfeita com a incorporação do estado de emergência, o qual, afirmava ele, se tivesse sido incorporado no texto de 1967, como constava no projeto original enviado por Carlos Medeiros ao Congresso Nacional, teria

[50] *Jornal do Brasil*, Rio de Janeiro, p. 1, 28 de agosto de 1977.

[51] *Veja*, São Paulo, p. 25, 12 de outubro de 1977.

evitado a edição do AI-5 em 1968. Afirma ainda a reportagem do *Jornal do Brasil* que o General João Batista de Figueredo e Golbery do Couto e Silva eram favoráveis à tese de que a volta à vigência da constituição de 1967 resolveria os problemas relacionados à reconstitucionalização do país[52].

Em 13 de outubro de 1978, o AI-5 finalmente é revogado pela Emenda Constitucional nº 11 juntamente com todos os demais atos institucionais e complementares. Porém, os efeitos desses instrumentos de exceção continuavam a existir e se mantinha, para eles, a cláusula de exclusão de apreciação judicial. Influenciada pelas propostas discutidas nos anos anteriores, a Emenda nº 11 criou o Conselho Constitucional[53] para garantir ao presidente "Medidas de Emergência" de duração limitada e com efeitos regionais. Deste modo, com a Emenda nº 11 o regime de Geisel passava a mensagem de que a Revolução estava institucionalizada com base no binômio "Segurança e Desenvolvimento".

Conclusões

Partindo-se da noção de horizonte de expectativa, demonstrou-se como em condições repressivas a perspectiva de futuro é contida e, nesse contexto, a noção de experiência, que remete ao passado e que traz consigo mais segurança, passa a se destacar. Para realçar como se constrói esse ambiente limitador das perspectivas de futuro, destacou-se o discurso do Presidente Geisel em que ele claramente estabelece que as discussões sobre a institucionalização do regime deveriam se limitar a uma imaginação oportuna, a qual não desafiasse algumas balizas, não tão claras, que o governo consentia. É nesse ambiente de incertezas sobre quais fronteiras não se deveria atravessar, que discussão constitucional do período se volta para modelos do passado. O que sobressai nesse processo de institucionalização da ditadura nos anos de 1970 marcado por um retorno tanto para um passado recente, ao se propor o retorno da Constituição de 1967, como para um mais distanciado, como na referência ao Conselho do Império, é a experiência de uma discussão constitucional marcada pela constrição das propostas e limitada por um horizonte de expectativas restrito. As razões para isso podem ser o temor de uma intervenção violenta do regime contra

[52] *Jornal do Brasil*, Rio de Janeiro, p. 3, de 19 de novembro de 1977.

[53] Brasil. *Constituição*, 1967. Artigos 158 e 159 com a nova redação da Emenda n º11.

os que ousarem propor medidas consideradas "contrarrevolucionárias", a cumplicidade oportunista a um projeto de poder ou mesmo a simples adesão aos valores autoritários em voga. As discussões constitucionais sobre a "questão institucional" revelam, portanto, a existência de um constitucionalismo contido, por vezes acuado e, certamente, sem *imaginação.*

Referências

Fontes impressas

Jornal *O Globo.*

Jornal do Brasil.

Jornal *Opinião.*

Revista *Veja.*

Bibliografia Geral

ARENDT, Hannah. Que é autoridade. In: *Entre o Passado e o Futuro.* São Paulo: Editora Perspectiva, 2002.

BARBOSA, Leonardo Augusto de Andrade. *Mudança constitucional, autoritarismo e democracia no Brasil pós 1964.* Brasília: Tese (Doutorado em Direito), UnB, 2009.

CARDOSO, Lucileide Costa. Os discursos de celebração da "Revolução de 1964". *Revista Brasileira de História,* São Paulo. Vol. 31, n. 62, p. 117-140, 2011. Disponível em: http://www.scielo.br/pdf/rbh/v31n62/a08v31n62.pdf. Acesso em 22.10.2014.

FERREIRA FILHO, Manoel Gonçalves. *A democracia possível.* São Paulo: Saraiva, 1974.

HARTOG, François. Tempo, História e a Escrita da História: a ordem do tempo. Tradução de Francisco Murari Pires. *Revista de História,* 148 (1º-2003).

GEISEL, Ernesto. "Discurso feito aos dirigentes da Arena" em 29 de Agosto de 1974. Disponível em http://www.biblioteca.presidencia.gov.br/ex-presidentes/ernesto-geisel/discursos-1/1974/17.pdf/download. Acesso em 07.07.2014.

GINSBURG, Tom; SIMPSER, Albert. *Constitutions in authoritarian regimes.* Cambridge University Press, 2014.

HOEVELER, Rejane Carolina. Samuel Huntington e a transição gradualista no Brasil (1972-1974). Texto apresentado para o Colóquio Internacional "Colapso das Ditaduras: Sul da Europa, América Latina, Leste Europeu e África do Sul – História e Memória", Rio de Janeiro, Brasil, 24 a 26 de outubro de 2012. Disponível em https://www.academia.edu/3562973/Samuel_Huntington_e_a_transi%C3%A7%C3%A3o_gradualista_no_Brasil_1972-1974_ Acesso em 07.07.2014.

KOSELLECK, Reinhart. *Futuro passado*: contribuição à semântica dos tempos históricos. Tradução de Wilma Patrícia Mass e Carlos Almeida Pereira. Rio de Janeiro: Contratempo: Ed. PUC-Rio, 2006.

LOUGHLIN, Martin. What is Constitutionalisation? In: DOBNER, Petra. LOUGHLIN, Martin. (Org.). *The Twilight of Constitutional Law: Demise or Transmutation?* Oxford: Oxford University Press, 2009.

LUIZ, Edson Medeiros Branco; BARBOSA, Leonardo Figueiredo; PINHEIRO, Caroline da Rosa. Advogados, direitos humanos e o governo Geisel. In: *V Encontro Anual da Andhep – Direitos Humanos, Democracia e Diversidade*. 17 a 19 de setembro de 2009, UFPA, Belém (PA). Disponível em http://www.andhep.org.br/anais/arquivos/Vencontro/gt1/gt01p01.pdf. Acesso em 30.10.14.

MENDES, Cândido (Org.). *O Legislativo e a Tecnocracia*. Seminário sobre Legislativo e Desenvolvimento (Agosto de 1974). Rio de Janeiro: Imago Editora LTDA; Conjunto Universitário Cândido Mendes, 1975.

REALE, Miguel. *Da revolução à democracia*. São Paulo: Convívio, 1977.

SCHEPPELE, Kim Lane. A Constitution Between Past and Future, 49 *William & Mary Law Review*. 1377 (2008). Disponível em http://scholarship.law.wm.edu/wmlr/vol49/iss4/11. Acesso em 22.08.2014.

SILVA, Jaqueline Schmitt da. O Conselho de Estado do Segundo Império. *Anais Eletrônicos do II Congresso Internacional de História Regional* (2013) – ISSN 2318-6208. Disponível em http://www.upf.br/historiaregional/index.php?option=com_content&view=article&id=16&Itemid=14. Acesso em 23.07.2014.

SILVA, Ricardo. *A ideologia do Estado Autoritário no Brasil*. Tese de Doutorado em Ciências Sociais do Instituto de Filosofia e Ciências Humanas da UNICAMP, 1998.

V.

HISTÓRIA CONSTITUCIONAL NO PERÍODO DA TRANSIÇÃO E REDEMOCRATIZAÇÃO

18. *CONSTITUTIO LIBERTATIS:* UMA ANÁLISE DO PROCESSO CONSTITUINTE BRASILEIRO DE 1988

Ana Lucia Pretto Pereira

> *"... a constitution is a standard, a pillar and a bond when it is understood, approved and beloved. But without this intelligence and attachment, it might as well be a kite or baloon, flying in the air."*
>
> (John Adams, citado por Hannah Arendt)

Introdução

Acreditar no engajamento das pessoas em sua comunidade, como capazes de exercer um papel transformador, fez Hannah Arendt conceber que "*zoon politikon* é a pessoa que se engaja seriamente e com responsabilidade nas questões públicas sob os auspícios das instituições públicas".[1] E, também, a possibilidade de uma comunidade dar-se para si, legitimamente, uma constituição, como expressão não da limitação do poder, mas sim do seu estabelecimento, criando um novo governo.[2]

Diante de tais afirmações, questiona-se: O que caracteriza uma nova ordem constitucional, desde a perspectiva de Hannah Arendt? O processo constituinte brasileiro de 1987/1988 resultou na instauração de uma nova ordem constitucional, nos termos propostos pela autora? Essas são as indagações que conduzem as reflexões tecidas a seguir.

[1] Waldron, 2002, p. 202.

[2] Arendt, 2006, p. 132-145.

1. *Constitutio libertatis:* fundação da liberdade

Constitutio libertatis é expressão latina que pode ser traduzida como "constituição da liberdade". Compreende duplo sentido: por um lado, constituição de algo, a saber, da liberdade dos indivíduos. Por outro lado, um sentido fundacional, constitutivo, em lugar de estritamente normativo.[3] Constituir algo é o que perpassa o pensamento de Hannah Arendt ao buscar definir o que caracteriza, integralmente, uma revolução.[4]

Em seu livro *On Revolution*, Arendt provoca o leitor a refletir sobre as seguintes questões: o que caracteriza uma revolução? Há legitimidade em constituições decorrentes de processos revolucionários? As experiências da Revolução Francesa e a da Revolução Americana resultaram na fundação de uma nova ordem constitucional? Para responder a tais questionamentos, a autora empreende uma análise sobre ambas as experiências revolucionárias, alcançando conclusões.

Coloque-se, desde início, que Arendt visualiza na Revolução Americana o que identifica como verdadeira revolução. Isso porque, de acordo com a autora, uma verdadeira revolução resulta na fundação de uma nova ordem constitucional. Afinal, entende Arendt, as pessoas (os revolucionários) e sua revolução devem ser capazes de, em lugar de um grupo de expertos, estabelecer o seu próprio governo. Nesse sentido, é de fundamental importância a participação dos cidadãos no processo de elaboração da nova carta constituinte – se houver –, os quais devem tomar conhecimento do texto e discuti-lo. Voltar-se-á ao tema mais adiante.[5]

[3] O sentido fundacional ou constitutivo de constituição subsidia a pergunta anteriormente posta: *o que uma constituição constitui?* A resposta, propõem Menellick de Carvalho Netto e Vera Karam de Chueiri, é que "a constituição constitui uma comunidade política que se reconhece como tal." (Chueiri, 2010; Carvalho Netto, 2019, p. 384).

[4] De acordo com Mariana de Mattos Rubiano, "Na perspectiva arendtiana, a fundação está relacionada ao início do espaço político, à sua durabilidade e às renovações e mudanças nos assuntos públicos." Cf. Rubiano, 2016, p. 191. Sobre o mesmo ponto, José Luiz de Oliveira observa que "A liberdade se constitui como principal motivo de busca assumida pelas Revoluções do século XVIII. Foi por meio da busca teleológica pela liberdade que o fenômeno revolucionário se desenvolveu como uma novidade visível no cenário da modernidade em curso. [...] Em termos arendtianos, em se tratando de Revolução, estamos lidando com a ação fundadora da liberdade política." Oliveira, p. 46. Ainda sobre o tema: Eccel, 2013, p. 112-117; Vale, 2007, p. 9-10.

[5] Arendt, 2006, p. 136.

De acordo com Arendt, rebeliões podem culminar em libertação (*libertation*), mas somente a revolução ultima na fundação da liberdade (*foundation of freedom*). Afinal, diz a autora, é inservível o povo libertar-se e alcançar independência, caso mantido o mesmo sistema de organização do poder político antecedente ao processo revolucionário. Se isso ocorrer, o que se tem é a mera substituição de pessoas na titularidade do poder, com os revolucionários, afinal, alcançando tal posição. Surge, aqui, o risco de governos autoritários, dado que, como muito bem sintetiza a Arendt, a violência ganha espaço quando a força multiplicada de alguém monopoliza o poder de muitos.[6]

A experiência norte-americana fez com que Hannah Arendt ali visualizasse autêntico sentido de revolução. Afinal, tal movimento revolucionário resultou na libertação dos colonos em relação à metrópole inglesa, e foi além: os *founding fathers* norte-americanos viram-se, naquele momento, na contingência de fundarem uma nova forma de governo, que distribuísse de modo equilibrado e democrático o poder político. De acordo com Arendt, a preocupação dos *founding fathers* não consistia na limitação do governo, pois já se vivia uma monarquia limitada; a preocupação maior consistia em *fundar* um novo governo. Arendt observa ser importante esclarecer esse ponto, pois, na experiência da Revolução Francesa, de seu documento fundamental, que é a Declaração dos Direitos do Homem e do Cidadão, não consta um novo desenho institucional, mas sim uma carta de direitos que, em última análise, destina-se, apenas, a limitar o governo.[7]

Para que pudessem alcançar o seu objetivo de instituir uma nova ordem política, Arendt observa que os homens da Revolução Americana olharam para a história em busca de modelos organizacionais republicanos, com o objetivo de não exatamente salvaguardar liberdades civis, mas sim de "constituir novo ou mais poder". Daí o fascínio dos revolucionários por Montesquieu que, segundo a autora, exerceu, na Revolução Americana, papel semelhante ao de Rousseau na Revolução Francesa e traduzia com precisão, ao desenvolver a ideia de controle do poder pelo poder, o que pretendiam os revolucionários com a nova organização institucional

[6] Arendt, 2006, p. 142.
[7] Arendt, 2006, p. 139.

do governo.[8] Hannah Arendt pontua que Montesquieu era estudado e citado como autoridade em governo há pelo menos uma década antes da Revolução Americana.[9]

No entendimento da autora, constituições não se destinam a tão somente estatuir liberdades civis. Tampouco, destinam-se a meramente fixar limites ao poder de governar. Trata-se, sobretudo, de instituir poder organizado; em outras palavras, de organizar o poder político de modo a bem distribuir esse mesmo poder.

Portanto, Arendt entende a constituição como síntese da distribuição e organização do poder político. Nesse caminho, a representação, consubstanciada no veículo do sufrágio universal, não significa, no entendimento da autora, parcela de poder atribuída aos eleitores (representados). Significa, por outro lado, a instituição de limitação sobre esse mesmo poder, dado que somente o poder pode controlar o próprio poder.[10]

[8] As contribuições teóricas de John Locke e Montesquieu, no que se refere à distribuição, exercício e controle do poder na esfera política, durante o período compreendido entre as metades dos séculos XVII e XVIII, viriam a ser de grande relevância para o próprio constitucionalismo (Fioravanti, 2001, p. 90-100). John Locke (1632-1704) teria sido o primeiro a formular de maneira clara e firme a fundamental distinção entre *poder absoluto* e *poder moderado*, configurando a máxima do constitucionalismo, segundo a qual quem tem o poder de legislar sobre os direitos dos indivíduos não tem nenhum poder de coação, e vice-versa. E é Montesquieu (1689-1755) que traz força à teoria de Locke, afirmando que os direitos dos indivíduos somente podem existir dentro de um regime político moderado, dotado de uma constituição igual ou semelhante à inglesa. Com efeito, Locke não previra um Poder Judiciário, mas sim, Poderes Executivo e Legislativo. A origem de ambos está na transferência de poder para um mesmo corpo político julgar causas, por meio de representação. É a proteção da propriedade feita pela elaboração e aplicação da lei que resolva o caso concreto: "And herein we have the original of the *Legislative* and *Executive Power* of Civil Society, which is to judge by standing Laws how far Offences are to be punished, when committed within the Commonwealth; and also to determin, by occasional Judgements founded on the present Circumstances of the Fact, how far Injuries from without are to be vindicated, and in both these to imploy all the force of all the Members when there shall be need". (Locke, 1988, p. 343).

[9] Arendt, 2006, p. 140-141. Para desenvolver o que entende serem três tipos de governo (república, monarquia e despotismo), Montesquieu vale-se dos critérios *natureza* e *princípio* de cada um. Para ele, a natureza corresponde àquilo que faz o governo ser como é, a sua estrutura particular. O princípio seria aquilo que faz o governo funcionar, as paixões humanas que o colocam em movimento. (Montesquieu, 2011, p. 146-171).

[10] Arendt, 2006, p. 134. Nas palavras da autora: "However, the liberties which the laws of constitutional government guarantee are all of a negative character, and this includes the

A observação da autora em nada se aproxima de um discurso antidemocrático, pelo contrário: Arendt lembra Madison que, por ocasião da fundação constitucional norte-americana, ressaltou a importância da distribuição equilibrada de poder na constituição de modo a permitir a inclusão de todos – maiorias e minorias:

> *"... it is of great importance in a republic, not only to guard the society against the opression of its rulers; but to guard one part f the society against the injustice of the other part..." to save "the rights of individuals, or of the minority ... from interested combinations of the majority."*[11]

Portanto, para Arendt, o mérito de uma constituição não consiste em estritamente estabelecer liberdades civis, mas sim em instituir um sistema de poder hábil a expressar o controle recíproco de instituições políticas, com a participação legítima da sociedade civil.

É por esse motivo que a autora deita críticas sobre a maioria das constituições europeias posteriores às duas grandes guerras, assim como às constituições ditas revolucionárias. De acordo com Arendt, é muito difícil identificar o verdadeiro elemento revolucionário no fazimento de uma constituição. Isso porque, observando experiências passadas, Arendt pontua ser possível identificar dois exemplos: as revoluções permanentes, a exemplo de China e Russia, e a experiência de países coloniais que, ao se tornarem independentes de seus colonizadores, tiveram constituições elaboradas por "experts", como se elaborar uma constituição consistisse em seguir uma "receita de bolo" (Arthur Young).[12] Em ambos os casos,

right of representation for the purposes of taxation which later became the right to vote; they are indeed 'not powers of themselves, but merely an exemption from the abuses of power'; they claim not a share in government but a safeguard against government." (grifou-se)

[11] James Madison, citado por Arendt, 2006, p. 138.

[12] Arendt, 2006, p. 135: "In these cases, constitutions were by no means the result of revolution; they were imposed, on the contrary, after a revolution had failed, and they were, at least in the eyes of the people living under them, the sign of its defeat, not of its victory. They were usually the work of experts, though not in the sense in which Gladstone had called the American Constitution 'the most wonderful work ever struck off at a given time by the brain and purpose of man', but rather in the sense in which Arthur Young even in 1792 felt that the French had adopted the 'new word, 'which 'they use as [if] a constitution was a pudding to be made by a recipe.'"

as constituições não serviriam tão-somente para limitar o poder governamental, como, também, para limitar o poder revolucionário do povo. O fato leva a um enfraquecimento da própria palavra "constituição", segundo a autora:

> ... *the lack of power and the concomitant want of authority have been the course of constitutional government in nearly all European countries since the abolition of absolute monarchies,* ***and the fourteen constitutions of France between 1789 and 1875 have caused, even before the rainfall of postwar constitutions in the twentieth century, the very word to become a mockery.***[13]

Cumpre, pois, analisar se o processo constituinte brasileiro de 1987/88 ajusta-se à compreensão de revolução apresentada pela autora, particularmente, à ideia de *constitutio libertatis* por ela desenvolvida.

2. Constituição de 1988: síntese de um processo revolucionário?

A constituinte de 1987/88 foi precedida de movimentos de libertação popular, não em relação a uma metrópole, mas em relação a amarras autoritárias erigidas sob o regime de governo então vigente. Em meados da década de 1980, as eleições presidenciais ainda eram indiretas, e dessa forma é que, em 15/01/1985, o então Governador de Minas Gerais Tancredo Neves foi eleito, por um Colégio Eleitoral.[14]

Tancredo assumira o compromisso de enviar ao Congresso Nacional emenda constitucional com o objetivo de que fosse elaborada uma nova constituição federal. Acima de tudo, assumira, em sua campanha, o compromisso de deitar as bases para a fundação do que chamou de "Nova República". José Afonso da Silva relata discurso proferido, em Maceió, pelo então candidato à Presidência da República, nesse sentido:

> A Nova República pressupõe uma fase de transição, com início a 15 de março de 1985, na qual serão feitas 'com prudência e moderação', as mudanças necessárias: na legislação opressiva, nas formas falsas de representação e na estrutura federal, fase que 'se definirá pela eliminação dos resíduos autoritários', e o que é mais importante 'pelo início, decidido e corajoso, das

[13] Arendt, 2006, p. 137.
[14] Silva, 2013, p. xxi.

transformações de cunho social, administrativo, econômico e político que requer a sociedade brasileira'. E assim, finalmente, a Nova República 'será iluminada pelo futuro Poder Constituinte, que, eleito em 1986, substituirá as malogradas instituições atuais por uma Constituição que situe o Brasil no seu tempo, prepare o Estado e a Nação para os dias de amanhã.'[15]

Com o falecimento de Tancredo Neves às vésperas de sua posse, assume o Vice-Presidente, José Sarney. Sarney dá seguimento ao compromisso assumido por Tancredo Neves e envia ao Congresso Nacional proposta de emenda constitucional convocando uma Assembleia Nacional Constituinte.[16] A proposta é aprovada e resulta na Emenda Constitucional n. 26, de 27/11/85. José Afonso da Silva observa em crítica que, bem da verdade, convocou-se um Congresso Nacional Constituinte, dado que os membros das duas Casas Legislativas estariam sendo convocados para, suspendendo os trabalhos ordinários, ocuparem-se da missão de discutir e aprovar uma nova Constituição. Com efeito, assim dispõe o artigo inaugural de dita emenda:

> Art. 1º Os Membros da Câmara dos Deputados e do Senado Federal reunir-se-ão, unicameralmente, em Assembléia Nacional Constituinte, livre e soberana, no dia 1º de fevereiro de 1987, na sede do Congresso Nacional.

Como o próprio autor observa, este procedimento provocou grandes controvérsias:[17]

> De um lado, ficaram os que a adotaram [a proposta de emenda constitucional] tal qual foi apresentada. De outro, os que reivindicavam uma Assembleia Nacional Constituinte, plena, exclusiva e desvinculada do Congresso Nacional, mas funcionando concomitantemente com este. A tese da Constituinte exclusiva e autônoma esteve sempre ligada à concepção de que as funções de poder constituinte e de poder legislativo não poderiam ser exercidas por um único órgão. **O poder constituinte deveria ser exercido pela Assembleia Constituinte e o poder legislativo pelo Congresso**

[15] Silva, 2019, p. 90.
[16] Silva, 2013, p. xxi.
[17] Silva, 2013, p. xxi.

> **Nacional.** Daí a conclusão de que só seria legítima a Assembleia Constituinte a que coubesse fazer a Constituição, dissolvendo-se depois: *aí a ideia de exclusividade.* A tese, assim, importava necessariamente na existência paralela do Congresso Nacional, que continuaria com sua função de elaborar a legislação ordinária. **E, então, *a ideia de autonomia* da Constituinte que, assim, estaria funcionando separada dos poderes constituídos: legislativo, executivo e judiciário.** É, no fundo, ter durante certo tempo um poder paralelo aos demais, em funcionamento.[18]

A crítica procede. Trata-se, afinal, de um dos Poderes da República, constituído, atuando poder constituinte originário. Ademais, sendo o povo politicamente soberano, detém ele a titularidade do poder constituinte originário, podendo instituir com absoluta liberdade uma nova ordem constitucional.

Então, em 02/02/1987, ocorre a sessão de instalação da Assembleia Nacional Constituinte, presidida pelo então Presidente do Supremo Tribunal Federal, Min. Moreira Alves que, em seu discurso, observa:

> Se nesse instrumento [a Constituição] não se encontram os meios mais apropriados para que se enfrentem os problemas políticos, sociais e econômicos do País, sobrevêm as crises, e, não raro, a ruptura da normalidade constitucional.
>
> [...]
>
> Tenho que o fundamental numa Constituição é encontrar o ponto de equilíbrio que melhor atenda, nas complexas relações entre o Estado, a sociedade e o indivíduo, às diferentes realidades nacionais.[19]

O compromisso de Tancredo Neves com a instalação de uma Assembleia Nacional Constituinte contemplava, também, a proposta de instituir uma comissão de especialistas destinada a redigir um anteprojeto de constituição a ser enviado à Assembleia.[20] A comissão foi instituída por José Sarney mediante o Decreto n. 91.450, de 18/07/85, chamando-se *Comissão Provisória de Estudos Constitucionais*, também conhecida como

[18] Silva, 2013, p. xxi.

[19] Alves, 1987, p. 4-5.

[20] Silva, 2013, p. xxii.

Comissão Afonso Arinos.[21] A Comissão elaborou estudo que, afinal, não foi enviado à Assembleia pelo Presidente da República.[22] Todavia, tendo o texto sido publicado em Diário Oficial da União, foi com base nele que os constituintes passaram a trabalhar o texto da nova constituição federal.[23]

José Afonso da Silva explica a estrutura orgânica da constituinte de 87/88, disciplinada pela Resolução n. 2/87, que estabelecia o Regimento Interno da Assembleia Nacional Constituinte:

> Era uma engrenagem complexa, a matéria bruta entrava pelas vinte e quatro subcomissões, onde sofria o primeiro tratamento, mediante emenda e substitutivos, de onde saía a primeira formulação constitucional em forma de anteprojetos temáticos. Estes seguiam para a segunda instância de decisão, as oito comissões temáticas em que se apurava e depurava o material vindo das subcomissões, formando um anteprojeto de constituição que, por sua vez, passava à Comissão de Sistematização, onde o material era reelaborado e sistematizado num *projeto de constituição* a ser submetido ao Plenário da Assembleia Nacional Constituinte, em que sofria dois turnos de discussão e votação para se chegar à Constituição, como se chegou à Constituição de 1988.[24]

Rodrigo Mendes Cardoso destaca ter havido ampla participação popular nas 24 subcomissões temáticas da Assembleia Nacional Constituinte.[25] O autor pontua que

> Entre os meses de abril e maio de 1987, as 24 subcomissões temáticas dedicaram-se à discussão de seus respectivos conteúdos, em meio à apresentação de sugestões e realização de, aproximadamente, 200 audiências públicas, onde quase 900 representantes de diversos setores da sociedade brasileira ocuparam todas as tribunas do Congresso Nacional. Nessas audiências públicas, representantes de organizações da sociedade civil apresentaram milhares de propostas, polemizando em torno dos principais temas em

[21] Silva, 2013, p. xxii.
[22] Silva, 2013, p. xxii.
[23] Silva, 2013, p. xxii.
[24] Silva, 2013, p. xxiv.
[25] Cardoso, 2016, p. 79.

discussão, debatendo com os constituintes e demarcando campos e objetos de disputa política. Nesse mesmo período, 11.989 sugestões apresentadas por entidades associativas, tribunais, assembleias legislativas, câmaras de vereadores e por cidadãos foram cadastradas e processadas na ANC, para então serem encaminhadas para apreciação dos relatores nas respectivas subcomissões.

A participação popular ocorria de diferentes formas, de que se podem citar as audiências públicas e o envio de manifestações populares à Assembleia. Por exemplo, no âmbito da Subcomissão da Nacionalidade, da Soberania e das Relações Internacionais (Subcomissão I-A), instalada em 07 de abril de 1987, houve a realização de nove audiências públicas, com a participação de dezesseis expositores, incluindo, dentre os depoentes, por exemplo, o Cacique Raoni, da tribo dos Txucarramãe – Xingu, professores, ex-governadores e representantes de várias entidades, dentre as quais, o Conselho Indigenista Missionário (CIMI), a Confederação Nacional das Associações de Moradores (CONAM), a Associação dos Laboratórios Farmacêuticos Nacionais (ALANAC), a Organização Nacional de Entidades de Deficientes Físicos (ONEDEF) e a União Brasileira de Informática Pública (UBIP).[26]

Sobre as emendas populares, pontua o autor:

> Consoante o que fora visto no capítulo inaugural desta tese, o artigo 24 do RIANC permitia a apresentação de emendas populares ao projeto de Constituição, desde que tais propostas fossem subscritas por trinta mil ou mais eleitores brasileiros, em listas organizadas por, no mínimo, três entidades associativas. No caso, entre os meses de março e agosto de 1987, os movimentos sociais realizaram em todo o país uma intensa mobilização voltada para a elaboração de propostas e coleta de assinaturas. **Toda essa**

[26] A heterogeneidade das Subcomissões é assim comentada por Larissa Caetano Mizutani: " Há de se considerar, ainda, que a natureza do tema de cada Subcomissão levou à escolha heterogênea de participantes (membros da ANC, membros do governo, juristas, professores e especialistas, cidadãos). Nos casos em que o tema da Subcomissão dizia respeito a direitos individuais ou coletivos, as audiências tiveram maior participação da sociedade civil organizada. Nos casos em que o tema era institucional ou técnico, o perfil dos participantes dividiu-se entre professores ou especialistas, bem como representantes institucionais de outros Poderes ou ex-parlamentares." Mizutani, 2020, p. 153.

movimentação resultou em mais de 12 milhões de subscrições, que foram reunidas em 122 emendas populares apresentadas junto à Comissão de Sistematização. Essa experiência de participação popular também acabaria servindo de base para a adoção, no texto da Constituição da República de 1988, de inúmeros mecanismos democráticos participativos.[27]

Segundo Cardoso, as exigências regimentais para a apresentação de emendas populares dificultavam, em parte, o processo de apresentação de sugestões. Todavia, o fato não impediu esforço coletivo no sentido de incentivar o envio de propostas ao Congresso:

> [...] após a aprovação do RIANC, diversos movimentos sociais iniciaram em todo país uma ampla campanha de apoio às emendas populares, que se deu através da divulgação e organização de entidades associativas, especialmente com vistas à sensibilização da população para a formulação e coleta de assinaturas. Não obstante todas as dificuldades enfrentadas, 122 emendas populares, reunindo 12 milhões de assinaturas, foram apresentadas junto à Comissão de Sistematização. Essas emendas foram organizadas em pastas que se estenderam por mais de 160 metros de prateleiras de duas grandes salas do Congresso Nacional. No caso, o RIANC havia autorizado a participação de toda a sociedade brasileira "no plenário, nas tribunas, nas ruas, assinando emendas populares, no gramado e nos corredores do Congresso, marchando, pressionando, influenciado (...)".[28]

Ainda que formalidades na tramitação impedissem o deferimento de emendas populares, o próprio Regimento Interno da Assembleia Constituinte previa a possibilidade de seguimento da emenda por simples subscrição por um constituinte. No ponto, explica Cardoso que

> Entre julho e agosto de 1987 a presidência da Comissão de Sistematização anunciou o indeferimento de 38 emendas populares, ao argumento de não terem preenchido os requisitos, não obstante, todas elas tramitaram normalmente, o que foi possível graças ao artigo 24, V do RIANC, que permitia a superação das exigências regimentais através da simples subscrição da

[27] Cardoso, 2016, p. 162. Grifo nosso.

[28] Cardoso, 2016, p. 168.

> proposta por algum constituinte. No caso, todas as emendas populares que não receberam o apoio popular necessário foram subscritas por constituintes (principalmente progressistas) e, consequentemente, tiveram a sua tramitação garantida. Ademais, alguns constituintes se colocaram a disposição para assinar toda e qualquer emenda popular que não tivesse preenchido os requisitos regimentais, independente do seu conteúdo. [...] **Importante registrar, por oportuno, que não houve qualquer tipo de conferência dos requisitos regimentais, como número de subscrições, assinaturas ou títulos eleitorais.** Constata-se, a bem da verdade, que inexistiam instituições (sobretudo a ANC) suficientemente adaptadas para realizar esse tipo de conferência, o que pode ser tributado à total ausência de vontade política para que fossem estruturadas para esse propósito. **Entretanto, os servidores públicos que lidaram de perto com as emendas populares reconheceram ter havido apenas uma "checagem rápida" dos dados reunidos naqueles milhares de documentos, uma vez que existia, naquele contexto, "um crédito de confiança" nas entidades que organizaram as listas.**[29]

A participação popular no processo constituinte, conforme observa Cristiano Paixão, pode ser entendida como uma "gradativa conquista de legitimidade de um Congresso que não era exclusivo".[30]

A experiência norte-americana, durante o processo constituinte, também contemplou participação popular no âmbito de assembleias locais. Talvez no que se possa vislumbrar como uma diferença em relação ao processo constituinte brasileiro, segundo registra Hannah Arendt, o texto constitucional era levado a assembleias locais para discussão e coleta de opiniões. A ideia era que o povo entregasse uma constituição ao governo, e não o contrário. Citando Thomas Paine,

> *A constitution is not the act of a government, but of people constituting a government. Hence the need in France as in America for constituent assemblies and special conventions* ***whose sole task it was to draft a constitution****; hence also the need to bring the draft home and back to the people and have the Articles of Confederacy debated, clause by clause,* ***in the town-hall meetings and, later, the articles of the Constitution in the state congresses. For the point of the matter was not at***

[29] Cardoso, 2016, p. 170. Grifo nosso. No mesmo sentido: Barroso, 1997, p. 151-155.

[30] Paixão, 2006, p. 5.

all that the provincial congresses of the thirteen colonies could not be trusted to establish state governments whose powers were properly and sufficiently limited, but that it had become a principle with the constituents that the people should endow the government with a constitution and not vice versa.

Pode-se afirmar que, em certa medida, o processo constituinte brasileiro contou com ampla participação popular. Todavia, analisando o momento à luz da ideia de *constitutio libertatis*, tal qual desenvolvida por Hannah Arendt, a pergunta que se põe é: houve, de fato, uma nova organização institucional do poder na experiência brasileira?

3. Constituição Federal de 1988: sobre inclusão e reconhecimento

A Carta promulgada em 1988 em muito difere daquela decretada em 1967/69. Cuida-se, com a nova constituição, de prestigiar amplamente os direitos fundamentais, sobretudo os sociais, fortalecendo instituições, a exemplo do Poder Judiciário e do Ministério Público, e também a defesa da Constituição, com a instituição de novos mecanismos para o exercício do controle judicial da constitucionalidade. No que diz respeito, especificamente, à organização institucional do poder político, o desenho jurídico é essencialmente o mesmo daquele experimentado nas constituições anteriores. O regime é republicano, o sistema é presidencialista e – agora, ao menos, materialmente – democrático. Por outro lado, aos Municípios é atribuída autêntica autonomia e as eleições presidenciais passam a ser diretas. Os poderes atribuídos ao Chefe do Poder Executivo são limitados pela nova ordem democrática.

Tal cenário leva a crer que a fundação da liberdade, precedida de movimentos de libertação e consubstanciada em uma nova distribuição e organização do poder político, assume matiz próprio na experiência brasileira. Com efeito, não houve mudanças no que diz respeito ao regime de governo e à sua estruturação orgânica. Todavia, surge uma nova principiologia subjacente ao texto, e que informa todos os enunciados normativos da novel constituição federal. Trata-se, fundamentalmente, de honrar compromisso com a dignidade humana e com a soberania popular. Em resposta a essa principiologia, surge a autonomia atribuída aos Municípios, a limitação instituída aos poderes anteriormente conferidos ao Chefe do Poder Executivo e, mais importante, o extenso rol de direitos fundamentais, ao lado de mecanismos dirigidos à sua efetividade e proteção.

Cuida-se, portanto, de trazer o povo soberano para dentro do espaço constitucional, do debate constitucional, da construção de sentido da constituição federal. A constituição é entregue ao povo, é verdade, mas carrega consigo todo o instrumental necessário ao atingimento, pela comunidade política brasileira, de sua própria maturidade institucional. Trata-se, basicamente, de uma busca constante por igualdade, mediatizada por instrumentos informados pelos valores *inclusão* e *reconhecimento.*

Conforme observamos em outra oportunidade,[31] inclusão e o reconhecimento dos concernidos no processo de construção de decisões políticas integra uma dimensão da igualdade. Tratar a todos com igual consideração e respeito cobra atenção às diferenças.[32] Daí que a igualdade tanto possa se identificar com *generalidade e abstração*, como com *inclusão e reconhecimento.*

Entender em contrário implicaria negar o próprio sentido de soberania popular. Afinal, inclusão e reconhecimento reforçam essa ideia. Mais ainda, a negação da soberania implicaria encarar o direito em termos estritamente formais, independente de particularidades e afastado de uma ideia de justiça.[33] Ocorre que a Constituição brasileira de 88, ao positivar a busca por liberdade e igualdade entre os indivíduos, impõe que ao direito seja agregado um conteúdo substantivo que determina a observância de princípios de justiça. Nesse caminho, retome-se o questionamento de Gianluigi Palombella: afinal, de onde vêm as constituições? De uma razão concedida por ordem divina, por homens sensatos e desinteressados, por minorias privilegiadas, por soberanos ilustrados, ou resultam da limitação ou eliminação do poder soberano preexistente, por uma soberania informada pelo princípio democrático?

Conclusões

A comunidade política brasileira que se constrói com a Constituição de 88 incorpora essa ideia de igualdade. Por esse motivo, pode-se concluir que a experiência constituinte de 1987/88 culmina na fundação de uma nova ordem constitucional, se não principalmente do ponto de vista orgânico-institucional, então preponderantemente desde o ponto de vista principiológico. Afinal, a principiologia subjacente à Constituição Federal

[31] Pereira, prelo.

[32] Dworkin, 2002.

[33] Palombella, 2000, p. 106.

de 1988 redesenhou instituições e a sua dinâmica, com base no princípio da autolegislação (democrático). Expressão verdadeira de uma revolução conclusa, de acordo com Hannah Arendt, é a fundação da liberdade pelo povo soberano. A fundação da liberdade pelo povo soberano brasileiro talvez ainda seja um caminho em construção, mas que teve seu início, definitivamente, em 5 de outubro de 1988.

Referências

ALVES, José Carlos Moreira. Discurso proferido na Sessão de instalação da Assembleia Nacional Constituinte. In: *Diário da Assembleia Nacional Constituinte*. Ano XLII, n. 001, Brasília: Senado Federal, 02 fev. 1987.

ARENDT, Hannah. *On Revolution*. London: Penguin Books, 2006.

BARROSO, Pérsio Henrique; DOBROWOLSKI, Sílvio. *Constituinte e Constituição*: participação popular e eficácia constitucional (1987-1997). Florianópolis, 1997. 290 f. Dissertação de Mestrado – Universidade Federal de Santa Catarina.

CARDOSO, Rodrigo Mendes; PILATTI, Adriano. *A participação popular na Assembleia Nacional Constituinte de 1987-1988*. Rio de Janeiro, 2016. 227 f. Tese de Doutorado –Pontifícia Universidade Católica do Rio de Janeiro.

CARVALHO NETTO, Menelick de. A tensão entre memória e esquecimento nos 30 anos da Constituição de 1988. In: OLIVEIRA, Marcelo Andrade Cattoni de; GOMES, David F. L.. *1988-2018: o que constituímos*? Homenagem a Menelick de Carvalho Netto nos 30 Anos da Constituição de 1988. Belo Horizonte: Conhecimento, 2019.

CHUEIRI, Vera Karam de. Comunidade, constitucionalismo e democracia. *In: Humanidades*, Brasília, v. 57, p. 103-108, 2010.

DWORKIN, Ronald. *Levando os direitos a sério*. São Paulo: Martins Fontes, 2002.

ECCEL, Daiane. Da Revolução: Arendt, uma Moderna? In: Trans/Form/Ação, Marília, v. 36, p. 109-128, set./dez. 2013.

FIORAVANTI, Maurizio. *Constitución*. De la antigüedad a nuestros días. Madrid: Editorial Trotta, 2001.

LOCKE, John. *Two Treatises of Government*. Student edition. Cambridge: Cambridge University Press, 1988.

MIZUTANI, Larissa Caetano; MARTINS, Argemiro Cardoso Moreira. *A Constituição Cidadã: a representação política diante da participação popular brasileira na Constituinte de 1987-1988*. Brasília, 2020. 306 f. Tese de Doutorado – Universidade de Brasília.

MONTESQUIEU. *L'esprit des lois*. Paris: Classique Garnier, 2011.

OLIVEIRA, José Luiz de. Revolução como fundação no pensamento de Hannah Arendt. In: *Cadernos de Ética e Filosofia Política*. n. 23, p. 37-51.

PAIXÃO, Cristiano. A Constituição Subtraída. *In*: Constituição & Democracia. *Tribuna do Brasil*, UnB, SindiJus/DF, 5 fev. 2006.

PEREIRA, Ana Lucia Pretto. *Atividade Política Judicial*. Ensaio de fundamentação. Brasília: UnB Editora, no prelo.

RUBIANO, Mariana de Mattos; BARROS, Alberto Ribeiro Gonçalves de. *Revolução em Hannah Arendt*: compreensão e história. São Paulo, 2016. 280 f. Tese de Doutorado –Universidade de São Paulo.

SILVA, José Afonso da. Prefácio. In: LIMA, João Alberto de Oliveira; PASSOS, Edilenice; NICOLA, João Rafael. *A gênese do texto da Constituição de 1988*. V 1. Brasília: Senado Federal, 2013.

______. *Curso de Direito Constitucional Positivo*. 42. ed.. São Paulo: Malheiros, 2019.

VALE, Maria Ribeiro do. Reforma ou Revolução? Hannah Arendt e Herbert Marcuse nos anos 60. *In*: *Lutas Sociais*, n. 19/20, jul./dez. 2007 e jan./jun. 2008, p. 9-21.

WALDRON, Jeremy. Arendt's constitutional politics. *In*: VILLA, Dana (Org.). *The Cambridge Companion to Hannah Arendt*. Reprinted. New York: Cambridge University Press, 2002.

19. DESVELANDO SENTIDOS SOBRE O VETO NA CONSTITUINTE DE 1987-1988: RELAÇÃO ENTRE OS PODERES LEGISLATIVO E EXECUTIVO

MARIANA BARBOSA CIRNE

> "Ora, a vida política brasileira republicana emerge de uma crise, já estabelecendo um profundo confronto entre o Poder Executivo e o Legislativo. A vida brasileira tem esse dado característico. Já em novembro de 1891, Deodoro fechava o Congresso Nacional, porque o Congresso Nacional impunha uma rejeição ao veto imposto por Deodoro no projeto das leis dos crimes de responsabilidade."[1]

Introdução

O processo constituinte de 1987-1988 é um período repleto de sentidos. Além da abertura democrática, o texto constitucional foi construído com ampla participação popular e sem uma proposta previamente definida[2]. Foi, portanto, uma oportunidade para se pensar os mais diversos modelos institucionais[3]. Um dos pontos de maior divergência, no seu desenho, gravitou sobre os Sistemas Parlamentarista ou Presidencialista[4]. Com a escolha do segundo, abriu-se um novo espaço para pensar – e repensar – algumas das estruturas da separação de poderes. Neste contexto, uma

[1] Constituinte Miguel Reale Júnior, BRASIL, Subcomissão do Poder Executivo, 1988, p. 81.

[2] Coelho, 1988; Barbosa, 2012.

[3] Peres, 2008; Amorim Neto, 2006.

[4] BRASIL, 1988.

interessante proposta de pesquisa parece ser os discursos na Constituinte de 1987-1988 sobre os vetos presidenciais.

No intuito de delimitar o objeto a ser pesquisado, elegeu-se o veto presidencial e as suas consequências na relação entre os Poderes Executivo e Legislativo. Sabe-se que no desenho eleito na Constituinte de 1987-1988, o veto pode ser total ou parcial, por interesse público ou/e por inconstitucionalidade, com apreciação pelo Presidente da República no prazo de 10 dias úteis. No prazo de 30 dias, por voto de maioria absoluta, o Congresso Nacional pode derrubá-lo[5], mas não se conhece o percurso trilhado para alcançar este desenho institucional.

A proposta deste artigo é deixar os arquivos falarem[6] a partir dos discursos e dos debates sobre o veto presidencial na Constituinte de 1987-1988. Essas falas a serem estudadas foram registradas na: a) Comissão de Organização dos Poderes e Sistema de Governo, a.1) Subcomissão do Poder Executivo e a.2) Subcomissão do Poder Legislativo, b) Comissão de Sistematização e c) Comissão de Redação. Nessa análise dos discursos, um ponto de divergência e convergência nos debates constituintes, que permanece atual, foi identificado: a crise entre os Poderes Executivo e Legislativo. Tanto é assim que, como se pode observar na epígrafe deste artigo, a rejeição de um veto pretensamente teria dado ensejo ao fechamento do Congresso Nacional por Deodoro da Fonseca em 1981. Exatamente por isso, a pergunta que desafia este artigo é a seguinte: naquele momento constituinte, quais foram as mudanças constitucionais pensadas para reequilibrar as relações entre o Legislativo e o Executivo que envolviam o veto?

Das referências, remissões e indicações dos discursos congressistas, o que será objeto de melhor desenvolvimento neste artigo, pareceu viável iluminar algumas das particularidades do veto que, apesar de presente nos textos constitucionais desde 1981[7], sofreu e permanece sofrendo novas construções de sentido.

Como se apresenta indispensável eleger um objeto melhor delimitado para aprofundar neste artigo de História do Direito, o ponto escolhido foi a

[5] BRASIL, 1988.

[6] Derrida, 2001. Para Hartog (2013, p. 238), "os arquivos, com letra maiúscula e sem ela, podem conhecer também o seu momento historiográfico e seu movimento reflexivo;"

[7] Rodrigues, 1993.

pretensa crise entre o Executivo e o Legislativo manifestada no veto como materialização da separação de poderes. Tal questão transparece especialmente nos debates constituintes sobre a aversão à convalidação do veto por decurso do prazo constitucional prevista na Emenda Constitucional nº 1/1969 (Constituinte Nerione Nunes Cardoso) e a proposta de redução do quórum de derrubada de 2/3 para maioria absoluta, pois com aquele limite apenas a ARENA conseguiria alcançar este patamar (Constituinte Henrique Eduardo Hargreaves). Para observar essa questão, que ainda apresenta ecos nos dias de hoje, pareceu indispensável voltar ao momento constituinte, compreendendo este passado como opaco e aberto e a existência de um futuro imprevisível.

Para tornar viável a análise dos discursos constituinte sobre o veto, o pano de fundo será a história do presente e as reflexões de François Hartog sobre a relação entre passado, presente e futuro. Espera-se, como resposta à pergunta do artigo, demonstrar que os debates constituintes de 1987-1988 já apresentavam um tema que permanece hoje pujante: a supremacia de um dos poderes (na relação entre o Legislativo e o Executivo) e pretensão de reequilíbrio na separação de poderes, o que perpassa, necessariamente, a compreensão do veto. Revisitar o passado, no entanto, pode jogar luzes em algumas respostas que não se encontram apenas nos desenhos institucionais, mas sobretudo chamar atenção para os atuais desafios da vivência constitucional.

1. Reconectando passado, presente e futuro

Como adverte François Hartog[8]: é preciso questionar o tempo. Para tal empreitada, o autor aborda "os modos por que se conectam presente, futuro e passado na escrita da história." Propõe-se a tratar do regime de historicidade[9]. Isso porque, a sociedade, a cada momento, mantém estas configurações intelectuais como apenas uma camada nas relações complexas e intrincadas com o tempo. Como bem ilustra em uma metáfora, trata-se de "uma trama percorrendo a tapeçaria"[10].

[8] Hartog, 2003, p. 10.

[9] É uma forma de engrenar presente, passado e futuro ou de compor um misto das três categorias (Hartog, 2013, p. 11).

[10] Idem.

A preocupação de Hartog se pauta no historiador, personagem que precisa prestar atenção no tempo, já que o vive. Exatamente por vivê-lo, o historiador corre sempre o risco de instrumentalizá-lo[11].

Além de vislumbrar esses perigos, ao refletir sobre a história, Hartog entende que não é mais possível escrever a história do ponto de vista do futuro, nem do passado. Isso ocorre porque ambos se tornaram imprevisíveis e opacos, motivo pelo qual devem ser reabertos. Reina, no presente, uma enorme dificuldade de olhar além[12]. O autor defende, então, um regime de historicidade como um enquadramento acadêmico da experiência do tempo que, em contrapartida "conforma nossos modos de discorrer acerca de e de vivenciar nosso próprio tempo"[13]. Em outras palavras, Hartog busca a problematização do tempo, para além de uma relação simplista entre passado e futuro.

Neste cenário, deve-se conferir especial importância à rememória:

> Rememorar, não esquecer, é apresentado como um dever pessoal dirigido a cada um de nós. Mas uma tal memória não é transmissão, mas reconstrução: história.
>
> Um passado imprevisível significa algo mais: novas questões a colocar ao passado e, se possível, novas respostas de sua parte, considerando-o um campo de potencialidades, de que algumas começaram a acontecer, foram interrompidas, ou evitadas, ou destruídas (...)[14].

A revisita a esse passado, portanto, é opaca e aberta. Valendo-se de tais premissas, este artigo almeja revisitar o processo constituinte de 1987-1988 para observar – e quem sabe obter novas respostas ou perguntas – sobre um tema que permanece inquietando o presente: a relação entre o Executivo e o Legislativo[15]. Ciente da imprevisibilidade do futuro e das

[11] Hartog, 2003, p. 10. Nesse sentido, Koselleck (2013) explica que aquilo que é chamado de história hoje mudou, pois o passado pode ser apropriado seletivamente.

[12] Hartog, 2013, p. 10.

[13] Hartog, 2003, p. 12.

[14] Hartog, 2003, p. 31.

[15] Para problematizar a relação entre Executivo e Legislativo, há os trabalhos de Vera Grillo (2000; 1992) sobre a hipertrofia do Poder Executivo. Outro exemplo é a dissertação de mestrado da UnB de Pedro Abramovay (2010) que analisa a relação entre os Poderes

possibilidades de releitura do passado, este artigo almeja verificar as falas de um processo constituinte que permanece em constante pretensão de revisão[16]. Como proposto por Hartog:

> No que respeita a nossas relações com o tempo, esta reabertura do passado vai de par com o fato de tomar em consideração a dimensão do futuro. Não o futuro, com F maiúsculo. Mas mais modestamente devemos restaurar alguma forma de comunicação entre presente, passado e futuro, sem admitir a tirania de qualquer um deles. História escrita em nome do passado, do futuro ou do presente.[17]

Sobre o processo constitucional de 1988-1987: "não se pode abstralizar o debate sobre a Constituição – e o debate em torno da Constituinte –, pela simples razão de que a Constituição brasileira a ser preparada deve ser uma cartilha de ensinamento diário e cotidiano do povo brasileiro."[18] Em outras palavras, há muito o que aprender e refletir a respeito deste processo.

Como advertido por Luisa Passerini[19], para tentar entender as conexões entre silêncio e discurso, esquecimento e memória, deve-se observar a relação entre os traços, ou entre os traços e as suas ausências. É preciso considerar ainda que a interpretação torna possível a criação de novas associações. A despeito de saber que a vida da constituição é quem garante a materialização de seu conteúdo, entender a sua história e a sua formação pode ser um interessante itinerário para compreender alguns de seus sentidos ocultos[20].

Legislativo e Executivo no Brasil e, por uma análise empírica da edição de medidas provisórias, demonstra que o Congresso Nacional realiza controle ativo sobre os textos enviados pelo Executivo para concluir que a moldura constitucional brasileira permite o exercício do sistema de freios e contrapesos de acordo com uma visão democrática do princípio de separação de Poderes.

16 Cf. PEC nº 157/2003 e PEC nº 341/2009.

17 Hartog, 2003, p. 31.

18 Abramo, 1985, p. 45.

19 2003, p. 240.

20 Paixão e Bigliazzi, 2008.

2. Revisitando a relação entre o Legislativo e o Executivo: o desequilíbrio

Revisitar o processo histórico constituinte de 1987-1988, em seus arquivos[21], atas da Assembleia Constituinte, falas, discursos, é uma importante maneira de reconectar passado, presente e futuro. Tal escolha não só permite que o pesquisador possa ser incluído no seu contexto histórico[22], mas também admite que se identifiquem alguns ecos, fragmentos, vozes que permanecem ressoando até os dias de hoje.

Apesar de existir quem não acreditasse tanto nos possíveis resultados[23] de um processo constituinte, havia uma pretensão de diagnóstico dos principais problemas brasileiros no intuito de saná-los com o novo texto constitucional[24]. Uma das principais pretensões era o reequilíbrio entre os poderes[25], o que passaria, necessariamente, pela reconfiguração do veto.

No intuito de contextualizar o tema do veto, e traçar este diagnóstico, o Constituinte Nerione Nunes Cardoso relatou o seguinte:

> Quanto aos vetos: a Constituição de 1946 não estabelecia o processo de votação da matéria vetada, o que não ocorreu no texto original da Constituição de 1967, art. 62, § 3º, que determinou fosse a sua votação procedida por escrutínio secreto.
>
> A Emenda Constitucional nº 1, de 1969, além de fixar o prazo para apreciação, pelo Congresso Nacional, da matéria vetada, de quarenta e cinco dias – art. 59, § 3º e 4º – considerando mantido o veto, se esgotado sem deliberação esse prazo, determinou ainda que a manifestação do Congresso se procedesse em votação pública, e expressão essa considerada pelo Plenário, após audiência das Comissões de Constituição e Justiça da Câmara dos Deputados e do Senado Federal, como sendo votação nominal, assim regimentalmente considerada.

[21] Hartog, 2013.

[22] Gadamer, 2006.

[23] Na avaliação de Raymundo Faoro (1985, p. 13), dentro do quadro brasileiro vigente, seria possível aperfeiçoar as instituições, mas sem mudanças mais profundas. Para Antonio Paim (1990, p. 27), a Constituição de 1988 "deixou passar mais uma oportunidade de lançar as bases de uma experiência de colaboração sem quebra de autonomia entre Legislativo e Executivo."

[24] Abramo, 1985; Bastos, 1985.

[25] Idem.

> Esse caso ocorreu em 1970, na Presidência de João Cleofas. Tanto a Constituição de 1946 como a de 1967, texto original, estabeleceram quorum de aprovação da matéria vetada em 2/3 dos votos dos Deputados e dos Senadores presentes à sessão; a Emenda nº 1, de 1969, aumentou drasticamente esse **quorum**, ao fixá-lo em 2/3 dos membros em cada uma das Casas do Congresso Nacional.
>
> Diante dessas exigências estabelecidas no texto constitucional, nos últimos quinze anos os vetos presidenciais raras vezes, em sua maioria, foram mantidos por decurso de prazo.[26]

Em breve síntese, o sistema antecedente ao texto constitucional de 1988 exigia para a derrubada do veto: a) um quórum de 2/3 dos membros de cada casa e b) a votação pública. Outra inovação era a manutenção do veto por decurso do prazo[27].

No intuito de tentar justificar a Emenda Constitucional (EC) nº 1, de 1969, no tema do decurso do prazo, Manoel Gonçalves Ferreira Filho[28] explicou que, diferentemente do sistema Argentino, no Brasil, a parte vetada permaneceria suspensa (devolvendo-se a matéria ao Congresso Nacional) e o restante do projeto de lei se tornaria lei. No entanto, esta prática, segundo o autor, "resulta sempre incerteza sobre o alcance e o sentido da lei, o que resulta necessariamente em insegurança jurídica." Então, a inovação da EC nº 1/1969 vem trazer maior segurança jurídica, já

[26] Brasil, Subcomissão do Poder Legislativo, 1988, p. 103-104.

[27] Cf. "Art. 59. Nos casos do artigo 43, a Câmara na qual se haja concluído a votação enviará o projeto ao Presidente da República, que, aquiescendo, o sancionará; para o mesmo fim, ser-lhe-ão remetidos os projetos havidos por aprovados nos têrmos do § 3º do artigo 51. § 1º Se o Presidente da República julgar o projeto, no todo ou em parte, inconstitucional ou contrário ao interêsse público, vetá-lo-á, total ou parcialmente, dentro de quinze dias úteis, contados daquele em que o receber, e comunicará, dentro de quarenta e oito horas, ao Presidente do Senado Federal os motivos do veto. Se a sanção for negada, quando estiver finda a sessão legislativa, o Presidente da República publicará o veto. § 2º Decorrida a quinzena, o silêncio do Presidente da República importará sanção. § 3º Comunicado o veto ao Presidente do Senado Federal, êste convocará as duas Câmaras para, em sessão conjunta, dêle conhecerem, considerando-se aprovado o projeto que, dentro de quarenta e cinco dias, em votação pública, obtiver o voto de dois terços dos membros de cada uma das Casas. Nesse caso, será o projeto enviado, para promulgação, ao Presidente da República. § 4º Esgotado sem deliberação o prazo estabelecido no parágrafo anterior, o veto será considerado mantido." (Brasil, 1969, grifo nosso)

[28] Ferreira Filho, 1974, p. 74.

que caso a deliberação do projeto de lei vetado não ocorra em 45 dias, ficará mantido o veto. A EC nº 1/69 inova ao inserir no texto a manutenção do veto por decurso do prazo. Nesse caso, há de se presumir, segundo Manoel Gonçalves Ferreira Filho[29], que as razões apresentadas pelo Executivo "foram tidas como boas pelo Congresso Nacional, que tacitamente as aceitou." Segundo o mesmo autor, esse sempre foi o entendimento no direito brasileiro e a EC nº 1/1969 apenas o explicitou.[30]

Percebe-se que a convalidação dos vetos, por decurso de prazo, decorrente da EC nº 1/1969 era uma prática que afetava de sobremaneira a relação entre o Executivo e o Legislativo no período anterior à Constituinte de 1987-1988. Não bastasse isso, como advertido pelo Constituinte Henrique Eduardo Hargreaves, o quórum de derrubada do veto de 2/3 era um limite que apenas a ARENA conseguiria alcançar este patamar[31]. Outro problema eram as deliberações públicas, o que mantinha o controle do Executivo sobre a atuação parlamentar. Havia, por todos esses fatores, uma dominação do Executivo no cenário político.

Esse questionamento sobre o papel do Executivo já transparecia antes do processo constituinte de 1987-1988. Ao falar sobre a Separação de Poderes, Ives Gandra Martins afirmava que o Poder Executivo é absoluto e a Constituição é uma carta dedicada a garantir privilégios desmedidos ao Presidente da República[32]. Márcio Thomaz Bastos – quando analisava o funcionamento das instituições, como contribuição para o processo constituinte – identifica no Brasil um "Executivo andrógeno", que engloba em si as funções de Executivo e Legislativo[33]. "Foi o poder do Executivo, mais do que seus eventuais ocupantes, que encarnou de forma impessoal a face da ditadura entre nós."[34] O desenho institucional do Poder Executivo

29 1974, p. 76.

30 No intuito de avaliar se este era, de fato, o entendimento sobre o veto da época, foram pesquisados livros de constitucionalistas sobre esse ponto, com comentários aos artigos da Constituição (com a redação dada pela EC nº 1/1969), mas os autores pesquisados são silentes sobre esse ponto. Cf. Miranda, 1970.

31 BRASIL, Subcomissão do Poder Legislativo, 1988.

32 Martins, 1985, p. 61

33 Quando fala sobre a separação de poderes, Ronaldo Poletti (1983, p. 17-18) defende que quase sempre não há mesmo distinção entre os chamados poderes. Para o autor, o importante, hoje, não é estruturar o Estado para obstar a tirania, mas sim proporcionar uma técnica de controle apta a proteger a pessoa humana.

34 Bastos, 1985, p. 152.

estaria, portanto, no centro do problema da concentração de poderes. Exatamente por isso, Bastos defendia que a primeira coisa a se fazer na constituinte seria restabelecer o equilíbrio entre os três poderes. Uma das chamadas aberrações era exatamente a manutenção do veto por decurso do prazo.

Como relatado anteriormente, o processo constituinte de 1987-1988 foi extremamente plural. Prova disso são os formatos – os mais diversos – sobre o veto sugeridos pelos constituintes. Francisco Rollember (PMDB-SE) sugeria que a apreciação do veto fosse conjunta, exigido o quórum de 2/3 e a presença da maioria simples do Congresso Nacional (nº 186). Joaquim Bevilácqua (PTB-SP), Furtado Leite (PFL-CE) e Borges da Silveira (PMDB-PR) sugeriam que o quórum fosse de maioria absoluta (nº 1322; 1901 e 8248). Para José Camargo (PFL-SP) e Furtado Leite (PFL-CE), a apreciação do veto deveria ser conjunta (nº 013141 e 1901). Roberto Jefferson (PTB-RJ) sugeria que a apreciação pelo Congresso Nacional dos vetos fosse secreta (nº 1779). Vasco Alves (PMDB-ES) sugeriu a realização de consultas populares sobre projetos que tenham recebido sanção ou veto (nº 6338). Rita Furtado (PFL-RO) almejava estabelecer limites ao veto (nº 6487). Mendes Botelho (PTB-SP) pretendia assegurar ao povo o direito de veto (nº 7758).[35] Todas essas alternativas foram consideradas para se chegar ao texto de 1988.

No capítulo seguinte, serão avaliados os debates constituintes sobre a relação de crise entre o Executivo e Legislativo que envolvem o veto e os resultados que transparecem no texto aprovado em 1988.

3. Reconstruindo os debates constituintes de 1987-1988: reformulando o veto

Como anunciado, pretende-se aqui avaliar a história do presente[36]. Das falas constituintes, um primeiro ponto que salta aos olhos é a reiterada utilização da expressão crise[37] para abordar a relação entre o Executivo e o Legislativo. Trata-se de um recurso recorrente nas falas constituintes:

[35] Brasil, Base Histórica do Congresso Nacional, 1987.

[36] Rioux, 1999; Hartog, 2003; 2011.

[37] Ao tratar dessa crise, Florestan Fernandes (1989, p. 336) defende a conquista de uma nova era histórica, sob a égide da compreensão objetiva da Constituição como "revolução a fazer". Sobre o mesmo tema, Hartog (2013) introduz o seu trabalho sobre o presentismo tratando

> Ora, a vida política brasileira republicana emerge de uma crise, já estabelecendo um profundo confronto entre o Poder Executivo e o Legislativo. A vida brasileira tem esse dado característico. Já em novembro de 1891, Deodoro fechava o Congresso Nacional, porque o Congresso Nacional impunha uma rejeição ao veto imposto por Deodoro no projeto das leis dos crimes de responsabilidade. Antes disso, no período da eleição – vejam que essa é uma ponderação que se renova a cada instante – Prudente de Moraes, Presidente da Assembléia Nacional Constituinte, candidato à Presidência da República, foi procurado por Campos Sales, que lhe disse: "Não seria mais conveniente retirar a sua candidatura, sob pena de se instalar uma crise institucional e as Forças Armadas fecharam o Congresso Nacional?"[38]

Haveria, nas palavras da Miguel Reale[39], um divórcio entre o Executivo e o Legislativo.

> Assim, o que caracteriza a vida brasileira, nos últimos cem anos, é o profundo divórcio que existe entre o Executivo e o Legislativo. O Presidente da República é, ao mesmo tempo, um senhor todo-poderoso, porque ele nomeia e demite, porque ele tem capacidade de emitir moeda, porque ele tem o Banco do Brasil, porque ele tem o Banco Central, mas, ao mesmo tempo, ele é incapaz de promover a reforma, a mudança, o avanço social, o caminhar no sentido de liberdade política e da igualdade econômica, porque ele se encontra manietado, impossibilitado de ater um programa no qual haja conciliação nacional. O Presidente da República é um homem todo-poderoso, heraldicamente solitário, distante da verdade da vida política, mas todo-poderoso e todo frágil, ao mesmo tempo. Ora, este é um dado de realidade.[40]

Em resumo, Miguel Reale Junior afirmava que "O que importa é a política nacional, o confronto entre o Poder Executivo Federal e o Poder Legislativo, pois é aí que residem as crises institucionais".[41] Haveria,

exatamente da crise. "Ao imediatismo do tempo dos mercados não podem se ajustar nem o tempo da economia nem mesmo o tempo político ou, antes, os tempos políticos.

[38] BRASIL, Subcomissão do Poder Executivo, 1988, p. 81.

[39] Interessante que antes do processo constituinte, Miguel Reale (1985, p. 10) defendia que o Executivo possuía melhores condições para uma atuação mais vida e criadora.

[40] BRASIL, Subcomissão do Poder Executivo, 1988, p. 81.

[41] BRASIL, Subcomissão do Poder Executivo, 1988, p. 91.

portanto, um quadro de crise entre o Legislativo e o Executivo que se manifestava não só na dominação de um poder pelo outro (a continuidade de um passado recente ditatorial), mas também pela necessidade de revisar o formato da relação entre os poderes[42]. Reconectá-los. Estes pontos – que caracterizam a crise objeto da Constituinte de 1987-1988 – seriam algumas das principais reivindicações de mudança.

No âmbito da Subcomissão do Poder Legislativo, o Constituinte Henrique Córdova fez o seguinte diagnóstico: "A concentração de força nas mãos de um só homem, a trágica mística e o fascínio do poder unipessoal têm servido, ao longo da nossa História, para uma ação inevitável de crises políticas e de impasses institucionais. Esta visão unipessoal, personalista, messiânica, populista, desemboca quase sempre no vácuo e na escuridão."[43] A solução para esse problema estaria, então, em um Sistema Neoparlamentarista[44]. Existia a pretensão de uma revisão dos Sistemas Parlamentarista e Presidencialista para uma solução intermediária, exatamente para reequilibrar os poderes, mas a medida não foi vitoriosa[45].

Como não foi exitosa a proposta Neoparlamentarista, restava como solução para a crise na relação entre o Legislativo e o Executivo um novo desenho institucional. Pretendia-se valorizar o Legislativo[46] e ao mesmo tempo reconectá-lo com o Executivo. No entanto, a avaliação do texto constitucional apontou para uma necessária reformulação do papel do Executivo[47], com ampliação de certos poderes, o que não foi isento críticas.

[42] O Ministro Marco Maciel, após falar da experiência americana, defendeu que a "distribuição harmônica dos poderes do Estado, portanto, não interessa apenas ao presidencialismo ou ao parlamentarismo, como sistema de governo. Interessa, de maneira ampla e irrestrita, a toda e qualquer forma de governo." (BRASIL, Subcomissão do Poder Executivo, 1988, p. 33).

[43] Brasil, Subcomissão do Poder Legislativo, 1988, p. 169.

[44] Antes do processo constituinte de 1987-1988, Ives Gandra Martins (1985, p. 63-68) afirmava que o Brasil já teve idêntico sistema ao dos países europeus evoluídos, mas involuiu para o Presidencialismo. Como solução, o autor pregava a criação de um quarto poder, o poder moderador, possível em um sistema parlamentar, e de um quinto poder, responsabilizador, materializado na figura do Tribunal de Contas da União autônomo. Sobre essa escolha, Reale, 1985, p. 31-35 discute: "Parlamentarismo, Presidencialismo ou uma solução intermediária?".

[45] Brasil, Comissão de Sistematização, 1988.

[46] Fernandes, 1989.

[47] "Um presidente com quarenta milhões de votos terá poderes, mesmo que a Constituição não lhos dê. Assim De Gaulle se pronunciava a respeito da Constituição francesa de 1958. Mesmo que a Constituição não lhe provesse ou não lhe definisse tais e tais poderes,

O constituinte Celso Dourado, por exemplo, afirmou que a crise decorria da alta concentração de poderes nas mãos do Poder Executivo e que o projeto constituinte de 1987-1988 não resolveria este ponto:

> O que está me preocupando, lendo o anteprojeto do Constituinte José Fogaça, é conceder-se ao Executivo mais poderes do que já possui. Infelizmente, talvez, a Constituinte seja de novo influenciada pelo momento de crise em que estamos vivendo. Já tivemos experiências, no passado, semelhantes a esta, na tentativa de sair do presidencialismo para o parlamentarismo.[48]

O passado ditatorial permanece atual na discussão sobre o reequilíbrio de poderes. Houve ainda debate sobre os limites do veto no texto constitucional. Na Comissão da Organização dos Poderes e Sistema de Governo, o constituinte Vilson Souza defendia que no Direito Constitucional moderno seria inquestionável a participação do Presidente da República na atividade legislativa com o poder de vetar:

> O SR. CONSTITUINTE VILSON SOUZA: – Sr. Presidente, é inquestionável que, no direito Constitucional moderno, o Presidente da República participe da atividade legislativa como poder de vetar projetos de lei aprovados pelo Congresso Nacional. Mas também não é menos verdade que os poderes do Presidente da República devem ser limitados. Temos a experiência da ditadura, em que se permite o veto, inclusive, de palavras. Inúmeros diplomas legais, leis ou os projetos de leis votados pela Câmara ou pelo Congresso Nacional foram deturpados por supressão de palavras, de parágrafos ou

De Gaulle, com a imensa carga de legitimidade política, com a imensa autoridade moral que o fazia o cidadão mais representativo da sociedade francesa nos anos 60, agia com a força, com a carga de autoridade, com a expressão de legitimidade que os milhões de votos dos franceses inequivocamente, lhe atribuíam. Por isso entendemos que um presidente com quarenta milhões de votos terá poderes – e fatalmente o Presidente da República no Brasil os terá porque a eleição é pelo princípio da maioria absoluta. E o melhor é que ele tenha esses poderes e os exerça pela via do consenso, da negociação e do equilíbrio; o melhor é que ele tenha esses poderes e os exerça com a Constituição, e não contra ela. Aliás, é o mecanismo de dificuldades que os franceses agora tentam superar e do qual nos fala tão bem Maurice Duverger na sua obra "La Monarchie Républicaine" infelizmente ainda não publicada no Brasil." (Brasil, Subcomissão do Poder Executivo, 1988, p. 72).

[48] BRASIL, Subcomissão do Poder Legislativo, 1988, p. 176.

de alíneas. Minha proposta é no sentido de que o Presidente da República tenha efetivamente o poder de vetar o projeto de lei, mas que não contribua para deformar o conteúdo, a própria vontade legislativa. Ou o Presidente veta integralmente o projeto, ou o aprova integralmente. Esta é a minha posição. Que não se permita ao Presidente da República, na supressão de um parágrafo, de um artigo ou de uma alínea de um projeto de lei, deturpar o próprio sentido da lei.[49]

Como contraponto:

O SR. RELATOR (Egídio Ferreira Lima): – Sr. Presidente e Srs. Constituintes, tenho grande consideração pelo Constituinte Vilson Souza. Mas entendo que a proposta de S. Ex.ª cria problemas sérios. Às vezes, o Presidente da República tem necessidade de limitar o veto a algumas expressões, salvando o todo. E agora temos uma amplitude muito maior de poder. Primeiro, porque reduzimos o quorum do veto para a metade, maioria absoluta; segundo, criamos o instituto do pedido de reconsideração pelo Presidente da República.[50]

Como resultado, na votação da emenda, cinco (5) Constituintes foram favoráveis e quarenta e seis (46) contrários, tendo sido rejeitada a pretensão de alteração[51].

[49] BRASIL, Comissão da Organização dos Poderes e Sistema de Governo, 1988, p. 139.

[50] BRASIL, Comissão da Organização dos Poderes e Sistema de Governo, 1988, p. 139.

[51] No âmbito dessa comissão, o texto aprovado, sobre o veto, era o seguinte: "Art. 28. A Câmara, na qual tenha sido concluída a votação, enviará o projeto de lei ao Presidente da República, que, aquiescendo, o sancionará. § 1º Se o Presidente da República julgar o projeto, no todo ou em parte, inconstitucional ou contrário ao interesse público, vetá-lo-á ou solicitará ao Congresso Nacional a sua reconsideração total ou parcialmente, no prazo de quinze dias úteis, contados da data do recebimento. § 2º O veto parcial somente abrangerá texto integral de artigo, de parágrafo, de inciso, de item, de número ou de alínea.
§ 3º Decorrido o prazo de quinze dias, o silêncio do Presidente da República importará sanção. § 4º O Presidente da República comunicará as razões do veto ou do pedido de reconsideração do Presidente do Senado Federal, o qual será apreciado dentro de trinta dias, a contar do seu recebimento, considerando-se mantido o veto se obtiver maioria absoluta dos membros de cada uma das Casas do Congresso, reunidas em sessão conjunta. § 5º Se o veto não for mantido, será o projeto enviado, para promulgação, ao Presidente da República. § 6º Esgotado, sem deliberação, o prazo estabelecido no § 4º, o veto ou o pedido de reconsideração

Ainda sobre o veto, o Constituinte José Genoíno defendeu a sua exclusão do texto constitucional, pois geraria excessivo poder concentrado no Executivo[52]. Em sentido contrário, o Relator, Constituinte José Fogaça, defendeu:

> É neste sentido que gostaria de opor uma discordância à tese aqui levantada pelo nobre Constituinte José Genoíno, no sentido de que esse conjunto de atribuições do Presidente da República consiste numa extraordinária concentração de poder. Muito ao contrário. A Emenda Nelson Carneiro, que na verdade reproduz um trabalho articulado que vem desde a Subcomissão do Poder Executivo, e da Comissão de Organização de Poderes, relatada pelo nobre e inteligente Constituinte Egídio Ferreira Lima, a Emenda Nelson Carneiro, praticamente, coincide com o texto do Relatório Bernardo Cabral, com mudanças que, eu diria, são quase de técnica redacional, com pequenas alterações de ordem funcional ou em relação ao poder do Presidente da República. Mas, de qualquer sorte, o que está caracterizado é que o Chefe de Estado aqui é tão-somente um Chefe de Estado e não intervém nas questões de Governo, não exerce atos administrativos e não se imiscui nos problemas cotidianos do exercício do Poder Executivo.[53]

Na proposta que se consagrou vitoriosa na Constituinte de 1987-1988 os poderes do Executivo foram ampliados, mas houve certas mitigações quanto ao veto. Na Relatoria, no âmbito da Subcomissão do Legislativo, a situação atual dos vetos foi apresentada:

> Para V. Ex.as terem uma idéia, temos sessenta e cinco projetos de lei aprovados pelo Congresso Nacional e encaminhados à sanção do Presidente da

será colocado na ordem do dia da sessão imediata, sobrestadas as demais proposições, até sua votação final, ressalvadas as matérias de que trata o § 1º do art. 20; § 7º No caso do inciso V do Art. 10, o veto será submetido apenas ao Senado Federal, aplicando-se, no que couber, o disposto neste artigo. (BRASIL, 1988).

[52] Para Ives Gandra Martins (1985, p. 56), grande parte "dos descompassos sociais, políticos e econômicos que vivemos, nos últimos 20 anos, deveu-se à hipertrofia do Poder Executivo". Discordando dessa posição, Ronaldo Poletti (1983, p. 20) entende que importância política do Presidente cresceu porque, por ser eleito pelo sufrágio universal, o povo vê nele o seu verdadeiro representante.

[53] BRASIL, Comissão de Sistematização, v. 2, 1988, p. 933.

República. Foram vetados e aguardam oportunidade para serem novamente apreciados pela Câmara dos Deputados e pelo Senado Federal, em sessão conjunta.

Desses, trinta e sete foram vetados totalmente e vinte e oito, parcialmente; o veto mais antigo enviado ao Congresso é de 16 de dezembro de 1985, e o mais recente é do dia 8 de janeiro de 1987. Portanto, verificamos que, embora há quinze anos o Congresso Nacional não tenha deixado de manter os vetos presidenciais, não nos devemos abster de fazer uma apreciação das matérias que não lograram receber a sanção do Presidente da República.[54]

Havia um problema na apreciação dos vetos pelo Congresso Nacional. Para tentar solucioná-lo, no âmbito desta Subcomissão, a proposta inicial foi a seguinte:

Nossa sugestão é no sentido de manter o princípio adotado no texto original da Constituição de 1967, isto é, apreciação em sessão conjunta, votação por escrutínio secreto, aprovação pelo voto de 2/3 dos Deputados e dos Senadores presentes, a maioria da Casa. Esclareça-se que deverá ser mantido o texto constitucional que estabelece o **quorum** mínimo de presença para as deliberações, ou seja, a maioria da composição das duas Casas.[55]

Em síntese, já continha um avanço: o escrutínio secreto. Mas, na avaliação dos constituintes, ainda parecia pouco. Levando-se em conta o pequeno índice de derrubada de vetos, o texto sofreu modificação para reduzir o quórum de dois terços para maioria absoluta[56]. Outra importante inovação foi a exclusão da manutenção do veto por decurso do prazo e a fixação de um prazo a ser administrado pelo Congresso Nacional:

Esgotado o prazo de trinta dias estabelecido sem deliberação quanto ao veto, será este colocado na ordem do dia da sessão imediata, sobrestadas as demais proposições, até sua votação final. Ainda aqui são reforçadas as

[54] Brasil, Subcomissão do Poder Legislativo, 1988, p. 104.

[55] Brasil, Subcomissão do Poder Legislativo, 1988, p. 104.

[56] O constituinte Henrique Eduardo Hargreaves afirmou que a exigência do quórum de 2/3 se assemelhava ao modelo de Constituição da Albânia, o que tornaria a sua derrocada quase impossível (Brasil, Subcomissão do Poder Legislativo, 1988, p. 104).

prerrogativas do Poder Legislativo, pois diferentemente do disposto na Constituição vigente o veto não será mantido sem deliberação por este Poder.[57]

O texto aprovado em 1988 traz, portanto, as seguintes inovações: a) votação secreta; b) quórum de maioria absoluta ao invés de 2/3; e c) exclusão da manutenção do veto por decurso de prazo e a fixação do prazo de 30 dias para o Congresso Nacional apreciá-lo, sob pena do trancamento de pauta. Eis o texto da Constituição de 1988:

> Art. 66. A Casa na qual tenha sido concluída a votação enviará o projeto de lei ao Presidente da República, que, aquiescendo, o sancionará.
>
> § 1º – Se o Presidente da República considerar o projeto, no todo ou em parte, inconstitucional ou contrário ao interesse público, vetá-lo-á total ou parcialmente, no prazo de quinze dias úteis, contados da data do recebimento, e comunicará, dentro de quarenta e oito horas, ao Presidente do Senado Federal os motivos do veto.
>
> § 2º – O veto parcial somente abrangerá texto integral de artigo, de parágrafo, de inciso ou de alínea.
>
> § 3º – Decorrido o prazo de quinze dias, o silêncio do Presidente da República importará sanção.
>
> § 4º – O veto será apreciado em sessão conjunta, dentro de trinta dias a contar de seu recebimento, só podendo ser rejeitado pelo voto da maioria absoluta dos Deputados e Senadores, em escrutínio secreto.
>
> § 5º – Se o veto não for mantido, será o projeto enviado, para promulgação, ao Presidente da República.
>
> § 6º – Esgotado sem deliberação o prazo estabelecido no § 4º, o veto será colocado na ordem do dia da sessão imediata, sobrestadas as demais proposições, até sua votação final, ressalvadas as matérias de que trata o art. 62, parágrafo único.
>
> § 7º – Se a lei não for promulgada dentro de quarenta e oito horas pelo Presidente da República, nos casos dos § 3º e § 5º, o Presidente do Senado a promulgará, e, se este não o fizer em igual prazo, caberá ao Vice-Presidente do Senado fazê-lo.[58]

[57] Brasil, Subcomissão do Poder Legislativo, 1988, p. 155.

[58] Brasil, 1988. O texto constitucional permanece praticamente o mesmo de 1988, salvo duas alterações decorrentes de Emendas Constitucionais (EC). A primeira (EC nº 32/2001)

Ocorre que, na avaliação dos dias de hoje, o desenho institucional do veto não pareceu suficiente para o reequilíbrio entre os poderes (Executivo e Legislativo). A Constituição de 1988 teria inaugurada uma relação contraditória[59] de medidas quanto ao fortalecimento do Legislativo. Se por um lado, valorizou o Legislativo, por outro, ampliou as competências do Executivo.

> O próprio Legislativo recuperou suas prerrogativas, abolidas ou severamente reduzidas pela ditadura. E avançou no sentido de assumir tarefas específicas na fiscalização do Executivo, na restrição do seu arbítrio e na delimitação de sua autonomia. Porém, o Legislativo ficou nisso. Tolerou, acumpliciou-se ou capitulou a exorbitância cesarista e autocrática do Executivo.[60]

O diagnóstico no processo legislativo, decorrente do desenho constitucional de 1988, mantém como resultado uma preponderância do Executivo na produção legislativa. A avaliação empírica do processo legislativo entre 1989-1994 demonstrou que há uma forte continuidade legal entre o período autoritário e o atual quanto às regras que regulam a relação entre os Poderes Executivo e Legislativo.[61]

Nas falas constituintes – e nas falas de quem avalia hoje o desenho institucional do processo legislativo – pode-se perceber o prosseguimento de um passado autoritário e a pretensão de rever esta concentração de poderes no presente. É preciso uma solução agora. Como relatado por Hartog, no seu questionamento sobre o tempo – quando perpassa a história *maestra* e a história moderna – a história de hoje apresenta estrita relação com

que excluiu a ressalva das medidas provisórias no trancamento de pauta e a segunda (EC nº 76/2013) que retirou o sigilo das votações sobre o veto.

[59] Figueiredo e Limongi, 1999, p. 41. "No que diz respeito ao Poder Legislativo, a Constituição de 1988 aprovou dois conjuntos distintos e, pode-se dizer, contraditórios de medidas. De um lado, os constituintes aprovaram uma série de medidas tendentes a fortalecer o Congresso, recuperando assim os poderes subtraídos do Legislativo ao longo do período militar. De outro lado, a Constituição de 1988 manteve muitos dos poderes legislativos de que foi dotado o Poder Executivo ao longo do período autoritário, visto que não se revogaram muitas das prerrogativas que lhe permitiram dirigir o processo legislativo durante o regime militar."

[60] Fernandes, 1989, p. 381.

[61] Figueiredo e Limongi, 1999, p. 67.

o presente. Como descrito por ele, há "uma estranha combinação entre utopia ou aspirações revolucionárias (assim de orientação para o futuro) com um horizonte estritamente limitado ao presente."[62] Como conclusão:

> Assim fomos do futurismo para o presentismo e ficamos habitando um presente hipertrofiado que tem a pretensão de ser seu próprio horizonte: sem passado sem futuro, ou a gerar seu próprio passado e seu próprio futuro.
> (...)
> *Historia magistra* apresentava a história, ou supostamente assim o fazia, do ponto de vista do passado. Pelo contrário, no regime moderno, a história foi escrita, teleologicamente, do ponto de vista do futuro. O Presentismo implica que o ponto de vista é explicita e unicamente o do presente.[63]

As falas constituintes, assim como as discussões de hoje, refletem esse presentismo[64], ao se imaginar a utopia de revisão de toda uma história nacional pelo rearranjo institucional que uma constituição poderia fazer. Há, na verdade, uma preocupação de que no presente todos os problemas possam ser resolvidos como um passe de mágica. Ocorre a tirania do instante e estagnação de um presente perpétuo[65]. Na Constituinte de 1987-1988, havia uma pretensão de que o rearranjo do desenho institucional poderia balancear a relação entre os Poderes Legislativo e Executivo[66], o que resolveria os problemas de domínio de um poder sobre o outro.

Não se pode, no entanto, perder de vista que o veto não possui um caráter definitivo sobre o projeto e sim sobre uma parte do processo legislativo[67]. Com a "faculdade de estatuir ou faculdade de impedir[68]",

[62] Hartog, 2003, p. 27.

[63] Hartog, 2003, p. 27.

[64] Hartog (2013, p. 11) vê a busca de um ganho imediato como sinônimo para o presentismo.

[65] Hartog, 2013, p. 11.

[66] Entre as medidas que buscaram reequilibrar a relação de poderes no processo legislativo, quanto ao veto, estão a redução do quórum de 2/3 para maioria absoluta, a vedação do veto de palavras e a necessária apreciação pelo Congresso Nacional. Cf. Figueiredo, Limongi, 1999, p. 41.

[67] Bernardi, 2009, p. 238.

[68] Sobre o tema Cecília Caballero Lois (2009, p. 8) afirma que "além de separar as funções estatais em órgãos diversos e colocá-las nas mãos de indivíduos diferentes, Montesquieu cria a *faculdade de impedir*, que seria o direito de anular uma resolução tomada por outrem."

concede-se a oportunidade de uma decisão sobre a constitucionalidade da proposta e o seu interesse público[69] (art. 66 da Constituição[70]), mas essa é uma fase do processo, não o seu término. A decisão presidencial não é terminativa. É conferida nova oportunidade de apreciação pelo Congresso Nacional o que pode dar ensejo a uma construção qualificada no processo legislativo e um reequilíbrio de poder.

Existe, aqui, não só um protagonismo do Executivo[71], decorrente do desenho institucional de 1988, mas há também estruturas do Legislativo que reforçam o problema da concentração[72]. Apesar da definição de competências do Legislativo e do Executivo não justificarem a preponderância do último, as estatísticas das proposições de leis comprovam esse desequilíbrio. No entanto, para Souza, as disparidades não decorrem do desenho constitucional. São questões políticas, para as quais a solução jamais poderia ser jurídica[73]. Analisar o processo constituinte de 1987-1988, em sua relação entre os Poderes Legislativo e Executivo, demonstra exatamente essa problemática do presente.

> De qualquer modo, este presente, que venho descrevendo como aparentemente onipresente aparece também no todo inseguro e comporta dificuldades em tomá-lo como sua própria avaliação. Como se fosse incapaz de preencher a lacuna, que ele mesmo abriu, entre a experiência e o horizonte de expectativa. O passado está a bater à porta, o futuro à janela e o presente descobre que não dispõe de piso para ficar de pé.[74]

O presente precisa reconhecer suas fraquezas. Como defendido por Leandro Antunes Mariosi e Menelick de Carvalho Netto[75], é preciso se libertar da "crença de que nova realidade adviria das alterações textuais

[69] Carvalho Netto, 1992, p. 133.

[70] Brasil, 1988.

[71] Hetsper, 2012.

[72] Nesse sentido, Figueiredo e Limongi (1999) citam o colégio de líderes e as comissões, o que enfraquece a atuação parlamentar individual e dos partidos políticos. João Ricardo Carvalho de Souza (2010, p. 82) entende que o Legislativo é muito comedido no uso de sua atribuição fiscalizatória. Deve-se, ainda, considerar a dinâmica de funcionamento do Poder Legislativo.

[73] Souza, 2010.

[74] Hartog, 2003, p. 30.

[75] 2010, p. 337.

e de que outra identidade conferir-se-ia ao nosso sujeito constitucional." Chega de discurso de salvação. Como concluem os autores, "a despeito dos engessamentos decorrentes de naturalizações de práticas autoritárias, a Constituição vive e constitui como nunca."[76] Entre o presente e o futuro, Kim Lane Scheppele[77] foi precisa quando afirmou que "Constitutions fail because the success of a constitution is not predictable merely from its initial design. How political leaders and citizenries learn to live-or not-within a constitution's framework is determined only in part by the way that the political institutions were constructed in the first place and the specific lists of rights that a constitution contains."[78] Como explicado por Derrida[79], "a declaração que funda uma instituição, uma constituição, ou um Estado, exige que quem a assina se engaje – ou a si mesma."[80] Em se exigindo esse engajamento, cabe à academia e a quem trabalha com o Direito a tarefa de levar a cabo o aprofundamento desses estudos. Isso porque, o texto constitucional é construído no tempo pela sua vivência[81] e a revisita de seu passado aparece como papel central para a correção de problemas e um futuro diverso.

Como defendido por Florestan Fernandes[82], é preciso que o Legislativo acorde para evitar a repetição do passado. O amadurecimento das instituições é construído em sua vivência[83]. Não há como olvidar a história que

[76] Mariosi e Carvalho Netto, 2010, p. 340.

[77] 2008, p. 1406.

[78] Tradução livre da autora: "Constituições falham porque o sucesso de uma Constituição não é previsível apenas a partir de sua construção inicial. Como os líderes políticos e os cidadãos aprendem a viver – ou não – dentro da estrutura da constituição é determinado apenas em parte pela maneira que as instituições políticas foram construídas em primeiro lugar e as listas específicas de direitos que a Constituição contém."

[79] 2002, p. 47.

[80] Tradução livre, de responsabilidade da autora. No original: "The declaration that founds an institution, a constitution or a state, requires that a signer engage him – or herself".

[81] Sobre a contribuição da Teoria Constitucional para a afirmação e concretização dos Direitos Fundamentais, Marcelo Cattoni (2002, p. 45) defende que o seu papel é o de fornecer ao operador do direito, que também é um cidadão, a função de comprometimento com o "desenvolvimento constitucional" ao participar das controvérsias político-constitucionais e assim poder refletir e definir a sua vida em comum. Cf. Oliveira, 2002, p. 45.

[82] Fernandes, 1989, p. 381.

[83] Carvalho Netto, 1992.

precede a definição do desenho constitucional para viabilizar um futuro diverso.

Conclusões

O objetivo deste trabalho foi abordar um tema que permanece atual: a relação entre os Poderes Executivo e Legislativo. Entre os fatores que podem desequilibrar essa relação encontra-se, inegavelmente, o veto. Exatamente por isso, buscou-se revisitar o processo constituinte de 1987-1988 no intuito de avaliar como foi tratado este tema na proposta de revisão de seu desenho constitucional.

No período ditatorial, o veto dificilmente era derrubado. Com a redação conferida pela EC nº 1/69, a sua formulação manteve a exigência do quórum de 2/3 do Congresso Nacional para a derrubada do veto, mas exigiu a votação pública e criou a manutenção do veto por decurso de prazo. Houve, neste formato, uma dominação do Poder Executivo sobre o Legislativo.

Para rever este cenário, os debates constituintes apontam para a identificação de uma crise entre o Legislativo e o Executivo. Houve uma avaliação dos vetos no período autoritário e foram identificados os principais entraves do desenho institucional. Ao mesmo tempo em que se pretendeu valorizar o papel do Legislativo, ponderou-se que seria necessário manter, e até ampliar, alguns dos poderes do Executivo. Neste novo formato, aprovado em 1988, não havia mais a manutenção do veto por decurso de prazo, as votações passaram a ser secretas e o quórum mudou para de maioria absoluta. Esperava-se, com tais inovações, reequilibrar as forças entre os poderes.

As pesquisas empíricas após 1988 apontam para a manutenção de um predomínio do Poder Executivo no processo Legislativo. Há pretensões de uma solução rápida, apta a modificar o presente e colocar um basta no problema. Contudo, como se pretendeu apresentar neste artigo, a revisita ao passado demonstrou que as preocupações de reequilíbrio entre o Executivo e o Legislativo já estavam presentes naquela época. Há, portanto, um passado que merece ser considerado, para que não se almeje soluções mágicas decorrentes de reformas constitucionais.

A crise entre os Poderes Legislativo e Executivo – quanto ao veto – permanece, mas não parece solúvel por respostas simplistas. A abertura para um futuro diverso passa, necessariamente, pela consciência de uma história que é questionada sobre as suas possibilidades no redesenho institucional. Espera-se, com este trabalho, ter apresentado uma reconexão entre presente, passado e futuro do veto, para que se torne viável encarar os desafios constitucionais com a complexidade que lhe é exigida.

Referências

ABRAMOVAY, Pedro Vieira. *A separação de poderes e as medidas provisórias em um estado democrático de direito.* Brasília: Dissertação (Mestrado em Direito), UnB, 2010.

ABRAMO, Claudio. Uma Constituição diferente. In: *Constituinte e Democracia no Brasil de Hoje.* 3.ed. Brasília: Brasiliense, 1985.

AMORIM NETO, O. The Presidential Calculus: Executive Policy Making and Cabinet Formation in the Americas. *Comparative Political Studies,* 39, 2006, p. 415-440.

BARBOSA, Leonardo Augusto de Andrade. *História constitucional brasileira:* mudança constitucional, autoritarismo e democracia no Brasil pós-1964. Brasília: Câmara dos Deputados, 2012.

BASTOS, Márcio Thomaz. Constituinte: quando, como, por quem e para quê. In: *Constituinte e Democracia no Brasil de Hoje.* 3.ed. Brasília: Brasiliense, 1985.

BERNARDI, Jorge. *O processo legislativo brasileiro.* Curitiba: Ibpex, 2009.

BRASIL. Constituição da República Federativa do Brasil, de 05 de outubro de 1988. Brasília, 1988. *Diário Oficial da União.* Disponível em: <http://www.planalto.gov.br/ ccivil_03/constituicao/ConstituicaoCompilado.htm>. Acesso em: 15 de agosto de 2012.

BRASIL. *Anais da Assembléia Nacional Constituinte.* Brasília, 1988. Disponível em: http://www.senado.gov.br/publicacoes/anais/constituinte/ComESub.pdf. Acesso em 1.4.2014.

BRASIL. *Bases Históricas do Congresso Nacional.* Disponível em: http://www.senado.leg.br/legislacao/BasesHist/asp/consulta.asp. Acesso em 16.10.2014.

CABALLERO LOIS, Cecilia. Separação de poderes e vício de iniciativa: bases para a fixação do regime de cooperação legislativa entre os poderes Executivo e Legislativo. *Revista Jurídica da Presidência.* Brasília, v. 11, n. 94, jun./set. 2009.

CARVALHO NETTO, Menelick de. A hermenêutica constitucional sob o paradigma do Estado Democrático de Direito. *Notícia do direito brasileiro.* Nova série. Vol. 6. Brasília, jul.-dez. de 1998, p. 233-250.

________. *A sanção no procedimento legislativo.* Belo Horizonte: Del Rey, 1992. Disponível em: http://pt.scribd.com/doc/63739211/A-SANCAO-NO-PROCEDIMENTO-LEGISLATIVO-1. Acesso em 1 de agosto de 2014.

CATTONI, Marcelo. *Direito Constitucional.* Belo Horizonte: Mandamentos, 2002.

COELHO, João Gilberto Lucas. O processo constituinte. In: GURAN, Milton (org.). *O processo constituinte 1987-1988.* Brasília: AGIL, 1988.

DERRIDA, Jacques. *Mal de arquivo:* uma impressão freudiana. Trad. Claudia de Moraes Rego. Rio de Janeiro: Relume Dumará, 2001.

________. Declarations of Independence. In: ________. *Negotiations:* interventions and interviews (1971-2001). Stanford: Stanford University Press, 2002.

FERNANDES, Florestan. *A Constituição Inacabada.* São Paulo: Estação Liberdade, 1989.

FERREIRA FILHO, Manuel Gonçalves. *Comentários à constituição brasileira*: emenda constitucional n. 1, de 17 de outubro de 1969. São Paulo: Saraiva, 1974.

FIGUEIREDO, Argelina Chiebub; LIMONGI, Fernando. *Executivo e Legislativo na nova ordem constitucional.* Rio de janeiro: Editora FGV, 1999.

FAORO, Raymundo. Constituinte: a verdade e o sofisma. In: *Constituinte e Democracia no Brasil de Hoje.* 3º ed. Brasília: brasiliense, 1985.

GADAMER, Hans-Georg. *O problema da consciência histórica.* Trad. Paulo Cesar Duque Estrada. 3. ed. Rio de Janeiro: FGV, 2006.

GRILLO, Vera de Araújo. *A separação dos poderes no Brasil*: legislativo x executivo. Blumenau: FURB; Itajaí: UNIVALI, 2000.

_______. Reflexões sobre a Teoria da Separação dos Poderes e a hegemonia do Poder Executivo. *Seqüência.* Florianópolis, v. 13, n. 24, set. 1992, p. 25-35.

HARTOG, François. Prefácio: "Presentismo pleno ou padrão?" e Introdução: "Ordens do tempo, regimes de historicidade". *In*: _______. *Regimes de historicidade – presentismo e experiências do tempo.* Trad. Andréa Souza de Menezes et al. Belo Horizonte: Autêntica, 2013, p. 9-16 e 17-41.

_______. Conjuntura do final de século: a evidência em questão? *In*: _______. *Evidência da história – o que os historiadores veem.* Trad. Guilherme J.F. Teixeira et al. Belo Horizonte: Autêntica, 2011, p. 229-251.

________. Tempo, história e a escrita da história: a ordem do tempo. Trad. Francisco Murari Pires. *Revista de História*, São Paulo, nº 148, p. 9-34, 2003.

HETSPER, Rafael Vargas. O Poder de veto no ordenamento jurídico brasileiro. *Revista de Informação Legislativa.* Brasília, v. 49, n. 193, jan./mar. 2012, p. 215-226.

KOSELLEK, Reinhart. "História" como conceito mestre moderno. *In*: KOSELLEK, Reinhart. MEIER, Christian. GÜNTHER, Horst. ENGELS, Odilo. *O conceito de história.* Trad. René E. Gertz. Belo Horizonte: Autêntica, 2013, p. 185-222.

MARIOSI, Leandro Antunes; CARVALHO NETTO, Menelick de. Constituição Sintética ou Analítica? O Discurso de Salvação mediante novos Textos Constitucionais como obstáculos à dinâmica da identidade Constitucional Brasileira. In. *Estudos legislativos*: 20 anos da constituição brasileira. Brasília: Senado Federa: Câmara dos Deputados: Tribunal de Contas da União: Universidade de Brasília, 2010.

MARTINS, Ives Gandra da Silva. *A Separação de Poderes no Brasil.* Brasília: PrND, 1985.

MIRANDA, Pontes. *Comentários à Constituição de 1967*: com a emenda n. 1 de 1969. São Paulo, Revista dos Tribunais, 1970.

PAIM, Antonio. Organização e Poderes do Legislativo. In. *Constituição de 1988:* o avanço do retrocesso. Paulo Mercadante (coord.). Rio de janeiro: Rio Fundo ed., 1990.

PAIXÃO, Cristiano; BIGLIAZZI, Renato. *História Constitucional e norte-americana e inglesa:* do surgimento à estabilização da forma constitucional. Brasília: Editora da Universidade de Brasília, 2008.

PASSERINI, Luisa. Memories between silence and oblivion. In: HODGKIN, Katharine. RADSTONE, Susannah (ed.). *Contested pasts – the politics of memory*. London and New York: Routledge, 2003, p. 238-254.

PERES, Paulo. "Comportamento ou Instituições? A Evolução Histórica do Neo-Institucionalismo da Ciência Política." *Revista Brasileira de Ciências Sociais*, 2008, p. 23-68.

POLETTI, Ronaldo Rebello de Britto. *Legislativo e Executivo.* 2º ed. Brasília: Fundação Petrônio Portella, 1983.

REALE, Miguel. *Por uma Constituição brasileira.* São paulo: editora Revista dos Tribunais, 1985.

RIOUX, Jean-Pierre. Pode-se fazer uma história do presente? In: Chaveau, Tetard A. (org.) *Questões para a história do presente.* Trad. Ilka Stern Cohen. Bauru: EDUSC, 1999.

RODRIGUES, Ernesto. *O veto no Direito Comparado.* São Paulo: Revista dos Tribunais, 1993.

SCHEPPELE, Kim Lane. A Constitution Between Past and Future. *49 William & Mary Law Review 1377 (2008)*, p. 1377-1407.

SOUZA, João Ricardo Carvalho de. Marcos Constitucionais: Relações entre os Poderes. In. *Estudos legislativos*: 20 anos da constituição brasileira. Brasília: Senado Federal: Câmara dos Deputados: Tribunal de Contas da União: Universidade de Brasília, 2010.

20. TORTURA E TERRORISMO NA CONSTITUINTE DE 1987-88

Mateus do Prado Utzig

Introdução

A Assembleia Nacional Constituinte de 1987 e 1988 (ANC) foi realizada no ocaso de uma ditadura que torturou grande parte de seus opositores políticos,[1] vitimando pelo menos 20 mil pessoas.[2] A partir do Golpe de 1964, a prática da tortura foi aperfeiçoada com a ajuda de países como a França, os Estados Unidos e o Reino Unido, passando a ser ensinada, padronizada, sujeita a rotinas administrativas e aplicada por equipes que incluíam médicos e enfermeiros. Integrava a "doutrina da guerra revolucionária" adotada pelas Forças Armadas brasileiras, e foi utilizada para debelar grupos insurgentes, via de regra, de orientação comunista.[3] Além de técnica de interrogatório, consistia em meio para punir os guerrilheiros e suas redes de apoio e disseminar o medo entre a oposição ao regime, desmobilizando-a.[4]

Apesar da censura instaurada no período, a tortura contra presos políticos foi denunciada desde o início da ditadura civil-militar, em 1964.[5] No âmbito internacional, o governo brasileiro foi cobrado pela Organização das Nações Unidas (ONU) e pela Organização dos Estados Americanos (OEA), dentre outras instituições, denunciado pela Anistia Internacional[6] e condenado simbolicamente por crimes contra a humanidade pelo

[1] Brasil, 2014.

[2] Brasil, 2010.

[3] Brasil, 2014.

[4] Bauer, 2011.

[5] Molica, 2005.

[6] Brasil, 2014.

Tribunal Russell II.[7] Mais denúncias foram feitas ao fim dos anos 1970, durante o movimento pela "anistia ampla, geral e irrestrita",[8] e posteriormente, em episódios como a publicação do livro "Brasil, nunca mais", em 1985;[9] a acusação da deputada federal Bete Mendes contra o coronel Carlos Alberto Brilhante Ustra, em 1985, que a tinha torturado, anos antes;[10] e as declarações do médico Amílcar Lobo sobre o caso Rubens Paiva, em 1986 e 1987, às vésperas da ANC.[11]

Em regra, tais denúncias eram negadas pelo governo. Alegava-se que eram parte de uma campanha internacional para condenar judicialmente os responsáveis por desbaratar as organizações subversivas, desmoralizando-os. Pelo discurso do governo, a "enérgica" repressão estatal corresponderia à gravidade dos métodos empregados pelos ditos grupos "terroristas", mas sem nunca violar a legislação vigente. Eventualmente, eram admitidas algumas denúncias pontuais, atribuídas a agentes subalternos que teriam se "excedido" ou cometido "abusos" por iniciativa própria, de modo a resguardar as altas autoridades do regime de qualquer responsabilização.[12]

O uso da palavra "terrorista" para designar a oposição armada da ditadura auxiliava a justificar as torturas e outras violações de direitos humanos praticadas na repressão política. Era adotado pelo governo e pela imprensa. Contudo, os presos políticos e outros grupos ligados às guerrilhas rejeitavam o rótulo, pois, segundo eles, a "resistência armada" ao "bloco fascista" que se instalara no poder através do "terror" não atingira a população civil, não se constituindo, portanto, em terrorismo, opinião que seria respaldada pelos "mais competentes juristas".[13]

[7] Brasil, 2012.

[8] Greco, 2003.

[9] Bauer, 2011.

[10] Zaverucha, 1994.

[11] Teles, 2010. Amílcar Lobo, médico psiquiatra e psicanalista, auxiliava a aplicação da tortura contra presos políticos nos anos 1970 (Brasil, 2014). Em 1981, fora denunciado por Inês Etienne Romeu por sua participação nas torturas por ela sofridas na "Casa da Morte", em Petrópolis, dez anos antes (Teles, 2010). O ex-deputado federal Rubens Paiva está desaparecido desde 1971, quando morreu em decorrência de tortura, vitimado pela repressão política (Brasil, 2014).

[12] Brasil, 2014.

[13] Greco, 2003.

Em 1979, o governo do general João Batista Figueiredo encaminhou ao Congresso Nacional um projeto de lei de anistia que, dentre outras disposições, abrangia os crimes conexos aos crimes políticos – categoria na qual se enquadrariam os torturadores do regime – e excluía os "condenados pela prática de terrorismo, assalto, sequestro e atentado pessoal"[14] – ou seja, a maior parte dos presos políticos,[15] que se opunham ao projeto governamental junto a outros antigos guerrilheiros, seus familiares e grupos aliados. Defendiam que os torturadores deveriam ser punidos, e não anistiados, enquanto todos os que haviam pegado em armas contra o regime para "responder à violência, ao arbítrio e ao terror" deveriam ser beneficiados pela nova lei.[16] A despeito do apoio de alguns parlamentares do MDB, que propuseram a exclusão explícita dos torturadores,[17] o projeto do governo foi aprovado.[18]

Nos anos seguintes, a proteção dos torturadores pela Lei de Anistia foi tema controverso. De um lado, as Forças Armadas, a Justiça Militar, parte da imprensa e mesmo parte da oposição à ditadura, como o senador Paulo Brossard[19] e o PCB, opunham-se à punição.[20] Essa era a opinião hegemônica. De outro, diversos advogados[21] argumentavam que a tortura não seria abrangida pelo conceito de crimes conexos a crimes políticos. Seriam de natureza política os crimes tipificados na legislação de segurança nacional,[22] normalmente atribuídos aos "subversivos" ou "terroristas".

[14] Cf. o texto do art. 1º, parágrafo 2º, da Lei nº 6.683/1979.

[15] Não se enquadrariam nessa restrição boa parte dos exilados (Greco, 2003).

[16] Greco, 2003.

[17] Freitas Nobre, Paulo Brossard e Ulysses Guimarães. Posteriormente, os dois primeiros apoiaram o projeto governamental, em acordo de líderes, o que impediu a votação nominal e provocou o repúdio dos CBAs, do senador Teotônio Vilela e a declaração de voto contrário de 29 dos 189 deputados federais do MDB (Teles, 2010).

[18] Teles, 2010. Tornou-se a Lei nº 6.683, de 28 de agosto de 1979, conhecida como Lei de Anistia.

[19] Durante a ANC, Paulo Brossard foi ministro da Justiça.

[20] Teles, 2010.

[21] Como Samuel MacDowell, Hermann Baeta – na condição de presidente do Conselho Federal da OAB, Seabra Fagundes – ex-presidente do Conselho Federal da OAB, e Sigmaringa Seixas – na condição de deputado federal (Teles, 2010).

[22] Houve 03 "leis de segurança nacional" antes de 1979, o Decreto-Lei nº 314, de 1967 (LSN/67), o Decreto-Lei nº 898, de 1969 (LSN/69), e a Lei nº 6.620, de 1978 (LSN/78). Em 1983, seria promulgada a Lei nº 7.170 (LSN/83).

A conexão com tais práticas delitivas pressuporia solidariedade entre os agentes. Como afirmou Seabra Fagundes, "há conexão entre quadrilha e roubo, entre furto e receptação, mas não entre uma ação e a repressão a ela". Portanto, os torturadores poderiam ser julgados.[23]

No ano de 1984, o candidato de oposição na eleição indireta para a Presidência da República, Tancredo Neves, prometeu ao general Walter Pires, ministro do Exército, que não puniria as violações de direitos humanos da ditadura.[24] Entretanto, com a proximidade da sua posse, no ano seguinte, os órgãos de inteligência das Forças Armadas temiam que se iniciasse uma "campanha revanchista", em que setores críticos ao regime se aproveitariam do novo momento político para divulgar listas dos responsáveis pelas torturas e outras violências e, assim, buscar a sua punição. E as denúncias realmente viriam a se intensificar.[25]

No contexto de disputas em torno da punição dos torturadores da ditadura, foi convocada a ANC, que, para o presidente José Sarney, empossado em virtude da morte do titular eleito, deveria constituir "um marco seguro ao caminho da conciliação".[26] A proibição da tortura foi um tema intensamente debatido pelos constituintes. Por um lado, houve consenso em torno da constitucionalização do tema. Por outro, houve importantes dissensos, dentre os quais se destacou a polêmica sobre a equiparação do terrorismo à tortura, de modo a proibi-los nos mesmos termos, atualizando os antagonismos iniciados durante a repressão política praticada pela ditadura.

Este artigo visa a reconstruir o modo pelo qual o contexto da ditadura civil-militar incidiu sobre o tratamento da proibição da tortura na ANC. A partir da análise dos discursos parlamentares, das propostas normativas, de reportagens e artigos de imprensa e de revisão bibliográfica, busca-se demonstrar que, no centro da disputa, estava a definição do alcance dos efeitos jurídicos da proibição constitucional da tortura, particularmente em relação a práticas ocorridas durante o governo dos generais presidentes, entre 1964 e 1985.

[23] Teles, 2010, p. 83-88.

[24] Zaverucha, 1994. Em contrapartida, o general prometeu prevenir qualquer tentativa de golpe contra a sua candidatura.

[25] Bauer, 2014.

[26] Bauer, 2014, p. 135.

1. A tortura na Constituinte

Na história brasileira, a única Constituição antes de 1988 que proibiu a tortura de modo expresso foi a do Império, de 1824.[27] Em outros países, disposições nesse sentido não eram incomuns – mesmo em constituições recentes que haviam sido elaboradas após o colapso de regimes autoritários, como na Grécia, em 1975, em Portugal, em 1976, e na Espanha, em 1978.[28] À época da ANC, a tortura era definida na legislação brasileira apenas como circunstância agravante, em geral, e qualificativa do crime de homicídio, aumentando a pena cominada.[29] Portanto, sua prática só se configurava, em termos jurídicos, quando era meio de execução de outra conduta tipificada penalmente. Não era um delito autônomo. Poderia ter como sujeitos ativos, indistintamente, funcionários públicos ou agentes privados.

Contudo, a partir de 1980 foram apresentados vários projetos de lei, no Congresso Nacional, com novas hipóteses normativas para criminalizar agentes públicos acusados de tortura.[30] Segundo as suas justificativas, a legislação em vigor, com os crimes de lesão corporal, violência arbitrária, constrangimento ilegal, sequestro, maus-tratos e abuso de autoridade, seria inadequada e insuficiente ante a realidade daquele período, com a previsão de penas privativas de liberdade que variavam de 3 meses a 12 anos, e nem sempre levando em consideração a condição de funcionário público do seu agente ativo ou a forma específica de conduta violenta. Nos PLs, as penas eram mais rigorosas, variando de 2 a 30 anos de reclusão. Nas justificativas de dois deles, havia referências diretas à tortura de presos

[27] Art. 179, inc. XIX: Desde já ficam abolidos os açoites, a tortura, a marca de ferro quente, e todas as mais penas crueis.

[28] Segundo dados da página da Internet do *Constitute Project*, antes da promulgação da Constituição brasileira de 1988 havia 54 constituições, de países de todos os continentes, que proibiam expressamente a tortura. Disponível em: https://www.constituteproject.org. Acesso em: 11/9/2014.

[29] Art. 61, inciso II, alínea 'd' (agravante), e art. 121, parágrafo II, inciso III, do Decreto-lei nº 2.848, de 7 de dezembro de 1940 (Código Penal).

[30] Trata-se dos projetos de lei nº 2.710/1980, do deputado Marcelo Cerqueira (MDB/RJ), rejeitado em 1982; nº 5.714/1981, do deputado Edson Khair (PMDB/RJ), arquivado em 1987; e nº 207/1986, do senador Jamil Haddad (PSB/RJ). No último, a tortura seria um crime comum, com aumento de metade da pena se praticada por funcionário público, médico ou enfermeiro (Brasil, 1986a).

políticos.[31] O terceiro, apresentado pelo senador Jamil Haddad (PSB/RJ), em 1986, mencionava, nas suas razões, a Convenção Contra a Tortura e Outros Tratamentos Cruéis, Desumanos ou Degradantes (CAT), adotada em 1984 e assinada pelo presidente José Sarney durante a Assembleia Geral da ONU, em 1985. Durante a ANC, o presidente viria a reivindicar a assinatura do tratado internacional como uma das principais iniciativas de seu governo para restaurar o Estado de Direito no país.[32]

Após a convocação da ANC, em novembro de 1985, vários grupos sociais apresentaram propostas de proibição constitucional da tortura, como a Conferência Nacional dos Bispos do Brasil, em abril de 1986,[33] e a Convenção Nacional do Negro pela Constituinte, em agosto do mesmo ano.[34] No anteprojeto de Constituição que o jurista Fábio Konder Comparato elaborou a pedido do PT, também havia uma disposição nesse sentido,[35] assim como no anteprojeto da Comissão Provisória de Estudos Constitucionais, conhecida como a "Comissão dos Notáveis", instalada pelo presidente da República, no qual a tortura constituiria "crime inafiançável e insusceptível de anistia e prescrição".[36] Dentre os intelectuais que a compuseram (os "notáveis"), chegou-se a cogitar, sem sucesso, em criminalizar o terrorismo nos mesmos termos.[37] Cândido Mendes, por sua vez, propôs que se considerasse a tortura como um crime contra a humanidade, impossibilitando a sua anistia.[38] À mesma época, o Senado distribuíra formulários nas agências de correio para que os cidadãos enviassem sugestões para os futuros constituintes.[39] Foram apresentadas 179 contra a tortura. Durante a ANC, ainda seriam encaminhadas 34 propostas semelhantes pelas mais diversas entidades da

[31] PLs nº 2.710/1980 e nº 5.714/1981.

[32] Teixeira, 1988.

[33] CNBB, 1986.

[34] Convenção, 1986.

[35] Comparato, 1986.

[36] Brasil, 1986b. Houve polêmica se serviria de anteprojeto oficial à ANC, o que não ocorreu (Barbosa, 2009).

[37] Comissão, 1986.

[38] Diogo, 1986.

[39] Cf. http://www2.camara.leg.br/atividade-legislativa/legislacao/Constituicoes_Brasileiras/constituicao-cidada/o-processo-constituinte/sugestao-dos-cidadaos, acessado em 18/8/2014.

sociedade brasileira.[40] Portanto, havia demandas de diversas origens para constitucionalizar a proibição da tortura.

Tanto a antiga esquerda armada quanto os militares se fizeram presentes na ANC, de modo direto ou indireto. Constituintes como Aldo Arantes (PCdoB), Haroldo Lima (PCdoB) e José Genoíno (PT) haviam sofrido tortura[41] por terem lutado na Guerrilha do Araguaia.[42] Outros constituintes haviam sido torturados durante a ditadura, como Brandão Monteiro (PDT),[43] ou cassados, como Lysâneas Maciel (PDT).[44] Durante a ANC, o Grupo Tortura Nunca Mais do Rio de Janeiro (TNM/RJ), que reunia vítimas da tortura política e familiares de mortos e desaparecidos, e Modesto da Silveira, que advogara para presos políticos,[45] participaram de audiências públicas em que se debateu a proibição da tortura.[46] Em contrapartida, os militares dispunham de um poderoso *lobby* na ANC, para além da presença expressiva de constituintes do PDS e do PFL, partidos surgidos da extinta Arena, que dera sustentação à ditadura. O próprio presidente José Sarney era um aliado próximo.[47]

Durante a ANC, a proibição da tortura foi respaldada pelos mais diversos partidos, desde aqueles ligados às antigas oposições à ditadura – como o PCB, PCdoB, PDT, PSB, PT e PMDB –, passando pelo PDC, PL, PSC e PTB, até o PDS e o PFL.[48] Foi aprovada nas votações iniciais e

[40] Cf. http://www2.camara.leg.br/atividade-legislativa/legislacao/Constituicoes_Brasileiras/constituicao-cidada/o-processo-constituinte/sugestoes-dos-constituintes/sugestoes-dos-constituintes-pagina-principal, acessado em 14/1/2015.

[41] Arantes, 2013; Torres, 2008.

[42] Brasil, 2014.

[43] Coimbra, 1996.

[44] Maciel, 2003.

[45] Coimbra, 1996.

[46] Cf. Atas da Subcomissão dos Direitos Políticos e Garantias Individuais (Subcomissão Ic), p. 101-104 e 156-164 (Brasil, 2013a).

[47] Zaverucha, 1994. O *lobby* militar teria buscado "evitar as reformas institucionais que pudessem levar a eventuais julgamentos e condenações seus agentes denunciados pela violação de direitos humanos" (Adorno, 2008, p. 201-202). Parlamentares de outros partidos também mantinham estreitas relações com os militares. Bernardo Cabral, do PMDB, que ocupou o importante cargo de relator da Comissão de Sistematização, seria o "porta-voz do ministro do Exército na Constituinte", segundo Ricardo Fiúza, constituinte do PFL e igualmente próximo dos militares (Zaverucha, 1994, p. 193).

[48] Apenas o Partido da Mobilização Nacional (PMN), que contava com apenas um constituinte, não assinou qualquer proposta (Brasil, s/d).

mantida em todas as fases subsequentes. No texto final, foi consolidada em dois dispositivos:

> ninguém será submetido a tortura nem a tratamento desumano ou degradante. (art. 5º, inc. III)
>
> ...
>
> a lei considerará crimes inafiançáveis e insuscetíveis de graça ou anistia a prática da tortura, o tráfico ilícito de entorpecentes e drogas afins, o terrorismo e os definidos como crimes hediondos, por eles respondendo os mandantes, os executores e os que, podendo evitá-los, se omitirem. (inc. XLIII)

Houve dissenso em torno de várias propostas sobre a matéria. Algumas foram logo rejeitadas, como a definição da conduta a ser proibida com o nome de "tortura" – aspecto relevante para sua tipificação penal –, a indenização civil de vítimas e familiares e a nulidade das provas obtidas mediante tortura. Outras, como a punição dos torturadores da ditadura, foram pouco debatidas, apesar de seu caráter polêmico. Essa proposta foi apresentada nas fases iniciais da ANC pelo TNM/RJ[49] e pela constituinte Irma Passoni (PT),[50] com a qualificação da tortura como crime contra a humanidade, que, portanto, não poderia prescrever ou ser anistiada.[51] A Lei de Anistia teria seus termos e efeitos "ampliados" – na verdade, limitados para esta questão específica – de modo a permitir a apuração e o julgamento das torturas do período ditatorial. A seu favor, discursaram

[49] Sugestão nº 9.540 (Brasil, s/d).

[50] Emenda nº 01 (Fase E) (Brasil, s/d).

[51] A concepção da tortura como crime contra a humanidade, em relação à ditadura brasileira, parece remontar aos julgamentos do Tribunal Russell II, que considerou que o governo brasileiro era culpado por "violações graves, repetidas e sistemáticas dos direitos humanos", que constituiriam, em seu conjunto, um crime contra a humanidade, em razão de sua gravidade (Brasil, 2012, p. 472), e à atuação dos Comitês Brasileiros pela Anistia, no fim dos anos 1970, em que a tortura seria exemplo de terrorismo de Estado, "verdadeiro crime contra a humanidade", que não deveria ser anistiada (Greco, 2003). Segundo a Convenção sobre a Imprescritibilidade dos Crimes de Guerra e dos Crimes Contra a Humanidade, adotada pela Assembleia Geral da ONU em 1968, tais categorias de crimes não prescreveriam (Lerner, 1969, p. 521).

alguns constituintes do PCdoB, como Aldo Arantes,[52] Lídice da Mata[53] e Haroldo Lima.[54]

Houve várias outras propostas de proibir a tortura como crime contra a humanidade, sem prescrição ou anistia – apresentadas mesmo por parlamentares do PDS e PFL –, sem, entretanto, prever a punição de tais crimes do passado recente. José Paulo Bisol (PMDB/RS) explicitou essa divergência ao refutar a proposta de punição – uma "espécie de revanche" – por respeitar as "regras internacionais de Direito Penal", no caso, a "irretroatividade da lei penal". Considerava mais adequado que houvesse perdão e que se fosse mais rigoroso com tais práticas no futuro.[55]

Por sua vez, a proposta de equiparar o terrorismo à tortura foi objeto de um longo e conflituoso debate, referenciado, em grande parte, em leituras sobre a luta armada contra a ditadura e em argumentos típicos do discurso conciliatório que era hegemônico no processo de abertura política. Foi apresentada por constituintes do PFL, PDS, PDC, PTB e PMDB, sendo derrotada nas fases iniciais da ANC, e, posteriormente, aprovada e mantida até a promulgação do texto constitucional.[56]

2. Reconciliação e revanchismo

A "ideologia da reconciliação" é um termo cunhado pelo historiador Ricard Vinyes para designar "ações estatais de equiparação ética e da impunidade equitativa em relação a crimes cometidos em conjunturas autoritárias". Volta-se à dissolução dos antagonismos, como os existentes entre aparato repressivo da ditadura e setores de oposição, a partir da falsa pressuposição de suas superações. Assim, serve para afastar responsabilidades e perpetuar uma memória tranquilizadora.[57]

Durante a transição brasileira, essa "ideologia" de equiparação e impunidade pautou a ação dos poderes públicos. A Lei de Anistia foi

[52] Brasil, 1987a, p. 160-161.

[53] Cf. Atas da Comissão da Soberania e dos Direitos e Garantias do Homem e da Mulher (Comissão I), p. 114 (Brasil, 2013a).

[54] Cf. Atas da Comissão de Sistematização, vol. "b" (CSb), p. 170 (Brasil, 2013a).

[55] Cf. Atas da Comissão I, p. 116-117 (Brasil, 2013a).

[56] Brasil, s/d. Também foram equiparadas à tortura o tráfico de drogas e os crimes hediondos. Entretanto, tais demandas não se relacionavam com o contexto da repressão política, e sim da segurança pública contra a criminalidade "comum" (Brasil, 2013a).

[57] Bauer, 2014, p. 124-125.

uma de suas expressões, estabelecendo – com a previsão de uma anistia anunciada como "recíproca", mas que, na verdade, excluía boa parte dos presos políticos – o "controle do passado a partir de sua interdição".[58] Com a eleição do primeiro presidente civil depois do golpe de 1964, Tancredo Neves, esse projeto seria reafirmado em discurso: "Venho em nome da conciliação".[59] Aqueles que se opuseram a tal "conciliação" foram tachados de "revanchistas",[60] como se evidencia no artigo publicado na imprensa pelo então candidato a vice-presidente, José Sarney:

> Os que estão desejosos de tumultuar o processo sucessório não se cansam de levantar, a todo instante, o fantasma do revanchismo. Não bastam os pronunciamentos de Tancredo Neves (...) de ser essa uma hipótese absurda, inconcebível e intolerável. (...) A força irresistível da candidatura de Tancredo é o fascínio da união, da conciliação, da transição sem traumas, de um reencontro sem retaliações nem rupturas.[61]

Em seguida, referiu-se à grande ameaça que rondava o projeto oficial de reconciliação: "Para melhor confundir, invocam o nome de Alfonsín e o que está ocorrendo na Argentina. Erram no exemplo, quando buscam criar uma síndrome do temor, a hipótese da *vendetta*".[62] No país vizinho, uma ditadura de sete anos findara em 1983, com a eleição do presidente civil Raúl Alfonsín, que logo ordenou o julgamento dos líderes militares da ditadura. No Brasil, Tancredo Neves assegurou às Forças Armadas que não haveria "síndrome de Alfonsín", assim como no Uruguai o primeiro presidente eleito depois de uma ditadura de 12 anos, Julio Sanguinetti, também rejeitou publicamente o caminho adotado pela Argentina, que traria instabilidade política. Mesmo o general Augusto Pinochet, ditador que governou o Chile até 1989, condicionou seu apoio à transição para um governo civil a que nenhum de seus subordinados fosse legalmente responsabilizado.[63] Temiam o "aprendizado por contágio" – o julgamento

[58] Bauer, 2014, p. 126.
[59] Bauer, 2014, p. 122.
[60] Iokoi *apud* Bauer, 2014, p. 126.
[61] Sarney *apud* Bauer, 2014, p. 141-142.
[62] Sarney *apud* Bauer, 2014, p. 141-142.
[63] Zaverucha, 1994.

dos responsáveis por violações de direitos humanos durante as ditaduras de seus próprios países.[64]

Discursos como o de Sarney buscavam disseminar na sociedade o medo de que o eventual julgamento dos crimes da ditadura – depreciado como "revanchismo", "*vendetta*" – jogasse o país de volta às instabilidades do passado, à qual contrapunha a segurança da "conciliação".[65] Na ANC, esse padrão argumentativo ressurgiria no contexto dos debates sobre a proibição da tortura – segundo András Sajó, o medo de que se reinstale o conflito que levou à convocação de um processo constituinte costuma influenciar fortemente os seus participantes.[66] Provavelmente, os efeitos políticos de tais discursos foram reforçados pelas ameaças de golpe militar alardeadas por setores civis conservadores para chantagear seus adversários, como nas disputas em torno do sistema de governo e da extensão do mandato presidencial.[67] A tortura era apresentada como a resposta do antigo regime ao terrorismo atribuído às organizações guerrilheiras de esquerda. Ambos seriam igualmente reprováveis, de modo que, se a tortura fosse proibida na nova Constituição, com severidade, o terrorismo deveria receber o mesmo tratamento. Aparentemente, essa proposta normativa se voltava para ações futuras. Porém, há indícios que sugerem preocupação com o passado de repressão política cujas repercussões jurídicas no futuro não estavam descartadas.

3. O debate sobre a equiparação

Durante a ANC, a demanda para proibir o "terrorismo" sempre foi formulada de um modo peculiar: se a nova Constituição vedaria a tortura como um crime sem fiança, anistia ou prescrição, o "terrorismo" deveria receber igual tratamento no mesmo dispositivo normativo. Muitos proponentes da proibição da tortura se opuseram à equiparação, com argumentos de que as peculiaridades de sua proposta impossibilitavam uma constitucionalização do terrorismo em termos tão severos, ao menos no mesmo dispositivo. No debate acalorado que se seguiu, o cerne da questão parecia estar nas

[64] Bauer, 2014.

[65] Bauer, 2014.

[66] Sajó, 1999.

[67] Zaverucha, 1994.

semelhanças e diferenças entre ambos e nas exigências de "equidade" e "boa técnica legislativa".

De acordo com o principal argumento favorável à equiparação, a tortura e o terrorismo eram duas formas de ação política igualmente ilegítimas, com vistas à "manutenção ou derrubada do poder", com base em "fanatismo ideológico".[68] A tortura era a "tortura do indivíduo" ou o "terror que vem de cima", do Estado, enquanto o terrorismo era a "tortura da coletividade" ou o "terror que vem de baixo", da sociedade. Outras imagens utilizadas para aproximá-los eram "alma gêmea"[69] e "tese e antítese" de uma "dialética diabólica".[70] Suas semelhanças seriam tamanhas que frequentemente na história uma mesma pessoa alternava os dois papéis. Segundo Ricardo Fiúza (PFL/PE), Leon Trotsky teria praticado o terrorismo na sua atividade de revolucionário e a tortura após o triunfo da Revolução Russa de 1917, já na condição de dirigente estatal.[71] O mesmo personagem, de acordo com Afonso Arinos (PFL/RJ), teria sido vítima de tortura executada a mando de Stálin (no caso, o seu assassinato), que antes da revolução também fora terrorista, em benefício do partido bolchevique.[72]

O comunismo revolucionário era o exemplo preferencial de terrorismo, seja no exterior, com as Brigadas Vermelhas, da Itália, e o grupo denominado como "Baader-Meinhof", da Alemanha Ocidental;[73] seja no Brasil, com inúmeras referências à luta armada contra a ditadura civil-militar.

[68] Emenda 4350 (justificativa), Fase J, Ricardo Fiúza (PFL/PE); Emenda 4089 (justificativa), Fase M, Ricardo Fiúza (PFL/PE) (Brasil, 2013b); e, apenas quanto à segunda expressão, também Afonso Arinos (PFL/RJ) (Brasil, 1988c, p. 253).

[69] José Maria Eymael (PDC/SP), cf. Atas da CSb, p. 175 (Brasil, 2013a).

[70] Emenda 711 (justificativa), Fase G, Milton Barbosa (PMDB/BA) (Brasil, 2013a).

[71] Emenda 4350 (justificativa), Fase J, Ricardo Fiúza (PFL/PE); e Emenda 4089 (justificativa), Fase M, Ricardo Fiúza (PFL/PE) (Brasil, 2013b).

[72] Afonso Arinos (PFL/RJ) (Brasil, 1988c, p. 253).

[73] José Lourenço (PFL/BA) (Brasil, 1988b, p. 174). Referia-se aos grupos comunistas armados que atuaram, principalmente, durante os anos 1970. As Brigadas Vermelhas, lembradas por sequestrar e assassinar o ex-primeiro ministro Aldo Moro, da Democracia Cristã, e o "Baader-Meinhof", que se autodenominava Fração do Exército Vermelho, foram acusados de terrorismo. Afonso Arinos também lembrou a fase do "terror" na Revolução Francesa, como exemplo de terrorismo praticado pelo Estado. Referia-se ao período de proeminência dos jacobinos, entre 1793 e 1794. O termo "terrorismo" remonta a esse episódio histórico (Fragoso, 1981).

Aludia-se à guerrilha,[74] ao sequestro de embaixadores[75] e a vários crimes políticos previstos nas leis de segurança nacional e de anistia, como o próprio "ato de terrorismo",[76] o sequestro,[77] a sabotagem,[78] o assalto[79] e o atentado a bomba.[80] Ao menos desde 1966, o termo era utilizado para designar grupos contrários à ditadura. Primeiramente, a associação foi feita pelo jornal O Globo. Após o AI-5, o governo teria recomendado à imprensa que o utilizasse para se referir à luta armada.[81]

Entretanto, os constituintes vinculados à luta armada rejeitavam o rótulo, que na ANC seria utilizado apenas para criticá-los[82] – como quando José Genoíno (PT/SP) foi chamado de "especialista em terrorismo" durante um debate sobre a equiparação.[83] Talvez acreditassem, como à

[74] Emenda 34473, Fase O, José Lins (PFL/CE); e Emenda 711, Fase G, Milton Barbosa (PMDB/BA) (Brasil, s/d).

[75] Emenda 312, Fase G, Sadie Hauache (PFL/AM) (Brasil, s/d).

[76] Sugestão 5725, Sandra Cavalcanti (PFL/RJ); Emenda 34473, Fase O, José Lins (PFL/CE) (Brasil, s/d).

[77] Sugestão 5725, Sandra Cavalcanti (PFL/RJ), 5/9/87; Emenda 177, Fase B, Sadie Hauache (PFL/AM); Emenda 312, Fase G, Sadie Hauache (PFL/AM); Emenda 711, Fase G, Milton Barbosa (PMDB/BA); Emenda 34473, Fase O, José Lins (PFL/CE) (Brasil, s/d); e Armida Bergamini Miotto, cf. Atas da Subcomissão Ic, p. 154-155 (Brasil, 2013a). A professora Armida Miotto participou de audiência pública. Fora assessora do ministro Armando Falcão, nos anos 1970 (BRASIL, 1975).

[78] Emenda 29401, Fase O, Luiz Marques (PFL/CE); e Emenda 34473, Fase O, José Lins (PFL/CE) (Brasil, s/d).

[79] Emenda 177, Fase B, Sadie Hauache (PFL/AM); Emenda 711, Fase G, Milton Barbosa (PMDB/BA); Emenda 4350, Fase J, Ricardo Fiúza (PFL/PE); Emenda 34473, Fase O, José Lins (PFL/CE) (Brasil, s/d); Armida Bergamini Miotto, cf. Atas da Subcomissão Ic, p. 154-155 (Brasil, 2013a)

[80] Emenda 177, Fase B, Sadie Hauache (PFL/AM); Emenda 312, Fase G, Sadie Hauache (PFL/AM); Emenda 4350, Fase J, Ricardo Fiúza (PFL/PE); e Gerson Peres (PDS/PA) (Brasil, 1988b, p. 173). Todas essas condutas eram criminalizadas pela LSN/67 (art. 25), LSN/69 (art. 28), LSN/78 (art. 26), Lei de Anistia (art. 1º, parágrafo 2º) e LSN/83 (art. 20), com exceção da sabotagem, que não constava na Lei de Anistia, e do atentado a bomba, previsto apenas pela LSN/83 (art. 20).

[81] Abreu, 2000.

[82] Haroldo Lima (PCdoB/BA) (Brasil, 1988g, p. 169).

[83] Que prontamente respondeu a Gerson Peres (PDS/PA), o autor da provocação: "e Vossa Excelência em tortura" (Brasil, 1988b, p. 173). José Genoíno era um dos mais atuantes críticos da equiparação do terrorismo à tortura. Por sua vez, Gerson Peres exercera mandatos políticos desde os anos 1950, primeiro pelo PTB e posteriormente pela UDN, Arena e PDS. Entre 1979

época do movimento pela anistia, que as ações da guerrilha não eram terroristas por não se voltarem contra a população civil,[84] porque visariam apenas à desestabilização do regime, e não à disseminação do terror na sociedade.[85] Quando usavam a expressão, era para caracterizar a própria repressão política da ditadura.[86]

De qualquer forma, questionou-se como a tortura, objeto de definição minuciosa em tratado internacional assinado pelo Brasil, poderia ser igualada num mesmo dispositivo a uma conduta de definição imprecisa, historicamente utilizada conforme a conveniência dos regimes de ocasião.[87] Nas palavras de José Genoíno (PT/SP),

> o crime de terrorismo não permite uma tipificação precisa, mas pode possibilitar uma ampla conceituação. (...) dependendo do regime político, o terrorismo pode ter uma conceituação ou outra: terrorista na África do Sul é quem é contra o racismo, terrorista no Chile é quem quer o fim do Governo Pinochet; na década de 70, foi considerado terrorista aquele que era contrário à ditadura militar.[88]

A legislação de segurança nacional tratava do terrorismo sem defini-lo. Para o jurista Heleno Fragoso, era uma incriminação vaga e indeterminada que violava o princípio da reserva legal,[89] assim como as expressões listadas

e 1982, fora vice-governador do Pará, cf. http://www2.camara.leg.br/atividade-legislativa/legislacao/Constituicoes_Brasileiras/constituicao-cidada/parlamentaresconstituintes/deputados-1/constituicao20anos_bioconstituintes?pk=97431.

[84] Greco, 2003.

[85] Maia Filho, 2013.

[86] Aldo Arantes (PCdoB/GO) (Brasil, 1987a, p. 160-161); e Haroldo Lima (PCdoB/BA) (Brasil, 1988a, p. 31-32; Brasil, 1988g, p. 169). Em audiência pública, o ex-advogado de presos políticos Modesto da Silveira defendeu a mesma tese, cf. Atas da Subcomissão Ic, p. 156 (Brasil, 2013a).

[87] Em sentido semelhante, tratando-o como um "conceito subjetivo", Plínio de Arruda Sampaio (PT/SP), cf. Atas da CSb, p. 175 (Brasil, 1987a); e – Maurílio Ferreira Lima (PMDB/PE) (Brasil, 1988b, p. 173).

[88] José Genoíno (PT/SP) (Brasil, 1988g, p. 168).

[89] "Esse princípio proíbe a incriminação vaga e indeterminada, que não permita saber, com precisão, qual a conduta punível e qual a permitida" (Fragoso, 1981, p. 98-99). O princípio da reserva legal consta no art. 1º do Código Penal (Decreto-Lei nº 2.848/1940): "Art. 1º Não há crime sem lei anterior que o defina. Não há pena sem prévia cominação legal".

no mesmo dispositivo – "devastar", "saquear", "depredar" e "atentado pessoal". Assim, "terrorismo" seria aplicável a essas condutas na medida em que causassem "dano considerável a pessoas e coisas" e "terror ou intimidação", ao menos potencialmente, e que tivessem motivação política. Nos outros países que o haviam criminalizado, como a África do Sul, a Alemanha, a Argentina e a Itália, havia a mesma indeterminação encontrada nas leis brasileiras. A situação não era melhor na ONU e na OEA. No que se refere a crimes políticos, como o terrorismo, tais definições vagas e indeterminadas serviriam a grandes arbitrariedades.[90]

Os exemplos trazidos por José Genoíno colocavam um problema adicional. Não seriam legítimas as ações armadas contra os regimes em vigor na África do Sul, do racismo oficial contra a maioria negra, e no Chile, da ditadura do general Pinochet? Para a constituinte Cristina Tavares (PMDB/PE), esse tipo de "terrorismo político" contra tiranias seria legítimo, sob o amparo do "direito da insurreição contra regimes autoritários", previsto na Declaração Universal dos Direitos Humanos.[91] Nos anos 1970, fora defendida na ONU essa mesma posição em relação aos movimentos de libertação nacional. Contra a tirania, não haveria inimigos ilegítimos.[92]

No entanto, essa legitimidade era refutada pelos defensores da equiparação. Um dos modos de fazê-lo era negar a sua condição de crime político, de modo a não enfrentar as problematizações decorrentes da concepção de direito de resistência à opressão.[93] O mais comum era caracterizá-lo como instrumento político e o recriminar de modo absoluto,

[90] Fragoso, 1981.

[91] Cristina Tavares (PMDB/PE), cf. Atas da CSb, p. 175 (Brasil, 1987a).

[92] Fragoso, 1981.

[93] Essa negação era ambígua, pois não negava que eventualmente o terrorismo fosse político. Ainda assim, a intenção parecia ser afastar causas que pudessem ser consideradas legítimas, como no discurso de Sandra Cavalcanti (PFL/RJ): "nada tem a ver com guerrilheiro, com apartheid, com (...) alguém que queira ser contra o mais antigo ditador do mundo, o Sr. Fidel Castro, ou um dos mais recentes (...), o Sr. Pinochet. (...) é uma forma covarde de matar pessoas inocentes sem que haja qualquer explicação para o fato" (Brasil, 1988g, p. 168). Ver também Gastone Righi (PTB/SP) (Brasil, 1988b, p. 167). Pierson-Mathy já identificara o recurso à despolitização da ação política insurgente para desacreditá-la, na Convenção para Prevenir e Punir os Atos de Terrorismo Configurados em Delitos Contra as Pessoas e a Extorsão Conexa, Quando Tiverem Eles Transcendência Internacional, adotada em 1971 pela OEA (Fragoso, 1981, p. 53).

independentemente de sua orientação ideológica ou da nobreza dos fins perseguidos, anulando-se qualquer direito de resistência à opressão, sobretudo porque faria vítimas inocentes de modo indiscriminado, em toda a sociedade.[94]

Tal modo de caracterizar as vítimas do terrorismo tornava a sua prática mais injusta – pois atingia o inocente, e não o tirano – e o interesse em combatê-lo mais generalizado – pois ninguém na sociedade estaria a salvo.[95] Logo, era muito útil para enfatizar a sua gravidade. Por vezes, essa caracterização indicava que era tão grave quanto a tortura, e, portanto, também deveria ser proibido na Constituição como crime sem fiança, anistia ou prescrição.[96] Em outras situações, fazia do terrorismo uma conduta mais grave, pois atingiria um número muito maior de pessoas – a sociedade, a coletividade –, e não apenas um indivíduo.[97]

[94] Como exposto na Emenda 65 (justificativa), Fase S, Roberto Ballestra (PDC/GO) (Brasil, 2013b); e nos discursos de José Maria Eymael (PDC/SP), cf. Atas da CSb, p. 175 (Brasil, 2013a) e José Lourenço (PFL/BA) (Brasil, 1988c, p. 174). Outro argumento considerava o "terrorismo político" como mero "crime desenfreado" por ser, frequentemente, praticado de modo irresponsável por grupos sem apoio popular, o que ocasionava uma escalada repressiva que atingia também os "grupos democráticos" de amplas bases populares (Brasil, 1988g, p. 169). Foi feita por Bernardo Cabral (PMDB/AM), que tivera o mandato de deputado federal cassado, em 1968 (era do MDB), cf. http://www2.camara.leg.br/atividade-legislativa/legislacao/Constituicoes_Brasileiras/constituicao-cidada/constituintes/parlamentares-constituintes/biografia-dos-parlamentares-constituintes. Essa crítica guarda algumas semelhanças com aquela feita por algumas organizações que aderiram à luta armada. Em documento de 1972, o Movimento Revolucionário 8 de Outubro (MR-8) considerou que a "esquerda revolucionária brasileira", em sua maioria, não conseguira "ligar-se estreitamente às massas" e, nesses contexto, a adoção da "resistência armada direta" levara à aniquilação de "grandes parcelas da esquerda" pela "ditadura militar" (Maia Filho, 2013, p. 222).

[95] O número de mortes causadas pela luta armada seria incerto. Estimativas como a do coronel Brilhante Ustra, até hoje acusado de inúmeros casos de tortura, que computa 59 civis (num total de 120 pessoas), incluiriam indevidamente dentre as baixas civis algumas pessoas atingidas por balas perdidas da polícia, em ações contra a guerrilha (Gorender *apud* Maia Filho, 2013, p. 226).

[96] Como na Emenda 2165 (justificativa), Fase J, Theodoro Mendes – PMDB/SP; e na Emenda 6359 (justificativa), Fase M, Horácio Ferraz (PFL/PE) (Brasil, 2013b).

[97] Como na Emenda 4947 (justificativa), Fase J, Prisco Viana (PMDB/BA); e na Emenda 6890, Fase M, Osvaldo Bender (PDS/RS) (Brasil, 2013b).

A vedação da fiança, da anistia e da prescrição para o crime de tortura era normalmente associada à sua gravidade.[98] De acordo com o Código de Processo Penal de 1941, acusados de crimes punidos com penas de privação de liberdade mais elevadas não poderiam pagar fiança para responder ao processo em liberdade, quando coubesse a prisão provisória. Assim, tornar a tortura inafiançável significava aumentar as possibilidades de prisão dos suspeitos de cometê-la, ainda antes de uma eventual condenação. Já a imprescritibilidade era um conceito do direito internacional público que não era previsto no direito brasileiro. Afastava as restrições ao poder punitivo decorrentes da passagem do tempo. Por fim, a anistia representava a renúncia do Estado a esse poder no caso de determinados delitos já cometidos – via de regra, de caráter político.[99] Proibi-la tornava maior a possibilidade de torturadores serem responsabilizados penalmente. Em suma, impossibilitar a fiança, a anistia e a prescrição tornava maior o poder de punir do Estado em relação ao crime de tortura e indicava, por extensão, a sua maior gravidade. Portanto, argumentar que o terrorismo era igualmente reprovável visava justificar a demanda pelo mesmo rigor penal.[100]

[98] José Paulo Bisol (PMDB/RS), relator da Comissão da Soberania e dos Direitos e Garantias do Homem e da Mulher, apontou que a tortura era o mais grave dos crimes por ser crime contra a humanidade, portanto, sem prescrição, anistia ou fiança – cf. parecer sobre a Emenda 305, Fase E, Lúcio Alcântara (PFL/CE) (Brasil, 2013b). Seu substitutivo propunha o mesmo, em termos expressos, cf. Parecer e Substitutivo do Relator da Comissão I (Brasil, 2013b). A associação entre a gravidade e tais aspectos informou um bom número de propostas para equiparar o terrorismo, como Emenda 312, Fase G, Sadie Hauache (PFL/AM); Emenda 711, Fase G, Milton Barbosa (PMDB/BA); Emenda 2165, Fase J, e Emenda 2046, Fase M, Theodoro Mendes (PMDB/SP); Emenda 4595, Fase M, Prisco Viana (PMDB/BA) (Brasil, s/d); e Emenda 6359 (justificativa), Fase M, Horácio Ferraz (PFL/PE). Em relação a crime contra a humanidade, Emenda 34473, Fase O, José Lins (PFL/CE). Sobre a relação entre gravidade e imprescritibilidade, Emenda 117 (justificativa), Fase B, Uldurico Pinto (PMDB/BA) (Brasil, 2013b).

[99] Fragoso, 1985.

[100] No direito penal moderno, costuma-se relacionar o grau de reprovação de determinada conduta à maior ou menor imposição de penas aflitivas, como a prisão (Pires, 2004, p. 41). Como disse José Paulo Bisol (PMDB/RS), "quanto maior a ofensa ao bem jurídico penalmente tutelado, maior deve ser a sanção", cf. parecer sobre a Emenda 305, Fase E, Lúcio Alcântara (PFL/CE) (Brasil, 2013b).

Ao se suprimir a prescrição e a anistia, também se buscava combater a impunidade. Muitos constituintes criticavam a falta de responsabilização judicial pela prática da tortura política durante as décadas anteriores,[101] situação agravada pela Lei de Anistia – cujos "crimes conexos" beneficiariam os agentes da repressão, segundo a interpretação hegemônica – e pela passagem do tempo – que tornava iminente a prescrição de muitos casos,[102] nos termos da legislação doméstica em vigor. Durante a ditadura, houve uma grande proximidade, inclusive ideológica, entre as cúpulas do Poder Judiciário e das Forças Armadas, o que levava à omissão dos juízes frente a denúncias de tortura.[103] Assim, tornar a tortura imprescritível e insuscetível de anistia asseguraria a punição do seu uso contra opositores políticos – regra válida apenas para fatos futuros, no caso de novas experiências autoritárias,[104] ou, de acordo com a posição minoritária, também para os crimes cometidos desde 1964.[105]

A prevenção da impunidade remete à concepção de crime contra a humanidade,[106] como se verifica no preâmbulo da Convenção sobre a

[101] Como Raquel Capiberibe (PMDB/AP), na Emenda 17439 (justificativa), Fase M (Brasil, 2013b); Aldo Arantes (PCdoB/GO) (Brasil, 1987a, p. 160-161); Lídice da Mata (PCdoB/BA), cf. Atas da Comissão da Soberania e dos Direitos e Garantias do Homem e da Mulher (Comissão I), p. 114 (Brasil, 2013a); e Haroldo Lima (PCdoB/BA), cf. Atas da Comissão de Sistematização, vol. "b" (CSb), p. 170 (Brasil, 2013a).

[102] Eduardo Jorge (PT/SP) relatou o caso do padre Antônio Henrique Neto, torturado e assassinado em Recife em 27/5/1969. Apesar das fartas evidências de participação da polícia e do governo federal no crime, nenhuma providência fora tomada. Faltaria um ano, segundo o constituinte, para que ocorresse a prescrição (Brasil, 1988d, p. 68).

[103] Pereira, 2010.

[104] Como defendido por José Paulo Bisol (PMDB/RS), cf. Atas da Comissão I, p. 116-117 (Brasil, 2013a), e Ricardo Fiúza (PFL/PE), Emenda 4350, Fase J (Brasil, s/d).

[105] Como defendido pelo TNM/RJ, na Sugestão nº 9.540, por Irma Passoni (PT/SP), na Emenda nº 01 (Fase E) (Brasil, s/d), e por Aldo Arantes (PCdoB/GO) (Brasil, 1987a, p. 160-161).

[106] Conforme exposto acima, particularmente nos episódios do Tribunal Russell II e do movimento pela anistia. A demanda para punir os torturadores da ditadura com o auxílio do novo texto constitucional também parecia se amparar nessa concepção. Quando foi elaborada a Convenção sobre a Imprescritibilidade dos Crimes de Guerra e dos Crimes Contra a Humanidade, nos anos 60, defendeu-se que não se inovava no direito internacional público, mas apenas se reconhecia uma norma implícita, pois a prescrição de tais delitos jamais constara em documentos escritos e não faria parte do direito consuetudinário, o que se explicitava pela ausência de tal instituto em muitos países da *common law*. Portanto, não

Imprescritibilidade dos Crimes de Guerra e Contra a Humanidade, de 1968:

> Constatando que a aplicação aos crimes de guerra e aos crimes contra a humanidade das regras de direito interno relativas à prescrição dos crimes comuns inquieta profundamente a opinião pública mundial porque impede que os responsáveis por esses crimes sejam processados e punidos.[107]

Nas palavras de Deisy Ventura,

> Os crimes contra a humanidade são imprescritíveis, sobretudo, porque, amiúde, há, nos Estados em que são praticados, a impossibilidade material de processo dos grandes violadores, antes que a remoção do entulho ditatorial opere-se no ordenamento jurídico nacional, critério temporal que não é passível de medição.[108]

Parte dos defensores da equiparação do terrorismo à tortura criticaram a vedação da anistia e da prescrição para a tortura. Segundo Ricardo Fiúza, "tornar qualquer crime imprescritível" seria "contrariar a evolução científica do Direito Penal" e "ignorar Beccaria e Feuerbach", equívoco atribuído a "preconceitos ideológicos, religiosos ou políticos".[109] Essa

se colocava o problema da retroatividade das normas penais. Essa questão causou grande polêmica (Lerner, 1969).

[107] Tradução livre de "noting that the application to war crimes and crimes against humanity of the rules of municipal law relating to the period of limitation for ordinary crimes is a matter of serious concern to world public opinion, since it prevents the prosecution and punishment of persons responsible for those crimes", disponível em https://treaties.un.org/doc/Publication/UNTS/Volume%20754/v754.pdf. A Convenção foi elaborada a partir da preocupação de que nazistas acusados de crimes de guerra e contra a humanidade fossem beneficiados pela prescrição prevista no direito interno de muitos países (Lerner, 1969). Foi mencionada pelo constituinte Uldurico Pinto (PMDB/BA), que apontou como referência sobre o assunto a obra "Da Prescrição dos Crimes de Guerra e Contra a Humanidade", de João de Melo Cruz, cf. Emenda 117 (justificativa), Fase B (Brasil, 2013b).

[108] Ventura, 2010, p. 217.

[109] Emendas 4350 (justificativa), Fase J, e 4089 (justificativa), Fase M, Ricardo Fiúza (PFL/PE) (Brasil, 2013b).

previsão realmente era incomum aos olhos dos juristas brasileiros.[110] A impossibilidade de anistia também foi atacada, ora se dizendo que o Brasil não poderia abrir mão de "pacificar" a sociedade no futuro,[111] em situação de graves conflitos políticos, ora se considerando que a proposta atenderia "mais a motivos emocionais do que racionais".[112]

A despeito de tais críticas, a proibição do terrorismo era proposta nesses mesmos termos. Ricardo Fiúza propunha a equiparação com a imprescritibilidade e, na justificativa da mesma emenda, desqualificava-a completamente.[113] Preponderava, na verdade, a busca pela igualdade absoluta com o tratamento dispensado à tortura. Nenhuma proposta procurava meramente proibi-lo, com o rigor considerado pertinente. Não se aceitava, sequer, que fossem tratados em parágrafos distintos de um mesmo artigo. A previsão no mesmo dispositivo era uma condição inegociável. Como disse Gastone Righi (PTB/SP), em nome de muitos outros parlamentares,

> não podemos concordar em separar a tortura do terrorismo. Isso significará que a lei ordinária poderá apenar a tortura com penas maiores que a cominada ao terrorismo. Queremos a mesma apenação. Queremos punição aos torturadores, mas também punição aos terroristas.[114]

Equiparava-se as condutas para assegurar que fossem igualmente punidas. Seria, inclusive, um meio para se promover a conciliação nacional, segundo José Lourenço (PFL/BA):

[110] Mesmo o advogado José Carlos Dias, que liderara importante iniciativa no governo Montoro, em São Paulo, para garantir os direitos de suspeitos e condenados criminais, manifestou-se contra a imprescritibilidade da tortura: "a produção da prova é tanto mais difícil e precária, mesmo porque precária é a memória principalmente quando deformada pela paixão. E tal circunstância torna maior o risco do erro judiciário, condenando-se um inocente ou mesmo um culpado a quem o tempo e a vida se encarregaram de punir e de recuperar". Em razão de não se estendê-la para outros delitos de "imensa gravidade", como o estupro, o homicídio, o latrocínio e o sequestro, afirmou: "O Direito Penal guarda uma coerência que tem que ser resguardada, deve lastrear-se em princípios que valham e se apliquem para todas as hipóteses criminosas" (Dias, 1987).

[111] Theodoro Mendes (PMDB/SP) (Brasil, 1988g, p. 163).

[112] Armida Bergamini Miotto, cf. Atas da Subcomissão Ic, p. 154-155 (Brasil, 2013a).

[113] Emendas 4350 (justificativa), Fase J, e 4089 (justificativa), Fase M, Ricardo Fiúza (PFL/PE) (Brasil, 2013b).

[114] Brasil, 1988b, p. 167. Falou em nome do "Centrão", coalizão de constituintes que conseguiu aprovar a emenda de equiparação (Brasil, 1988b).

> Será que a todos faltou neste momento a capacidade de se abraçar fraternalmente para punir igualmente aqueles que violentam os preceitos mais altos da humanidade? Será que neste momento não poderemos unir-nos para dizer a uma só voz que é tudo igual? A violência é a mesma. E se a violência é a mesma, igualmente deve ser punida pela lei. Em nome da consciência dos homens e das mulheres livres do meu País, conclamo a todos, inclusive aqueles que não pensam como nós, para meditarem um pouco. Não será protegendo o terrorismo político que iremos encontrar as graves soluções para a confraternização nacional. Será, sim, se nos dermos as mãos, aqui e agora, e dissermos aos dois tipos de crimes que eles são iguais, porque ambos atentam contra os princípios da dignidade humana.[115]

Porém, críticos da equiparação lhe atribuíam uma finalidade distinta: "diluir a condenação constitucional do crime de tortura".[116] No que consistiria essa "diluição"? O crime de tortura teria uma caracterização precisa, como crime de Estado,[117] e mesmo como crime contra a humanidade. Recentemente assinada pelo Brasil, a Convenção Contra a Tortura da ONU, de 1984, definia a conduta. Portanto, só poderia ser equiparada a outras condutas claramente definidas, praticadas pelo Estado e consideradas como crimes contra a humanidade, e não com o terrorismo, termo impreciso referido a condutas do indivíduo contra o Estado ou a sociedade. Ao igualar num mesmo dispositivo temas tão diversos, desrespeitava-se a boa técnica legislativa e se descaracterizavam os elementos constitutivos do crime de tortura.[118] Ademais, de acordo com Plínio de Arruda Sampaio (PT/SP), reservar um dispositivo específico para a sua proibição

[115] Brasil, 1988b, p. 174.

[116] Haroldo Lima (PCdoB/BA) (Brasil, 1988a, p. 31-32).

[117] Aparentemente, o uso da expressão designava delitos praticados por agentes estatais, em sentido genérico. Essa característica foi muito pouco contestada. Um exemplo de crítica é o discurso de Gastone Righi (PTB/SP): "A tortura (...) não é, como disseram alguns, crime apenas do Estado; a tortura clássica da Inquisição, feita pela Igreja, que não o era pelo Estado, nem a tortura clássica do pai, a extorquir da filha o nome do sedutor. A tortura tanto pode ser feita individualmente como pela sociedade. Lembro a Klu-Klux-Klan, para os que gostam do tema da discriminação racial. Praticava a tortura, sim" (Brasil, 1988b, p. 167).

[118] Essa linha argumentativa pode ser encontrada, em alguns casos de forma fragmentada, nos discursos de Antônio Mariz (PMDB/PB) (Brasil, 1988b, p. 166-173), José Fogaça (PMDB/RS), Maurílio Ferreira Lima (PMDB/PE) (Brasil, 1988b, p. 166-173), José Genoíno (PT/SP) (Brasil, 1988e, p. 26; 1988f, p. 5; 1988g, p. 168), assim como nas emendas 331 (justificativa),

representava um "passo importantíssimo (...) para uma condenação cabal e absoluta à tortura", para que a ANC tomasse uma "decisão clara" contra a sua prática.[119] Em suma, a equiparação "diluiria" tanto os elementos definidores da tortura quanto o caráter "claro", "cabal" e "absoluto" de sua condenação pelos constituintes.

Na contemporaneidade, nem sempre a definição legal de uma pena busca, preponderantemente, retribuir ou evitar, diretamente, a violação de um bem jurídico, mas sim exercer uma função pedagógica ou simbólica sobre a sociedade por meio da condenação pública de determinada conduta.[120] O objetivo de proibir a tortura na Constituição para denunciá-la de modo "claro" e "absoluto", expresso por Plínio de Arruda Sampaio, parece se encaixar nessa perspectiva. Visava, sobretudo, a reprovação simbólica da tortura política – considerando-se os termos do debate, impregnados por referências à repressão política e à luta armada; o protagonismo de constituintes como José Genoíno, antigo guerrilheiro, e Ricardo Fiúza, "grande amigo" dos militares;[121] e o momento político, em que o repúdio à violência da ditadura, amplamente denunciada, era importante para legitimar a pretendida refundação do Estado de Direito.[122]

Em contrapartida, é bastante plausível que a equiparação do terrorismo visasse, ao menos em parte, mitigar essa condenação pública da tortura. A hipótese é reforçada pelo medo do "revanchismo", que marcou a transição, e pela igualdade entre as duas formas de violência, típica da

Fase U, Antônio Mariz (PMDB/PB), e 1322 (justificativa), Fase U, José Genoíno (PT/SP) (Brasil, 2013b).

[119] Cf. Atas da CSb, p. 175 (Brasil, 2013a). Foram equiparadas outras condutas à tortura, além do terrorismo, como o tráfico de drogas e os "crimes hediondos", e as objeções foram semelhantes. Dentre outras diferenças com a demanda para equiparar o terrorismo, os proponentes da proibição constitucional do tráfico de drogas apresentaram inúmeras emendas em dispositivos específicos, sem referências à tortura. No caso dos crimes hediondos, criou-se uma categoria que anteriormente não era parte do direito brasileiro e que serviu, nas disputas em torno das equiparações do terrorismo e do tráfico à tortura, como critério para as igualar a partir de sua gravidade, independentemente do seu sujeito ativo ou de conceitos como crime contra a humanidade (Brasil, 2013a; 2013b).

[120] Pires, 2004, p. 53.

[121] Zaverucha, 1994, p. 193.

[122] Conforme demonstrado pela assinatura da CAT, em 1985, por Sarney, reivindicada, em 1988, como uma das principais medidas que demonstravam que o Estado de Direito começara a ser reconstruído durante o seu governo (Teixeira, 1988).

"ideologia da reconciliação". Ressalte-se que não apenas os aliados da ditadura aderiram a esse projeto de "esquecimento" do passado, mas também alguns setores da oposição. Não se vislumbra outra explicação para a irredutibilidade quanto à manutenção de ambos no mesmo dispositivo normativo. Ademais, possivelmente a equiparação ajudaria a descaracterizar a tortura como crime de Estado e contra a humanidade, indicadores grandiloquentes de reprovabilidade – em especial, no segundo caso – e elementos que tornavam mais clara a identidade dos acusados pela denúncia constitucional. Portanto, acentuava-se a "diluição" do repúdio simbólico à ditadura.

Havia ainda uma intenção declarada ao se propor a equiparação: assegurar que torturadores e terroristas fossem punidos do mesmo modo. Porém, boa parte dos guerrilheiros, chamados de "terroristas", já haviam sido julgados e condenados pelos juízes do período autoritário,[123] enquanto os torturadores da ditadura permaneciam impunes. Elementos normativos como a imprescritibilidade, a insuscetibilidade de anistia e o caráter de crime contra humanidade certamente ameaçavam com a perspectiva de responsabilização penal. Alguns setores se mostravam abertamente dispostos a enfrentar essa impunidade com o auxílio da nova Constituição:

> Se havia uma oportunidade em que esses criminosos poderiam ser julgados e punidos seria justamente esta; precisamente porque não há nenhum torturador preso, o próprio final do regime militar deixou enorme frustração no povo brasileiro. (...) Será muito difícil pôr na cadeia aquele que praticou algum crime de tortura. Se a formulação constitucional for taxativa e categórica, será pelo menos um instrumento legislativo com o qual o movimento democrático lutará no sentido de que os torturadores sejam penalizados.[124]

Nesse debate sobre atos do passado, a equiparação do terrorismo à tortura pode ser interpretada como medida de prevenção contra tais demandas de responsabilização penal de agentes violadores, pois

[123] Segundo os dados do Projeto Brasil, Nunca Mais, houve pelo menos 707 processos judiciais por razões políticas entre 1964 e 1979, com 7.367 pessoas denunciadas, 6.385 indiciadas e 9.542 presas (Projeto, 1985).

[124] Haroldo Lima (PCdoB/BA), cf. Atas da CSb, p. 170 (Brasil, 2013a).

disponibilizava os mesmos instrumentos jurídicos para ambas as partes. Caso se abrisse, num futuro incerto, qualquer processo contra os torturadores, estava assegurada a possibilidade de retaliação contra os "terroristas", por meio da problematização da luta armada perante o Poder Judiciário. Essa mera possibilidade representaria uma ameaça dissuasória. Portanto, a igualdade entre a tortura e o terrorismo ligava-se à intenção de prever uma punição equitativa como artifício para se assegurar a impunidade dos crimes da ditadura.

Chama a atenção o fato de que na ANC a equiparação das condutas era usada para justificar a sua igual punição, em contraste com a equiparação feita nos debates em torno da Lei de Anistia e nos discursos de Tancredo Neves e José Sarney, que era feita em nome do perdão a ambas. Entretanto, essa diferença é apenas superficial, pois tanto antes quanto durante a ANC a equiparação, para pretensamente reconciliar a nação, implicou na garantia da impunidade dos agentes da repressão.

O temor da punição dos crimes da ditadura também parece ter orientado a supressão da imprescritibilidade da tortura. Se porventura fosse modificada a interpretação hegemônica da Lei de Anistia, a presença expressa do instituto na Constituição ameaçaria os torturadores. Entretanto, no intuito de garantir a impunidade, não seria tão ou mais importante suprimir do texto constitucional a vedação da anistia à tortura, diminuindo, assim, as demandas por reformas ou reinterpretação da lei de 1979?

A compreensão do significado mais amplo do tema da tortura na transição política pós-ditatorial pode contribuir para se responder a essa questão. À época, a ditadura civil-militar que se encerrava era acusada de graves violações de direitos humanos, o que repercutiu e sensibilizou boa parte da população e da comunidade internacional. Dentre outras razões, a ditadura fora ilegítima porque torturara seus opositores. Para se legitimar, portanto, o novo regime precisava se diferenciar do anterior, e um modo de fazê-lo era expressar o repúdio a essa forma de violação. O próprio presidente Sarney, o presidente Sarney, que era próximo dos militares e cuja base parlamentar viabilizou a equiparação do terrorismo à tortura na ANC, assinou a Convenção Contra a Tortura no seu primeiro ano de governo e, na véspera da promulgação da nova Constituição, reivindicou o ato como uma das provas de que o Estado de Direito havia sido restaurado no Brasil já na sua gestão.

Na ANC, a mesma lógica parece ter prevalecido, pois mesmo as críticas à proibição constitucional da tortura vinham acompanhadas, contraditoriamente, de seu elogio. Repudiar a tortura para se diferenciar da ditadura era um modo de se afirmar *os* novos tempos, afastando as suspeitas de que a democracia proclamada era de fachada, e de se afirmar *nos* novos tempos, legitimando-se politicamente junto a um eleitorado mais sensível a algumas formas de violência estatal. Quanto à vedação da anistia, é possível que tenha sido mantida no texto constitucional pelas mesmas razões. Era um modo de repudiar a tortura, indicando sua extrema gravidade. Para os defensores da democracia, havia ainda uma razão adicional: a impossibilidade de novas anistias futuras, nos moldes da lei de 1979, poderia dissuadir golpes de Estado. Entretanto, os documentos pesquisados não foram suficientes para se chegar a respostas mais conclusivas sobre essa questão.

Conclusões

A equiparação do terrorismo à tortura no texto constitucional foi uma expressão da "ideologia da reconciliação". Não se restringiu a partidos ligados ao antigo regime ditatorial, como o PDS e o PFL, mas emergiu mesmo em discursos e votos da ala progressista do PMDB, como indica a declaração à imprensa do então senador Fernando Henrique Cardoso, de que terrorismo e tortura eram crimes equivalentes que deveriam ser proibidos pela Constituição[125] – apesar de seus votos contra a equiparação.

No primeiro ano da ANC, conseguiu-se barrar a demanda para igualar as condutas. De um lado, era defendida por constituintes do PDC, PDS, PFL, PL, PTB e parte do PMDB. De outro, era rechaçada pelo PCB, PCdoB, PDT, PSB, PT e outra parcela do PMDB. No segundo e último ano, após reformas regimentais, a equiparação foi conquistada por 279 votos contra 238, apoiada por constituintes do PMB, PSC e parte do PDC, PDS, PDT, PFL, PL, PMDB e PTB, mantendo-se até a promulgação do texto constitucional.[126]

Os embates em torno da proibição da tortura deixaram marcas importantes no texto constitucional. De um lado, a menção ao "terrorismo" e a ausência da imprescritibilidade indicam as vitórias da "ideologia

[125] Ulysses, 1987.

[126] Brasil, 1988b.

da reconciliação", voltada contra qualquer revisão do projeto de transição política idealizado pelos militares e abraçado por antigos líderes oposicionistas, como Paulo Brossard e Tancredo Neves. De outro, a insuscetibilidade de anistia sinaliza os esforços contra a impunidade dos crimes da ditadura. Em seu conjunto, registram as tentativas de controle sobre os efeitos jurídicos do passado na vigência da ordem constitucional que então se inaugurava.

Passados mais de trinta anos, seguem impunes as torturas contra presos políticos, assim como persiste a luta para que os responsáveis sejam julgados – com a defesa de que tais crimes não podem ser anistiados ou prescrever. Não há como saber se a situação seria diferente, caso a imprescritibilidade e o caráter de crime contra a humanidade também estivessem previstos expressamente na Constituição. De qualquer forma, a "ideologia da reconciliação" mantém-se hegemônica, particularmente na cúpula de um poder judiciário pouco sensível aos argumentos do direito internacional público – seara que praticamente desconhece.[127] Por sua vez, a proibição do terrorismo permaneceu como um fantasma invocado de tempos em tempos para se reprimir as liberdades políticas dos movimentos populares e das novas gerações.

Referências

Livros, artigos e teses acadêmicas

ABREU, João Batista. *As manobras da informação:* análise da cobertura jornalística da luta armada no Brasil (1965-1979). Niterói: EDUFF; Rio de Janeiro: Mauad, 2000.

ADORNO, Sérgio. Direitos humanos. In: OLIVEN, Ruben George; RIDENTI, Marcelo; BRANDÃO, Gildo Marçal *et al* (org.). *A Constituição de 1988 na vida brasileira.* São Paulo: Aderaldo e Rothschild, Anpocs, 2008, p. 191-224.

ARANTES, Maria Auxiliadora de Almeida Cunha. *Tortura:* testemunhos de um crime demasiadamente humano. São Paulo: Casa do Psicólogo, 2013.

BARBOSA, Leonardo Augusto de Andrade. *Mudança constitucional, autoritarismo e democracia no Brasil pós-1964.* Brasília: Tese (Doutorado em Direito), UnB, Brasília, 2009.

BAUER, Caroline Silveira. *Um estudo comparativo das práticas de desaparecimento nas ditaduras civil-militares argentina e brasileira e a elaboração de políticas de memória em*

[127] Ventura, 2010.

ambos os países. Tomo I. Porto Alegre, Barcelona: Tese (Doutorado em História), UFRGS, Universitat de Barcelona, 2011.

_______. Conciliação e revanchismo ao término da ditadura civil-militar brasileira: a perpetuação do medo através do perigo da "argentinização" da transição política. *Revista Diálogos (online)*, Maringá, UEM, v. 18, n.1, jan./abr., 2014, p. 121-145.

DIAS, José Carlos. A tortura e a prescrição. *Folha de S. Paulo,* São Paulo, 16 jun. 1987, p. A3.

FRAGOSO, Heleno Cláudio. *Terrorismo e criminalidade política*. Rio de Janeiro: Forense, 1981.

FRAGOSO, Heleno Cláudio. *Lições de direito penal:* parte geral. 8ª ed., Rio de Janeiro: Forense, 1985.

GRECO, Heloisa Amélia. *Dimensões fundacionais da Luta pela Anistia.* Belo Horizonte: Tese (Doutorado em História), UFMG, 2003.

LERNER, Natan. The Convention on the Non-applicability of Statutory Limitations to War Crimes. *Israel Law Review*, The Hebrew University of Jerusalem, Jerusalem, vol. 4, nº 4, 1969.

MAIA FILHO, Mamede Said. *Entre o passado e o presente, a afirmação da memória como direito fundamental.* Brasília: Tese (Doutorado em Direito), UnB, 2013.

PEREIRA, Anthony W. *Ditadura e repressão:* o autoritarismo e o estado de direito no Brasil, no Chile e na Argentina. Trad. Patrícia de Queiroz Carvalho Zimbres. São Paulo: Paz e Terra, 2010.

PIRES, Álvaro. A racionalidade penal moderna, o público e os direitos humanos. *Novos Estudos,* São Paulo, Cebrap, nº 68, mar. 2004, p. 39-60.

SAJÓ, András. *Limiting Government:* an introduction to constitutionalism. Budapest, New York: CEU Press, 1999.

TELES, Janaína de Almeida. As disputas pela interpretação da Lei de Anistia de 1979. *Revista Ideias*, Campinas, Unicamp, v. 1, n.1, 1º sem. 2010, p. 71-93.

VENTURA, Deisy. A Interpretação Judicial da Lei de Anistia Brasileira e o Direito Internacional. *Revista Anistia Política e Justiça de Transição,* Ministério da Justiça, Brasília, n.4, jul./dez. 2010, p. 196-226.

ZAVERUCHA, Jorge. *Rumor de sabres*: controle civil ou tutela militar? São Paulo: Ática, 1994.

Documentos da ANC

BRASIL. Senado Federal. *Bases históricas do Congresso Nacional* (s/d). Online. Disponível em: http://www.senado.gov.br/legislacao/BasesHist/.

_______. Assembleia Nacional Constituinte. *Diário da Assembleia Nacional Constituinte*. Brasília, ano I, nº 130, 19 mar. 1987 (1987a).

_______. Assembleia Nacional Constituinte. *Diário da Assembleia Nacional Constituinte*. Brasília, ano II, nº 175, 2 fev. 1988 (1988a).

______. Assembleia Nacional Constituinte. *Diário da Assembleia Nacional Constituinte*. Brasília, ano II, nº 117, 4 fev. 1988 (1988b).

______. Assembleia Nacional Constituinte. *Diário da Assembleia Nacional Constituinte*. Brasília, ano II, nº 178, 5 fev. 1988 (1988c).

______. Assembleia Nacional Constituinte. *Diário da Assembleia Nacional Constituinte*. Brasília, ano II, nº 254, 2 jun. 1988 (1988d).

______. Assembleia Nacional Constituinte. *Diário da Assembleia Nacional Constituinte*. Brasília, ano II, nº 275, 8 jul. 1988 (1988e).

______. Assembleia Nacional Constituinte. *Diário da Assembleia Nacional Constituinte*. Brasília, ano II, nº 284, 2º ago. 1988 (1988f).

______. Assembleia Nacional Constituinte. *Diário da Assembleia Nacional Constituinte*. Brasília, ano II, nº 289, 10 ago. 1988 (1988g).

______. Câmara dos Deputados. *Anais da Assembleia Nacional Constituinte de 1987-88*. Publicação eletrônica. Brasília, 2013a. Disponível em: http://www.senado.gov.br/sf/publicacoes/anais/constituinte/constituinte.zip. Acesso em: 17/11/2014.

______. Câmara dos Deputados. *Processo Constituinte* (documentos). Publicação eletrônica. Brasília, 2013b. Disponível em: http://www2.camara.leg.br/atividade-legislativa/legislacao/Constituicoes_Brasileiras/constituicao-cidada/o-processo-constituinte. Acesso em: 30/10/2014.

Outros documentos

BRASIL, Diário Oficial, seção I, parte I, 1º ago. 1975, p. 9629.

BRASIL. Diário do Congresso Nacional, seção II, Brasília, 18 set. 1986, p. 3239 (1986a).

______. Diário Oficial. Suplemento Especial ao nº 185, Brasília, 26 set. 1986 (1986b).

______. Secretaria Especial de Direitos Humanos da Presidência da República. *Programa Nacional de Direitos Humanos* (PNDH-3). Brasília: SEDH/PR, 2010.

______. Ministério da Justiça. Sentenças I, II e III do Tribunal Russell II sobre a Repressão na América Latina (1973-1976). *Revista Anistia Política e Justiça de Transição*, nº 8, p. 461-562, jul./dez. 2012.

______. Comissão Nacional da Verdade. *Relatório da Comissão Nacional da Verdade*. Volume I. Brasília: CNV, 2014.

CNBB – Conferência Nacional dos Bispos do ______. *Por uma nova ordem constitucional: declaração pastoral*. São Paulo: Paulinas, 1986.

COIMBRA, Cecília. Tortura: nunca mais (entrevista). *Revista Tempo*, Rio de Janeiro, UFF, vol. 1, 1996, p. 166-183.

COMPARATO, Fábio Konder. *Muda Brasil!* Uma Constituição para o desenvolvimento democrático. São Paulo: Brasiliense, 1986.

CONVENÇÃO Nacional do Negro pela Constituinte (1986). Disponível em: http://www.institutobuzios.org.br/documentos/CONVEN%C3%87%C3%83O%20NACIONAL%20DO%20NEGRO%20PELA%20CONSTITUTINTE%201986.pdf. Acesso em: 11/1/2015.

MACIEL, Lysaneas. *Lysaneas Maciel* (depoimento, 1998). Rio de Janeiro: CPDOC/ALERJ, 2003.

PROJETO *Brasil: Nunca mais*. Projeto A. Tomo II, vol. 1, São Paulo: Arquidiocese de São Paulo, 1985.

Notícias

COMISSÃO da Carta debate em segredo. *Correio Braziliense*, Brasília, 22 jan. 1986.

DIOGO, Walter. Comissão está dividida entre três propostas de regime de governo. *Gazeta Mercantil*, São Paulo, 22 jan. 1986.

TEIXEIRA, Amauri. Sarney vai a rádio e TV garantir que será o "maior servidor da Carta". *Gazeta Mercantil*, São Paulo, 5 out. 1988.

TORRES, Sérgio. Ex-soldado diz que presenciou tortura contra Genoino. *Folha de S. Paulo*, São Paulo, 26 out. 2008. Disponível em: http://www1.folha.uol.com.br/fsp/brasil/fc2610200804.htm. Acesso em: 14/01/2015.

ULYSSES contra a estabilidade. *Jornal da Tarde*, São Paulo, 19 out. 1987, p. 9.